U0923223

最高人民法院

民法典担保制度司法解释

理解与适用

高圣平　谢鸿飞　程啸 / 著

中国法制出版社
CHINA LEGAL PUBLISHING HOUSE

作者介绍与分工

高圣平　法学博士，中国人民大学法学院副院长、教授、博士生导师；教育部长江学者奖励计划特聘教授。代表性著作：《担保法论》《担保法前沿问题与判解研究（第1－5卷）》《动产担保交易制度比较研究》《金融担保创新的法律规制研究》《民法典担保制度及其配套司法解释理解与适用》等。

负责撰写：1. 关于保证合同（第25条、第26条、第35条、第36条）；2. 动产与权利担保（第53－62条）；3. 关于非典型担保（第63－70条）；4. 附则（第71条）。

谢鸿飞　法学博士，中国社会科学院法学院研究所民法室主任、研究员（教授）、博士生导师；第八届全国十大杰出青年法学家。代表性著作：《合同法学的新发展》《法律与历史：体系化法史学与法律历史社会学》《承揽合同》《民法总论》（合著）等。

负责撰写：关于一般规定（第1－24条）。

程　啸　法学博士，清华大学法学院副院长、教授、博士生导师；教育部长江学者奖励计划青年学者。代表性著作：《担保物权研究》、《保证合同研究》、《不动产登记法研究》、《侵权责任法》、《中国民法典释评：人格权编》（合著）、《民法学》（合著）等。

负责撰写：1. 关于保证合同（第27－34条）；2. 担保合同与担保物权的效力（第37－45条）；3. 不动产抵押（第46－52条）。

序 言

担保制度是整个民商事法律领域中最活跃也最复杂的制度，不仅涉及物权法、合同法、公司法等多个法律部门，且当事人众多、交易结构与法律关系复杂。完善的担保法律制度有利于优化营商环境，便捷交易，维护交易安全，更顺畅地实现资金融通、化解金融风险，推动实体经济的发展。有鉴于此，2021 年 1 月 1 日起施行的《中华人民共和国民法典》（以下简称《民法典》）不仅对保证、抵押权、质权、留置权等传统的担保方式作了更加细致科学的规定，也对所有权保留、融资租赁、保理等非典型担保方式作了相应的规定。为了贯彻实施《民法典》关于担保制度的规定，更好地解决实践中的各种担保法律纠纷，最高人民法院于 2020 年 12 月 25 日通过了《关于适用〈中华人民共和国民法典〉有关担保制度的解释》（以下简称《民法典担保制度解释》）。该司法解释依据《民法典》的有关规定，对担保制度的一般规定、保证合同、担保合同与担保物权的效力、不动产抵押、动产与权利担保以及非典型担保等作出了详细的规定。

本书三位作者——高圣平教授、谢鸿飞教授、程啸教授，多年来一直学习和研究担保法律制度，先后在该领域出版了若干论著。三位作者都先后参与了《民法典》担保部分的编纂以及《民法典担保制度解释》草案的讨论工作，高圣平教授、程啸教授就该司法解释草案还先后在中国人民大学、清华大学举行了多场重要的学术研讨会，邀请诸多专家学者逐条研讨，并向最高人民法院有关部门提出了详细的修改建议。

《民法典担保制度解释》共有 70 余条，规定了担保法律制度中许多非常重要的问题，涉及合同法、物权法、公司法、证券法、不动产登记法、票据法、国际贸易法等多个法律部门，法律关系相当复杂，具有很强的理论性与实践性，即便是专业的法律人士也不容易掌握和理解。为了使广大律师、法官和法律实务工作者了解该司法解释，知其然，更知其所以然，三位作者合作撰写了本书。本书结合我国《民法典》的规定，密切结合民商法原理和司法实务，对《民法典担保制度解释》进行了逐条深入的解析，每一条的解析都分为条文要旨、理解与适用、疑点与难点三个部分。

作为学者撰写的司法解释理解与适用著作，本书与最高人民法院法官撰写的相关著作的最大区别在于：本书作者始终秉承客观中立之学术立场，对于司法解释中规定的合理之处，予以肯定，而对于不合理之处也无所避讳，指出问题。当然，无论是赞同之点，还是批评之处，都是基于作者研究得出的结论，见仁见智，读者自会评判。书中倘有因学力不逮而疏漏错误之处，尚祈读者批评指正！

最后，本书也是由高圣平教授担任课题负责人，谢鸿飞教授、程啸教授作为课题组成员的北京市社会科学基金重大规划项目“《民法典》担保制度体系研究”（项目编号：20ZDA01）的阶段性研究成果。

高圣平　谢鸿飞　程　啸

2021 年 1 月 20 日　北京

缩略语表

序号	简 称	全 称
一、法律法规		
1	《民法典》	《中华人民共和国民法典》（2020 年 5 月 28 日第十三届全国人民代表大会第三次会议通过）
2	《民法通则》	《中华人民共和国民法通则》（2009 年 8 月 27 日第十一届全国人民代表大会常务委员会第十次会议修正）
3	《民法总则》	《中华人民共和国民法总则》（2017 年 3 月 15 日第十二届全国人民代表大会第五次会议通过）
4	《担保法》	《中华人民共和国担保法》（1995 年 6 月 30 日第八届全国人民代表大会常务委员会第十四次会议通过）
5	《合同法》	《中华人民共和国合同法》（1999 年 3 月 15 日第九届全国人民代表大会第二次会议通过）
6	《物权法》	《中华人民共和国物权法》（2007 年 3 月 16 日第十届全国人民代表大会第五次会议通过）
7	《票据法》	《中华人民共和国票据法》（2004 年 8 月 28 日第十届全国人民代表大会常务委员会第十一次会议修正）
8	《城市房地产管理法》	《中华人民共和国城市房地产管理法》（2019 年 8 月 26 日第十三届全国人民代表大会常务委员会第十二次会议第三次修正）
9	《土地管理法》	《中华人民共和国土地管理法》（2019 年 8 月 26 日第十三届全国人民代表大会常务委员会第十二次会议第三次修正）
10	《民事诉讼法》	《中华人民共和国民事诉讼法》（2017 年 6 月 27 日第十二届全国人民代表大会常务委员会第二十八次会议第三次修正）
11	《公司法》	《中华人民共和国公司法》（2018 年 10 月 26 日第十三届全国人民代表大会常务委员会第六次会议第四次修正）
12	《婚姻法》	《中华人民共和国婚姻法》（2001 年 4 月 28 日第九届全国人民代表大会常务委员会第二十一次会议修正）

序号	简　称	全　称
13	《企业破产法》	《中华人民共和国企业破产法》（2006 年 8 月 27 日第十届全国人民代表大会常务委员会第二十三次会议通过）
14	《居民委员会组织法》	《中华人民共和国城市居民委员会组织法》（2018 年 12 月 29 日第十三届全国人民代表大会常务委员会第七次会议修正）
15	《村民委员会组织法》	《中华人民共和国村民委员会组织法》（2018 年 12 月 29 日第十三届全国人民代表大会常务委员会第七次会议修正）
16	《农民专业合作社法》	《中华人民共和国农民专业合作社法》（2017 年 12 月 27 日第十二届全国人民代表大会常务委员会第三十一次会议修订）
17	《民办教育促进法》	《中华人民共和国民办教育促进法》（2018 年 12 月 29 日第十三届全国人民代表大会常务委员会第七次会议第三次修正）
18	《企业国有资产法》	《中华人民共和国企业国有资产法》（2008 年 10 月 28 日第十一届全国人民代表大会常务委员会第五次会议通过）
19	《拍卖法》	《中华人民共和国拍卖法》（2015 年 4 月 24 日第十二届全国人民代表大会常务委员会第十四次会议第二次修正）
20	《建筑法》	《中华人民共和国建筑法》（2019 年 4 月 23 日第十三届全国人民代表大会常务委员会第十次会议第二次修正）
二、司法解释及文件		
1	《民法典担保制度解释》	《最高人民法院关于适用〈中华人民共和国民法典〉有关担保制度的解释》（法释〔2020〕28 号）
2	《民法典担保制度解释（征求意见稿）》	《最高人民法院关于适用〈中华人民共和国民法典〉担保部分的解释》（2020 年 11 月 9 日，最高人民法院民二庭）
3	《民法典时间效力规定》	《最高人民法院关于适用〈中华人民共和国民法典〉时间效力的若干规定》（法释〔2020〕15 号）
4	《民法典物权编解释（一）》	《最高人民法院关于适用〈中华人民共和国民法典〉物权编的解释（一）》（法释〔2020〕24 号）
5	《民法典建设工程解释（一）》	《最高人民法院关于审理建设工程施工合同纠纷案件适用法律问题的解释（一）》（法释〔2020〕25 号）
6	《民法典婚姻家庭编解释（一）》	《最高人民法院关于适用〈中华人民共和国民法典〉婚姻家庭编的解释（一）》（法释〔2020〕22 号）
7	《民法典继承编解释（一）》	《最高人民法院关于适用〈中华人民共和国民法典〉继承编的解释（一）》（法释〔2020〕23 号）

序号	简　称	全　称
8	《独立保函规定》	《最高人民法院关于审理独立保函纠纷案件若干问题的规定》（法释〔2016〕24 号，法释〔2020〕18 号修正）
9	《担保法解释》	《最高人民法院关于适用〈中华人民共和国担保法〉若干问题的解释》（法释〔2000〕44 号，法释〔2020〕16 号废止）
10	《保证规定》	《最高人民法院印发〈关于审理经济合同纠纷案件有关保证的若干问题的规定〉的通知》（法发〔1994〕8 号,法释〔2020〕16 号废止）
11	《民间借贷规定》	《最高人民法院关于审理民间借贷案件适用法律若干问题的规定》（法释〔2015〕18 号，法释〔2020〕6 号第一次修正，法释〔2020〕17 号第二次修正）
12	《民事诉讼法解释》	《最高人民法院关于适用〈中华人民共和国民事诉讼法〉的解释》（法释〔2015〕5 号，法释〔2020〕20 号修正）
13	《执行异议和复议规定》	《最高人民法院关于人民法院办理执行异议和复议案件若干问题的规定》（法释〔2015〕10 号，法释〔2020〕21 号修正）
14	《物权法解释（一）》	《最高人民法院关于适用〈中华人民共和国物权法〉若干问题的解释（一）》（法释〔2009〕5 号，法释〔2020〕16 号废止）
15	《合同法解释（二）》	《最高人民法院关于适用〈中华人民共和国合同法〉若干问题的解释（二）》（法释〔2009〕5 号，法释〔2020〕16 号废止）
16	《买卖合同解释》	《最高人民法院关于审理买卖合同纠纷案件适用法律问题的解释》（法释〔2012〕8 号，法释〔2020〕17 号修正）
17	《融资租赁解释》	《最高人民法院关于审理融资租赁合同纠纷案件适用法律问题的解释》（法释〔2014〕3 号，法释〔2020〕17 号修正）
18	《工程款优先受偿批复》	《最高人民法院关于建设工程价款优先受偿权问题的批复》（法释〔2002〕16 号，法释〔2020〕16 号废止）
19	《建设工程解释（一）》	《最高人民法院关于审理建设工程施工合同纠纷案件适用法律问题的解释》（法释〔2004〕14 号，法释〔2020〕16 号废止）
20	《建设工程解释（二）》	《最高人民法院关于审理建设工程施工合同纠纷案件适用法律问题的解释（二）》（法释〔2018〕20 号，法释〔2020〕16 号废止）
21	《企业破产法规定（三）》	《最高人民法院关于适用〈中华人民共和国企业破产法〉若干问题的规定（三）》（法释〔2019〕3 号，法释〔2020〕18 号修正）
22	《民商事审判会议纪要》	《最高人民法院关于印发〈全国法院民商事审判工作会议纪要〉的通知》（法〔2019〕254 号）

目 录

Contents

第一章 一般规定 …… 1
第一条 【适用范围】 …… 1
◆ 条文要旨 …… 1
◆ 理解与适用 …… 1
一、债的担保的两个层次 …… 1
二、本司法解释适用的范围 …… 3
三、形式担保观和实质担保观的差异 …… 5
◆ 疑点与难点 …… 13
其他具有担保功能的合同可以适用担保合同的哪些规范？ …… 13
第二条 【独立担保和独立保函】 …… 14
◆ 条文要旨 …… 15
◆ 理解与适用 …… 15
一、独立担保的界定 …… 15
二、独立担保的效力 …… 18
三、金融机构开立的独立保函 …… 20
◆ 疑点与难点 …… 22
一、主合同被撤销、确定不生效时担保的效力 …… 22
二、最高额担保是否为“法律另有规定”的情形 …… 22
三、独立保函中“金融机构”的认定 …… 23

第三条 【担保责任范围的从属性】 …… 24

◆ 条文要旨 …… 24

◆ 理解与适用 …… 24

一、本条的规范宗旨 …… 24

二、约定的担保责任超过债务人责任范围时担保责任的确定 …… 25

三、担保人向债务人追偿范围的从属性 …… 27

◆ 疑点与难点 …… 29

一、律师费用是否属于“实现债权的费用”？ …… 29

二、法院能否依职权认定担保责任大于主债务的部分无效？ …… 30

三、保证合同中约定单独违约金条款的效力 …… 30

第四条 【担保物权的受托持有】 …… 32

◆ 条文要旨 …… 32

◆ 理解与适用 …… 32

一、本条的规范意旨 …… 32

二、担保物权的受托持有的合法性及其主要情形 …… 33

三、受托持有担保物权的归属 …… 36

四、受托持有担保物权的行使 …… 37

◆ 疑点与难点 …… 38

担保物权的代持是否违反担保的从属性？ …… 38

第五条 【特别法人担保资格】 …… 39

◆ 条文要旨 …… 39

◆ 理解与适用 …… 40

一、本条规定的规范意旨 …… 40

二、机关法人的担保资格 …… 40

三、居民委员会、村民委员会的担保资格 …… 42

◆ 疑点与难点 …… 46

一、公私合营模式下机关法人的担保 …… 46

二、机关法人违法担保时的过错 …… 47

第六条　【学校、幼儿园等提供担保的效力】 …… 48
◆ 条文要旨 …… 48
◆ 理解与适用 …… 49
一、学校、幼儿园、医疗机构、养老机构等非营利法人提供担保的效力 …… 49
二、学校、幼儿园、医疗机构、养老机构等营利法人提供担保的效力 …… 54
◆ 疑点与难点 …… 55
一、共益类非营利性法人的担保 …… 55
二、学校、幼儿园、医疗机构、养老机构等营利法人是否具有完全的担保能力 …… 56
三、《民法典担保制度解释》适用的时间效力 …… 57
四、以公益为目的的非营利性学校、幼儿园、医疗机构、养老机构等违法担保的法律效力 …… 58
第七条　【公司法定代表人越权担保的效力和责任】 …… 58
◆ 条文要旨 …… 59
◆ 理解与适用 …… 59
一、本条的规范宗旨 …… 59
二、违反《公司法》第 16 条的担保合同的效力 …… 64
三、相对人“善意”的判断 …… 65
四、越权法定代表人的责任 …… 68
◆ 疑点与难点 …… 69
一、公司担保能否为越权代理行为? …… 69
二、法定代表人越权担保时能否类推无权代理规则? …… 71
三、章程未规定决议机构时由谁作出决议? …… 72
第八条　【无须决议的例外情形】 …… 73
◆ 条文要旨 …… 73
◆ 理解与适用 …… 73

一、本条的规范意旨 …… 73
二、公司提供担保时无需决议的例外情形 …… 74
◆ **疑点与难点** …… 77
一、《民法典》和《民法典担保制度解释》适用的时间效力 …… 77
二、“三分之二以上对担保事项有表决权的股东签字同意”的限缩 …… 77
三、公司提供担保时无需决议的例外情形 …… 79
第九条 【上市公司提供担保的效力】 …… 80
◆ **条文要旨** …… 80
◆ **理解与适用** …… 80
一、本条的规范意旨 …… 80
二、上市公司对外提供担保的强制性规定及特殊性 …… 81
三、相对人根据上市公司公开披露的公司担保事项决议订立的担保合同 …… 82
四、相对人未根据上市公司公开披露的公司担保事项决议订立的担保合同 …… 83
五、相对人与上市公司已公开披露的控股子公司订立的担保合同 …… 84
六、相对人与股票在国务院批准的其他全国性证券交易场所交易的公司订立的担保合同 …… 85
◆ **疑点与难点** …… 85
一、上市公司股东大会担保决议的适法性 …… 85
二、上市公司为股东、实际控制人及其关联方提供对外关联担保的法律适用 …… 86
三、上市公司“无决议有公告”和“有决议无公告”的担保合同的效力 …… 86
第 十 条 【一人公司为其股东提供担保】 …… 87
◆ **条文要旨** …… 88
◆ **理解与适用** …… 88
一、一人公司为其股东提供担保的法律效力 …… 88

二、一人公司为其股东提供担保法人人格否认规则的适用 …………92
◆ 疑点与难点 ……………………………………………………………94
一、《民法典担保制度解释》第 10 条的扩张适用 ………………94
二、衡平居次原则的适用 ………………………………………………94
第十一条 【公司分支机构未获授权提供担保的效力】 …………95
◆ 条文要旨 ………………………………………………………………95
◆ 理解与适用 ……………………………………………………………96
一、法人分支机构与法人的关系 ……………………………………96
二、法人分支机构提供担保的效力 …………………………………97
◆ 疑点与难点……………………………………………………………101
一、商业银行总行对分支机构提供担保的概括授权的认定…………101
二、公司职能部门对外担保的效力……………………………………102
第十二条 【债务加入的准用】 ……………………………………103
◆ 条文要旨………………………………………………………………103
◆ 理解与适用……………………………………………………………103
一、债务加入与免责的债务承担………………………………………103
二、债务加入与保证……………………………………………………104
三、债务加入与公司担保………………………………………………105
◆ 疑点与难点……………………………………………………………106
一、债务加入的识别……………………………………………………106
二、本条"可以参照"的理解 ………………………………………107
三、其他情形参照本款的适用…………………………………………107
第十三条 【共同担保】 ……………………………………………108
◆ 条文要旨………………………………………………………………108
◆ 理解与适用……………………………………………………………108
一、本条的规范意旨……………………………………………………108
二、担保人之间追偿权的法律规则与理论争议………………………109
三、各担保人之间追偿权的具体判断和追偿范围……………………115

四、共同担保内部分担份额的计算 …… 116
◆ 疑点与难点 …… 122
一、共同担保的界定：主观标准或客观标准 …… 122
二、本条规范的适用范围 …… 122
第十四条 【担保人受让债权】 …… 123
◆ 条文要旨 …… 123
◆ 理解与适用 …… 123
一、本条的规范意旨 …… 123
二、担保人受让债权应定性为承担担保责任 …… 124
三、受让债权的担保人不得请求其他担保人承担担保责任 …… 125
四、符合《民法典担保制度解释》第 13 条规定时可向其他担保人主张分担份额 …… 125
◆ 疑点与难点 …… 126
禁止无意思联络的共同担保人相互追偿是否会引发道德风险？ …… 126
第十五条 【最高债权额范围】 …… 127
◆ 条文要旨 …… 127
◆ 理解与适用 …… 128
一、本条的规范意旨 …… 128
二、法定最高债权额与约定最高债权额 …… 128
三、未登记的最高担保额的确定 …… 129
四、登记的最高债权额 …… 131
◆ 疑点与难点 …… 133
本条规定适用的特殊情况 …… 133
第十六条 【借新还旧】 …… 134
◆ 条文要旨 …… 134
◆ 理解与适用 …… 134
一、本条的规范意旨 …… 134
二、“借新还旧”的界定与性质 …… 135

三、“借新还旧”时旧贷的担保责任 …… 137
四、旧贷上尚未注销登记的物的担保的效力延伸 …… 140
◆ **疑点与难点** …… 142
一、新贷担保物权优先的限制 …… 142
二、旧贷担保人的同意的认定 …… 143
第十七条 【担保合同无效的法律后果】 …… 144
◆ **条文要旨** …… 144
◆ **理解与适用** …… 144
一、主合同有效而第三人提供的担保合同无效 …… 144
二、主合同无效导致第三人提供的担保合同无效 …… 148
三、担保合同无效时的两个共同问题 …… 149
◆ **疑点与难点** …… 151
一、担保合同无效时担保人承担责任的性质 …… 151
二、担保人承担赔偿责任后能否向债务人追偿 …… 153
三、物上保证人的赔偿责任是否以担保物的价值为限 …… 154
第十八条 【担保人追偿权和法定代位权】 …… 155
◆ **条文要旨** …… 155
◆ **理解与适用** …… 155
一、本条的规范意旨 …… 155
二、担保人对主债务人的追偿权 …… 156
三、担保人的法定代位权 …… 160
◆ **疑点与难点** …… 164
本条规定和其他规定的体系关联 …… 164
第 十 九 条 【反担保人的责任】 …… 165
◆ **条文要旨** …… 165
◆ **理解与适用** …… 165
一、本条的规范意旨 …… 165
二、反担保的界定与性质 …… 165

三、反担保法律关系中的主债务和从债务…………………………… 167
四、担保合同无效时担保人对反担保人的追偿权…………………… 168
五、反担保无效时的效力…………………………………………………… 170
六、担保合同的效力对反担保合同的影响………………………………… 170
◆ **疑点与难点**……………………………………………………………… 170
一、反担保责任是否适用保证期间………………………………………… 170
二、担保人如何请求反担保人和债务人承担责任？……………………… 171
第 二 十 条　【保证人权利规则的参照适用】 …………………………… 171
◆ **条文要旨**………………………………………………………………… 171
◆ **理解与适用**……………………………………………………………… 172
一、本条规定的法理基础…………………………………………………… 172
二、本条规定的必要性……………………………………………………… 174
三、可适用于第三人提供物保时的《民法典》保证规则 ………… 177
◆ **疑点与难点**……………………………………………………………… 179
本条规定的类推适用………………………………………………………… 179
第二十一条　【争议解决方式与管辖法院】 ………………………… 180
◆ **条文要旨**………………………………………………………………… 180
◆ **理解与适用**……………………………………………………………… 180
一、主合同或者担保合同约定仲裁时的管辖权…………………………… 180
二、债权人一并起诉债务人和担保人时的管辖法院……………………… 181
三、债权人依法单独起诉担保人且仅起诉担保人………………………… 181
◆ **疑点与难点**……………………………………………………………… 182
本条规定在仲裁中的适用…………………………………………………… 182
第二十二条　【债务人破产时担保债务停止计息】 ……………… 184
◆ **条文要旨**………………………………………………………………… 184
◆ **理解与适用**……………………………………………………………… 184
◆ **疑点与难点**……………………………………………………………… 190
本条规定是否为“司法造法”？ ………………………………………… 190

第二十三条 【破产程序与担保责任的衔接】 …… 190
◆ 条文要旨 …… 190
◆ 理解与适用 …… 191
一、本条的规范意旨 …… 191
二、破产程序中申报债权后又起诉担保人 …… 191
三、对破产程序中债权人双重受偿的限制 …… 193
四、破产程序终结后担保人的追偿权 …… 197
◆ 疑点与难点 …… 198
一、担保人为多数人时的规则适用 …… 198
二、债权人在债务人破产程序终结后向保证人主张权利 …… 198
第二十四条 【担保人通告抗辩权】 …… 199
◆ 条文要旨 …… 199
◆ 理解与适用 …… 200
一、本条规定的规范意旨 …… 200
二、担保人通告抗辩权法律适用的构成要件 …… 201
三、担保人行使通告抗辩权的法律效果 …… 205
◆ 疑点与难点 …… 205
本条规定在共同担保情形的适用 …… 205

第二章 关于保证合同 …… 207
第二十五条 【保证方式的识别】 …… 207
◆ 条文要旨 …… 207
◆ 理解与适用 …… 207
一、一般保证与连带责任保证的区别 …… 207
二、保证方式的具体认定 …… 209
◆ 疑点与难点 …… 211
保证合同约定保证人于“主债务人不能按期履行债务时”承担保证责任时保证方式的认定 …… 211

第二十六条　【一般保证的当事人】 …… 213
◆ **条文要旨** …… 213
◆ **理解与适用** …… 213
一、债权人仅起诉一般保证人的程序处理 …… 214
二、债权人一并起诉债务人和一般保证人的程序处理 …… 216
三、对一般保证人采取财产保全措施的限制 …… 217
◆ **疑点与难点** …… 219
连带责任保证情形下保证人的诉讼地位 …… 219
第二十七条　【一般保证的保证期间】 …… 220
◆ **条文要旨** …… 220
◆ **理解与适用** …… 220
一、保证期间的涵义 …… 220
二、保证期间的类型 …… 222
三、一般保证的保证期间届满的法律效果 …… 224
四、债权人在保证期间依据公证债权文书申请强制执行的效力 …… 225
◆ **疑点与难点** …… 226
一、债权人仅起诉一般保证人或申请仲裁却未针对债务人起诉或申请仲裁的情形的处理 …… 226
二、公证债权文书是否可以赋予担保合同以强制执行效力的问题 …… 227
第二十八条　【一般保证的诉讼时效】 …… 228
◆ **条文要旨** …… 228
◆ **理解与适用** …… 228
一、保证债务的诉讼时效的意义 …… 228
二、一般保证中保证债务诉讼时效的起算 …… 229
◆ **疑点与难点** …… 237
连带责任保证中债权人请求保证人承担保证责任的行为的类型 …… 237
第二十九条　【共同保证的保证期间】 …… 239
◆ **条文要旨** …… 239

◆ **理解与适用** …… 239
一、共同保证的涵义与类型 …… 239
二、共同保证的保证期间 …… 241
三、因债权人未向部分共同保证人主张权利而免除共同保证人的部分保证责任 …… 243
◆ **疑点与难点** …… 244
共同保证的类型问题 …… 244
第 三 十 条 **【最高额保证的保证期间】** …… 245
◆ **条文要旨** …… 245
◆ **理解与适用** …… 246
一、最高额保证的涵义与特征 …… 246
二、最高额保证中保证期间的确定 …… 248
◆ **疑点与难点** …… 251
最高额保证的类型问题 …… 251
第三十一条 **【撤诉或撤回仲裁是否影响保证期间】** …… 251
◆ **条文要旨** …… 252
◆ **理解与适用** …… 252
一、一般保证的债权人撤诉或撤回仲裁申请对保证期间的影响 …… 252
二、连带责任保证的债权人撤诉或撤回仲裁申请对保证期间的影响 …… 253
第三十二条 **【保证期间约定不明】** …… 253
◆ **条文要旨** …… 254
◆ **理解与适用** …… 254
第三十三条 **【保证合同无效时的保证期间】** …… 257
◆ **条文要旨** …… 258
◆ **理解与适用** …… 258
一、保证合同无效时保证人的赔偿责任 …… 258
二、关于保证人的赔偿责任是否适用保证期间的争论 …… 259

◆ 疑点与难点 …… 262
主合同被撤销对保证合同效力的影响 …… 262
第三十四条 【与保证期间有关事实的审查】 …… 263
◆ 条文要旨 …… 263
◆ 理解与适用 …… 264
一、法院应否主动审查与保证期间相关的事实 …… 264
二、如何认定保证人继续承担保证责任 …… 266
◆ 疑点与难点 …… 269
如何认定债权人有证据证明成立了新的保证合同? …… 269
第三十五条 【对超过诉讼时效的债务提供保证】 …… 270
◆ 条文要旨 …… 270
◆ 理解与适用 …… 270
一、已罹于诉讼时效的主债务是否可以作为被担保债权 …… 270
二、本条适用应注意的问题 …… 272
◆ 疑点与难点 …… 272
对已罹于诉讼时效的主债务提供保证时保证期间的计算 …… 272
第三十六条 【增信措施的性质和效力】 …… 273
◆ 条文要旨 …… 273
◆ 理解与适用 …… 273
一、本条的规范意旨 …… 273
二、保证与债务加入的识别 …… 275
三、不属于保证或债务加入的承诺应按约定履行 …… 280
◆ 疑点与难点 …… 280
不具有保证或债务加入的意思表示的认定 …… 280
第三章 关于担保物权 …… 282
第一节 担保合同与担保物权的效力 …… 282
第三十七条 【以被查封或者扣押的财产等设立抵押】 …… 282

◆ **条文要旨**………………………………………………………………… 282
◆ **理解与适用**……………………………………………………………… 282
一、《民法典》第399条第（四）项、第（五）项规定的两类禁止抵押的财产……………………………………………… 282
二、以权属不明或有争议的财产设定担保时担保物权的善意取得………………………………………………………………… 286
三、以被查封、扣押或被监管的财产抵押的问题………………… 289
◆ **疑点与难点**……………………………………………………………… 290
一、抵押权善意取得的构成要件………………………………………… 290
二、查封、扣押或监管措施公示的问题 ……………………………… 290
第三十八条　【担保物权的效力及于担保财产的全部】 ……………… 291
◆ **条文要旨**………………………………………………………………… 292
◆ **理解与适用**……………………………………………………………… 292
一、担保物权的不可分性………………………………………………… 292
二、与担保财产有关的不可分性………………………………………… 292
◆ **疑点与难点**……………………………………………………………… 294
一、留置权不可分性的理解……………………………………………… 294
二、抵押房屋合法扩建后，新增的面积是否纳入抵押范围？……… 295
第三十九条　【担保财产担保主债权的全部】 ………………………… 295
◆ **条文要旨**………………………………………………………………… 296
◆ **理解与适用**……………………………………………………………… 296
一、主债权被分割或部分转让的………………………………………… 296
二、主债务被分割或者部分转移的……………………………………… 297
◆ **疑点与难点**……………………………………………………………… 299
债务加入与保证的联系和区别…………………………………………… 299
第 四 十 条　【抵押权及于从物】 ……………………………………… 300
◆ **条文要旨**………………………………………………………………… 301
◆ **理解与适用**……………………………………………………………… 301

一、从物的涵义及区分主物与从物的意义 …… 301
二、抵押权的效力是否及于抵押财产的从物 …… 302
◆ **疑点与难点** …… 305
作为抵押财产的从权利是否为抵押权的效力所及？ …… 305
第四十一条 【抵押权及于添附物】 …… 306
◆ **条文要旨** …… 306
◆ **理解与适用** …… 306
一、添附的涵义与类型 …… 306
二、抵押权的效力是否及于添附物 …… 310
第四十二条 【抵押权的物上代位效力】 …… 312
◆ **条文要旨** …… 312
◆ **理解与适用** …… 312
一、担保物权的物上代位效力 …… 312
二、担保物权的物上代位效力的实现程序 …… 322
◆ **疑点与难点** …… 326
侵害物上代位权的民事责任问题 …… 326
第四十三条 【抵押财产转让的约定的效力】 …… 329
◆ **条文要旨** …… 330
◆ **理解与适用** …… 330
一、《民法典》第406条允许抵押人转让抵押财产 …… 330
二、承认抵押权的追及效力 …… 332
三、抵押人与抵押权人禁止或限制抵押财产转让的约定的效力 …… 332
◆ **疑点与难点** …… 337
抵押财产转让中对抵押财产受让人的保护问题 …… 337
第四十四条 【主债权诉讼时效期间届满的法律后果】 …… 338
◆ **条文要旨** …… 338
◆ **理解与适用** …… 339
一、主债权诉讼时效届满对抵押权的影响 …… 339

二、主债权诉讼时效届满对质权和留置权的影响 …………………… 345
◆ **疑点与难点** …………………………………………………………… 348
主债权时效期间内已对抵押财产强制执行但执行程序处于停滞状态的问题 …………………………………………………………… 348
第四十五条　【担保物权的实现程序】 ………………………………… 349
◆ **条文要旨** ……………………………………………………………… 350
◆ **理解与适用** …………………………………………………………… 350
一、担保物权的约定实现程序 …………………………………………… 350
二、担保物权的法定实现程序 …………………………………………… 351
◆ **疑点与难点** …………………………………………………………… 357
担保物权约定实现程序与流押或流质的区别 …………………………… 357
第二节　不动产抵押 ……………………………………………………… 360
第四十六条　【不动产抵押合同生效后未办理抵押权登记的民事责任】 …… 360
◆ **条文要旨** ……………………………………………………………… 360
◆ **理解与适用** …………………………………………………………… 361
一、合同效力与物权登记效力的区分 …………………………………… 361
二、抵押合同生效后抵押人有义务协助办理抵押权登记 ……………… 362
三、抵押合同生效后未办理抵押权登记时抵押人的民事赔偿责任 … 363
◆ **疑点与难点** …………………………………………………………… 367
一、抵押权人有权请求抵押人在代位物价值范围内承担相应赔偿责任不同于物上代位权 …………………………………………… 367
二、不得超过抵押权能够设立时抵押人应当承担的责任范围的合理性 …………………………………………………………………… 368
第四十七条　【不动产登记簿的效力】 ………………………………… 368
◆ **条文要旨** ……………………………………………………………… 369
◆ **理解与适用** …………………………………………………………… 369
一、不动产抵押权采取登记生效要件主义 ……………………………… 369
二、不动产登记簿具有推定效力与公信效力 …………………………… 370

三、抵押权登记时不动产登记簿的记载与抵押合同的约定不一致 …… 372
第四十八条 【因登记机构原因不能办理登记的后果】 …… 376
◆ 条文要旨 …… 376
◆ 理解与适用 …… 376
第四十九条 【违法建筑物抵押】 …… 379
◆ 条文要旨 …… 379
◆ 理解与适用 …… 379
一、违法建筑物不能申请房屋抵押权首次登记 …… 379
二、以违法建筑物抵押时抵押合同的效力 …… 380
◆ 疑点与难点 …… 381
不动产登记法中的连续登记原则的涵义 …… 381
第 五 十 条 【划拨土地抵押及其土地上建筑物抵押】 …… 384
◆ 条文要旨 …… 384
◆ 理解与适用 …… 384
一、划拨建设用地使用权的抵押 …… 384
二、划拨土地上的建筑物的抵押 …… 389
第五十一条 【房地一体抵押】 …… 392
◆ 条文要旨 …… 393
◆ 理解与适用 …… 393
一、我国法上的房地一致原则 …… 393
二、房屋与建设用地使用权一并抵押 …… 394
三、建设用地使用权抵押后新增建筑物不为抵押权效力所及 …… 396
四、在建建筑物抵押中抵押财产的范围 …… 397
◆ 疑点与难点 …… 400
土地上存在未登记的建筑或者违法建筑，当事人能否仅抵押建设用地使用权？ …… 400
第五十二条 【抵押预告登记的优先受偿效力】 …… 402
◆ 条文要旨 …… 402

◆ **理解与适用** …… 402

一、预告登记的涵义与适用 …… 402

二、抵押权预告登记的权利人是否具有优先受偿权 …… 405

三、抵押权预告登记权利人在特定条件下具有优先受偿权 …… 411

四、抵押权预告登记权利人在抵押人破产时具有优先受偿权 …… 413

◆ **疑点与难点** …… 415

一、抵押权预告登记不能对抗查封 …… 415

二、抵押权预告登记不具有限制抵押人转让财产的效力 …… 415

三、在建建筑物抵押权登记并非抵押权预告登记 …… 415

第三节 动产与权利担保 …… 418

第五十三条 【担保财产的概括描述】 …… 418

◆ **条文要旨** …… 418

◆ **理解与适用** …… 419

一、担保财产的特定化与概括描述 …… 419

二、担保财产不特定时担保不成立 …… 420

三、担保财产的“合理识别”标准 …… 421

◆ **疑点与难点** …… 421

合理识别标准对于融资租赁合同和所有权保留买卖合同的适用 …… 421

第五十四条 【未办理登记的动产抵押权的效力】 …… 422

◆ **条文要旨** …… 423

◆ **理解与适用** …… 423

一、未经登记不得对抗善意第三人之“对抗”的理解 …… 423

二、未经登记的动产抵押权不得对抗善意的受让人 …… 424

三、未经登记的动产抵押权不得对抗善意的承租人 …… 427

四、未经登记的动产抵押权与抵押人的无担保债权人之间的对抗关系 …… 427

◆ **疑点与难点** …… 431

未经登记的动产抵押权是否可以对抗抵押人的破产债权人或者管理人？ …… 431

第五十五条 【财产处于第三方监管的质押】 …………………… 433
◆ **条文要旨** …………………… 433
◆ **理解与适用** …………………… 433
一、对于动态质押的基本司法态度 …………………… 433
二、动态质押中质权的设立 …………………… 434
三、动态质押中监管协议的性质与违约责任的判定 …………………… 435
◆ **疑点与难点** …………………… 438
虚假出质中各方责任的分配 …………………… 438
第五十六条 【正常经营活动中买受人规则】 …………………… 439
◆ **条文要旨** …………………… 439
◆ **理解与适用** …………………… 439
一、正常经营活动中买受人规则的制度演变 …………………… 440
二、如何认定“正常经营活动” …………………… 441
三、如何认定“已支付合理对价” …………………… 443
四、如何认定“担保物权人” …………………… 443
◆ **疑点与难点** …………………… 444
正常经营活动中的买受人规则的适用是否以买受人善意为前提? …………………… 444
第五十七条 【购买价金担保权的超优先顺位】 …………………… 445
◆ **条文要旨** …………………… 445
◆ **理解与适用** …………………… 445
一、购买价金担保权超优先顺位规则的适用范围 …………………… 445
二、购买价金担保权优先于在先的动产抵押权 …………………… 447
三、购买价金担保权超优先顺位规则的适用条件 …………………… 448
四、竞存购买价金担保权之间的优先顺位规则 …………………… 452
◆ **疑点与难点** …………………… 453
超优先顺位规则对融资租赁交易和所有权保留买卖交易的适用 …………………… 453

第五十八条 【汇票质权】…… 454
◆ 条文要旨…… 454
◆ 理解与适用…… 454
一、背书“质押”字样的必要性 …… 454
二、记载“不得转让”的票据出质的效力 …… 457
◆ 疑点与难点…… 459
商业票据电子化之下的解释论…… 459
第五十九条 【仓单质权】…… 461
◆ 条文要旨…… 461
◆ 理解与适用…… 461
一、仓单质权的设立…… 462
二、仓单出质与仓储物担保的效力与清偿顺位…… 463
三、同一仓储物的多份仓单上仓单质权的清偿顺位…… 464
◆ 疑点与难点…… 464
同一仓储物的多份仓单上仓单质权的清偿顺位…… 464
第 六 十 条 【提单质权】…… 465
◆ 条文要旨…… 466
◆ 理解与适用…… 466
一、提单质权的设立…… 466
二、提单质权的行使…… 466
◆ 疑点与难点…… 469
提单的权利凭证属性…… 469
第六十一条 【应收账款质权】…… 470
◆ 条文要旨…… 470
◆ 理解与适用…… 471
一、应收账款债务人对于应收账款真实性的确认的效力…… 471
二、应收账款质押中质权人与应收账款债务人的举证责任…… 471
三、通知在应收账款质权行使中的法律意义…… 472

四、在未来应收账款上设立的应收账款质权…………………… 473
◆ **疑点与难点**…………………………………………………… 478
虚构应收账款的责任分担………………………………………… 478
第六十二条 【留置权】 ……………………………………… 479
◆ **条文要旨**……………………………………………………… 479
◆ **理解与适用**…………………………………………………… 479
一、留置财产是否仅限于债务人所有的财产…………………… 479
二、商事留置权适用的限制……………………………………… 481
◆ **疑点与难点**…………………………………………………… 481
非因持续经营所产生的债权是否可以适用商事留置权? …………… 481

第四章 关于非典型担保………………………………………… 483
第六十三条 【非典型担保的合同效力和物权效力】 ………… 483
◆ **条文要旨**……………………………………………………… 483
◆ **理解与适用**…………………………………………………… 483
一、非典型担保的司法态度……………………………………… 483
二、登记对非典型担保之物权效力的影响……………………… 490
◆ **疑点与难点**…………………………………………………… 492
一、商铺租赁权质押的效力认定………………………………… 492
二、出租车经营权质押的效力认定……………………………… 493
第六十四条 【所有权保留买卖中取回权的行使程序】 ……… 495
◆ **条文要旨**……………………………………………………… 495
◆ **理解与适用**…………………………………………………… 495
一、取回权的行使条件…………………………………………… 496
二、取回权的行使程序…………………………………………… 499
◆ **疑点与难点**…………………………………………………… 500
取回权行使程序的解释论………………………………………… 500
第六十五条 【融资租赁交易中租金未付的救济途径】 ……… 501
◆ **条文要旨**……………………………………………………… 501

◆ 理解与适用…………………………………………………………… 501
一、本条的规范意旨……………………………………………… 501
二、租金加速到期规则…………………………………………… 503
三、请求解除合同并收回租赁物………………………………… 506
◆ 疑点与难点…………………………………………………………… 507
租赁物价值的认定………………………………………………… 507
第六十六条 【保理】 ……………………………………………… 508
◆ 条文要旨……………………………………………………………… 508
◆ 理解与适用…………………………………………………………… 508
一、权利竞存时的优先顺位问题………………………………… 508
二、保理人追索权的行权方式…………………………………… 513
◆ 疑点与难点…………………………………………………………… 514
保理人行使权利是否存在先后顺序？ ………………………… 514
第六十七条 【“善意第三人”的范围及效力】 ………………… 515
◆ 条文要旨……………………………………………………………… 515
◆ 理解与适用…………………………………………………………… 515
一、本条的规范意旨……………………………………………… 515
二、所有权未经登记不得对抗善意的受让人…………………… 517
三、所有权未经登记不得对抗担保物权人……………………… 518
◆ 疑点与难点…………………………………………………………… 518
所有权未经登记能否对抗无担保债权人？ …………………… 518
第六十八条 【让与担保的物权效力】 …………………………… 520
◆ 条文要旨……………………………………………………………… 520
◆ 理解与适用…………………………………………………………… 521
一、让与担保的合同效力………………………………………… 522
二、关于让与担保物权效力的裁判分歧………………………… 525
三、让与担保合同中的流抵、流质条款………………………… 529
◆ 疑点与难点…………………………………………………………… 531
让与担保合同中回购条款的效力………………………………… 531

第六十九条 【股权让与担保的效力】 …… 532
◆ 条文要旨 …… 532
◆ 理解与适用 …… 532
一、股权让与担保的合同效力和物权效力 …… 533
二、股权让与担保权人的法律地位 …… 535
第 七 十 条 【保证金账户质押】 …… 536
◆ 条文要旨 …… 536
◆ 理解与适用 …… 536
一、保证金账户质权的有效设立 …… 537
二、保证金的特定化与保证金账户质权的设立 …… 538
三、债权人对保证金账户的实际控制 …… 540
四、债权人可就保证金账户内的资金优先受偿 …… 541
◆ 疑点与难点 …… 541
保证金账户质权的性质 …… 541

第五章 附 则 …… 544
第七十一条 【生效时间】 …… 544
◆ 条文要旨 …… 544
◆ 理解与适用 …… 544
一、《民法典》公布后法院的司法态度 …… 544
二、《民法典时间效力规定》对于担保纠纷案件的适用 …… 545
◆ 疑点与难点 …… 546
《民法典》具有溯及力的例外情形 …… 546

附录一：《中华人民共和国民法典》担保相关条文 …… 548
附录二：最高人民法院关于适用《中华人民共和国民法典》有关担保制度的解释 …… 562
附录三：最高人民法院民二庭负责人就《最高人民法院关于适用〈中华人民共和国民法典〉有关担保制度的解释》答记者问 …… 581

第一章 一般规定

第一条 【适用范围】

因抵押、质押、留置、保证等担保发生的纠纷，适用本解释。所有权保留买卖、融资租赁、保理等涉及担保功能发生的纠纷，适用本解释的有关规定。

◆ 条文要旨

本条是对担保部分司法解释适用范围的规定。

◆ 理解与适用

一、债的担保的两个层次

（一）一般担保与特别担保

债权的两个特征决定了法律必须作出特别规定，否则债权将难以实现。一是债权是一种请求权，必须债务人协助才能实现；二是债权需要债务人的信用做保障，包括债权人的履行意愿和履行能力。法律为保障债权的实现，设立了债的担保制度。

债的担保可以分为一般担保和特别担保。债的一般担保要求债务人必须以其全部责任财产作为履行债务的总担保，以使债权人的债权能实现。基于债权的一般效力，债权人可以请求债务人履行债务，然而，即使债务人“必须偿还”债务，且债权人可以借助国家强制力请求履行，然债务人承担的只是规范义务（Sollen），是一种“应当状态”，而并不意味着债务人一定有履行债务的意愿和履行能力。① 为此，法律设定了连带责任、债的保全、预告登记、抵销等制度，都

① 参见［日］近江幸治：《担保物权法》，祝娅、王卫军、房兆融译，法律出版社1999年版，第1页。

归属于债的一般担保范畴。

债的特别担保则是指债的一般担保之外，当事人为强化债的履行而专门设定的担保。它是当事人之间附加在债务之上的辅助的、额外的“保障”，并非基于债务自身的属性或源自其所处的法律状态本身的结果，也不是非其他制度或规则的作用，而是源于当事人之间的合意，① 包括人的保证和物的保证等。特别担保通常都具备从属性和补充性这两大基本特征。

（二）形式担保与特别担保

在当事人专设的债的担保中，法律面临的一大问题为——是否专门界定当事人之间的担保方式，或者说，规定担保的法定方式？对这一问题的回答，形成了两种担保观。

一是形式担保观。其核心是在担保物权领域贯彻物权法定原则，担保物权仅限于债权人在他人财产的交换价值上设定限定物权，且当事人只能选择法定的担保类型。担保类型不同，担保物、担保物权的公示方式甚至权利的实现方式都存在差异。法律以外的担保类型，如以所有权和股权等权利本身设定的担保，即使交易功能全然在于担保，也被视为非典型担保或其他交易方式，其担保权效力的有无和强度取决于司法政策对法定主义的坚持程度和对商业习惯的认同程度。在所有权保留和融资租赁中，卖方或出租人对标的物享有的是所有权。形式担保观的基础之一是，担保方式采取法定主义是由担保的特殊性所规定的，因为担保不仅涉及债权人、债务人利益，而且涉及第三人的利益，甚至社会公共利益。②

二是实质担保观。实质担保观并不拘泥于担保类型是否由法律规定，而是以交易的经济功能为标准认定担保，无论交易名称如何或债权人的名义权利如何，只要其目的在于获得对担保物交换价值的优先受偿权，即都构成担保。③ 各种担保权的共性在于：当债权被分割或者有侵害之虞时，享有担保权的债权人可依自身意思改变一定的法律关系来保障其债权的实现。④ 据此，凡具有财产价值的动产和权利均可设定担保，但为避免损害担保人的其他债权人，担保权应在公示

---

① 参见王乐兵：《担保法专论》，对外经济贸易大学出版社 2018 年版，第 5 页。

② 参见郭明瑞、房绍坤、张平华编著：《担保法》（第 5 版），中国人民大学出版社 2017 年版，第 7－8 页。

③ 参见谢在全：《担保物权制度的成长与蜕变》，载《法学家》2019 年第 1 期。

④ 参见王康：《论〈民法典〉担保权的立法定位》，载《甘肃政法学院学报》2019 年第 4 期。

（特定情形尚需通知在先的债权人）后才能获得对抗第三人的优先效力，公示手段以财产的物理属性为基础，且公示方式较为多元（如登记、占有和控制）；当事人选择登记或占有作为公示手段的空间较大。意定担保物权不再区分抵押权和质押权，各种标的物和基于不同公示手段设定的有效担保均产生统一的担保权益。所有权保留的卖方和融资租赁中的债权人对标的物的权利并非所有权，而是担保权益。

传统民法典均采形式担保观。《美国统一商法典》第9编第一次全面以统一的“担保权益”为基础奠定了实质担保观，确立了单一的担保交易模式，2001年的修订进一步强化了这种观念。其第9—101条的官方评论指出，第9编的目的是为种类繁多的担保融资交易设定简单、统一的结构，使担保交易成本更低，确定性更强。实质担保观对普通法国家和国际动产担保示范性文件产生了重要影响。英国担保法制改革的一个重点也是鲜明反对担保交易中的形式主义，将登记制度扩大适用于“准担保权益”（quasi - securities），如所有权保留等，在法律适用上统一所有具有担保功能的交易。争议各方还对将应收账款转让纳入担保达成了较大共识，因为它与担保转让难以区分，且应收账款本身亦可纳入浮动担保范围。① 甚至德国也有学者高度评价《美国统一商法典》第9编，认为它的体系和逻辑均超越了德国法。②

二、本司法解释适用的范围

（一）形式担保观之下的担保——典型担保

《民法典担保制度解释》本条前句规定，因抵押、质押、留置、保证等担保发生的纠纷，适用本解释。它针对的是法律明确规定的担保方式。

担保的法定方式在理论上可以做不同分类，最为通常的分类是依据担保的标的，将其分为人的担保（人的保证）与物的担保（物上保证）。前者以人的信用即第三人的全部责任财产为基础，强化债的效力；后者是以债务人或第三人以特定的动产、不动产或其他财产权利为标的，对担保标的享有“价值权”，即对其价值享有优先受偿权，以突破债权平等性。

---

① See Gerard McCormack, The Law Commission Consultative Report on Company Security Interests: An Irreverent Riposte, 68 M. L. R. 300 (2005).

② 参见许德风：《论担保物权在破产程序中的实现》，载《环球法律评论》2011年第3期。

此外，依担保发生的依据的不同，担保可分为意定担保和法定担保。意定担保都是依当事人合同产生的担保，法定担保是指依法律规定直接成立的担保，如留置权、法定抵押权、优先权等。值得注意的是，法定担保能否适用本司法解释？从法理上说，法定担保同样产生意定担保的效力，它与意定担保的差异只是体现在成立的方式上，因此，除非基于其性质不能适用意定担保的规则之外，法定担保的效力、实现等也应适用意定担保规则。《民法典担保制度解释》对留置权作了一些特别规定，自然应优先适用。

（二）实质担保观之下的担保

本条后句规定，所有权保留买卖、融资租赁、保理等涉及担保功能发生的纠纷，适用本解释的有关规定。

在传统以形式担保观为基础的欧陆民法典中，依据担保类型是否由法律规定，担保被区分为典型担保和非典型担保。前者包括法律明确类型化的担保方式，后者则为法定担保类型之外的其他担保方式。但实质担保观下的担保类型的范围，比非典型担保的范围还要广泛：非典型担保虽然“不典型”，当事人认可其为独立的担保方式；而实质担保观则直接按照交易功能认定一项交易是否构成担保，即使当事人的意思并非如此。

在我国法上，实质担保观发展的一个重要契机是，2008 年 10 月 28 日，第十一届全国人大常委会第五次会议表决通过了关于批准《移动设备国际利益公约》及其航空器议定书（两者通常统称为《开普敦公约》）的决定。《开普敦公约》于 2009 年 6 月 1 日对我国生效。《开普敦公约》借鉴《美国统一商法典》第 9 编，创设了“国际（担保）利益”的概念，彰显了实质担保观。根据《开普敦公约》第 2 条，移动设备的国际（担保）利益是指债权人依据书面协议享有的针对某个可识别的移动设备（航空器、铁路设备、空间资产以及矿业、农业和工程设备等）的特定权益，包括担保协议的担保人所赋予的利益、所有权保留协议的附条件卖方享有的利益和租赁协议的出租人享有的利益。最高人民法院于 2019 年发布的《民商事审判会议纪要》也引入了实质担保观，如第 66 条和第 71 条分别承认了“具有担保功能的合同”和让与担保的合同效力，第 23 条还规定公司为债务加入行为时，准用公司担保规则。

《民法典》第 388 条第 1 款则明确将“其他具有担保功能的合同”与抵押合

同等并列。在《民法典》中，其他具有担保功能的合同包括所有权保留、融资租赁以及有追索权的保理三类合同。除此之外，非典型担保中的让与担保等也属于这类合同。鉴于《民法典》纳入了其他具有担保功能的合同，《民法典担保制度解释》纳入了所有权保留、融资租赁和保理，承认了这三类合同为“其他具有担保功能的合同”。

三、形式担保观和实质担保观的差异

《民法典》中形式担保观和实质担保观的交融，在传统民法典和《美国统一商法典》之外创设了第三种立法模式。理论界和实务界对这一立法创新多予以积极评价，认为它“体现了两大法系的融合、典型担保和非典型担保的融合、体系主义和功能主义的融合”①，甚至为“其他大陆法系国家提供了可参照的样本”②。也有学者认为，市场中的债权人重视的不是权利形式，而是实际收益与风险，因此尽管物保和人保的区分仍然是传统担保法的基本结构，但在现代社会的市场实践中，其已成明日黄花。③ 然而依据法理，只有构成担保的措施才能适用法律关于担保的相关规定。④ 这就使《民法典》和《民法典担保制度解释》在适用上面临一个很大的难题：所有权保留等“其他具有担保功能的合同”是否能完全适用担保规则？以下首先分析在所有权保留和融资租赁交易中形式担保观和实质担保观的冲突。

（一）标的物的处分

1. 形式担保观

依据《民法典》第641条关于所有权保留买卖的定义和第642条有关取回权的规定：卖方在价金全部支付之前，享有标的物所有权，这种制度设计采用的是所有权构成。但卖方的权利受合同限制，不能转让标的物或在其上设定其他权利负担，融资租赁中的债权人也如此，《民法典》第748条就明确规定，在融资租

---

① 参见最高人民法院民法典贯彻实施工作领导小组主编：《中华人民共和国民法典物权编理解与适用》（下册），人民法院出版社2020年版，第995页。

② 参见高圣平：《动产担保交易的功能主义与形式主义——中国〈民法典〉的处理模式及其影响》，载《国外社会科学》2020年第4期。

③ 参见张凇纶：《债权人视角下的担保制度——兼论〈民法典〉中担保制度的立法构想》，载《法律科学》2019年第6期。

④ 参见崔建远：《“担保”辨——基于担保泛化弊端严重的思考》，载《政治与法律》2015年第12期。

赁合同中，因出租人的原因致使第三人对租赁物主张权利的，出租人应承担损害赔偿责任。

买方因对标的物不享有所有权，自然无法转让标的物的所有权或设定抵押权，除非构成善意取得。《民法典》第 642 条第 1 款规定，买方将标的物出卖、出质或者作出其他不当处分时，出卖人可行使取回权；第 753 条还规定融资租赁中的承租人未经出租人同意处分标的物的，出租人可以解除融资租赁合同。然而，为保护买方的权利，大陆法往往赋予买方对标的物以超越债权的效力更强的权利，以保障其未来获得标的物的所有权。如赋予其“作为将来的所有权”前身的期待权，并许可其类推动产所有权转让规则转让给第三人，在转让时甚至还区分对“所有权的期待权”转让和对“期待权的期待权”转让，并赋予对期待权的转让以善意取得效力。① 此外，还可以考虑的思路是赋予买卖双方对标的物的共有权。但无论何种思路都难以赋予买方或承租人对标的物较为全面的处分权。

若买卖合同约定买方有权处分标的物，双方通常还会约定所有权保留延及处分标的物的收益，尤其是在买方并非终端使用者而是中间商时。② 这种情形下的所有权已经非常接近抵押权。

2. 实质担保观

债权人的权利为担保权益，即使合同明确约定保留所有权，卖方也只能享有担保权益，标的物的其他权利归买方。以往美国法院认为，除非合同另有约定，买方对标的物的权利不足以使其设定担保，这就限制了买方获得信贷的担保渠道或至少会增加其信贷成本。③ 其后，法院认为，买方的“所有权”和对标的物的占有被认为足可为他人设定担保。④ 此外，因卖方对标的物享有的是担保权益，买方在合同不禁止其转让时可以对外转让标的物，此时依据《美国统一商法典》第 9 编第 315 条第 1 款的规定，买方的担保权益延及处分所得的收益。可见，实

---

① 参见［德］曼弗雷德·沃尔夫：《物权法》，吴越、李大雪译，法律出版社 2002 年版，第 305 - 307 页。

② 参见［德］鲍尔·施蒂尔纳：《德国物权法》（下册），申卫星、王洪亮译，法律出版社 2006 年版，第 701 页。

③ See Steve H. Nickles, Rights and Remedies Between U. C. C. Article 9 Secured Parties with Conflicting Security Interests in Goods, 68 Iowa L. Rev. 222 (1983).

④ Margit Livingston, Certainty, Efficiency, and Realism: Rights In Collateral Under Article 9 of the Uniform Commercial Code, 73 N. C. L. Rev. 115, 123 (1994).

质担保观更能促进物尽其用，[①] 相比而言，在买方支付的款项无限接近于全部价款时，形式担保观不赋予买方处分权，委实不公。

（二）担保物权竞存规则的适用

在形式担保观下，卖方享有所有权，但其设定担保等权利受合同限制，买方无权设定担保物权，因此不存在卖方的权利与其他担保物权的竞存问题。此外，在第三人善意取得时，卖方的所有权劣后于第三人的担保物权，同样也不存在竞存问题。

在实质担保观下，卖方对标的物享有的是担保权益，买方在为第三人设定担保权益后，卖方与第三人之间的担保权益适用“公示在先，权利在先”的担保物权竞存一般规则。唯一的例外是，若卖方将其权利登记为 PMSI 的，则其权利优于在先担保物权。

（三）第三人的信赖保护

1. 形式担保观

形式担保观通过善意取得制度保护与标的物有关的第三人。卖方虽然享有标的物的所有权，但因其并不占有标的物，在其处分标的物时，第三人通常并非善意，无法善意取得。买方虽无权处分标的物，但因其占有标的物，第三人很可能信赖其所有权外观，而依据《民法典》第 311 条善意取得所有权和担保物权。

在所有权保留中，即使卖方依法解除或撤销了买卖合同，第三人的善意取得也不受影响。《美国统一商法典》第 2—403 条第 1 款规定，即使买方的所有权可被撤销，但在其将标的物转让给第三人时，第三人也可善意取得。如甲从乙处购买设备，因其用于支付价金的支票被银行拒付，甲取得的是“可撤销所有权”，但在甲将标的物转让给丙时，丙对标的物的权利依然可以对抗乙。《美国统一商法典》第 2—702 条第 3 款还规定，卖方享有的返还权利劣后于第 2—403 条规定的善意购买人的权利。

2. 实质担保观

因卖方对标的物仅享有担保权益，其在担保物上为第三人设定担保时，第三人即使明知在先存在卖方的担保权益，也可取得后顺位的担保权。在卖方未对其

---

① 参见纪海龙：《世行营商环境调查背景下的中国动产担保交易法》，载《法学杂志》2020 年第 2 期。

担保权益进行公示时，第三人的担保权益优先于卖方的权利。这两种情形均不存在第三人的善意保护问题。但在买方转让标的物时，第三人能否对抗卖方，则依据“正常经营过程中的买方”（BIOCOB）制度，而不适用善意取得制度。正常经营买方制度的实质虽属特殊的善意取得，① 但它对善意的要求与形式担保中的抵押权善意取得中的善意不同，前者是指正常经营过程中的买方不仅知道卖方为他人在标的物上设定了抵押权，而且必须知道担保合同不允许卖方转让担保物，故两者对第三人的保护存在差异。

（四）取回权

1. 形式担保观

取回权的前提是权利人对债务人占有的物享有物权性的返还请求权，② 在买方出现违约等行为时，享有所有权的卖方可行使取回权。但卖方完全可以不主张取回权，而请求买方承担违约责任。

取回权并非解除权行使时的返还原物这一法律效果，反而与解除的效果相反，其在于通过自力救济方式保障债权，敦促买方履行合同。传统大陆法理论认为，所有权保留与担保物权相比，其优势恰好在于取回权赋予卖方以更强的保障。③ 普通法传统规则也许可分期付款的卖方在买方违约时行使取回权。④ 在所有权保留中，取回权作为法定权利，其构成要件由法律规定，而不能简单依据所有权的效力推导出来。《民法典》第 642 条第 1 款规定了取回权成立的法定条件，如买方未按照约定支付价款、经催告后在合理期限内仍未支付等，其与合同解除条件并不相同，虽然两者均发生卖方实际取回标的物的效果。《最高人民法院关于审理买卖合同纠纷案件适用法律问题的解释》（法释〔2020〕17 号）第 26 条和《最高人民法院关于适用〈中华人民共和国企业破产法〉若干问题的规定（二）》（法释〔2020〕18 号）第 37 条规定，买方已经支付标的物总价款的 75%

---

① 参见纪海龙、张玉涛：《〈民法典物权编（草案）〉中的“正常经营买方规则”》，载《云南社会科学》2019 年第 5 期。

② 参见邹海林：《破产法——程序理念与制度结构解析》，中国社会科学出版社 2016 年版，第 323 页。

③ 参见［德］克里斯蒂安·冯·巴尔、埃里克·克莱夫主编：《欧洲私法的原则、定义与示范规则：欧洲示范民法典草案》（第 9 卷、第 10 卷），徐强胜、赵莉译，法律出版社 2014 年版，第 9－10 页。

④ Steve H. Nickles, Rights and Remedies Between U. C. C. Article 9 Secured Parties with Conflicting Security Interests in Goods, 68 Iowa L. Rev. 222 (1983).

以上，卖方不能主张取回标的物。但《民法典》未采纳这一立场，理由是其合理性并不充分，且有违《民法典》第416条规定的PMSI。①

取回权是否意味着卖方对标的物享有的所有权一定优于卖方享有的担保权益，必须综合判断。依《民法典》第642条第2款，若买卖双方对取回未达成合意时，可以参照适用担保物权的实现程序。即卖方可参照《民事诉讼法》第196条、第197条有关实现担保物权的程序规定，直接向法院申请执行，以达到降低交易成本、提高效率的目的。② 然而，若标的物上同时存在PMSI或第三人善意取得抵押权等情形，卖方在行使取回权时，法院必然综合考虑各方的权利竞存情况，以决定是否由卖方行使取回权。此外，《民法典》第643条规定，买方在双方约定或者卖方指定的合理回赎期限内消除了卖方取回标的物的事由后，交易障碍即被克服，买方可请求回赎标的物。在买方丧失回赎权时，卖方可以合理价格将标的物出卖给第三人，对其所获价款对买方承担清算义务。当卖方负清算义务时，其所有权的功能已经接近于抵押权。

在卖方行使取回权适用《民法典》第410条第2款规定的抵押权实现程序时，卖方并不享有基于所有权自力取回标的物的权利，但卖方比抵押权人依然享有更多的自力救济权。因为卖方通过法院取回标的物后，可以自行出售标的物，从中优先受偿。但依形式担保观，这里还涉及一个较大的解释难题，即何以债权人需拍卖自己享有所有权的物以实现债权？王泽鉴教授提出两种解释路径：一是债权人享有的是法律规定的权利，对其无需进行理论解释；二是将其解释为法律拟制标的物之所有权已移转于买方。③ 当然还可能存在第三种解释，即法律拟制债权人行使的是所有权人抵押权。但无论是何种解释，都表明卖方的所有权在实现时很难是真正的所有权，而是受制于合同的所有权，这未尝不是形式担保观的一种困境。

2. 实质担保观

卖方享有的是担保权益，自然无法行使取回权，而应全部通过担保物权程序实现其债权。然而，毕竟买卖双方存在合同关系，若合同约定了卖方的取回权，

---

① 参见黄薇主编：《中华人民共和国民法典释义》，法律出版社2020年版，第408页。

② 参见黄薇主编：《中华人民共和国民法典释义》，法律出版社2020年版，第409页。

③ 参见王泽鉴：《民法学说与判例研究》（第1册），中国政法大学出版社1998年版，第180页。

则适用合同约定。在合同未作约定时，《美国统一商法典》第 2—702 条等也规定了取回权作为卖方的法定救济方式。如在买方缺乏履行能力时，卖方可以在买方收到货物后 10 日内请求返还货物。

（五）其他差异

两种担保观的法律效果在其他方面也存在一些差异，以下举其要者说明。

首先是担保物的风险负担。在形式担保观下，卖方或出租人享有标的物的所有权，应直接适用买卖合同和融资租赁合同的法定风险负担规则，前者采交付主义，后者则融合了交付主义和合同解除规范。① 在实质担保观下，因卖方或出租人享有标的物的担保权益，应适用《民法典》第 390 条有关担保物权物上代位权的一般规则。但这只是纯粹的逻辑推演，考虑到双方之间的合同关系，此时应适用合同编规则，两者并无差异。

其次是债权范围。在形式担保观下，债权人行使取回权，其可获得清偿的范围包括原债权、利息、迟延利息、违约金等。在实质担保观下，合同双方往往不可能约定担保债权的范围，则应适用《民法典》第 389 条，担保债权的范围包括主债权及其利息、违约金、损害赔偿金、保管担保财产和实现担保物权的费用。两相比较，前者无法涵盖拍卖或变卖标的物的费用。

最后是权利的实现期间。在形式担保观下，依据传统理论，卖方的所有权保留不因时效而消灭，卖方可随时基于其所有权取回标的物并予以变价。② 依《民法典》第 196 条第（二）项，只要经过登记的动产物权，其原物返还请求权都不适用诉讼时效。在实质担保观下，依据《民法典》第 419 条，债权人必须在主债权诉讼时效期间行使抵押权。

综上，形式担保观和实质担保观的法律效果差异可总结如下。

---

① 参见周江洪：《融资租赁合同解除与风险负担规则并存模式之评析》，载《晋阳学刊》2015 年第 1 期。

② 参见［德］鲍尔·施蒂尔纳：《德国物权法》（下册），申卫星、王洪亮译，法律出版社 2006 年版，第 676 页。

<table>
<tr><td rowspan="2">比较项目
担保观</td><td colspan="2">形式担保观</td><td colspan="2">实质担保观</td></tr>
<tr><td>所有权保留</td><td>融资租赁</td><td>所有权保留</td><td>融资租赁</td></tr>
<tr><td>所有权归属</td><td>卖方</td><td>出租人</td><td>买方</td><td>承租人</td></tr>
<tr><td>对抗第三人的条件</td><td colspan="2">登记</td><td colspan="2">登记</td></tr>
<tr><td>担保物权竞存规则</td><td colspan="2">所有权人优先，但不能对抗第三人善意取得的物权</td><td colspan="2">适用担保物权竞存一般规则</td></tr>
<tr><td>第三人保护</td><td colspan="2">适用善意取得规则</td><td colspan="2">适用正常经营活动中的买方规则</td></tr>
<tr><td>可否设定 PMSI</td><td colspan="2">否</td><td colspan="2">可</td></tr>
<tr><td>标的物的转让与抵押</td><td colspan="2">债务人无权转让和抵押</td><td colspan="2">债务人有权转让和抵押</td></tr>
<tr><td>标的物风险</td><td colspan="2">适用风险负担规则</td><td colspan="2">适用抵押权人的保全请求权</td></tr>
<tr><td>债权的保障与实现机制</td><td>（1）解除合同
（2）取回权，适用担保物权实现程序
（3）变价权与清算义务</td><td>（1）解除合同
（2）取回权
（3）变价权与清算义务（法无明文）</td><td colspan="2">适用抵押权的实现程序</td></tr>
<tr><td>是否受抵押权实现期间限制</td><td colspan="2">否</td><td colspan="2">是</td></tr>
</table>

两种担保观的极端冲突不仅体现在前述所有权保留和融资租赁中债权人的权利定性和效果上，还体现为《民法典》第 416 条规定的 PMSI 与所有权保留和融资租赁规则的冲突。其原因在于，债权人选择这三种制度的目的相同，都是使其价金债权获得最强大的清偿保障，《民法典》虽在一定程度上承认了三者的担保效力，但其规则并未统一，故在解释和适用上还需消除体系矛盾。

1. 权利登记的时间要求

依据《民法典》第 416 条，债权人只有在买卖合同的标的物交付后的 10 日内办理抵押登记才能设定 PMSI。这其实是使 PMSI 提前生效，即在将标的物交付给买方时就生效。10 天宽限期的目的是，在赋予价金债权人以“后来居上”的强大权利效力时，保护债务人的在先债权人（尤其是浮动抵押权人）和潜在债权人的利益。[①] 因为在价金债权人办理抵押权登记之前，买方对标的物的占有会形成“表面所有权”，很可能使其他债权人误以为买方享有所有权从而与其交易。而且即使债权人在标的物上设定了抵押权，其抵押权也将劣后于 PMSI。

《民法典》第 641 条第 2 款和第 745 条分别赋予了所有权保留和融资租赁中债权人的所有权以登记能力，但未规定其登记时间。然而，不规定所有权保留登记的时间，所有权保留将和 PMSI 一样导致其他债权人利益受损。如甲、乙在 2018 年订立设备所有权保留买卖合同，2020 年甲才对其所有权进行登记，则在甲登记之前，其他债权人很可能会误以为在乙的设备上不存在他人的权利负担而对乙提供融资；而在甲进行所有权登记后，其他人的抵押权尤其是在先浮动抵押人的权利将无法实现。

可以考虑的一种思路是，所有权在标的物交付 10 日后登记的，债权人不能对抗在先登记的担保物权或质权，即使后者的权利人并非善意取得，但其明显恶意的除外。此时，登记的所有权的法律效力和一般抵押权应适用相同规则，这就和下文将讨论的 PMSI 的设定以及效力规则趋同，进一步采纳了实质担保观。

2. 债权人可否同时或选择适用 PMSI 与所有权保留、融资租赁中的所有权

在所有权保留买卖中，卖方除了保留所有权之外，有时希望通过设定 PMSI 更充分保障其所有权。如甲将设备出售于乙，并于 1 月 10 日交付。1 月 11 日，乙将其设定抵押于善意的丙且办理了抵押权登记。1 月 12 日，乙将设备质押给善意的丁并移转了设备的占有。1 月 19 日，甲办理了所有权保留登记。此时，若按形式担保观，甲的所有权不能对抗在先善意取得的担保物权；如果甲同时可以主张或者选择适用 PMSI，则可以对抗丙、丁。

若认可所有权保留和融资租赁中的所有权在 PMSI 相同的宽限期进行登记，同样可以产生 PMSI 的效力，三者的效力将得到初步统一。如《魁北克民法典》第 1745 条和第 1847 条分别规定，动产所有权保留和融资租赁登记中的卖方和出租人的所有权仅在公示后才对第三人具有对抗力，如果两者在 15 日内公示，则对抗第三人的效力自合同生效之日产生。《欧洲民法典草案》第 X－3：107 条也规定，所有权保留在 35 日内登记的将产生超级优先权，超过这一期间登记的只

---

① 参见谢鸿飞：《价金债权抵押权的运行机理与规则构造》，载《清华法学》2020 年第 3 期。

能产生一般抵押权的效力。

我国学界也多认为，所有权保留交易应类推适用《民法典》第416条，[①] 融资租赁亦如此，[②] 理由是它们三者保障的债权均为价金债权。问题在于，所有权保留中的卖方若已申请所有权登记的，在形式担保观下再设定PMSI会遭遇法律难题。如所有权人为债权人，其何以能在自己的所有物上设定抵押权？唯一的方案是将其解释为所有权人抵押。为此，所有权登记可分为两种情况：（1）在标的物交付之日起10日内完成登记的，无论是所有权登记还是PMSI登记，都产生PMSI的效力。（2）在交付10日后登记的，所有权登记可对抗在后设定的“担保物权”，第三人此后接受担保的不构成善意，本不能取得担保物权，但不妨按照实质担保观认定第三人的担保物权依然有效，但不能对抗在先登记的所有权，第三人之间的担保物权依然适用竞存的一般规则，以促进物尽其用。

3. 第三人的PMSI与所有权保留、融资租赁中的所有权竞存

这种情形发生在第三人和卖方同时为买方提供融资时。如甲将价值100万元的设备以所有权保留的方式出售于乙，赊购款为50万元，首付款50万元由丙银行提供。此时将产生两个问题：（1）丙申请PMSI登记后，甲是否还能进行所有权保留登记？依形式担保观，若甲证明其为所有权人，则当然可进行登记，甚至甲可因乙并非所有权人而推翻PMSI登记。（2）甲登记所有权后，登记机关可否为丙设定PMSI？依形式担保观，此时设备所有权人为甲，甲不同意丙登记的，丙无权取得PMSI登记。但PMSI本身就是由实质担保观产生的一种特权，债权人符合《民法典》第416条时，应承认其登记能力。

《民法典担保制度解释》第57条试图解决上述问题。但毫无疑问，形式担保观和实质担保观冲突的化解依然还存在很大问题，有待理论界和实务界合力解决。

◆ 疑点与难点

其他具有担保功能的合同可以适用担保合同的哪些规范？

依据《民法典担保制度解释》，“所有权保留买卖、融资租赁、保理等涉及担

---

① 参见高圣平：《〈民法典〉视野下所有权保留交易的法律构成》，载《中州学刊》2020年第6期。

② 参见刘保玉、张恒东：《论动产融资租赁物的所有权登记及其对抗效力》，载《中州学刊》2020年第6期。

保功能发生的纠纷，适用本解释的有关规定”。如前所述，《民法典》以形式担保观为主，兼采实质担保观。在担保物权部分，它维持了《物权法》法定担保物权类型的规定，将所有权保留、融资租赁、应收账款保理等具有担保功能的合同置于合同编。《民法典担保制度解释》规定这些具有担保功能的合同，适用司法解释，其前提是：立法者有意将这些合同中的部分内容做担保处理时，即适用司法解释的规定。另外，《民法典担保制度解释》在非典型担保部分对所有权保留、融资租赁等已经做了一些规定，如第 64 条第 2 款对《民法典》第 642 条有关出卖人取回权的解释等。在这种情形下，自然直接适用司法解释即可。但司法解释并没对所有权保留等规定的内容，在解释上，也可依据其性质参照适用司法解释有关动产和权利担保的规则。

值得注意的是，《民法典担保制度解释》将让与担保、保证金账户质押等界定为非典型担保，这意味着《民法典》第 388 条第 1 款“其他具有担保功能的合同”是一个充满弹性的概念。可以预见的是，司法实践中还将进一步承担新类型的非典型担保，尤其是在担保物权领域。在解释上，司法实践认可的非典型担保是《民法典》第 10 条规定的“习惯”，具体为交易习惯。

（本条由谢鸿飞撰写）

第二条　【独立担保和独立保函】

当事人在担保合同中约定担保合同的效力独立于主合同，或者约定担保人对主合同无效的法律后果承担担保责任，该有关担保独立性的约定无效。主合同有效的，有关担保独立性的约定无效不影响担保合同的效力；主合同无效的，人民法院应当认定担保合同无效，但是法律另有规定的除外。

因金融机构开立的独立保函发生的纠纷，适用《最高人民法院关于审理独立保函纠纷案件若干问题的规定》。

◆ 条文要旨

本条是有关独立担保和独立保函的规定。

◆ 理解与适用

依据《民法典》第 388 条第 1 款规定，设立担保物权的合同是主债权债务合同的从合同。主债权债务合同无效的，担保合同无效，但是法律另有规定的除外；第 682 条第 1 款规定，保证合同是主债权债务合同的从合同。主债权债务合同无效的，保证合同无效，但是法律另有规定的除外。这就将《担保法》第 5 条第 1 款“担保合同另有约定的，按照约定”在物的保证和人的保证领域，均统一为“法律另有规定的除外”。《民法典担保制度解释》针对的是这两条规则的法律适用，核心是界定当事人约定排除这两条规范适用的约款的效力。

一、独立担保的界定

担保最重要的法律特征是从属性，即担保的目的在于担保主债务的履行，因此，担保从属于主债务。从属性包括担保成立的从属性（担保以主债务存在或将来存在为前提）、范围及强度的从属性（担保责任的范围和强度不能超过主债务）、处分的从属性（担保不能单独移转，只能随主债权移转）和消灭的从属性（主债权消灭则担保消灭）。① 担保的从属性甚至被视为其最重要的特征，不可依当事人双方的约定被排除，如果担保不具有从属性，则担保将不再为担保。②

但是，在立法技术上，担保的从属性也取决于立法者的选择。如德国民法历来重视担保权作为财产权的功能，强调其投资和流通功能，在担保制度设计上，也强调担保权的独立流通性特征。其根本理念是，以抵押权为代表的担保物权是支配标的物交换价值的价值权或变价权，和用益物权为支配标的物用益价值的用益权，同为他物权，自然在法律上应处于同等地位。为使抵押权发挥媒介投资的

---

① 参见史尚宽：《债法各论》，中国政法大学出版社 2000 年版，第 878 页；邹海林、常敏：《债权担保的理论与实务》，社会科学文献出版社 2005 年版，第 30 页；程啸：《保证合同研究》，法律出版社 2006 年版，第 212 页。

② 参见黄立：《民法债编各论》（下），中国政法大学出版社 2003 年版，第 861 页。

社会功能，已无法否认其亦具有流通性，因此，对抵押权的从属性采取相对宽松的立法政策。抵押权因此被区分为附随性抵押权与流通性抵押权；只有前者受从属性限制。① 德国民法的不动产担保还包括土地债务，它是一种抽象的、可独立于债权存在并自由流通的权利。② 瑞士担保物权制度也有类似的制度安排，如无附随性的、负有纯粹物权责任的定期金、特别负担的抽象物权和人的责任的流通性债券（《瑞士民法典》第824条以下）。③ 大陆法系担保发展的潮流之一是，不动产抵押权从单纯的保全手段转变为兼具保全、流通和投资功能的财产权。日本法对附随性进行了缓和，如肯定最高额抵押、允许抵押权的单独转让和对抵押权进行证券化等。④

中国理论语境中的独立担保，很大程度上指担保之外的现代商业交易中的特殊形式，如履约保函、见索即付保函、银行保函或备用信用证等，但都有着共同的法律属性。《担保法解释》的主要起草人曹士兵法官将独立担保界定为如下约定：（1）约定为无条件、不可撤销担保的；（2）约定为见单即付担保的；（3）约定为见索即付担保的；（4）约定为担保人不享有先诉抗辩和主合同一切抗辩权的。其主要特征是：首先，无法适用传统担保法基于担保的从属性而设置的对担保人的保护条款；其次，独立担保人丧失主合同的抗辩权，主债权无效、被撤销、丧失强制执行力、诉讼时效期间届满等，都不能影响独立担保人承担担保责任；最后，独立担保人不享有担保人特有的抗辩权，如先诉抗辩权。担保人只享有对债权人的索付单据进行形式审查的权利，通常，当受益人提出清偿要求时，独立担保人必须承担替代给付的责任。⑤ 在国际上，尽管其表现形式包括银行保函、独立保函等，但如果具有两大特征，即可以认定为独立担保：一是担保人不得主张基础交易项下的抗辩，二是担保人支付一定金额的义务与基础交易中的主

① 参见陈荣隆：《新普通抵押权法之评析》，载《抵押权专题研究》，元照出版有限公司2016年版。

② 参见［德］鲍尔·施蒂尔纳：《德国物权法》（下册），申卫星、王洪亮译，法律出版社2006年版，第45页。

③ 参见［德］罗尔夫·施蒂尔纳：《附随性与抽象性之间的不动产担保物权及其在欧洲的未来》，王洪亮译，载《清华法学》2006年第2期。

④ 参见黄家镇：《从保全到流通：民法典编纂中不动产抵押权现代化之构想》，载《政法论坛》2018年第4期。

⑤ 参见曹士兵：《中国担保制度与担保方法》（第4版），中国法制出版社2017年版，第43－44页。

债务相区分。①

这种意义上的独立担保源于国际贸易和工程领域。自20世纪60年代起，法国银行开始提供见索即付的独立担保，提供独立担保的银行不能主张与被担保合同履行有关的抗辩，从而拒绝支付担保金额。② 其背景是，在国际贸易中，基于地理距离、法律的主权性、当事人债权实现的难度等原因，出卖方作为债权人，往往需要更强有力的担保手段。债权人具有经济强势和专业优势时，通常通过格式合同创设更有利、更快速，且无需额外支付费用的担保权利类型，如由银行应承包商的要求开具的投标保证书（tender guarantee）、履约保证书（performance guarantee）等，银行付款义务为“一经请求，立即照付” （at first demand/ auf erstes Anfordern），不得援引基础法律关系的抗辩，而应立即付款。德国法上的保证契约（Garantievertrag）也具有同样的效果，即当事人约定保证人在一定条件或结果发生时负特定的给付义务，担保义务不以主债务的成立为其前提，而以一定结果的发生或条件成就为前提要件，故不具有从属于主债务的特性。③ 此后，一些国际性文件也规定了独立担保制度，如国际商会的《合同担保统一规则》《见索即付担保统一规则》、联合国1996年的《独立担保和备用信用证公约》等。

我国的担保制度一直以保障债权为核心，担保的流通性功能未得到凸显，除最高额担保等个别制度外，担保的从属性被严格遵守。《民法典》的前述规定亦如此。其基本理念是，担保是通过第三人的信用或特定的财产保障债权的实现，担保不仅涉及债权人、债务人利益，而且涉及第三人的利益，甚至社会公共利益。法律有必要通过法定主义的方式对担保方式加以规制。④ 在独立担保制度中，担保人的权利无法得到法律的充分保障，甚至比主债务人承担的担保责任还要重，而且独立担保还容易引发主合同当事人恶意串通损害担保人的情形。在《民法典》编纂过程中，有学者建议将独立保证与保证并列，建构“人的担保”体

---

① 参见李世刚：《独立担保中国规则的风险控制机制研究——以“独立保函司法解释”为研究对象》，载《法学杂志》2020年第2期。

② 参见李世刚：《法国民法典对“独立担保”制度的确立——法国民事立法新特点之实例解读》，载《社会科学》2012年第1期。

③ 参见陈洸岳：《保证之规定对物上保证人之类推适用》，载蔡明诚等：《保证专题研究》，元照出版有限公司2016年版，第31页。

④ 参见郭明瑞、房绍坤、张平华编著：《担保法》（第5版），中国人民大学出版社2017年版，第7－8页。

系，独立担保、见索即付的保证、独立的担保契约都使用“独立担保”概念，① 但并未得到立法支持。

二、独立担保的效力

（一）《民法典担保制度解释》之前的司法态度

在《担保法解释》起草过程中，全国人大法工委和最高人民法院的态度非常明确：“独立担保只能在国际商事交易中使用。”② 在司法实务中，虽然《担保法》第5条第1款规定，担保合同是主合同的从合同，主合同无效，担保合同无效。担保合同另有约定的，按照约定。然而，在司法实践中，最高人民法院一直对当事人的独立担保约款持否定态度，如在“湖南机械进出口公司、海南国际租赁公司与宁波东方投资公司代理进口合同纠纷案”③ 中，最高人民法院认为，独立担保存在欺诈和滥用权利的弊病，易引起更多的纠纷。担保函中虽然有“不因委托人原因导致代理进口协议书无效而失去担保责任”的约定，但在国内民事活动中不应采取此种独立担保方式，因此该约定无效。2007年的“湖南洞庭水殖股份有限公司与中国光大银行长沙华顺支行、湖南嘉瑞新材料集团股份有限公司、长沙新振升集团有限公司借款担保合同纠纷案”④ 认为，考虑到独立担保责任的异常严厉性，以及使用该制度可能产生欺诈和滥用权利的弊端，尤其是为了避免严重影响或动摇我国担保法律制度体系的基础，独立担保只能在国际商事交易中使用，不能在国内市场交易中运用。其后，在一系列案件中，最高人民法院也持同样的态度，如“北京中铁建物资贸易有限公司、天津市长芦盐业集团有限公司确认合同无效纠纷案”⑤ 等。其理由主要有三点：一是独立担保否定担保合同从属性，不再适用担保法律中为担保人提供的各种保护措施，对担保人过于不公平；二是容易导致债权人和债务人恶意串通损害担保人的利益；三是避免严重影响或动摇我国担保法律制度体系的基础。但为了促进国际商事交易，许可独立担保在国际商事交易中使用。

---

① 参见刘斌：《独立担保：一个概念的界定》，载《清华法学》2016年第10期。

② 参见王闯：《冲突与创新——以物权法与担保法及其解释的比较为中心而展开》，载最高人民法院民事审判第二庭：《民商事审判指导》（总第12辑），人民法院出版社2008年版，第71页。

③ 最高人民法院（1998）最高法经终字第184号民事判决书。

④ 最高人民法院（2007）最高法民二终字第117号民事判决书。

⑤ 最高人民法院（2018）最高法民申6281号民事裁定书。

（二）独立担保的效力

《民法典担保制度解释》本条第 1 款规定了独立担保的法律效力。本条规定了独立担保的两种情形：一是约定担保合同的效力独立于主合同，这是典型的独立担保约款；二是约定担保人对主合同无效的法律后果承担担保责任，这是扩充的独立担保约款，也是《民法典担保制度解释》新增的独立担保类型。两者担保的法律效力相同。

本款禁止当事人约定对主合同无效的法律后果承担担保责任的原因是，这种约款的效力实质上与约定主合同无效，担保人依然承担担保责任的法律效果基本一致。依据《民法典》第 157 条，合同无效产生两种法律效力：一是恢复原状，二是损害赔偿。在无效合同已如约履行时，恢复原状是和合同履行反向的义务，在很多情形下等于履行主债务，如甲、乙的借款合同无效，但甲已经向乙提供了 100 万元的借款，在合同无效时，恢复原状的内容即乙返还 100 万元。此时，如果担保依然承担担保责任，则基本等同于履行主债务人在合同有效时应承担的到期还款义务。两者的差异主要就体现在约定利息或违约金条款不能适用。但是，如果在合同确定无效、被撤销或确定不生效的生效裁决书作出后，担保人与债权人约定承担生效裁决书确定的内容的，这种约定有效。因为这种债务是合法债务，且其数额是确定的，依据担保原理，所有的合法债权上均可以设定担保。

对当事人在合同中的这种约定的效力，有两种处理方案：一是依据《民法典》第 156 条的规定，“民事法律行为部分无效，不影响其他部分效力的，其他部分仍然有效”。据此，当事人之间的担保合同有效，仅仅独立担保约款无效。二是适用法律行为转换理论，《民商事审判会议纪要》第 54 条规定：“……在否定其独立担保效力的同时，应当将其认定为从属性担保。此时，如果主合同有效，则担保合同有效，担保人与主债务人承担连带保证责任。主合同无效，则该所谓的独立担保也随之无效，担保人无过错的，不承担责任；担保人有过错的，其承担民事责任的部分，不应超过债务人不能清偿部分的三分之一。”其依据是，担保人既然愿意承担如此严苛的独立担保责任，这种责任的强度超过了连带保证，即使主债务人因为合同无效不再承担合同义务，担保人依然要承担，则可以拟制其意思为愿意承担连带保证责任。但《民法典担保制度解释》本条第 1 款规定：“……有关担保独立性的约定无效。主合同有效的，有关担保独立性的约定无效不影响担保合同的效力；主合同无效的，人民法院应当认定担保合同无效，但是法律另有规定的除外。”显然采取的是第一种方案。

两种方案的法律效力的同异主要在于：（1）主合同有效时，依据《民商事审判会议纪要》第54条，担保人承担连带保证责任；而依据《民法典担保制度解释》，担保人若在合同中没有表明“约定了保证人在债务人不履行债务或者未偿还债务时即承担保证责任、无条件承担保证责任等”意思的（《民法典担保制度解释》第25条），则应依据《民法典》第686条第2款的规定，当事人在保证合同中对保证方式没有约定或者约定不明确的，按照一般保证承担保证责任。但是，在对当事人提供独立担保的真实意思进行解释时，法院也完全可能认为担保人具有无条件承担保证责任的意思。如果做这种认定，则两者的法律效果不存在实质差异。（2）主合同无效时，依据《民商事审判会议纪要》，此时适用担保无效时的规则，担保人承担赔偿责任；《民法典担保制度解释》则未作规定。但在解释上，自然也应适用《民法典担保制度解释》第17条，即担保人无过错的，不承担赔偿责任；担保人有过错的，其承担的赔偿责任不应超过债务人不能清偿部分的三分之一。如果做这种认定，则两者并不存在差异。

三、金融机构开立的独立保函

依据《民法典》第388条第1款和第682条第1款，无论是人的保证还是物的保证，都只有在“法律另有规定”时才能约定独立担保。按照最高人民法院的权威观点，这里“法律”包括四个位阶：“第一位阶是全国人大及其常委会制定的法律；第二位阶是国务院制定的行政法规；第三位阶是地方法规；第四位阶是规章，包括部门规章和地方规章。中国人民银行规定各商业银行可以进行保函业务，这就是广义的法律规定，自然包括独立保函。”①

为回应国际商事交易的需要，我国司法实践一直承认国际贸易领域内独立保函的法律效力，但不承认国内独立保函的效力。早在1998年，最高人民法院在“湖南机械进出口公司、海南国际租赁公司与宁波东方投资公司代理进口合同纠纷案”② 就指出，在国内民事活动中不应采取独立保函方式。但市场经济的发展

---

① 参见刘贵祥：《民法典关于担保的几个重大问题》（上），载《法律适用》2021年第1期。

② 最高人民法院（1998）最高法经终字第184号民事判决书。

尤其是金融业的发展亟须承认国内金融机构出具的独立保函的法律效力，否则不仅将危及交易安全，而且最终将窒碍商事交易和金融交易。因此，2016 年的《独立保函规定》采取折中方法：一方面，将独立保函的开立主体严格限定在银行和非银行金融机构，其他主体开立的独立保函都不具有法律效力；另一方面，又将独立保函扩大到国内交易中，独立保函不具有涉外因素并不导致合同无效（《独立保函规定》第 23 条），部分改变了国内商事交易不适用独立保函的司法实践。①

根据《独立保函规定》第 1 条第 1 款，独立保函是指银行或非银行金融机构作为开立人，以书面形式向受益人出具的，同意在受益人请求付款并提交符合保函要求的单据时，向其支付特定款项或在保函最高金额内付款的承诺。据此，独立保函的主要法律特征为：其一，要式性。独立保函必须以书面为载体。其二，开立人付款义务的单务性、独立性及单据性。开立人单方允诺在一定条件下向受益人承担付款责任，而非在债务人不履行债务时代负履行责任。② 开立人不能请求受益人承担对待给付义务。开立人的付款义务付款的条件是受益人请求付款且提交符合保函要求的单据。《见索即付保函统一规则》第 11 条即规定："担保人和指示方对所提交任何文件的格式、充分性、准确性、真实性、伪造或法律效力或对文件中加注的一般及或特别声明或其他任何人之善意或行为或过失均不负任何义务或责任。"依据《独立保函规定》第 1 条第 2 款，单据是指独立保函载明的受益人应提交的付款请求书、违约声明、第三方签发的文件、法院判决、仲裁裁决、汇票、发票等表明发生付款到期事件的书面文件。其三，开立人抗辩权的单一性。独立保函独立于基础交易法律关系，不受基础交易法律关系和独立保函申请法律关系的有效性、履行、变更等情况的影响。除在受益人欺诈或滥用权利外，开立人只能以受益人提交单据与独立保函文本规定不符为由提出抗辩，不享有先诉抗辩权、基础交易中债务人的抗辩权等。其四，付款金额的确定性。独立保函须载明最高付款金额或可确定的金额。③

---

① 参见最高人民法院民事审判第二庭编著：《〈全国法院民商事审判工作会议纪要〉理解与适用》，人民法院出版社 2019 年版，第 347 页。

② 参见张勇健、沈红雨：《〈关于审理独立保函纠纷案件若干问题的规定〉的理解和适用》，载《人民司法·应用》2017 年第 1 期。

③ 参见司伟、肖峰：《担保法实务札记——担保纠纷裁判思路精解》，中国法制出版社 2019 年版，第 26 页。

《民商事审判会议纪要》第 54 条重申了《独立保函规定》的基本精神，即凡是由银行或者非银行金融机构开立的符合该司法解释第 1 条、第 3 条规定情形的保函，无论是用于国际商事交易还是用于国内商事交易，均不影响保函的效力。银行或者非银行金融机构之外的当事人开立的独立保函，以及当事人有关排除担保从属性的约定，应当认定无效。

《民法典担保制度解释》本条第 2 款规定，因金融机构开立的独立保函发生的纠纷，适用《最高人民法院关于审理独立保函纠纷案件若干问题的规定》。《民法典担保制度解释》本条未将独立保函作为一种担保方式，其原因在于，独立保函是以相符交单为条件的付款承诺，与信用证性质相同，属于一种特殊的信用证，不属于法定担保方式，因此不适用关于保证的规定。①《独立保函规定》第 3 条第 2 款也明确规定："当事人以独立保函记载了对应的基础交易为由，主张该保函性质为一般保证或连带保证的，人民法院不予支持。"

◆ 疑点与难点

一、主合同被撤销、确定不生效时担保的效力

《民法典》第 388 条第 1 款、第 682 条第 1 款和《民法典担保制度解释》本条都只规定了主合同无效时担保合同的效力，并未设定主合同被撤销的情形。《民法典》第 157 条在原《合同法》第 58 条的基础上，将法律行为无效、被撤销和确定不生效并置，统一了三者的法律效力。因此，基于"类推"制度的基本法理，理论界多主张，主合同无效时担保的效力规则可类推适用于主合同被撤销和确定不发生效力的情形。②

二、最高额担保是否为"法律另有规定"的情形

我国一种较为流行的观点认为，"法律另有规定的除外"，是指最高额担保合同的相对独立性的规定，③ 如最高额保证和普通保证最大的区别，即在于最高额

---

① 参见司伟、肖峰：《担保法实务札记——担保纠纷裁判思路精解》，中国法制出版社 2019 年版，第 25 页。

② 参见王利明：《物权法研究》（下卷）（第 4 版），中国人民大学出版社 2018 年版，第 375 页；崔建远：《物权：规范与学说——以中国物权法的解释论为中心》，清华大学出版社 2011 年版，第 737 页。

③ 参见全国人大常委会法制工作委员会民法室：《〈中华人民共和国物权法〉条文说明、立法理由及相关规定》（第 2 版），北京大学出版社 2017 年版，第 346 页。

保证与主债务的关系具有更强的独立性。① 在司法实践中，一个被广为引用的案例是“风神轮胎股份有限公司与中信银行股份有限公司天津分行、河北宝硕股份有限公司借款担保合同纠纷二审案”②，该案认定，在最高额保证情形下，某一主合同被认定无效或被撤销，并不影响保证合同的效力。在最高额保证决算之时，可将该主合同被认定无效或被撤销之后债务人所应承担的损害赔偿责任一并计入，由最高额保证所担保。

然而，最高额担保并没有在效力方面突破担保的从属性，而只是在成立方面一定程度上缓和了担保的从属性。在最高额担保中，如果所有的主合同都无效，最高额担保也应认定为无效。如最高人民法院在“杭州宝盈实业有限公司与杭州联合农村商业银行股份有限公司兰里支行保证合同纠纷再审复查与审判监督民事裁定书”③ 中认为，《最高额保证合同》具有从属性，不具有独立性，主合同无效，担保合同即无效，担保人有过错的承担不能清偿债务的三分之一。需要注意的是，主合同无效时，担保人也应承担担保无效时的赔偿责任，只要赔偿责任的范围不突破最高额即可。

三、独立保函中“金融机构”的认定

依据《金融许可证管理办法》第 3 条第 2 款，金融机构包括政策性银行、商业银行、农村合作银行、城市信用社、农村信用社、村镇银行、贷款公司、农村资金互助社、金融资产管理公司、信托公司、企业集团财务公司、金融租赁公司、汽车金融公司、货币经纪公司等。然而，在司法实践中，对非银行金融机构的认识并不统一。2021 年 1 月 15 日，《最高人民法院关于新民间借贷司法解释适用范围问题的批复》（法释〔2020〕27 号）第 1 条规定，“……由地方金融监管部门监管的小额贷款公司、融资担保公司、区域性股权市场、典当行、融资租赁公司、商业保理公司、地方资产管理公司等七类地方金融组织，属于经金融监管部门批准设立的金融机构……”这就在司法解释中明确了银行之外的金融机构的范围。

（本条由谢鸿飞撰写）

---

① 参见刘保玉：《担保纠纷裁判依据新释新解》，人民法院出版社 2014 年版，第 137 页。

② 最高人民法院（2007）最高法民二终字第 36 号民事判决书。

③ 浙江省高级人民法院（2016）浙民申 407 号民事裁定书。

第三条 【担保责任范围的从属性】

当事人对担保责任的承担约定专门的违约责任，或者约定的担保责任范围超出债务人应当承担的责任范围，担保人主张仅在债务人应当承担的责任范围内承担责任的，人民法院应予支持。

担保人承担的责任超出债务人应当承担的责任范围，担保人向债务人追偿，债务人主张仅在其应当承担的责任范围内承担责任的，人民法院应予支持；担保人请求债权人返还超出部分的，人民法院依法予以支持。

◆ 条文要旨

本条是关于担保责任范围从属性的规定。

◆ 理解与适用

一、本条的规范宗旨

《民法典》第389条规定："担保物权的担保范围包括主债权及其利息、违约金、损害赔偿金、保管担保财产和实现担保物权的费用。当事人另有约定的，按照其约定。"第691条规定："保证的范围包括主债权及其利息、违约金、损害赔偿金和实现债权的费用。当事人另有约定的，按照其约定。"这些规定确定了《民商事审判会议纪要》第55条规定："担保人承担的担保责任范围不应当大于主债务，是担保从属性的必然要求。当事人约定的担保责任的范围大于主债务的，如针对担保责任约定专门的违约责任、担保责任的数额高于主债务、担保责任约定的利息高于主债务利息、担保责任的履行期先于主债务履行期届满，等等，均应当认定大于主债务部分的约定无效，从而使担保责任缩减至主债务的范围。"

本条延续了《民商事审判会议纪要》第55条规定，本质上坚守担保责任范围的从属性原理，并增设第2款，赋予了担保人在超出担保责任范围时对债务人的追偿权和对债权人的返还请求权。

二、约定的担保责任超过债务人责任范围时担保责任的确定

根据《民法典》第389条、第691条，当事人可以对担保范围进行约定，此乃意思自治原则之体现。具体来说，这种约定可以分为两种情况：（1）约定的担保责任范围小于或等于主债权；（2）约定的担保责任范围大于主债权。担保合同是主合同的从合同，由此而决定，担保人承担担保责任的范围和强度不得大于或重于主债务。① 担保范围和强度，是指在主债务人不履行债务或者发生当事人约定的实现担保权的其他情形之时，担保人向债权人承担担保责任的限度。② 担保制度并非使权利人全面地支配标的物的交换价值或掌控担保人之资力，而仅在其所担保的主债权范围内借由标的物的交换价值或担保人之资力获偿。③ 因此，上述第一种情形，并不影响担保责任的承担，在担保从属性理论的辐射范围之内。

问题的症结在于第二种情形，债权人和担保人是否可以在担保合同中约定大于主债权的担保范围？理论上对此有不同看法。一种观点认为，担保的范围和强度从属于主债务，债权人与担保人虽可约定担保的范围，但其约定的担保范围与强度不得大于或强于主债务，否则应减缩至主债务的限度内。④ 例如，保证债务的利率不得高于主债务的利率；主债务不必支付利息的，不得约定保证债务支付利息；主债务附有条件的，不得约定保证债务为无条件；保证债务的履行期限不得先于主债务的履行期限；债务人仅就重大过失负责的，不得约定保证人就抽象过失或具体过失负责，等等。⑤ 另一种观点认为，在约定担保范围超过法定担保范围时，应按法定担保范围强制执行。对于约定担保范围超过法定担保范围的部分，不影响担保合同的效力，超出部分依然成立，但不具有强制执行力，如担保

---

① 参见王利明：《合同法研究》（第4卷）（第2版），中国人民大学出版社2018年版，第244页；邱聪智：《新订债法各论》（下），姚志明校订，中国人民大学出版社2006年版，第363页。

② 参见高圣平：《担保法论》，法律出版社2009年版，第164页。

③ 参见林诚二：《论债务担保制度的从属性》，载陈荣隆教授六秩华诞祝寿论文集编辑委员会：《物权法之新思与新为——陈荣隆教授六秩华诞祝寿论文集》，台湾瑞兴图书股份有限公司2016年版，第51页。

④ 参见王利明：《合同法研究》（第4卷）（第2版），中国人民大学出版社2018年版，第244页；邹海林、常敏：《债权担保的理论与实务》，社会科学文献出版社2005年版，第63页；全国人大常委会法制工作委员会民法室（孙礼海主编）：《中华人民共和国担保法释义》，法律出版社1995年版，第29页。

⑤ 参见程啸：《保证合同研究》，法律出版社2006年版，第223页。

人自愿加以履行，则视为赠与；担保人在自愿履行后反悔的，则不予支持。①

在实践中，当事人约定的担保责任的范围大于主债务的情形主要有以下几种：(1) 对担保责任约定专门的违约责任，如在主合同中约定保证人与债务人承担连带责任，同时又在保证合同中约定，如果保证人未依约履行保证责任，则还要从逾期之日起另行支付逾期付款违约金。(2) 当事人在抵押合同中约定，一旦债务人不履行到期债务，债权人除了有权实现抵押权外，还可以请求抵押人承担因主债务人违约而产生的一定数额的违约金。(3) 担保责任的数额高于主债务。(4) 担保责任约定的利息高于主债务利息。(5) 担保责任的履行期先于主债务履行期届满。

对于担保合同中专门的违约责任条款的效力，司法实践中存在三种意见：(1) "有效说"，担保责任的范围属于债权人与担保人意思自治的范畴，只要不违反法律的禁止性规定，则合法有效；② (2) "无效说"，违反担保从属性的强行规定，应归于无效；③ (3) 有效，但可以适用违约金酌减规则。④

本条第 1 款采纳"无效说"的观点，严格遵循担保从属性的规则，认为担保从属性的规定是强制性规定，不能由当事人通过约定的方式予以排除。当事人有关担保责任大于主债务的约定，可以根据《民法典》第 153 条第 1 款关于违法无效的规则，认定合同无效。在比较法上，德国民法是以设定过度担保行为违背公序良俗为由认定其无效。不论是违法无效还是违背公序良俗无效，都表明当事人的意思自治已经逾越了法律或者公序良俗的界限，此时再以合同自由为名肯定其效力，已然失去法理依据。⑤

这一法理在实践中也较为常见。在《民法典》颁行实施之前，有法院依照原《合同法》第 5 条"当事人应当遵循公平原则确定各方的权利和义务"的规定，认为"若本案联储证券公司与兴龙公司、赵宁、王瑛琰约定的违约金条款可获支持，联储证券公司将从保证人处额外获得从主债务人处不能得到的巨额利益"。

① 参见孔祥俊主编：《担保法例解与适用》，人民法院出版社 1996 年版，第 157－158 页。

② 参见北京市朝阳区人民法院（2016）京 0105 民初 65061 号民事判决书。

③ 参见四川省成都市中级人民法院（2014）成民终字第 5894 号民事判决书。

④ 参见最高人民法院（2015）民提字第 126 号民事判决书。

⑤ 最高人民法院民事审判第二庭编著：《〈全国法院民商事审判工作会议纪要〉理解与适用》，人民法院出版社 2019 年版，第 349－350 页。

同时，法院认为，根据《担保法》第 31 条“保证人承担保证责任后，有权向债务人追偿”的规定，由于债权人与保证人在保证合同中特别约定的违约金只针对保证人，不属于主债务的范围，故保证人承担保证合同约定的责任后将无法向主债务人追偿，这将使当事人之间的利益关系严重失衡。①《民商事审判会议纪要》第 55 条出台之后，司法实践中多引用该条进行说理，如“张琢琳与中国中材进出口有限公司买卖合同纠纷案”②“江苏银行股份有限公司盐城盐都支行与刘顺荣、吴广弟等保证合同纠纷案”③ 等。

三、担保人向债务人追偿范围的从属性

《民法典》第 392 条后句规定：“提供担保的第三人承担担保责任后，有权向债务人追偿。”第 700 条规定：“保证人承担保证责任后，除当事人另有约定外，有权在其承担保证责任的范围内向债务人追偿，享有债权人对债务人的权利，但是不得损害债权人的利益。”以上两款即规定了担保人的追偿权。担保人在承担担保责任而对债权人进行清偿行为后，享有向主债务人求偿的权利。就追偿范围而言，《民法典》第 700 条明确是“承担保证责任的范围”。如保证人代主债务人履行债务或者承担保证责任的范围超过主债务的范围，超过部分不得向债务人追偿。

根据《民法典担保制度解释》第 20 条规定：“人民法院在审理第三人提供的物的担保纠纷案件时，可以适用民法典第六百九十五条第一款、第六百九十六条第一款、第六百九十七条第二款、第六百九十九条、第七百条、第七百零一条、第七百零二条等关于保证合同的规定。”《民法典》第 700 条的这一规定自可类推适用于物上担保的情形。

在裁判实践中，法院对担保人在承担担保责任后的追偿范围也予以限制。例如，有观点指出，追偿的范围应结合保证人是否依据合同约定履行义务、是否尽到了承担保证责任前的通知义务、债务人是否尽到了告知义务等因素确定保证人是否存在过错。如保证人不存在过错，债务人不得以主债权数额在履行中发生变化等事由对抗保证人，如最高人民法院在“孙俊与刘文保、岳凤芹、承德市凯旋

① 参见最高人民法院（2019）最高法民终 1353 号民事判决书。

② 参见北京市第一中级人民法院（2020）京 01 民终 3922 号民事判决书。

③ 参见盐城市中级人民法院（2019）苏 09 民终 4442 号民事判决书。

房地产开发有限责任公司等追偿权纠纷再审案”① 判决书中的意见。虽然《民法典》并未就担保人的追偿范围的从属性进行明确规定，但是第700条中指出“保证人承担保证责任后，除当事人另有约定外，有权在其承担保证责任的范围内向债务人追偿”，已然暗含了这种意思。

担保人的追偿权只有在担保人已承担担保责任后才会产生。在担保人向债权人承担担保责任之前，担保人对主债务人有将来之追偿权，并非既得权，不得对主债务人主张。担保人以清偿债务、提存、抵销等方法代主债务人清偿主债务后，担保人对主债务人的追偿即转化为既得权，始可向主债务人行使。②

担保人的求偿，必须限于担保人的给付致使有偿地消灭主债务人对于债权人的责任。假如担保人毫无给付，仅因其尽力致使主债务消灭，如说服债权人，使债权人免除主债务人的债务，则不得向主债务人追偿。③ 此时，担保人所承担的担保责任受制于从属性的限制，担保人仅在自身清偿范围之内得以向债务人进行追偿。因此，担保人的通常追偿范围并不会大于主债务范围。若担保人出于自愿向债权人所清偿的债务范围大于主债务的范围，则就超出部分不得向债务人追偿，债务人对于担保人的请求可以主张仅在其应当承担的责任范围内承担责任。不过，担保人此时可以请求债权人返还超出部分。

《民法典担保制度解释》本条第2款规定：“担保人承担的责任超出债务人应当承担的责任范围，担保人向债务人追偿，债务人主张仅在其应当承担的责任范围内承担责任的，人民法院应予支持；担保人请求债权人返还超出部分的，人民法院依法予以支持。”这里将保证债务中保证人的追偿权范围的从属性，扩张至物上担保范围，并未超出《民法典》的法律规定。追偿权系对于担保人承担担保责任的补偿，担保权利设立的初衷便是主债务能够及时清偿，即无论是否明示，担保人可得追偿的范围均应当受制于担保责任范围的限制，这是担保从属性的应有之义。若允许担保人对债务人的追偿范围大于债务人应当承担的责任范围，首先，即认同担保人的责任范围可大于主债务的范围，现实交易中，担保人将会因

① 参见最高人民法院（2018）最高法民申2616号民事裁定书。

② 参见邹海林、常敏：《债权担保的理论与实务》，社会科学文献出版社2005年版，第95页。

③ 参见黄薇主编：《中华人民共和国民法典解读·合同编》（上），中国法制出版社2020年版，第734页。

担保责任过重而拒绝为债务人设置担保。其次，担保人之所以承担的责任范围会大于债务人应当承担的责任范围，或是因为担保人与债权人另行约定了责任范围，或是因为担保人对于自身权利的忽视，诸如未主张债务人就主债务的合理抗辩。此种情形下，若因担保人自身的意思加重自身的责任，要求债务人一并承担，并不符合公平原则，债务人的期待利益将难以获得保护，反而增加了债务人的将来融资成本。就债务人的其他债权人而言，能够受偿的财产范围因此被动减少，将造成更大的交易不确定性。最后，在债务人不履行到期债务，通常情况下系其不具有相应的偿还能力，此时突破责任范围的从属性，仅具有形式意义，并不能增加债务人履行义务的积极性。

◆ 疑点与难点

一、律师费用是否属于“实现债权的费用”？

第一种观点认为，如担保合同中没有明确约定律师费用属于担保的债权范围，且主合同中亦无主债务人负担律师费用的约定，律师费用则不属于担保的范围。①

第二种观点认为，在主合同和担保合同明确约定律师费用时，律师费用应属担保的债权范围。如“盐城经济开发区祥欣农村小额贷款有限公司与盐城金隆化纤机械有限公司、盐城市盐州实业总公司等借款合同纠纷上诉案”判决书。②

第三种观点认为，借款合同约定赔偿其他一切损失，担保合同将损失具体化时，应遵循“直接且必要”原则，区分损失产生是否是由主合同违约行为导致的合理损失。在“华澳国际信托有限公司与赤峰鹿源工贸有限责任公司、中企联合融资担保有限公司金融借款合同纠纷案”③ 中，江苏省高级人民法院认为：《保证合同》虽明确约定律师费由保证人承担，但《保证合同》约定的保证范围不应超过主合同的债权范围，而《信托贷款合同》并未明确该费用由债务人承担。同时，根据《信托贷款合同》《保证合同》的约定，原告可通过申请债权文书强制执行等方式实现对债务人及保证人之权利，故律师费、诉讼担保费等之发生亦非

① 江苏省南京市中级人民法院（2013）宁商初字第137号民事判决书。

② 江苏省高级人民法院（2015）苏商终字第00148号民事判决书。

③ 上海市浦东新区人民法院（2015）浦民六（商）初字第9294号民事判决书。

必需，不应得到支持。

在认定律师费用是否属于担保的债权范围时，应考虑三个方面的因素：第一，担保合同中是否有明确约定，仅有担保范围包括“实现债权的费用”的表述，或对担保的范围未作约定而直接适用法定担保范围的规定，并不足以判定律师费用属于担保的债权范围。第二，主合同中关于主债务人违约责任范围的约定，如其中未约定律师费用，即使担保合同中明确约定了律师费用，也不足以认定律师费用属于担保的债权范围。这是担保责任的从属性使然，担保责任的强度和范围不得超过主债务。第三，我国目前实现担保权利可以当事人之间协商决定，也可以向法院请求在法律事实清楚之下通过特别程序实现自身的权利，此时若将律师费用纳入“实现债权的费用”，并不符合担保人在为债权人设立担保权利时的期待利益。

二、法院能否依职权认定担保责任大于主债务的部分无效？

尽管当事人有关担保责任大于主债务的约定，属于因违反法律强制性规定或者违背公序良俗而部分无效，但合同部分无效后所产生的担保人因此减少给付的法律后果，仅涉及担保人的个人利益，法院无权也不应替担保人主张，更不能在担保人未提出主张的情况下依职权将担保人的责任降到与主债务相同的程度。就此而言，关于担保责任超出主债务部分无效的，只能在担保人提出主张的情况下法院才能进行审查。至于此种主张是以起诉还是抗辩的方式提出，则在所不问。①

三、保证合同中约定单独违约金条款的效力

在信贷和司法实践中，如果债权人与保证人签订的部分保证合同就保证债务的履行单独约定了违约金条款，譬如在保证合同中约定，“保证人为主债务人的债务提供连带责任保证，保证人不承担保证责任或违反合同约定的其他义务的，保证人应按主合同项下主债务本金的15%（或特定的数额）向债权人另外支付违约金”。由此引发的问题是，上述保证合同中的违约金条款是否有效，以及是否有违保证合同从属性特征。

应当认为，该条款对保证人不发生效力，理由如下：

---

① 最高人民法院民事审判第二庭编著：《〈全国法院民商事审判工作会议纪要〉理解与适用》，人民法院出版社2019年版，第350页。

第一，就保证责任而言，虽然《民法典》规定了“履行债务或者承担责任”两种形式，但在解释上，如主债务属于金钱债务，保证人的保证责任仅为代主债务人履行债务。在此前提下，只要保证人没有代为履行主债务，主债务不履行的违约金就一直在计算和累积之中，且属于保证范围。如承认保证合同中单独约定的违约金条款的效力，保证人就将承担主债务不履行和保证债务不履行的双重违约责任。

第二，基于保护保证人的法政策，保证人的责任不宜过重。《民法典》关于保证人权利保护体系的设计在一定程度上体现了这一政策考量。保证范围和强度上的从属性在这一法政策之下就应作严格解释。在保证人不及时应债权人的请求代为履行主债务时，主债权债务合同的违约责任条款已经起到惩戒保证人的作用。

第三，保证人在代为履行债务之后，自得向主债务人求偿。如承认保证合同中单独的违约金条款的效力，且不能就此向主债务人追偿，明显加重了保证人的责任。实体法上否定保证人求偿权的情形并不多见，主要体现为保证人本可主张的主债务人的抗辩却不主张。以主债务时效经过抗辩权为例，保证人怠于主张该抗辩权就丧失对主债务人的求偿权，否则主债务人本来享有的时效利益旋即丧失殆尽。至于超过主债务范围和强度的保证债务违约金，基于债的相对性，主债务人不负清偿责任，自可就保证人的求偿请求进行抗辩。①

但是，在保证合同实践中，当事人约定保证人违反了合同约定的监管义务，保证人应承担违约金的，这种违约金约款应例外有效。依据《民法典》第 681 条，保证合同可以约定保证债权实现的条件。如果保证合同约定，在保证人的资产负债率比保证合同成立时恶化 20% 时，债权人可提前主张保证债权，并同时约定保证人应每个季度向债权人提交其财务报表，违反约定的应承担 1 万元违约金。保证人若违反了这一义务，因其承担的违约金与主债务为无关，违约金条款应例外有效。

（本条由谢鸿飞撰写）

① 参见高圣平：《法典担保从属性规则的适用及其限度》，载《法学》2020 年第 7 期。

第四条 【担保物权的受托持有】

有下列情形之一，当事人将担保物权登记在他人名下，债务人不履行到期债务或者发生当事人约定的实现担保物权的情形，债权人或者其受托人主张就该财产优先受偿的，人民法院依法予以支持：

（一）为债券持有人提供的担保物权登记在债券受托管理人名下；

（二）为委托贷款人提供的担保物权登记在受托人名下；

（三）担保人知道债权人与他人之间存在委托关系的其他情形。

◆ 条文要旨

本条是对担保物权的受托持有规定。

◆ 理解与适用

一、本条的规范意旨

《民法典》第216条规定了不动产登记簿的权利正确性推定效力："不动产登记簿是物权归属和内容的根据。不动产登记簿由登记机构管理。"《民法典》第386条规定了担保物权的优先受偿效力："担保物权人在债务人不履行到期债务或者发生当事人约定的实现担保物权的情形，依法享有就担保财产优先受偿的权利，但是法律另有规定的除外。"但是，在实践中，由于产生合同债权交易的特殊性、登记机关的原因等因素，会造成债权人（实际上的担保物权人）和登记的担保物权人相分离。在这种情形下，担保物权应如何行使和确认，需要统一裁判规范。本条规范的主要目的是为适应商业实践的现实需要，在担保物权登记人与担保物权实际受益人不一致时，通过形式上突破担保物权的公示公信原则，确认部分情形下实际受益人可以主张实现担保权利。

在司法实践中，当担保物权登记名义人和债权人不一致时，裁判的难点和核心主要体现在两个层次的问题：一是如何确认债权人是否为担保物权的实际权利人，二是确认债权是否有权就抵押不动产优先受偿，前者又是后者的基础。目前，司法实践的裁判标准不尽统一，《民法典担保制度解释》第4条明确了这一领域的裁判规则。

二、担保物权的受托持有的合法性及其主要情形

（一）担保物权的受托持有的合法性

尽管对债权人与名义上的担保物权人分离时，在确权方面裁判标准不一致，但司法实践均一致认可受托持有合同的合法性。最高人民法院在"王福海、安徽国瑞投资集团有限公司民间借贷纠纷二审民事判决书"① 中认定，债务人将不动产抵押给债权人指定的第三方，实质是为了履行与债权人借款合同而作的一种交易安排，体现了债务人与债权人的真实意思表示，且不违反法律、行政法规的强制性规定，所以合法有效。

（二）担保物权的受托持有的主要情形

1. 为债券持有人提供的担保物权登记在债券受托管理人名下

在债券认购合同中，当事人是债券发行人（卖方）和债券持有人（买方）。如果债券上设定了担保物权的，因为购买者人数众多，高度分散，且不易保护自身权利，因此《公司债券发行与交易管理办法》第59条规定，发行人为债券设定担保的，债券受托管理人应在债券发行前或债券募集说明书约定的时间内取得担保的权利证明或其他有关文件，并在增信措施有效期内妥善保管。因此，在债券发行中，债券的受托管理人与担保人签订担保合同，在担保物权登记时，受托管理人也被登记为担保物权人。

《最高人民法院关于〈国土资源部办公厅关于征求为公司债券持有人办理国有土地使用权抵押登记意见函〉的答复》（〔2010〕民二他字第16号）指出，抵押权的设定有利于保护全体公司债券持有人的利益。在公司债券持有人因其不确定性、群体性而无法申请办理抵押权登记的情形下，认定公司债券受托管理人可以代理办理抵押权登记手续，符合设立公司债券受托管理人制度的目的，也不违反《公司债券发行与交易管理办法》第59条。这就从司法层面肯定了行政监管

---

① 最高人民法院（2015）最高法民一终字第107号民事判决书。

的要求。

值得注意的是，《民法典担保制度解释（征求意见稿）》第 4 条加了“在债券发行时”的限制，《民法典担保制度解释》废除了这一限制。因为基于契约自由，双方完全可以在发行后设定担保物权。

2. 为委托贷款人提供的担保物权登记在受托人名下

依据《商业银行委托贷款管理办法》第 3 条，委托贷款是指委托人提供资金，由商业银行（受托人）根据委托人确定的借款人、用途、金额、币种、期限、利率等代为发放、协助监督使用、协助收回的贷款，不包括现金管理项下委托贷款和住房公积金项下委托贷款。

在委托贷款中，委托人并非与债务人直接订立借款合同，价款合同的主体是受托人与债务人。如果在债权上设定了担保物权，在担保物权登记时，受托人同样被登记为担保物权人。因此，债权人和担保物权人都是受托银行，两者是一致的。这是委托贷款与债券发行担保物权登记不一致之处，也决定了委托人主张担保物权时的特殊性。

在商业实践中，本条的委托贷款也应扩张到所有合法的委托贷款情形，比如在单一集合信托计划中，往往信托贷款债权上的担保物权都会被登记在信托机构名下。

3. 担保人知道债权人与他人之间存在委托关系的其他情形

本项为兜底条款，其前提是，担保人知道债权人与担保物权的登记名义人之间存在委托关系。在实践中，这些情形非常普遍，常见的有：

一是因登记部门拒绝将自然人登记为担保物权人，导致代持。在司法实践中有大量这样的案例，如在“刘富田与甘彦海、刘馨等股权转让纠纷案”中，因法定登记部门的原因，三位债权人无法办理抵押权登记。为了担保债权人应收的股权转让价款之主债权，目标公司同意以自有工业用地向债权人提供抵押担保，但因法定登记部门的原因，三位债权人无法办理抵押权登记，于是委托一家典当公司代为持有抵押不动产的抵押权，各方均明确三位债权人才是实际的抵押权人。①担保物权代持领域有名的“马鞍山隆达电力实业总公司与丁建、陈永平等企业借

① 最高人民法院（2015）最高法民二终字第 310 号民事判决书。

贷纠纷案”，也因为房地产登记处不接受非金融企业间借款的抵押登记，导致代持。[①] 除了不动产抵押权代持外，实践中一些案例还涉及股权质权代持。如“田慧锦与永州市祥瑞生物科技有限公司、刘基等民间借贷纠纷案”中，债务人、债权人与第三人 A 公司签订了股权质押协议，约定由 A 公司代持股权质权。[②] “李宝福、刘小春因与被上诉人陈维根及原审被告李宝兴担保物权确认纠纷一案”[③]的案情也类似。

二是以往网络借贷中，网贷平台在确定借款人后，就往往办理了担保物权登记手续，登记名义人为网贷平台公司或其员工，之后再寻找最优出借人。在债权人确定后，也会出现债权人与登记担保物权人不一致的情形。在“青岛鸿泰投资担保有限公司与拉图拉甘（青岛）国际酒业集团有限公司、文斌等抵押权纠纷上诉案”[④] 中，最高人民法院认可了债权人有权行使担保物权。[⑤]

三是主债权已经转让他人，担保物权人还未变更登记，但担保人知道债权转让的事实。[⑥] 对于这种情形，《民商事审判会议纪要》第62条规定，债权转让的，除法律另有规定或者当事人另有约定外，担保该债权的抵押权一并转让。受让人向抵押人主张行使抵押权，抵押人不能以受让人不是抵押合同的当事人、未办理变更登记等为由提出抗辩。《民法典》第547条规定：“债权人转让债权的，受让人取得与债权有关的从权利，但是该从权利专属于债权人自身的除外。受让人取得从权利不因该从权利未办理转移登记手续或者未转移占有而受到影响。”这就肯定了《民商事审判会议纪要》第62条。因此，在债权转让实务中，这就可能造成受让人（真实债权人）并未登记成为抵押权人，抵押权依然在原债权人名下。

四是数个债权人委托其中一个债权人代持全部担保物权。在银团贷款中，债权人往往会委托牵头行和担保人订立担保合同，并将担保物权登记在其名下，从

① 安徽省高级人民法院（2016）皖民终582号民事判决书。

② 广州市天河区人民法院（2015）穗天法金民初字第1269号民事判决书。

③ 台州市中级人民法院（2017）浙10民终728号民事判决书。

④ 山东省高级人民法院（2014）鲁民一终字第553号民事判决书。

⑤ 最高人民法院（2015）最高法民申字第593号民事裁定书。

⑥ 中国社科院法学研究所民法研究室公号“与民法典同行”，https：//mp. weixin. qq. com/s/MvHzDXz-GagunPz2TV1a3OQ。

而在牵头行和其他行之间形成担保物权代持关系。

正是上述情形的普遍存在，《民法典担保制度解释》第 4 条第（三）项规定了兜底条款。

三、受托持有担保物权的归属

在《民法典担保制度解释》之前的司法实践中，关于担保物权代持时，如何确认担保物权的归属，一直存在两种裁判思路：一是认为担保物权归登记名义人，其依据是物权公示公信原则；二是认为应归真实权利人（债权人），其依据是债权人是真实的担保物权人，在登记名义人、真实权利人等就物权归属及内容发生争议时，应依据双方之间的委托合同关系来确认真实权利归属和内容。

《民法典担保制度解释》第 4 条确认，在担保物权代持关系中，担保物权属于真实权利人。其理由是：

1. 合同编层面

担保物权代持法律关系包括三方当事人：债权人（委托人）、担保人和受托人，担保人通常都清楚委托人和受托人之间的委托关系。《民法典》第 925 条规定："受托人以自己的名义，在委托人的授权范围内与第三人订立的合同，第三人在订立合同时知道受托人与委托人之间的代理关系的，该合同直接约束委托人和第三人；但是，有确切证据证明该合同只约束受托人和第三人的除外。"第 927 条："受托人处理委托事务取得的财产，应当转交给委托人。"按照这些规定，在委托担保物权代持关系中，担保物权应归委托人。司法实践中，大多数法院也以各方的委托合同关系为裁判依据。如最高人民法院在"韩啸与吉林粮食集团米业有限公司、海南屯昌颐和酒店投资有限公司、平安银行股份有限公司海口分行等金融借款合同纠纷上诉案"中的认定。"吉林市伯爵房地产开发有限公司与中讯建通（北京）控股有限公司等金融借款合同纠纷二审民事判决书"① 更明确引用了原《合同法》第 402 条（《民法典》第 925 条），认定债权人对抵押不动产拥有优先受偿权。

2. 物权编层面

物权公示公信原则是物权编的结构性原则。公示原则要求物权须以特定的公

---

① 北京市高级人民法院（2016）京民终 191 号民事判决书。

示方法向外界表彰其变动，才能发生变动的法律效果。公信原则指依公示方法所表现的物权即使不存在，或其表现出来的内容与真实内容存在差异，但对信赖公示表彰的物权的相对人，依然发生与真实物权相同的法律效果，以提升物权公示方法的信用，促进交易迅捷进行、保障交易安全。然而，在不涉及相对人对物权公示的信赖时，物权编保障的是物权秩序的静态安全，即循名责实，保障真实的权利人。委托代持关系的三方当事人均知道委托关系的存在，各方均不可能信赖登记簿登记的担保物权人是真实的权利人，因此，在发生担保物权确权纠纷时，应保障真实的权利人。

《民法典》第216条第1款规定，“不动产登记簿是物权归属和内容的根据。”但需要注意的是，不动产登记簿只能起到推定权利真实的作用，并不能起到最终确权的作用。《民法典物权编解释（一）》第2条规定：“当事人有证据证明不动产登记簿的记载与真实权利状态不符、其为该不动产物权的真实权利人，请求确认其享有物权的，应予支持。”在司法实践中，法院往往以这一规则来认定真正权利人，许可他们通过相反证据推翻登记的权利推定。如最高人民法院在“王福海、安徽国瑞投资集团有限公司民间借贷纠纷二审民事判决书”的认定中，① 案涉土地使用权上面存在担保物权的权利负担，对外具有公示公信作用，在没有信赖登记的善意第三人主张权利的情形下，应依据当事人约定来确定权利归属。针对股权让与担保中担保权人与债权人的分离安排，法院也依据当事人之间的合同关系认定担保物权人。如“李宝福、刘小春因与被上诉人陈维根及原审被告李宝兴担保物权确认纠纷一案”② “曾燕芳与吴德汉、林宝月民间借贷纠纷一审民事判决书”③ 等。此时，也并不涉及信赖登记的第三人的合理信赖和交易安全的保护问题。“王福海、安徽国瑞投资集团有限公司民间借贷纠纷二审民事判决书”④就正确地表明了这一点。

四、受托持有担保物权的行使

在实践中，如果众多债权人共有的担保物权被登记在第三人名下，债权人能

---

① 最高人民法院（2015）最高法民一终字第107号民事判决书。

② 台州市中级人民法院（2017）浙10民终728号民事判决书。

③ 福建省南安市人民法院（2019）闽0583民初5228号民事判决书。

④ 最高人民法院（2015）最高法民一终字第107号民事判决书。

否单独主张担保物权？

依据《全国法院审理债券纠纷案件座谈会纪要》第 18 条，为债券设定的担保物权可登记在受托管理人名下，受托管理人根据民事诉讼法第 196 条、第 197 条的规定或者通过普通程序主张担保物权的，人民法院应当予以支持，但应在裁判文书主文中明确由此所得权益归属于全体债券持有人。受托管理人仅代表部分债券持有人提起诉讼的，法院还应当根据其所代表的债券持有人份额占当期发行债券的比例明确其相应的份额。这一规定确立了担保物权的集中行权。《民法典担保制度解释》第 4 条规定“债权人或者其受托人主张就该财产优先受偿的”，这应理解为包括两种情形：

一是在债权人为一个主体时，则债权人可以单独行使担保物权。

二是在债权人为多个人时，尤其是在债权人为债券持有人时，应按照《全国法院审理债券纠纷案件座谈会纪要》第 18 条集中行权。此时，债权人的债权虽然彼此分离，但他们共享同一个担保物权。依据担保物权的不可分原理，债权人应集中行权。《民法典》第 310 条规定：“两个以上组织、个人共同享有用益物权、担保物权的，参照适用本章的有关规定。”可见，多个债权人共有担保物权时，应参照适用《民法典》有关共有的规定。

◆ 疑点与难点

担保物权的代持是否违反担保的从属性？

担保物权的从属性是其流通性的一个很大障碍，因为它意味着担保物权不能单独转让，只能和债权一道捆绑转让。《民法典》第 407 条就规定：“抵押权不得与债权分离而单独转让或者作为其他债权的担保。债权转让的，担保该债权的抵押权一并转让，但是法律另有规定或者当事人另有约定的除外。”这意味着我国抵押权制度除个别情形涉及流通抵押外，几乎全是保全抵押。

担保物权的代持多少构成了对抵押从属性的突破，虽然只是形式上的突破：债权人和登记担保物权人并不相同。美国的住房抵押贷款支持证券也同样遇到了抵押权从属性的制度障碍，为此，华尔街设计了一系列克服或规避抵押权附随性严格限制的市场创新机制，如 MERS（Mortgage Electronic Recording System，抵押电子记录系统），使其可以代替大多数的贷款银行作为名义上的抵押权人，作为会员的贷款银行之间转移抵押贷款时，只需在 MERS 内部进行电子登记即可，而无须到各州的不动产登记机构进行抵押权变更登记。① 可见，为促进抵押权的流通，承认抵押权人与债权人非分离是有必要的。有学者认为，抵押权人是否必须为债权人并无实际意义，无论是因为抵押权设定与债权债务发生之间的时间差，还是最高额抵押权的情形，最终的结果都是抵押权人与债权人合二为一。② 《民法典》第 547 条第 2 款即表明了这一点。正如“王福海、安徽国瑞投资集团有限公司民间借贷纠纷二审民事判决书”所说，在债权转让中，抵押权人与债权人之所以不一致，是因为主债权的变动导致的，并不是抵押权的变动，况且抵押权的从属性亦限制了其发生单独转让的可能性。③ 在抵押权未单独转让时，债权人请求行使被登记在他人名下的担保物权，并没有实际突破抵押权的从属性。因此，“马鞍山隆达电力实业总公司与丁建、陈永平等企业借贷纠纷二审民事判决书”④ 认定担保物权代持违反了抵押权处分上的从属性是错误的。

（本条由谢鸿飞撰写）

第五条　【特别法人担保资格】

机关法人提供担保的，人民法院应当认定担保合同无效，但是经国务院批准为使用外国政府或者国际经济组织贷款进行转贷的除外。

居民委员会、村民委员会提供担保的，人民法院应当认定担保合同无效，但是依法代行村集体经济组织职能的村民委员会，依照村民委员会组织法规定的讨论决定程序对外提供担保的除外。

◆ 条文要旨

本条是关于特别法人（机关法人、村民委员会、居民委员会）担保资格的规定。

---

① 参见王乐兵：《担保法专论》，对外经济贸易大学出版社 2018 年版，第 8－9 页。

② 参见程啸：《中国抵押权制度的理论与实践》，法律出版社 2003 年版，第 94 页。

③ 最高人民法院（2015）最高法民一终字第 107 号民事判决书。

④ 安徽省高级人民法院（2016）皖民终 582 号民事判决书。

◆ 理解与适用

一、本条规定的规范意旨

《民法典》第683条第1款规定："机关法人不得为保证人，但是经国务院批准为使用外国政府或者国际经济组织贷款进行转贷的除外。"机关法人是公法人，其成立目的是完成国家的各项职能和治理目标，随着国家职能的变迁尤其是现代国家行政职能的膨胀，机关法人的类型越来越多，但无论何种机关法人，其最终的目的事业均系实现公共利益。因此，对机关法人的担保职能有必要予以限制。本条第1款即明确了机关法人对外担保的无效。

《民法典》第683条仅规定机关法人不得为保证人，对于其他特别法人是否可以充任担保人并不明确。《民法典》第96条、第99条、第100条、第101条将农村集体经济组织、城镇农村的合作经济组织、居民委员会和村民委员会进行了法人化，在这种情形下，其担保资格和以往相比有无变化，是《民法典担保制度解释》亟须解决的问题。基层群众性自治组织法人是居民（村民）自我管理、自我教育、自我服务的组织，负责办理本社区的公共事务和公益事业，同时担负一定的社会服务和联结人民政府与群众管理责任，与机关法人有相似之处，亦有不同之处。《民法典担保制度解释》第5条第2款对居民委员会、村民委员会的担保主体资格作了与机关法人相同的处理，但也为其对外担保留有空间，规定了居民委员会、村民委员会提供保证的禁止及例外。同第1款结构类似，第2款也首先规定了居民委员会、村民委员会提供担保的法律效力一般无效，同时规定"依法代行村集体经济组织职能的村民委员会，依照村民委员会组织法规定的讨论决定程序对外提供担保的"这一例外情况。

二、机关法人的担保资格

《民法典》第683条第1款与《担保法》第8条相比，只是将"国家机关"修改为"机关法人"，以与《民法典》对法人的分类保持一致。但它并未规定机关法人提供的保证的效力。《民法典担保制度解释》本条第1款明确规定，机关法人提供担保时，担保合同无效。值得注意的是，它将《民法典》第683条第1款规定的"保证"扩大到"担保"，其理由在于，机关法人既然不能提供保证，基于事物"当然之理"，自然也不能在自己的财产上为他人设定担保物权，因为机关法人的财产也均与完成其公益目标有直接或间接关系。《预算法》第 35 条第 4 款也规定："除法律另有规定外，地方政府及其所属部门不得为任何单位和个人的债务以任何方式提供担保。"

机关法人是指依照法律和行政命令组建的，履行公共管理职能的各级国家机关，包括政党机关、人大机关、政协机关、行政机关、监察机关、司法机关、军事机关等，具体包括各级中国共产党委员会及其所属各部门，各级人民代表大会机关，各级人民政府及其所属各工作部门，各级政治协商会议机关，各级监察机关，各级人民法院、检察院机关，各民主党派机关、军事机关等。① 参公管理的社会团体法人、事业单位法人，包括各级党的机关、妇联、共青团等，也准用机关法人的相关规则。机关法人没有担保人的资格，不得为自身债务或者他人债务提供担保，其原因在于，"国家机关的财产和经费若用于清偿保证债务，则不仅与其活动宗旨不符，也会影响其职能的正常发挥。此外，国家机关对外代表国家从事管理活动，所欠债务由国家承担责任；以机关法人名义从事民事活动，以财政所拨预算经费为限，而预算经费为其担负的国家职能活动所必需，在经费紧张的今日，一般无剩余可言"②。《民法典担保制度解释》本条第 1 款明确规定，机关法人违反规定提供担保的，担保合同无效。

在以往的司法实践中，法院也认定机关法人提供的担保无效。如在"石河子经济技术开发区财政局、中国信达资产管理股份有限公司新疆维吾尔自治区分公司保证合同纠纷二审民事判决书"中，最高人民法院认为，开发区财政局作为国家行政机关，其订立的保证合同无效。③

《民法典》第 683 条和《民法典担保制度解释》第 5 条第 1 款都规定了机关法人提供担保例外有效的情形，即"经国务院批准为使用外国政府或者国际经济组织贷款进行转贷的"。这仅限于使用外国政府或者世界银行、亚洲银行、国际货币基金组织等国际经济组织的贷款，机关法人对外国银行的商业性贷款不能提供担保。在交通、能源、邮电通信、环境保护、城市基础建设、扶贫开发等无盈

---

① 参见黄薇主编：《中华人民共和国民法典解读·总则编》，中国法制出版社 2020 年版，第 305 页。

② 参见黄薇主编：《中华人民共和国民法典解读·合同编》（上），中国法制出版社 2020 年版，第 743 页。

③ 最高人民法院（2017）最高法民终 84 号民事判决书。

利、盈利微薄或短期内无法盈利的项目中，如果投资款是由外国政府或国际经济组织提供的借款，中央政府往往将其转贷给项目使用，同时要求地方政府委托其计划财政管理部门向中央政府提供担保，即通过中央政府和地方政府的共同担保，保障国家偿还外债的信誉。财政部《国际金融组织和外国政府贷款赠款管理办法》（财政部令第 85 号）第 7 条第 3 款规定，政府负有担保责任贷款，不纳入政府债务限额管理。政府依法承担并实际履行担保责任时，应当从本级政府预算安排还贷资金，纳入一般公共预算管理。因此，依法定程序经国务院批准后，机关法人可以为此类贷款的转贷活动提供担保，相应的担保合同也有效。

三、居民委员会、村民委员会的担保资格

《居民委员会组织法》第 2 条第 1 款规定："居民委员会是居民自我管理、自我教育、自我服务的基层群众性自治组织。"《村民委员会组织法》第 2 条第 1 款规定："村民委员会是村民自我管理、自我教育、自我服务的基层群众性自治组织，实行民主选举、民主决策、民主管理、民主监督。"可见，居民委员会、村民委员会在我国是城市和农村基层的群众自治性组织，同时承担一定的基层公共服务职能。

在司法实践中，对居民委员会、村民委员会是否具有担保资格，存在不同的理解。

（一）居民委员会的担保资格

居民委员会是否具有担保资格素有争议，有"肯定说"和"否定说"两种观点。

1. 肯定说

这种观点认为，居民委员会并非以公益为目的的实业单位或社会团体，其担保资格不应当受法律禁止。如在"青岛市李沧区浮山路街道办事处东李社区居民委员会、青岛旭东房地产开发有限公司企业借贷纠纷案"中，法院认为，居委会并非以公益为目的的事业单位或社会团体，其作为担保人并无法律禁止性规定。①

2. 否定说

这种观点认为，居委会是基层群众性自治组织，具有公益性质，不属于经济

---

① 山东省青岛市中级人民法院（2017）鲁 02 民终 9726 号民事判决书。

实体单位，不应当具有担保资格。如“凤台县农村信用合作联社刘集信用社与凤台县城北乡前马场社区居民委员会、凤台县城北乡后马场社区居民委员会借款合同纠纷上诉案”① 中，法院认为，居委会的性质、职能决定其是办理本村公共事务和公益事业的自治性群众组织，承担公益的职能。根据《担保法》第 9 条关于学校、幼儿园、医院等以公益为目的的事业单位、社会团体不得为保证人的规定，村委会不应成为保证主体。② 可见，这种观点并没有将村委会类推适用机关法人，适用同样的担保规则，而是将其与学校作类比。

《民法典担保制度解释》本条第 2 款采“否定说”。原因在于居民委员会是居民自我管理、自我教育、自我服务的基层群众性自治组织。其主要职能是宣传宪法、法律、法规和国家的政策，维护居民的合法权益，教育居民履行依法应尽的义务，爱护公共财产，开展多种形式的社会主义精神文明建设活动；办理本居住地区居民的公共事务和公益事业；调解民间纠纷；协助维护社会治安；协助人民政府或者它的派出机关做好与居民利益有关的公共卫生、计划生育、优抚救济、青少年教育等工作；向人民政府或者它的派出机关反映居民的意见、要求和提出建议。《居民委员会组织法》第 16 条规定：“居民委员会办理本居住地区公益事业所需的费用，经居民会议讨论决定，可以根据自愿原则向居民筹集，也可以向本居住地区的受益单位筹集，但是必须经受益单位同意；收支帐目应当及时公布，接受居民监督。”第 17 条规定：“居民委员会的工作经费和来源，居民委员会成员的生活补贴费的范围、标准和来源，由不设区的市、市辖区的人民政府或者上级人民政府规定并拨付；经居民会议同意，可以从居民委员会的经济收入中给予适当补助。居民委员会的办公用房，由当地人民政府统筹解决。”由此可知，居民委员会具有类似于机关法人的管理职能，属于公益性机构，通常不得从事经济活动，更不用提作为担保人参与经济活动。

（二）村民委员会的担保资格

与居民委员会相似，实务中对村民委员会能否提供担保也存在肯定和否定两种立场。

---

① 安徽省高级人民法院（2009）皖民二终字第 0134 号民事判决书。

② 广东省东莞市第一人民法院（2013）东一法民二初字第 726 号民事判决书。

1. 肯定说

这种观点主要依据《村民委员会组织法》第 35 条第 1 款，即村民委员会成员实行任期和离任经济责任审计，审计包括下列事项：本村财务收支情况；本村债权债务情况；政府拨付和接受社会捐赠的资金、物资管理使用情况；本村生产经营和建设项目的发包管理以及公益事业建设项目招标投标情况；本村资金管理使用以及本村集体资产、资源的承包、租赁、担保、出让情况，征地补偿费的使用、分配情况等。其中明确提到审议事项包括村委会的担保。最高人民法院在“大同市南郊区新旺乡新胜村村民委员会与大同北都农村商业银行股份有限公司、大同市新胜农工商总公司债务转移合同纠纷案”中认为，村民委员会并不在法律禁止作保证人的范围内。《村民委员会组织法》第 35 条赋予了村民委员会具有提供担保的资格。① 此外，一些法院认为，居委会、村委会之所以能够提供担保，是因为其并非机关法人，并不承担公共事业职能。如“石家庄市天海房地产开发有限公司与谷银中、石家庄市裕华区裕东街道办事处二十里铺社区居民委员会借款合同纠纷再审案”② 中，一审法院认为，居委会不具备担保资格，但是在再审中，法院认为居委会应当承担保证责任，因为它并非以公益为目的的实业单位或社会团体，其担保资格不应当受法律禁止。③

肯定论者的另一个理由是，村民委员会并不在法律禁止作为保证人的范围内。如在“广东粤财投资控股有限公司与广州市番禺区石楼南派经济发展公司、广州市番禺区石楼镇南派村民委员会、广州市番禺区石楼镇南派村股份合作经济社金融借款合同纠纷”一案中，法院认为村委会“未举证证明对外出具《承诺书》（即本案中的保证合同）系应当由村民会议讨论决定的涉及村民利益的事项”，而且“不违反法律及行政法规的强制性规定，其上加盖了村委会公章”，因而认定村委会的保证行为有效。④ 又如“邹平市黄山街道办事处溪河村民委员会、邹平市腾辉房地产开发有限公司合资、合作开发房地产合同纠纷”一案，该案中法院认为《村民委员会组织法》第 19 条约束的对象是村民委员，约束效力

---

① 最高人民法院（2016）最高法民申 2784 号民事判决书。

② 河北省石家庄市中级人民法院（2016）冀 01 民再 78 号民事判决书。

③ 山东省青岛市中级人民法院（2017）鲁 02 民终 9726 号民事判决书。

④ 广州市中级人民法院（2014）穗中法金民终字第 1635 号民事判决书。

不能及于合同相对人。① 再如，“郑州市郑东新区商都路办事处榆林社区居民委员会、郑州五洲物业管理有限公司合同纠纷”一案中，法院认为保证行为“符合双方真实意思表示，不违反法律法规的效力性、强制性规定，依法成立并生效”。②

2. 否定说

持否定说者认为，村民委员会是具有公益性质的自治组织，原则上并不允许其从事担保活动。如在“凤台县农村信用合作联社刘集信用社与凤台县城北乡前马场社区居民委员会、凤台县城北乡后马场社区居民委员会借款合同纠纷上诉案”③ 中，法院认为：根据《村民委员会组织法》规定，村民委员会是村民自主管理、自我教育、自我服务的基层群众性自治组织，实行民主选举、民主决策、民主管理、民主监督。村民委员会办理本村的公共事务和公益事业，调解民间纠纷，协助维护社会治安，向人民政府反映村民的意见、要求和提出建议。因此，村委会的性质、职能决定其是办理本村公共事务和公益事业的自治性群众组织，承担公益的职能。根据《担保法》第 9 条关于学校、幼儿园、医院等以公益为目的的事业单位、社会团体不得为保证人的规定，村委会不应成为保证主体。

《民法典担保制度解释》本条第 2 款原则上采取“否定说”，但是例外肯定了村民委员会的担保能力。这是因为，目前，我国大多数农村并不存在集体经济组织，村委会很大程度上代行了村集体经济组织的职能。虽然《民法典》已将农村集体经济组织法人化，已在农村地区实现村委会的政治职能和集体经济组织的经济职能的分离，但是这种分离还需要很长时间。《民法典》第 101 条第 2 款因此也规定：“未设立村集体经济组织的，村民委员会可以依法代行村集体经济组织的职能。”为迁就这种现实，《民法典担保制度解释》本条第 2 款规定，依法代行村集体经济组织职能的村民委员会，“依照村民委员会组织法规定的讨论决定程序对外提供担保的”，担保有效。此时，依法代行村集体经济组织职能的村民委员会以村集体经济组织名义可以作为担保人。④

---

① 山东省高级人民法院（2019）鲁民终 2461 号民事判决书。
② 郑州市中级人民法院（2016）豫 01 民终 13349 号民事判决书。
③ 安徽省高级人民法院（2009）皖民二终字第 0134 号民事判决书。
④ 广东省东莞市第一人民法院（2013）东一法民二初字第 726 号民事判决书。

村民委员会代行村集体经济组织职能，和他人签订担保合同，在性质上属于《村民委员会组织法》第24条第1款第（八）项“以借贷、租赁或者其他方式处分村集体财产”，依该条规定，既可由村民会议讨论决定，也可由村民会议授权村民代表会议讨论决定，适用《村民委员会组织法》第25条、第26条和第28条的规定。实践中，代行村集体经济组织职能的村民委员会对外担保，虽然经过村民代表会议讨论决定，但是未经过村民会议授权，担保合同无效。

需要注意的是，村民委员会是代表村集体经济组织对外进行担保，而并非以村民委员会的财产承担担保责任。村民委员会代表村集体经济组织对外进行担保时需要村集体经济组织的授权，否则其设定担保权属于越权行为，相对人不应属于善意第三人，因为法律并没有赋予村委会以担保权力，任何第三人都不能主张其不知道法律规定而构成善意，担保合同对村集体经济组织不发生法律效力。①

另外，农村集体经济组织法人、城镇农村的合作经济组织法人均具有营利目的、从事经济活动，不应限制其担保资格。《农民专业合作社法》第36条第1款规定，农民专业合作社的理事长、理事和管理人员不得违反章程规定或者未经成员大会同意，将本社资金借贷给他人或者以本社资产为他人提供担保。这就表明农民专业合作社可以作为担保人，只不过要符合章程的规定并满足特定的程序。

◆ 疑点与难点

一、公私合营模式下机关法人的担保

在实践中，尽管机关法人进行贷款担保原则上被禁止，但是由于PPP模式、BT模式、BOT模式等政府利用社会资本进行公共建设的情况越来越多，地方政府对外提供担保越来越普遍。② 有学者认为，如果机关法人提供的担保不具有合法性保障，将会影响社会资本参与此类项目的热情，不利于PPP项目等的开展。③也有学者提出，机关法人可以在债务人面临违约风险时，动用自身权力和强大的经济资源，帮助债务人脱困，实际上也是一种隐性担保，具有灵活性和隐蔽性。④

---

① 参见曹士兵主编：《担保纠纷案件裁判规则（一）》，法律出版社2019年版，第100页。

② 参见铁燕、何江：《排污权担保贷款支付实证研究》，载《甘肃政法学院学报》2016年第1期。

③ 参见邢会强：《PPP模式中的政府定位》，载《法学》2015年第11期。

④ 参见洪艳蓉：《公司债券违约零容忍的法律救赎》，载《法学》2013年第12期。

在 PPP 等项目中，政府应避免以担保形式对项目提供支持，金融机构、担保机构等其他相关债权主体也应规避此类无效合同。解决这一困境的出路在于，一方面，依据《关于推广运用政府和社会资本合作模式有关问题的通知》（财金〔2014〕76 号），政府应当“注重体制机制创新，充分发挥市场在资源配置中的决定性作用，按照‘风险由最适宜的一方来承担’的原则，合理分配项目风险，项目设计、建设、财务、运营维护等商业风险原则上由社会资本承担，政策、法律和最低需求风险等由政府承担”①；另一方面，政府可以绕开狭义担保，向金融机构或担保机构作出基于公共支付权的间接担保。② 不过，这一形式的推广仍需一定时间的探索和检验，也需要一定配套制度的辅助。

二、机关法人违法担保时的过错

依据《民法典担保制度解释》第 17 条，在判定担保合同当事人的过错后，无疑将对当事人双方产生重大影响。但在机关法人违法担保时，如何判定过错方在实践中颇有争议。通常法院会认定政府和债权人对担保合同的无效都存在过错，理由是法律禁止机关法人从事担保。如最高人民法院在“石河子经济技术开发区财政局、中国信达资产管理股份有限公司新疆维吾尔自治区分公司保证合同纠纷二审民事判决书”中的认定。③ 在部分案件中，法院认为机关法人的保证行为是独立、自主、自愿行为，应当知道其没有担保资格，其保证行为系自身的完全过错，应当承担全部责任。④

对于机关法人、居民委员会、村民委员会提供保证的行为，应当认为，保证人和债权人均有过错，因《民法典》第 683 条为强制性规定，双方均应知晓，损失不应当完全归于一方当事人。机关法人所签订的担保合同无效，因此给债权人造成损失的，应当根据《民法典》第 682 条第 2 款和《民法典担保制度解释》第 17 条处理。但是，机关法人如何承担这种赔偿责任，目前存在较大的问题。依据《预算法》第 4 条第 2 款，政府的全部收入和支出都应当纳入预算。据此，政府承担的担保无效时的赔偿责任是无法纳入预算的。《最高人民法院执行工作办公

---

① 参见财政部：《关于推广运用政府和社会资本合作模式有关问题的通知》（财金〔2014〕76 号）。

② 参见观韬律所：《PPP 项目中的政府担保问题解析》，2017 年 5 月 24 日，载中国政府采购网，http://www.ccgp.gov.cn/ppp/llyj/201705/t20170524_8284515.htm，最后访问时间：2021 年 1 月 18 日。

③ 最高人民法院（2017）最高法民终 84 号民事判决书。

④ 黑龙江省牡丹江市爱民区人民法院（2017）黑 1004 民初 569 号民事判决书。

室关于能否强制执行甘肃金昌市东区管委会有关财产请示的复函》(〔2001〕执他字第10号)明确规定,预算内资金和预算外资金均属国家财政性资金,其用途国家有严格规定,不能用来承担连带经济责任。人民法院在执行涉及行政性单位承担连带责任的生效法律文书时,只能用该行政单位财政资金以外的自有资金清偿债务。为了保证行政单位正常地履行职能,不得对行政单位的办公用房、车辆等其他办公必需品采取执行措施。据此,一些法院认为,机关法人的赔偿责任应以预算外资金和行政结余为限,如"信达资产甘肃省分公司等与北京鼎泰亨通公司金融借款合同纠纷二审案"的认定。① 可见,这种赔偿责任的承担在实务中很难实现。

(本条由谢鸿飞撰写)

第六条 【学校、幼儿园等提供担保的效力】

以公益为目的的非营利性学校、幼儿园、医疗机构、养老机构等提供担保的,人民法院应当认定担保合同无效,但是有下列情形之一的除外:

(一)在购入或者以融资租赁方式承租教育设施、医疗卫生设施、养老服务设施和其他公益设施时,出卖人、出租人为担保价款或者租金实现而在该公益设施上保留所有权;

(二)以教育设施、医疗卫生设施、养老服务设施和其他公益设施以外的不动产、动产或者财产权利设立担保物权。

登记为营利法人的学校、幼儿园、医疗机构、养老机构等提供担保,当事人以其不具有担保资格为由主张担保合同无效的,人民法院不予支持。

◆ 条文要旨

本条是有关学校、幼儿园、医疗机构、养老机构等提供担保的效力的规定。

---

① 北京市高级人民法院(2014)高民终字第1606号民事判决书。

◆ 理解与适用

以公益事业为目的成立的法人，其目的事业决定了其民事活动的有限性。《民法典》第 87 条第 1 款规定：“为公益目的或者其他非营利目的成立，不向出资人、设立人或者会员分配所取得利润的法人，为非营利法人。”这一界定采用了国际通行的标准，即非营利法人最重要的特征是不能分配利润，但并不禁止其从事与其事业相关的经营活动。因此，法律还需对其担保能力进行规定。

一、学校、幼儿园、医疗机构、养老机构等非营利法人提供担保的效力

在《民法典》之前，我国法律也禁止从事公益的机构提供担保。《担保法》第 9 条规定：“学校、幼儿园、医院等以公益为目的的事业单位、社会团体不得为保证人。”《担保法解释》第 3 条也禁止以公益为目的的事业单位、社会团体违反法律规定提供担保。《民法典》第 683 条第 2 款也明确规定：“以公益为目的的非营利法人、非法人组织不得为保证人。”相对以往的法律，《民法典》禁止从事公益的机构提供担保的精神并没有发生变化，不过它采用了营利法人和非营利法人的法人新类型，而且非营利法人的具体类型也和以往法律的措辞不同。

对民办学校、幼儿园、医疗机构、养老机构、博物馆等从事公益性事业的机构，《担保法》和《担保法解释》的定性并不清晰。一是因为《民法通则》对“事业单位、社会团体”的界定并不清晰，法律也未使用“非营利法人”这一术语。非营利法人的立法主要见于三部行政法规——《社会团体登记管理条例》《民办非企业单位登记管理暂行条例》和《基金会管理条例》，它们将各种非营利组织分为社会团体、民办非企业单位和基金会三类，均由民政部门统一管理。二是 2016 年《民办教育促进法》修改之前，其第 51 条明确规定：“民办学校在扣除办学成本、预留发展基金以及按照国家有关规定提取其他的必需的费用后，出资人可以从办学结余中取得合理回报。取得合理回报的具体办法由国务院规定。”而且，《民办教育促进法实施条例》第二章专门规定了“民办学校的举办者”，其第 5 条与第 8 条明确规定了举办者的出资义务和出资额，似乎又明确承认了非营利民办学校与公司一样，存在出资人和出资份额。《民间非营利组织会计制度》第 2 条将不得营利和不得分红作为民非组织的基本特征，《民政部办公厅关于社会团体兴办经济实体有关问题的复函》（民办函〔2002〕21 号）也同样

认为，非营利性组织不得分红，也不能分配剩余财产。《关于进一步鼓励和引导社会资本举办医疗机构意见的通知》（国办发〔2010〕58 号）第 19 条规定，非营利性医疗机构所得收入除规定的合理支出外，只能用于医疗机构的继续发展。但《民办教育促进法》在教育事业的公益性和投资人的营利目的之间作了妥协，一方面规定不许可通过教育营利，另一方面又许可投资人取得合理回报。在司法实践中，法院往往参照《公司法》《合伙企业法》的规定处理涉及民办学校及其举办者的纠纷。①

正因为对民办学校的法律定位不清晰，在《民法总则》实施之前的司法实践中，民办学校是否具有保证人资格存在较大争议，焦点集中在民办学校是否属于事业单位或社会团体？收费较高的民办学校是否具备“公益目的”？司法实践的裁判标准并不统一。反对者认为，民办学校是民办非企业单位，并非事业单位或社会团体，因而具有保证资格；② 赞成者认为，民办学校从事的是教育这种公益事业，若从事担保活动并最终承担担保责任，有损教育事业。③ 也有一些资深法官认为，对民办学校是否具有担保资格，首先应当综合审查该单位登记情况和实际运行情况判断其选择经营类型为营利性或者非营利性；其次对该单位实际运行情况和章程进行审查，营利性法人区别于非营利性法人的重要特征，不是取得利润而是利润分配给出资人。④ 之所以要据实判断而不是简单按照民办学校登记为营利法人还是非营利法人判断，主要的考量是现实生活中存在大量登记为非营利法人但实质上从事营利活动的民办学校。

《民法典》第 683 条第 2 款明确规定，只有以公益为目的的非营利法人、非法人组织才不具有保证人资格。因此，以公益为目的的这些机构能否提供担保，核心是其是否具有营利性。这就使《担保法》语焉不详的标准变得非常清晰和明确。此外，《民法典》第 399 条第（三）项明确禁止学校、幼儿园、医疗机构等为公益目的成立的非营利法人以教育设施、医疗卫生设施和其他公益设施作为抵

---

① 参见谢鸿飞：《非营利法人的类型定位与盈余分配——兼评游道国诉蚌埠现代妇科医院、陈建森、吴建文公司盈余分配纠纷案》，载《人民司法（案例）》2017 年第 20 期。

② 如湖北省高级人民法院（2017）鄂民申 1620 号民事判决书。

③ 如最高人民法院（2017）最高法民终 297 号案民事判决书。

④ 参见司伟、肖峰：《担保法实务札记——担保纠纷裁判思路精解》，中国法制出版社 2019 年版，第 138 页。

押物。除了前述列举的以公益为目的成立的非营利法人的教育设施、医疗设施外，其他以公益为目的成立的非营利法人如图书馆、科技馆、博物馆、文化馆、敬老院、福利院、康复院等，其公益设施也不得抵押。其目的是充分确保这些非营利法人实现其目的事业，维护其社会公益功能。若法律允许这些公益设施抵押，在实现抵押权时，这些公益设施必然会被拍卖和变卖，将直接损害国家、集体和个人的利益，扰乱社会秩序和生活秩序，破坏社会稳定。①

《民法典担保制度解释》本条第 1 款也以《民法典》的法人新分类为依据，明确规定，以公益为目的的非营利性学校、幼儿园、医疗机构、养老机构等提供担保的，人民法院应当认定担保合同无效。这里的“担保”既包括人的保证，也包括物的保证。

然而，以公益为目的的非营利性学校等机构同样面临发展、壮大目的事业的问题，而且，它们也可以从事与其目的事业相关的经营活动，若全然不许其提供担保，其事业发展很有可能受阻。因此，《民法典担保制度解释》本条依据现实需要增设了以公益为目的的非营利性学校等机构可以提供担保的例外情形。

（一）以自己购入或以融资租赁方式承租的公益设施，为购置款或租金债权提供担保

《民法典担保制度解释》本条第 1 款第（一）项的例外情形是“在购入或者以融资租赁方式承租教育设施、医疗卫生设施、养老服务设施和其他公益设施时，出卖人、出租人为担保价款或者租金实现而在该公益设施上保留所有权”。这包括如下两种担保情形。

1. 所有权保留

以公益为目的的非营利性学校等机构可以依据《民法典》第 641 条，在购买公益设施时，与出卖人订立所有权保留买卖合同，约定其未履行支付价款或者其他义务的，标的物的所有权属于出卖人。而且，出卖人可以对标的物保留的所有权进行登记，登记后可以对抗善意第三人。以公益为目的的非营利性学校等机构具有未按照约定支付价款，经催告后在合理期限内仍未支付等《民法典》第 642

① 参见孙宪忠、朱广新主编：《民法典评注·物权编》（第 4 册），中国法制出版社 2020 年版，第 111 页。

条规定的法定情形，造成出卖人损害的，除当事人另有约定外，出卖人有权取回标的物。以公益为目的的非营利性学校等机构可以与出卖人协商取回标的物；协商不成的，可以参照适用担保物权的实现程序。依据《民法典》第 643 条，出卖人取回标的物后，以公益为目的的非营利性学校等机构在双方约定或者出卖人指定的合理回赎期限内，消除出卖人取回标的物的事由的，可以请求回赎标的物。以公益为目的的非营利性学校等机构在回赎期限内没有回赎标的物，出卖人可以以合理价格将标的物出卖给第三人，出卖所得价款扣除以公益为目的的非营利性学校等机构未支付的价款以及必要费用后仍有剩余的，应当返还以公益为目的的非营利性学校等机构；不足部分由以公益为目的的非营利性学校等机构清偿。

2. 融资租赁

以公益为目的的非营利性学校等机构若采取融资租赁的方式，从出租人处租赁公益设施的，可依据《民法典》有关融资租赁的规定办理。而且依据《民法典》第 745 条的规定，出租人也可以将其对租赁物享有的所有权进行登记，登记后可以对抗善意第三人。

对这些例外情形，值得注意的有如下三点：

一是《民法典担保制度解释》第 1 条已纳入了所有权保留和融资租赁，将其作为一种担保方式，因此本款亦将其界定为担保。

二是这些例外情形具有共同的正当性，即这些情形的担保都不会损害以公益为目的的非营利性学校等机构的利益，也不会危及公共利益。在所有权保留、融资租赁和购置款债权抵押中，以公益为目的的非营利性学校等机构都是以融资的方式购买公益设施的，如果这些公益设施本身不能作为担保，则可能出现没有任何债权人愿意提供融资的窘境，这反而会使以公益为目的的非营利性学校等机构难以发展公益事业，如医院将无法购置昂贵的医疗设备等。另外，对以公益为目的的非营利性学校等机构而言，即使其最终因为无力清偿购置款债权，公益设施被行使担保物权或被取回等，其也并未遭受实质损失，因为它并非通过自有资金购买这些公益设施的。换言之，它本不应取得公益设施的所有权。

三是本款仅规定了出卖人、出租人为担保价款或者租金实现而在该公益设施上保留所有权的情形，未考虑到设定购置款（价金）债权抵押权（PMSI）。《民法典》第 416 条规定了购置款债权抵押权：“动产抵押担保的主债权是抵押物的价款，标的物交付后十日内办理抵押登记的，该抵押权人优先于抵押物买受人的其他担保物权人受偿，但是留置权人除外。”其目的在于为买方融资提供更多渠道，但这种超级抵押权同时又无损买方的其他有担保的债权人的利益。依据这一规定，以公益为目的的非营利性学校等机构在通过向卖方或者第三人融资，以购买公益设施时，可以设定购置款债权抵押权。具体而言，出卖方可以在以公益为目的的非营利性学校等机构收到公益设施后的十天内，申请办理动产抵押登记，办理抵押权登记后，出卖人作为债权人，其抵押权优于所有的在先意定担保物权，包括动产抵押权和动产质权。《民法典担保制度解释》第 57 条还对这种权利与所有权保留、融资租赁的关系作了规定。这是因为，购置款债权与所有权保留、融资租赁在担保功能方面几乎一致。但遗憾的是，本款未将其纳入。这一方面使出卖人难以依据本规定设定购置款债权抵押权；另一方面，如果购置款是由出卖人以外的第三人如银行提供，则第三人也将无法在公益设施上设定担保物权，反而会窒碍以公益为目的的非营利性学校等机构购买公益设施，最终阻碍公益事业的发展。进一步说，如果卖方或提供资金的债权人不设定所有权保留、融资租赁或购置款债权抵押权，而只是设定普通的动产抵押权，若这种抵押权亦被认定为无效，则以公益为目的的非营利性学校等机构的融资将更难。因此，在实践中，在以公益为目的的非营利性学校等机构购买公益设施时，其在该设施上对购置款债权设定的各种担保，都应认定为有效。

（二）以教育设施、医疗卫生设施、养老服务设施和其他公益设施以外的不动产、动产或者财产权利设立担保物权

《担保法解释》第 53 条规定：“学校、幼儿园、医院等以公益为目的的事业单位、社会团体，以其教育设施、医疗卫生设施和其他社会公益设施以外的财产为自身债务设定抵押的，人民法院可以认定抵押有效。”《物权法》第 184 条也许可这些设施进行抵押。《民法典》第 399 条亦同。其原因在于，以公益为目的的非营利性学校等机构除了拥有从事目的事业所必需的公益设施外，还有其他非公益设施。这类非公益设施本身具有财产价值，如禁止其设定担保物权，反而会与发展公益事业的目标南辕北辙。因此，《民法典担保制度解释》第 6 条第 1 款第（二）项明确规定对非用于公益的不动产、动产和财产权利，以公益为目的的非营利性学校等机构可以将其用于担保。

在实践中，学校、医院、养老院等对外提供担保的方式主要是就其收费权提供权利质押，如学校以公寓收费权、教学收费权提供质押。司法实践对这种权利质押的效力认定结果并不统一。一些法院依据《物权法》第223条第（七）项"法律、行政法规规定可以出质的其他财产权利"关于权利质押标的的规定，基于物权法定原则角度认定这种质押无效。如"中国农业银行股份有限公司娄底分行诉被告娄底市第二中学借款合同纠纷案"①；或者依据这类法人目的事业的公益性，认定其担保无效，如"内蒙古再担保股份有限公司与内蒙古经贸外语职业学院、吴宏等追偿权纠纷案"。② 一些法院则依据《应收账款质押登记办法》第2条第2款第（一）项有关"销售、出租产生的债权，包括销售货物，供应水、电、气、暖，知识产权的许可使用，出租动产或不动产等"的规定，认定这种收费权属于未来应收账款，质押有效，如"中融国际信托有限公司与东莞市光华医院有限公司、邝华仔营业信托纠纷案"。③

值得注意的是，《民法典担保制度解释》本条对公益设施以外的财产设定担保物权未限定为自身债务。《民法典担保制度解释（征求意见稿）》第5条规定，以公益为目的的学校在以教育设施和其他公益设施以外的财产设定担保物权时应限于自身债务，但《民法典担保制度解释》删除了这一限定，主要理由是以公益设施以外的财产设定担保物权不涉及公共利益，无论是为自身债务还是他人债务，都不会影响公益性学校的正常运营，法律不应过多限制公益性学校的财产处分权。

二、学校、幼儿园、医疗机构、养老机构等营利法人提供担保的效力

《民法典担保制度解释》本条第2款规定："登记为营利法人的学校、幼儿园、医疗机构、养老机构等提供担保，当事人以其不具有担保资格为由主张担保合同无效的，人民法院不予支持。"

这一规定的出发点是配合《民法典》和相关法律的新要求。《民法典》将法人分为营利法人和非营利法人，已如前述。这一制度变革对实践的意义之一在于

---

① 湖南省娄底市（地区）中级人民法院（2014）娄中民三初字第101号民事判决书。

② 内蒙古自治区呼和浩特市赛罕区人民法院（原内蒙古自治区呼和浩特市郊区人民法院）（2018）内0105民初1681号民事判决书。

③ 广东省东莞市中级人民法院（2018）粤19民初16号民事判决书。

它彻底将民办学校等按照设立目的区分为营利法人和非营利法人。2016 年《民办教育促进法》修改后，我国法律对实现公益事业的手段有了全新的理解。依据《民办教育促进法》第 3 条第 1 款，民办教育事业属于公益性事业，是社会主义教育事业的组成部分，但其第 19 条同时规定，民办学校的举办者可以自主选择设立非营利性或者营利性民办学校。但是，不得设立实施义务教育的营利性民办学校。非营利性民办学校的举办者不得取得办学收益，学校的办学结余全部用于办学。营利性民办学校的举办者可以取得办学收益，学校的办学结余依照《公司法》等有关法律、行政法规的规定处理。这些规定表明，民办教育作为公益事业，既可以通过非营利性手段实现，也可以通过营利性手段实现。《民办教育促进法》对营利性民办学校与非营利性民办学校分类管理，营利性民办高校举办者的权利与《公司法》规定的公司股东的权利几乎相同。民办学校的举办者可以选择两种方式。选择营利性民办学校的，应按照《公司法》登记，可以分红，可以取回剩余财产。《民法典担保制度解释》本款规定的意旨与原《担保法解释》第 16 条基本一致，即从事经营活动的事业单位、社会团体为保证人的，如无其他导致保证合同无效的情况，其所签订的保证合同应当认定为有效。按照这一规定，登记为营利法人的民办学校、学院等，可为自己的债务和他人的债务提供担保，包括为自己的债务提供担保和为第三人的债务提供担保，既可以提供人的保证，也可以提供物的保证。

◆ 疑点与难点

一、共益类非营利性法人的担保

依据《民法典》第 87 条第 1 款，非营利法人分为两种：一是从事公益类的非营利法人，二是从事共益类的非营利法人，非营利法人包括事业单位、社会团体、基金会、社会服务机构等。其中，公益类的学校、医院等非营利法人属于“社会服务机构”。依据《公益事业捐赠法》第 3 条，公益事业是指非营利的下列事项：（1）救助灾害、救济贫困、扶助残疾人等困难的社会群体和个人的活动；（2）教育、科学、文化、卫生、体育事业；（3）环境保护、社会公共设施建设；（4）促进社会发展和进步的其他社会公共和福利事业。除了公益目的外，为其他非营利目的而成立的法人也属于非营利法人。据此，在这一范围外的非营利法人为共益类非营利法人，如行业协会等。① 这类法人是为了成员共同的非经济利益成立的，它满足非营利法人的两个条件，即成立目的的非营利性和不分配利润，通常被称为“共益非营利法人”。但是，这两类法人还存在一定的差异，如《民法典》第95条规定，为公益目的成立的非营利法人终止时，不得向出资人、设立人或者会员分配剩余财产。

《民法典担保制度解释》本条未涉及共益类法人的担保资格。在实务中，对这类法人提供的担保，可供选择的思路有两种。一是依据这类法人的设立是否有国家扶持和资助的因素。如果有，则可参酌适用公益类法人的规则，毕竟，我国大量的行业协会、商会等是由国家扶持和资助的，这种中国特色不能不考虑；如果没有，则认可其担保资格。二是基于非营利法人的性质，一概适用《民法典担保制度解释》本条规定。这是因为非营利法人虽然可以从事经营活动，但必须和其目的事业有关，除本条规定的例外情形之外，提供担保很难说与其目的事业有关。

二、学校、幼儿园、医疗机构、养老机构等营利法人是否具有完全的担保能力

依据《民法典担保制度解释》本条规定，学校、幼儿园、医疗机构、养老机构等营利法人具有完全的担保资格。这虽然与《民法典》区分营利法人和非营利法人的思路一致，但对这些机构作为担保人时的利益衡量可能存在欠缺。无论如何，这些机构从事的是公益事业，在我国教育、医疗等资源供给不足的今天，一概让这些营利性的学校、幼儿园等承担担保责任，是否妥当，值得斟酌。

全国人民代表大会常务委员会法制工作委员会《对关于私立学校、幼儿园、医院的教育设施、医疗卫生设施能否抵押的请示的意见》（法工办发〔2009〕231号）明确指出，私立学校、幼儿园、医院和公办学校、幼儿园、医院，只是投资渠道上的不同，其公益属性是一样的。私立学校、幼儿园、医院中的教育设施、医疗卫生设施也属于社会公益设施，按照《物权法》第184条规定，不得抵押。教育部、人力资源和社会保障部和国家工商行政管理总局2016年12月30日颁布的《营利性民办学校监督管理实施细则》第30条规定，营利性民办学校举办者不得抽逃注册资本，不得用教育教学设施抵押贷款、进行担保，办学结余分配应

① 参见黄薇主编：《中华人民共和国民法典总则编解读》，中国法制出版社2020年版，第270页。

当在年度财务结算后进行。在司法实践中，最高人民法院在“东莞市百盛投资发展有限公司与李晓中、郑敬辉借款合同纠纷案”① 中认定，学校的教育设施不得用于抵押，不仅包括学校自有的教育设施，也包括其他主体租赁给学校的教育设施。这些例子都表明，在公益性和营利性之间、在保护债权人预期和稳定教育、医疗秩序等公益目标之间，还是存在艰难的权衡的。

《民法典担保制度解释》适用后，登记为营利法人的学校、幼儿园等提供的担保合同虽然有效，但是在执行过程中，依然很可能维持以往司法实践较为流行的做法，即从公益、社会稳定的角度出发，在强制执行时，优先保障学校的正常教育活动经费。如在“中国华融资产管理股份有限公司广东省分公司与电白县东城中学债权转让合同纠纷案”中，② 即使在学费、医院收费权等上设定的质押亦如此。

三、《民法典担保制度解释》适用的时间效力

《民法典担保制度解释》对以公益为目的的非营利性学校、幼儿园、医疗机构、养老机构等提供担保的规定，在实施中可能涉及两个方面的法律适用问题：

一是在现实生活中，《民办教育促进法》修改前的很多民办学校都被登记为非营利法人，但其实是营利性的。若其在《民法典担保制度解释》实施前提供了担保，在实施后提起诉讼，应如何处理？

二是在名为公益性的民办学校等提供担保后，又改为非营利法人的，其性质变更之前提供的担保，应如何处理？《全国人民代表大会常务委员会关于修改〈中华人民共和国民办教育促进法〉的决定》指出：“本决定公布前设立的民办学校，选择登记为非营利性民办学校的，根据依照本决定修改后的学校章程继续办学，终止时，民办学校的财产依照本法规定进行清偿后有剩余的，根据出资者的申请，综合考虑在本决定施行前的出资、取得合理回报的情况以及办学效益等因素，给予出资者相应的补偿或者奖励，其余财产继续用于其他非营利性学校办学；选择登记为营利性民办学校的，应当进行财务清算，依法明确财产权属，并缴纳相关税费，重新登记，继续办学。具体办法由省、自治区、直辖市制定。”

《最高人民法院关于适用〈中华人民共和国民法典〉时间效力的若干规定》

---

① 最高人民法院（2016）最高法民再335号民事判决书。

② 广东省茂名市电白区人民法院（2014）茂电法民二初字第280号民事判决书。

规定了法律溯及既往的情形，如第 2 条规定更有利于保护民事主体合法权益，更有利于维护社会和经济秩序，更有利于弘扬社会主义核心价值观。如前所述，在这一领域，《民法典担保制度解释》对以公益为目的的非营利性学校、幼儿园、医疗机构、养老机构等提供担保的限制更为宽松，区分了这些机构的营利性与非营利性，基于前述考虑，可能以适用旧法为佳。

四、以公益为目的的非营利性学校、幼儿园、医疗机构、养老机构等违法担保的法律效力

《民法典担保制度解释》未规定以公益为目的的非营利性学校、幼儿园、医疗机构、养老机构等违法担保的法律效力。司法实践一般适用担保合同本身无效的效力。如最高人民法院在“马鞍山中加双语学校与新时代信托股份有限公司金融借款合同纠纷”① 一案中判决，非营利性民办学校不具有保证人资格，但在签署保证协议存在过错时，应当承担 1/2 的过错赔偿责任。鉴于对国家机关等违法担保均适用担保合同无效的一般法律效力，以公益为目的的非营利性学校、幼儿园、医疗机构、养老机构等违法担保也应适用《民法典担保制度解释》第 17 条。

（本条由谢鸿飞撰写）

第七条　【公司法定代表人越权担保的效力和责任】

公司的法定代表人违反公司法关于公司对外担保决议程序的规定，超越权限代表公司与相对人订立担保合同，人民法院应当依照民法典第六十一条和第五百零四条等规定处理：

（一）相对人善意的，担保合同对公司发生效力；相对人请求公司承担担保责任的，人民法院应予支持。

（二）相对人非善意的，担保合同对公司不发生效力；相对人请求公司承担赔偿责任的，参照适用本解释第十七条的有关规定。

---

① 最高人民法院（2017）最高法民终 297 号案民事判决书。

法定代表人超越权限提供担保造成公司损失，公司请求法定代表人承担赔偿责任的，人民法院应予支持。

第一款所称善意，是指相对人在订立担保合同时不知道且不应当知道法定代表人超越权限。相对人有证据证明已对公司决议进行了合理审查，人民法院应当认定其构成善意，但是公司有证据证明相对人知道或者应当知道决议系伪造、变造的除外。

◆ 条文要旨

本条是关于公司的法定代表人超越权限提供担保的规定。

◆ 理解与适用

一、本条的规范宗旨

《公司法》第16条一方面赋予了公司以担保权利能力，另一方面又对这种权利能力作了限制。它规定了两种情形：一是公司为相对人提供担保时，依照公司章程的规定，由董事会或者股东会、股东大会决议；公司章程对投资或者担保的总额及单项投资或者担保的数额有限额规定的，不得超过规定的限额。二是公司为公司股东或者实际控制人提供担保的，必须经股东会或者股东大会决议，且被担保的股东或者受实际控制人支配的股东，不得参加担保事项的表决。该项表决由出席会议的其他股东所持表决权的过半数通过。

依据《民法典》第61条第2款，法定代表人以法人名义从事的民事活动，其法律后果由法人承受。毫无疑问，《公司法》第16条是对《民法典》有关法定代表人权限和职责的法定限制。因此，法定代表人违反《公司法》第16条规定，以公司名义提供担保的效力，就成了一个聚讼盈庭的理论和实践问题。这一问题的解决思路有两种：

（一）界定《公司法》第16条的规范性质

《合同法司法解释（二）》第14条将《合同法》第52条第（五）项规定的“强制性规定”，界定为“效力性强制性规定”，进一步限缩合同因违反法律、行政法规的强制性规定而无效的情形，弘扬了私法自治和契约自由精神。效力性规定重于违反行为的法律价值，以否定其法律效力为目的；管理性规定重于违反行为的事实判断，以禁止其行为为目的。①《民法典》第153条第1款也继受了这一成果。因此，通过认定《公司法》第16条作为强行法规范到底是效力性规范还是管理性规范，来界定法定代表人越权担保的效力，就成为一种相当有吸引力的思路。

在公司法学领域，依据不同的标准，公司法规范可以划分为不同的种类。依规范的强制性的有无及其程度，公司法规范通常被区分为三种：一是赋权性规则，即公司或相关主体依照特定的方式采纳这些规则，赋予其从事的活动以法律规定的效力。二是补充性或任意性规则，指对特定事项，除非公司或相关主体明确通过章程等方式采纳其他规则，否则就直接发生法律效力。三是强制性规则，公司或相关主体不能变更和排除这些规则。② 从这个角度看，《公司法》第16条体现了立法者特定的目的，即通过限制法定代表人代表公司提供担保的权限，保护公司利益，间接保护公司中小股东和公司债权人的利益。因此，从新旧公司法的衔接背景和立法目的，普通公司提供担保的行为性质、后果，公司章程的效力范围等方面，都可以认定《公司法》第16条是强制性法律规范，对公司和担保权人均有约束力。③ 甚至因为《公司法》第16条对有关公司对外投资或者担保限额的规定使用了“不得”，就可以判断它属于强制性的规定。④

在作出这一认定后，第二层次的认定即《公司法》第16条到底属于效力性规范还是管理性规范。

采取这一思路的方案一般将《公司法》第16条界定为管理性规范，而非效力性规范，认为它只能约束法定代表人，不能约束担保权人。尤其是在司法实践中，最高人民法院的诸多判决都作了这种认定。如“安徽省投资集团控股有限公司、中原银行股份有限公司濮阳开州路支行金融借款合同纠纷案”⑤ 判决书认

---

① 参见史尚宽：《民法总论》，中国政法大学出版社2000年版，第330页。
② 参见［美］M. V. 爱森伯格：《公司法的结构》，张开平译，载王保树主编：《商事法论文集》（第3卷），法律出版社1999年版，第390页。
③ 参见甘培忠：《公司法适用中若干疑难争点条款的忖度和把握》，载《法律适用》2011年第8期。
④ 参见李金泽：《公司法有关公司对外担保规定的质疑》，载《现代法学》2007年第1期。
⑤ 最高人民法院（2017）最高法民申370号民事判决书。

定，该条规定的立法本意在于限制公司主体行为，防止公司的实际控制人或者高级管理人员损害公司、小股东或其他债权人的利益，不属于效力性强制性规范，不能仅以违反该规定为由否定担保承诺的效力。在“重庆赞立置业有限公司、何小平买卖合同纠纷案”① 中，最高人民法院认为，《公司法》第 16 条属于公司内部控制程序，不能以此约束交易相对人，相对人是否审查公司章程及相关股东会记录，均不应影响公司应当依法承担的民事责任。北京市高级人民法院在“中建材集团进出口公司诉北京大地恒通经贸有限公司、北京天元盛唐投资有限公司、天宝盛世科技发展（北京）有限公司、江苏银大科技有限公司、四川宜宾俄欧工程发展有限公司进出口代理合同纠纷案”② 中，全面对该条的性质作了认定：第一，该条款并未明确规定公司违反上述规定对外提供担保导致担保合同无效；第二，公司内部决议程序，不得约束相对人；第三，该条款并非效力性强制性的规定；第四，依据该条款认定担保合同无效，不利于维护合同的稳定和交易的安全。

但学界对该条性质的认定与实务界定存在一定的差异。有学者认为，公司对外担保制度蕴含着公司生存权与发展权、公司善治、股权文化、契约精神与信托义务等公序良俗，为效力性规范。③

但上述思路在一定程度上误解了私法领域中的强制性规范的范围。私法中有两种强行规范：一是私法内部的强行规范，即民法典对私法自治的自我限定；二是私法外部的公法强行规范，即对私法领域的各种管制规范。那么，适法规范中的“法律”是否包括私法中的强行规范呢？对这一问题，各国理论和实践的结论并不相同。我国学术界对此似乎并没有特别清晰的问题意识，一般认为，《民法典》第 153 条第 1 款的“法律”包括私法和公法中的强行规范。

德国学者之所以认为适法规范仅仅指公法，是因为德国法严格区分了私法上的强行法和公法上的强行法。两者的区别可用“能够”（Koennen）和“可以”（Duerfen）来表达。前者规定的只是当事人的权限规范，而后者则明确禁止当事

---

① 最高人民法院（2017）最高法民申 1696 号民事判决书。

② 北京市高级人民法院（2009）高民终字第 1730 号民事判决书，载《最高人民法院公报》2011 年第 2 期。

③ 参见刘俊海：《公司法定代表人越权签署的担保合同效力规则的反思与重构》，载《中国法学》2020 年第 5 期。

人的行为。苏永钦先生认为，前者是法律上有权无权，或做不做得到的问题，后者则是法律允不允许做的问题。前者并不管制人民的私法行为，而是提供一套自治的游戏规则，它们仅具有“权限”的规范内涵，立法者完全没有禁止或强制一定行为的意思，因此它属于自治规范；后者限制的是自治的“内容”，为管制规范。① 一言以蔽之，私法强行法的内容是当事人“无法做”，公法强行法的内容则是当事人“不能做”。

私法强行性规范和公法强行性规范两者最明显的区分体现在法律效力上。法律行为违反私法强行法的，其效力是多层级的，如不成立、可撤销（意思表示不真实、不自由的）、效力待定、无效等。另外，如果把一个交易切割为不同的环节（如德国法上的债权行为和物权行为），违反私法强行法的法律行为的效力会更复杂。但无论再复杂，它们只受私法的评价。而违反公法强行法的行为，无论是否在私法上无效，都一定会受到公法制裁，否则公法就成了无牙之虎。违反私法强行法的法律行为受法律的责难程度最低，它只在个人和个人之间发生法律效力，而且没有任何制裁措施，它体现的是恢复原则。从这个角度看，私法强行性规范都是游戏规则，是对法律行为成立和效力的私法判断，根本不涉及国家干预；而公法上的强行性规范则是国家基于各种经济和社会目的对私法上的法律行为进行公法评价，在进行公法评价之前，这些私法上的行为已经发生了私法效力。

私法之所以引入公法上的管制性规范，是为了保持法律价值体系的一致。如果坚持“公法优位主义”，私法应完全服膺于公法，在私法领域的法律行为违反公法管制规范时，这些法律行为便归于无效，并由当事人承担公法责任。由此，当事人从事这些法律行为的成本和代价相当高，可见，这种做法最能震慑当事人，实现公法的管制目的。如果坚持“私法优位主义”，则所有违反公法的法律行为都有效，当事人只是承担公法责任，这虽然捍卫了私法自治，但不利于公法管制目标的实现。在现代法律体系中，公法的管制目标和私法的自治追求的协调结果，就是一方面让私法引入公法管制规范，承认其对法律行为的评价效力；另

---

① 参见苏永钦：《违反强制或禁止规定的法律行为》，载《私法自治中的经济理性》，中国人民大学出版社2004年版。

一方面又通过比例原则、法益权衡等方法，衡量在具体情形下，公法的管制目标是否足以压倒私法自治，若可，则法律行为无效；若不可，则法律行为生效，当事人承担违反公法的法律责任。因此，《公司法》第 16 条并非《民法典》第 153 条第 1 款所称的强制性规范。

界定《公司法》第 16 条从而认定公司法定代表人越权担保的效力，事实上并不可能成为裁判准则。因为无论对其性质作何种认定，都只能带来“全有全无”的裁判结果：如果认定为效力性强行规范，则所有违反《公司法》第 16 条的担保都无效；反之，如果认定为管理性强行规范，则所有违反《公司法》第 16 条的担保都有效。这显然与司法实践结果不合。根据罗培新教授对公司对外担保决议效力的裁判案件统计结果，2007 年至 2010 年间，法院共审理判决案件 18 起，其中判决有效 12 起（占总数 66.7%），无效 6 起（占总数 33.3%）。① 事实上，在前述认定《公司法》第 16 条为管理性强行规范的判决中，法院最终也是以相对人的善意出发作出判决的。

（二）从相对人善意角度出发

这种思路的着眼点在于，《公司法》第 16 条作为私法自治规范，是对公司担保权利能力的特殊限制，其目的是保护中小股东和公司债权人的利益；《公司法》第 16 条是“程序性规范”，是为了规范公司内部的意思形成，使之符合团体法律行为的逻辑。② 换句话说，公司担保若不满足《公司法》第 16 条的规定，则表明它根本不是公司的行为，对公司而言，这一行为是不成立的。但若全然认定违反《公司法》第 16 条的行为对公司不成立，公司也不承担责任，在交易实践中，又很可能损害善意相对人的信赖利益，不利于交易安全。因此，司法实务基本以这一思路为裁判基础。

《民商事审判会议纪要》第 17 条即明确指出：“担保行为不是法定代表人所能单独决定的事项，而必须以公司股东（大）会、董事会等公司机关的决议作为授权的基础和来源。法定代表人未经授权擅自为他人提供担保的，构成越权代表，人民法院应当根据《合同法》第 50 条关于法定代表人越权代表的规定，区

---

① 参见罗培新：《公司担保法律规则的价值冲突与司法考量》，载《中外法学》2012 年第 6 期。

② 参见钱玉林：《公司法第 16 条的规范意义》，载《法学研究》2011 年第 6 期。

分订立合同时债权人是否善意分别认定合同效力：债权人善意的，合同有效；反之，合同无效。”这就把该问题基本转换为合同法问题。《民法典担保制度解释》本条规范也继受了这一思路。

二、违反《公司法》第16条的担保合同的效力

《民法典担保制度解释》本条第1款规定，公司的法定代表人违反《公司法》关于公司对外担保决议程序的规定，超越权限代表公司与相对人订立担保合同，人民法院应当依照《民法典》第61条和第504条等规定处理。

按照这一思路，既然《公司法》第16条是对公司法定代表人代表权限的法定限制，就不能依据《民法典》第61条第3款“法人章程或者法人权力机构对法定代表人代表权的限制，不得对抗善意相对人”的规定处理，因为它针对的是意定限制。此时，为保护相对人的信赖利益和维护交易安全,① 本条规定以相对人的善意为标准确定越权担保的效力。

（一）相对人善意的情形

依据本条第1款第（二）项规定，如果担保合同的当事人为善意的，依据《民法典》第504条，相对人可主张表见代表的效果，该担保行为作为代表行为对公司发生法律效力，公司应对相对人承担担保责任。

本条并没有规定公司承担担保责任后，请求法定代表人承担责任。《民法典》第62条规定，法定代表人因执行职务造成他人损害的，由法人承担民事责任。法人承担民事责任后，依照法律或者法人章程的规定，可以向有过错的法定代表人追偿。但这一规定并不能适用于法定代表人越权担保的情形，因为法定代表人既然越权，这一行为当然并非“执行职务”的行为，最多对相对人而言，构成“执行职务”的行为。但是，《公司法》第147条第1款规定：“董事、监事、高级管理人员应当遵守法律、行政法规和公司章程，对公司负有忠实义务和勤勉义务。”第148条第（三）项将“违反公司章程的规定，未经股东会、股东大会或者董事会同意，将公司资金借贷给他人或者以公司财产为他人提供担保”作为禁止董事、高级管理人员从事的行为。公司可依据这两条规范请求法定代表人承担赔偿责任。

---

① 参见高圣平：《公司担保中相对人的审查义务——基于最高人民法院裁判分歧的分析和展开》，载《政法论坛》2017年第5期。

（二）相对人非善意的情形

依据本条第 1 款第（二）项规定，若相对人非善意的，发生两种法律效力。

1. 担保合同对公司不发生效力

相对人非善意时，无法主张《民法典》第 504 条有关表见代表的法律效果，将担保合同的法律效力归属于公司。此时，担保合同的名义主体虽然为公司，但如前所述，担保合同的订立并非基于公司的意志，法定代表人的行为也并非公司行为，因此本应对公司发生不成立的效力。本条规范将其界定为“担保合同对公司不发生效力”，并没有明显区分合同不成立和不生效，但两者的法律效力几乎没有差异。

2. 相对人请求公司承担赔偿责任的，参照适用本解释第 17 条的有关规定

尽管认为担保合同对公司不发生效力，公司无需承担责任，但依然要承担担保无效时的责任，即参照《民法典担保制度解释》第 17 条第 1 款的规定：债权人与担保人均有过错的，担保人承担的赔偿责任不应超过债务人不能清偿部分的二分之一；担保人有过错而债权人无过错的，担保人对债务人不能清偿的部分承担赔偿责任；债权人有过错而担保人无过错的，担保人不承担赔偿责任。需要指出的是，这里规定的是“参照”而并非“依据”，原因在于，《民法典担保制度解释》第 17 条第 1 款适用的前提是，担保合同是基于担保人的意思订立的，不存在主体资格确认的问题；而法定代表人越权担保时，不能认定担保合同为公司订立。

三、相对人“善意”的判断

本条第 2 款规定，相对人的善意，“是指相对人在订立担保合同时不知道且不应当知道法定代表人超越权限。相对人有证据证明已对公司决议进行了合理审查，人民法院应当认定其构成善意，但是公司有证据证明相对人知道或者应当知道决议系伪造、变造的除外”。本条要点如下：

（一）相对人善意判断的层次

在判断违反《公司法》第 16 条担保的法律效果时，应分为两个层次：一是审查决议的有无；二是审查决议的效力。决议的效力主要涉及善意的标准问题，下文再述。

依据《民法典担保制度解释》本条第 2 款的规定，既然相对人的善意是指相对人在订立担保合同时不知道且不应当知道法定代表人超越权限，而法律又明确规定了法定代表人提供担保的权限，因此，在相对人未审查决议时，应不构成善

意。按照《公司法》第16条的规定，公司对外担保需要按照章程规定由股东（大）会或者董事会作出决议。在对公司股东或者实际控制人提供担保时，则只能由法律规定的股东（大）会作出决议。如果公司没有作出相应的决议，则可以认定担保对公司不成立，此时不应存在相对人善意的空间，除非满足《民法典担保制度解释》第8条有关无需公司决议即可担保的条件。如“中国工商银行股份有限公司祥云支行、云南世晟农业科技有限公司保证合同纠纷再审案民事裁定书”① 认定，不能仅以《保证合同》公司的公章而直接推断出该公司对法定代表人的越权担保行为进行了追认，在公司未提交公司权力机关决议的情况下，债权人未提交证据证明订立担保合同时对公司的相应决议进行了审查，不能构成善意相对人。“通联资本管理有限公司与成都新方向科技发展有限公司等与公司有关的纠纷案”也遵循了同样的裁判规则。② 在实践中，本款的适用还需要注意如下三个问题：

一是在担保合同中，担保方已经作出声明和承诺，表明其担保行为已经获得了公司章程规定的担保行为的决议机构的决议，此时能否豁免债权人的审查义务？如做肯定回答，不仅将架空《公司法》第16条的规范目的，而且有可能促使债权人和法定代表人合谋，损害作为担保人的利益。“亿阳集团股份有限公司、亿阳信通股份有限公司合同纠纷二审民事判决书”③ 就正确地认定，债权人单纯要求上市公司在《保证合同》中声明或保证其已履行完内部决议程序的，不构成债权人善意履行注意义务。

二是善意能否限于合理审查法定代表人的身份？有观点认为，一般担保合同的相对人的审查义务仅限于对法定代表人的身份核实；而关联担保合同的相对人则应当围绕代表公司授权的决议文件作基本的形式审查。④ 这种观点有助于保护债权人，尤其是并不精通法律专业的当事人，然而很可能架空《公司法》第16条的规范目的。法律被公布后，所有人都应被视为知道法律规定，任何人都不能以不知道法律规定为由免责。但这里的“法律”是否区分层级，值得考虑。“湖南省信托有限责任公司与福建同孚实业有限公司等金融借款合同纠纷一案”⑤ 就

① 最高人民法院（2019）最高法民申5029号民事判决书。
② 最高人民法院（2017）最高法民再258号民事判决书。
③ 最高人民法院（2019）最高法民终1603号民事判决书。
④ 参见吴越、宋雨：《公司担保合同中相对人审查义务的边界》，载《甘肃社会科学》2020年第4期。
⑤ 湖南省高级人民法院（2018）湘民初66号民事判决书。

涉及这一问题。《关于规范上市公司对外担保行为的通知》（证监发〔2005〕120号）要求上市公司控股子公司应在其董事会或股东大会做出决议后，及时通知上市公司履行有关信息披露义务。法院认为，即使认为该文件有上市公司的控股子公司对外担保需由上市公司董事会或股东会决议的限制规定，该限制不是对债权人的限制，也不属于法律、行政法规的限制，不能套用“法律一经公布，即视为社会公众知道或应当知道”的规则。在我国管制性规范严密的今天，这一判决有其实践上的正当性。

三是必须区分没有决议与决议无效、被撤销后的担保合同的效力。在公司订立担保合同后，若决议被法院撤销或被确认为无效，这并不必然影响公司担保合同的效力。《民法典》第85条规定，营利法人依据被撤销的决议与善意相对人形成的民事法律关系不受影响。可见，此时，担保合同是否有效取决于相对人在订立担保合同时是否明知公司的决议存在无效或被撤销的瑕疵，若不知道或者不应当知道，则担保合同有效。

（二）相对人善意判断的标准

《民法典担保制度解释》本条只是要求相对人“有证据证明已对公司决议进行了合理审查”，就可以认定为其善意。

学界一般认为，为避免加重相对人的审查负担、节约交易成本、权衡各方利益，实现《公司法》第16条的立法目的，相对人对公司章程、公司内部决议等仅负形式审查义务。① 在司法实践中，“合理”的标准实践中往往采取形式审查的标准。在市场交易中，这通常是妥当的。《民商事审判会议纪要》第18条第2款还明确规定：“债权人对公司机关决议内容的审查一般限于形式审查，只要求尽到必要的注意义务即可，标准不宜太过严苛。公司以机关决议系法定代表人伪造或者变造、决议程序违法、签章（名）不实、担保金额超过法定限额等事由抗辩债权人非善意的，人民法院一般不予支持。但是，公司有证据证明债权人明知决议系伪造或者变造的除外。”《民法典担保制度解释（征求意见稿）》第6条第2款作了类似规定。在实务中，公司以机关决议系法定代表人伪造或者变造、决

① 参见高圣平：《公司担保中相对人的审查义务——基于最高人民法院裁判分歧的分析和展开》，载《政法论坛》2017年第5期。

议程序违法、签章或者签名不实等主张相对人恶意时，只有在证明相对人明知决议系伪造或者变造时，才能举证成功。如最高人民法院在“雷士照明（中国）有限公司、广东南粤银行股份有限公司重庆沙坪坝支行金融借款合同纠纷再审审查案”① 中认定，债权人对股东会决议加盖的股东印章的真实性没有进一步审查的义务，公司虽举示股东会决议上加盖的股东印章，与工商备案中的印章制式不一，但不能据此认定股东会决议上加盖的股东公司印章为虚假，不能因此否定公司对外担保的效力。

在实务中，对相对人“善意”的审查还需要注意如下三个问题：

一是举证责任的分配。为鼓励交易，确保交易安全，应推定相对人在缔约时是善意的，无须举证自己善意；如果公司主张相对人恶意，应对此负举证责任，不能仅凭公司章程的记载和备案就认定相对人应当知道公司的法定代表人超越权限，就断定相对人恶意。② 司法裁判也基本采用了这一规则，如“河北敬业担保有限公司与永年县圣帝隆房地产有限公司、邯郸市兆亿贸易有限公司等追偿权纠纷案”③ 判决书确认，与上市公司签署保证合同的相对人应承担其善意的证明责任。

二是《民法典担保制度解释》本款仅规定了对决议审查的善意标准，未涉及章程。《民法典担保制度解释（征求意见稿）》第 6 条第 2 款则作了规定，公司以担保金额超过法定限额等事由主张相对人非善意的，法院不予支持。在实务中，此时也只有公司在证明相对人明知章程的规定时才能举证成功。

三是善意的判断时间点。与善意取得制度不同，法定代表人越权代表中相对人的善意判断时间点应为订立合同时。若订立合同后，相对人知道股东会决议等为伪造的，不应否定表见代表制度的适用。

四、越权法定代表人的责任

本条第 2 款规定，超越权限提供担保造成公司损失，公司请求法定代表人承担赔偿责任的，人民法院应予支持。

《民法典担保制度解释（征求意见稿）》（2020 年 12 月版）第 8 条第 2 款还明

---

① 最高人民法院（2018）最高法民申 206 号民事判决书。

② 参见高圣平：《公司担保中相对人的审查义务——基于最高人民法院裁判分歧的分析和展开》，载《政法论坛》2017 年第 5 期。

③ 最高人民法院（2016）最高法民申 2633 号民事判决书。

确规定，公司没有提起诉讼，公司股东依据法律关于股东代表诉讼的规定请求法定代表人承担赔偿责任的，人民法院应予支持。《民法典担保制度解释》删除了这一责任，其原因是依据《公司法》第151条，股东自然有这样的权利，无需专门规定。

◆ 疑点与难点

一、公司担保能否为越权代理行为？

从《民商事审判会议纪要》开始，违反《公司法》第16条的行为即被界定为法定代表人越权代表的行为，《民法典担保制度解释》也如此。但在此前却被认为包括越权代表行为和无权代理两种。如2017年12月2日，最高人民法院民二庭第七次法官会议纪要讨论“公司对外担保合同的效力认定和效果归属”问题时，认为“公司的法定代表人……等行为人未按《公司法》第16条的规定以公司名义为他人提供担保，但符合《合同法》第49条、第50条的规定或者公司事后予以追认的，应认定该担保行为有效；依法不构成表见代表、表见代理或者公司不予追认的，应认定该担保合同对公司不发生效力”。① 在司法实践中，最高人民法院在“亿达信煤焦化能源有限公司、刘富小额借款合同纠纷、民间借贷纠纷再审案”中也认定，② 公司股东兼公司总经理在持有公司印章及法定代表人印章情况下，其以公司名义为自己的借款签署保证合同，依法可以构成表见代理。

之所以产生这种转变，主要原因在于：

一是我国理论界和实务界均认为，代表制度和代理制度最为核心的差异是代表人在以被代表人名义从事活动时，其人格被后者吸收。这就意味着，法定代表人的权限是不受限制的，除非法律有特别规定或章程有特别规定。依据《民法典》第61条法定代表人无需公司授权即可自动享有代表公司的权利，而且，我国的法定代表人只能由自然人一人担任，代表权即被法定为由一人享有。未经法定代表人授权，其他主体不能代理公司对外签订合同。代理人的代理权则源于公司或法定代表人的授权。③

---

① 参见贺小荣主编：《最高人民法院民事审判第二庭法官会议纪要》，人民法院出版社2018年版，第190－193页。

② 最高人民法院（2017）最高法民申524号民事判决书。

③ 参见刘俊海：《现代公司法》，法律出版社2011年版，第495页。

二是《公司法》第16条明显对公司担保权利能力的程序控制，表明了立法者隐含的意图是，公司担保对公司利益影响巨大，因此只能由法定代表人行使这种权利，而且还必须受到严格的程序限制。

对法定代表人的这种理解可以进一步引申为，法定代表人在订立合同时，是不存在超越权限的，因为其本身就是公司，公司自己不可能越权。因此，不论相对人是否有恶意，公司均应对公司代表以公司名义为他人担保的行为承担责任。公司代表越权担保归属于公司，不以相对人的善意为条件。相对人恶意对于公司代表越权担保归属于公司的私法效果不会产生任何影响。① “相对人……只要证明，与其订立合同的一方属于法人的法定代表人，如果该合同满足合同生效的条件，相对人即可直接向法人主张合同上的权利。至于法定代表人是否超越了权限，原则上与相对人无关……（《合同法》第50条）……使代表权成为一种不受限制的权力，从而最大限度地保护交易安全。其规范意趣及对交易安全的保护力度迥然有别于意在保护对权利外观发生合理信赖的表见理论。”② 法定代表人和代理人的权限和权源区别既导致了法律行为的效果归属机制和信赖保护的不同，也导致了代表制度可以涵盖侵权行为等非法律行为。然而，“法定代表人”身份的真正独特之处在于其配套的登记制度。交易相对人可以直接信赖登记所体现的公司代理人身份和伴随职务的代理权。对于不存在登记制度的其他公司代理人，虽然他们也拥有概括代理权，但是相对人需要额外调查代理人是否具有相应的职务。③ 在公司担保行为中，同样存在无权代理问题，公司担保并非法定代表人垄断的权利。理由是：

其一，《公司法》其实并没有赋予法定代表人以独特的权利，只是规定章程可以选择董事长、执行董事或者经理担任（第13条）。但《民法典》第61条的规定很容易被理解为它赋予了法定代表人以代表公司的无限特权。如果是这样，在公司治理中，法定代表人的过大权限，极可能导致公司治理中的分权和制衡机制失效。

其二，《民法典》第170条第1款规定，执行法人或者非法人组织工作任务

---

① 参见邹海林：《公司代表越权担保的制度逻辑解析》，载《法学研究》2019年第5期。

② 参见朱广新：《法定代表人的越权代表行为》，载《中外法学》2012年第3期。

③ 参见殷秋实：《法定代表人的内涵界定与制度定位》，载《法学》2017年第2期。

的人员，就其职权范围内的事项，以法人或者非法人组织的名义实施民事法律行为，对法人或者非法人组织发生效力。结合《公司法》的规定，即使经理并非法定代表人，也依然应享有法定的、当然的、概括的代理权，而并非一定要源于法定代表人的授权。

二、法定代表人越权担保时能否类推无权代理规则？

公司法定代表人越权担保且相对人非善意时，公司要不要参照担保无效规则承担赔偿责任，是争议很大的一个问题。

支持类推《民法典》第 171 条的学者较多。如认为根据越权担保与无权代理在构成要件上的相似性，通过类推适用无权代理的方法填补公司担保规范的法律后果漏洞，进而引导实践中公司担保合同行为达至其最佳行为范式之要求。① 公司的法定代表人、其他人员等行为人未按《公司法》第 16 条的规定以公司名义为他人提供担保，但符合《合同法》第 49 条、第 50 条的规定或者公司事后予以追认的，应认定该担保行为有效；依法不构成表见代表、表见代理或者公司不予追认的，应认定该担保合同对公司不发生效力。② 实务界也有观点认为，《公司法》第 16 条、第 121 条等规定的内部决策程序，是对公司代表人或代理人对外提供担保的法定限制，违反这一法定限制所签订的担保合同应当认定为效力待定合同。除公司予以追认的外，该担保合同对公司不发生效力，应参照《合同法》关于无权代理的规定，由行为人自行承担相应的法律责任。③

按照越权代表说的观点，相对人恶意与公司和相对人之间订立的担保合同的有效与否没有任何关系，即相对人恶意不是公司主张担保合同无效或撤销的理由。④ 这也可能是支持《民法典担保制度解释》规定公司在担保对其不生效时，依然承担责任的重要原因。其隐藏的逻辑可能是，即使法定代表人的行为构成无权代表，也因为其为公司的法定代表人，公司对其选任、监督等难辞其咎，故应承担赔偿责任。但这种规定可能造成的后果反而背离《公司法》第 16 条的规范

---

① 参见吴飞飞：《公司担保合同行为的最佳行为范式何以形成——公司越权担保合同效力认定的逆向思维》，载《法学论坛》2015 年第 1 期。

② 参见高圣平、范佳慧：《公司法定代表人越权担保效力判断的解释基础——基于最高人民法院裁判分歧的分析和展开》，载《比较法研究》2019 年第 1 期。

③ 参见周伦军：《公司对外提供担保的合同效力判断规则》，载《法律适用》2014 年第 8 期。

④ 参见邹海林：《公司代表越权担保的制度逻辑解析》，载《法学研究》2019 年第 5 期。

宗旨。如法定代表人试图通过公司提供担保的方式，转移100万元，其越权担保行为即使被认定为无效，公司也可能承担50万元的赔偿责任；法定代表人通过签订两份担保合同即可以实现担保有效相同的目的。

比较妥当的做法是，在法定代表人越权担保时，类推适用《民法典》第171条。若公司不追认的，担保对公司不发生效力，但善意相对人有权请求法定代表人履行担保债务或承担赔偿责任，但其范围不得超过公司追认时债权人所能获得的利益。这就彻底封闭了法定代表人和相对人合谋损害公司的渠道。在相对人为积极信赖时，可以适用《民法典》第504条，主张表见代表的效果，由公司承担担保责任。

三、章程未规定决议机构时由谁作出决议？

依据《公司法》第16条第2款，公司对其股东等提供关联担保时，只能由股东（大）会作出决议，章程不能变更或者排除本条规范的适用。

成问题的是《公司法》第16条第1款规定的非关联担保。在实务中，很多公司的章程并没有确定由股东会或者董事会决议公司对外担保事项。对这种情形，《民商事审判会议纪要》第18条规定："……无论章程是否对决议机关作出规定，也无论章程规定决议机关为董事会还是股东（大）会，根据《民法总则》第61条第3款关于'法人章程或者法人权力机构对法定代表人代表权的限制，不得对抗善意相对人'的规定，只要债权人能够证明其在订立担保合同时对董事会决议或者股东（大）会决议进行了审查，同意决议的人数及签字人员符合公司章程的规定，就应当认定其构成善意，但公司能够证明债权人明知公司章程对决议机关有明确规定的除外。"其依据在于，《公司法》第36条将股东（大）会作为公司的权力机关，其第37条赋予了股东（大）会非常广泛的决策权。公司对外提供担保是公司经营活动的重要内容，属于股东（大）会"决定公司的经营方针和投资计划"的法定职权范围。同时，依据《公司法》第46条，公司对外担保属于董事会"决定公司的经营计划和投资方案"的法定职权范围。

但是，若章程规定了决议机关，如规定的为股东（大）会，法定代表人在订立担保合同时出具的是董事会决议，此时，只有债权人不知道章程规定的决议机关时才构成善意。

（本条由谢鸿飞撰写）

第八条 【无须决议的例外情形】

有下列情形之一，公司以其未依照公司法关于公司对外担保的规定作出决议为由主张不承担担保责任的，人民法院不予支持：

（一）金融机构开立保函或者担保公司提供担保；

（二）公司为其全资子公司开展经营活动提供担保；

（三）担保合同系由单独或者共同持有公司三分之二以上对担保事项有表决权的股东签字同意。

上市公司对外提供担保，不适用前款第二项、第三项的规定。

◆ 条文要旨

本条是有关公司提供担保时无须决议的例外情形的规定。

◆ 理解与适用

一、本条的规范意旨

在公司治理事务中，公司法定代表人等没有经公司决议而自行对外担保的情况普遍存在。受制于这种公司治理不规范的现实情况，对公司法定代表人或实际负责人所提供的担保，如果事实表明该担保是为了公司的利益，就可以认定公司具有对外担保的真实意思。仅因公司没有作出决议就认定公司不承担担保责任，“不仅会扰乱已安定的公司交易秩序，也容易滋长公司恶意逃避担保责任的道德风险”①。因此，《民商事审判会议纪要》第 19 条规定了公司提供担保时无需决议的例外情形。

《民法典担保制度解释》第 7 条规定了法定代表人越权担保行为，但如前所述，司法实践面临的一大问题是如何在改善公司治理机构的理想和容忍公司治理不规范的现实之间取得平衡。《民法典担保制度解释》本条既在这方面作了折中

---

① 参见最高人民法院民事审判第二庭编著：《〈全国法院民商事审判工作会议纪要〉理解与适用》，人民法院出版社 2019 年版，第 189 页。

规定，也基于公司在现实商业交易中的具体情况考虑，规定了公司对外担保无需决议的情形。这也是对《公司法》第16条的进一步限缩解释。

二、公司提供担保时无需决议的例外情形

本条规定的公司提供担保时无需决议的例外情形有以下三种：

（一）金融机构开立保函或者担保公司提供担保

本项规定的理由是：在公司提供担保属于其正常经营范围，且以提供担保为主营业务并保持公司可持续经营发展时，若还要求其每次担保活动均遵循《公司法》第16条第1款的程序规定，既有违商事交易的效率和便捷原则，也背离了立法目标。因为《公司法》有关公司对外担保的程序控制的目的是保护公司利益，间接保护公司中小股东利益；反之，无需决议则可促进交易。

“金融机构开立保函”包括两种情形：一是具有从属性的保函，适用《民法典》有关保证的一般规定。《民法典》第685条第2款规定：“第三人单方以书面形式向债权人作出保证，债权人接收且未提出异议的，保证合同成立。”据此，银行可以单方向债权人出具保函。二是独立保函。依据《民法典担保制度解释》第2条第2款，银行或者非银行金融机构可以依据《独立保函规定》出具独立保函。

“担保公司提供担保”是其主营业务，其为他人从事担保义务无需每次均作出决议。《民法典担保制度解释（征求意见稿）》曾表述为“以为他人提供担保为主营业务的担保公司”，但因为担保公司的主营业务即为提供担保，所以《民法典担保制度解释》未再限定担保公司的主营业务。在裁判实践中，法院基本均认可担保公司的担保无需适用《公司法》第16条第1款，而只需要按照普通合同成立程序认定。如最高人民法院在“山西商融融资担保股份有限公司、陕西博融中创科技有限公司金融借款合同纠纷”一案中认定，对外提供担保是担保公司主要业务范围，无论融资担保公司机关决议是否对法定代表人进行授权，均不能认定担保合同的签订违反了担保公司的真实意思表示。① 但是，在实践中，若担保公司对章程规定了限额的，此时也应适用《公司法》第16条第1款并结合《民法典》第504条，判断相对人是否知道或应当知道章程的限制性规定，从而

① 最高人民法院（2019）最高法民终1791号民事判决书。

确定担保合同是否对公司发生效力。

（二）公司为其全资子公司开展经营活动提供担保

这种情形的正当性其实源于经济逻辑：母公司和其全资子公司在财务报表合并后，子公司的损益全部归于母公司，因此，在其全资子公司对外负债时，母公司在经济上是最终的债务人。此外，公司与其全资子公司是100%的控股关系，对其具有完全的支配力和影响力。因此，在经济层面可以说，公司为其全资子公司提供担保作为增信措施，相当于母公司自己为自己的债务提供担保，无需另行确认是否代表公司意志。在这种情形下，母公司对外提供的担保无需决议就可以对公司发生法律效力。

在司法实践中，法院通常遵循这一规则裁判。如最高人民法院在“中新房南方集团有限公司与中国工商银行股份有限公司鹰潭分行委托贷款合同案”中认定，《公司法》第16条规定的决议前置程序旨在确保公司为他人提供担保系公司的真实意思表示。母公司为其控股子公司履行合同项下的义务提供担保，其担保行为不损害母公司的自身利益，应认定为母公司的真实意思表示。①

与《民商事审判会议纪要》第19条相比，本条有两个较大的变化：

一是删除了“公司与主债务人之间存在相互担保等商业合作关系”的内容。其原因是，公司与主债务人即使曾经存在互保的商业合作关系，但“商业合作关系”未必约定了互保的频次、数额等具体内容，以“互保”关系豁免双方彼此提供担保时遵循《公司法》第16条第1款的程序义务，有可能损害公司利益。在以往的司法实践中，上市公司大股东、实际控制人为掏空上市公司，事先为上市公司提供小额“钓鱼式”担保，之后让上市公司给自己提供巨额担保，以规避决议程序。在司法实践中，一些法院在个案中还不得不限缩《民商事审判会议纪要》第19条的适用。如在“中泰信托有限责任公司与佛山市中基投资有限公司、欧浦智网股份有限公司等质押式证券回购纠纷”②一案中，法院认为，上市公司大股东与上市公司虽然存在相互担保，但认定担保合同依然需考虑相互间的其他担保是否有效以及相互担保的金额等因素，如当事人之间是否长期存在有效的相

① 最高人民法院（2017）最高法民终369号民事判决书。

② 上海市高级人民法院（2020）沪民终285号民事判决书。

互担保、担保金额是否基本相近等。

二是将“公司为其直接或者间接控制的公司开展经营活动向债权人提供担保”修改为“公司为其全资子公司开展经营活动提供担保”。其原因是，公司对其“直接或间接控制”的公司的股权或股份未必是100%，在公司为非全资控制子公司的债务任意提供担保时，也可能损害公司其他中小股东的利益。

需要注意的是，即使在母公司为其全资子公司的债务提供担保，无需母公司的决议也可能损害母公司其他中小股东的利益。如甲乙丙丁设立了A公司，甲作为法定代表人，保管公司公章，但无法全面控制A公司。A公司对B公司持有100%的股权，甲控制了B公司。甲完全可能订立有损B公司利益的合同，并由A公司担保。在这种情形下，若有证据表明甲与他人恶意串通，应当依据《民法典》第154条认定主合同无效，且A公司对主合同的无效不存在过错。

（三）担保合同系由单独或者共同持有公司三分之二以上对担保事项有表决权的股东签字同意

依据《公司法》第16条第1款，公司向其他企业投资者或为他人提供担保，依照公司章程的规定，由董事会或股东会、股东大会决议。这是公司对外担保时的法定义务和必经程序。担保人未向债权人出具股东会或董事会决议，担保合同无效。

决议行为则具有程序性、团体性和效力的内部性特点。① 股东会决议或董事会决议本质上是公司意思决定的一种方式，“属于一种集体意思形成的行为”。② 正因如此，公司决议的作出需要经过议案作出、会议通知等一系列程序，费时费力，所耗不菲。在能肯定公司对外担保的意思为公司真实意思表示，则硬性要求公司必须遵循公司决议程序，作出决议之后才能对外提供担保，徒增烦扰。因此，《民商事审判会议纪要》第19条就规定，如果担保合同系由单独或者共同持有公司三分之二以上有表决权的股东签字同意的，无需公司作出决议。实践中，一些法院也援引此条进行说理。如认为“三分之二以上表决权的股东签字同意公司为他人债务担保，体现的是其对公司的绝对控制权，以及资本多数决与风险担

---

① 参见王雷：《论我国民法典中决议行为与合同行为的区分》，载《法商研究》2018年第5期。

② 参见王泽鉴：《民法总则》，北京大学出版社2009年版，第185页。

当的一致性，相对人也有理由相信该行为符合公司的真实意思表示，而依据公司法的相关规定，其必然能形成公司决议，因而再苛求相对人要求有公司决议已无必要”①。

与《民商事审判会议纪要》第19条相比，《民法典担保制度解释》第8条的重要变化是将无需公司决议的担保限定为对外担保，不适用于《公司法》第16条第2款、第3款规定的关联担保。

◆ 疑点与难点

一、《民法典》和《民法典担保制度解释》适用的时间效力

《民法典》和《民法典担保制度解释》都已于2020年1月1日生效。在担保领域，两者在适用中都将面临一个重要问题：在新法和旧法发生冲突时，如何处理《民法典》和《民法典担保制度解释》之间的矛盾？

以《民法典担保制度解释》第8条为例。《民商事审判会议纪要》第19条规定上市公司对外担保也适用无需决议的例外情形，且明确规定商业互保无需决议，与《民法典担保制度解释》存在重大差异。对这些在《民法典担保制度解释》施行后订立的担保合同，如何认定其效力？《民法典时间效力的若干规定》第3条规定：“民法典施行前的法律事实引起的民事纠纷案件，当时的法律、司法解释没有规定而民法典有规定的，可以适用民法典的规定，但是明显减损当事人合法权益、增加当事人法定义务或者背离当事人合理预期的除外。”这里的“明显减损当事人合法权益、增加当事人法定义务”在担保合同中难以适用，毕竟担保合同存在双方当事人，双方的合同利益存在对立：保护担保人意味着上市公司的利益及其众多中小股民的利益将受损；反过来则担保的利益将受损。“背离当事人合理预期”标准相对明确，指的是当事人对担保合同的预期。上市公司作为担保人的合同预期不应当是预见到其担保将无效，因此，将其作为有效处理，符合当事人的合理合同预期。

二、“三分之二以上对担保事项有表决权的股东签字同意”的限缩

《民法典担保制度解释》第8条将“三分之二以上对担保事项有表决权的股

---

① 江苏省淮安市中级人民法院（2019）苏08民终369号民事判决书。

东签字同意”作为无需决议的例外情形，其理由主要在于两方面：

一是本条规定已将无需决议的公司担保行为限定为《公司法》第16条第1款规定的非关联担保，而不包括关联担保。在非关联担保中，由单独或者共同持有公司三分之二以上对担保事项有表决权的股东签字同意担保，意味着即使召开股东会，股东会也毫无悬念地会作出同意对外担保的决议。此时召开股东会将完全流于形式，徒增滋扰。

二是即使公司章程限制了公司对外担保的权利能力或者限制了担保的数额，但由单独或者共同持有公司三分之二以上表决权的股东也可以通过召开股东会修改章程。这也是本条规定确定由单独或者共同持有对担保事项有表决权的份额为三分之二，而不是二分之一的重要原因。

但是，细细深究，这一规则依然存在两个问题：

一是背离了公司治理的精神以及《公司法司法解释四》的规定。

公司治理最核心的精神是，通过将公司最为重要的权力经由法律和章程配置，充分实现公司权力的分离和制衡。鉴于目前我国公司治理文化不发达，公司治理水平不高的现实，《民法典》和《公司法》将公司最为重要的权力配置给了股东（大）会、董事会和监事会。“三会”是通过开会作出决议的方式来行使权力，而且法律对会议的程序作了较为严格的规定，同时授权公司章程对会议程序、议事规则等事项作出规定。只有经过会议，股东（大）会才能对议案作出决议，包括公司担保议案。会议的重要性在于，与会人员通过面对面的充分交流，求同存异，彼此能达成一致，且能保障多数决对少数人适用的正当性。另外，会议和书面表决的差异在于，在会议中，与会人员的交流更为顺畅，表达更为充分，正方和反方都有更多机会说服其他人，包括说服大股东。

尽管对决议不成立的意义存在理论争议，① 但《最高人民法院关于适用〈中华人民共和国公司法〉若干问题的规定（四）》（以下简称《公司法司法解释四》）第1条和第5条明确将决议不成立作为公司决议瑕疵的一种重要类型，弥补了《公司法》第22条的不足。依据《公司法司法解释四》第5条，单独或者共同持有公司三分之二以上表决权的股东在未召开股东会时，同意公司对外担

① 参见柯勇敏：《公司决议不成立的质疑与二分法的回归》，载《法律科学》2020年第5期。

保，这并不一定能代表公司的意志，如持股比例 80% 的大股东同意对外提供担保。在我国公司治理依然相当不规范的今天，《民法典担保制度解释》的本条规定的正当性存在疑问。

二是有可能违反章程的规定。

《民法典担保制度解释》本条规定将股东单独或者共同持有公司的股权比例界定为三分之二以上的理由是，这一比例已经可以修改章程。但是，在实践中，一些中小股东为了保障自己的利益，在公司的初始章程中就规定，章程修改、对外担保等重大事项，需要经公司持股 80% 以上的股东同意。这一规定无疑是有效的。此时，适用《民法典担保制度解释》本条规定无疑有违章程。

三、公司提供担保时无需决议的例外情形

《民商事审判会议纪要》第 19 条不仅未区分公司的关联担保和非关联担保，而且未区分公众公司和非公众公司（尤其是上市公司），一概规定适用无需决议的例外情形。《民法典担保制度解释》第 8 条第 2 款明确规定，无需决议的对外担保情形不适用于上市公司。在以往的司法实务中，公众公司和非公众公司的对外担保是否适用同样的要求和标准，历来争议较大。公众公司的封闭性决定了公司担保的影响只是及于数量有限的股东；公众公司的公开性决定了公司担保很可能损及数量众多的中小投资者。因此，《民法典担保制度解释》明确规定，上市公司对外提供担保不能适用"无需决议的例外情形"，不仅充分尊重了上市公司公众性和有关监管规范，而且妥善保护了上市公司中小股东与债权人的利益。《民法典担保制度解释》第 9 条还依据《证券法》，同时尊重监管要求，专门规定了上市公司担保的特别有效要件。

依据《民法典担保制度解释》第 8 条、第 9 条和第 10 条，上市公司为直接或间接控制的公司提供担保，也需经过上市公司股东大会决议。中国证券监督管理委员会、中国银行业监督管理委员会《关于规范上市公司对外担保行为的通知》（证监发〔2005〕120 号）第 4 条第 5 款规定，上市公司的对外担保包括上市公司对控股子公司的担保。在实践中，交易所的交易规则往往要求这种担保经过上市公司股东大会作出决议。《公司法》第 121 条规定，上市公司在一年内购买、出售重大资产或者担保金额超过公司资产总额 30% 的，应当由股东大会作出决议，并经出席会议的股东所持表决权的三分之二以上通过。此外，上市公司为其子公司担保，还应进行公开披露。但是，上市公司为金融机构时或担保公司的，其开立保函或者提供担保的行为可免除决议审查。

（本条由谢鸿飞撰写）

第九条　【上市公司提供担保的效力】

相对人根据上市公司公开披露的关于担保事项已经董事会或者股东大会决议通过的信息，与上市公司订立担保合同，相对人主张担保合同对上市公司发生效力，并由上市公司承担担保责任的，人民法院应予支持。

相对人未根据上市公司公开披露的关于担保事项已经董事会或者股东大会决议通过的信息，与上市公司订立担保合同，上市公司主张担保合同对其不发生效力，且不承担担保责任或者赔偿责任的，人民法院应予支持。

相对人与上市公司已公开披露的控股子公司订立的担保合同，或者相对人与股票在国务院批准的其他全国性证券交易场所交易的公司订立的担保合同，适用前两款规定。

◆ 条文要旨

本条是关于上市公司担保的效力规定。

◆ 理解与适用

一、本条的规范意旨

我国担保法制以往未区分上市公司和其他公司对外提供担保的效力要件，但两者确实因公司的公开性程度导致其提供担保对公司的影响存在显著差异。《民商事审判会议纪要》第 22 条首开区分两种公司对外担保效力的先河。《民法典担保制度解释》第 9 条在此基础上进一步区分了上市公司对外担保的条件，同时将其扩张适用到上市公司及其已公开披露的控股子公司和股票在国务院批准的其他全国性证券交易场所交易的公司对外提供的担保。

《民法典担保制度解释》本条规范结合《证券法》第 80 条，对《公司法》第 16 条、《民法典》第 504 条作了解释。其目的在于，既使《民法典》和《公司法》《证券法》协调，也尊重监管规则对上市公司的要求。本条秉承了《民商事审判会议纪要》第 22 条的思路，以相对人是否依据公开披露的关于担保事项已经董事会或者股东大会决议通过的信息，订立担保合同为标准区分担保的不同效力。

二、上市公司对外提供担保的强制性规定及特殊性

《公司法》第 16 条未区分上市公司与非上市公司类型，规范了一般公司对外担保决议程序，但《证券法》有关上市公司对外担保的规定显然属于特别法，应优先于《公司法》适用。此外，鉴于上市公司对外担保涉及股民的利益和股市的稳定性，实践中上市公司违规担保造成了很严重的损害，国家出台了一系列的法律、行政法规、部门规章、证券交易规则等规范上市公司对外提供担保的决议程序和对外披露制度。

在为他人提供担保领域，上市公司与非上市公司的最大区别是，前者需要遵循更严格的程序控制和信息披露制度。《证券法》第 80 条和第 81 条将公司提供重大担保、公司营业用主要资产的抵押、质押作为可能对股票交易价格产生较大影响的重大事件，在投资者尚未得知时，要求公司立即将有关该重大事件的情况向国务院证券监督管理机构和证券交易场所报送临时报告，并予公告。《上市公司信息披露管理办法》第 30 条规定，上市公司“对外提供重大担保”属于“可能对上市公司证券及其衍生品种交易价格产生较大影响的重大事件”，投资者尚未得知时，上市公司应当立即披露，说明事件的起因、目前的状态和可能产生的影响。

中国证券监督管理委员会、中国银行业监督管理委员会《关于规范上市公司对外担保行为的通知》（证监发〔2005〕120 号）对上市公司对外担保行为也作了严格规定，具体要求为：（1）上市公司对外担保必须经董事会或股东大会审议。（2）上市公司章程应当明确股东大会、董事会审批对外担保的权限及违反审批权限、审议程序的责任追究制度。（3）应由股东大会审批的对外担保，必须经董事会审议通过后，方可提交股东大会审批。须经股东大会审批的对外担保，包括但不限于下列情形下上市公司及其控股子公司的对外担保总额，超过最近一期经审计净资产50%以后提供的任何担保等。(4) 应由董事会审批的对外担保，必须经出席董事会的三分之二以上董事审议同意并做出决议。(5) 上市公司董事会或股东大会审议批准的对外担保，必须在中国证监会指定信息披露报刊上及时披露，披露的内容包括董事会或股东大会决议、截止信息披露日上市公司及其控股子公司对外担保总额、上市公司对控股子公司提供担保的总额。(6) 上市公司在办理贷款担保业务时，应向银行业金融机构提交《公司章程》、有关该担保事项董事会决议或股东大会决议原件、刊登该担保事项信息的指定报刊等材料。(7) 上市公司控股子公司的对外担保，比照上述规定执行。上市公司控股子公司应在其董事会或股东大会做出决议后及时通知上市公司履行有关信息披露义务。此外，证监会、国资委《关于规范上市公司与关联方资金往来及上市公司对外担保若干问题的通知》(证监会公告〔2017〕16号) 也对此作了规定。

此外，证券交易所的一些规范文件也对上市公司担保作了规定。如《深圳证券交易所上市公司规范运作指引（2020年修订)》第三节“提供担保”，用13个条款规定了上市公司对提供担保的决策程序及对外披露原则。

综上，上市公司对外担保的法律特征在于：一是对公司内部决议程序的控制比非公众公司严格，比如在特定担保情形下，需要经过董事会和股东会双重表决。但非公众公司的对外担保只需要依据章程由股东会或者董事会单独作出决议，而且普通多数决即可通过。二是要求上市公司的担保必须公开，以使公众投资者作出购入售出的判断。而非公众公司的担保无需公开，完全受合同法调整。

三、相对人根据上市公司公开披露的公司担保事项决议订立的担保合同

《民法典担保制度解释》第9条第1款规定，相对人根据上市公司公开披露的关于担保事项已经董事会或者股东大会决议通过的信息，与上市公司订立担保合同，担保合同对上市公司发生效力。

这一规定符合现行上市公司对外担保的规范。它设定了上市公司对外担保的两个要件：一是担保事项已经董事会或者股东大会决议。至于到底是由股东大会决议还是董事会决议，取决于公司章程规定。但需要遵循《关于规范上市公司对外担保行为的通知》的特殊程序控制规则，如应由董事会审批的对外担保，必须

经出席董事会的三分之二以上董事审议同意。结合《公司法》的相关规定，还需满足全体董事二分之一通过的要件。二是需要将董事会或者股东大会有关对外担保的决议信息公开披露。

四、相对人未根据上市公司公开披露的公司担保事项决议订立的担保合同

《民法典担保制度解释》第 9 条第 2 款规定，相对人未根据上市公司公开披露的关于担保事项已经董事会或者股东大会决议通过的信息，与上市公司订立担保合同，上市公司既不承担担保责任，也不承担赔偿责任。

依据这一规定，上市公司对外提供担保的，若未经董事会或者股东大会决议，或者决议未经公告，均应认定为无效。在《民商事审判会议纪要》出台之前，主流的裁判规则是，上市公司对外担保未披露的，相对人承担实质审查义务，而不是形式审查义务。如最高人民法院在“亿阳集团股份有限公司、亿阳信通股份有限公司合同纠纷二审民事判决书”中认定，相对人应履行审慎注意义务，否则该担保合同无效。① “上海瀚辉投资有限公司与上海斐讯数据通信技术有限公司、广西慧金科技股份有限公司等借款合同纠纷二审民事判决书”认定，上市公司没有信息披露的情况下，有关相对人是否善意的证明责任主要落在相对人一方，且仅证明形式审查不足以达到证明标准，需达到证明极高的实质审查的程度，如决议签字主体是否为该公司实际股东、董事，该公司是否实际开会并作出决议等。② 因为上市公司的章程是公开的，所以在“上海瀚辉投资有限公司与上海斐讯数据通信技术有限公司、广西慧金科技股份有限公司等借款合同纠纷”案中，法院认定，因上市公司的章程已在巨潮资讯网上备案公示，相对人未查询的，不构成善意。③

《民商事审判会议纪要》第 22 条明确规定：“债权人根据上市公司公开披露的关于担保事项已经董事会或者股东大会决议通过的信息订立的担保合同，人民法院应当认定有效。”但它并没有反过来规定上市公司提供的担保何时无效。但起草人的观点是，“债权人审查股东大会是否召开，是很容易的……而在违规担保的情况下，股东大会肯定是没有召开的，债权人与签约代表签订担保合同，债

① 最高人民法院（2019）最高法民终 1603 号民事判决书。

② 上海市高级人民法院（2019）沪民终 274 号民事判决书。

③ 上海市高级人民法院（2019）沪民终 274 号民事判决书。

权人显然不是善意"①。其背后的逻辑是，既然上市公司对外担保的公司决议均需要公开，相对人的查询非常简单，若疏于查询，自然不能构成善意，因此担保合同也无效。《民法典担保制度解释》第9条第2款明确了债权人与上市公司订立担保合同时，必须审查上市公司关于担保决议的信息披露公告，否则担保合同对上市公司不发生效力。

值得注意的是，《国务院关于进一步提高上市公司质量的意见》(国发〔2020〕14号）明确规定："依法依规认定上市公司对违规担保合同不承担担保责任。"《民法典担保制度解释》第9条第2款进一步明确规定，上市公司法定代表人越权担保的效力和非公众公司不同，上市公司既不承担担保责任，也不承担赔偿责任，但在非公众公司中，依据《民法典担保制度解释》第7条，公司越权担保时，公司要按照《民法典担保制度解释》第17条承担赔偿责任。其理由是，上市公司具有法定的信息披露要求和平台，相对人很容易查询到这些信息，在其疏于查询时，若让上市公司依然承担赔偿责任，这一责任将部分转嫁给上市公司的中小股东。

五、相对人与上市公司已公开披露的控股子公司订立的担保合同

依据《民法典担保制度解释》本条第3款，相对人与上市公司已公开披露的控股子公司订立的担保合同，也适用上市公司对外提供担保的规定。

《民商事审判会议纪要》未明确规定上市公司控股子公司是否适用上市公司规则，裁判规则也不统一。《关于执行证监发〔2005〕120号文有关问题的说明》规定，上市公司控股子公司的对外担保，应按120号文、《上市规则》和《公司章程》的规定，经过上市公司控股子公司的董事会或股东大会（股东会）审议，并经上市公司董事会或股东大会审议。上市公司控股子公司对外担保的信息披露应按照《上市规则》的要求，由上市公司进行信息披露。《深圳证券交易所创业板股票上市规则》(2020年修订）第5.2.13条第1款规定："上市公司控股子公司发生本规则规定的重大事项，视同上市公司发生的重大事项，适用本规则的规定。"《深圳证券交易所中小企业板上市公司规范运作指引》(2015年修订，已失

① 最高人民法院民事审判第二庭编著：《〈全国法院民商事审判工作会议纪要〉理解与适用》，人民法院出版社2019年版，第198页。

效）第8.3.4条规定："上市公司应当明确对外担保的审批权限，严格执行对外担保审议程序。未经公司董事会或者股东大会审议通过，公司不得对外提供担保。"第8.3.11条规定："上市公司控股子公司的对外担保，公司应当比照执行上述规定。"依据上述规范，上市公司控股子公司对外提供担保，需要履行上市公司控股子公司和上市公司双重决议程序，并由上市公司履行信息披露义务。

《民法典担保制度解释》第9条第3款规定，相对人与上市公司已公开披露的控股子公司订立的担保合同，也适用和上市公司对外担保相同的程序，与证监会、交易所等监管机构规则实现了统一。

六、相对人与股票在国务院批准的其他全国性证券交易场所交易的公司订立的担保合同

依据《民法典担保制度解释》本条第3款，相对人与股票在国务院批准的其他全国性证券交易场所交易的公司订立的担保合同，也适用上市公司对外提供担保的规定。

非上市公众公司虽然不是上市公司，但因其股票在全国中小企业股份转让系统公开进行交易，按照《非上市公众公司信息披露管理办法》（中国证券监督管理委员会令第162号）及其他监管规定，发生可能对挂牌公司股票及其他证券品种交易价格产生较大影响，或者对投资者作出投资决策有较大影响的重大事件，投资者尚未得知时，挂牌公司应当立即将有关该重大事件的情况向中国证监会和全国股转公司报送临时报告，并予公告，说明事件的起因、目前的状态和可能产生的影响。根据该法律规定，非上市公众公司应遵守对外信息披露规定，《非上市公众公司信息披露管理办法》（中国证券监督管理委员会令第162号）第25条，《全国中小企业股份转让系统挂牌公司信息披露规则》第35条、第57条，《全国中小企业股份转让系统挂牌公司治理规则》第26条均对此作了规定。因此，《民法典担保制度解释》第9条第3款统一了上市公司和非上市公众公司对外担保的规则。

◆ 疑点与难点

一、上市公司股东大会担保决议的适法性

实务中，上市公司有时候会公开披露一个股东大会有关担保的决议，但担保

数额是总括性的，如为子公司提供总额不超过 1 亿元的担保，但公告未明确具体的债权人，只有担保债权的总额，在披露的担保交易具体发生时是否还需要另行就担保事项作出决议及公告？

依据《公司法》第 121 条，上市公司在一年内购买、出售重大资产或者担保金额超过公司资产总额 30% 的，应当由股东大会作出决议，并经出席会议的股东所持表决权的三分之二以上通过。按照这一规定，上市公司对外担保仅有“总额”限制还不够，还需要遵循相应的决议程序、表决程序。此外，2005 年 11 月 14 日证监会、银监会发布的《关于规范上市公司对外担保行为的通知》（证监发〔2005〕120 号）等规范性文件对于上市公司对外担保的对象、数额、决议程序等设置了严格的限制条件和信息披露义务。因此，上市公司在从事对外担保时，总括性“数额”限定是远远不够的，还须遵循公司法和相应规范性文件的要求就担保事项作出决议，并履行信息披露义务。

二、上市公司为股东、实际控制人及其关联方提供对外关联担保的法律适用

《公司法》第 16 条第 2 款和第 3 款规定了公司为公司股东或者实际控制人提供担保的特别程序。其目的在于，在公司提供这类担保时，排除关联股东影响公司其他股东的真实意思，确保这类担保是公司股东的真实意思表示。《关于规范上市公司对外担保行为的通知》不再禁止为控股股东等提供担保，它规定应由股东大会审批的对外担保，必须经董事会审议通过后，方可提交股东大会审批。须经股东大会审批的对外担保，包括对股东、实际控制人及其关联方提供的担保。股东大会在审议为股东、实际控制人及其关联方提供的担保议案时，该股东或受该实际控制人支配的股东，不得参与该项表决，该项表决由出席股东大会的其他股东所持表决权的半数以上通过。

三、上市公司“无决议有公告”和“有决议无公告”的担保合同的效力

（一）“无决议有公告”

“无决议有公告”，是指上市公司对外公开披露了担保事项，却并没有作出相应的决议。此时，最简单的方案是，认定上市公司承担强制披露义务，而且其披露的信息依法必须真实、完整、准确和全面，债权人应推定为善意，故担保合同有效。但将这种观点推到极端，也可能不利于对中小股东利益的保护，而且有可能产生债权人和上市公司实际控制人、大股东恶意串通损害中小股东利益的恶

果。比较妥当的观点，还是赋予债权人形式上的审查义务。如果说非公众公司担保都需要债权人审查公司决议，上市公司不要求债权人审查决议，在利益衡量上显然不妥。

（二）“有决议无公告”

“有决议无公告”，是指上市公司法定代表人或其他人员向相对人提供了股东大会决议或董事会决议，相对人据此与上市公司订立了担保合同，但上市公司后来未对外披露公告该担保事项。

在司法实践中，最高人民法院“亿阳信通股份有限公司、交银国际信托有限公司金融借款合同纠纷二审民事裁定书”认为，在担保合同订立后，作为上市公司的担保人都没有公告上述事项，相对人在此时应承担实质审查义务。① 这种裁判背后的原因是，担保人是上市公司，上市公司召开董事会会议后都会及时公告，因此，债权人完全可以在看到公告后再签订担保合同，故科以其实质审查义务，对其并无不公。② 这就和《民商事审判会议纪要》对非公众公司对外担保时债权人“标准不宜严苛”的形式审查形成鲜明对比。

依据《民法典担保制度解释》第 9 条第 2 款的规定，这种情形的担保被认定为无效担保，对上市公司不发生法律效力，而且上市公司不承担赔偿责任。

（本条由谢鸿飞撰写）

第十条 【一人公司为其股东提供担保】

一人有限责任公司为其股东提供担保，公司以违反公司法关于公司对外担保决议程序的规定为由主张不承担担保责任的，人民法院不予支持。公司因承担担保责任导致无法清偿其他债务，提供担保时的股东不能证明公司财产独立于自己的财产，其他债权人请求该股东承担连带责任的，人民法院应予支持。

① 最高人民法院（2019）最高法民终 111 号民事判决书。

② 最高人民法院民事审判第二庭编著：《〈全国法院民商事审判工作会议纪要〉理解与适用》，人民法院出版社 2019 年版，第 199 页。

◆ 条文要旨

本条是关于一人有限责任公司为其股东提供担保的规定。

◆ 理解与适用

《公司法》第 16 条并没有专门规定一人公司为其股东提供担保的要件，但因为一人公司没有股东会，因此存在法律适用问题。此外，《公司法》第 63 条推定一人公司股东与一人公司的人格混同，在一人公司人格否认领域适用举证责任倒置，与《公司法》第 20 条第 3 款有关法人人格否认的一般规则不同。在这种法律背景下，《民法典担保制度解释》特设本条调整一人公司为其股东提供担保的行为。

一、一人公司为其股东提供担保的法律效力

（一）一人公司为其股东提供担保的权利能力之争

《公司法》第 16 条第 2 款和第 3 款规定了公司在经过股东会的特别决议机制后，在符合公司章程时，可以为其股东或者实际控制人提供担保。但一人公司是否在《公司法》第 16 条规定的文义射程范围内以及一人公司为股东提供担保的效力如何，一直存在较大争议。

1. 赞成说

肯定一人公司为其股东提供担保的权利能力的主要理由是：首先，契合公司法的自治精神。公司作为独立的自治主体，在《公司法》没有明确禁止的情形下，依据“法不禁止即自由”的基本原则，只要其行为无害公序良俗，主体即可自由实施，而且法律应作积极评价，不能仅仅因为法无明文就予以否定。其次，不违反《公司法》第 16 条第 2 款和第 3 款保护公司中小股东的立法宗旨。一人公司股东唯一，不存在保护中小股东的问题。在经济学上，一人公司的所有权和经营权未分离，由唯一的股东作为公司的所有者行使对公司的控制权和公司所有者的权利。① 最后，《公司法》提供了一人公司在为其股东提供担保、损害公司债权人时的救济机制，债权人可以通过《公司法》第 20 条有关股东滥用权利的

① 参见姜旭阳：《一人公司为股东担保的效力》，载《人民司法》2010 年第 4 期。

规定和第63条有关一人公司的债务承担以及民法中的撤销权维护自身利益。①

从反面说，如果从法律上禁止一人公司为股东提供担保，则会限制中小微企业及其投资者的融资，有违鼓励交易的立法追求。在一人公司为中小微企业时，其为自然人股东债务提供担保的情形，往往是股东举债用于向一人公司增加投资，但债权人更希望股东作为债务人，以使其受无限责任的拘束，从而使其债权保障更充分。可见，许可一人公司为其股东提供担保，往往会促进中小微企业融资，进而促进中小微企业的发展。况且，股东未必就不会自己主动清偿债务，若一人公司的股东如期清偿了债务，完全不会涉及损害债权人利益的问题。

2. 反对说

反对一人公司为其股东提供担保的权利能力的主要理由是：首先，一人公司为其股东担保无法适用《公司法》第16条规定的决议机制。一人公司不存在股东会，无法形成有效的股东会决议。其次，公司特殊担保的表决回避机制对于一人公司难以有适用空间，② 许可一人公司为股东提供担保有违《公司法》设定的公司为股东担保的特殊决议机制。最后，有损资本维持原则。一人公司的股东财产与公司财产本来就容易发生混同，一人公司为其股东提供担保存在抽逃出资的可能，不利于保护债权人的合法权益。③ 若允许一人公司关联担保，则容易使其沦为股东牟利的工具，牺牲债权人利益。④

3. 法律漏洞说

该观点认为《公司法》第16条关于公司担保能力的规定主要适用于大公司，尤其是股份有限公司，对上市公司的适用意义则更大，而对于一人公司是否具有担保能力在法律规范上存在漏洞。⑤

司法实践对一人公司能否提供担保，也存在不同的意见。

持赞成意见的裁判理由主要有：

---

① 参见李志刚、李建伟等：《一人公司能否为股东提供担保：法理基础与制度设计》，载《人民司法》2019年第1期。

② 参见李志刚、李建伟等：《一人公司能否为股东提供担保：法理基础与制度设计》，载《人民司法》2019年第1期。

③ 参见姜旭阳：《一人公司为股东担保的效力》，载《人民司法》2010年第4期。

④ 参见曾大鹏：《公司关联担保三大类型的效力解释》，载《法律科学》2020年第6期。

⑤ 参见吴飞飞：《自由与限制——一人公司为股东担保的法律规制》，载《山东科技大学学报》（社会科学版）2011年第6期。

第一，我国法律并未禁止一人公司对外提供担保。这是绝大多数赞成意见的核心理由。如“薛兴刚与青岛英德邦置业发展有限公司股权转让纠纷再审民事判决书”认定，“一人公司，虽然其股权结构具有特殊性，但目前我国法律并未禁止一人公司对外提供担保”①。“龙召刚与杨光、大英福特曼丽兹酒店有限公司股权转让合同纠纷再审民事判决书”认定，“基于合同自由原则，一人有限责任公司可以为股东债务担保”②。与此类似的一种观点是，认为《公司法》第 16 条第 2 款和第 3 款并非强制性规定，即使一人公司为其股东提供担保不满足这些条件，也不足以导致其无效，如“天津市正元小额贷款有限公司与天津滨海天联集团有限公司、天津市和投投资担保有限公司、库尔勒天联复合材料有限公司小额贷款合同纠纷一案”判决书认为：《公司法》第 16 条并非效力性强制规定，且它并未明确规定不满足特别决议条件的公司担保必然无效。③

第二，一人公司为其股东提供担保不会损害股东利益。《公司法》第 16 条第 2 款和第 3 款的目的是限制关联交易，公司为股东或者实际控制人提供担保属于关联交易，可能损害公司和其他股东利益。但在一人公司中不存在损害其他股东利益的可能。如“合肥信政置业发展有限公司、杨雪文民间借贷纠纷再审审查与审判监督民事裁定书”认定，《公司法》有关公司为股东提供担保的规定，“旨在维护股东大会决议的公正性，避免表决事项所涉及的股东，特别是控股股东滥用资本多数表决的原则，谋求与公司利益不符的利益，损害公司和其他股东的利益，确保公司更加客观、公正地决定是否为其股东进行担保，而并非禁止或限制该类特殊担保。一人公司唯一的股东同意提供担保不仅体现了股东意志，也体现了公司意志，在没有其他利害关系股东存在的情形下，更谈不上损害其他股东的利益”④。

第三，在一人公司为其股东提供担保损害债权人利益时，现行法律对受损的债权人提供了充分的救济机制。如“卜邦干诉柯尼马公司保证合同纠纷案民事判决书”认为，受损的债权人可以援引公司法关于股东抽逃出资或者股东滥用公司

---

① 最高人民法院（2019）最高法民再 178 号民事判决书。

② 四川省高级人民法院（2014）川民提字第 334 号民事判决书。

③ 天津市第二中级人民法院（2014）二中保民初字第 0014 号民事判决书。

④ 最高人民法院（2018）最高法民申 3659 号民事裁定书。

法人地位等法律规定，来另行追究股东的法律责任。①

第四，许可一人公司为其股东提供担保有助于保护一人公司的利益。如“云南路红实业集团有限责任公司、刘星民间借贷纠纷二审民事判决书”② 认为，《公司法》对一人公司为其股东提供担保未作特别规定，许可其担保有助于适应市场主体的融资需求。

持反对意见的裁判理由主要是一人公司为股东提供担保的表决无法适用《公司法》第 16 条第 2 款和第 3 款。如在“龙召刚因与被申请人杨光、大英福特曼丽兹酒店有限公司股权转让合同纠纷一案”中，法院认为，一人公司为其股东提供担保违反《公司法》第 16 条第 2 款和第 3 款，担保合同无效。③ 但在司法实践中，持反对说的判决书很少。

（二）一人公司为其股东提供担保的法律适用之争

《公司法》第 61 条规定，一人有限责任公司不设股东会。股东作出决定时，应当采用书面形式，并由股东签名后置备于公司。可见，一人公司难以形成有效的股东会决议，而且不能适用表决回避机制，并没有适用《公司法》第 16 条特别程序规范的基础。判定一人公司为股东提供担保的合同是否成立，实务中主要采用一般合同成立的认定方式，即签字或盖章。如“卜邦干诉柯尼马公司保证合同纠纷案民事判决书”认为，《公司法》第 61 条规定只是倡导性规定，实践中一人公司的操作并不如此规范和明确，“股东个人同意的意思表示往往是在担保合同中加以体现，也就是说担保合同上加盖了公司的公章就意味着股东作出了同意担保的意思表示，更何况是特殊担保即为该股东的债务进行担保”④。

一种观点认为，可以适用《公司法》第 16 条第 2 款，如何理解第 2 款中的“股东会”是解释此问题的根本。由于一人公司没有股东会，唯一股东的意思表示即为公司意志，即第 2 款中的“股东会”适用到一人公司指的是其唯一股东。⑤ 另一种观点认为，一人公司能否为股东提供担保应该是限制性允许，即通

---

① 常州市中级人民法院（2009）常民二终字第 0451 号民事判决书。

② 云南省昭通市中级人民法院（2018）云 06 民终 65 号民事判决书。

③ 遂宁市中级人民法院（2012）遂中民再终字第 10 号民事判决书。

④ 常州市中级人民法院（2009）常民二终字第 0451 号民事判决书。

⑤ 参见何廷财、杨镇宇：《一人公司特殊担保的法律效力探析——以司法审判和经济活动中的需求为视角》，载《金融法苑》2011 年第 2 期。

过构建担保决策程序的债权人参与制度和一人公司为股东担保登记制度，并且对担保对象和担保数额进行限制，来实现一人公司股东与债权人两极利益的平衡。①但在这种情形下，即使一人公司股东作出决议，也流于形式。股东与其他债权人协商参与作出决议，在实践中的可行性似乎也很小。

在实践中，还有一种较为特殊的情形：一人公司的章程规定，公司对股东的担保需经公司董事会同意时，若一人公司对股东提供担保，未经公司董事会同意，其效力如何。"重庆捷尔医疗设备有限公司、中国工商银行股份有限公司重庆九龙坡支行金融借款合同纠纷二审民事判决书"② 认为，这种担保因未获得董事会同意应为无效。这一判决捍卫了公司治理原则在一人公司的适用，可防止股东滥用控制权损害公司其他债权人的利益，值得肯定。

（三）《民法典担保制度解释》的立场

《民法典担保制度解释》本条明确规定："一人有限责任公司为其股东提供担保，公司以违反公司法关于公司对外担保决议程序的规定为由主张不承担担保责任的，人民法院不予支持。"这一规定对一人公司为其股东提供担保的权利能力，支持了理论界和实务界的通说。这里的一人公司既包括自然人设定的公司，也包括母公司的全资子公司。担保包括人的保证，也包括物的保证。值得注意的是，依据这一规定，上市公司的独资子公司也可以为母公司提供担保，但须对外公告。

二、一人公司为其股东提供担保法人人格否认规则的适用

一人公司具有独立的法人资格，有独立的法人财产，依法独立承担民事责任。但是在实践中，无论是自然人设立的一人公司，还是母公司设立的全资子公司，都存在股东过度控制公司甚至以自己的意志和行为代替公司意志和行为的现象。这是因为一人公司的股东是唯一的，无法形成股东会、董事会、监事会三者相互制衡的机构设置，公司权力运行中的"分权和制衡"（checks and balances）无法有效形成，公司与股东之间在财产、营业、人员等方面不易显著区分。③ 因

---

① 参见吴飞飞：《自由与限制——一人公司为股东担保的法律规制》，载《山东科技大学学报》（社会科学版）2011 年第 6 期。

② 最高人民法院（2019）最高法民终 877 号民事判决书。

③ 参见刘雅倩：《论一人公司法人人格否认的法律适用——〈公司法〉第 63 条与第 20 条第 3 款适用辨析》，载《山东审判》2016 年第 2 期。

此，在许可一人公司为实际控制人或者股东担保时，股东和公司财产极易混同，非善意股东极有可能利用公司担保逃避自身债务，甚至抽逃或抽回出资，从而使公司和公司债权人的利益遭受损害。在这种情形下，法人人格否认制度是公司债权人维护自身权益的重要武器。① 尤其是在公司集团结构中，母公司对全资子公司的过度控制、以牺牲后者的利益为代价来实现集团整体利益的现象普遍存在。在公司人格独立、股东有限责任两大基石原则的制度框架下，全资子公司的债权人成为最终的唯一受害人、孤立无援的受害人、难获救济的受害人。②

《民法典担保制度解释》第 10 条明确规定了一人公司为其股东提供担保时，适用《公司法》第 63 条法人人格否认的两个条件。

1. 一人公司因承担担保责任导致无法清偿其他债务

公司独立人格以及相应的独立责任是现代公司制度的两大基石，因此，只有在基于立法政策考量情形，即基于保护无辜的、值得保护的债权人时，才可能适用公司法人人格否认制度。一人公司为其公司股东提供担保时，如果一人公司自己的财产足以清偿担保债权人之外的全部债务，那么一人公司的债权人就没有受到任何损害，根本没有特别保护的必要。此时，一人公司的债权人只能请求一人公司承担责任，无需援用法人人格否认规则，让股东和一人公司对一人公司的债务承担连带责任。

2. 提供担保时的股东不能证明公司财产独立于自己的财产

《民法典》第 83 条第 2 款规定，营利法人的出资人不得滥用法人独立地位和出资人有限责任损害法人债权人的利益；滥用法人独立地位和出资人有限责任，逃避债务，严重损害法人债权人的利益的，应当对法人债务承担连带责任。《公司法》第 20 条第 3 款规定："公司股东滥用公司法人独立地位和股东有限责任，逃避债务，严重损害公司债权人利益的，应当对公司债务承担连带责任。"第 63 条规定："一人有限责任公司的股东不能证明公司财产独立于股东自己的财产的，应当对公司债务承担连带责任。"依据特别法优于一般法的法律适用规则，一人

① 参见李建伟：《公司法人格否认规则在一人公司的适用——以〈公司法〉第 64 条为中心》，载《求是学刊》2009 年第 2 期。

② 参见李建伟、林斯韦：《全资子公司债权人保护的公司法特殊规则研究》，载《社会科学研究》2019 年第 2 期。

公司的法人人格否认应适用《公司法》第63条。

在一人公司为其股东提供担保时，《民法典担保制度解释》第10条也未突破《公司法》第63条，要求一人公司的股东只有在无法举证自己的财产和公司财产没有混同时，才对一人公司的债务承担连带责任。

◆ 疑点与难点

一、《民法典担保制度解释》第10条的扩张适用

本条规定在实践中有两种情形应考虑其扩张适用的可能：一是一人公司为第三人提供担保。这种情形的担保是基于公司股东意志作出的，不会损害一人公司的股东利益，但却有可能损害一人公司其他债权人的利益。二是一人公司为其实际控制人而非名义股东提供担保。在理论和实践中，法人人格否认规则能否适用于实际控制人一直存在争议。基于保护公司债权人的立场，可予肯定；基于维护公司人格的立场，应予否认。鉴于一人公司特殊的治理结构和我国目前公司治理的现状，宜予肯定。

二、衡平居次原则的适用

本条规定的潜在假定是，一人公司为股东提供担保不存在有损其他股东的情形，因此无需也不可能需要股东会决议。然而，在实践中，一人公司的股东在负债时，由一人公司提供担保，往往可能损害一人公司其他债权人的权利。本条规定虽然肯定了此时公司的其他债权人可以适用《公司法》第63条，但股东完全可能证明自己的财产和公司的财产历来并不混同，债权人因而无法主张股东与一人公司承担连带责任，最终利益受损。如一人公司甲的全部责任财产为50万元，对A有100万元的到期债务未清偿，此时，一人公司又为股东乙对B的100万元债务提供了保证。A主张甲、乙承担连带责任，但乙成功证明了自己的财产与甲的财产从未混同。这就意味着，A和B的债权将平等按比例得到清偿。这就引发了A、B之间的公平分配问题以及乙和B之间的败德行为问题。

按照衡平居次原则（Equitable Subordination Rule），公司的债权人可以根据股东的行为有无损害债权人的意图，突破债权的平等性，进而决定债权人之间受偿的优劣序位。2015年3月31日，最高人民法院公布典型民商事案例之一——“沙港公司诉开天公司执行分配方案异议案”将这个原则运用于执行分配中，认

定出资不实股东对公司的债权不能与公司的其他债权人的债权同等顺位受偿。①在一人公司提供的担保中，若出现前述情况，似也可以考虑适用这一原则。

（本条由谢鸿飞撰写）

第十一条 【公司分支机构未获授权提供担保的效力】

公司的分支机构未经公司股东（大）会或者董事会决议以自己的名义对外提供担保，相对人请求公司或者其分支机构承担担保责任的，人民法院不予支持，但是相对人不知道且不应当知道分支机构对外提供担保未经公司决议程序的除外。

金融机构的分支机构在其营业执照记载的经营范围内开立保函，或者经有权从事担保业务的上级机构授权开立保函，金融机构或者其分支机构以违反公司法关于公司对外担保决议程序的规定为由主张不承担担保责任的，人民法院不予支持。金融机构的分支机构未经金融机构授权提供保函之外的担保，金融机构或者其分支机构主张不承担担保责任的，人民法院应予支持，但是相对人不知道且不应当知道分支机构对外提供担保未经金融机构授权的除外。

担保公司的分支机构未经担保公司授权对外提供担保，担保公司或者其分支机构主张不承担担保责任的，人民法院应予支持，但是相对人不知道且不应当知道分支机构对外提供担保未经担保公司授权的除外。

公司的分支机构对外提供担保，相对人非善意，请求公司承担赔偿责任的，参照本解释第十七条的有关规定处理。

◆ 条文要旨

本条是有关公司的分支机构未获公司授权提供担保的效力的规定。

---

① 参见最高人民法院（2015-03-31）通报典型案例“沙港公司诉开天公司执行分配方案异议案”，载中国法院网：https：//www. chinacourt. org/article/detail/2015/03/id/1576570. shtml。

◆ 理解与适用

《民法典》第74条规定："法人可以依法设立分支机构。法律、行政法规规定分支机构应当登记的，依照其规定。分支机构以自己的名义从事民事活动，产生的民事责任由法人承担；也可以先以该分支机构管理的财产承担，不足以承担的，由法人承担。"《公司法》第14条第1款规定："公司可以设立分公司。设立分公司，应当向公司登记机关申请登记，领取营业执照。分公司不具有法人资格，其民事责任由公司承担。"鉴于法人的分支机构可以以自己的名义从事民事活动，其能否对外提供担保，自然是重要的法律实务问题。

法人的分支机构不具有独立的法人资格，即使其从事的活动有效，如其财产不足以清偿债务的，其出资人或者设立人承担无限责任（《民法典》第104条）。为企业分支机构的担保活动设定规则，必须权衡两种价值：一是分支机构作为非法人组织的行动自由，提供担保有助于其业务开展；二是保障法人的利益，分支机构提供的担保是无偿的，承担担保责任可能严重损害法人利益。[①] 因此，《担保法》第10条、第29条及《担保法解释》第17条、第18条都没有赋予企业法人的分支机构、职能部门从事担保的权利能力，但《担保法》第10条第2款例外规定了"企业法人的分支机构有法人书面授权的，可以在授权范围内提供保证"。但《民法典》并未作出明确规定，《民法典担保制度解释》本条规范的目的即在于明确分支机构对外担保的效力。需要注意的是，《担保法解释》第17条仅适用于分支机构提供保证，而《民法典担保制度解释》的本条规定扩大适用于分支机构对外提供的所有担保，殊有必要。

一、法人分支机构与法人的关系

法人的分支机构，是指法人在一定区域设置的以完成法人部分职能的机构。法人的分支机构通常被称为分公司、分理处等。分支机构不具有独立的法人资格，而属于《民法典》第102条规定的"非法人组织"。它虽然是法人的组成部分，但因为可以自己的名义对外从事活动，且法人对其活动承担兜底民事责任。因此，对其以自己的名义从事民事活动的效力判断，首先需要界定法人分支机构

---

① 参见高圣平：《担保法论》，法律出版社2009年版，第35页。

与法人的关系问题。对此，理论上存在代理说与代表说等之争。

代理说的理由主要为：第一，分支机构以自己的名义从事民事活动，它与法人在民事活动中的人格并不一致；第二，分支机构的设立目的是扩展法人业务，与《民法典》第 170 条有关职务代理规定中的“执行其工作任务”相近。代理说更能妥当处理分支机构在授权范围内与超越授权的法律适用问题。代表说的理由主要为：第一，分支机构与法人的名称高度类似，分支机构的名称具有公示效力，第三人通过名称应知道分支机构是法人的组成部分。第二，法人分支机构的业务具有一定的独立性，其负责人可能是法人的代理人或法人的代表人，其职责也具有一定的独立性和综合性，《民法典》第 170 条有关职务代理的规定无法解决其权限问题，只能通过《民法典》第 61 条规定的法人代表制度解决，即通过法律授权或章程授权解决。第三，代表说比代理说更能保护善意相对人。①

在担保实务中，分支机构从事担保活动引发的法律问题主要见于其提供担保的行为未获公司授权的情形。《民法典担保制度解释》本条第 1 款和第 3 款区分了一般公司的分支机构和金融机构、担保公司的分支机构以自己的名义提供担保时的不同效力。这些规则中并没有体现其最终采用的是代表说还是代理说。但其第 4 款规定，公司的分支机构对外提供担保，相对人非善意，请求公司承担赔偿责任的，参照越权担保无效的规定，可见，它采用的是代表说。然而，正如本书对《民法典担保制度解释》第 7 条的分析所表明的那样，采用代理说更有助于平衡各方利益。

二、法人分支机构提供担保的效力

（一）公司的分支机构未经公司决议时对外提供担保的效力

依据本条第 1 款，公司的分支机构未经公司股东（大）会或者董事会决议以自己的名义对外提供担保，相对人请求公司或者其分支机构承担担保责任的，人民法院不予支持，但是相对人不知道且不应当知道分支机构对外提供担保未经公司决议程序的除外。

---

① 参见夏平：《法人分支机构的法律地位与责任承担——以民法总则第 74 条为考察重点》，载《西部法学评论》2019 年第 4 期。

本款与《民法典担保制度解释》第7条的思路基本一致，采取的也是法定代表人越权担保的思路。其具体规则为：(1) 公司分支机构以自己的名义对外提供担保应适用《公司法》第16条第1款，由公司的股东（大）会或董事会作出决议，未作出决议的，担保合同无效。(2) 相对人可以主张表见代表的效果，将担保合同的效力归属于公司。

司法实践也基本运用了这一规则。如最高人民法院在“青海宏信混凝土有限公司、海天建设集团有限公司青海分公司民间借贷纠纷案”中，认定分公司与子公司未就担保达成一致意见，分公司未取得总公司的书面授权提供担保，总公司事后亦未进行追认，因此担保合同无效。①

相对人善意的内容是“不知道且不应当知道分支机构对外提供担保未经公司决议程序”。通常，若分支机构未出具公司股东会或者董事会的决议，分支机构提供的担保即认定为无效。但有关金融机构、担保公司分支机构提供的担保除外，此时适用《民法典担保制度解释》第11条第2款和第3款的特殊规定。至于相对人善意的判断标准，也应与《民法典担保制度解释》第7条有关公司法定代表人越权担保一致，即采用形式审查标准。

（二）金融机构的分支机构未获同意时对外提供担保的效力

依据《民法典担保制度解释》第11条第2款规定了金融机构的分支机构未获同意时对外提供担保的效力。

依据《商业银行法》第22条第2款，商业银行分支机构不具有法人资格，在总行授权范围内依法开展业务，其民事责任由总行承担。可见，商业银行的分支机构和其他法人分支机构的地位完全相同，但商业机构提供担保为其营业活动，因此本款对其作了特殊规定，这就又回到了1994年的《保证规定》第17条第2款的思路，即区分一般的法人分支机构和金融机构的分支机构。在实践中，金融机构的分支机构对外提供担保分两种情形。

1. 开立保函

对金融机构的分支机构开立保函的行为，《民法典担保制度解释》又将其分为两种：

---

① 最高人民法院（2019）最高法民终1535号民事判决书。

（1）分支机构在其营业执照记载的经营范围内开立保函

这里的“保函”是指金融机构提供的标准化、程序化、风控严格的产品，包括两种：一是独立保函，适用《独立保函规定》，其性质是备用信用证；二是银行单方出具的格式化的保函，其依据是《民法典》第 685 条规定的保证人单方出具的保证书。

《商业银行法》第 21 条规定：“经批准设立的商业银行分支机构，由国务院银行业监督管理机构颁发经营许可证，并凭该许可证向工商行政管理部门办理登记，领取营业执照。”根据该规定，金融机构的分支机构依法经批准设立，且经营范围内包括担保业务，其开立保函，属于经营范围内许可事项，无需经过金融机构的授权或金融机构的内部决议程序，其对外开立的保函即有效，金融机构应承担责任。其原因在于，提供保函是商业银行的常规业务，而且分支机构的营业执照又载明了其可以提供保函，依据《民法典担保制度解释》第 8 条规定的精神，分支机构提供保函无需总行作出决议。

由此可见，金融机构的分支机构对外开立保函的行为的特殊性在于，它无需经过金融机构内部决议程序，而法人的分支机构对外提供担保必须经过法人内部的决议程序，否则，担保合同原则上无效。

（2）有权从事担保业务的上级机构授权开立保函

若分支机构的营业执照未记载保函业务，则只有在经有权从事担保业务的上级机构授权后，这就充分表明有权从事担保业务的上级机构并未授权分支机构开展保函业务。在这种情形下，分支机构必须取得上级机构相应的授权才能对外提供保函。

2. 保函以外的其他担保

金融机构分支机构对外提供保函以外的担保与一般的法人分支机构对外提供担保的法律适用相同，应适用一般法人的分支机构对外提供担保的法律规定，即必须取得总行的授权。未取得授权的，该担保合同无效，除非相对人能证明自己不知道且不应当知道未经金融机构授权，适用《民法典》第 504 条有关表见代表或第 172 条有关表见代理的法律规定。这是因为，保函以外的其他担保并非银行的常规业务，在实践中，金融机构分支机构提供的“其他担保”往往是作为保证人和他人订立书面保证合同。这种情形下，金融机构的内部控制、风险评估等机制难以发挥作用，分支机构的负责人或者其他工作人员可能和相对人恶意串通，以分支机构的名义和他人订立保证合同，使金融机构利益受损。因此本款区分了提供保函以及保函以外的担保业务。

（三）担保公司分支机构未经担保公司书面授权，对外提供担保

依据《民法典担保制度解释》第11条第3款，担保公司的分支机构未经授权对外提供担保：以无效为原则，有效为例外。如果相对人不知道且不应当知道分支机构对外提供担保未经授权，则担保合同有效。

担保公司分支机构与其他企业法人的分支机构在提供担保方面最大的差异在于：后者的经营范围就是为他人提供担保，若其担保还需要获得总公司授权，则将使交易效率大为降低，甚至使其失去作为分支机构的意义。在《民法典担保制度解释》的起草过程中，起草人最初对担保公司的分支机构规定适用和银行分支机构相同的对外担保规则，但后来则作了区分。因为在实践中，担保公司对外提供担保的内控机制、风险评估等机制不如银行严格，鉴于这种客观现实，《民法典担保制度解释》并没有赋予担保公司分支机构的营业执照以公信力，进而推定担保相对人是善意的，而是规定担保公司的分支机构对外提供担保时，应获得总公司的个别、具体的授权，否则担保合同无效。但为了救济善意第三人，它还进一步规定，相对人若能证明其为善意相对人，如分支机构伪造了总公司的授权等，担保合同有效。

（四）分支机构提供担保无效时的赔偿责任

《民法典担保制度解释》第11条第4款，公司的分支机构对外提供担保，相对人非善意，请求公司承担赔偿责任的，适用第17条担保无效的规定。

在司法实践中，法院往往判决金融分支机构提供担保被认定为无效时，双方具有过错。如“内蒙古银行股份有限公司呼和浩特武川支行、李亚卿金融借款合同纠纷再审民事判决书”认为，相对人在接受保证时未对支行是否具备出具保证的资格尽到注意义务，存在过错。① 但是，如果相对人在分支机构的银行场所订立担保合同，在《民法典担保制度解释》实施前，最高人民法院在“吉书文、中国农业发展银行阳曲县支行金融借款合同纠纷案”中认为，银行分支机构未

① 最高人民法院（2018）最高法民再66号民事判决书。

经总行授权提供的担保无效，债权人在银行分支机构办公场所与该机构负责人办理担保手续，有理由相信该分支机构可以提供担保，其对担保无效不存在过错。①

◆ 疑点与难点

一、商业银行总行对分支机构提供担保的概括授权的认定

在《民法典担保制度解释》之前的金融机构担保实务中，一个争议很大的问题是，总行对分支机构提供担保的授权方式能否为个别授权。具体而言，总行设置分级机构的行为、总行的章程并未将担保业务排除在分支机构的经营范围之外，是否意味着分级机构取得了银行的概括授权，分支机构在提供担保时无需获得个别授权？最高人民法院以往对于授权类型的认定，观点不一。

第一种观点认为，商业银行总行的经营范围若包括担保，且分支机构的营业执照未排除担保时，即分支机构有权提供担保。如“中国建设银行股份有限公司林口支行、牡丹江市东安区江达小额贷款股份有限公司借款合同纠纷案”认定，因为中国建设银行的经营范围包括从事担保业务，可以认定总行对分支机构的经营范围进行概括授权，分支机构具备从事担保业务的经营范围和经营资格。②“中国工商银行股份有限公司大同南郊支行、张思伟金融借款合同纠纷案”③ 的认定结论亦同。“刘森林、中国工商银行股份有限公司鹰潭分行保证合同纠纷案”进一步论证道，“商业银行因相关业务需要进行的上级银行书面批准和内部授权，属于银行上下级之间的业务监督和内部授权，本质上是银行内部管理和风险防控，并不影响其对外民事行为的法律效力”④。

第二种观点认为，金融机构的分支机构尤其是银行的分行，对外提供保证需要获得个别授权。以银行为例，通常总行对分行的担保权限授权明确，分行之下的支行一般没有对外担保权，银行从防范风险的角度通常限制支行的权限，尤其是担保权限，因此支行对外提供保证原则上属于无效保证，除非取得分行的授

① 最高人民法院（2018）最高法民再358号民事判决书。
② 最高人民法院（2015）最高法民申字第262号民事判决书。
③ 最高人民法院（2017）最高法民申2058号民事判决书。
④ 最高人民法院（2016）最高法民终221号民事判决书。

权。①“内蒙古银行股份有限公司呼和浩特武川支行、李亚卿金融借款合同纠纷再审民事判决书”就采纳了这种观点。②

第三种观点认为，商业银行对分支机构对外提供担保仅需概括授权还是需要特别授权，应具体分析。“三门峡湖滨农村商业银行股份有限公司磁钟支行、李来法保证合同纠纷案”即区分商业银行分支机构提供的担保业务是经常性业务还是特别业务而作出不同处理。对于商业银行分支机构依据总行概括授权、按业务流程开展、向资信良好的金融机构等企业出具银行保函等符合交易习惯、支付了合理对价或者提供了可信反担保的经常性业务，原则上不应否定商业银行分支机构对外提供担保的效力。对于商业银行分支机构未按业务流程办理、单独与个别自然人签订保证合同等不符合交易习惯、相对人未支付合理对价或者提供可信反担保的担保，相对人应尽更高的义务。③

《民法典担保制度解释》第 11 条基本采用了第三种观点，但进行了细化。首先，金融机构的分支机构在其营业执照记载的经营范围内开立保函时，依据登记的公信力和对抗力，所有登记事项都推定为合法真实，第三人有理由信赖这一外观事实。这种情形几乎排除分支机构主张相对人恶意，担保应为无效的可能性。其次，对未在营业执照记载的，按照《民法典担保制度解释》的规定，即使银行分支机构作出的是银行常规的保函业务，但也应认定为无效。一方面，这对银行总行授权分支机构从事保函业务提出了更高的授权要求，即应在银行分支机构的营业执照中明确载明保函为其分支机构的业务；另一方面，它也对保函的相对人提出了审查分支机构营业执照的要求，若分支机构营业执照未载明保函业务，则相对人将无法主张善意。

二、公司职能部门对外担保的效力

《担保法解释》第 18 条第 1 款规定，企业法人的职能部门提供保证的，保证合同无效，但《民法典》和《民法典担保制度解释》未对此作出规定。分支机构和职能部门均为法人的内部机构，并非独立的法律主体，两者的差异在于：分支机构因为依法登记并领取营业执照，具有一定的独立从事民事活动的权利能力，

---

① 曹士兵：《中国担保制度与担保方法》（第 4 版），中国法制出版社 2017 年版，第 130 页。

② 最高人民法院（2018）最高法民再 66 号民事判决书。

③ 最高人民法院（2019）最高法民再 3 号民事判决书。

职能部门则完全不具有这种能力。因此，职能部门以自己的名义对外订立的合同均无效，且无表见代理制度适用的可能。①

（本条由谢鸿飞撰写）

第十二条 【债务加入的准用】

法定代表人依照民法典第五百五十二条的规定以公司名义加入债务的，人民法院在认定该行为的效力时，可以参照本解释关于公司为他人提供担保的有关规则处理。

◆ 条文要旨

本条是公司法定代表人以公司名义加入债务准用担保的规定。

◆ 理解与适用

本条是对《民商事审判会议纪要》第 23 条的吸收，也是对《民法典》第 552 条和《公司法》第 16 条的解释。《民法典》第 551 条和第 552 条分别规定了免责的债务承担和并存的债务承担。其中，并存的债务承担又称债务加入，是指第三人加入债的关系之中，与原债务人一起向债权人承担同一债务的情形。② 它是《民法典》新增条款，该条规定："第三人与债务人约定加入债务并通知债权人，或者第三人向债权人表示愿意加入债务，债权人未在合理期限内明确拒绝的，债权人可以请求第三人在其愿意承担的债务范围内和债务人承担连带债务。"

本条主要涉及三个问题：一是免责的债务承担与债务加入的异同问题；二是债务加入与保证的异同问题；三是法定代表人越权对外提供担保的效力问题。

一、债务加入与免责的债务承担

债务承担，是指债已存在且未消灭，在不改变债的内容的情况下，将债的负担转移于其他主体，属于债的移转的一种。债务承担分为免责的债务承担与并存

① 学界也有反对观点，参见崔建远：《合同法》，北京大学出版社 2013 年版，第 198 页。

② 参见崔建远主编：《合同法》，法律出版社 2016 年版，第 185 页。

的债务承担，二者在构成要件与法律效果上均有差异。在构成上，免责的债务承担须具备以下要件：债务可转移、债权人同意、原债务人免责约定；在效果上，免责的债务承担产生主从债务转移、抗辩事由转移、诉讼时效中断的法律效果。而并存的债务承担仅需债务可转移和债权人同意；并存的债务承担仅产生连带债务，而担保不转移，《民法典》第697条第2款就规定："第三人加入债务的，保证人的保证责任不受影响。"

对免责债务承担与债务加入的识别，司法实务中采用了主观意思与客观行为两套判别标准。采主观意思标准的裁判认为：免责的债务承担须有合同明确约定，或根据合同可确切推断原债务人退出债的关系的意思，否则即为债务加入。① 即使第三人另行向债权人出具债务凭证并承诺清偿债务，债权人同意其清偿债务，但没有其他证据表示债权人同意免除原债务人债务的，都应认定为债务加入。② 采客观行为标准的裁判认为，即使第三人未与债务人达成合意，但只要其做出了债务加入的客观行为，即可认定为债务加入。③

二、债务加入与保证

第三人在债务加入后，与原债务人对债务共同承担连带责任，这将增加承担债务的一般责任财产，具有担保的功能，④ 因此其与保证关系紧密。根据《民法典》第686条至第688条的规定，保证分为一般保证与连带保证，二者的区别在于保证人是否对债权人享有先诉抗辩权，一般保证与债务加入的区别亦同。⑤ 债务加入与连带保证的相同之处在于，加入人与保证人都对债务承担连带清偿责任，且都对债权人享有原债务人的抗辩权。债务加入与保证虽然在法律效果上趋同，但保证债务具有从属性与补充性，而债务加入的各个债务之间不具有这种属性。此外，在连带保证中，保证人并非债务的终局承担者，而连带债务中各债务人均为债务的终局承担者，只是就超过其应当承担的部分可以向其他债务人进行求偿。⑥ 具体而言，其差异在于：

---

① 最高人民法院（2005）民二终字第217号民事判决书。

② 最高人民法院（2019）最高法民再316号民事判决书。

③ 最高人民法院（2019）最高法民终341号民事判决书。

④ 史尚宽：《债法总论》，中国政法大学出版社2002年版，第625页。

⑤ 参见崔建远：《"担保"辨——基于担保泛化弊端严重的思考》，载《政治与法律》2015年第12期。

⑥ 参见程啸：《保证合同研究》（第1版），法律出版社2006年版，第50－54页。

第一，从属性。保证合同从属于主合同，主合同无效则保证合同亦无效。主合同无效时，即使保证人存在过错，依据《民法典担保制度解释》第 17 条，保证人承担的赔偿责任也不超过债务人不能清偿部分的三分之一。而债务加入则不因原债权债务合同无效而无效。在原合同无效情形下，债务加入人仍应与原债务人共同承担缔约过失责任。①

第二，期间。根据《民法典》第 692 条和第 693 条，保证责任受保证期间的限制，当事人未约定或约定保证期间不明确的，保证期间为主债务履行期届满 6 个月。在保证期间经过后，保证人不再承担保证责任；一旦确定保证人要承担保证债务，此时保证债务即适用诉讼时效。而债务加入仅存在诉讼时效的限制，适用《民法典》第 188 条规定的普通诉讼时效 3 年。因此就法定期间而言，一般债务加入比保证的期间更长，更有利于债权实现。

第三，追偿权。保证人承担保证责任后，在自己承担全部责任的范围内，对债务人享有追偿权；而债务加入人承担债务后，仅就超出自己应承担的债务份额对原债务人享有追偿权。② 在司法实践中，也有观点认为，在无明确约定情况下，债务加入人对原债务人不享有追偿权，如“荣成市鑫宁建筑工程有限公司、荣成市宏祥驾驶员培训有限公司保证合同纠纷上诉案”③。但无论采何种观点，保证与债务加入在追偿权上的差异均是显见的。

综上所述，保证与债务加入分属《民法典》的不同制度，虽法律效果趋同，但亦有显著区别。就责任轻重而言，债务加入显著重于连带保证，更重于一般保证。

三、债务加入与公司担保

由于债务加入责任显著重于保证，举轻以明重，在公司及其分支机构等进行债务加入时，其内部决议程序也应受到与保证同样的限制，包括主体资格的限制以及权限限制。

在主体资格限制方面，法人分支机构等不具有独立承担民事责任能力的组织体，无法人授权情况下不得对外加入债务。此时应同样适用《民法典担保制度解释》第 11 条的规定。

---

① 参见刘贵祥：《民法典关于担保的几个重大问题》，载《法律适用》2021 年第 1 期。
② 参见韩世远：《合同法总论》，法律出版社 2018 年版，第 636 页。
③ 山东省威海市中级人民法院（2018）鲁 10 民终 2533 号民事判决书。

在权限限制方面，依照《公司法》第16条、《民法典担保制度解释》第7条，公司法定代表人行使代表权对外提供担保的，受到公司决议程序和相对人是否善意的限制。公司对外债务加入显然使公司承担更重的责任，因此亦应参照此规则进行限制，① 司法裁判亦持此观点。② 因此，《民法典担保制度解释》本条明确规定法定代表人以公司名义对外加入债务的效力，“可以参照本解释关于公司为他人提供担保的有关规则处理”。

◆ 疑点与难点

一、债务加入的识别

通说认为，判断一个行为是否构成债务加入，首先需考察当事人真实意思，在意思不明时，则应考察债务为何人的利益。即“尤其契约之目的定之。当事人之意思不明时，其偏为原债务人的利益而为承担行为时，可认为保证。承担人有直接及实际的利益而为之者，可认为并存的债务承担”。③ 有观点认为对于债务加入的识别，只需考察债务利益，即债务人不具备债之固有利益而担保债务时，应认定为保证，否则为债务加入。④ 另有观点认为，应重点考察的并非债务利益而是当事人内心真意，当真意不明时，只能推定为责任更轻的保证，即适用“存疑时优先推定为保证”规则。其理由在于，更重的债务加入不必限于单纯经济上的利益，⑤ 债务加入应由其以明示的方式表达，推定之举于债务人不利。⑥ 细节上，可从履行顺序、原因行为、债务利益三方面考量：第一，考察履行顺序，如果只有在主债务人届期不履行债务时，第三人才履行债务，则不论是否约定为债务加入，实际上仍是保证；第二，考察原因行为，如果是作为其他原因行为中的附款，如买卖合同或者股权转让合同中的结算条款，则为债务加入；第三，考察债务利益，承担人对于债务的履行享有利益的为债务加入，反之则为保证。⑦

---

① 参见刘贵祥：《民法典关于担保的几个重大问题》，载《法律适用》2021年第1期。

② 最高人民法院（2019）最高法民申5503号民事判决书。

③ 参见史尚宽：《债法总论》，中国政法大学出版社2000年版，第751页。

④ 参见杨淑文：《论连带保证与连带债务》，载《保证专题研究》，元照出版有限公司2016年版，第109－111页。

⑤ 参见王利明：《我国〈民法典〉新规则释义和适用要旨研究》，载《政治与法律》2020年第12期。

⑥ 参见夏昊晗：《债务加入与保证之识别——基于裁判分歧的分析和展开》，载《法学家》2019年第6期。

⑦ 参见肖俊：《〈合同法〉第84条（债务承担规则）评注》，载《法学家》2018年第2期。

在以往，法院一度多将无明确保证意思的保证均推定为债务加入，[①] 以保护债权人的信赖，但显然有失偏颇。其后，司法实务观点采取了综合性考量的观点，即综合考察合同目的、当事人意思、债务利益方等具体情事。[②] 新近的司法裁判转向了对第三人的保护，采纳了“存疑时优先推定为保证”规则。[③]《民法典》第686条在推定一般保证与连带保证时，也反映出上述价值判断倾向的变化，若无充分足够正当事由时，向责任较轻的方向推定。因此，在认定连带保证与债务加入时，在无明确证据表明为债务加入，应推定为连带保证。[④]《民法典担保制度解释》第36条第2款规定，第三人提供的承诺文件难以确定是保证还是债务加入的，应当将其认定为保证。

二、本条“可以参照”的理解

《民法典担保制度解释》本条规定以公司名义加入债务的，“可以参照”关于公司为他人提供担保的有关规则处理。这表明，公司在进行债务加入时，法院依然需要依据具体情形判断是否适用《公司法》第16条和《民法典担保制度解释》有关公司担保的规定。如甲公司因欠乙公司100万元货款，在货款到期前，乙公司又欠丙公司货款100万元。甲、乙公司达成协议，通过甲加入乙对丙的债务的方式，甲和乙的债权消灭。在这种情形下，甲公司的加入行为与担保没有任何关系，其目的是消灭甲和乙之间的债务，所以甲公司在作出债的加入决议时，无需适用公司担保的规定。

三、其他情形参照本款的适用

《民法典担保制度解释》第36条第1款规定，第三人向债权人提供差额补足、流动性支持等类似承诺文件作为增信措施，具有提供担保的意思表示，债权人请求第三人承担保证责任的，人民法院应当依照保证的有关规定处理。第3款规定，第三人提供的承诺文件难以确定是保证还是债务加入的，法院应当将其认定为保证。这显然将公司向债权人提供差额补足、流动性支持等类似承诺文件认

① 最高人民法院（2005）最高法民二终字第200号民事判决书。

② 最高人民法院（2014）最高法民二终字第138号民事判决书；最高人民法院（2018）最高法民终867号民事判决书。

③ 如最高人民法院（2020）最高法民申763号民事判决书；最高人民法院（2017）最高法民申2839号民事判决书。

④ 参见刘贵祥：《民法典关于担保的几个重大问题》，载《法律适用》2021年第1期。

定为债务加入，即加入人承担补充责任的加入，可谓对债务加入的扩充。因此，按照《公司法》第16条，在《民法典担保制度解释》第36条第1款规定的情形，依据类推的基本法理，也应适用《公司法》第16条规定的程序。

（本条由谢鸿飞撰写）

第十三条　【共同担保】

同一债务有两个以上第三人提供担保，担保人之间约定相互追偿及分担份额，承担了担保责任的担保人请求其他担保人按照约定分担份额的，人民法院应予支持；担保人之间约定承担连带共同担保，或者约定相互追偿但是未约定分担份额的，各担保人按照比例分担向债务人不能追偿的部分。

同一债务有两个以上第三人提供担保，担保人之间未对相互追偿作出约定且未约定承担连带共同担保，但是各担保人在同一份合同书上签字、盖章或者按指印，承担了担保责任的担保人请求其他担保人按照比例分担向债务人不能追偿部分的，人民法院应予支持。

除前两款规定的情形外，承担了担保责任的担保人请求其他担保人分担向债务人不能追偿部分的，人民法院不予支持。

◆ 条文要旨

本条是关于同一债务有数个第三人担保是否构成共同担保以及担保人之间有无相互追偿权的规定。

◆ 理解与适用

一、本条的规范意旨

本条是对《民法典》第392条、第699条关于混合共同担保、共同保证中保证人与物上担保人之间、保证人之间可否相互追偿的补充解释。

《民法典》第 392 条规定："被担保的债权既有物的担保又有人的担保的，债务人不履行到期债务或者发生当事人约定的实现担保物权的情形，债权人应当按照约定实现债权；没有约定或者约定不明确，债务人自己提供物的担保的，债权人应当先就该物的担保实现债权；第三人提供物的担保的，债权人可以就物的担保实现债权，也可以请求保证人承担保证责任。提供担保的第三人承担担保责任后，有权向债务人追偿。"第 699 条规定："同一债务有两个以上保证人的，保证人应当按照保证合同约定的保证份额，承担保证责任；没有约定保证份额的，债权人可以请求任何一个保证人在其保证范围内承担保证责任。"从文义解释上，这两条仅规定了混合共同担保和共同保证情形下担保人如何承担责任以及债权人如何主张担保权利的问题，在法律关系上也只涉及债权人和担保人双方之间的关系，并未涉及保证人与物上担保人之间的关系、保证人与保证人之间的关系。由此引发了担保法理论与实务中一个最富争议的话题——同一债务有数个担保并存时，各担保人之间可否相互追偿？

二、担保人之间追偿权的法律规则与理论争议

（一）担保人之间追偿权的法律规则

担保人之间的追偿权的法律规则，在我国经历了三个时期：一是《担保法》及《担保法解释》时期；二是《物权法》时期；三是《民法典》时期。我国法对共同担保采取的分类标准是担保类型，即数人提供同种担保和不同种担保，前者如共同保证、共同抵押等，后者如混合共同担保。

1. 同种共同担保

就共同保证而言，《担保法》第 12 条规定："同一债务有两个以上保证人的，保证人应当按照保证合同约定的保证份额，承担保证责任。没有约定保证份额的，保证人承担连带责任，债权人可以要求任何一个保证人承担全部保证责任，保证人都负有担保全部债权实现的义务。已经承担保证责任的保证人，有权向债务人追偿，或者要求承担连带责任的其他保证人清偿其应当承担的份额。"《担保法解释》第 19 条规定："两个以上保证人对同一债务同时或者分别提供保证时，各保证人与债权人没有约定保证份额的，应当认定为连带共同保证。连带共同保证的保证人以其相互之间约定各自承担的份额对抗债权人的，人民法院不予支持。"第 20 条规定："连带共同保证的债务人在主合同规定的债务履行期届满没

有履行债务的，债权人可以要求债务人履行债务，也可以要求任何一个保证人承担全部保证责任。连带共同保证的保证人承担保证责任后，向债务人不能追偿的部分，由各连带保证人按其内部约定的比例分担。没有约定的，平均分担。”它明确规定了保证人相互追偿之前，必须首先向债务人追偿，其范围也就限于“向债务人不能追偿的部分”。《民法典》第699条规定改变了《担保法》和《担保法解释》按份共同保证和连带共同保证的二元区分，当事人之间约定各保证人承担保证责任的份额的，不再推定为连带共同保证，从而形成了按份共同保证、不真正连带共同保证和连带共同保证的区分。①

就共同抵押而言，《担保法解释》第75条规定：“同一债权有两个以上抵押人的，债权人放弃债务人提供的抵押担保的，其他抵押人可以请求人民法院减轻或者免除其应当承担的担保责任。同一债权有两个以上抵押人的，当事人对其提供的抵押财产所担保的债权份额或者顺序没有约定或者约定不明的，抵押权人可以就其中任一或者各个财产行使抵押权。抵押人承担担保责任后，可以向债务人追偿，也可以要求其他抵押人清偿其应当承担的份额。”本条明确承认了共同抵押人之间的相互追偿。但《物权法》和《民法典》都没规定这一问题。

2. 混合共同担保

《担保法》第28条规定：“同一债权既有保证又有物的担保的，保证人对物的担保以外的债权承担保证责任。债权人放弃物的担保的，保证人在债权人放弃权利的范围内免除保证责任。”本条规定没涉及担保人之间的相互追偿权。《担保法解释》第38条第1款规定：“同一债权既有保证又有第三人提供物的担保的，债权人可以请求保证人或者物的担保人承担担保责任。当事人对保证担保的范围或者物的担保的范围没有约定或者约定不明的，承担了担保责任的担保人，可以向债务人追偿，也可以要求其他担保人清偿其应当分担的份额。”它明确承认了担保人之间的内部追偿权。

《物权法》第176条规定：“被担保的债权既有物的担保又有人的担保的，债务人不履行到期债务或者发生当事人约定的实现担保物权的情形，债权人应当按

---

① 参见黄薇主编：《中华人民共和国民法典解读·合同编》（上），中国法制出版社2020年版，第732页。

照约定实现债权；没有约定或者约定不明确，债务人自己提供物的担保的，债权人应当先就该物的担保实现债权；第三人提供物的担保的，债权人可以就物的担保实现债权，也可以要求保证人承担保证责任。提供担保的第三人承担担保责任后，有权向债务人追偿。”它只是规定了担保人有权向主债务人追偿，但并未规定共同担保人之间是否可以相互追偿。

《民商事审判会议纪要》第 56 条规定：“被担保的债权既有保证又有第三人提供的物的担保的，担保法解释第 38 条明确规定，承担了担保责任的担保人可以要求其他担保人清偿其应当分担的份额。但《物权法》第 176 条并未作出类似规定，根据《物权法》第 178 条关于‘担保法与本法的规定不一致的，适用本法’的规定，承担了担保责任的担保人向其他担保人追偿的，人民法院不予支持，但担保人在担保合同中约定可以相互追偿的除外。”本条规范明确否认了混合共同担保情形，当事人无追偿约定时的追偿权。

《民法典》第 392 条沿袭了《物权法》第 176 条，并没规定混同担保情形担保人相互之间的追偿。

（二）担保人之间追偿权的理论争议

自《担保法》颁布施行以来，同一债权有数个担保方式并存时各担保人之间可否相互追偿的问题一直聚讼盈庭。其基本格局是：“肯定说”与“否定说”两大阵营相持不下，并由此衍生出处于中间学派的“折中说”。

这一理论困境最初源于对《物权法》第 176 条（《民法典》第 392 条）与《担保法解释》第 38 条之间的关系的不同理解：一种观点认为，《物权法》第 176 条仅规定“提供担保的第三人承担责任后，有权向债务人追偿”，没有明确规定是否可以向其他担保人主张分担责任，构成法律漏洞，应根据《担保法解释》第 38 条填补；① 另一种观点认为，《物权法》第 176 条是对《担保法解释》第 38 条的修正，按照《物权法》第 178 条关于“担保法与本法规定不一致的，适用本法”的规定，依附于《担保法》的《担保法解释》第 38 条不再适用，且从立法计划和立法目的来说，第 176 条并不构成法律漏洞，相反恰恰是立法者刻

① 参见郭明瑞主编：《中华人民共和国物权法释义》，中国法制出版社 2007 年版，第 315 页；王利明：《物权法研究》（下卷）（第 3 版），中国人民大学出版社 2013 年版，第 1122 页；刘保玉：《物权法学》，中国法制出版社 2007 年版，第 343 页。

意追求的法律效果。①

具体而言，“肯定说”“否定说”和“折中说”的理据多有差异，价值取舍上的侧重也各有不同，且有“同论不同据”或“同据不同论”的现象。

1. 肯定说

肯定说认为，共同担保人无论有无共同担保的意思联络，都可以相互追偿。其主要理由如下。

一是规则圆满性的逻辑要求。《民法典》肯定了混合共同担保中债权人的自由选择权，债权人可以任意选择物上担保人或保证人主张权利，又不规定各担保人之间透过求偿权分担风险，可谓规则上的不协调和体系的不完满。在解释上承认担保人之间的相互求偿关系可以填补这一漏洞，亦可实现共同担保规则内外体系的协调。②

二是共同担保作为连带债务的必然要求。共同担保人之间存在连带债务关系，可以直接推导出担保人之间的追偿权。共同保证、共同抵押分别属于人之连带、物之连带，而保证和担保物权并存时可推定担保人之间具有连带关系。③

三是平等原则的体现。无论是保证人之间、物上担保人之间，还是保证人与物上担保人之间，各担保人的法律处遇是平等的，因为各担保人提供担保的经济目的相同，而且在法技术层面也大同小异：与债权人订立的担保合同均为无偿和单务合同；物保和人保均具有从属性；担保人均应享有债务人的抗辩权。如此，赋予担保人之间的相互追偿权正是其法律处遇平等的内在要求。④

四是公平原则的要求。在英美法上共同担保人之间追偿权的确立系基于衡平法的考量，是自然正义下公平原则的直接体现。在共同担保中否定担保人之间的求偿权，意味着赋予债权人绝对的话语权，由债权人决定由谁承担担保责任，债

① 参见胡康生主编：《中华人民共和国物权法释义》，法律出版社2007年版，第380页；崔建远：《物权法》，中国人民大学出版社2014年版，第435页；黄喆：《保证与物的担保并存时法律规则之检讨——以〈物权法〉第176条规定为中心》，载《南京大学学报》（哲学·人文科学·社会科学版）2010年第3期。

② 参见黄忠：《混合共同担保之内部追偿权的证立及其展开——〈物权法〉第176条的解释论》，载《中外法学》2015年第4期。

③ 参见孔祥俊：《担保法及其司法解释的理解与适用》，法律出版社2001年版，第196页。

④ 参见谢鸿飞：《共同担保一般规则的建构及其限度》，载《四川大学学报》（哲学社会科学版）2019年第4期。

权人的主观偏见或恣意恶意难免造成极端不公，可能产生某担保人“遍体鳞伤”和他担保人“毫发无损”的乱象，背离民法上的公平价值理念。① 另外，在一个担保人承担担保责任后，若不能向其他担保人追偿，其他担保人免予承担责任，相当于获得“不当利益”，且这种利益的获取没有法定和约定的根据，应当返还于已承担责任的担保人。②

五是基于减少交易成本与道德风险的“效率”考量。如果不允许混合共同担保人之间相互追偿，其结果可能是：一方面，各担保人都有动力去“买通”或“贿赂”债权人，向债权人支付一笔数额低于担保责任的款项，以换取其放弃要求自己承担担保责任；相应地，债权人也可有动力主动压榨担保人，以谋取高于主债务数额的不当收益。另一方面，各担保人都有动力自行购买或者安排第三人代为购买债权人的债权，继而以债权人之名向其他担保人主张权利，除可以使自己免予承担担保责任外，甚至还可能压榨其他担保人。上述两种投机行为不仅会增加市场交易的成本，而且可能诱发市场交易的道德风险，扰乱经济秩序。③

六是符合当事人的预期、风险分配与鼓励担保的考虑。相互追偿权的承认能够实现共同担保所附带的风险分散功能。一方面，可避免因债权人的不当选择或与担保人恶意串通致使某一担保人负担超额责任，其他担保人相应减免责任之利益失衡的结果；另一方面，又可给混合共同担保人的其他债权人以及后序担保物权人等利害关系人提供获得受偿的机会，从而较好地平衡债权人与混合共同担保人等利害关系人之间的利益。④ 而且，承认担保人之间的求偿关系，让他们共同分担风险，并没有超过各担保人提供担保时的预期，因为每个担保人承担的担保责任均小于其在提供担保时所意欲承担的担保责任。⑤

---

① 参见王利明：《民法典物权编应规定混合共同担保追偿权》，载《东方法学》2019 年第 5 期。

② 参见叶金强：《担保法原理》，科学出版社 2002 年版，第 15 页。

③ 参见贺剑：《走出共同担保人内部追偿的“公平”误区》，载《法学》2017 年第 3 期；高圣平：《论担保物权“一般规定”的修改》，载《现代法学》2017 年第 6 期。

④ 参见黄忠：《混合共同担保之内部追偿权的证立及其展开——〈物权法〉第 176 条的解释论》，载《中外法学》2015 年第 4 期；刘平：《民法典编纂中混合共同担保之再认识——兼评〈物权法〉第 176 条》，载《西南政法大学学报》2017 年第 6 期。

⑤ 参见高圣平：《担保物权司法解释起草中的重大争议问题》，载《中国法学》2016 年第 1 期。

2. 否定说

这种观点认为，共同担保人之间的相互追偿以担保人之间存在约定为前提。没有约定时，担保人相互之间不能追偿。

这种观点以担保人的预期、真实意思和公平原则为基础，认为法律尽可能地尊重、满足担保人有无追偿权的预期、意思，就是公平的。这符合理性主义、意思主义和自己责任原则。具体而言：首先，赋权保证人对物上担保人的追偿权，使得保证合同具有对第三人的法律效力，使得债权具有了对第三人的直接效力，突破了债的相对性原则。① 其次，连带债务制度不能解决混合共同担保的追偿权问题。连带债务的成立以约定或法定为前提。在立法没有明确混合共同担保追偿权的前提下，直接以法律结构及情形与共同侵权等连带债务模式相似，就拟制为共同担保人内部是连带关系并不合适。混合共同担保追偿权在性质上属于法定权利，只能由法律明文规定，其理论基础只能是法定之债，不论是连带债务理论还是代位权理论均不能合理解释混合共同担保人之间的追偿权。② 再次，基于风险自担原则和公平原则，每个理性的担保人在设定担保时都明白自己所面临的风险，这种风险包括债务不履行时须承担担保责任的风险和承担担保责任后向债务人追偿不能、自担损失的风险，且该风险是担保设立时最为正常的且担保人可以预见到的风险，必须由担保人自己负担。如果担保人希望避免风险，就应当在设定担保时进行特别约定。因此，在各担保人之间无特别约定时，履行了担保责任的担保人不得向其他担保人追偿，此乃公平原则之体现。③ 复次，混合共同担保的法律行为特质天然地要求贯彻意思自治原则，在解释混合共同担保规则时须将当事人的意思置于十分重要的位置，妥善处理意思自治原则与公平原则之间的关系。完全忽略担保人的意思而依凭公平原则进行利益衡量，其正当性较弱，且需要充分而强有力的证据来补强论证的合理性。在解释《物权法》第 176 条时，应当遵循解释论的相关方法和原理，不得一上来便将公平原则作为证立混合共同担保人相互间享有追偿权的根据。“在该条未明确规定混合共同担保人相互间享有追偿权的背景下，解释时不应忽略担保人有无追偿权的预期、意思。在担保人明

① 崔建远：《混合共同担保人相互间无追偿权论》，载《法学研究》2020 年第 1 期。

② 参见王利明：《民法典物权编应规定混合共同担保追偿权》，载《东方法学》2019 年第 5 期。

③ 参见胡康生主编：《中华人民共和国物权法释义》，法律出版社 2007 年版，第 381 页。

示不同意其他担保人向自己追偿以及预设只有自己负责担保的情况下，不宜解释出《物权法》第176条承认了混合共同担保人相互间享有追偿权。”① 最后，从经济角度而言，承认担保人之间的追偿权不利于系列交易、整体安排的展开。②

三、各担保人之间追偿权的具体判断和追偿范围

（一）担保人追偿权成立的情形

《民法典担保制度解释》第13条采纳了“否定说”，认为只有在担保人对相互追偿具有明确约定或具有共同担保的意思联络时，才可认定追偿权存在；除此之外，均不得认为担保人之间享有追偿权。

担保人之间可以相互追偿的具体情形包括四种：

一是担保人之间约定相互追偿及分担份额。这是指各担保人相互之间约定了两项内容：其一是每个担保人应承担的份额时，其二是担保人在超额承担担保责任后，可以向其他担保人进行追偿。这种基于约定赋予的追偿权自然为法律认可，以体现私法自治的基本要求。

二是担保人之间约定相互追偿但是未约定分担份额的。担保人之间虽然仅仅约定了相互的追偿权时，就意味着担保人对担保债务在担保人之间形成的按份债务，法律只需要规定各担保人应当承担的份额的公式即可。

三是担保人之间约定承担连带共同担保。在这种情形下，担保人之间既然已经共同约定对共同债务承担连带共同担保，依据《民法典》第178条第3款“连带责任，由法律规定或者当事人约定”的规定，此时各担保人之间承担的实际上是连带责任，担保人承担超出约定的担保责任后，自然可以基于《民法典》第519条追偿。

四是担保人之间未对相互追偿作出约定且未约定承担连带共同担保，但是各担保人在同一份合同书上签字、盖章或者按指印。这是担保人同债同签的情形。它表明各担保人之间具有共同担保的合意，相应也就享有相互追偿的权利。

需要注意的是，前述第一种和第二种情形属于“明确约定相互追偿”，解释上必须限于担保人之间的约定，如果仅有某一担保人与债权人单方约定可以向其

① 崔建远：《混合共同担保人相互间无追偿权论》，载《法学研究》2020年第1期。

② 崔建远：《混合共同担保人相互间无追偿权论》，载《法学研究》2020年第1期。

他担保人追偿或被其他担保人追偿，其他担保人不知情或不同意、不追认的，则不能推定各担保人之间具有相互追偿的权利。

（二）担保人追偿权行使的范围

依据《民法典担保制度解释》本条的规定，担保人在享有追偿权时，各担保人应“按照比例分担向债务人不能追偿部分的”。这意味着担保人必须首先向债务人追偿，就没被实现的债权部分才能向其他担保人追偿。这一规定限制了追偿权，其理由在于减少履行环节。因为如果各担保人首先相互追偿，必然导致各担保人最终向债务人进行第二次追偿。

四、共同担保内部分担份额的计算

《民法典担保制度解释》第13条对共同担保人之间担保责任份额的分担采取“按约定分担”和“无约定或约定不明时按比例分担”的原则。其中，“按约定分担”并无争议，较为复杂的是如何按比例分担。详言之，在计算时应当区分不同情形处理。

（一）担保人分担担保责任规则

第三人提供的担保总额超过债权额时，担保人分摊额度应依据其担保额与全部担保额的比例决定。在各担保人对债权人承担连带责任时，各担保人内部的份额分担（同时决定了内部追偿的份额）就相当重要，其计算方法必须由法律明确规定，否则就推定为均等。第三人提供担保的总额超过债权额包括两种情形：一是各担保人均约定了担保份额，但担保总额超过债权额，如1000万元的债权由甲乙丙三人分别担保400万元。二是部分担保人约定了担保份额，部分担保人未约定。只有在这两种情形下，担保人之间才存在分摊的必要性。担保债权总额小于或等于债权总额的，各担保人按限定担保额承担责任，均不分摊。如甲向乙借款1000万元，A、B两人分别提供价值300万元的房产做抵押，C提供400万元的保证，此时承认分担无异于承认按份责任之间可以相互追偿，显然有悖按份责任原理。

理论上，担保人的分担额可以采用多种计算方法，整体上分为两种：

其一，按照“人保群团”与“物保群团”计算，即依据物保和保证的性质，物保人以担保物的价值为限承担责任，保证人则对担保债权承担无限责任。具体方案是：首先，将物保人和保证人分为两个群团，各自分担一半的债权额；其次，在群团内部再按担保额分摊。

其二，按照担保人的人数计算，又分为两种方法：一是均分法，即各担保人平均分担，但物保人仅在担保物价值范围内承担有限责任。如为担保 A 向银行的 100 万元借款，甲提供了 80 万元的房产作抵押，乙提供了不限额的保证，则甲乙各分担 50 万元；若甲提供的房产价值仅为 20 万元，则甲承担 20 万元，乙承担 80 万元。二是依各担保人的担保额与全部担保额的比例确定。其具体公式为：担保人的分担额 = 担保债权额 ×（各担保人提供的担保额 ÷ 全部担保人提供的担保额）。[①] 如甲的 150 万元债权上存在两个担保：A 提供的全额债权保证和 B 提供的价值 100 万元房产抵押。A、B 提供的担保价值总额为 250 万元（150 万元 + 100 万元），A 应分担 150 ×（150 ÷ 250）= 90 万元；B 应分担 150 ×（100 ÷ 250）= 60 万元。这是较为公认的方法，如《欧洲示范民法典草案》第 4. 7 – 1：106 条即有类似规定。但其弊端在于必须计算担保物的价值，容易增加交易成本。[②] 当然均分法也需计算担保物的价值，不过无须精确而已。而且，比例法对当事人意思的拟制更接近真实，其结果也更为合理。如为担保银行对 A 的 120 万元借款债权，乙提供了 80 万元的限额保证，丙提供了不限额保证，按均分法，乙丙各自分担 60 万元；按照比例法，则乙为 48 万元，丙为 72 万元。相对而言，比例法考虑到了丙比乙愿意承担更大的担保责任的实际情况，而均分法则无视乙提供的是限额保证。

比例法在运用中涉及双重担保这一疑难问题，即担保人同时提供物保和保证，兼具有保证人与物保人的双重身份，如何认定其应承担的担保数额？学界对此众说纷纭，几乎穷尽了所有选项：（1）视为保证一人说，为日本通说，[③] 理由是保证责任是无限责任，保证人无法再承受更重的责任，为求简明和公平，应视为一人。[④] 但它忽视了限定担保数额的情形，可能导致严重不公的后果。如担保人提供了高于债权数额的物保后，提供限额很小的保证，视为保证人将使其承担

① 如汪洋：《共同担保中的推定规则与意思自治空间》，载《环球法律评论》2018 年第 5 期；高圣平：《混合共同担保的法律规则：裁判分歧与制度完善》，载《清华法学》2017 年第 5 期等。

② 程啸：《混合共同担保中担保人的追偿权与代位权——对〈物权法〉第 176 条的理解》，载《政治与法律》2014 年第 6 期。

③ 史尚宽：《债法总论》，中国政法大学出版社 1998 年版，第 813 页。

④ 陈洸岳：《双重保证与共同抵押》，载《月旦法学杂志》2000 年第 60 期。

的份额大为降低；或者在提供物保后，提供一般保证以获得先诉抗辩权。① （2）两人说。② 理由是保证与物保对应于两份法律关系，保证人身兼二任，应比单纯的保证人或物保人承担更重的责任。但在经济上，保证人承担双份责任未必意味着更重的经济负担，债权人也未必能获得更多经济利益。③ （3）折中说。如取担保物价值与保证人应负责任的平均值，作为双重资格者的应负担额，④ 或先计算物保人和保证人各自应分担的责任份额，再计算保证人内部应分担的份额。如甲向乙银行借款600万元，丙和丁为共同保证人，丙另以其价值700万元的房屋提供抵押。丙作为物保人应承担的份额为债权的一半300万元，丙作为保证人与丁分摊300万元，各自应承担150万元，最后结果为丙分摊450万元，丁分摊150万元。⑤ 笔者建议采用“从重＋限额说”。双重担保人提供的物保和保证并存时，两种担保可依据竞合规则处理：若担保人提供的保证和物保的担保额之和大于债权额，则以债权额计算；若未超过债权数额，则以担保总额计算。这种计算方式更符合担保人真实意思，也更为公平。

此外，担保物价值计算的时间点也是确定分担数额的重要问题。可供选择的时间点为：抵押权成立时、债权人提出请求或行使担保物权时、法院拍卖时等。因为担保物的价值处于流变中，依债权人向任何一个担保人主张担保债权或者行使担保物权为担保物价值的计算时点，而不是以担保物权成立时为准，较为妥当。更精确的规则应为：抵押物的贬值可归责于抵押人的，按抵押物贬值以前的价值计算；不可归责于抵押人的（如因为市场波动等造成），按贬值后的价值计算。

依据比例法，各担保人的分摊额确定后，债权人能否起诉个别担保人承担全部担保责任？如在共同抵押情形下，甲、乙、丙为担保银行1000万元的债权，分

---

① 刘平：《民法典编纂中混合共同担保之再认识——兼评〈物权法〉第176条》，载《西南政法大学学报》2017年第6期。

② 何颖来：《混合共同担保内部求偿算定规则体系的构建》，载《交大法学》2017年第4期，第108页。

③ 贺剑：《走出共同担保人内部追偿的“公平”误区——〈物权法〉第176条的解释论》，载《法学》2017年第3期。

④ 黄忠：《混合共同担保之内部追偿权的证立及其展开——〈物权法〉第176条的解释论》，载《中外法学》2015年第4期。

⑤ 林廷机：《保证》，台湾三民书局2010年版，第59页。

别提供了价值500万元的房产作抵押。银行可否仅对甲、乙的房产行使抵押权，而不对丙的房产行使抵押权？对此，《瑞士民法典》第816条第3款规定，数种不动产担保同一债权的，债权人须对全部担保物提起变价程序，由法院按照各担保物应承担的份额分配。《德国黑森州担保法》第88条曾规定，债权人欲先就一个或两个抵押物为执行时，抵押人及后次序抵押权人可以请求债权人同时执行全部抵押物。① 按照《民法典》第178条第1款有关连带责任一般原理的规定，债权人有权请求部分或全部担保人承担责任。因此，《民法典》第392条从债权人角度表述为“债权人可以就物的担保实现债权，也可以要求保证人承担保证责任”，应改为从担保人连带责任角度的表述：“担保人应在其共同的担保范围内承担连带责任”，既与《担保法》第12条关于共同保证的规定一致，也可避免债权人能否同时起诉的争议。此外，若债权人同时起诉各担保人的，担保人不能在诉讼中提出不承担超出自己分担范围以外债权的抗辩，因为确定担保人担保份额的意义仅在于确定担保人之间的追偿份额。在司法实践中，债权人往往会同时起诉全部担保人，法院若能在判决书中确定各担保人之间的份额，并按其份额执行，可以减少追偿问题。

（二）担保人责任范围数值规则

担保人提供的担保额度与担保债权数额不同时，以数值小的为准。

担保人提供的担保总额包括两种情况：一是担保总额小于债权额。此时依担保额计算分担额，学界殆无争议。但在担保人约定的担保额超过担保物本身的价值时，如何计算？如为180万元的债权，甲、乙、丙分别提供了A、B、C三处房屋设定抵押权，价值分别为120万元、80万元、40万元，但甲约定仅担保150万元的债权。因A、B、C的价值均低于债权额，担保人虽未明确限定担保额，但担保物价值本身就构成对担保额的限定，换言之，约定超过担保物价值的担保额是没意义的。故甲、乙、丙的担保额应分别计算为120万元、80万元、40万元。按照比例法，A应分担180×［120÷（120+80+40）］=90万元，B为180×［80÷（120+80+40）］=60万元，C为180×［40÷（120+80+40）］=30万元。谢在全先生提出了两步计算法：首先，以A设定的150万元为共同抵押的债权额

① 史尚宽：《物权法论》，中国政法大学出版社2000年版，第320页。

计算。A 分担 150 × ［120 ÷ （120 + 80 + 40）］ = 75 万元，B 分担 150 × ［80 ÷ （120 + 80 + 40）］ = 50 万元，C 分担 150 × ［40 ÷ （120 + 80 + 40）］ = 25 万元。其次，债权余额 30 万元由全额担保的 B、C 依其价值比例分担，以比例法计算为 B 分担 20 万元，C 分担 10 万元。两者合计后，A、B、C 分担的债权额各为 75 万元、70 万元、35 万元。① 这种算法依抵押合同约定的担保额为担保额，未考虑抵押物的实际价值，也未从经济角度考虑抵押物的担保能力，不尽合理，毕竟价值 120 万元的财产是无法完全担保 150 万元债权的。此外，它可能混淆物保人和保证人的担保范围，如甲提供价值 10 万元的汽车担保 100 万元的债权，并约定甲的担保份额为 100 万元，若认定甲的责任范围为 100 万元，显然会将甲作为保证人而非物保人，然而甲的责任范围仅限于 10 万元。因此，对担保人这种矛盾的意思表示，宜解释为以担保物价值为限承担责任。

二是担保额度大于担保债权。如债权额为 100 万元，但保证人提供了 200 万元的担保额，或物保人提供了价值 200 万元的房产做抵押。此时，担保额确定为 200 万元还是 100 万元，对担保人的份额计算影响较大。我国台湾地区“民法”第 875 条之二明确规定，在共同抵押情形下，各抵押物所限定负担金额超过抵押物价值的，以抵押物的价值为准。这一规则在保证领域也应适用。因为在担保额超过债权额度时，从经济上说，对超过债权额的部分的担保没有任何意义；从法律上说，基于担保的从属性，担保额超过债权额时，相当于对不存在的债权进行担保，这部分担保无法成立。如债权总额为 3000 万元，甲提供的保证范围为 4000 万元，乙提供抵押物为 1000 万元。因甲的保证额度超过了债权总额，应按债权总额计算为 3000 万元。依比例法，甲的分担额为 3000 × ［3000 ÷ （3000 + 1000）］ = 2250 万元，乙的分担额为 3000 × ［1000 ÷ （3000 + 1000）］ = 750 万元。若甲提供的是 4000 万元的房地产做抵押，其结论也相同。

（三）债权人放弃部分担保时其他担保的比例缩减规则

债权人放弃第三人提供的担保或缩减其效力，其他担保人的担保责任按比例消灭。债权人可能损害担保人利益的情形包括两种。

其一，债权人放弃担保。放弃担保包括放弃物保和保证，全部放弃和部分放

① 谢在全：《共同抵押权之研究——台湾民法物权篇修正草案评释》，载《法令月刊》2000 年第 10 期。

弃。在理论和实务中经常区分放弃债务人的物保和放弃第三人提供的担保，但事实上两者亦不存在本质差异。

一是放弃债务人提供的担保的，其他担保人在其放弃的范围内相应免责。如债务人甲提供了价值20万元的汽车担保银行的100万元债权，保证人乙提供了全额连带保证。银行放弃对汽车抵押权时，乙的担保范围即缩小为80万元。依据我国《民法典》第409条第2款、第435条，债权人放弃债务人提供的担保物权的，其他担保人在债权人丧失优先受偿权益的范围内免除担保责任。二是放弃第三人担保的，无论放弃的是保证还是物保，其他担保人都在被放弃的担保应承担的份额内免责。如果当事人另有约定的，即债权人放弃担保并不影响其他担保人的责任份额，是否有效？《法国民法典》第2314条明确规定这类约款相当于未订立，① 其目的当为保护担保人。依契约自由理念，这种约定却应当有效，债权人放弃该物的担保的，其他担保人承担担保责任不应受影响。② 考虑到担保人承担担保责任是其真实意思，在其同意债权人可任意放弃其他担保时，其利益并未减损，所以应采后说为佳。

与债权人放弃担保类似，债权人因故意或过失导致担保合同不成立、无效或者被撤销，或者未能设立担保物权，能否视为放弃？《民法典担保制度解释》第17条规定，主合同有效而第三人提供的担保合同无效，债权人与担保人均有过错的，担保人承担的赔偿责任不应超过债务人不能清偿部分的二分之一。据此，其他担保人可以在保证额或担保物价值的一半范围内免责。③ 但债权人故意导致担保不成立、无效或被撤销的，可区分担保是由债务人担保还是第三人担保，分别决定其他担保人的免责范围。

其二，减损担保的效力。债权人减损担保的行为包括改变抵押权顺位、怠于保全抵押物、对质物保管不善导致质物毁损灭失或贬值、不及时行使担保物权或未在保证期间主张保证债权等，其结果是导致担保价值减损。此时其他担保人的责任应在担保价值减损的范围内，按比例消灭。

---

① Manuella Bourassin, Personal guarantees between commercial law and consumer protection: Frenchreport in XIXth International Congress on Comparative Law 2014, 2013, p. 25, note 199.

② 高圣平：《混合共同担保的法律规则：裁判分歧与制度完善》，载《清华法学》2017年第5期。

③ 叶名怡：《混合担保中债权人过错对保证责任之影响》，载《法商研究》2016年第4期。

◆ 疑点与难点

一、共同担保的界定：主观标准或客观标准

债权人基于安定性考虑通常要求为同一债权设定复数担保，通过累积价值和分散风险强化债权的清偿保障，而且也可以纾解和分散担保人的履行压力。学理上对同一债权上有数个担保并存的状态有“共同担保”“混合担保”“混合共同担保”“保证与担保物权并存”以及“人保与物保并存”等多个不同称谓，通说认为共同担保有共同抵押、共同保证以及混合共同担保（如人保与物保并存、抵押和质押并存等）三种样态。① 那么，到底什么是共同担保呢？“共同性”之核心意义与基本要素何在？是否要求各担保人之间存在意思联络？针对这些问题，学理上对共同担保的认定形成“主观说”“客观说”和“区分说”的不同立场。

根据《民法典担保制度解释》第 13 条规定，只有在各担保人具有共同担保的合意时，才能构成共同担保，很明显采纳了“主观说”。它要求共同担保必须具备两个要件：一是必须存在各担保人之间的共同意思表示的合致，当然也包括数个担保人与债权人的意思合致。但是，某个担保人与债权人在担保合同中单方面约定，若债权人上存在多个担保人时，各担保人可以相互追偿或构成连带共同担保的，除非其他担保人明确承认，否则不得认定构成共同担保。二是各担保人的共同意思表示必须通过一定形式表现出来，法律不得推定或拟制共同担保的意思。在共同意思表现形式上，可以是数个担保人签订一份共同担保的协议，也可以是某一担保人在其他具有共同担保意思的同一担保合同上签字、盖章或按指印确认等。除此之外，不得推定担保人之间具有共同担保的意思。

二、本条规范的适用范围

《民法典》并没规定共同抵押、共同质押以及抵押和质押混合的共同担保。这是《民法典》未设置担保共同规则也未设置准用规范造成的缺陷之一。《民法典担保制度解释》第 20 条将有关共同保证的规范扩大到第三人提供物保的情形，

---

① 参见高圣平：《混合共同担保之研究——以我国〈物权法〉第 176 条为分析对象》，载《法律科学》2008 年第 2 期；耿林：《比较法视野下的混合共同担保》，载《江汉论坛》2017 年第 6 期；凌捷：《混合共同担保若干争议问题研究》，载《政治与法律》2016 年第 6 期。

因此，对共同抵押等《民法典》未涉及的共同担保类型，同样可以适用《民法典担保制度解释》的本条规定。

（本条由谢鸿飞撰写）

第十四条 【担保人受让债权】

同一债务有两个以上第三人提供担保，担保人受让债权的，人民法院应当认定该行为系承担担保责任。受让债权的担保人作为债权人请求其他担保人承担担保责任的，人民法院不予支持；该担保人请求其他担保人分担相应份额的，依照本解释第十三条的规定处理。

◆ 条文要旨

本条是有关同一债务上有数个第三人提供的担保并存时，某个担保人受让债权后，向其他担保人代位求偿权的规定。

◆ 理解与适用

一、本条的规范意旨

本条为新规定，与《民法典担保制度解释》第 13 条相辅相成。后者主要解决同一债务上数个担保并存时的追偿权问题，而前者旨在解决被担保的债权转让给担保人时受让人的代位权问题。

本条是对《民法典》第 524 条、第 547 条和第 700 条的限缩解释。《民法典》第 524 条规定："债务人不履行债务，第三人对履行该债务具有合法利益的，第三人有权向债权人代为履行；但是，根据债务性质、按照当事人约定或者依照法律规定只能由债务人履行的除外。债权人接受第三人履行后，其对债务人的债权转让给第三人，但是债务人和第三人另有约定的除外。"第 547 条第 1 款规定："债权人转让债权的，受让人取得与债权有关的从权利，但是该从权利专属于债权人自身的除外。"第 700 条规定："保证人承担保证责任后，除当事人另有约定外，有权在其承担保证责任的范围内向债务人追偿，享有债权人对债务人的权利，但是不得损害债权人的利益。”据此，债权人转让被担保的债权，应通知保证人，其目的在于，使保证人不再向原债权人清偿，避免重复清偿。

二、担保人受让债权应定性为承担担保责任

《民法典担保制度解释》本条前句规定，同一债务有两个以上第三人提供担保，担保人受让债权的，人民法院认定该行为应当承担担保责任。

依据这一规定，同一债务上数个担保并存时，在债权人将债权转让给担保人时，该转让并非真正的债权转让行为，担保人受让债权是担保人承担担保责任的直接法律效果。担保人在承担担保责任后，是以支付债权转让款的方式承担了担保责任。之所以如此定性，主要是为了防止在共同担保情形下，某一担保人与债权人恶意串通，通过“贿赂”或购买被担保债权的方式，使该担保人免予承担担保责任，由其他担保人最终承担全部责任。如果肯定担保人受让债权的真实有效性，依据《民法典》第700条，担保人“享有债权人对债务人的权利”，这些权利既包括债权，也包括债权上的担保权，受让债权的担保人完全可以要求其他担保人承担担保责任，且这种责任为终局责任。在司法实践中，担保公司在担保业务失败，需要承担担保责任时，就经常以承担担保责任为条件，请求债权人将债权转移给担保公司。在禁止无意思联络的担保人相互追偿的规则设计中，《民法典担保制度解释》的本条规定无疑在防免担保人和债权人恶意串通的风险。

这里以案例予以说明。甲向银行借款100万元，A提供了债权全额保证，B在其房屋上为银行设定了第一顺位的抵押权。在甲未履行到期债务，且甲已经毫无履行资力时，A主动找到银行，表示愿意代替甲还款，希望银行将对甲的100万元债权转让给自己。在这种情形下，银行的债权全部被满足，因此，银行完全可能将对甲的债权转让给A。A之所以愿意受偿债权，而不是直接承担担保责任，是因为在债权转让时，债权上的从权利将与债权一并转让，包括担保权。其依据是《民法典》第547条第1款：“债权人转让债权的，受让人取得与债权有关的从权利，但是该从权利专属于债权人自身的除外。”银行对A的100万元的债权上有两个从权利，一是银行对A的保证债权，二是银行对B的抵押权。在A受让债权后，其保证债权和债权同归于自己，保证债权因混同而消灭。此时，A可以向B主张抵押权，从而让B最终承担100万元的责任。B在承担责任后，虽然可以取得A对甲的100万元法定代位权，但因为A在取得债权时，该债权上的保证债权已经消灭，从而B无法对A主张权利。可见，如果A和甲恶意串通，B的利益将受到很大影响。

由此可见，《民法典担保制度解释》第14条和第13条一脉相承。其目的在于，禁止没有意思联络的共同担保人之间相互追偿，这也与《民法典》第700条规定一致。《民法典》第700条刻意使用了“享有债权人对债务人的权利”的表述，而没有使用“相应享有债权人的权利”，即为明证。鉴于此，《民法典担保制度解释》本条基于当事人的真实意思，将担保人受让被担保的债权定性为承担担保责任。

三、受让债权的担保人不得请求其他担保人承担担保责任

担保人受让被担保的债权的，性质上属于承担担保责任，而非真正意义上的债权受让。既然担保人并非受让债权，自然只能依据《民法典》第700条取得追偿权和法定代位权。在担保人之间不存在《民法典担保制度解释》第13条的情形下，受让债权的担保责任人无法向其他担保人追偿。《民法典担保制度解释（征求意见稿）》第14条第2款规定：“担保人受让债权后，依据原债权债务关系请求债务人承担责任，债务人依照民法典第七百条之规定，以该行为性质上属于承担担保责任为由，主张仅在担保人受让债权的范围内承担责任的，人民法院应予支持。”《民法典担保制度解释》删除了这一规定。原因在于，本条已经将担保人受让债权界定为承担担保责任，担保人自然在其承担担保责任的范围内追偿，而不可能超过担保责任的范围向债务人追偿。这是当然之理。

四、符合《民法典担保制度解释》第13条规定时可向其他担保人主张分担份额

受让债权的担保人虽然不得向其他担保人主张代位权，基于债权要求其承担担保责任，但其“受让债权”的行为被界定为承担担保责任时可能使其他担保人免予承担责任，对其他担保人相当有利。因为依据《民法典担保制度解释》第13条，如果受让债权的担保人与其他担保人之间有相互追偿约定，或者有份额分担约定，或者约定为连带共同担保的，或者其他具有共同担保的明确意思表示的（如各担保人在同一份合同书上签字、盖章或者按指印），该担保人可以向其他担保人主张行使追偿权。

◆ 疑点与难点

禁止无意思联络的共同担保人相互追偿是否会引发道德风险？

《民法典担保制度解释》本条是为了呼应第13条禁止没有意思联络的担保人之间相互追偿的规定。但本条依然无法解决债权人和某个共同担保人恶意串通，放弃担保物权或保证债权的道德风险。

《民法典》第409条规定："抵押权人可以放弃抵押权或者抵押权的顺位。抵押权人与抵押人可以协议变更抵押权顺位以及被担保的债权数额等内容。但是，抵押权的变更未经其他抵押权人书面同意的，不得对其他抵押权人产生不利影响。债务人以自己的财产设定抵押，抵押权人放弃该抵押权、抵押权顺位或者变更抵押权的，其他担保人在抵押权人丧失优先受偿权益的范围内免除担保责任，但是其他担保人承诺仍然提供担保的除外。"依据对第2款的反对解释，债权人放弃第三人提供的抵押权的，其他担保人在抵押权人丧失优先受偿权益的范围内并不免除担保责任。《民法典》第435条规定："质权人可以放弃质权。债务人以自己的财产出质，质权人放弃该质权的，其他担保人在质权人丧失优先受偿权益的范围内免除担保责任，但是其他担保人承诺仍然提供担保的除外。"同理，债权人放弃第三人提供的质权的，其他担保人在质权人丧失优先受偿权益的范围内也不免除担保责任。这些规定很容易造成道德风险。如甲向乙借款100万元，A提供了债权全额保证，B在其房屋上为乙设定了第一序位的抵押权。在甲未履行到期债务，且甲已经毫无履行资力时，A主动找到乙，表示愿意给乙10万元，希望乙解除和自己的保证合同。如果B提供的抵押物足以覆盖乙的全部债权，乙自然愿意解除合同，之后乙再对B行使抵押权。这样A就完全免予承担保证责任，担保责任完全由B承担。同理，B也有强烈的动机和乙从事与A同样的行为。A和乙甚至都无需解除担保合同，而只需要乙不依据《民法典》第392条起诉自己，或起诉以后不首先申请对自己进行强制执行，而是对B进行强制执行。B在被强制执行之后，也无法向A进行追偿。这种道德风险在《民法典》和《民法典担保制度解释》中是无法解决的。

《民法典担保制度解释（征求意见稿）》第14条第3款曾规定"担保人的控股股东、实际控制人及其直接或者间接控制的公司受让债权或者担保人的近亲属受让债权后，请求担保人或者债务人承担责任的，参照适用前两款的相关规定”。这就把担保人受让债权构成承担担保责任的规定，扩大适用到与担保人关系密切的近亲属和关联公司。然而，在实践中，担保人很容易规避这一规定，如和债权人约定，由自己的好友受让债权，在好友受让债权后，向债权上的其他担保人行使担保权。因此，《民法典担保制度解释》删除了这一规定。

在实践中，担保人在提供担保时，债权人往往不愿意提供其他担保信息，如有无其他担保、其他人担保的类型和数额等。担保人为获得共同担保时向其他担保人的追偿权，在担保合同中可能约定，如果有其他担保人的，担保人之间可以相互追偿。但是，基于合同相对性，担保合同只能约束合同当事人双方，对第三人不具有拘束力。债权人与各个担保人签订的数份担保合同应认定为数个担保，不能对其他担保人及第三人产生不利影响。根据《民法典担保制度解释》第 13 条规定，只有在各担保人之间具有共同担保的意思联络时才能认定为连带共同担保。

综上，《民法典》和《民法典担保制度解释》禁止没有意思联络的担保人相互追偿可能产生道德风险，且在现行法律和司法解释下无法解决。

（本条由谢鸿飞撰写）

第十五条　【最高债权额范围】

最高额担保中的最高债权额，是指包括主债权及其利息、违约金、损害赔偿金、保管担保财产的费用、实现债权或者实现担保物权的费用等在内的全部债权，但是当事人另有约定的除外。

登记的最高债权额与当事人约定的最高债权额不一致的，人民法院应当依据登记的最高债权额确定债权人优先受偿的范围。

◆ 条文要旨

本条是关于最高额担保中最高债权额范围的规定。

◆ 理解与适用

一、本条的规范意旨

本条是对《民法典》第389条、第420条、第690条和第691条的解释，同时吸纳了《民商事审判会议纪要》第58条。

《民法典》第690条规定了最高额保证合同："保证人与债权人可以协商订立最高额保证的合同，约定在最高债权额限度内就一定期间连续发生的债权提供保证。"第420条规定了最高额抵押："为担保债务的履行，债务人或者第三人对一定期间内将要连续发生的债权提供担保财产的，债务人不履行到期债务或者发生当事人约定的实现抵押权的情形，抵押权人有权在最高债权额限度内就该担保财产优先受偿。最高额抵押权设立前已经存在的债权，经当事人同意，可以转入最高额抵押担保的债权范围。"同时，就担保债权的范围，《民法典》第389条规定："担保物权的担保范围包括主债权及其利息、违约金、损害赔偿金、保管担保财产和实现担保物权的费用。当事人另有约定的，按照其约定。"第691条规定："保证的范围包括主债权及其利息、违约金、损害赔偿金和实现债权的费用。当事人另有约定的，按照其约定。"

因为《民法典》第420条、第690条关于"最高债权额"没有提供明确的标准，理论与实践中争议的焦点在于：第一，"最高债权额"是"累计总额"还是"计算余额"？是"本金最高额"还是"债权最高额"？第二，以登记为公示方法的担保物权，所担保的最高债权额是以约定为准，还是以登记为准？《民商事审判会议纪要》第58条能否继续适用？本条回应了这些问题。

二、法定最高债权额与约定最高债权额

最高债权额有两层含义：一是债权种类的范围，二是债权数额的范围。

1. 债权种类

依据《民法典担保制度解释》本条第1款，最高额担保中的最高债权额，是指包括主债权及其利息、违约金、损害赔偿金、保管担保财产的费用、实现债权或者实现担保物权的费用等在内的全部债权。基于契约自由原则，本条规范的性质为任意性规范，当事人可以自主约定最高债权额的范围，当事人可以在主债权、利息债权、违约金债权、损害赔偿金、保管担保财产的费用、实现债权或者

实现担保物权的费用等全部类型债权中，自由选择并确定所担保的最高债权额。只有在当事人在最高额担保合同中没有约定或约定不明确时，基于利益平衡的法政策需求，推定最高债权额包括上述全部类型的债权。

2. 债权数额

债权数额由当事人自由约定。“最高债权额”是指最高额担保的债权确定期间届满时，通过决算所确定债权人实际享有的债权余额的最高限额，而非指债权累计发生额，即“最高额保证所担保的债务为一定期间内连续发生的债务，不是多笔债务的简单累加，而是债务整体”①。如在“上海浦东发展银行股份有限公司沈阳分行与黑龙江农垦北大荒商贸集团有限责任公司、昌图生化科技有限公司等金融借款合同纠纷再审案”② 中，最高人民法院认为，只要是发生在最高额保证期间内，不超过最高限额的债务的余额，最高额保证人均应承担保证责任。

债权是否到期并不影响最高限额的确定，已届期但未受清偿的债权、未届期的债权只要发生在债权确定前均应纳入其中。值得注意的是，在最高额担保约定期限内发生的债权，即使被法院认定为无效，债务人承担的赔偿责任也应计入债权余额。在“风神轮胎股份有限公司与中信银行股份有限公司天津分行、河北宝硕股份有限公司借款担保合同纠纷上诉案”③ 中，最高人民法院认为，最高债权额是指债权余额，系最高额保证期间已经发生的债权和偿还债务的差额，并非指最高额保证期间已到期的债权余额，包括债务人因主合同无效承担的损害赔偿责任。

三、未登记的最高担保额的确定

本条第 1 款适用的情形是，最高额担保权不以登记为生效条件，如最高额保证、最高额动产质押和未登记的最高额动产抵押。此时，最高债权额的确定坚持“债权最高额为原则、本金最高额为例外”的规定。

（一）本金最高额

本金最高额是指只有债权本金可以在最高限额内优先受偿，因债权本金所生的利息、迟延利息、违约金等不受最高限额的限制而仍获优先受偿。保证人还需

---

① 山西省高级人民法院（2016）晋民终 493 号民事判决书。

② 最高人民法院（2016）最高法民申 3256 号民事裁定书。

③ 最高人民法院（2007）民二终字第 36 号民事判决书，载《最高人民法院公报》2008 年第 2 期。

承担相应的利息、违约金、损害赔偿金和实现债权的费用的担保责任。如，甲公司与银行订立授信协议，授信额度1000万元，乙提供最高额保证，保证合同载明债权数额1000万元。后银行向甲公司连续发放贷款合计总额1000万元。后甲无力偿债，且欠息200万元。按照本金最高限额说，则银行可请求乙承担1200万元的保证责任。

在司法实践中，一些法院也采纳“本金最高限额说”，认为“最高额保证合同中的‘最高限额’有本金最高限额与债权最高限额之分。依本金最高限额，则最高限额仅指本金部分，但最高额保证效力及于利息、违约金、实现债权费用部分，此时，最高限额与保证范围并不相同；依债权最高限额，则最高限额包括本金、利息、违约金、实现债权费用的总计金额”①。

在利益衡平上，“本金最高额说”过于倾向保护担保债权人的利益，却以牺牲担保人的利益为代价。其弊端在于，担保债权的总和突破了最高限额，甚至可能让最高额成为无最高额，因为债权人怠于行使债权或者债务人恶意逃避债务时，担保人的责任将变得无限大。这不仅有损担保人的利益，而且在最高额抵押情形下，也有损信赖最高限额的后顺位抵押权人以及其他普通债权人的利益。但是，这一学说的优点在于，它将敦促担保人履行担保责任，以缩减其担保责任的范围。

（二）债权最高额

债权最高额是指最高限额不局限于本金，利息、违约金、损害赔偿金、保管担保财产的费用、实现债权或者实现担保物权的费用等全部债权之和均应计算在最高限额内，不得超过最高限额。《德国民法典》第1190条、《日本民法典》第398条、我国台湾地区“民法”第881条之二规定均采这种观点。

债权最高额说的优势在于，它可以有效发挥担保制度防控和限制风险的机能，合理平衡了债权人与担保人之间的利益。但它却不能有效激励债务人或者担保人在债务到期时及时履行债务，以避免债务的扩大，甚至可能助长债务人和担保人恶意串通逾期履行债务，甚至是恶意拖延履行，在这种情形下无疑对债权人不利。

① 浙江省台州市中级人民法院（2010）浙台商终字第84号民事判决书。

《民法典担保制度解释》本条采债权最高额说，即当事人对担保债权的范围有约定时，从其约定；没有约定或约定不明时，采债权最高额说。具体而言，如果合同约定为“本金最高额”，则依照其约定，贯彻意思自治原则的体现；如果合同没有约定或约定不明确，则按照“债权最高额”处理。

在以往的司法实践中，法院也多采用债权最高额说。如《吉林省高级人民法院民事审判第二庭关于商事审判若干疑难问题的解答（一）》就指出：“对最高额抵押中最高额如何理解，实务中存有两种观点：一为债权最高限额说，一为本金最高限额说。债权最高限额说认为，抵押登记的最高额为本金、利息、违约金等所有费用总和之限额，即所有债权总额在最高额内的，方享有优先受偿权；而本金最高限额说认为，抵押登记的最高额仅指本金之限额，即但凡本金在最高额内的，则由本金产生的利息、违约金等其他费用与本金相加即便超过抵押登记的最高额，债权人仍就本金、利息、违约金等其他费用享有优先受偿权。债权最高限额说为理论界之通说、域外立法的统一模式，因此，人民法院应当采取债权最高限额说进行裁判。”又如，在“中国长城资产管理股份有限公司山西省分公司与山西朔州平鲁区华美奥崇升煤业有限公司等借款合同纠纷案”中，法院认为：“如果合同明确约定所担保的最高债权额包括主债权的数额和相应的利息、违约金、损害赔偿金以及实现债权的费用，保证人即应当依照约定对利息、违约金、损害赔偿金以及实现债权的费用承担保证责任，而不受主债权数额的限制。”①

值得注意的是，部分法院在司法实践中认定，当事人约定最高债权额是指最高本金债权额的，不符合最高额保证合同的本质要求，约定的最高本金债权额应视为债权最高额。如在“中国建设银行股份有限公司温州瓯江支行与温州市衣美针服饰有限公司、温州佳信进出口有限公司等借款担保合同纠纷案上诉案”②中，法院认为，双方约定的最高本金额应视为最高债权限额。这一观点有违契约自由原理，也背离了《民法典担保制度解释》本条第 1 款规定。

四、登记的最高债权额

针对登记型最高额担保物权的“最高额”如何确定，《民法典担保制度解

---

① 最高人民法院（2019）最高法民终 823 号民事判决书。

② 浙江省温州市中级人民法院（2014）浙温商终字第 960 号民事判决书。

释》本条第2款规定，登记最高债权额优于约定最高债权额。这主要适用于最高额抵押和权利质押。其出发点是，基于物权登记的公信力、交易安全和对抵押人、权利质押人其他债权人利益的保护，在当事人对最高债权额的约定和登记不一致时，以登记的债权范围作为确定标准。

在最高额抵押、最高额权利质押合同中，当事人必须约定最高债权限额，否则最高额担保权就因为标的不明确，不能有效设立。这是物权公示的基本要求。但是，原国土资源部发布的《不动产登记簿样式（试行）》中的“抵押权登记信息”登记中，仅涉及“被担保主债权数额（最高债权数额）”，如勾选“最高债权额”，则依“债权最高额”加以认定，如果抵押合同、质押合同的约定与此相同，则不会出现争议；但如果合同约定的最高额为“本金最高额”，则会形成合同约定的内容和登记的内容不一致。在司法实践中，法院对此裁判的标准不一。一种观点认为，应以最高额抵押合同中双方约定为准。[①] 理由是：（1）尊重当事人的意思自治和合同约定；（2）“法无禁止即自由”，立法对“最高额”的限额方式未作限制，应赋予当事人自由形成权利的空间；（3）他项权证中通常只记载“债权数额”，而无债权类型的详细列举，故应依照最高额抵押合同的约定来确定。另一种观点认为，应依登记簿的记载为准，其主要理由是贯彻物权公示原则之需要，担保的债权范围根据登记簿记载来确定，利于保护相对人的合理信赖。[②]

对此，《民商事审判会议纪要》第58条规定：“以登记作为公示方式的不动产担保物权的担保范围，一般应当以登记的范围为准。但是，我国目前不动产担保物权登记，不同地区的系统设置及登记规则并不一致，人民法院在审理案件时应当充分注意制度设计上的差别，作出符合实际的判断：一是多数省区市的登记系统未设置‘担保范围’栏目，仅有‘被担保主债权数额（最高债权数额）’的表述，且只能填写固定数字。而当事人在合同中又往往约定担保物权的担保范围包括主债权及其利息、违约金等附属债权，致使合同约定的担保范围与登记不一致。显然，这种不一致是由于该地区登记系统设置及登记规则造成的该地区的普

---

① 广东省佛山市中级人民法院（2016）粤06民终1185号民事判决书；广东省佛山市中级人民法院（2014）佛中法民二终字第747号民事判决书；吉林省高级人民法院（2016）吉民终266号民事判决书。

② 江苏省高级人民法院（2015）苏商终字第00265号民事判决书。

遍现象。人民法院以合同约定认定担保物权的担保范围，是符合实际的妥当选择。二是一些省区市不动产登记系统设置与登记规则比较规范，担保物权登记范围与合同约定一致在该地区是常态或者普遍现象，人民法院在审理案件时，应当以登记的担保范围为准。”《民法典担保制度解释》本条第 2 款的规定则与此不同，它采取以登记为准的思路。无论登记簿登记的内容如何，最高额均限于登记的数额。其出发点在于通过司法解释进一步倒逼我国不动产登记制度的完善。解决这一问题较为理想的方案是，国家推动实行统一格式的不动产登记簿，并在不动产登记栏目中将“被担保债权数额（最高债权数额）”修改为“担保范围”，或者允许在“附记”中附上主债权合同、抵押合同、最高额质押合同的文本，并允许当事人查阅。

◆ 疑点与难点

本条规定适用的特殊情况

在司法实践中，如果当事人在担保合同中约定的债权类型为本金时，应如何确定债权额？如双方约定最高额为本金 100 万元，在决算时，本金为 50 万元，但利息为 50 万元。此时应确定最高额为 100 万元，还是 50 万元？在这种情形下，担保人的真实意思应确定为仅仅担保本金债权，而不包括附随债权，因此不应按照《民法典担保制度解释》本条第 1 款，即将最高额确认为包括本金和利息一共 100 万元，而应认定担保人仅仅对 50 万元的本金债权承担担保责任。

《民法典担保制度解释》本条第 2 款的规范意义在于借助登记的公信力保护善意第三人，维护交易安全。因此，在登记簿记载不规范的情形下，无论登记簿记载的债权种类如何表述，担保物权人都只能在登记记载的金额范围内优先受偿。但需要考量两种特殊情形：一是如果当事人在担保合同中约定的担保金额比登记的金额小。此时应按照登记的金额决定优先受偿的最高额度，因为当事人登记的金额比担保金额大，除非能证明为登记错误，否则可以解释为双方变更了担保合同；而且这种范围的确定方法也无损信赖登记簿的善意第三人的利益。二是登记的债权种类明确为本金，则应认定为仅仅包括本金，不包括利息等从债权。

（本条由谢鸿飞撰写）

第十六条 【借新还旧】

主合同当事人协议以新贷偿还旧贷，债权人请求旧贷的担保人承担担保责任的，人民法院不予支持；债权人请求新贷的担保人承担担保责任的，按照下列情形处理：

（一）新贷与旧贷的担保人相同的，人民法院应予支持；

（二）新贷与旧贷的担保人不同，或者旧贷无担保新贷有担保的，人民法院不予支持，但是债权人有证据证明新贷的担保人提供担保时对以新贷偿还旧贷的事实知道或者应当知道的除外。

主合同当事人协议以新贷偿还旧贷，旧贷的物的担保人在登记尚未注销的情形下同意继续为新贷提供担保，在订立新的贷款合同前又以该担保财产为其他债权人设立担保物权，其他债权人主张其担保物权顺位优先于新贷债权人的，人民法院不予支持。

◆ 条文要旨

本条是对“借新还旧”贷款关系中担保人是否为新贷继续承担担保责任以及如何承担的规定。

◆ 理解与适用

一、本条的规范意旨

《民法典》第695条规定：“债权人和债务人未经保证人书面同意，协商变更主债权债务合同内容，减轻债务的，保证人仍对变更后的债务承担保证责任；加重债务的，保证人对加重的部分不承担保证责任。债权人和债务人变更主债权债务合同的履行期限，未经保证人书面同意的，保证期间不受影响。”在实务中，它有两个问题没有解决：一是主合同内容变更是否影响旧债权之上担保物权？《民法典担保制度解释》第20条将其扩张到第三人提供的担保物权的情形，基本解决了这一问题。在解释上，债务人设定担保物权的，也可适用相同的规则。二是“借新还旧”的担保责任如何承担。“借新还旧”，或称以贷还贷，是指债权人

（银行等金融机构）与债务人在旧贷款未清偿的情况下，签订新贷款合同，以新贷款偿还全部或部分旧贷款的行为。① 这一问题在中国有其独特的语境，《民法典》作为民事领域的基本法不宜规定这一问题，只能留待司法解释具体规定。

《担保法解释》第39条规定："主合同当事人双方协议以新贷偿还旧贷，除保证人知道或者应当知道的外，保证人不承担民事责任。新贷与旧贷系同一保证人的，不适用前款的规定。"《民商事审判会议纪要》第57条规定："贷款到期后，借款人与贷款人订立新的借款合同，将新贷用于归还旧贷，旧贷因清偿而消灭，为旧贷设立的担保物权也随之消灭。贷款人以旧贷上的担保物权尚未进行涂销登记为由，主张对新贷行使担保物权的，人民法院不予支持，但当事人约定继续为新贷提供担保的除外。"

在此基础上，《民法典担保制度解释》第16条对"借新还旧"情形的担保责任做了体系化规定。其解决的核心问题是在"借新还旧"时，旧贷上的担保能否直接转为新贷的担保？旧贷的担保物上又新设定了担保物权时，原有的担保物权的顺位如何确定？

二、"借新还旧"的界定与性质

（一）"借新还旧"的界定

"借新还旧"需要满足两个基本条件：一是新贷和旧贷的当事人相同。即债务人和金融机构均为新贷和旧贷的当事人。二是新贷与旧贷之间具有关联性。这种关联性主要体现在旧贷的本金、利息等余额和新贷的数量相同或大致相同。如在"天津迎宾广场有限公司与天津市万力钢结构工程有限公司、天津祥和投资发展有限公司等借款合同纠纷上诉案"中，最高人民法院认为："所谓借新还旧，应当是债权人与债务人在旧的贷款尚未清偿的情况下，再次签订贷款合同，以新贷出的款项清偿部分或者全部旧的贷款。"②

在实务中，存在与借新还旧较难区分的一种特定的"过桥贷款"：借款人从他人处借来资金，用以偿还旧贷，再以新贷来偿还从他人处借来的款项。它与一般借新还旧的差异在于，新贷的提供者并非旧贷的原债权人。因此这种情形不应

---

① 最高人民法院民法典贯彻实施工作领导小组编：《中华人民共和国民法典合同编理解与适用（二）》，人民法院出版社2020年版，第1366页。

② 最高人民法院（2005）民二终字第162号民事判决书。

适用《民法典担保制度解释》本条的规定。

可见，借款人与银行之间就是借新还旧的关系，只是与一般借新还旧不需要实际偿还旧贷不同，在此情况下需要先用一笔资金偿还旧贷，然后再贷出新的贷款。实践中，"过桥贷款"的主要问题是，借款人用高息借来的款项并偿还旧贷后，银行事后不放贷，从而使借款人陷于困境。① 但就担保而言，这种情形下旧贷因为真实的清偿而消灭，担保也自然归于消灭。

（二）"借新还旧"的性质

理论上对借新还旧的性质存在不同的观点。一种观点认为借新还旧属于"贷款展期"。理由如下：（1）在以贷还贷行为中，合同主体双方先后达成两个借款协议，其给付的标的性质相同，合同主体的债权债务关系相同。②（2）借新还旧本质上是对旧贷的一种特殊形式的展期，即延长了旧贷款的还款期限，原债权债务关系存续。③ 另一种观点认为借新还旧属于"主合同变更"。借新还旧中前后两个合同就借款期限、用途、金额等合同内容发生变化，由此认为新合同是对旧合同的变更。新贷用于归还旧贷，旧贷因清偿而消灭。④ 实际上，借新还旧和贷款展期的功能完全一致。⑤ 即使在《担保法解释》实施后，最高人民法院在"中国工商银行股份有限公司三门峡车站支行与三门峡天元铝业股份有限公司、三门峡天元铝业集团有限公司等借款担保合同纠纷上诉案"中也认为："虽然新贷代替了旧贷，但贷款人与借款人之间的债权债务关系并未消除，客观上只是以新贷的形式延长了旧贷的还款期限，故借新还旧的贷款本质上是旧贷的一种特殊形式的展期。"⑥

《民法典担保制度解释》本条第1款前半段规定"主合同当事人协议以新贷

---

① 最高人民法院民事审判第二庭编著：《〈全国法院民商事审判工作会议纪要〉理解与适用》，人民法院出版社2019年版，第356页。

② 参见程啸：《保证合同研究》，法律出版社2006年版，第473页。

③ 参见最高人民法院（2008）民二终字第81号民事判决书；上海市高级人民法院（2016）沪民初7号民事判决书。

④ 最高人民法院民事审判第二庭编著：《〈全国法院民商事审判工作会议纪要〉理解与适用》，人民法院出版社2019年版，第355页。

⑤ 最高人民法院民事审判第二庭编著：《〈全国法院民商事审判工作会议纪要〉理解与适用》，人民法院出版社2019年版，第355页。

⑥ 最高人民法院（2008）民二终字第81号民事判决书。

偿还旧贷，债权人请求旧贷的担保人承担担保责任的，人民法院不予支持”。这一规定的出发点是，在借新还旧情形下，旧贷消灭，新贷产生，而并没将其解释为是旧贷的展期。其目的主要是保护担保人的利益，尤其是保护新贷与旧贷的担保人不同时的新贷担保人的利益。因此，借新还旧也并非对合同的变更，而是直接导致旧债消灭，新债产生。

三、“借新还旧”时旧贷的担保责任

根据《民法典》第388条和第682条，担保合同是主债权债务的从合同，担保具有从属性，包括消灭上的从属性，即担保权因主债权的消灭而消灭。依据《民法典》第393条第（一）项规定，主债权消灭，则担保物权消灭。《民法典》虽未明确规定保证债权在消灭上的从属性，但解释结论当然相同。既然将借新还旧界定为旧贷消灭，因此，依附于旧贷上的担保应同时归于消灭，担保人不再承担担保责任。

（一）“新贷与旧贷的担保人相同”时担保责任承担

《民法典担保制度解释》本条第1款规定，新贷与旧贷的担保人相同的，债权人有权请求新贷的担保人承担担保责任。

以往，理论和实务上对此有两种观点：一种观点认为，即使保证人不知道贷款用途是借新还旧，但债务人未清偿旧贷，若没有新贷发生，担保人依然要对旧贷承担责任，新贷也未加重保证人的负担，不构成对保证人的利益的损害，因此，保证人对新贷承担保证责任。① 另一种观点认为，在借新还旧的情形下，主合同当事人通常只在担保借款合同中注明“流动资金借款”，保证人在不知道以新贷偿还旧贷这一事实的情况下为新贷提供担保，属于主合同双方当事人串通骗取保证人提供保证的情形，妨碍了保证人对债务人的监督权，增加了保证人的风险，故保证人不承担保证责任。②

两种观点争议的焦点在于：担保人承担担保责任是否须以知道或应当知道“借新还旧”为要件？这涉及本条第（一）项与第（二）项之间关系的解释，结论应是否定的。理由是：

---

① 参见李国光：《最高人民法院关于适用〈中华人民共和国担保法〉若干问题的解释·理解与适用》，吉林人民出版社2000年版，第163－167页。

② 参见车辉：《借新还旧的担保责任研究》，载《新疆社会科学》2005年第3期。

其一，在借新还旧时，新贷与旧贷实际上被分割为两个法律关系：旧贷合同及其担保关系、新贷合同及其担保关系。尽管担保人是同一人，但前后两个担保是相互独立的，旧贷担保的消灭不影响新贷担保。由于新贷的目的是清偿旧贷，旧贷消灭后，旧贷上的担保当然消灭。但新贷随之产生，新贷上的担保也相应产生，而且这是基于担保的真实意思提供的，担保人应为其担保行为承担责任。

其二，在担保人不知道借款用途为借新还旧时，即为债务提供担保时，可以认定其有为新债承担责任的意思表示，这样，担保人将对旧贷和新贷都承担担保责任。而在“借新还旧”情形下，旧债消灭，担保人只需对新贷承担责任，可见，借新还旧减轻了保证人的负担。此外，在借新还旧时，担保人的责任并没有因此增加，即使在其不知道借款用途为借新还旧时，担保人也应承担担保责任。因此，最高人民法院在一起公报案例“上海国际信托投资有限公司与上海综合信息交易所等委托贷款合同纠纷案”中，认为同一担保人在应当知道的情况下在多个借贷合同上盖章同意担保的，应当依法承担担保责任；担保人以上述多个借贷合同之间没有形式及内在联系为由，否认以新贷偿还旧贷的合同性质，进而拒绝履行担保责任的，不予支持。① 持类似观点的还有“深圳市鸿基（集团）股份有限公司与中国信达资产管理公司福州办事处、福建东南广播电视网络有限公司借款担保合同纠纷案”②。

依据《民法典》第695条第1款，在借新还旧情形下，担保人责任的范围不能超过旧贷的范围，除非经担保人书面同意，否则，担保人对加重的债务部分不承担担保责任。例如，公司甲因经营不佳向银行乙借款100万元，丙为该贷款提供连带责任保证，后公司甲向银行乙再借款200万元，一部分用于清偿旧贷，一部分用于公司继续经营，丙书面同意为新贷继续提供担保。旧贷100万元因清偿而消灭，丙基于合意对新贷200万元承担担保责任。如果丙仅为口头同意，基于抵押合同、质押合同和保证合同的书面要式性要求，新贷担保尚未成立，此时旧贷担保的效力可以延伸至新贷，只不过不得加重担保人的责任。因此，丙只对新

① 参见最高人民法院（2005）民二提字第8号民事判决书。

② 参见最高人民法院（2005）民二终字第235号民事判决书。

贷中的100万元继续担保。

（二）“新贷与旧贷的担保人不同”时担保责任承担

依据《民法典担保制度解释》本条的规定，如果新贷与旧贷分别由两个以上的人担保，债权人必须证明新贷的担保人对借新还旧的事实知道或者应当知道时，才能请求其承担担保责任，否则新贷的担保人不承担担保责任。

在借新还旧情形下，前后两份贷款合同的担保人不同，旧贷因主债务的履行而归于消灭，旧贷的担保相应消灭，其结果上相当于新贷的担保人在不知情的情况下，为旧贷的担保人承担担保责任。一方面，在借新还旧情形，债务人本身的责任财产并没有得到任何增加，新贷担保人的风险比债务人实际得到贷款的时候要大。例如，新贷的担保人之所以愿意为债务人公司提供担保，是因为其预期债务人公司利用该项资金从事拓展经营业务，而债务人未经担保人同意的情况下，改变资金用途，以该资金偿还旧贷，担保人承担担保责任的风险相对较大，也不符合其提供担保时的真实意思。另一方面，无视担保人提供担保的真实意思和动机，很容易诱发道德风险，因为主合同双方当事人可以恶意串通，通过“骗保”行为损害担保人的利益。最后，在担保人不知借新还旧时，令其承担担保责任，实际上是以牺牲担保人利益的方式为金融机构不负责的贷款行为承担损失，不仅不利于挽救不良金融资产、化解金融风险，而且还将从根本上动摇市场经济的基础——诚实信用原则。①

因此，在旧贷和新贷的担保人并非同一人时，只有新贷的担保人知道或应当知道“借新还旧”的借款用途时，才承担担保责任。当然，“担保人是否知道或应当知道”这一要件应由债权人负举证责任。债权人不能证明担保人知道或应当知道的，担保人不承担担保责任。在“淮北众城恒固水泥有限责任公司与徽商银行股份有限公司、淮北众城水泥有限责任公司借款担保合同纠纷案”中，最高人民法院认为“应由担保人对不知道借新还旧的事实承担举证责任，否则推定其知道”，② 显然对担保人极为不利。担保通常以无偿为常态，且担保人是为他人债务负责，若令其就借新还旧的事实承担举证责任，不仅其难以举证，而且严重背

① 参见汪世荣：《“以贷还贷”纠纷中的保证人责任——以最高人民法院公布的判决书为对象》，载《法律科学》2005年第6期。

② 参见最高人民法院（2007）民二终字第111号民事判决书。

离民法上的公平原则。

（三）“旧贷无担保新贷有担保”的担保责任承担

在旧贷无担保而新贷有担保时，债权人仅在证明新贷的担保人知道或者应当知道对借新还旧的事实时，担保人才承担担保责任。其理由与前文所述的旧贷和新贷担保人不一致时相同。旧贷无担保、新贷有担保，如果担保人不知道新贷用于清偿旧贷，对债务人没有什么影响；对于债权人而言，担保人的加入补强了债权受偿的机会和能力；对于担保人而言，其相当于直接承担了已经不能归还的旧贷担保责任，这不仅有违担保人的真实意思，也违反了民法上的公平原则，故担保人不知“借新还旧”之情事的不得请求其承担担保责任。“让担保人就一笔原本就不能收回的坏账或死账承担担保责任，明显对保证人不公。”①

值得注意的是，如果借款合同并未限制借款用途，并将借款定性为流动资金等非限制性的借款项目，但实质借款用途是借新还旧的，能否认定为担保人知道或应当知道借新还旧的事实？司法实践的观点并不统一。肯定说如“中国农业银行股份有限公司大连甘井子农行与大连础明集团有限公司、大连冰凌花天然食品有限公司借款合同纠纷再审案”②；否定说如“新疆富蕴县可克塔勒富桂铅锌矿与中国农业银行环江毛南族自治县支行、广西环江毛南族自治县福利总公司借款合同纠纷抗诉案”③。从担保人提供担保的真意出发以及借新还旧中保护担保人的角度出发，应采否定说。

四、旧贷上尚未注销登记的物的担保的效力延伸

本条第2款吸纳了《民商事审判会议纪要》第57条的规范内容，规定在借新还旧情形，旧贷上物的担保尚未注销登记的，债权人不得主张对新贷行使该物的担保，除非当事人约定或物上担保人同意继续为新贷提供担保。在新贷合同签订之前，担保人以该担保财产为其他债权人设立担保物权，新贷债权人可以主张旧贷上物的担保效力延伸至新贷，而且，新贷债权的顺位溯及旧贷上物的担保成立时。

---

① 曹士兵：《中国担保诸问题的解决与展望》，中国法制出版社2001年版，第158页。

② 最高人民法院（2013）民提字第51号民事判决书。

③ 最高人民法院（2008）民抗字第39号民事判决书，详见《中国指导案例》编委会编：《人民法院指导案例裁判要旨汇览——借款·担保卷》，中国法制出版社2014年版，第194－195页。

（一）新贷担保物权的延续

在借新还旧情形下，尚未办理注销登记的抵押权能否自动延伸至新贷之上？这里涉及的主要问题是，此时担保物权往往并没有因为新债的产生而办理登记。对此，实务界有不同观点。如在“利群公司与大地公司抵押权纠纷案”中，一审法院、二审法院对此持不同意见。一审法院认为，在“借新还旧”的情况下，新的贷款与旧的贷款存在牵连关系，应认为新贷款是对旧贷款的展期，且两份借款合同下的抵押物是同一的，抵押关系在时间上并不间断，因此抵押权的效力也不间断，无须重新办理抵押登记，抵押权效力自动延伸至新贷。二审法院则反驳这一观点，认为借新还旧的目的在于债权人与债务人在旧贷款尚未清偿的情况下，再次签订贷款合同，以新贷出的款项清偿部分或者全部旧的贷款，旧贷因清偿而消灭，依附于旧贷的抵押权相应归于消灭。只有在重新签订抵押合同并办理抵押登记时，新贷债权人方可主张抵押权。① 最高人民法院也表达过不同的裁判观点。在“新疆石河子农村合作银行与刘峻瑞、步春华借款合同纠纷再审案”中，最高人民法院认为，基于不动产物权公示原则，当事人未为新债办理抵押权登记的，抵押权不成立；但基于各方当事人真实的意思表示，可以运用法律行为转换理论，将抵押人的责任界定为借款承担保证担保责任。② 在“中信银行股份有限公司兰州分行与甘肃华宁东方贸易有限公司等金融借款合同纠纷上诉案”中，最高人民法院认为，在旧贷消灭时，抵押权虽然本应归于消灭，但双方并没有在登记机构申请注销抵押登记并缴销他项权利证书，因此，抵押权在其所担保的主债权消灭后，并不必然发生随之消灭的法律后果，抵押登记仍然发生法律效力。③

很显然，《民法典担保制度解释》第16条第2款采纳了后一种观点，只要抵押人同意继续为新贷提供担保，不要求重新办理抵押登记，旧贷上的抵押权即可自动担保新贷债权。而且，该抵押权具有对抗新贷合同签订前抵押人为其他担保债权人设定的担保物权的效力。

（二）新贷担保物权的顺位

依据《民法典担保制度解释》本条第2款，主合同当事人协议以新贷偿还旧

① 参见最高人民法院《民事审判指导与参考》2013年第4辑（总第56辑）。

② 最高人民法院（2015）民申字第2354号民事裁定书。

③ 最高人民法院（2017）最高法民终210号民事判决书。

贷，旧贷的物的担保人在登记尚未注销的情形下同意继续为新贷提供担保，在订立新的贷款合同前又以该担保财产为其他债权人设立担保物权，新贷担保物权的顺位优于其他债权人的担保物权的顺位。这里以案例说明。如甲于2020年1月1日向乙借款100万元，丙在其房屋上为乙设定了不动产抵押权。丙于3月1日将房屋抵押于丁，并办理了抵押权登记。4月1日，甲乙签订借新还旧合同，丙依然愿意为乙提供抵押。此时，乙享有的抵押权的成立时间依然为1月1日，因此，其顺位优先于丁的抵押权。

◆ 疑点与难点

一、新贷担保物权优先的限制

依据《民法典担保制度解释》本条第2款，先成立的债权的担保物权顺位，劣后于后成立的新贷债权的担保物权。而对担保物权的竞合，《民法典》第414条和第415条构建了以公示与否和公示时间先后为中心的优劣规则。在后成立的新贷债权未重新办理抵押登记或变更登记时，何以能优先于先成立且办理抵押登记的债权人？司法解释的出发点是形式上的物权公示原则，即旧贷虽然消灭，但旧贷上的担保物权并没有涂销登记，所以，按照旧贷担保物权成立的时间来认定新贷担保物权的顺位，并不损害担保人的其他债权人的利益。而且，在前述案例中，如果后获得抵押权的丁，因为其接受的是第二序位的抵押权，其贷款利息可能更高，在甲乙之间借新还旧时，其抵押权顺位自动转化为第一序位，则相当于乙获得了不当得利。然而，既然甲乙之间的旧贷已经消灭，则乙的抵押权应归于消灭，即使抵押权未涂销登记也相同。而法律即使拟制在新贷后，因丙愿意继续担保，乙的担保物权也应在新债发生时成立，因此，其顺位反而应劣后于丁的担保物权。这就产生了一个问题：《民法典担保制度解释》第16条第2款是否与《民法典》关于担保物权的一般顺位规范相抵触？

这里以一个案例说明：甲于2020年1月1日向乙借款50万元，丙以价值100万元的房产抵押，且办理了抵押权登记。1月10日，丙以房产为丁50万元的债权设定抵押权，并办理登记。1月20日，甲公司又向乙银行贷款100万元，一部分用于清偿旧贷，另一部分用于发展生产，抵押人丙同意继续为新贷债权提供担保，且乙丙双方重新办理了抵押权登记，且将债权登记为100万元。在这种情形下，依据《民法典担保制度解释》第 16 条第 2 款，则乙的抵押权成立的时间为 1 月 1 日，优于 1 月 10 日丁的抵押权。在甲不履行到期债务时，乙行使抵押权，其债权全部得到优先受偿；而丁的债权则全部落空。但是，对丁而言，其接受第二序位抵押权时的预期是，他的 50 万元的债权是可以得到优先受偿的。

因此，在借新还旧时，如果双方当事人未重新办理抵押权登记的，则新贷债权人的抵押权担保的债权数额按照登记确定；如果双方重新办理抵押权登记的，且担保物上还有其他人的担保物权的，应适用《民法典》第 409 条第 1 款："……抵押权人与抵押人可以协议变更抵押权顺位以及被担保的债权数额等内容。但是，抵押权的变更未经其他抵押权人书面同意的，不得对其他抵押权人产生不利影响。"在前例中，乙和丙如果要变更抵押权担保的债权数额或者范围的，必须取得丁的同意，否则乙只能在原登记的抵押权担保的债权范围内优先受偿。

二、旧贷担保人的同意的认定

在第三人担保情形下，不能仅仅以旧债的担保人知道或应当知道借新还旧的事实，但没提出有关担保的异议，就认定担保人愿意为新贷提供担保。

在第三人提供保证时，保证人同意为新贷继续提供保证，同样应适用《民法典》第 685 条，即"保证合同可以是单独订立的书面合同，也可以是主债权债务合同中的保证条款。第三人单方以书面形式向债权人作出保证，债权人接收且未提出异议的，保证合同成立"。据此，保证合同不能以口头方式成立，保证人为新债提供担保同样如此。但考虑到双方曾经存在担保关系，担保人也可书面表示同意继续提供保证，保证合同的内容依然按照原保证合同的约定。此时，若原保证合同约定了保证期间的，则适用同样期限的保证期间，不过起算点以新债为准；若没有约定的，则适用法定的六个月期限。

第三人提供抵押和质押的，《民法典》第 400 条和第 427 条分别对抵押合同和质押合同规定了强制书面形式要求，因此，在借新还旧时，也不能仅仅以担保人未涂销登记或未请求返还质物为由，直接认定担保人愿意为新债提供担保。只有在担保人重新与债务人订立担保合同或书面同意继续担保时，才能认定担保人具有为新贷提供担保的意愿。

（本条由谢鸿飞撰写）

第十七条 【担保合同无效的法律后果】

主合同有效而第三人提供的担保合同无效，人民法院应当区分不同情形确定担保人的赔偿责任：

（一）债权人与担保人均有过错的，担保人承担的赔偿责任不应超过债务人不能清偿部分的二分之一；

（二）担保人有过错而债权人无过错的，担保人对债务人不能清偿的部分承担赔偿责任；

（三）债权人有过错而担保人无过错的，担保人不承担赔偿责任。

主合同无效导致第三人提供的担保合同无效，担保人无过错的，不承担赔偿责任；担保人有过错的，其承担的赔偿责任不应超过债务人不能清偿部分的三分之一。

◆ 条文要旨

本条是关于担保合同无效的法律后果的规定。

◆ 理解与适用

担保无效的情形包括两种：一是主合同有效而第三人提供的担保合同无效；二是主合同无效导致第三人提供的担保合同无效。本条对两种情形分别作了规定。

一、主合同有效而第三人提供的担保合同无效

（一）担保合同无效的事由

担保合同的无效是法律对担保合同效力否定性最强的一种评价，其无效事由除了适用《民法典》总则编有关法律行为效力和合同编关于合同效力的一般规定外，还适用法律有关担保合同无效的特别规定。法律之所以对担保合同无效的事由作出特别规定，主要是考虑到担保合同的单务性和无偿性：担保人在承担担保责任后无法获得相应的对待给付，且经常无法向债务人成功追偿，尤其是担保人

为特定主体时，还可能损害公共利益。

依据《民法典》和《民法典担保制度解释》的规定，担保合同无效的特殊事由包括：

第一，担保人主体资格不合格，包括机关法人不得为保证人（但是经国务院批准为使用外国政府或者国际经济组织贷款进行转贷的除外），以公益为目的的非营利法人、非法人组织不得为保证人（《民法典》第683条）；居民委员会、村民委员会提供担保的，担保合同无效（但是依法代行村集体经济组织职能的村民委员会，依照村民委员会组织法规定的讨论决定程序对外提供担保的除外）（《民法典担保制度解释》第5条第2款）；企业法人的分支机构、职能部门未经法人授权所订立的担保合同无效（《民法典担保制度解释》第11条）。

第二，担保标的不合格，如学校、幼儿园、医疗机构等以公益为目的成立的非营利法人以教育设施、医疗卫生设施和其他公益设施设定担保（《民法典》第399条）。

第三，违反《公司法》第16条的越权担保，且相对人为非善意（《民法典担保制度解释》第7条）。

值得注意的是，《担保法》第30条规定，主合同当事人双方串通，骗取保证人提供保证和主合同债权人采取欺诈、胁迫等手段，使保证人在违背真实意思的情况下提供保证时，保证人不承担责任。本条规定虽未明确此时保证合同的效力，但理论上多解释为无效，因为它并未规定担保人需撤销后才不承担责任。① 这一规定与《合同法》第54条有关可变更、可撤销的规定存在冲突。在《合同法》实施后，可以认为《担保法》的这一规定是有关保证合同效力的特别规定，从而优先适用这一规定；此外，将欺诈、胁迫订立的合同规定为可撤销合同，赋予受害方撤销权的目的在于赋予受害人以撤销合同的权利，但在保证合同中，保证人仅承受保证合同生效对其不利的后果，故没有必要赋予其撤销权。② 反对意见则认为，《担保法》第30条并未规定采取欺诈、胁迫等手段订立的保证合同无效，而是“保证人不承担民事责任”，不承担民事责任的原因可能是因为保证合

---

① 参见张晓君：《无效保证合同的认定和责任问题》，载《现代法学》2000年第1期。

② 参见叶金强：《担保法原理》，科学出版社2002年版，第41页。

同无效，也可能是因为保证合同被撤销。[①]《民法典》并未纳入这一规定，这意味着立法者已经将《担保法》第30条规定的情形适用法律行为效力的一般规定。

此外，《担保法解释》第40条规定："主合同债务人采取欺诈、胁迫等手段，使保证人在违背真实意思的情况下提供保证的，债权人知道或者应当知道欺诈、胁迫事实的，按照担保法第三十条的规定处理。"这一规定与《民法典》同样存在冲突，该情形应适用《民法典》第149条和第150条有关第三人欺诈和第三人胁迫的规则：在债务人欺诈保证人订立保证合同时，债权人知道或者应当知道该欺诈行为的，保证人享有撤销保证合同的权利；在债务人胁迫保证人时，无论债权人对这一事实是否知情，保证人均享有撤销权。

（二）主合同有效而第三人提供的担保合同无效的责任分配

在主合同有效而第三人提供的担保合同无效时，《民法典担保制度解释》本条第1款依据担保人与债权人的过错，规定了两者责任分配的内容。

1. 债权人与担保人均有过错

在这种情形下，担保人承担的赔偿责任不应超过债务人不能清偿部分的二分之一。本款规定，此时担保人承担责任的最高限额为债务人不能清偿部分的二分之一。这一规定源于《担保法解释》第7条，其基本原理是，在主合同的当事人为债权人和担保人，双方对合同的无效又均有过错时，依据《民法典》第157条关于法律行为无效的一般规则，"各方都有过错的，应当各自承担相应的责任"。将担保人的责任作出最高限额的规定，其原因主要是限制法院的自由裁量权。若不加以限制，则法院在认定担保人的过错程度时，难免出现不同法官对无效的类似情形甚至相同情形作出不同认定，从而有损法律适用的安定性。

需要注意的是，本款表达为"担保人承担的赔偿责任不应超过债务人不能清偿部分的二分之一"，这意味着，二分之一是担保人承担责任的最高限额，法院可依据担保人过错的实际情况，判决担保人承担的损失低于债务人不能清偿部分的二分之一。

2. 担保人有过错而债权人无过错

在这种情形下，担保人对债务人不能清偿的部分承担赔偿责任。其责任分配

---

① 参见程啸：《保证合同研究》，法律出版社2006年版，第187页。

的法理依据在于，担保合同无效是因为担保人的过错造成的，债权人并没有过错。依据《民法典》第 157 条，债权人对合同无效造成的损失不承担责任，担保人应承担全部责任。

本款对这种情形的责任分配和原《担保法解释》第 7 条在责任分配方面存在差异。

一是本款废除了担保人与债务人承担连带赔偿责任的规定。《担保法解释》第 7 条规定，主合同有效而担保合同无效时，若债权人无过错的，担保人与债务人对主合同债权人承担连带赔偿责任。依据起草人的解释，担保人与债务人承担连带责任的理论基础与共同侵权相似。但是，担保合同因担保人的主体资格不具备而无效的（如国家机关作担保人），不属于债权人无过错的情况，不能认定担保人与债务人承担连带赔偿责任。① 也有学者认为，这种连带责任主要见于两种情形：一是担保人与债务人违反法律禁止性规定或强制性规定；二是担保人与债务人恶意串通欺骗债权人缔结担保合同致使担保合同无效。② 《民法典》第 178 条第 3 款规定，连带责任由法律规定或者当事人约定。基于这一规定，《民法典担保制度解释》未规定此时担保人与债务人承担连带责任。此外，在主合同有效时，债务人和担保人的义务层次和性质并不相同，债务人承担的是履行主合同的债务，担保人承担的是担保合同的缔约过失责任，两者之间很难成立连带责任。但是，担保人与债务人恶意串通欺骗债权人利益的，债权人在撤销主合同和保证合同时，可依据《民法典》第 1168 条“二人以上共同实施侵权行为，造成他人损害的，应当承担连带责任”的规定，基于债务人和担保人的共同侵权行为，请求债务人和担保人承担连带责任。

二是在担保合同无效的两种情形下，本款将担保人责任范围的基准都统一规定为“债务人不能清偿的部分”。而《担保法解释》第 7 条规定，在担保合同无效时，担保人的责任范围的基准为“债权人的经济损失”；第 8 条规定，在主合同无效而导致担保合同无效时，基准为“债务人不能清偿的部分”。担保人在这两种情形承担责任的性质相同，区分两者并无法理基础，因此《民法典担保制度

① 参见曹士兵：《中国担保制度与担保方法》（第 4 版），中国法制出版社 2017 年版，第 98 页。
② 参见刘保玉：《担保纠纷裁判依据新释新解》，人民法院出版社 2014 年版，第 58 页。

解释》统一了两者。这也决定了担保人在承担赔偿责任时，其责任性质是补充责任。

3. 债权人有过错而担保人无过错

在这种情形下，担保人不承担赔偿责任。其法理基础也是《民法典》第 157 条：在担保合同无效时，担保人没有过错的，自然不承担赔偿损失的责任。

二、主合同无效导致第三人提供的担保合同无效

此时，《民法典担保制度解释》第 17 条第 2 款区分了两种情形：

（一）担保人无过错

担保人并非主合同的当事人，在主合同无效时，若担保人不存在过错的，自然不存在任何被归责的基础。因此，无论《担保法解释》还是《民法典担保制度解释》均规定此时担保人不承担任何责任。

（二）担保人有过错

在担保人有过错时，其承担的赔偿责任不应超过债务人不能清偿部分的三分之一。其原因在于：其一，主合同无效时，债权人、债务人原则上均有过错；其二，担保合同无效是主合同无效所致，担保人的责任原则上不应当超过主合同当事人的责任。因此，债权人、债务人、担保人三方的责任应均分，担保人承担的责任份额为债务人不能清偿的三分之一。①

在理论界，无论是对担保人在担保合同无效时承担责任的二分之一，还是在主合同无效时承担责任的三分之一，都存在较为激烈的批评，主要是因为它有违归责原理，忽视了过错在决定责任数额有无和大小时的基础地位。

首先，将担保人承担的最高限额规定为债务人不能清偿部分的二分之一，有时将造成不公：担保人对担保合同无效存在故意，而债权人对担保合同无效只有一般过错，担保人所承担的责任也不能超过债务人不能清偿部分的二分之一。②担保人承担的责任不超过债务人不能清偿部分的二分之一，意味着在债权人对担保合同无效存在过错时，其过错程度不可能比担保人的过错轻，必然大于至少是等于担保人的过错，而这是不可能完全符合交易实践的。③

① 参见曹士兵：《中国担保制度与担保方法》（第 4 版），中国法制出版社 2017 年版，第 101 页。
② 参见郭明瑞、房绍坤、张平华：《担保法》（第 5 版），中国人民大学出版社 2017 年版，第 15 页。
③ 参见高圣平：《担保法论》，法律出版社 2009 年版，第 59 页。

同样，在主合同无效时，当事人的主观状态一般有三种情况：一是债权人与债务人均有过错；二是债权人无过错而债务人有过错；三是债权人有过错而债务人没有过错。在后两种情形，按照和司法解释类似的推理规则，担保人的责任范围显然不能是债务人不能清偿部分的三分之一：在债权人无过错而债务人有过错时，担保人的责任应当是债务人不能清偿部分的全部；在债权人有过错而债务人没有过错时，担保人的责任应当是债务人不能清偿部分的二分之一①。可见，司法解释的立法政策的出发点是合理减轻担保人的负担，这固然有利于鼓励担保人提供担保，但它对债权人、债务人和担保人三方过错的判定还多少存在未尽合理之处。

三、担保合同无效时的两个共同问题

（一）担保人过错的认定

依据《民法典担保制度解释》对担保合同无效的区分，担保合同无效时，担保人的过错也分为两种情形。

1. 担保合同无效时担保人的过错

在担保合同无效时，担保人过错的内容和其他合同无效时当事人的过错并不存在本质差异，如合同违反效力性强制性规定、无权处分担保标的物等。前者如“农银财务有限公司与广东三星企业（集团）公司车桥股份有限公司担保合同纠纷案”② 判决书认定，抵押合同因违反强行法无效时，“因我国法律、行政法规均对外公开，各方当事人都应当了解我国法律、行政法规的相关规定，故应当认定各方当事人对于抵押合同的无效均存在一定的过错”。后者如“陈晓君、葫芦岛银行股份有限公司绥中支行金融借款合同纠纷再审民事判决书”③ 认定，最高额抵押合同中的抵押人并非所有权人本人，但债权人疏于审查，双方都存在过错。

2. 主合同无效时担保人的过错

在主合同无效时，对担保人过错的内容，原1994年《最高人民法院关于审理经济合同纠纷案件有关保证的若干问题的规定》第20条规定：保证人知道或

---

① 参见郭明瑞、房绍坤、张平华：《担保法》（第5版），中国人民大学出版社2017年版，第15页。
② 最高人民法院（2004）最高法民四终字第23号民事判决书。
③ 辽宁省高级人民法院（2020）辽14民再42号民事判决书。

应当知道主合同无效而仍为其提供保证的，主合同被确认无效后，保证人与被保证人承担连带赔偿责任。司法实践也长期按照担保人“知道或应当知道主合同无效”来判定当事人是否存在过错。其逻辑是，在担保人知道或应当知道主合同无效时，还提供担保，足以表明担保人对无效主合同的成立起过中介、促使的作用。① 但为了限定担保人的赔偿责任，有学者认为，担保人对主合同效力无审查义务，不存在过错。担保人的担保行为与债权人所受损失毫无因果联系。② 鉴于担保人并非主合同的当事人，比较合理的观点是：一方面，不能仅仅因为担保人知道或应当知道主合同无效就认定担保人存在过错；另一方面，不能否认担保人对主合同无效有时会存在过错，但只有担保人的过错与主合同的订立有关时，担保人才承担责任。这需要从担保合同订立的时间、内容、担保人在主合同商谈过程中所扮演的角色等多方面加以综合考虑。③ 如在“九采罗彩棉产业有限公司诉北京银行股份有限公司玉海园路支行担保合同案（委托贷款）”④ 中，法院认定，担保人对债务人的诈骗目的并不知情，因此不存在过错。

（二）债务人“不能清偿”的认定

依据《民法典担保制度解释》本条的规定，担保人承担赔偿责任的基准是债务人不能清偿部分的二分之一，而不是债权人的全部损失。

《民法典担保制度解释》并未界定债务人“不能清偿部分”。《担保法解释》第131条规定，“不能清偿”指对债务人的存款、现金、有价证券、成品、半成品、原材料、交通工具等可以执行的动产和其他方便执行的财产执行完毕后，债务仍未能得到清偿的状态。依据该司法解释主要起草人的解释，“不能”是指无清偿能力，即虽经执行程序，债务人仍然不能满足债权；“方便执行的财产”指无需变现或变现容易的财产，一般指金钱、有价证券、动产等，但也包括方便执行的不动产。判断不能清偿的程序前提是主债务经过裁判和债务人经过强制执行，但赋予法官判断不能清偿的状态的权力是有必要的，有利于保障债权的实现和提高司法效率，如果均将问题留到执行中，也不利于执行工作的

① 参见李国光等：《最高人民法院〈关于适用中华人民共和国担保法若干问题的解释〉理解与适用》，吉林人民出版社2000年版，第72－73页。
② 参见李明发：《保证责任研究》，法律出版社2006年版，第217页。
③ 参见刘言浩：《担保法典型判例研究》，人民法院出版社2002年版，第42页。
④ 最高人民法院（2005）最高法一中民终字第3692号民事判决书。

开展。① 这一观点值得借鉴。然而，需要注意的是，担保人在债务人不能清偿的范围内承担责任，完全是对债权人所受损害的认定，与一般保证人的先诉抗辩权截然不同。

“不能清偿”的债务范围，应当依据债务人的责任范围来界定：其一，在主合同有效，但担保合同无效时，债务人应承担履行合同的义务以及违约时的违约责任；其二，在主合同无效导致担保合同无效时，债务人应按照《民法典》第157条承担责任，此时债务人可能承担的责任包括恢复原状（如返还借款本金）以及损害赔偿义务（如承担相应的利息）。

◆ 疑点与难点

一、担保合同无效时担保人承担责任的性质

担保人在担保合同无效时承担的担保责任的性质，理论上主要有两种观点：

（一）缔约过失责任说

这一学说又区分为两种情形讨论。

1. 保证合同本身无效

通说认为，合同无效时，有过错的当事人承担缔约过失责任，这一结论也适用于担保合同。最高人民法院（2002）民二他字第34号答复认为：“担保合同无效后担保人因其过错承担的赔偿责任性质上属于广义的缔约过失责任，相对人主张担保人应当承担该责任，必须证明自身有充分理由相信担保合同为有效。如其对担保合同无效的原因缺乏应有的一般理性认识，则不能要求无效担保的担保人对其承担全部赔偿责任。”

2. 主合同无效导致担保合同无效

在主合同无效导致担保合同无效时，因担保合同本身并没有无效的事由，其无效完全是因为担保效力的从属性所致，担保人对担保合同无效并无过错，逻辑上似乎不可能对担保合同无效承担缔约过失责任。但通说认为，此时保证合同的无效是因为主合同无效，保证人促使了无效的主合同的存在，因而保证人对保证

① 参见曹士兵：《中国担保制度与担保方法》（第4版），中国法制出版社2017年版，第104－105页。

合同的无效有过错，保证人承担的仍是缔约过失责任。①

按照前述主合同无效时担保人过错的分析，担保人此时承担责任是因为其担保行为促成了主合同的缔结，比较妥当的观点，是认为担保人承担的依然是主合同无效的缔约过失责任，而非保证合同无效的缔约过错责任。在理论上，这涉及第三人缔约过失责任理论。

缔约过失责任通常只涉及合同双方当事人，与第三人无关。20 世纪 70 年代，德国法院开始将附保护第三人作用的契约延伸至合同谈判阶段，承认了第三人缔约过失责任。有学者将德国法上的第三人缔约过失责任概括为两种情形：其一，代理人或磋商辅助人对缔约具有自己的经济利益，并显著地影响了合同磋商或者合同订立；其二，代理人或磋商辅助人引起了缔约相对人特别的人身信赖，并显著地影响了合同磋商或者合同订立。在司法实践中，德国法院对第三人缔约过失责任的认定较为慎重，因为第三人可能同时还因违反咨询合同承担违约责任、侵权责任或担保责任。这些责任要件不应因信赖责任而被模糊。②

德国债法现代化改革通过第 311 条第 3 款规定了第三人缔约过失责任，既突破了传统的缔约过失构成观念，也突破了债务关系相对性原则。第三人必须是合同一方的使用人，依附于潜在的合同双方间的缔约关系，原则上不承担缔约过失责任。第三人缔约过失责任有三种类型：代理人和磋商辅助人责任、管理人责任及招股说明书责任。第 311 条第 3 款第 1 句主要是指代理人和磋商辅助人的自己责任，第 2 句主要是指管理人责任，包含鉴定人和其他信息提供人对第三方的责任。在这些情形下，第三人均通过自己的行为与相对人独立建立了法定债务关系，相对人信赖的是第三人而非合同对方。③

《民法典》第 149 条和第 150 条分别规定了第三人欺诈和第三人胁迫，这意味着在受害人撤销合同时，可以请求第三人承担缔约过失责任或侵权责任。因此，在《民法典》实施后，将这种情形下担保人的赔偿责任解释为第三人缔约过错责任，比勉强解释为对保证合同的缔约过失责任更为妥当。

---

① 参见叶金强：《担保法原理》，科学出版社 2002 年版，第 43 页；高鸿宾：《无效保证的民事责任》，载《法律适用》2002 年第 1 期。

② 参见卢谌、杜景林：《论缔约过失的基本问题及体系建构》，载《甘肃政法学院学报》2007 年第 1 期。

③ 参见丁勇：《论德国法中的第三人缔约过失责任》，载《法律科学》2004 年第 3 期；李昊：《德国缔约过失责任的成文化》，载《清华法学》2010 年第 2 期。

（二）侵权责任说

这种观点将担保人的赔偿责任定性为侵权责任。但侵权责任说面临的一大问题是，即使《民法典》第1164条并未像原《侵权责任法》第2条第2款那样，将侵权责任的客体作出明确的限定，但依据侵权责任法平衡行动自由和权益保护的一般原理，债权等相对权通常难以成为其客体。在担保人过错造成债权人损失时，债权人的损失为“纯粹经济损失”，要成为侵权责任保护的对象，存在法律障碍。

但是，我国司法实践也确认，在行为人违反保护性法规、故意违反公序良俗原则等情形下，造成纯粹经济损失时，可以成立侵权责任。例如，《关于审理涉及会计师事务所在审计业务活动中民事侵权赔偿案件的若干规定》第1条规定：“利害关系人以会计师事务所在从事注册会计师法第十四条规定的审计业务活动中出具不实报告并致其遭受损失为由，向人民法院提起民事侵权赔偿诉讼的，人民法院应当依法受理。”该条明确将受害人的纯粹经济损失纳入侵权责任的保护范围。

基于这种考虑，在担保人故意以提供担保为饵，诱使债权人授信于无资信能力的债务人，造成债权人财产损失时，应承担侵权责任。①

二、担保人承担赔偿责任后能否向债务人追偿

根据《民法典》第388条第2款、第682条第2款，担保合同无效后，担保人仍应根据其过错承担赔偿责任。但在担保人承担赔偿责任后，是否可以向主债务人追偿?《担保法解释》第9条第1款规定：“担保人因无效担保合同向债权人承担赔偿责任后，可以向债务人追偿，或者在承担赔偿责任的范围内，要求有过错的反担保人承担赔偿责任。”理论界对本条的评价褒贬不一。

肯定论者认为，无论是有效担保还是无效担保，最终的债务人都是最终义务人；而担保人的责任与权利相比通常不成比例，即便在担保无效时，无效担保人的责任也很沉重。如果否认担保人向债务人求偿，有违公平原则。② 否定论者认为，担保人的赔偿责任的归责原则是过错责任，担保人应自己承担责任，不应再

---

① 参见高圣平：《担保法论》，法律出版社2009年版，第61页；程啸：《主合同无效时保证人的责任问题——兼评最高人民法院〈担保法解释〉第8、9条》，载《法学论坛》2005年第6期。

② 参见曹士兵：《中国担保制度与担保方法》（第4版），中国法制出版社2017年版，第106页。

向其他人追偿，否则有违民法最基本的归责原理。[1]《民法典》第1198条第2款对安保义务人和第三人行为造成他人损害时责任配置的规定，也存在类似的争议。这一问题的实质还是如何进行价值抉择。

三、物上保证人的赔偿责任是否以担保物的价值为限

在设定担保物权的合同如抵押合同无效时，涉及一个比较特殊的问题：担保物本身的价值比债务人不能清偿部分的二分之一要低，应如何处理？如甲向乙借款200万元，丙以价值50万元的抵押物做担保，其后担保合同被认定为无效。但甲无力清偿全部债务，此时，按照《民法典担保制度解释》本条规定，丙承担责任的范围可为100万元，但即使担保合同有效，丙承担的担保责任也仅仅限于50万元。

在“刘虎娃、王文霞金融借款合同纠纷案”[2]中，法院认定，因抵押担保责任属合同内的约定责任，赔偿责任为合同外的法定责任，二者相互独立，故赔偿责任的范围应根据损失大小及过错程度加以认定，并不受担保责任范围的限制。当抵押权人基于抵押合同有效的前提，起诉请求抵押人承担抵押担保责任时，应当理解为其请求抵押人基于其抵押的意思表示承担责任，该责任既应当包含抵押合同有效时的抵押担保责任，也应当包含抵押合同被认定无效时抵押人基于其过错应当承担的赔偿责任，因此，抵押人以“赔偿责任应以抵押担保范围为限”的主张无法律依据。但考虑到即使在抵押合同成立时，抵押人的责任范围也小于其赔偿范围，对此债权人在缔约时即有合理预期，判令抵押人超出抵押范围承担责任，未必妥当。但在抵押人与债务人恶意串通损害债权人利益的情形下，抵押人与债务人构成共同侵权时，这种处理结果有其合理性。

（本条由谢鸿飞撰写）

---

① 参见孙鹏、肖厚国：《担保法律制度研究》，法律出版社1998年版，第122页；程啸：《主合同无效时保证人的责任问题——兼评最高人民法院〈担保法解释〉第8、9条》，载《法学论坛》2005年第6期。

② 最高人民法院（2019）最高法民申1337号民事裁定书。

第十八条 【担保人追偿权和法定代位权】

承担了担保责任或者赔偿责任的担保人，在其承担责任的范围内向债务人追偿的，人民法院应予支持。

同一债权既有债务人自己提供的物的担保，又有第三人提供的担保，承担了担保责任或者赔偿责任的第三人，主张行使债权人对债务人享有的担保物权的，人民法院应予支持。

◆ 条文要旨

本条是对担保人追偿权和法定代位权的规定。

◆ 理解与适用

一、本条的规范意旨

本条第 1 款是《民法典》第 392 条、第 700 条前句的解释。前者规定，在混合共同担保的情形，提供担保的第三人承担担保责任后，有权向债务人追偿。后者规定，保证人承担保证责任后，除当事人另有约定外，有权在其承担保证责任的范围内向债务人追偿。

本条第 2 款明确了担保人法定代位权的适用范围，是对《民法典》第 700 条的解释，具体而言，是对保证人承担保证责任后“享有债权人对债务人的权利，但是不得损害债权人的利益”的解释。《民法典》之前的法律并没有规定担保人的法定代位权，《民法典》第 700 条新增了担保人的这一权利。

我国台湾地区“民法”分别规定了第三人作为保证人和物上保证人的法定代位权。其第 749 条规定：“保证人向债权人为清偿后，于其清偿之限度内，承受债权人对于主债务人之债权。但不得有害于债权人之利益。”第 879 条第 1 款规定：“为债务人设定抵押权之第三人，代为清偿债务，或因抵押权人实行抵押权致失抵押物之所有权时，该第三人于其清偿之限度内，承受债权人对于债务人之债权。但不得有害于债权人之利益。”《民法典担保制度解释》第 20 条规定，《民法典》第 700 条可以适用于第三人提供物的担保，因此，无论第三人提供的担保是何种类型，《民法典担保制度解释》本条都可以适用。

本条的正当性依据在于，因担保人责任终究为代偿责任，债务人才是终局的责任承担者，所以法律有必要构建合理制度以保障保证人在承担保证责任后所受损失的弥补机制，以维系保证制度的有效运行。①

二、担保人对主债务人的追偿权

（一）担保人对主债务人行使追偿权的条件

《担保法》第31条规定了保证人在承担保证责任后，可以向债务人追偿。《担保法解释》第9条进一步肯定了担保人承担担保合同无效时的赔偿责任后，可以向债务人追偿。《民法典》第392条和第700条并没有规定担保无效时担保人承担赔偿责任后的追偿权，《民法典担保制度解释》本条第1款增加了“赔偿责任”，即担保人依据《民法典担保制度解释》第17条规定承担赔偿责任后，也有权追偿。

担保人承担责任限于通过有偿方式消灭债权人对债务人的债权，担保人承担债务的方式包括清偿和与清偿类似的方式，如直接给付、经强制执行或破产清算而清偿、提存、抵销、以物抵债等。② 如果担保人并未履行给付义务，只是尽力致使主债务消灭，如说服债权人，使债权人免除主债务人的债务的，因其并没实际承担责任，因此不得向主债务人追偿。③ 此外，如果主债务是因不可抗力等因素消灭，并非担保人承担担保责任的结果，则担保人不享有追偿权。④

值得注意的是，担保人是否必须在实际承担担保责任或赔偿责任后，才能向债务人追偿。在实践中，若担保人和债权人已经达成主债务清偿的和解协议，且债权人明确对债务人表示不再向其请求履行时，应当认为，此时担保人有权向债务人追偿，因为债务人已经免责，而担保人将替代债务人履行债务。

根据《民法典》第700条规定的但书，债务人与担保人可协议排除追偿权的行使。其合理性在于，除民事无偿担保之外，实务中还有大量的商业有偿性担保，有偿形式也不限于直接支付金钱，如在签订保证合同之前，债务人对保证人

---

① 参见谢鸿飞、朱广新主编：《民法典评注·合同编·典型合同与准合同（2）》，夏昊晗执笔，中国法制出版社2020年版，第121页。

② 参见邹海林、常敏：《债权担保的理论与实务》，社会科学文献出版社2005年版，第95页。

③ 参见黄薇主编：《中华人民共和国民法典解读·合同编》（上），中国法制出版社2020年版，第734页。

④ 参见郭明瑞：《担保法》，法律出版社2010年版，第46页。

享有相应的债权，保证人承担保证责任的商业动机在于抵销了其欠债务人的债务。这是当事人自愿的商业安排，不涉及公序良俗，所以应当承认其效力。① “当事人另有约定”既包括债务人和担保人在委托合同中约定，也包括担保人承担责任后与债务人的约定。在前者，担保人与主债务人之间存在赠与合同，相当于担保人赠与债务人以财产利益，因此，担保人没有赠与的意思，是担保人追偿权的消极要件。但担保人在行使追偿权时不必就此举证。②

在实践中，担保人的追偿权还存在如下值得注意的问题：

其一，担保人在承担担保责任或赔偿责任后，是否有义务通知主债务人？不通知导致债务人再次清偿时，担保人是否丧失追偿权？一种观点认为，担保人承担担保责任或者赔偿责任后，怠于通知债务人导致债务人因不知情而向债权人为清偿的，应解释为保证人丧失对债务人的追偿权。③ 但是，在担保人承担责任后，债权就应法定转移给担保人，原债权人即无权请求债务人履行或者接受债务人的履行，因此，担保人怠于通知债务人，并不足以发生使担保人追偿权消灭的后果。债务人此时应依不当得利请求原债权人返还。如果担保人恶意隐瞒，导致债务人因此遭受损失的，应承担侵权责任。

其二，保证人对保证期间已经过的保证承担责任，应丧失其享有的追偿权。如在“辽阳市燃料总公司第二分公司诉王文忠等担保追偿纠纷案”④ 中，法院认为，保证期间届满后保证人自愿承担保证责任的，无权向债务人追偿。此外需要注意的是，《民法典担保制度解释》第33条规定，保证合同无效，债权人未在约定或者法定的保证期间内依法行使权利，保证人不承担赔偿责任。如果保证人此时承担了赔偿责任，也不能向债务人追偿。

其三，担保人在债务人履行期限届满前提前清偿了主债务，能否行使追偿权，司法实践存在争议。第一种意见认为，保证人未取得代偿债务的完全追偿

---

① 最高人民法院民法典贯彻实施工作领导小组主编：《中华人民共和国民法典合同编理解与适用》（二），人民法院出版社2020年版，第1393页。

② 参见黄薇主编：《中华人民共和国民法典解读·合同编》（上），中国法制出版社2020年版，第734页。

③ 参见黄薇主编：《中华人民共和国民法典释义》（中），法律出版社2020年版，第1327页。

④ 辽宁省辽阳市中级人民法院（2002）辽民二终字第12号民事判决。参见国家法官学院、中国人民大学法学院编：《中国审判案例要览·2003年民事审判案例卷》，中国人民大学出版社2004年版。

权。理由是：根据合同的相对性，保证人代债务人提前向债权人偿还剩余债务，侵害了债权人依照合同的约定而享有的分期付款权，保证人只对所代付已到期月份的债务享有追偿权，对所代付未到期月份的债务不享有追偿权。第二种意见认为，保证人基于自身合理需要，作为保证人提前代被保证人履行特定债务，并未侵害债权人的利益，应当取得完全追偿权。[①] 根据《民法典》第530条第1款规定的精神，债权人同意债务人提前履行债务的，债务人可以提前履行未到期债务，因此，担保人提前履行债务并未对债权人造成损害，也未给债务人造成损害，在没有特别约定的情况下，保证人提前代偿可以取得追偿权。但为了使债务人不丧失债务履行的期限利益，追偿权应在主债务到期时才能行使。

（二）担保人追偿权行使的范围

《民法典》第700条前句将担保人追偿权的范围，限定于“承担担保责任的范围”，并允许“当事人另有约定”。在解释上，追偿权是对担保人因承担担保责任的一种补偿，补偿的范围包括担保人因承担担保责任所受到的一切损失。在实务中，需要注意的问题主要如下。

其一，担保人的担保责任范围应与主债务人的免责范围相一致，依据《民法典担保制度解释》第3条，若担保人承担担保责任的范围大于主债务时，担保人只能在主债务的范围内追偿，同时可依不当得利规则向债权人追偿。

其二，担保人承担赔偿责任后，向债务人追偿的范围为其实际承担的责任范围。依据《民法典担保制度解释》第17条，在担保合同无效时，且担保人有过错的，应对债权人承担赔偿责任。在其承担赔偿责任后，也可以向债务人全部追偿。

其三，债务人对债务逾期后至担保人代偿期间利息的追偿。债务人往往提出其不承担这种利息的抗辩，因为担保人在债务人未能到期偿还债务时，就应主动向债权人承担保证责任以消灭债务，否则担保人就违反了担保合同的约定。担保人逾期代偿行为导致利息继续计算，债务人对该部分利息不应承担责任。这种抗辩不能成立。因为债务本身就是主债务人的债务，在债务人迟延履行后，担保人

---

① 参见戴延伟：《保证人提前代为履行债务取得追偿权》，载《人民法院报》2016年9月22日，第7版。

实际代偿前，债务人仍应对包括逾期利息在内的全部债务承担责任。这是自己责任的基本要求。

其四，担保人可以向债务人追偿自承担担保责任之日起代偿金额的法定利息。债务人在其主债务履行期限届满后即负有向债权人支付法定利息的义务，在担保人代偿后，债务人有义务立即向担保人偿还相应款项。担保人因履行与债务人之间的委托合同或无因管理而承受的资金被占用损失，应由终局的责任者即债务人负担。在司法实践中，法院一般不支持利息主张，但可能基于公平原则或资金占用损失酌情考虑。如"新兴能源装备股份有限公司、山东耀昌集团有限公司追偿权纠纷二审民事判决书"等。[①]

其五，担保人为承担担保责任而支付的必要费用，如履行担保责任的费用、诉讼费用等。在多数情形下，担保人和债务人之间存在委托合同，[②] 基于委托合同的效力，担保人从事委托活动的费用、损失等均应由委托人承担。此外，担保人在承担担保责任过程中，因不可归责于自己的事由而受到的损失，也在追偿范围内。其法律依据为《民法典》第930条，即受托人处理委托事务时，因不可归责于自己的事由受到损失的，可以向委托人要求赔偿损失。

担保人与主债务人之间的原因关系有委托合同、无因管理和赠与三种。在无因管理的情形下，根据《民法典》第979条，在担保行为不违背债务人明示或可推知的意思时，担保人有权向债务人追偿其所清偿的全部债务及利息和必要费用。而根据《民法典》第980条，在担保人行为违背债务人意思时，担保人仅在债务人享受利益限度内有追偿的权利。[③] 无论债务人和担保人是何种关系，担保人都可以向债权人主张债务人享有的对债权人的所有抗辩，若其怠于主张主债务人的抗辩，导致其清偿范围超过主债务人应承担债务范围的，或者承担了本不应承担的责任，或者支出非必要花费的，担保人均无权向债务人主张追偿权。

（三）追偿权的行使不得损害债权人的利益

根据《民法典》第700条的但书规定"不得损害债权人的利益"，在债权人

---

① 河北省高级人民法院（2020）冀民终212号民事判决书。

② 参见郭明瑞、房绍坤：《担保法》（第3版），中国政法大学出版社2015年版，第50页。

③ 参见叶金强：《担保法原理》，科学出版社2002年版，第71页。

全部债权未受偿之前，担保人尚无法主张与原债权人的剩余债权平等受偿，债务人的责任财产应优先用于清偿其债务，而非满足担保人的追偿权。[①] 这意味着，担保人承担担保责任或赔偿责任，仅使部分主债务消灭，担保人也享有追偿权，但其追偿范围仅限于其实际承担责任范围，而且，追偿权的行使不得损害债权人的利益。如在“赖某某与刘某某追偿权纠纷执行案”中，法院认为，担保人部分承担担保责任时，追偿权不受影响，但该追偿权的行使不能对抗向债权人承担的保证之债，[②] 即不得损害债权人利益，担保人的追偿权应在债权人的债权全部得到清偿后才能满足，即追偿权应劣后于债权人的债权。

三、担保人的法定代位权

（一）法定代位权的性质

担保人的法定代位权，又称担保人的清偿承受权，是指担保人承担担保责任之后，在其承担保证责任的范围内承受债权人对于主债务人的债权，而对主债务人行使原债权人权利的权利。[③] 担保人承担担保责任之后，对主债务人并非取得新的债权，而是在清偿限度内取得债权人对主债务人的权利，其情形与具有合法利益的第三人清偿后取得债权人对债务人的权利（《民法典》第524条）相同，但与债的保全制度中的债权人代位权仅能代位行使债务人的权利（《民法典》第535条）存在重大差异。准确地说，保证人行使的权利是从债权人移转而来的权利，属于法定的债权移转。[④]

（二）担保人的追偿权与法定代位权的关系

担保人在承担担保责任后，是否代位主债权人，在《民法典》颁行之前，理论界存在一定的争议。一种观点认为，代位权以求偿权为基础，如果担保人不存在求偿权则其亦不享有代位权。求偿权是发生在担保人与债务人之间的债权请求权，源自保证人承担保证责任后，在承担责任的范围内对主债权人债权的继受，并取代主债权人的地位行使权利。[⑤] 另一种观点认为，代位权与求偿权相分离，

---

① 参见邱聪智：《新订债法各论》（下），姚志明校订，中国人民大学出版社2006年版，第397页。

② 参见汪林云：《保证人未完全承担保证责任不影响行使追偿权》，载《人民司法·案例》2014年第12期。

③ 参见黄立：《民法债编各论》，中国政法大学出版社2002年版，第655页。

④ 参见陈自强：《契约责任与契约解消》，元照出版有限公司2016年版，第362－363页。

⑤ 参见孔祥俊：《担保法及其司法解释的理解与适用》，法律出版社2001年版，第194页。

二者分属独立的权利。两项权利的法律基础不同，求偿权基于保证原因关系中的委托或无因管理，而代位权则是为了防范主债权人以获得不当利益而进行的法定债权转移。① 在《民法典》编纂时期，学界基本已达成担保人享有代位权的共识。②

在《民法典》颁行之前，司法实践对追偿权和代位权的关系认识不一致。

第一种观点认为，我国法仅规定了追偿权，未规定代位权。在“四川省开元集团有限公司、宁夏丰友化工股份有限公司破产债权确认纠纷再审审查与审判监督民事裁定书”中，最高人民法院认为，《担保法》第 31 条规定，保证人承担保证责任后，有权向债务人追偿。该条仅确立了保证人承担保证责任后向债务人的追偿权。追偿权并非代位权。③ 在较早的“北方国际租赁有限公司与中国农业银行黑龙江省分行宏博支行担保物权纠纷二审案”中，最高人民法院也认为担保人的代位权和追偿权是竞合关系，应择一行使。④ 也有一些判决明确否认了提供物保的第三人的代位权，理由是法律没有明文规定。如“彭聪能、成都农村商业银行股份有限公司簇桥支行保证合同纠纷二审民事判决书”指出：“由于我国现行法律并未规定担保人的代位权，担保人在承担担保责任后，并不能够代位取得债权人对债务人提供的抵押物的抵押权。”⑤

第二种观点认为，《担保法》关于保证人追偿权实际上就是保证人法定代位权。《担保法》第 31 条“是关于保证人承担保证责任后，代位债权人享有对债务人债权的规定”⑥。一些判决也将法定代位权直接解释为追偿权，进而保护担保人，如“河南金庄投资担保有限公司与郑曙追偿权纠纷案”⑦。

第三种观点认为，二者构成请求权竞合。如在“中国农业银行黑龙江省分行宏博支行与北方国际租赁有限公司担保合同纠纷案”中，最高人民法院认为：“担保人因为代位履行而产生的代位权和求偿权情形，属于请求权竞合。在其中

---

① 参见郭明瑞、房绍坤、张平华：《担保法》（第 5 版），中国人民大学出版社 2017 年版，第 61 页。

② 参见王乐兵：《担保法专论》，对外经济贸易大学出版社 2018 年版，第 63 页。

③ 最高人民法院（2020）最高法民申 343 号民事判决书。

④ 最高人民法院（2000）最高法经终字第 267 号民事判决书。

⑤ 最高人民法院（2019）最高法民终 1631 号民事判决书。

⑥ 全国人大常委会法制工作委员会民法室编著：《中华人民共和国担保法释义》，法律出版社 1995 年版，第 42 页。

⑦ 高圣平：《论担保物权“一般规定”的修改》，载《现代法学》2017 年第 6 期。

一权利的行使而得到满足时，其他权利即归消灭。”①《民法典》第700条明确区分担保人的追偿权和法定代位权，并同时赋予担保人两种权利。担保人在承担担保责任后，依据《担保法》和《物权法》的规定，债权人的债权归于消灭，但《民法典》则拟制债权继续存在，使保证人取得法定代位权，其唯一的目的在于保障保证人向债务人追偿。因此，追偿权是法定代位权产生的前提和基础，决定了后者是否成立。换言之，法定代位权从属于追偿权，其目的是强化追偿权，追偿权不存在，则法定代位权也不产生；追偿权实现后，被移转的债权也即告消灭。这也是比较法上往往先规定追偿权，后规定法定代位权的原因。②

（三）法定代位权的成立要件

根据《民法典担保制度解释》第18条第2款，担保人法定代位权的成立以“担保人已承担保证责任或者赔偿责任”且“存在债务人物保”为要件。在解释上，“担保人已承担保证责任或者赔偿责任”与前述追偿权的要件完全一致。③担保人承担保证责任后，可以在其承担担保责任的范围内行使“债权人对债务人享有的担保物权”。

《民法典》第392条和第699条禁止无意思联络的共同担保人相互追偿，《民法典担保制度解释》第14条也坚持这一立场。但《民法典》第700条同时赋予担保人追偿权和代位权，很容易被误认为它间接承认了无意思联络的共同担保人之间存在追偿权。如甲向银行借款100万元，A为保证人，B提供了自己的房屋作为抵押，并为银行设立了第一序位的抵押权。在A承担保证责任后，基于《民法典》第700条，A应代位取得银行对甲的100万元债权，而该债权上存在抵押权，A当然可以向B行使抵押权。为避免B在承担抵押责任后向A追偿，A只能向B行使B应分摊部分相应的抵押权。

《民法典担保制度解释》则澄清了这一点，即《民法典》的前述条文之间并

① 最高人民法院（2000）经终字第267号民事判决书。参见程啸：《混合共同担保中担保人的追偿权与代位权——对〈物权法〉第176条的理解》，载《政治与法律》2014年第6期。

② 参见谢鸿飞：《连带债务人追偿权与法定代位权的适用关系——以民法典第519条为分析对象》，载《东方法学》2020年第4期。

③ 参见邱聪智：《新订债法各论》（下），姚志明校订，中国人民大学出版社2006年版，第397页；刘春堂：《民法债编各论》（下），中国人民大学出版社2012年修订版，第370页。

不存在矛盾。《民法典》第700条规定的是，保证人享有“债权人对债务人的权利”，而第519条规定的超额履行的连带债务人“相应地享有债权人的权利”。其目的是避免没有意思联络的担保人相互追偿。本款应与《民法典担保制度解释》第13条、第14条结合理解和适用。这里举例说明：甲向银行借款100万元，并以自己的房屋为银行设定了抵押权。乙提供了100万元的全额保证，丙提供了价值100万元的股票作质押。银行和乙、丙订立的担保合同均约定，在甲不履行到期债务时，银行可以任意行使担保权，而并非要首先行使债务人提供的抵押权。在债务到期后，银行请求乙承担了100万元的保证责任，此时，乙代位继受银行对甲的100万元的债权，银行对甲的抵押权也相应移转于乙。乙因此可以在行使代位权或追偿权时优先受偿。但因为乙并没有取得银行对丙的权利质权，所以无法对丙行使权利。可见，乙和丙之间并不可能存在追偿。总之，无论是《民法典》还是《民法典担保制度解释》，都全面禁止没有意思联络的共同担保人之间相互进行追偿。

（四）法定代位权的行使不得损害债权人的利益

《民法典》第700条规定：“保证人承担保证责任后……享有债权人对债务人的权利，但是不得损害债权人的利益。”这主要是指担保人承担担保责任仅使主债务部分消灭的情形，导致担保人承受的部分债权与原债权人的剩余债权并存。原债权人的利益不应因担保人履行担保债务而受影响，主债务上的担保物权基于其不可分性依然全部优先于债权未受清偿部分的债权的担保。① 如甲向银行借款100万元，A为保证人，甲提供了自己的房屋作为抵押，并为银行设立了第一序位的抵押权。其后A承担了80万元的保证责任，此时A可代位享有80万元的债权。在A主张债权和对甲的房屋行使抵押权时，因银行尚有20万元的债权未得到清偿，故A的债权应劣后于银行的债权受偿。这和追偿权的行使要求是一致的。

（五）担保人享有债权人对债务人的担保物权

本条将《民法典》第700条中“享有债权人对债务人的权利”细化为行使债权人对债务人享有的担保物权。因系法定移转，无须办理变更登记即生效。理由

① 参见刘春堂：《民法债编各论》（下），中国人民大学出版社2012年修订版，第371页。

如下：以抵押为例，债权人作为抵押权人办理他项权证后，保证人清偿债务的，登记的抵押权人并不会即时变更登记为保证人，由此需要为保证人直接实现担保物权提供法律上的明确保障，免除其起诉要求变更权利人登记的诉累。

◆ 疑点与难点

本条规定和其他规定的体系关联

《民法典担保制度解释》第 18 条第 2 款在实践中需要注意如下三个问题：

一是它扩张了《民法典》第 700 条对保证人追偿权范围。《民法典》第 700 条仅仅规定了“保证人承担保证责任后”可以追偿，但并未涉及保证人因保证合同无效承担责任后，是否能进行追偿。本条规定肯定了这一点。这意味着，保证人依据《民法典担保制度解释》第 17 条承担保证合同无效的责任后，可以向债务人追偿。同时，依据《民法典担保制度解释》第 19 条的规定，保证人也可以向反担保人追偿其因保证合同无效承担的赔偿责任。

二是注意本条规范和《民法典担保制度解释》第 20 条的结合适用。后者将《民法典》第 700 条扩张到物上保证人。这意味着物上保证人在承担抵押合同、质押合同产生的担保责任后，或者承担因这些合同无效产生的赔偿责任后，也可以向债务人以及反担保人追偿。

三是本款应与《民法典》第 547 条第 2 款结合适用，其规定在债权转让时，“受让人取得从权利不因该从权利未办理转移登记手续或者未转移占有而受到影响”。其规定虽然是意定债权转让规则，但同样可以适用于法定转让。因此，在前例中，如果乙在承担担保责任后，并未办理抵押权登记手续，也可以基于法定代位权，行使对甲的抵押权。

（本条由谢鸿飞撰写）

第十九条　【反担保人的责任】

担保合同无效，承担了赔偿责任的担保人按照反担保合同的约定，在其承担赔偿责任的范围内请求反担保人承担担保责任的，人民法院应予支持。

反担保合同无效的，依照本解释第十七条的有关规定处理。当事人仅以担保合同无效为由主张反担保合同无效的，人民法院不予支持。

◆ 条文要旨

本条是关于反担保人的责任的规定。

◆ 理解与适用

一、本条的规范意旨

《民法典》第 387 条第 2 款规定："第三人为债务人向债权人提供担保的，可以要求债务人提供反担保。反担保适用本法和其他法律的规定。"第 689 条规定："保证人可以要求债务人提供反担保。"依据这两条规定，在第三人担保关系中可以存在反担保。《民法典担保制度解释》第 19 条针对的是反担保合同无效的效力以及担保合同对反担保合同效力的影响。

二、反担保的界定与性质

反担保又称为求偿担保，是指债务人或者第三人为确保担保人承担担保责任后实现对债务人的追偿权和代位权而设定的担保。①

《民法典》第 700 条规定："保证人承担保证责任后，除当事人另有约定外，有权在其承担保证责任的范围内向债务人追偿，享有债权人对债务人的权利，但是不得损害债权人的利益。"据此，担保人在承担担保责任后，有权向债务人追偿，并法定继受债权人对债务人的债权。如果说担保制度通过第三人信用或物的

---

① 参见谢鸿飞、朱广新主编：《民法典评注·合同编·典型合同与准合同（2）》，夏昊晗执笔，中国法制出版社 2020 年版，第 61 页。

信用，实际上将债的相对人扩张到保证人和就特定的担保物优先受偿，弥补了债的相对性欠缺，那么反担保就同样让担保人能享受担保制度的利益。反担保的目的在于强化保证人的追偿权和代位权，避免债务人的责任财产不足时这些权利难以实现。

反担保制度的功能主要体现为：一是通过能有效降低保证人的风险，可以强化第三人提供担保的意愿，从而缓解“觅保难”的问题。二是促进债务人依约履行义务，尤其是在债务人自己提供反担保的情形下。

反担保包括全部意定担保方式，如保证、抵押和质押，但不包括法定担保方式。当原始担保为留置时，不可适用反担保；反担保本身也不能容纳留置方式。① 反担保人可以是债务人，也可以是第三人。债务人可以在自己的财产上设定抵押、质押等反担保方式。在债务人提供担保时，担保方式不可能是保证，因为反担保正是为了担保主债务人向担保人履行，主债务人提供保证，在逻辑上不能成立，② 事实上也毫无意义。

但第三人能否作为反担保人，理论上曾存在争议。反对的意见主要是，许可第三人作为反担保人，将产生“担保人—反担保人—债务人”的多重追偿环节。但是，基于契约自由原则，反担保环节的各方主体均为自身利益最大化的最佳判断者，以反担保增加了追偿的成本，从而不许可第三人提供反担保，无视反担保的功能，无异于舍本逐末。然而，《民法典》第 387 条第 2 款和第 689 条都只规定，债务人可以提供反担保。但立法者也认为，“从本条侧重保护原担保人的合法权益、换取原担保人立保的立法目的和基本思想衡量，法条文本涵盖的反担保提供者的范围过于狭窄，不足以贯彻其立法目的，构成法律漏洞。对该漏洞的弥补应采取目的性扩张解释方式，将第三人提供反担保的情形纳入本条的适用范围”③。《担保法解释》第 2 条第 1 款规定“反担保人可以是债务人，也可以是债务人之外的其他人”值得肯定。实际上，反担保人由谁担任，完全应适用和担保一样的规则。在决定反担保规则的法律适用时，应坚持一个核心原则：反担保和

① 参见陈小君、樊芃：《论反担保——〈担保法〉第四条质疑》，载《法商研究》1997 年第 4 期。

② 参见叶金强：《担保法原理》，科学出版社 2002 年版，第 11 页。

③ 参见黄薇主编：《中华人民共和国民法典解读·合同编》（上），中国法制出版社 2020 年版，第 756－757 页。

担保的法律适用规则应一致，这也是宪法平等原则的基本要求。《担保法》第 4 条第 2 款规定："反担保适用本法担保的规定。"《民法典》尽管未纳入这一规定，但解释结论也相同。因为反担保和担保唯一的差异在于，反担保的主债务只能是担保人的求偿权和债权法定继受权，而担保的主债务的范围要宽泛很多，但这一根本差异在法律上无需做不同的评价。在《民法典》实施后，第 387 条第 2 款和第 689 条规定的"债务人提供反担保"可以理解为包括两种情形：一是债务人自己提供物上保证，如抵押、质押；二是债务人委托第三人提供保证、抵押或质押。因为担保人与主债务人之间的关系可以是委托、无因管理、赠与，① 因此，如果一定要认为《民法典》第 387 条第 2 款和第 689 条存在漏洞，也仅仅限于第三人未经债务人委托提供担保的情形。

三、反担保法律关系中的主债务和从债务

在反担保合同中，反担保人担保的到底是什么债务，或者说从债务角度来看，反担保担保的到底是何种债务？

主流观点认为，反担保成立的目的是因为本担保的成立，若不存在本担保，是不可能存在反担保的，所以反担保从属于担保人和债权人之间的本担保合同。担保合同是主合同的从合同，又是反担保合同的"主合同"。反担保的成立、效力、变更、解除等取决于担保合同；反担保责任的补充性也是指担保人在取得对债务人的追偿权后，债务人不对担保人不履行清偿义务时，反担保人方负代为清偿责任。② 反对意见认为，在反担保合同中，基于委托合同所产生的求偿关系是主法律关系，求偿担保关系是从法律关系。如在担保公司提供的担保中，担保公司与借款人之间的委托（担保）合同是主合同，借款人或者第三人与担保公司之间求偿担保合同是从合同。求偿担保合同的主合同并非担保人与债权人之间的本担保合同，而是主债务人与担保人之间的委托（担保）合同。求偿权产生的依据并不是担保公司与商业银行之间的本担保合同，而是借款人与担保公司之间的委托合同。③

---

① 参见高圣平：《担保法论》，法律出版社 2009 年版，第 85 页。

② 参见刘保玉：《反担保初探》，载《法律科学》1997 年第 1 期。

③ 参见高圣平：《融资性担保公司求偿担保若干争议问题研究》，载《暨南学报》（哲学社会科学版）2012 年第 11 期。

无疑，主流观点存在一定的问题：如果反担保合同是担保合同的从合同，则主债务人只能是担保合同中的担保人，然而，反担保人的债权人也是担保人，这就造成了一个逻辑问题：反担保人在向担保人承担反担保责任后，又可以向主合同的债务人（担保人）追偿。这显然是不可能的。而且，按照担保原理，反担保人担保的也应是主合同项下的债权，如果认为担保合同是主合同，则反担保合同担保的是担保合同的债权，而担保合同的权利人是债权人根本不是担保人，这样一来，主合同的债权人就可以直接请求反担保人承担担保责任了。这显然是不可能的，因此，反担保合同并非担保合同的从合同，反担保人担保的也不是担保合同项下的债权。

在反担保中，各方的关系为：（1）主合同中的债权人 A——主合同中的债务人 B；（2）担保合同中的债权人 A——担保合同中的债务人（担保人）C；（3）反担保合同中的债权人（担保人）C——反担保合同中的债务人（反担保人）D。在担保人、反担保人均承担担保责任时，各方的履行和追偿环节为：A—C—D—B。可见，反担保合同担保的主债权应界定为担保人在承担担保责任后，对债务人享有的追偿权或其法定承受的债权人对债务人的债权。这种主债权的特征在于，它是否发生具有不确定性，因为主债务担保合同中的担保人可能并不承担责任，从而不享有对债务人的债权，反担保人的担保责任也就不会产生。可见，反担保担保的债务具有不确定性，这是它最大的特征之一。

四、担保合同无效时担保人对反担保人的追偿权

（一）反担保人责任的性质

《民法典担保制度解释》第 19 条第 1 款规定，担保合同无效，承担了赔偿责任的担保人按照反担保合同的约定，在其承担赔偿责任的范围内请求反担保人承担担保责任的，人民法院应予支持。其逻辑是，依据《民法典担保制度解释》第 18 条第 1 款规定，承担了担保责任或者赔偿责任的担保人，在其承担责任的范围内，有权向债务人追偿。

在担保法律关系中，如果主合同无效导致担保合同无效，或担保合同本身无效时，有过错的担保人均应按照《民法典担保制度解释》第 17 条承担缔约过失性质的损害责任。担保人在承担损害赔偿责任后，可以向反担保人追偿。通说认为，反担保责任的构成要件是由于反担保人有过错和担保人实际承担了责任。原因是反担保合同是担保合同的从合同，担保合同无效，反担保合同也无效，所

以，担保人承担的责任是缔约过失责任。反担保人的过错情形和担保人的过错情形相同，也体现为反担保人明知担保合同无效仍为之提供担保或者促使担保等。① 但这种理论存在一定的难以自洽之处。如果反担保合同担保的主合同是担保合同，则在担保人承担赔偿责任时，将存在两个环节：（1）担保人因主合同无效或担保合同本身无效承担赔偿责任，其责任限额为二分之一或者三分之一；（2）因担保合同无效，反担保合同也无效，担保人向反担保人追偿。而担保人并不存在未履行担保合同的情形，则如何向反担保人追偿？

可见，在担保合同无效时，反担保人担保的是担保人的追偿权。担保人可以向债务人追偿，也可以按照反担保合同向反担保人请求承担担保责任。反担保人此时承担的并非赔偿责任，而是担保责任，因为此时反担保合同是有效的，担保合同的无效并不导致反担保合同无效。

（二）反担保人责任的范围

在《民法典担保制度解释》之前，司法实践中通行的观点是：担保合同无效时，反担保人承担的责任视案件的实际情况确定，担保人承担的责任不能全部由反担保人承担，在无效担保的情况下，担保人和反担保人均因自身过错承担责任，从这个角度出发，反担保人分担担保人所承担的责任比较公平。比如，担保人承担债务人未能清偿部分的三分之一，反担保人则承担担保人所承担的三分之一部分的一半比较适宜。②《民法典担保制度解释》因不再将反担保合同作为担保合同的从合同，所以它规定，在担保合同无效时，担保人因此承担的全部赔偿责任，都可以向反担保人追偿。

当然，《民法典担保制度解释》第 3 条规定的担保责任范围的从属性，在反担保责任范围中依然适用。如果担保人承担的责任超过了主合同债务人的责任范围，就其超过的部分，不应向反担保人追偿。最高人民法院在“乌兰察布市白乃庙铜业有限责任公司、甘肃建新实业集团有限公司保证合同纠纷案”判决书中指出，反担保责任的范围不能大于担保责任的范围。③

---

① 参见最高人民法院民法典贯彻实施工作领导小组主编：《中华人民共和国民法典合同编理解与适用》（二），人民法院出版社 2020 年版，第 1327 – 1328 页。

② 参见曹士兵：《中国担保制度与担保方法》（第 4 版），中国法制出版社 2017 年版，第 107 页。

③ 最高人民法院（2020）最高法民终 156 号民事判决书。

五、反担保无效时的效力

反担保和担保适用同样的规则，因此，在反担保合同无效时，应依据《民法典担保制度解释》第17条的规定处理。需要注意的是，反担保法律关系中是没有主合同的，反担保人担保的是担保人的追偿权，而追偿权只有成立与否的问题。因此，在债权无效情形下，担保人承担了赔偿责任时，也可以向反担保人追偿。

六、担保合同的效力对反担保合同的影响

《民法典担保制度解释》第19条第2款规定，当事人仅以担保合同无效为由主张反担保合同无效的，人民法院不予支持。本条的理据同样在于，担保合同并非反担保的主合同，因此，担保合同无效不影响主合同的效力。

◆ 疑点与难点

一、反担保责任是否适用保证期间

理论界有观点认为，反担保人承担的保证责任不存在保证期间，担保人只要在诉讼时效期间内起诉，保证人即应承担求偿担保责任，而不受一定期间限制。其主要理由在于：保证人的追偿权是在其依法履行保证责任后产生的要求对该债务最终分担的一种请求权。这与债权人向保证人主张保证责任的权利完全不同。此外，求偿权是一种特殊的债权请求权，现行法上除了规定有诉讼时效期间的适用之外并无其他期间适用的特别规定。[①] 但这种观点将担保人与反担保人之间的关系完全当作超额履行的连带债务人的追偿权，忽视了反担保作为担保的特征。反担保作为担保，自然应适用保证期间。但担保合同约定的保证期间基于合同相对性当然不能适用于反担保合同。

如果反担保合同约定了担保期间的，则按照约定计算，没有约定或者约定不明的，则按照《民法典》第692条第2款，保证期间为主债务履行期限届满之日起6个月。依据《民法典》第692条第3款“债权人与债务人对主债务履行期限没有约定或者约定不明确的，保证期间自债权人请求债务人履行债务的宽限期届满之日起计算”，因为担保人在承担担保责任或赔偿责任之后，就享有追偿权，

---

① 参见车辉：《对反担保法律适用问题的思考》，载《法律适用》2006年第8期。

因此，保证期间应从追偿权成立之日起计算。

与此相关的问题是，如果反担保人提供的是担保物权，则追偿权在行使时，也应适用《民法典》第 419 条有关抵押权实现期间的规定以及《民法典担保制度解释》第 38 条。

二、担保人如何请求反担保人和债务人承担责任？

《民法典》第 700 条同时赋予保证人在承担保证责任后，对债务人享有追偿权和法定代位权，《民法典担保制度解释》第 20 条将其扩大适用于第三人提供物保的情形。在反担保情形，这就使担保人的追偿变得复杂：(1) 如果担保人行使追偿权的，反担保人和债务人的责任如何承担，反担保为保证合同的，取决于反担保合同约定保证人承担一般保证责任还是连带保证责任；如果为物上保证的，依据《民法典担保制度解释》第 45 条第 3 款，担保人应当以债务人和反担保人作为共同被告。反担保人承担责任后，可以向主合同的债务人追偿。(2) 如果担保人明确表示行使的是代位权的，即对债务人主张其继受的债权，为减少追偿权与代位权的竞合冲突，应按照行使追偿权处理，否则可能导致此时不适用保证期间等一系列有损反担保人的问题。

（本条由谢鸿飞撰写）

第二十条 【保证人权利规则的参照适用】

人民法院在审理第三人提供的物的担保纠纷案件时，可以适用民法典第六百九十五条第一款、第六百九十六条第一款、第六百九十七条第二款、第六百九十九条、第七百条、第七百零一条、第七百零二条等关于保证合同的规定。

◆ 条文要旨

本条是关于对第三人提供的物的担保适用保证人权利规则的规定。

◆ 理解与适用

一、本条规定的法理基础

本条规定的法理基础在于如下两方面。

(一) 宪法与民法中的平等原则

平等原则既是宪法原则，也是民法基本原则。民事立法者和司法者均受宪法有关法律面前人人平等的规定约束。

在《民法典》中，宪法的平等原则主要体现在两个层面：其一，在原则层面，平等原则是《民法典》的基本原则；其二，在规则层面，立法者必须落实平等原则。“平等”包括两大要素：应当平等的，平等；不应当平等的，不平等。在担保规则中，“平等”应意味着：

其一，在债务人和第三人同时提供担保时，优待第三人。尽管对债权人而言，无论担保由谁提供，其都有权按其意志主张保证债权或行使担保物权，然而债务最终毕竟应由债务人承担，让第三人和债务人平等承担责任可能未必契合国人的担保观念。因此，《民法典》第 392 条维持《物权法》第 176 条优待第三担保人的陈规，要求债权人在第三人担保和债务人担保并存时，首先实现对债务人的担保权，之后才能对债务人以外的第三人主张或行使担保权。这在价值衡量上并无不妥。

其二，无论是提供物保还是提供保证的第三人，法律处遇应平等。《担保法》价值衡量上最大的问题之一是优待保证人（如其第 28 条），从比较法上看，这种观念已经陈腐，亟须改变，①《民法典》第 392 条等已平等对待保证人和提供物保的第三人。其基本理据在于，这两种担保人提供的担保的目的均相同，无非担保手段存在差异，担保意愿的强弱有别。

其三，不同担保类型的规则设计应尽可能趋同，除非存在基于交易固有性质的正当理由。《民法典》进一步统一了人的担保和物的担保规则，如在独立担保领域，《民法典》第 388 条和第 682 条统一将担保合同从属性的例外统一限定为

---

① 参见谢鸿飞：《共同担保一般规则的建构及其限度》，载《四川大学学报》（哲学社会科学版）2019 年第 4 期。

“法律另有规定的除外”，消除了《担保法》第 5 条（许可当事人约定担保合同的独立性）和《物权法》第 172 条的歧义，将物保和人保等同对待，值得肯定。又如《民法典》第 681 条规定，保证债权的行使条件包括两种，即债务人不履行到期债务和发生当事人约定的情形，在《担保法》第 6 条的基础上增加了当事人约定的情形。这就和《民法典》第 386 条有关担保物权的实现条件一致，也消除了《担保法》第 6 条有关保证债权的规定和原《物权法》第 171 条的差异。

但以“平等”观之，《民法典》还存在对不同权利类型的不合理的区分。如依然对抵押权和权利质押的客体采取相反的法政策立场，对前者适用“法不禁止即自由”和负面清单（第 395 条、第 399 条），无限扩大其范围；对后者则采纳“法无授权则无权”这一公法控权规则，限制其范围（第 440 条），似乎并无正当基础。

其四，意定担保物权和法定担保物权应尽可能趋同。法定担保物权作为“先取特权”，其基础是复杂的、精细的政策考量，其权源和意定担保物权截然相反，但其“特权”应尽可能受制于“权利平等”观念。如在对抗第三人效力方面，法定担保物权同样应予公示才能具有优先受偿权，① 以消除这种“超级优先权”的隐蔽性，维护交易安全，且登记也不会给权利人造成过高的成本，价值权衡上更为得当。《民法典》第 807 条并未要求是施工方的建筑工程工程款债权的法定优先受偿权经过登记才能成立或者对抗其他债权人，似乎未尽妥当。

其五，区分民事保证人与商事保证人。《民法典》未区分民事保证和商事保证，某些情形可能导致不公，如《民法典》第 686 条第 2 款规定，若保证合同没有约定保证方式或者约定不明确的，保证人按照一般保证承担保证责任。这在商事领域是否妥当，也存在疑问，至少在担保公司或银行等其他金融机构提供的专业的、有偿的保证合同的情形下，这种推定的正当性存疑。

（二）类推法理

现代民法不禁止类推适用，尤其是在法律的稳定性与社会生活的流变性发生冲突时，类推适用往往作为填补法律漏洞的重要方式得以运用。《民法典》容许

---

① 参见李世刚：《论法定不动产担保物权隐秘性削减的修法趋势——以法国和台湾地区的经验看我国〈合同法〉第 286 条》，载《法学杂志》2016 年第 11 期。

类推适用制度的正当性首先在于它契合“法律适用正义”，即“同案同判，类案类判”。若两个社会关系的关键法律事实相同，仅并不影响法律定性的事实存在差异，对两者适用同一法律规范，使当事人的法律处遇相同，既弥补了法律规定不周延的漏洞，在司法中平等保护了当事人（对应于诉讼中当事人的平等武装），还解决了法院不得拒绝裁判民事案件和裁判于法无据的矛盾。

类推作为一种理性思维方式，最契合法律思维。普通法司法的精义就是类比推理先例（识别技术），即分析两个案件的法律关键点是否相同或类似。在欧陆国家，民法规范以社会生活中的各种典型社会关系为模本，立法者将其上升为各种类型，并设置不同的构成要件和法律效果予以区隔。法律类型是对“事物的本质”的提炼，司法的任务就是将法律上的抽象类型适用于现实生活。

在比较法上，一些民法典规定了类推制度，其方式有两种：一是间接规定，如《瑞士民法典》和我国台湾地区“民法”的第1条，即在法源条款规定，无法律和习惯法时，法官可以依“法理”处理。“法理”就包括了类推，所以法院参酌的法理和类推适用的结论往往相同，因为它们寻求的都是“事物的本质”。二是直接规定，如《俄罗斯民法典》和其他独联体国家的民法典专门规定了类推制度。鉴于类推制度针对的是法源，若其内容并不复杂，可与法源制度一并规定。类推制度的主要内容是前提和例外规定。

我国《民法典》并没明确规定类推制度。在司法实务中，类推包括两种方式：一是法院在审理个案中，在无法寻找到可资适用的法律条文时，按照《民法典》第10条有关民法法源的规定，可按照“成文法—习惯法—类推—民法基本原则”的法律适用顺序，直接类推适用《民法典》的某条规范。这种方式赋予法院的自由裁量权确实过大，可能反而破坏法律适用的安定性。二是由最高人民法院通过司法解释的方法，直接规定类推适用的情形。在我国现行法律与司法解释的关系框架下，这种方法可以是一种法定的类推。《民法典担保制度解释》的本条规定即采用了这种方式。

二、本条规定的必要性

人的保证和物的保证存在诸多差异，这些差异决定了两者在制度设计和法律后果上的差异。如在债务到期时，债权人可以请求保证人履行保证债务或承担保证责任；物上保证人对债权人不负担任何债务，故即使债务人未履行其债务，债权人也不可能请求物上保证人履行债务，而只能直接实行其担保物权，所以一般称物上保证人处于“无债务有责任”的立场。但如果因此不赋予物上保证人享有债务人对债权人的抗辩手段，显然不公。因此，法律必须考虑在第三人提供担保时“平等原则”的适用，包括人的保证和物的保证相互之间及其内部的不同担保类型（如抵押、质押）在何种程度上应相同。如《民法典》第419条仅规定了抵押权应在主债权诉讼时效期间行使，对质权和留置权均未作规定，也未设置准用规范。因占有型担保与非占有型担保的权利人对担保物的控制程度有别，据此认定两者应适用不同的权利行使期间规则，在法政策上也无可厚非。

在比较法上，美国《统一商法典》第9编运用了实用主义思维，强调“实质重于形式”，在动产担保领域用统一的担保权益概念（an Article 9 security interest）来指称“债权人在担保物上的权利”，无论当事人设定担保权益的类型和合同名称如何，pledge和mortgage等概念也因此不再保留。这一思路也把大陆法上“提取公因式”的立法技术推到极致，但又突破了大陆法系要求物权类型和内容固定的法定主义，将各种担保制度的个性特征消解到最低限度。① 这种担保革命迅速在全球引发了强烈反响。欧洲联合国国际贸易法委员会、美洲国家组织、欧洲复兴开发银行等机构推行的《担保交易示范法》《欧洲示范民法典草案》都统一了各种动产担保物权类型，并形成了单一的“担保（物）权”概念。在大陆法系国家，法国民法历来有担保权（droit de garantie）的概念，1994年的《魁北克民法典》受法国民法理论影响，将担保物权独立成编。

大陆法系担保法体系革命的标志是法国2006年修订民法典。2006年3月23日，法国部长会议通过了第2006—346号《关于担保的法令》，并于同年3月25日开始生效实施。它改变了《法国民法典》的传统结构，“担保”被独立成为单独的第四卷，分“人的担保”和“物的担保”两编。人的担保分为保证、独立担保（la garantie autonome）和意图信（la lettre d’intention）三种，物的担保包括动产担保（又分为动产先取特权、有体财产质押、无体财产“挪押”）和不动产担保（又分为不动产先取特权、不动产典押、抵押三种）。② 新生的第四卷“担

① 参见高圣平：《动产担保交易比较研究》，中国人民大学出版社2008年版，第162页以下。

② 参见李世刚：《法国担保法改革》，法律出版社2011年版，第255页以下。

保”又被分为“人的担保”和“物的担保”两编。其目的是适应时代发展，满足经济发展和刺激信贷需要的、兼具灵活性和务实性的担保物权制度。① 新增第四卷“担保”后，《法国民法典》中各种担保方式被聚集，形成了统一的担保体系。② 这意味着，在法国民法典中，担保不再单纯作为一种财产取得方式，或者附属于债权，或者依赖于物权，而是独立成为一种制度或权利，与物权和债权并列。其根由在于，保证债权、担保物权虽然存在交易形式的差异，然而各种担保方式存在诸多共性：如其都是为了担保债权的实现，弥补债权作为一种信用有可能无法得到清偿的弊端；它们通常都是基于当事人的法律行为产生，均以意思自治和契约自由为基本原则，尤其是在为顺应新的交易形态，不断强化担保物权个性的今天；立法者对担保合同在事实上也施加了各种限制，如禁止突破担保的从属性等。③

我国《担保法》的贡献之一在于，担保规则单独立法。既从不同担保类型中抽象总结出概括适用的共同规则，又分别针对其作出了具体规定。它将各种担保方式熔于一炉，并试图对担保债权和担保物权进行体系化归类，在比较法上亦堪称罕见。这种“提取公因式”的立法技术，避免了立法重复，更为重要的是，它可以在同一部法律中为各类担保提供繁丰的规则，满足不同担保交易的法律需求。然而，2007 年《物权法》明确取代了《担保法》有关担保物权的规定，担保类型因此被分解，以适用不同法律。

然而，《民法典》并未将担保制度独立成编，它将《担保法》中的担保类型一分为二：担保物权部分被作为《物权编》的“担保物权”，保证被作为合同编的有典型合同类型，定金则纳入合同编总则“违约责任”一章，紧随违约金的规定。

目前，在比较法上，除《担保法》外，各国和地区的民法典似乎都不存在担保的一般规则。首先，采物权债权二分的框架下的民法典，保证与物保分属不同权利类型，被分置各编，因此不存在总则。需要注意的是，《德国民法典》总则第 7

① 参见李世刚：《法国担保法改革》，法律出版社 2011 年版，第 5-6 页。

② 参见张素华：《论民法典分则中担保制度的独立成编》，载《法学家》2019 年第 6 期。

③ 参见张民安：《论〈担保法〉在我国未来〈民法典〉当中的独立地位》，载《学术论坛》2018 年第 3 期。

章“担保的提供”（第 232－240 条）并非担保总则，它仅仅适用于当事人未作约定时，为了保护诉讼当事人的法定担保，① “对学习来说没有什么意义，在实践中的意义也微不足道”②。《法国民法典》虽然将担保独立成编，但也未设置总则。

我国民法典不设担保编，也就不可能存在担保总则。但如前所述保证和物保存在共同规则，担保的实质总则是存在的。一种思路是将担保总则规定在民法典总则部分，③ 但担保完全属财产法，仅针对权利保障问题，难以获得进入总则的入场券。因此，在立法技术上，需要解决的问题就成了：在保证合同还是担保物权中规定一般规则？保证合同仅产生债权，且被置于合同分则，条文不多，物的担保同时涉及物权和债权，且类型多、条文多，因此，将担保的一般规则置于担保物权，同时在保证合同中设置准用规范更妥。然而，《民法典》并没有充分提炼保证和担保物权的一般性规则，这些一般性规则或被规定在保证部分，或被规定在担保物权部分。例如，《民法典》第 391 条规定，第三人提供担保，未经其书面同意，债权人允许债务人转移全部或者部分债务的，担保人不再承担相应的担保责任。第 697 条第 1 款规定，债权人未经保证人书面同意，允许债务人转移全部或者部分债务，保证人对未经其同意转移的债务不再承担保证责任，但是债权人和保证人另有约定的除外。两者的内容相似，但《民法典》却并未采纳准用技术。《民法典》第 690 条第 2 款规定，最高额保证除适用本章规定以外，参照适用物权编最高额抵押权的有关规定。这是唯一关于保证合同可以参照适用物权编有关规定的条款。这种立法技术在司法实务中就必然造成法律适用的难题。如依据《民法典》第 701 条的规定，保证人享有债务人对债权人的抗辩权，但债务人以外的第三人作为抵押人时，要主张这一权利则将遭遇无法可依的窘境。

三、可适用于第三人提供物保时的《民法典》保证规则

依据本条规定，可适用于第三人提供物保时的《民法典》保证规则包括如下三种：

---

① Staudinger/Tilman Repgen (2014) Vorbemerkungenzu § § 232 ff, Rn. 1; MüKoBGB/Grothe BGB § 232, Rn. 1.

② 参见［德］梅迪库斯：《德国民法总论》，邵建东等译，法律出版社 2000 年版，第 135 页。

③ 参见刘斌：《论担保法独立成编的立法技术与决断要素》，载《江海学刊》2019 年第 3 期。

1. 涉及保证人权利保障的规则。该种规则又可分为：（1）主债务变更和转让时保证人权利保障规则。其一，依《民法典》第 695 条第 1 款，债权人和债务人未经保证人书面同意，协商变更主债权债务合同内容时，保证人仅享受变更后主债务被减轻的利益，但不承担主债务被加重时的新增负担。其二，第 696 条第 1 款规定，债权人转让全部或者部分债权，未通知保证人的，该转让对保证人不发生效力。（2）保证人的追偿权和法定代位权。第 700 条规定，保证人承担保证责任后，除当事人另有约定外，有权在其承担保证责任的范围内向债务人追偿，享有债权人对债务人的权利，但是不得损害债权人的利益。（3）保证人享有的债务人对债权人的抗辩权。第 701 条规定，保证人可以主张债务人对债权人的抗辩。债务人放弃抗辩的，保证人仍有权向债权人主张抗辩。（4）保证人享有的债务人对债权人的抵销权和撤销权。《民法典》新增第 702 条，规定债务人对债权人享有抵销权或者撤销权的，保证人可以在相应范围内拒绝承担保证责任。其立法目的主要在于避免求偿困难，对于同样具有求偿权的物上保证人，"亦应一体适用，并收简化求偿关系之效。换言之，就抵销之主张实质上具有优先受偿之效果观之，对于保证人而言，债务人对债权人所有之债权实类似于保证人得以实现求偿之'担保品'，因此使其享有因抵销所生利益，并无不妥；此在物上保证人之情形，并无为不同考量之必要"①。

2. 共同保证规则。《民法典》仅仅规定了共同保证（第 699 条）和混合共同担保规则（第 392 条），未规定共同抵押、共同质押制度。这类同种共同物保也可以适用共同保证规则，因此《民法典担保制度解释》本条规定许可类推适用。《民法典》第 699 条的具体内容为："同一债务有两个以上保证人的，保证人应当按照保证合同约定的保证份额，承担保证责任；没有约定保证份额的，债权人可以请求任何一个保证人在其保证范围内承担保证责任。"

3. 债务加入对保证责任的影响规则。《民法典》第 697 条第 2 款规定，第三人加入债务的，保证人的保证责任不受影响。同理，在债务加入时，债务人以外的抵押人、质押人的担保责任也并不因此受到影响。

---

① 参见陈洸岳：《保证之规定对物上保证人之类推适用》，载蔡明诚等：《保证专题研究》，元照出版有限公司 2016 年版，第 31 页。

◆ 疑点与难点

本条规定的类推适用

尽管人的保证和物的保证在诸多方面都相同，且在由第三人提供时，应尽可能使保证人和物保人法律处境平等，然而也必须承认，人的保证和物的保证存在差异。在实务中，影响两者利益衡量的因素主要体现为其核心差异：一是保证人的责任财产并不特定，是以其全部财产对债权承担无限责任，物上保证人的责任范围仅限定于担保之财产价值。因此，立法者往往会有“优待保证人”的动机，对这些特别保障保证人的规范，在物上保证中即未必适用。二是保证债权主要奉行契约自由，担保物权奉行物权法定原则，因此两者在法技术的构造上也存在差异，虽然这些差异的程度也因时而异。如《民法典》基于契约自由原则规定了保证期间，但对担保物权则并没规定当事人可以约定担保物权的存续期间，基于法定主义原则，这种约定即为法所不许。而且，两者在法技术上呈现出诸多差异。如在主债权罹于时效后，主债权成为自然债，保证人可援用债务人的时效抗辩；对抵押权而言，《民法典》第 419 条规定诉讼时效期间则是抵押权的失权期间，其经过导致抵押权消灭。①

在实务中，本条适用值得关注的问题是：非典型担保尤其是让与担保能否适用本条规定？依《民法典担保制度解释》第 68 条第 1 款和第 2 款的规定，在第三人提供的让与担保中，若双方当事人已经完成财产权利变动的公示，则债权人可以请求参照民法典关于担保物权的规定优先受偿。在这种情形下，第三人作为让与担保人，与抵押人等典型担保中的担保人的法律地位并不存在区别，本条规范也可适用。

（本条由谢鸿飞撰写）

---

① 参见张永：《抵押权法定存续期间效力及性质的二重性分析——以〈物权法〉第 202 条为中心》，载《政治与法律》2014 年第 2 期。

第二十一条 【争议解决方式与管辖法院】

主合同或者担保合同约定了仲裁条款的，人民法院对约定仲裁条款的合同当事人之间的纠纷无管辖权。

债权人一并起诉债务人和担保人的，应当根据主合同确定管辖法院。

债权人依法可以单独起诉担保人且仅起诉担保人的，应当根据担保合同确定管辖法院。

◆ 条文要旨

本条是关于担保案件的争议解决方式与管辖法院的规定。

◆ 理解与适用

本条规范的出发点是，在实体法上担保合同从属于主合同的特性在主管和管辖中如何体现。它主要是对《民事诉讼法》第23条、第24条以及《仲裁法》第5条的解释。

一、主合同或者担保合同约定仲裁时的管辖权

《民法典担保制度解释》第21条规定，主合同或者担保合同约定了仲裁条款的，人民法院对约定仲裁条款的合同当事人之间的纠纷无管辖权。其依据是《仲裁法》第5条："当事人达成仲裁协议，一方向人民法院起诉的，人民法院不予受理，但仲裁协议无效的除外。"据此，凡有约定仲裁条款的合同，法院都不具有管辖权，担保合同也不例外。

依据本条规定，若主合同与担保合同均约定了仲裁条款，法院对当事人之间的纠纷都没有管辖权；仅主合同或者担保合同约定了仲裁条款，法院对约定仲裁条款的合同当事人之间发生的纠纷没有管辖权。司法实践也遵循了这一规则。如最高人民法院在"惠州纬通房产有限公司与惠州市人民政府履约担保纠纷案"中认定，主合同约定有仲裁条款，保证合同未约定仲裁条款，债权人可以单独对担

保人提起诉讼，不受主合同约定的仲裁条款约束。①

二、债权人一并起诉债务人和担保人时的管辖法院

本条第 2 款规定，债权人一并起诉债务人和担保人的，应当根据主合同确定管辖法院。这一规定源于《担保法解释》第 129 条第 1 款，即主合同和担保合同发生纠纷提起诉讼的，应当根据主合同确定案件管辖。其依据在于，若不确定主合同债权，担保债权的金额就无法确定。

依据这一规则，结合《民事诉讼法》，债权人一并起诉债务人和担保人的情形包括五种：一是主合同和担保合同未约定管辖法院，此时根据《民事诉讼法》第 23 条确定管辖法院，即由被告住所地或者合同履行地人民法院管辖。合同履行地以 2015 年《最高人民法院关于适用〈中华人民共和国民事诉讼法〉的解释》第 18 条确定。二是主合同和担保合同均约定了相同的管辖法院，自然依据约定确定管辖法院。三是主合同和担保合同均约定了管辖法院，但约定不一致的，《民法典担保制度解释（征求意见稿）》第 21 条第 1 款规定，应当根据主合同的约定确定管辖法院。《民法典担保制度解释》虽未明确规定，但解释结论相同。四是主合同约定管辖法院，但担保合同未约定管辖法院，以主合同的约定确定管辖法院。这也是《民法典担保制度解释》本条第 2 款规定唯一明确的内容。五是主合同未约定管辖法院，担保合同约定管辖法院的，司法实践一般按照《担保法解释》第 129 条，依主合同约定的管辖法院为管辖法院。此时采取管辖中的“从随主”原则主要是为了查明主合同法律关系，确定主债务的数额。但是，鉴于诉讼管辖的主权性质以及对当事人的意思自治的尊重，此时似乎并没有采用“从随主”的必要性。

三、债权人依法单独起诉担保人且仅起诉担保人

《民法典担保制度解释》本条第 3 款规定，“债权人依法可以单独起诉担保人且仅起诉担保人的，应当根据担保合同确定管辖法院”。在实践中，这主要见于连带保证情形。《民法典》第 688 条第 2 款规定，连带责任保证的债务人不履行到期债务或者发生当事人约定的情形时，债权人可以请求债务人履行债务，也可以请求保证人在其保证范围内承担保证责任。因此，债权人可以单独起诉连带保

---

① 最高人民法院（2001）最高法民二终字第 177 号民事裁定书。

证人。此时，保证合同约定了管辖法院的，按照约定；没有约定的，由连带保证人住所地法院管辖；如果连带保证人的债务适用专属管辖的，则适用专属管辖规定。此外，依据《民法典》第 687 条的规定，一般保证人丧失先诉抗辩权时，债权人也可以单诉一般保证人，管辖法院的确定与连带保证相同。

需要指出的是，在债权人行使担保物权时，基于物权的支配性效力，物上担保人对主债务人不能主张先诉抗辩权，在主债务人不履行到期债务或者出现当事人约定的实现担保物权的情形时，债权人本可直接对担保人行使担保物权。然而，《担保法解释》第 128 条第 1 款规定，债权人向法院请求行使担保物权时，债务人和担保人应当作为共同被告参加诉讼。同时，其第 106 条规定“质权人向出质人、出质债权的债务人行使质权时，出质人、出质债权的债务人拒绝的，质权人可以起诉出质人和出质债权的债务人，也可以单独起诉出质债权的债务人”。按照主要起草人解释，债权人单独起诉担保人的案件类型包括权利质押担保中债权人单独起诉出质人。① 这主要是因为在权利尤其是票据上的权利出质后，质权人很大程度上成了真实权利人。但是，《民法典担保制度解释》第 45 条第 3 款明确规定：“债权人以诉讼方式行使担保物权的，应当以债务人和担保人作为共同被告。”其目的是确定担保人承担的责任的范围，因此，债权人在行使担保物权时，司法解释考量的重点是诉讼效率和便捷，而并非担保物权作为物权的特性。

◆ 疑点与难点

本条规定在仲裁中的适用

在实践中，本条有关“债权人一并起诉债务人和担保人的，应当根据主合同确定管辖法院”能否类推适用于仲裁。这包括两种情形：一是主合同的约定仲裁条款或当事人单独订立了仲裁协议，但担保合同未约定仲裁；二是主合同和担保合同都约定了仲裁管辖，但两者约定的仲裁机构不一致。此时，能否按照诉讼规则，将主合同的仲裁约定扩张到担保合同，由主合同约定的仲裁机构一并审理担保合同。学界的观点并不相同。

肯定说认为，主合同仲裁协议效力延及从合同，能有效避免冲突裁判，提升

---

① 参见曹士兵：《中国担保制度与担保方法》（第 4 版），中国法制出版社 2017 年版，第 434 页。

纠纷解决的效力，符合当事人对公平合理处理纠纷的期待，虽有违仲裁管辖以当事人意思自治为基础的原则，但能有效保护当事人利益，因此将是未来仲裁制度发展的必然趋势。① 否定说认为，担保合同纠纷是否受仲裁管辖取决于当事人的合意，对仲裁协议效力的认定应严格按照《仲裁法》第 4 条、第 16 条规定的书面形式，当事人没有仲裁管辖合意的，仲裁机构不享有管辖权。② 区分说认为，在连带保证合同中，担保人承担连带保证的行为应视为接受主合同仲裁条款的约束；在一般保证合同中，除非保证合同中有类似于“保证合同是主合同不可分割的一部分”等约定，否则不应将担保纠纷强行并入仲裁程序；对抵押或质押，除非担保人在立约时明确拒绝接受主合同的仲裁协议，均应视为其默示接受主合同的仲裁条款。③

在司法实践中，最高人民法院《关于成都优邦文具有限公司、王国建申请撤销深圳仲裁委员会（2011）深仲裁字第 601 号仲裁裁决一案的请示的复函》［（2013）民四他字第 9 号］明确规定，在保证合同未约定仲裁条款时，仲裁机构裁定保证人承担连带清偿责任缺乏法律依据。即使是连带保证，主合同仲裁条款的效力亦不应扩张至从合同。一些判决书也坚持这种观点，如“行上与中信信诚资产管理有限公司申请确认仲裁协议效力民事裁定书”认定，主合同约定争议解决方式为诉讼管辖的，并不直接导致从合同的仲裁条款无效。④ “意利埃新能源科技（天津）有限公司与北京万源工业有限公司申请撤销仲裁裁决民事裁定书”认定，如果担保合同未规定仲裁管辖，仲裁机构将其纳入仲裁，没有法律依据。⑤ 但也有一些法院依据担保人参与过主合同订立的定位，如参与签署主合同的补充协议行为，认定担保人知晓主合同的争议条款，从而确定了主合同仲裁协议对从合同的效力，如“辽宁宝城房地产开发有限公司与王丽娜等申请确认仲裁协议效力纠纷案”。⑥

---

① 参见关格格：《主合同仲裁协议对担保合同生效之标准——〈以横琴临时仲裁规则为切入〉》，载《中南财经政法大学研究生学报》2018 年第 4 期。

② 参见宋春龙：《保证合同纠纷是否受主合同仲裁条款约束问题研究》，载《北京仲裁》2015 年第 4 期。

③ 参见刘顺章：《主合同的仲裁条款能否约束担保人》，载《人民法院报》2005 年 7 月 11 日。

④ 北京市第四中级人民法院（2019）京 04 民特 652 号民事裁定书。

⑤ 北京市第四中级人民法院（2017）京 04 民特 32 号民事裁定书。

⑥ 北京市第四中级人民法院（2020）京 04 民特 130 号民事裁定书。

目前，一些仲裁机构的仲裁规则明确规定，除非担保合同另有约定，主合同仲裁协议对从合同发生扩张效力，如《广州仲裁委员会仲裁规则》第 12 条第 7 款“主合同的仲裁协议对主体相同的从合同有效，从合同另有约定的除外”。

仲裁与法院管辖最大的差异在于，前者是社会自我解决纠纷的机制，其正当性源于当事人解决民商事纠纷的合意；后者涉及国家主权，其管辖是强制性的。因此，将诉讼管辖主从合同的机理类推适用于仲裁不具有正当性，不能因为纠纷解决的效率忽视了当事人的合意。在主合同约定仲裁条款，担保合同未约定仲裁条款时，债权人可以直接单独起诉担保人，但因为仲裁并非诉讼的前置程序，法院在实体审理中，可能面临主债权难以查明或举证的问题导致诉求难以被支持。但这并不妨碍债权人对主合同申请仲裁后，单独就保证合同纠纷提起诉讼。最高人民法院“航惠德风电工程有限公司、辽宁高科能源集团有限公司保证合同纠纷二审民事裁定书”① 即秉持这种立场，值得赞同。

（本条由谢鸿飞撰写）

第二十二条　【债务人破产时担保债务停止计息】

人民法院受理债务人破产案件后，债权人请求担保人承担担保责任，担保人主张担保债务自人民法院受理破产申请之日起停止计息的，人民法院对担保人的主张应予支持。

◆ 条文要旨

本条是关于债务人破产时担保债务停止计息的规定。

◆ 理解与适用

本条是对《民法典》第 388 条、第 682 条规定的担保从属性及《民法典》第 389 条、第 691 条规定的担保责任范围的解释。

---

① 最高人民法院（2013）民二终字第 69 号民事裁定书。

《企业破产法》第 46 条规定："未到期的债权，在破产申请受理时视为到期。附利息的债权自破产申请受理时起停止计息。"基于保护破产企业以及确保债权人平等的法政策考量，它对未到期的附利息债权拟制为到期，并自破产申请受理时起停止计息。然而，无论《企业破产法》及其司法解释还是《担保法》及其司法解释，均未明确债务人破产时担保债务是否也相应停止计算利息，理论界和实务界因此聚讼盈庭，形成了三种观点。

1. 停止计息说

该说主张在债务人破产时，担保债务应从法院受理破产申请之日起停止计息，其核心理由是担保的从属性。担保债务从属于主债务，这种"从属"体现为成立上的从属性、移转上的从属性、担保范围的从属性、抗辩上的从属性、消灭上的从属性等内容。在破产申请受理后，主债务人不再承担支付债务利息的义务，担保人自然也不应承担这一义务，否则将导致担保人的担保责任的范围大于主债务的范围。

司法实践的主流裁判规则是，基于担保的从属性原则，认定在法院受理破产申请后，担保债务停止计息。有学者统计 2014 年至今共 398 个相关案例，① 其中支持停止计息效力及于担保人的判决有 346 例，除去原告主动变更诉讼请求放弃该利息的 24 例，法院裁判停止计息效力及于担保人的案例仍有 322 例；采取相反裁判结论的案例仅有 49 例。

支持这一观点的裁判，主要理由也是担保的从属性。在"吉林粮食集团米业有限公司、海南屯昌颐和酒店投资有限公司金融借款合同纠纷二审民事判决书"中，最高人民法院认为，连带责任保证人，其承担的偿还责任不应超过主债务人的责任范围，故保证债务也应和主债务一样停止计息。② 在"成都名谷实业有限公司、康定富强有限责任公司与上海浦东发展银行股份有限公司成都分行、朝华科技集团股份有限公司、四川诚信投资开发有限责任公司、西昌锌业有限责任公司破产管理人委托贷款合同纠纷案"中，最高人民法院认为：《企业破产法》第 46 条规定，附利息的债权自破产申请受理时停止计息。担保债务具有从属性，应

---

① 参见彭立峰：《论主债务人破产停止计息保证人责任的承担与追偿》，载《岭南学刊》2020 年第 6 期。

② 最高人民法院（2018）最高法民终 673 号民事判决书。

当同样停止计息。① 此外，一些裁判文书也诉诸公平原则。如最高人民法院在“中国光大银行股份有限公司嘉兴分行与上海华辰能源有限公司等保证合同纠纷再审案”中指出：“如果对保证债务不停止计息，将影响保证人的追偿权，对保证人较为不公。”②

2. 不停止计息说

该说主张债务人破产时，担保债务不应当停止计息，其主要理由有：

一是立法目的支持不停止计息。《担保法》的主要立法目的是保障债权的实现，《企业破产法》的立法目的是公平地清理各方债权债务。《企业破产法》第46条的目的是尽快确认债权数额，推进破产程序，并没有考虑债务人的经济承受能力及担保人利益。而且，债权人接受担保的动机恰好在于弥补债务人可能发生的资力不足的弊端，停止计息恰好违反了担保的动因。在破产程序中，对担保债务不停止计息有利于提高偿债效率，因为停止计息，担保人积极履行担保责任的意愿和动力将减少。相反，如果突破担保责任从属性，不停止计息，担保人的债务将持续增加，其履行债务的积极性将提高。从宏观角度看，偿债效率最终会影响经济运行效率。若由债权人承担利息损失，则必然会导致债权人在后续发放贷款时采取更加谨慎的策略，一些急需贷款的中小企业将更难获取贷款，整体上会拖累社会经济发展。最后，对担保人不停止计息，体现了维持交易安全原则。③

二是不停止计息并不实质违反担保债务的从属性。《企业破产法》第46条系概括式立法，停止计息并非债权人自愿免除该部分利息，债权并未实质消灭，对于停止计息后的期间内所产生的利息承担担保责任并未违反从属性规则。④ 对担保人来说，不停止计息符合其订立担保合同时的真实意思，也是契约严守原则的基本要求。担保人在债务人无法清偿债务时，对债权人承担主合同约定的、未受清偿的债权是其合同义务，且债权人并没有放弃该项债权，也没有在合同中预先约定免除利息义务，担保人对此承担责任既未超过担保范围，亦未承担大于主债

① 最高人民法院（2010）民二终字第132号民事判决书。

② 最高人民法院（2019）最高法民申6453号民事裁定书。

③ 参见沈伟：《破产止息规则下保证责任从属性之惑及疑解——兼议独立保证入典》，载《上海财经大学学报》2020年第1期。

④ 王芳、林珊：《主债务人破产，保证人是否应当承担迟延履行期间债务利息——兼论执行与破产并行时，保证责任的承担》，载《破产法论坛》（第18辑），法律出版社2020年版，第535－536页。

务数额的清偿责任，具有合理性。就担保风险而言，主债务人破产属于担保人承担担保责任的担保风险，并非免责条款。① 最高人民法院在“深圳品牌实业集团有限公司与中信银行股份有限公司哈尔滨分行等金融借款合同纠纷上诉案”指出：债务人进入破产程序后，主债务停止计息的效力不应及于保证人。当事人之间约定担保就是为了保障在债务人破产等不能完全清偿约定债务情况下，债权人仍可通过请求担保人承担担保责任来如期实现约定债权（含类似本案的正常利息）。保证人按照约定的范围和方式承担保证责任，也未超出保证人订立保证合同的预期，亦不违反民法公平原则。②

三是主债务和担保债务在破产程序中应分别计算。《企业破产法》的适用主体仅限于进入破产程序的债务人，调整的是破产债务人与债权人之间的法律关系，仅适用于破产债务人，对担保人没有约束力。主债务人破产属于不能清偿到期债务的典型状态，但担保人未破产，具有清偿能力，债权人应有权向担保人主张其在破产程序中无法实现的停止计息债权。即使附利息债权请求权在破产程序中不予支持，债权人对担保人的实体债权未受影响，仍可向担保人主张停止计息清偿责任。③ 此外，主债务人破产时，债权人向主债务人申报的破产债权，属程序债权，债权人向担保人主张的债权，属实体债权。《企业破产法》第 46 条仅属破产程序的特殊安排，目的是减轻破产主体的负担，并不意味着实体规则层面主债权依法减少。④ 破产程序旨在保证债权人在破产程序中平等受偿，不产生削减实体债权的法律效力。⑤ 在实践中，一些法院也以此为理由裁判。如最高人民法院在“重庆老虎资产经营管理有限公司等与洪育林、重庆华城希望房地产开发有限公司等合同纠纷再审案”⑥ 中认为，担保人与债权人之间属于债权担保关系，而非破产债权清算关系。例如，“胡志强、深圳市顺鑫天行科技有限公司等与广州银行股份有限公司深圳分行、深圳市云海通讯股份有限公司金融借款合同纠纷

---

① 参见彭立峰：《论主债务人破产停止计息保证人责任的承担与追偿》，载《岭南学刊》2020 年第 6 期。

② 最高人民法院（2019）最高法民终 1710 号民事判决书。

③ 参见彭立峰：《论主债务人破产停止计息保证人责任的承担与追偿》，载《岭南学刊》2020 年第 6 期。

④ 参见许德风：《破产中的连带债务》，载《法学》2016 年第 12 期。

⑤ 参见易名洋：《主债务人破产程序中债权人债权保证研究》，载《金融法苑》2018 年第 8 期。

⑥ 最高人民法院（2019）最高法民申 6229 号民事裁定书。

再审案”① 中，法院认为，《企业破产法》规定了破产债权在破产申请受理后停止计息，但该利息并非消灭，而只是无法在破产程序中得到保护，担保人的担保责任并不因主债务人破产而停止计算利息和违约金。

四是担保人超过债务人承担的利息责任存在救济渠道。保证人可在债务人进入破产程序时主动履行保证责任，从而不承担破产程序启动后的利息。②

五是在比较法上，《法国商法典》第6卷第L631－14条规定司法重整程序中担保人不得援引第L622－28条规定的“停止计息”规则，③ 可资借鉴。

在司法实践中，一些判决书还详细申论这些理由。如在“江西天人生态股份有限公司、江西天祥通用航空股份有限公司金融借款合同纠纷案”中，④ 最高人民法院认为担保债务不停止计息的原因有：第一，《企业破产法》关于债务人停止计息系破产程序的客观需要，并非免除担保人的债务。第二，主债务人破产并非担保债务消灭的原因。债务人破产申请受理后，附利息的债权停止计息系基于法律的特别规定，并非债权人自愿免除该部分利息。第三，债权基于法律的特别规定停息后，债权并未实质消灭，担保人承担担保责任并未违背担保债务从属性的基本原则。第四，担保合同的本质在于保障债权人的债权能够全部得到有效清偿，此系合同当事人订立担保合同的本意。在“偃师中岳耐火材料有限公司、上海浦东发展银行股份有限公司洛阳分行保证合同纠纷案”中，法院亦持相似观点。⑤

3. 暂停计息说

这种观点认为，债务人破产时担保债务应当暂停计息，待主债务人破产程序终结后，再计算债务人破产受理之日起至债务实际清偿之日止的利息，该部分利息由担保人承担担保责任。⑥ 如在“中国民生银行股份有限公司深圳分行与天津九策实业集团有限公司、天津市九策高科技产业园有限公司等金融借款合同纠纷

① 参见广东省高级人民法院（2019）粤民申3118号民事裁定书。

② 参见王欣新：《论债务人进入破产程序后其保证债权应否停止计息》，载《人民法院报》2018年12月12日，第7版。

③ 《法国商法典》（中册），罗结珍译，北京大学出版社2015年版，第751、834页。

④ 参见最高人民法院（2020）最高法民申1054号民事判决书。

⑤ 最高人民法院（2018）最高法民申6063号民事裁定书。

⑥ 参见彭立峰：《论主债务人破产停止计息保证人责任的承担与追偿》，载《岭南学刊》2020年第6期。

案”中，最高人民法院认为，根据《企业破产法》第46条第2款关于“附利息的债权自破产申请受理时起停止计息”的规定，担保人就主债务的利息部分所承担的担保责任，应自法院受理破产申请时起停止计算。但是，根据《企业破产法》第12条第2款关于“人民法院受理破产申请后至破产宣告前，经审查发现债务人不符合本法第二条规定情形的，可以裁定驳回申请”的规定，若破产申请被驳回，则不存在停止计息的问题。因此，对停止计息问题的判定由受理破产申请的法院根据该破产案件的具体审理情况，确定担保人就主债务的利息部分承担担保责任的截止时间。①

《民法典担保制度解释（征求意见稿）》第24条首次对债务人破产时担保债务是否停止计息的问题作出回应，明确规定应当停止计息。不少学者对此提出反对意见，认为债务人破产时担保债务不应停止计息，理由大致如上所述。《民法典担保制度解释》最终采纳“停止计息说”，主要理由是为进一步强化担保的从属性原则，与《民法典》第388条、第682条以及本解释第3条担保责任的范围不得超过主合同责任范围的规定，保持了体系上的协调性。

实际上，破产程序中担保债权是否停止计息，基本是个立法价值抉择问题，即在债务人破产时，一方面，基于担保本身具有的强化债权清偿的功能和担保人缔约时的承担责任的意愿，应肯定担保债权不停止计息；另一方面，担保人承担利息债务之后，其责任范围超出主债务且无法向债务人追偿，对主债务利息债务的豁免若不延及担保债务，则对担保的从属性形成了巨大的挑战。《民法典担保制度解释》非常强调担保债务的从属性，有人认为，可能是因为目前许多企业在对外担保（尤其是签订保证合同）过于随意，导致债务风险被放大、蔓延、传染，最高人民法院有意通过强化担保从属性的方式消除过度担保。② 当然，还有一个原因是，与《担保法》相比，《民法典》有关担保的很多规则本身也强化了对担保人的利益保护，其背景是“觅保难”。若担保人承担的担保责任过重甚至超过主债务的范围，则担保人提供担保的意愿可能会降低。在实践中，毕竟大多数担保并非金融机构、担保公司提供的有偿担保，而是基于人情、互惠提供的。若担

① 最高人民法院（2016）最高法民终542号民事判决书。

② 王兆同、陈垚：《〈民法典〉担保司法解释对破产程序的影响》，参见https：//www.sohu.com/a/442088685_651672，最后访问时间：2020年1月16日。

保人责任过重，导致无人愿意提供担保，这将影响交易的达成，最终戕害经济发展。

◆ 疑点与难点

本条规定是否为“司法造法”？

在司法实践中，有关债务人破产时担保债务是否计息案件中适用的最大难点在于无法可依，法院只能根据理论观点和裁判经验进行说理，因此也导致实践中司法案例产生裁判不一的结果。《民法典担保制度解释》生效后，首次明确了该类案件的裁判规则，即债务人破产时担保债务应当停止计息。可以预见，未来裁判结果将得到统一。

（本条由谢鸿飞撰写）

第二十三条　【破产程序与担保责任的衔接】

人民法院受理债务人破产案件，债权人在破产程序中申报债权后又向人民法院提起诉讼，请求担保人承担担保责任的，人民法院依法予以支持。

担保人清偿债权人的全部债权后，可以代替债权人在破产程序中受偿；在债权人的债权未获全部清偿前，担保人不得代替债权人在破产程序中受偿，但是有权就债权人通过破产分配和实现担保债权等方式获得清偿总额中超出债权的部分，在其承担担保责任的范围内请求债权人返还。

债权人在债务人破产程序中未获全部清偿，请求担保人继续承担担保责任的，人民法院应予支持；担保人承担担保责任后，向和解协议或者重整计划执行完毕后的债务人追偿的，人民法院不予支持。

◆ 条文要旨

本条是有关破产程序和承担担保责任的衔接规定。

◆ 理解与适用

一、本条的规范意旨

本条规定解释的条文较多，可以分为两部分：一是《民法典》有关担保物权和保证债权实现的规定，如第386条、第681条、第687条、第688条，等等。二是对《企业破产法》第51条、第94条、第101条、第124条有关破产程序中债权人如何实现保证责任的规定。

本条规定的核心问题是如何在破产程序中，平衡债权人、债务人和担保人的利益。破产债务人在进入破产程序中，有可能通过重整程序获得新生，这意味着其债务将在一定程度上被豁免；破产债权人同时享有对债务人和担保人的保证债权或担保物权，但又不能双重受偿；担保人在无法向主债务人追偿时，基于担保责任的从属性和补充性，其责任范围是否应予以限缩至主债务人的责任范围内。

本条规定源于《担保法解释》第44条，但该条并未明确债权人参与债务人破产程序与对保证人提起诉讼能否并行以及可能造成债权人双重受偿结果的处理等，导致司法实践裁判规则不一致、裁判结果不统一。《全国法院破产审判工作会议纪要》第31条规定："破产程序终结前，已向债权人承担了保证责任的保证人，可以要求债务人向其转付已申报债权的债权人在破产程序中应得清偿部分。破产程序终结后，债权人就破产程序中未受清偿部分要求保证人承担保证责任的，应在破产程序终结后六个月内提出。保证人承担保证责任后，不得再向和解或重整后的债务人行使求偿权。"本条规定以前述规则为基础，进一步完善了担保责任与破产程序的衔接。

二、破产程序中申报债权后又起诉担保人

在实践中，法院对债权人在申报债权后，能否再起诉担保人，存在不同观点。

（一）肯定说

《担保法解释》第44条第1款规定赋予了债权人同时申报破产债权和提起诉讼主张保证责任的权利，二者可以并行，无先后顺序之分。对在破产程序中申报债权后又起诉保证人可能产生的债权人双重受偿问题，可以通过中止审理的方式

予以解决。① 实务中，绝大多数法院都依据《担保法解释》采纳这种观点。

（二）否定说

少数法院持这种观点。认为债权人申报破产债权后，在破产程序终结前不宜向保证人主张权利，应裁定驳回起诉或中止审理。如在“铜陵金誉中小企业信用担保中心、铜陵市超远精密电子科技有限公司追偿权纠纷案”中，法院认为，《担保法解释》第44条第1款实质是赋予了债权人行使权利的选择权，在权利行使上二者系“择一”的法律关系。债权人在选择申报破产债权后便无法同时通过诉讼主张保证责任，而应在破产程序终结后就尚未清偿部分另行提起诉讼。②

《民法典担保制度解释》本条第1款规定明确采纳了“肯定说”，并对《担保法解释》第44条进行了修改。其依据是，在担保程序中，债权人对担保权不应受到过度限制。在实务中，这一款规定的适用需关注如下问题。

一是债权人可以同时申报破产债权并要求担保人承担担保责任，二者并无先后顺序。债权人申报破产债权后提起诉讼的，法院不应驳回起诉。

二是与《担保法解释》相比，本条将规定适用范围扩大至所有“担保人”，而不限于“保证人”。

三是对本条第1款“申报债权后”的理解。根据《企业破产法》第58条，债权人申报的破产债权最终需由法院裁定确认。在法院确认债权人申报债权之前，债权人能否主张其担保债权呢？实践中有法院持否定意见，如“河南国鑫投资担保有限公司、杨明学追偿权纠纷案”③。这种观点值得赞同，主要理由是担保债权的责任范围取决于主债权的范围，法院在诉讼中应通过审查主债权的范围确定担保债权的范围。在主债权未得到确认之前，主张担保债权，将造成司法资源的浪费，还可能造成两个不同法院同时审查主债权，但判决不一致的情况。

四是法院在受理债权人对担保人的诉讼后，应如何处理。依据最高人民法院《〈关于担保期间债权人向保证人主张权利的方式及程序问题请示〉的答复》（〔2002〕民二他字第32号）第2条，对于债权人申报了债权，同时又起诉保证

---

① 江苏省泗阳县（2018）苏1323民初1719号民事判决书。

② 安徽省铜陵市中级人民法院（2019）皖07民终997号民事裁定书。

③ 参见河南国鑫投资担保有限公司、杨明学追偿权纠纷，河南省洛阳市中级人民法院（2020）豫03民终2279号民事裁定书，相似案例还有洛阳金财投资担保有限公司、洛阳惠航模具制造有限公司追偿权纠纷，河南省洛阳市中级人民法院（2020）豫03民终3249号民事裁定书。

人的保证纠纷案件，法院在具体审理并认定保证人应承担保证责任的金额时，如需等待破产程序结束的，可裁定中止诉讼。如径行判决保证人承担保证责任，应当在判决中明确应扣除债权人在债务人破产程序中可以分得的部分。这种程序处理既保障了债权人的权利，也符合诉讼效率原则，值得肯定。实践中法院多采取中止诉讼的方式。如“山东群力兴邦融资担保有限公司、山东聚源生物有限公司追偿权纠纷民事裁定书”认为，在这种情形下，为避免债权人双重受偿带来的诉讼风险，应中止诉讼。如果保证人在破产程序尚未终结前承担了保证责任，债权人在破产程序中又获得了部分受偿，可能导致同一债权双重受偿。①

三、对破产程序中债权人双重受偿的限制

（一）《民法典担保制度解释》之前司法实践的做法

在许可破产程序与担保诉讼并行，两者无先后顺序之分时，债权人可能因两个程序同时启动而双重受偿，《担保法解释》第 44 条并未解决这一问题，司法实践大致提供了如下三种方案来解决债权人的优先受偿问题。

1. 在担保诉讼判决中明确扣除债权人在债务人破产程序中可以分得的部分。

根据前述《〈关于担保期间债权人向保证人主张权利的方式及程序问题的请示〉的答复》，在具体审理并认定保证人应承担保证责任的金额时，如需等待破产程序结束的，法院如径行判决保证人承担保证责任，应当在判决中明确扣除债权人在债务人破产程序中可以分得的部分。实践中诸多法院据此采用在判决书中明确扣除破产债权受偿部分的方式来处理债权人双重受偿问题，但在具体操作上仍存在差异。有的法院在判决书中明确要求担保人暂停执行清偿，待破产程序终结后根据破产受偿情况，再行清偿破产程序中未获清偿部分，如“洛阳市烽火广告有限公司、洛阳金财投资担保有限公司追偿权纠纷民事判决书”②。有的法院则在判决书中要求先执行清偿全部担保债权，再根据诚实信用原则予以返还破产程序中受偿的部分，如“宿迁市喜临门门业有限公司、泗阳县秀本金属材料有限公司等与蔡兆君、泗阳新伟印花制品有限公司等追偿权纠纷民事判决书”③。

2. 破产程序终结前，要求债务人向担保人转付已申报债权的债权人在破产程

① 山东省德州市中级人民法院（2020）鲁 14 民终 2407 号民事裁定书。
② 河南省洛阳市中级人民法院（2019）豫 03 民终 7620 号民事判决书。
③ 江苏省宿迁市中级人民法院（2019）苏 13 民终 4131 号民事判决书。

序中应得清偿部分。

《全国法院破产审判工作会议纪要》第31条规定，破产程序终结前，已向债权人承担了保证责任的保证人，可以要求债务人向其转付已申报债权的债权人在破产程序中应得清偿部分。据此，一些法院在判决书中明确担保人承担担保责任后，有权要求破产债务人“转付”破产债权获得清偿部分。①

3. 担保人就清偿部分向管理人申报债权或替代原债权人的地位享有已申报债权。

在担保人承担担保责任后，为避免债权人又在破产程序中获得清偿，很多法院采用“法定代位”的观念，在判决书中明确担保人取代原债权人的地位享有破产债权。② 但在担保人仅清偿部分债务时能否就清偿部分进行代位，法院存在不同认识。有的法院承认部分代位，如“江西省信用担保股份有限公司等诉江西永盛矿冶股份有限公司等追偿权纠纷案”③；有的法院则认为需要全部清偿后才能进行代位，如“舟山市普陀区信用担保有限公司与乐海波等追偿权纠纷上诉案”④。

在第一种方式中，担保人完全不介入债务人破产程序，担保人和债权人单独处理双重受偿问题；在第二种方式中，担保人部分介入债务人破产程序，可以直接要求债务人向担保人履行债务；在第三种方式中，担保人完全取代原债权人的地位参与破产程序，其理论基础是清偿的法定代位权，但其适用须有法律明确规定。

（二）《民法典担保制度解释》的规定

本条第2款为新增规定，大体采纳了第三种“法定代位”的方案，明确规定担保人可以享有法定代位权，同时区分全部清偿代位和部分清偿代位的情况。

1. 担保人清偿债权人全部债权

《企业破产法》第51条规定，债务人的保证人或者其他连带债务人已经代替

---

① 王朋、德州鑫凯环保设备有限公司追偿权纠纷，山东省德州市中级人民法院（2020）鲁14民终638号民事判决书。

② 江西省（2018）赣05民终749号民事判决书。

③ 江西省新余市中级人民法院（2015）余民二初字第122号民事判决书。相似案例参见山东省企业融资担保有限公司与山东银联融资担保有限公司等追偿权纠纷二审民事判决书［（2018）鲁01民终5309号］，法院认为“张绪军等连带责任反担保人在承担保证责任后，可就其已承担的部分代替山东企业担保公司的地位享有在潍坊北方车辆公司处申报的相应债权”。

④ 浙江省舟山市中级人民法院（2016）浙09民终775号民事判决书。

债务人清偿债务的，以其对债务人的求偿权申报债权。债务人的保证人或者其他连带债务人尚未代替债务人清偿债务的，以其对债务人的将来求偿权申报债权。但是，债权人已经向管理人申报全部债权的除外。《民法典担保制度解释》本条第 2 款第 1 句据此规定，“担保人清偿债权人的全部债权后，可以代替债权人在破产程序中受偿”，赋予担保人在清偿全部债权后享有法定代位权。

值得注意的是，《民法典》第 700 条规定，保证人承担保证责任后，除追偿权外还享有“债权人对债务人的权利”，系首次规定保证人的法定代位权。《民法典担保制度解释》第 20 条将这一规定扩大适用于所有第三人提供担保的情形。第 23 条又将担保人的法定代位权扩张到破产领域，据此，在债务破产时，担保人在承担担保责任后，将同时享有追偿权与法定代位权。通说认为，法定代位权的目的在于保障和强化追偿权，二者在适用上构成主从竞合关系，即法定代位权从属于追偿权并与追偿权构成请求权竞合关系，担保人可以选择行使追偿权或法定代位权，其中一权利因行使获得满足，另一权利则归于消灭。[①]《民法典担保制度解释》本条的规定将担保人法定代位权表述为“可以代替债权人在破产程序中受偿”，显然是将其作为法定代位权，但法定代位权是以追偿权为前提的，因此，这里应解释为无论担保人主张追偿权，还是代位权，都可以适用本款规定。在司法实践中，本款的适用还需注意如下问题。

第一，担保人法定代位权的范围。本款仅规定可以代替债权人在破产程序中“受偿”，但在破产程序中，债权人还可以行使其他职权如表决权等。担保人除破产受偿外，同样可以行使这些职权。其原因在于，法定代位权的法律效果是债权的法定转移，代位权人除法定限制之外（如《民法典》第 700 条第三人提供的担保权移转的限制），还享有附着于债权之上的所有权利，如从权利、破产程序中的管理性权利如参加债权人会议进行表决等。在破产程序中，担保人和其他债权人都对债务人享有债权，其地位自应平等。此外，担保人既然享有实体性的债权，自无不许其享有为平等实现其债权的程序性权利的理由。

第二，法院若在担保诉讼判决书中明确了担保人的法定代位权，破产管理

---

① 参见谢鸿飞：《连带债务人追偿权与法定代位权的适用关系——以民法典第 519 条为分析对象》，载《东方法学》2020 年第 4 期。

人可直接予以承认。《企业破产法规定（三）》第7条第1款规定：“已经生效法律文书确定的债权，管理人应当予以确认。”据此，如果法院在担保诉讼中明确判决担保人享有法定代位权，且判决已生效，则担保人可以直接代替债权人在破产程序中受偿，破产管理人可以据判决直接修改债权表，报债权人委员会及破产法院备案，无需再经债权人会议审查和受理破产申请的法院通过裁定确认。

2. 担保人清偿债权人的部分债权

在担保人部分承担担保责任的情形，担保人在其清偿债权数额内，也对债务人享有相应的追偿权和法定代位权（以下称“部分代位权”），此时，债权人也对债务人享有剩余数额的债权。

在债权人的债权未获全部清偿前，担保人不得代替债权人在破产程序中受偿。《民法典担保制度解释》本款还进一步规定，担保人此时有权就债权人通过破产分配和实现担保债权等方式获得清偿总额中超出债权的部分，在其承担担保责任的范围内请求债权人返还。这是对《企业破产法》第51条进行反对解释的结果。其理由主要有：第一，设立担保旨在强化债权人的债权，若债权人的债权未全部得到清偿，此时担保人依然对债权人应承担剩余部分的担保责任，让担保人和债权人平等受偿，显然不公，而且还将导致债权人继续向担保人行使担保权，徒增清偿环节。第二，符合《企业破产法》第51条要求尽量由一人以一个完整债权进行债权申报的原则。

在实务中，需要注意的一个问题是，如果担保人并非对债权进行全额担保，而是部分担保，在其承担全部担保责任后，能否代替债权人在破产程序中受偿？如主债务为100万元，保证人的担保范围为50万元，在保证人承担50万元的保证责任后，债权人依然有50万元的债权未得到清偿，此时担保人能否申报50万元的破产债权？《民法典担保制度解释》本款规定的要件是“担保人清偿债权人的全部债权后”，据此，只有在债权人的全部债权受到清偿后，担保人才能代替债权人在破产程序中受偿。在前例中，担保人不能代替债权人在破产程序中优先受偿。这就意味着担保人对债务人的追偿权事实上劣后于债权人对债务人的债权。此外，如果债权人在担保人承担50万元的担保责任后，又从破产程序中受偿60万元时，依据本款规定，担保人可以请求债权人返还10万元。

四、破产程序终结后担保人的追偿权

企业破产有破产重整、破产和解及破产清算三种程序。《企业破产法》第92条、第124条规定，在债务人破产时，债权人通过破产程序未能实现的债权，保证人仍应承担保证责任，债权人对保证人享有的权利不受重整计划或和解协议的影响。但这些规定未涉及在破产程序终结后，担保人还是否享有追偿权的问题。

《民法典担保制度解释》第23条第3款前句规定："债权人在债务人破产程序中未获全部清偿，请求担保人继续承担担保责任的，人民法院应予支持。"它来源于《担保法解释》第44条，旨在保障债权人得到充分清偿，实现担保功能。

在破产清算程序中，破产程序终结后，债务人主体资格不复存在，担保人自无行使追偿权之可能。而在破产重整和破产和解中，破产程序终结后，债务人主体资格仍然存续，那么担保人能否向和解协议或者重整计划执行完毕后的债务人追偿?《担保法解释》对此未作规定。依据《企业破产法》第94条，按照重整计划减免的债务，自重整计划执行完毕时起，债务人不再承担清偿责任；依据其第106条，按照和解协议减免的债务，自和解协议执行完毕时起，债务人不再承担清偿责任。但担保人或连带债务人履行完剩余的清偿义务后，不能向破产和解、破产重整的债务人追偿。最高人民法院《关于代为清偿的连带债务人是否有权向破产和解的债务人继续追偿问题请示的复函》（〔2010〕民二他字第15号）就指出："债权人如果已在主债务人的破产和解或者重整程序中全额申报了债权，其未得清偿的部分可以向保证人或者连带债务人主张。但保证人或连带债务人履行完剩余的清偿义务后，由于对于任何实质上源于同一债务的普通债权，在破产程序中只能得到与其他普通债权相同的受偿比率，而不能得到二次清偿，并因此得到高于其他普通债权人的清偿比率。"《全国法院破产审判工作会议纪要》进一步明确了"保证人承担保证责任后，不得向重整计划或和解协议执行完毕后的债务人追偿"①。

《民法典担保制度解释》第23条第3款第2句新增规定"担保人承担担保责任后，向和解协议或者重整计划执行完毕后的债务人追偿的，人民法院不予支持"，重申了前述破产实践规则，值得肯定。

---

① 郁琳：《破产清算程序的制度价值与规范完善——〈全国法院破产审判工作会议纪要〉的解读（三）》，载《人民法院报》2018年4月4日。

◆ 疑点与难点

本条既涉及担保程序又具有破产的特殊性，适用上存在诸多疑点与难点。

一、担保人为多数人时的规则适用

在共同担保情形下，债务人进入破产程序时，若债权人同时向一个或多个担保人主张担保债权时，适用本条规则应注意如下问题。

其一，债权人在其破产债权被确认后，同样可以基于其担保债权提起有关担保诉讼，不受债务人破产程序的影响，如主张保证债权或行使担保物权。

其二，多个担保人在债权申报日期届满前清偿了债权人全部债权的，由其中一人代表全体履行清偿义务的债权人申报债权还是分别申报债权，取决于各担保人是否构成连带或不真正连带共同担保。但是，未承担担保责任的担保人不得申报。承担责任的担保人在破产中分配的比例，应按照其清偿比例确定。

其三，多个担保人在债权申报日期届满后清偿了债权人全部债权的，所有履行了义务的担保人应作为连带债权人，替代原债权人的地位参与破产程序，获得破产受偿。各担保人通过破产获得清偿额的分配，根据其清偿原债权的比例确定。

其四，若一个或多个担保人仅清偿了自己份额的担保债权，且债权人全部债权未获清偿时，所有担保人均不能代替原债权参与破产财产分配，仅可以就债权人通过破产程序和诉讼程序获得清偿总额中超出债权的部分，在各自承担担保责任的范围内，请求债权人返还。

二、债权人在债务人破产程序终结后向保证人主张权利

依据《担保法解释》第44条第2款，破产程序终结后，债权人就破产程序中未受清偿部分要求保证人承担保证责任的，应在破产程序终结后六个月内提出。最高人民法院〔2002〕民二他字第22号《关于如何适用〈关于适用《中华人民共和国担保法》若干问题的解释〉第44条及最高人民法院法函〔2002〕3号的答复》认为：“《关于适用〈中华人民共和国担保法〉若干问题的解释》第四十四条第二款规定的债权人向保证人行使权利的期间（即债务人破产程序终结后的六个月），不能发生取代保证期间的作用。因此，在债务人破产程序终结后，债权人对保证人的保证期间尚未届满的，适用保证期间，不适用担保法解释第四十四条第二款；债务人破产之时保证期间尚未届满，而在债权人申报债权参加破产程序期间保证期间届满的，为保护债权并考虑到司法实践中债权人在债务人破产期间对保证人行使权利的不便，债权人在债务人破产终结后向保证人行使权利的期间，可以适用担保法解释第四十四条第二款的规定。”据此，《担保法解释》第 44 条第 2 款突破了保证期间的效力规则：在债务人破产时，保证期间尚未届满，但在债权人申报债权参加破产程序期间保证期间届满，本来保证人不应承担保证责任，但按照司法解释的规定却要承担责任，事实上起到了延长保证期间的作用。①

需要注意的是，《民法典担保制度解释》本条删除了《担保法解释》第 44 条的前述内容。首先是因为本条采纳债权人参与债务人破产程序及向保证人提起诉讼程序并行的观点。债权人对担保人提起的诉讼应适用保证期间或保证诉讼时效的规定，不再适用破产程序终结后六个月的特殊特定。其次是为了统一保证期间的效力在债务人破产和非破产情形的适用。

（本条由谢鸿飞撰写）

第二十四条 【担保人通告抗辩权】

债权人知道或者应当知道债务人破产，既未申报债权也未通知担保人，致使担保人不能预先行使追偿权的，担保人就该债权在破产程序中可能受偿的范围内免除担保责任，但是担保人因自身过错未行使追偿权的除外。

◆ 条文要旨

本条是关于债务人破产时担保人通告抗辩权的规定。

① 参见曹士兵：《中国担保制度与担保方法》（第 4 版），中国法制出版社 2017 年版，第 183 页。

◆ 理解与适用

一、本条规定的规范意旨

在保证人承担保证责任之前，债务人的财务状况就已恶化时，各国和地区赋予担保人救济手段不尽相同。德国、瑞士、意大利和我国台湾地区赋予保证人以保证责任解除权，法国、日本和我国则允许保证人预先行使追偿权，英美法系国家允许保证人提起不安之诉。债务人进入破产程序是我国法律规定的保证人唯一可以预先行使追偿权的情形。①《民法典担保制度解释》本条规定来源于《担保法解释》第45条，即“债权人知道或者应当知道债务人破产，既未申报债权也未通知保证人，致使保证人不能预先行使追偿权的，保证人在该债权在破产程序中可能受偿的范围内免除保证责任”。它是对《担保法》第32条的解释，即“人民法院受理债务人破产案件后，债权人未申报债权的，保证人可以参加破产财产分配，预先行使追偿权”。《民法典担保制度解释》本条在《担保法解释》的基础上将通告抗辩权的行使主体从“保证人”扩大至所有担保人，同时增加了担保人自身过错的除外情形。但是否规定担保人的通告抗辩权，理论界存有争议。

1. 肯定说

这种观点认为，当债务人进入破产程序时，债权人有充分的法律手段直接向保证人获偿债务，故债权人往往缺乏向保证人通告破产情况的动力；但如债权人不及时申报债权或通告保证人有关债务人破产的情况，保证人将面临较大无法获得追偿的风险。因此，为平衡风险配置，应设立通告抗辩制度来督促债权人及时通告。②

2. 否定说

这种观点认为，通告抗辩权不合理地加重了债权人的负担，与担保制度设立初衷相悖。担保制度旨在保障在债务人无法清偿其债务时，债权人能从担保人处获得充分清偿。债务人破产时，在债权获全额清偿风险已经较大时，又增加债权人对担保人的通告义务来减损其担保权益，不符合担保制度的设置本意。而且，

---

① 参见王乐兵：《担保法专论》，对外经济贸易大学出版社2018年版，第63页。

② 参见王存：《论追偿权的预先行使》，载《现代法学》1996年第2期。

在债务人进入破产程序时，选择债务人还是担保人承担债务，是债权人本应享有的权利，不应以未通知担保人申报债权为理由而减损该项权利。①

比较而言，肯定说更为合理。除前述利益衡量与风险分配的理由外，债务人破产时有关法院通知的规定也决定了通告抗辩权的正当性。《企业破产法》第14条规定，人民法院应当自裁定受理破产申请之日起二十五日内通知已知债权人，并予以公告。通知和公告应当载明申请人、被申请人的名称或者姓名；人民法院受理破产申请的时间；申报债权的期限、地点和注意事项；管理人的名称或者姓名及其处理事务的地址；债务人的债务人或者财产持有人应当向管理人清偿债务或者交付财产的要求；第一次债权人会议召开的时间和地点等事项。据此，法院并不会通知担保人前述债务人破产的信息。可见，在破产制度中，债权人将比担保人更容易获知债务人破产的信息。基于公平原则和诚信原则，债权人的信息优势地位决定了其应承担通知担保人的义务。对债权人而言，这是很容易履行的义务，但对担保人而言，获知这种以保障担保人能及时有效地以其预先求偿权进行破产债权申报，对其利益影响很大。

二、担保人通告抗辩权法律适用的构成要件

（一）债权人主观上知道或者应当知道债务人破产

只有债权人在主观上明知债务人被裁定进入破产程序，才能要求其及时通知担保人行使其预先求偿权。在下述情形下，应当认为债权人已经明知债务人破产：

第一，法院已通过适当方式通知债权人债务人破产的相关信息。根据《企业破产法》第14条的规定，人民法院将在裁定受理债务人破产申请之日起二十五日内通知已知债权人债务人破产的相关信息。如果有证据能证明法院已经将债务人破产的通知通过适当的方式送达债权人的，即可认定债权人已经知道或者应当知道相关信息。即使债权人主张其并未实际知晓相关信息，法院亦不支持。

第二，债权人已知晓法院有关债务人破产的公告。根据《企业破产法》第14条的规定，人民法院应当自裁定受理破产申请之日起二十五日内通知已知债权

① 参见陈东：《破产案件中保证人追偿权预先行使的理论与律师实务》，载《晟典律师评论》2005年第2期。

人，并予以公告。可见，除通知已知债权人外，还将通过公告的方式使债务人知晓破产的相关信息。存在隐性债务导致债务人不知债权存在的情形，① 如果有证据证明债权人已经知晓债务人破产公告的，亦构成债权人主观上明知债务人破产。

第三，债权人的客观行为表明其主观上已明知债务人破产。如，债权人向管理人申报或向法院提起诉讼确认过相关债权。再如，债权人基于债务人破产之事实提前向其他担保人主张过担保债权。根据《企业破产法》第 46 条第 1 款的规定，债务人未到期的债权，在破产申请受理时视为到期。主债务到期时，债权人可向担保人请求其承担担保责任。债权人提前主张其担保债权的行为可以表明其主观上已明知债务人破产。

第四，其他有证据能证明债权人主观上已知晓债务人破产的情形。此处需注意的是"债权人主观上知道或者应当知道债务人破产"的证明责任应由债务人承担。

（二）债权人客观上既未申报债权也没有通知担保人申报债权

担保人通告抗辩权的构成在客观上要求债权人既未申报债权也没有通知担保人申报债权。对此应作如下理解：

第一，债权人未申报债权系其承担通知担保人义务的前提。根据《企业破产法》第 51 条第 2 款的规定，"债务人的保证人或者其他连带债务人尚未代替债务人清偿债务的，以其对债务人的将来求偿权申报债权。但是，债权人已经向管理人申报全部债权的除外"。可见，担保人尚未代替债务人清偿债务的，只有在债权人未向管理人申报债权时，才能以其对债务人的将来求偿权申报债权。如果债权人已进行债权申报，则担保人无权预先行使其追偿权，债权人自然也无通知义务。

第二，债权人客观上未"通知"担保人申报债权。本条仅规定了债权具有通知的义务，但并未明确通知的方式。通常而言，通知应当以书面或口头的方式明示，此处有争议的是债权人能否以其行为表明已经履行通知义务。例如通过向法

① 例如，由于债务人相关债权账册资料的缺失导致债务人不知相关债权的存在。参见吴兴、山东益通安装有限公司第五分公司承揽合同纠纷，广东省广州市中级人民法院（2016）粤民终 1596 号民事判决书。

院提起担保诉讼，法院通知担保人应诉使得担保人客观上知晓债务人破产的事实。

对此应持肯定意见，作扩大解释。原因在于虽然债权人未直接通知担保人，但其提起担保诉讼的方式也间接使得担保人知晓了债务人破产的事实。只要提起诉讼时，担保人仍然能够行使其预先求偿权，则客观上亦达到了通知的效果，不应再拘泥于特定的通知形式。司法实践中，法院亦持相同观点，例如在“邱东卫、邱月雪娇保证合同纠纷案”中，法院认为即使债权人在开庭前仍未申报债权或者未通知担保人，但只要破产程序中还能允许担保人申报债权，则担保人在庭审中以债权人未通知为抗辩，将不会被支持。①

（三）担保人结果上不能在破产程序中预先行使其追偿权

担保人享有通告抗辩权须债权人对其造成“不能在破产程序中预先行使其追偿权”的损害结果。担保人能否在破产程序中行使其追偿权，可以结合《企业破产法》的规定分别讨论：

第一，债权人在债权申报期限届满前通知担保人债务人破产的情形。根据《企业破产法》第48条第1款“债权人应当在人民法院确定的债权申报期限内向管理人申报债权”，第51条第2款“债务人的保证人或者其他连带债务人尚未代替债务人清偿债务的，以其对债务人的将来求偿权申报债权”及第58条“依照本法第五十七条规定编制的债权表，应当提交第一次债权人会议核查。债务人、债权人对债权表记载的债权无异议的，由人民法院裁定确认”的规定，担保人以其对债务人的将来求偿权申报债权应当在破产法院确定的债权申报期限内进行，并经债权人会议审查和破产法院最终裁定确认。如果债权人在债权申报期限届满前通知担保人债务人破产相关信息的，担保人自然能够及时进行债权申报参与破产程序，不属于“担保人不能预先行使追偿权”的情形。

第二，债权人在债权申报期限届满后破产分配前通知担保人债务人破产的情形。根据《企业破产法》第56条的规定，在人民法院确定的债权申报期限内，债权人未申报债权的，可以在破产财产最后分配前补充申报；……债权人未依照本法规定申报债权的，不得依照本法规定的程序行使权利。可见，在债权申报期

① 参见邱东卫、邱月雪娇保证合同纠纷，安徽省（2020）皖04民终1355号民事判决书。

限内债权人未申报债权的，可以在破产财产最后分配前补充申报。由此可知，只要在破产分配完成前，担保人均可以进行补充申报参与破产程序，不构成对其追偿权的损害。实践中，法院亦持相同观点，例如在“山东金羊汽车集团有限公司、山东华信新型材料科技有限公司企业借贷纠纷案”中，法院便认为由于债务人破产程序未到最后分配，保证人仍可申报债权，故债权人未申报或通知行为不构成对保证人追偿权的损害，不能援引通告抗辩权。①

第三，债权人在破产分配完成后通知担保人债务人破产的情形。根据《企业破产法》第56条第2款“债权人未依照本法规定申报债权的，不得依照本法规定的程序行使权利”，第94条“按照重整计划减免的债务，自重整计划执行完毕时起，债务人不再承担清偿责任”及第106条“按照和解协议减免的债务，自和解协议执行完毕时起，债务人不再承担清偿责任”的规定，担保人未在破产分配前完成追偿权申报的将不能在破产程序中获得清偿，重整计划或和解协议执行完毕后亦不能向破产重整或者破产和解债务人追偿，因此如果债权人在破产分配前仍未申报其债权亦未履行其通知义务的，将损害担保人在破偿程序中的求偿权。须注意的是实践中为了避免隐形债务的问题，破产债务人一般对于已知但债权人基于各种原因未予申报的债权作为“未申报债权”进行清偿提存。此时，即使担保人确实已无法行使预先追偿权，债权人也未对其进行通知或申报，担保人仍然可以基于提存额实现其追偿权，亦不符合此要件。

（四）债权人的客观行为与担保人损害结果具有因果关系

担保人援引通告抗辩权需要债权人未及时通告的行为与损害之间存在因果关系，即担保人确属因为债权人未及时履行通知义务使其不能及时进行债权申报并行使预先追偿权。如果担保人客观上通过其他途径已经知晓债务人破产的有关信息，但因为自身的原因未行使追偿权的，也不能援引担保人通告抗辩权。本条新增规定“但担保人因自身过错未行使追偿权的除外”即属此种情形。司法实践中，有法院亦持该种观点，例如在“浙江稠州商业银行股份有限公司南京分行与邹梅凤、姚立科等保证合同纠纷案”中，法院认为即使担保人确实已无法行使预

① 参见山东金羊汽车集团有限公司、山东华信新型材料科技有限公司企业借贷纠纷，山东省聊城市中级人民法院（2020）鲁15执复104号执行裁定书。

先追偿权，债权人也未对其进行通知或申报，但如果是担保人通过其他途径已经知道债权申报事宜而未申报的，也无法主张通告抗辩权。①

三、担保人行使通告抗辩权的法律效果

如果债权人未申报债权，在破产程序终结后才通知担保人或者向担保人主张担保责任的，担保人可以根据本条规定援引通告抗辩权进行抗辩，要求债权人或者法院就该债权在破产程序中可能受偿的范围内免除担保责任，具体受偿额为破产程序中担保人申报的追偿权按照破产清偿比例获得的清偿额。担保人预先行使追偿权的范围应与担保人承担担保责任的范围相一致。根据《民法典》第 389 条、第 691 条的规定，担保范围一般包括主债权及利息、违约金、损害赔偿金、保管担保财产和实现债权（担保物权）的费用。担保合同另有约定的，从其约定。由此可见，担保合同对担保范围有约定的，担保人按约定担保债权数额申报债权；未约定或约定不明确的，则依法定担保范围视情况而定。担保人本身承担的担保责任也就有无限担保和有限担保之分。在无限担保情形下，担保人可将全部符合条件的债权作为债权申报；在有限担保情形下，担保人只能就其担保范围内确定的数额作为债权申报。

同时，根据《企业破产法》第 56 条的规定，担保人未在债权申报期限内申报债权，而是在破产分配前补充申报的，此前已进行的分配，不再补充分配。为审查和确认补充申报债权的费用，由补充申报人承担。我们认为此处因债权人通知不及时造成的损失或额外费用，如“不再补充分配的在先分配额”及“审查和确认补充申报债权的费用”等，应由债权人承担，并在相应范围内免除担保人的担保责任。

◆ 疑点与难点

本条规定在共同担保情形的适用

我国法上的共同担保有按份共同担保、不真正连带共同担保、连带共同担保之分。《企业破产法》第 51 条第 1 款规定，债务人的保证人尚未代替债务人清偿债务的，以其对债务人的将来求偿权申报债权。在按份共同担保情形，每个担保

① 参见浙江稠州商业银行股份有限公司南京分行与邹梅凤、姚立科等保证合同纠纷，江苏省南京市秦淮区人民法院（2014）秦商初字第 278 号民事判决书。

人应以约定的保证份额为限单独申报债权，债权人的通知义务也应及于每个担保人。在不真正连带共同担保与连带共同担保的情形，《企业破产法》第 50 条规定："连带债权人可以由其中一人代表全体连带债权人申报债权，也可以共同申报债权。"《民法典》第 699 条规定："同一债务有两个以上保证人的，保证人应当按照保证合同约定的保证份额，承担保证责任；没有约定保证份额的，债权人可以请求任何一个保证人在其保证范围内承担保证责任。"据此，在不真正连带共同担保与连带共同担保的情形，全体担保人共同享有预先追偿权。这种权利可以由一人代表全体担保人申报债权，也可以由全体担保人共同申报债权。但债权人在通知担保人时，担保人是委托一人行使权利还是共同行使权利，债权人并不知情，因此，债权人应通知全部担保人。

（本条由谢鸿飞撰写）

第二章 关于保证合同

第二十五条 【保证方式的识别】

当事人在保证合同中约定了保证人在债务人不能履行债务或者无力偿还债务时才承担保证责任等类似内容，具有债务人应当先承担责任的意思表示的，人民法院应当将其认定为一般保证。

当事人在保证合同中约定了保证人在债务人不履行债务或者未偿还债务时即承担保证责任、无条件承担保证责任等类似内容，不具有债务人应当先承担责任的意思表示的，人民法院应当将其认定为连带责任保证。

◆ 条文要旨

本条是关于保证方式的识别的规定。

◆ 理解与适用

本条是对《民法典》第687条、第688条关于保证方式规定的解释。《民法典》第686条第1款规定："保证的方式包括一般保证和连带责任保证。"实践中，如当事人没有直接约定保证人承担保证责任的方式是"一般保证"或者"连带责任保证"，并不表明当事人对保证方式没有约定或者约定不明确。此时，尚须对当事人的意思表示进行解释。

一、一般保证与连带责任保证的区别

保证方式即为保证人承担保证责任的方式，包括一般保证和连带责任保证。《民法典》第687条第1款规定："当事人在保证合同中约定，债务人不能履

行债务时，由保证人承担保证责任的，为一般保证。”由此可见，一般保证的保证人享有先诉抗辩权，仅在主债务人的财产不足以完全清偿债权时才对不能清偿的部分承担保证责任。构成一般保证责任，原则上应由保证人与债权人以书面形式明确约定保证的方式为“一般保证”，① 或者约定保证人承担“补充赔偿责任”，或者约定保证人为“第二顺序债务人”或“承担第二顺序清偿责任”，或者约定保证人享有先诉抗辩权。②

《民法典》第688条第1款规定：“当事人在保证合同中约定保证人和债务人对债务承担连带责任的，为连带责任保证。”由此可见，连带责任保证人并不享有先诉抗辩权，只要有主债务人不履行到期债务或者发生当事人约定情形的事实，债权人即可要求保证人承担保证责任。债权人请求连带责任保证人承担保证责任的，只需证明主债务人不履行到期债务或者发生当事人约定情形的事实即可，而不论债权人是否就主债务人的财产已强制执行，保证人均应依保证合同的约定承担保证责任。

一般保证和连带责任保证均属保证的具体形态，两者之间存在诸多的共同之处，如均适用从属性规则、保证人权利保护规则等，但是，两者之间也存在一些区别：

第一，保证设立的方式不同。一般而言，保证债务具有补充性，在主债务人不能履行主债务时，才由保证人代为履行。只有在特殊情形下，才将保证人置于主债务人的同等地位，使其对主债务与主债务人承担连带责任。由此可见，一般保证为一般规定，连带责任保证为特别规定，“连带责任是一种加重责任……对于这种加重责任，原则上应当由当事人约定或者基于极为特殊的考虑，否则动辄让当事人承担连带保证责任也是不公平的”③。依据《民法典》的规定，如当事人意欲设立连带责任保证，只能通过明确约定的方式。当事人在保证合同中对保证方式没有约定或者约定不明确的，按照一般保证承担保证责任。由此可见，一般保

---

① 参见最高人民法院（2016）最高法民终字第780号民事判决书。

② 白丽与江苏金烁置业有限公司、汪陆军等民间借贷纠纷上诉案，江苏省高级人民法院（2014）苏民终字第00362号民事判决书。相同处理的可参见朱文博与泰州市荣星房地产开发有限公司民间借贷纠纷上诉案，江苏省高级人民法院（2011）苏民终字第0255号民事判决书；王霞与袁卫国、曹立新民间借贷纠纷上诉案，黑龙江省高级人民法院（2015）黑高商终字第118号民事判决书。

③ 黄薇主编：《中华人民共和国民法典解读·合同编》（上），中国法制出版社2020年版，第704页。

证的设立，可以通过当事人明确约定的方式，也可以通过法律直接规定的方式。

第二，保证人有无先诉抗辩权不同。一般保证中，保证人享有先诉抗辩权，而连带责任保证中的保证人不享有先诉抗辩权。换而言之，在一般保证中，保证人对于主债务人而言具有顺序利益，保证人与主债务人对债务的清偿有顺序之分，债务人为第一顺序，而保证人处于第二顺序；在连带责任保证中，保证人对于主债务人而言没有顺序利益，保证人与债务人居于同一顺序，保证人不享有顺序利益。①

第三，保证期间的作用模式和保证债务诉讼时效的起算点不同。不管是一般保证，还是连带责任保证，保证债务在时间上均有保证期间和保证债务诉讼时效的适用。就一般保证而言，债权人未在保证期间对主债务人提起诉讼或者申请仲裁的，保证债务消灭。债权人在保证期间届满前对债务人提起诉讼或者申请仲裁的，从保证人拒绝承担保证责任的权利消灭之日起，开始计算保证债务的诉讼时效。就连带责任保证而言，债权人未在保证期间请求保证人承担保证责任的，保证债务消灭，债权人在保证期间届满前请求保证人承担保证责任的，从债权人请求保证人承担保证责任之日起，开始计算保证债务的诉讼时效。

由此可见，区分一般保证与连带责任保证，对于保证责任的承担至为重要。保证方式为任意事项，可由当事人在保证合同中予以明确约定。如当事人在保证合同中明确约定保证人承担保证责任的方式是一般保证或者连带责任保证。如存在此类约定，直接依当事人之间的约定判定保证人承担保证责任的方式。即使保证合同中没有约定保证人承担保证责任的方式是一般保证或者连带责任保证，也不能简单地认为当事人对保证方式没有约定或者约定不明确。尚须对当事人之间的约定进行解释，如经由解释，能够得出保证人承担保证责任的方式是一般保证或者连带责任保证的结论，当事人就保证方式的约定就是明确的，直接根据解释结论来认定保证方式。只有在经由解释也无法得出保证人承担保证责任的方式是一般保证还是连带责任保证的结论的时候，才能认定当事人对保证方式没有约定或者约定不明确，才能推定为一般保证。

二、保证方式的具体认定

当事人关于保证方式的约定并非在所有情形下都是具体明确的，法院尚须依合同

① 参见高圣平：《担保法论》，法律出版社2009年版，第91页。

所使用的语句、合同的有关条款、合同的目的、交易习惯以及诚实信用原则，来确定当事人的真实意思表示。只有在穷尽意思表示解释之后依然无法探知当事人关于保证方式的真实意思之时，才可以适用《民法典》第 686 条第 2 款的推定规则。①

（一）当事人意思表示的基本解释路径

《民法典担保制度解释》于本条第 1 款规定："当事人在保证合同中约定了保证人在债务人不能履行债务或者无力偿还债务时才承担保证责任等类似内容，具有债务人应当先承担责任的意思表示的，人民法院应当将其认定为一般保证。"第 2 款规定："当事人在保证合同中约定了保证人在债务人不履行债务或者未偿还债务时即承担保证责任、无条件承担保证责任等类似内容，不具有债务人应当先承担责任的意思表示的，人民法院应当将其认定为连带责任保证。"由此可见，本条明确，保证人对于主债务人具有顺序利益之时，应解释为一般保证；保证人对于主债务人没有顺序利益之时，应解释为连带责任保证。

"不能履行债务"或"无力偿还债务"，是指债务人客观上不能履行或者履行不能，而不是主观上的"不履行债务""未偿还债务"或"不愿履行债务"，因此，债务人是客观上"不能"履行还是主观上"不"履行，抑或是否具有先诉抗辩权，是区分一般保证和连带责任保证的最重要标志。

（二）审判实践中的具体认定

第一，保证合同如约定，在主债务人"到期不能履行债务"或"到期无法偿还"的情况下，保证人承担保证责任。这一表述表明了保证人承担保证责任的顺序性，保证人仅在主债务到期且主债务人无法偿还，即客观上不能履行主债务的情况下方才承担保证责任，而非主债务到期、主债务人未履行主债务时，保证人即无条件承担保证责任。因此，保证人提供的系一般保证，而非连带责任保证。②当事人约定保证人承担保证责任的前提是，主债务人"到期不能偿还借款"，而不是"不能到期偿还借款"，应解释为一般保证。③

第二，保证合同如约定保证人于"主债务人不履行债务时"或"主债务人不

---

① 参见谢鸿飞、朱广新主编：《民法典评注·合同编·典型合同与准合同（2）》，夏昊晗执笔，中国法制出版社 2020 年版，第 45 页。

② 参见陈文明与菏泽市中荣房地产开发有限公司等民间借贷纠纷再审案，最高人民法院（2018）最高法民申 2968 号民事裁定书。

③ 山东省潍坊市中级人民法院（2020）鲁 07 民终第 4650 号民事判决书。

履行到期债务时”承担保证责任，强调的是只要“主债务人不履行债务”这种事实状态，而非“不能履行债务”这种能力，保证人并无先诉抗辩权，与连带责任保证的特征相合，此时可认定为连带责任保证。保证合同如约定，若主债务人不履行到期债务，保证人则无条件承担履行债务的责任，或在接到债权人通知后一定期间内履行保证债务，表明保证人并不享有先诉抗辩权，可以认定为连带责任保证。此外，保证合同如约定主债务人不履行到期债务保证人则直接向债权人承担责任，亦可认定为连带责任保证。①

第三，保证合同中如约定主债务人届期不履行债务保证人则无条件承担履行债务的责任，或者约定主债务人届期不履行债务保证人则在接到债权人通知后一定期间内履行债务，或者约定主债务届期不履行债务保证人则直接向债权人承担责任，这几种情形之下，保证人并不享有先诉抗辩权，应认定为连带责任保证。其中，保证合同中约定主债务人届期不履行债务，保证人则在接到债务人通知后一定期间内履行债务的，保证人并不是在主债务人不履行到期债务时就承担保证责任。如约定主债务履行期限届满债务人不履行债务后，债权人通知保证人在一个月内承担保证责任。这种情形之下，保证人对于主债务人而言也没有顺序利益，债权人通知义务的存在，并不能改变保证人没有顺序利益的基本判断。因此，此种情形也是连带责任保证。

◆ 疑点与难点

保证合同约定保证人于“主债务人不能按期履行债务时”承担保证责任时保证方式的认定

保证合同如约定保证人于“主债务人不能按期履行债务时”或“主债务人不能如期履行债务时”承担保证责任的，关于保证方式的认定，司法实践中有三种观点：其一，主债务人不能按期履行债务，保证人即承担保证责任，符合一般保证的特征，应认定为一般保证。② 其二，主债务人不能按期履行债务并不表明主

① 参见程啸：《保证合同研究》，法律出版社2006年版，第54页以下。

② 最高人民法院（2015）民申字第1424号民事裁定书。相同处理的还可参见张艳春与姚海建、高文华民间借贷纠纷再审案，吉林省高级人民法院（2017）吉民再字第126号民事裁定书；洛川后子头租赁站与高春琳、王守定租赁合同纠纷再审案，陕西省高级人民法院（2017）陕民申字第498号民事裁定书。

债务人不能以其财产清偿债务，不能认定为一般保证，属于对保证方式约定不明，推定为连带责任保证。① 其三，“主债务人不能按期履行债务”与“主债务人不能履行债务”含义不同。② 如单纯使用“不能”字样，则具有客观上主债务人确无力偿还借款的含义，此时保证人方承担保证责任可以认定为一般保证责任。但是，该“不能”字样是与“按期”结合在一起使用，则不能将其理解为确实无力偿还借款的客观能力的约定，仅是表明只要主债务人未按期偿还借款，保证人即应向债权人承担保证责任。因此，“主债务人不能按期履行债务时”或“主债务人不能如期履行债务时”等此类表述并不含有保证人先诉抗辩权的意思，应认定为连带保证责任。③

笔者赞同第三种观点，区分一般保证和连带责任保证的关键在于保证人是否享有先诉抗辩权，即债权人是否必须先行对主债务人主张权利并经强制执行仍不能得到清偿时，方能请求保证人承担保证责任。“主债务人不能按期履行债务”或“主债务人不能如期履行债务”，“不能”系修饰“按期”“如期”等词，不能理解为主债务人须处于客观上不能履行债务的事实状态，仅表明主债务人未按期偿还即产生保证责任，故应认定为连带责任保证。第二种观点认为，主债务人不能按期履行债务并不表明主债务人不能以其财产清偿债务，属于对保证方式约定不明，推定为连带责任保证。经由解释能够得出保证人承担保证责任的方式，即无须再动用推定规则。如采行这一观点，是不是意味着在《民法典》实施之后，即应推定为一般保证？

（本条由高圣平撰写）

---

① 最高人民法院（2018）最高法民终第1189号民事判决书。相同观点可参见海拉尔农垦（集团）有限责任公司、中冶京诚工程技术有限公司建设工程施工合同纠纷案，最高人民法院（2019）最高法民申诉第3600号民事裁定书。值得注意的是，此为基于《担保法》第19条所作的推定，如依据《民法典》第686条第2款的规定，则应推定为一般保证。

② 吴修勤、宋喜临与净雅食品股份有限公司、徐正强等股权转让纠纷上诉案，最高人民法院（2016）最高法民终字第668号民事判决书。

③ 中国信达资产管理公司贵阳办事处与贵州开磷有限责任公司借款合同纠纷上诉案，最高人民法院（2008）民二终字第106号民事判决书。

第二十六条 【一般保证的当事人】

一般保证中，债权人以债务人为被告提起诉讼的，人民法院应予受理。债权人未就主合同纠纷提起诉讼或者申请仲裁，仅起诉一般保证人的，人民法院应当驳回起诉。

一般保证中，债权人一并起诉债务人和保证人的，人民法院可以受理，但是在作出判决时，除有民法典第六百八十七条第二款但书规定的情形外，应当在判决书主文中明确，保证人仅对债务人财产依法强制执行后仍不能履行的部分承担保证责任。

债权人未对债务人的财产申请保全，或者保全的债务人的财产足以清偿债务，债权人申请对一般保证人的财产进行保全的，人民法院不予准许。

◆ 条文要旨

本条是关于一般保证人的先诉抗辩权在程序法上的意义的规定。

◆ 理解与适用

本条是对《民法典》第687条关于一般保证人先诉抗辩权规定的解释。先诉抗辩权，又称检索抗辩权，是指一般保证的保证人在主债权人向保证人请求履行保证责任时，保证人有权要求主债权人先就主债务人财产诉请强制执行；在主合同债权债务纠纷未经审判或仲裁，并就主债务人财产依法强制执行仍不能履行债务前，保证人可以对主债权人拒绝承担保证责任。先诉抗辩权是保证人对抗债权人的清偿要求的防御性、阻却性权利。就保证人而言，先诉抗辩权只有在债权人行使请求权时才能行使，若债权人没有向保证人主张权利，则保证人不得主动行使先诉抗辩权，因此，先诉抗辩权旨在防御，而不在攻击；就债权人而言，先诉抗辩权行使的结果是暂时停止或者延续请求权的行使，而不是消灭请求权，由此可见，先诉抗辩权旨在阻却请求权的行使，而非消灭请求权。先诉抗辩权是保证人在债权人就债务人的财产依法强制执行仍不能履行债务前得以主张的拒绝承担保证责任的权利。其实质在于赋予保证人享有“顺序利益”或“先诉利益”，即保证人与主债务人承担责任有顺序之分，其中主债务人是第一顺序，保证人则是第二顺序。

一、债权人仅起诉一般保证人的程序处理

在存在先诉抗辩权的情况下，债权人是否应当首先起诉主债务人，只有在主债务人不能清偿时，才可以起诉一般保证人？对此有两种观点，一种观点认为，债权人只有在就主债务人起诉、执行仍不能完全获得清偿时，才可以起诉一般保证人，债权人单独起诉保证人的，保证人可以请求法院驳回；债权人同时起诉两者的，应当驳回其对一般保证人的诉讼，只有这样才能有效保护保证人的先诉利益。另一种观点认为，债权人同时起诉债务人和一般保证人的，法院在判决中应当言明，只有在执行主债务人无果的条件下，才可以执行保证人财产。

一般保证人享有先诉抗辩权的本意不是债权人只能先起诉主债务人，在主合同纠纷未经审判或者仲裁，并就主债务人财产依法强制执行仍不能履行债务前，不能起诉一般保证人，而只是保证人承担保证责任的前提是在对债务人财产依法强制执行后仍不能履行主债务的情形。因此，“先诉抗辩权”更合适的称谓应是“先索抗辩权”① 或“先执行抗辩权”。由此可见，在一般保证中，先诉抗辩权不能“抗辩”债权人的诉权，仅能“抗辩”债权人的诉讼请求，基于此，一般保证人的诉讼地位不是与案件处理结果存在利害关系的第三人，而是第二顺序债务人。在保证纠纷案件的诉讼程序上，司法解释坚持了主合同纠纷和保证合同纠纷案件合并审理的基本思路。②

关于债权人是否可以单独起诉一般保证人的问题，《最高人民法院关于适用〈中华人民共和国民事诉讼法〉若干问题的意见》（已失效）第53条规定：“……债权人仅起诉保证人的，除保证合同明确约定保证人承担连带责任的外，人民法院应当通知被保证人作为共同被告参加诉讼……”这一规定的理由是：从诉讼理论上说，债权人仅起诉一般保证人而不起诉债务人是债权人的诉讼权利，人民法院可以根据债权人的诉讼请求进行审判。但考虑到《民法典》规定一般保证人有

---

① 参见邱聪智：《新订债法各论》（下），姚志明校订，中国人民大学出版社2006年版，第380页。

② 参见李国光等：《最高人民法院〈关于适用中华人民共和国担保法若干问题的解释〉理解与适用》，吉林人民出版社2000年版，第423－424页。

先诉抗辩权，并规定保证责任有保证期间的限制，债权人仅起诉一般保证人的，人民法院应当追加主债务人为被告。这样既避免了因驳回债权人的诉讼请求而加大诉讼成本，又避免了债权人对一般保证人的保证债权因保证期间的届满而消灭的问题。①

此后，《民事诉讼法解释》第 66 条中规定："……保证合同约定为一般保证，债权人仅起诉保证人的，人民法院应当通知被保证人作为共同被告参加诉讼；债权人仅起诉被保证人的，可以只列被保证人为被告。"《民间借贷规定》第 4 条第 2 款规定："保证人为借款人提供一般保证，出借人仅起诉保证人的，人民法院应当追加借款人为共同被告；出借人仅起诉借款人的，人民法院可以不追加保证人为共同被告。" 裁判实践中，有的是以《民事诉讼法解释》第 66 条为依据追加主债务人为共同被告；② 还有的是以《民间借贷规定》第 4 条第 2 款为依据追加主债务人为共同被告。③

《民法典担保制度解释》于本条第 1 款中明确指出："债权人未就主合同纠纷提起诉讼或者申请仲裁，仅起诉一般保证人的，人民法院应当驳回起诉。" 这一规定似乎改变了最高人民法院的既有司法态度。④《民事诉讼法解释》第 66 条中规定："……保证合同约定为一般保证，债权人仅起诉保证人的，人民法院应当通知被保证人作为共同被告参加诉讼；债权人仅起诉被保证人的，可以只列被保证人为被告。" 最高人民法院相关释义书认为："一般保证责任的情形下，原告只起诉一般保证人的，由于一般保证人享有先诉抗辩权，人民法院应通知被保证人作为共同被告参加诉讼，已经参加诉讼的被告（一般保证人）也可以申请追加被保证人（主债务人）参加诉讼，如果原告不同意追加被保证人（主债务人）参加诉讼，根据先诉抗辩权原理，人民法院应当驳回原告对于一般保证人的起诉；如果原告不同意追加被保证人（主债务人）参加诉讼且明确放弃对被保证人诉讼请

---

① 参见李国光等：《最高人民法院〈关于适用中华人民共和国担保法若干问题的解释〉理解与适用》，吉林人民出版社 2000 年版，第 423 页。

② 最高人民法院认为（2019）最高法民辖终 341 号民事裁定书。

③ 吉林省辽源市中级人民法院（2018）吉 04 民终 106 号民事裁定书。

④ 仅从文义来看是这样。《民法典担保制度解释》和经修正的《民事诉讼法解释》几乎同时公布，两者之间就此问题的司法态度不一致，还有待最高人民法院进一步明确。

求的，法院应驳回原告诉讼请求。”①

《民法典担保制度解释》以驳回债权人对一般保证人的起诉代替依职权追加主债务人为共同被告，贯彻了《民事诉讼法》上的处分原则，限制了职权主义的适用空间。一般保证人仅承担补偿责任，在主债务人不参加诉讼的情形之下，即使判令一般保证人仅在对债务人财产依法强制执行后仍不能履行的部分承担保证责任，也因债权人就主债务人并未取得执行依据而导致判决无法执行。不过，这一规定是否准确把握了先诉抗辩权的法理，尚有讨论空间。②

二、债权人一并起诉债务人和一般保证人的程序处理

对于债权人同时起诉主债务人和一般保证人的问题，最高人民法院一直以来的司法态度都是一致的，即债权人可以以主债务人和一般保证人为共同被告提起诉讼。《担保法解释》第 125 条规定：“一般保证的债权人向债务人和保证人一并提起诉讼的，人民法院可以将债务人和保证人列为共同被告参加诉讼。但是，应当在判决书中明确在对债务人财产依法强制执行后仍不能履行债务时，由保证人承担保证责任。”《民事诉讼法解释》第 66 条规定：“因保证合同纠纷提起的诉讼，债权人向保证人和被保证人一并主张权利的，人民法院应当将保证人和被保证人列为共同被告。……”

《民法典担保制度解释》于本条第 2 款规定：“一般保证中，债权人一并起诉债务人和保证人的，人民法院可以受理，但是在作出判决时，除有民法典第六百八十七条第二款但书规定的情形外，应当在判决书主文中明确，保证人仅对债务人财产依法强制执行后仍不能履行的部分承担保证责任。”一般保证人享有先诉抗辩权，并不否定债权人可以以主债务人和一般保证人为共同被告一并提起诉讼。债权人一并起诉债务人和保证人的，法院在认可先诉抗辩权成立的前提之下，应在判决书中明确保证人仅对债务人财产依法强制执行后仍不能履行的部分承担保证责任。在判决书中，判决主文可以分两项，第一项判令主债务人承担主债务的债务数额；第二项判令一般保证人对主债务人财产依法强制执行后仍不

① 沈德咏主编：《最高人民法院民事诉讼法司法解释理解与适用》（上），人民法院出版社 2015 年版，第 252 页。

② 参见安海涛：《保证合同诉讼的程序原理——基于〈民诉法解释〉第 66 条的分析》，载《华东政法大学学报》2017 年第 2 期。

能履行债务时，由保证人承担保证责任。这样分项判决脉络清晰，有利于民事执行。①

值得注意的是，在判决书主文中明确保证人仅对债务人财产依法强制执行后仍不能履行的部分承担保证责任，是以不存在《民法典》第 687 条第 2 款但书规定的情形为前提的。《民法典》第 687 条第 2 款规定："一般保证的保证人在主合同纠纷未经审判或者仲裁，并就债务人财产依法强制执行仍不能履行债务前，有权拒绝向债权人承担保证责任，但是有下列情形之一的除外：（一）债务人下落不明，且无财产可供执行；（二）人民法院已经受理债务人破产案件；（三）债权人有证据证明债务人的财产不足以履行全部债务或者丧失履行债务能力；（四）保证人书面表示放弃本款规定的权利。"在这几种限制先诉抗辩权适用的情形之下，主债务人的财产不足以履行全部债务或者丧失履行债务能力，再赋予保证人以顺序利益，保证担保的目的将无法达至。因此，在这几种情形之下，在判决书主文中无须明确保证人仅对债务人财产依法强制执行后仍不能履行的部分承担保证责任。

三、对一般保证人采取财产保全措施的限制

《民法典担保制度解释》于本条第 3 款规定："债权人未对债务人的财产申请保全，或者保全的债务人的财产足以清偿债务，债权人申请对一般保证人的财产进行保全的，人民法院不予准许。"这是《民法典担保制度解释》新增的规定，此前没有此类规定。

尽管如此，法院在相关问题上也体现了这一点。如"上海金桥工程建设发展有限公司与青海三工置业有限公司建设工程施工合同纠纷案"② 中，最高人民法院认为："从青海高院查明的情况看，被执行人有土地使用权及地上在建工程可供执行。因此，执行法院能否执行保证人金泰公司在保证责任范围内的财产，取决于被执行人三工公司的财产是否足以清偿债务。在异议过程中，金泰公司提出被执行人三工公司在德令哈市的土地使用权及地上在建工程价值达 48265.97 万元，并提供了相应的评估报告，用以证明被执行人的财产足以清偿债务。"但是，

① 参见曹士兵：《中国担保制度与担保方法》（第 4 版），中国法制出版社 2017 年版，第 427 页。

② 最高人民法院（2016）最高法执复 60 号民事裁定书。

裁判实践中关于“财产足以清偿债务”的情形有不同的标准。如“青海金泰融资担保有限公司、上海金桥工程建设发展有限公司建设工程施工合同纠纷案”①中，最高人民法院认为：“在一般保证情形，并非只有在债务人没有任何财产可供执行的情形下，才可以要求一般保证人承担责任，即使债务人有财产，但只要其财产不方便执行，即可执行一般保证人的财产。参照上述规定精神，金泰公司尽管承诺的是在青海三工置业有限公司无力承担本案责任时承担青海三工置业有限公司所应承担的责任，但由于青海三工置业有限公司仅有在建工程及相应的土地使用权可供执行，既不经济也不方便，在这种情况下，人民法院可以直接执行金泰公司的财产。”

财产保全是为保证将来判决的可执行性对当事人财产采取的临时性冻结、查封措施。尽管财产保全并不是实质性处分当事人的财产，但是财产的流动性、企业的商誉都可能因此受到影响。《最高人民法院根据关于人民法院办理财产保全案件若干问题的规定》除了细化财产保全的担保规则之外，还作了四个方面的安排：一是在确保实现保全目的的情况下，依法保护债务人产权。明确被保全人有多项财产可供保全的，在能够实现保全目的的情况下，人民法院应当选择对其生产经营活动影响较小的财产进行保全，对厂房、机器设备等生产经营性财产进行保全时，指定被保全人保管的，应当允许其继续使用；财产保全期间，在不损害债权人合法权益的情况下，允许债务人对被保全财产自行处分。二是禁止超标的保全。明确对明显超标的土地、房屋等不动产以部分保全为原则，对银行账户进行保全时应当明确冻结数额。三是合理分配解除保全责任，解决恶意延期解保问题。明确在仲裁请求被依法驳回等六种情况下，申请保全人应当及时申请解除保全，否则应当就此承担赔偿责任。四是保障权利救济，防止保全违法错误。赋予了当事人、利害关系人对保全行为违法提出异议的权利；也赋予了对被保全财产主张实体权利的案外人通过诉讼进行救济的权利。②

财产保全作为一种民事措施，往往涉及申请人、被申请人及利害关系人等多

① 最高人民法院（2017）最高法执复38号民事裁定书。

② 最高人民法院对十三届全国人大一次会议第7882号建议的答复。

方利益。《民法典担保制度解释》本条第 3 款的规定即为最高人民法院不断完善财产保全制度的重大举措，有利于保护一般保证人的利益。

◆ 疑点与难点

连带责任保证情形下保证人的诉讼地位

《民法典担保制度解释》没有进一步规定连带责任保证情形之下保证人的诉讼地位。就此，《担保法解释》第 126 条规定："连带责任保证的债权人可以将债务人或者保证人作为被告提起诉讼，也可以将债务人和保证人作为共同被告提起诉讼。"即使《民法典担保制度解释》没有规定连带责任保证情形之下保证人的诉讼地位，基于现行法的解释结论与《担保法解释》第 126 条并无不同。

连带责任保证，是指当事人在保证合同中约定保证人和债务人对债务承担连带责任。虽然连带责任保证人不是本位意义上的债务人，但其对于主债务人并不享有顺序利益。只要出现主债务人不履行到期债务或者发生当事人约定情形的事实，债权人即可要求保证人承担保证责任。债权人请求连带责任保证人承担保证责任的，只需证明主债务人不履行到期债务或者发生当事人约定情形的事实即可，而不论债权人是否就主债务人的财产已强制执行，保证人均应依保证合同的约定承担保证责任。在诉讼结构上，连带责任保证的债权人可以将债务人或者保证人作为被告提起诉讼，也可以将债务人和保证人作为共同被告提起诉讼。

《民间借贷规定》第 4 条第 1 款规定："保证人为借款人提供连带责任保证，出借人仅起诉借款人的，人民法院可以不追加保证人为共同被告；出借人仅起诉保证人的，人民法院可以追加借款人为共同被告。"这里对单独起诉连带保证人有所限制——"法院可以追加借款人为共同被告"。

但这一限制有违连带法理。追加主体的目的或功能，可能有查明案件事实、防止矛盾裁判、（给付之诉）直接判决承担责任等不同层次。若为判决承担责任而职权追加，有违反处分原则的嫌疑；若为防止矛盾判决、查明案件事实，则借助现有的第三人、证人制度以及判决解释通常也可实现，没有职权追加共同被告的必要。《民间借贷规定》之"可以追加"固然可以附带地实现后者，但主要目的仍应理解为指向前者，它希望将基于同一事实的多个法律关系纠纷放置在同一个程序中一齐解决，实际是以共同诉讼的方式强化了诉讼一次性解决纠纷的功能，体现了我国在权利保护与纠纷解决目的冲突上偏重于纠纷解决的独特政策立场。不过，本文认为这一规定暂不宜扩张至其他纠纷类型领域；即使是在民间借贷领域，职权追加之前也有必要向债权人进行释明，积极寻求债权人的起诉追加，债权人不同意追加而又确有必要追加时才可依职权进行追加，以体现对民事诉讼当事人权利行使的尊重。①

（本条由高圣平撰写）

第二十七条　【一般保证的保证期间】

一般保证的债权人取得对债务人赋予强制执行效力的公证债权文书后，在保证期间内向人民法院申请强制执行，保证人以债权人未在保证期间内对债务人提起诉讼或者申请仲裁为由主张不承担保证责任的，人民法院不予支持。

◆ 条文要旨

本条是对一般保证的债权人取得具有强制执行效力的公证债权文书后在保证期间申请强制执行的，保证人不得以保证期间届满为由主张免除保证责任的规定。

◆ 理解与适用

一、保证期间的涵义

保证期间，也称“保证责任的期间”。具体而言，所谓保证期间就是确定保证人承担保证责任的期间（《民法典》第692条）。在我国法上，“保证期间”这一概念最早出现在1994年的《最高人民法院关于审理经济合同纠纷案件有关保

① 参见安海涛：《保证合同诉讼的程序原理——基于〈民诉法解释〉第66条的分析》，载《华东政法大学学报》2017年第2期。

证的若干问题的规定》（已废止）中，后为《担保法》及《担保法解释》所继受。关于保证期间的性质，理论上曾有不同的看法，有诉讼时效说、除斥期间说、债务履行期限说、特殊期间说等不同观点。① 笔者倾向于采取特殊期间说的观点。因为，保证期间与诉讼时效期间、除斥期间等虽有相似之处，却并不相同。首先，依据《民法典》第 692 条第 2 款，债权人与保证人可以约定保证期间，只有在债权人与保证人对保证期间没有约定或者约定不明确时，才适用法律的保证期间规定，即保证期间为主债务履行期限届满之日起六个月。然而，诉讼时效期间只能由法律规定，而不允许当事人约定。其次，所谓除斥期间，是指权利预定的存续期间，其适用的客体为形成权（如撤销权、解除权、终止权）。除斥期间经过后，权利归于消灭。我国《民法典》第 152 条对撤销权的除斥期间作出了规定：（1）当事人自知道或者应当知道撤销事由之日起一年内、重大误解的当事人自知道或者应当知道撤销事由之日起九十日内没有行使撤销权；（2）当事人受胁迫，自胁迫行为终止之日起一年内没有行使撤销权；（3）当事人知道撤销事由后明确表示或者以自己的行为表明放弃撤销权。当事人自民事法律行为发生之日起五年内没有行使撤销权的，撤销权消灭。依据《民法典》第 564 条，解除权的行使期间可以由法律规定或当事人自行约定，如果法律没有规定或当事人没有约定，则自解除权人知道或者应当知道解除事由之日起一年内不行使，或者经对方催告后在合理期限内不行使的，该权利消灭。虽然在能否约定上，除斥期间与保证期间有相似之处，且除斥期间和保证期间都是不变期间，不发生中止、中断和延长。但是，保证期间届满且债权人未依法定方式行为时发生的效果为保证人不再承担保证责任，即债权人请求保证人承担保证责任时，保证人享有永久性地拒绝承担保证责任的抗辩权。在这一点上，保证期间与除斥期间的经过导致作为形成权的撤销权、解除权等权利消灭有所不同，却与诉讼时效期间届满后，债务人享有时效届满的抗辩权有相似之处。再次，保证期间不发生中止、中断和延长（《民法典》第 692 条第 1 款）。在这一点上，保证期间与除斥期间相同（《民法典》第 199 条），然而，诉讼时效可以中止、中断和延长（《民法典》第 194－195 条）。最后，保证期间并非保证债务的履行期间，因为在保证期间内，债权人

① 程啸：《保证合同研究》，法律出版社 2006 年版，第 497－502 页。

应当依法定方式行为，方能避免保证人借保证期间届满为由而拒绝承担保证责任。故此，保证期间绝非保证债务的履行期限，否则债权人应当在该期间届满后才能要求保证人承担保证责任，而不是在该期间内就有权要求保证人承担保证责任。①

二、保证期间的类型

依据《民法典》第692条，当事人可以约定保证期间，没有约定的，则适用法律规定的保证期间。故此，保证期间可以分为：约定的保证期间与法定的保证期间。

（一）约定的保证期间

所谓约定的保证期间，即债权人与保证人约定的保证期间。《民法典》第692条第2款允许当事人约定保证期间的理由在于：其一，有利于保护保证人的权益。保证合同是单务合同、无偿合同，即保证人在没有从债权人处获得任何对待给付的情形下，单方面地负有保证债务。尽管通过抗辩权、追偿权、代位权等制度设计，法律上为保证人提供了相应的保护，以避免保证人处于过分不利的地位，但是，仍然可能存在因为长时间负担保证债务而对保证人产生不利后果的可能。因此，保证人迫切需要与债权人约定一个保证责任的存续期限，如果债权人在该期限内没有向保证人主张权利，那么保证人于期限届满后即免除保证责任。反之，一旦在该期限内债权人向保证人行使了权利，保证人就确定地负有保证债务，并且在其不履行该债务而侵害债权人权利时，适用保证债务的诉讼时效。其二，有利于限制保证债务的范围。保证债务的范围指当主债务人不履行债务时，债权人能够在何种范围之内请求保证人履行债务或承担责任。《民法典》第691条规定："保证的范围包括主债权及其利息、违约金、损害赔偿金和实现债权的费用。当事人另有约定的，按照其约定。"如果当事人对保证担保的范围没有约定或者约定不明确的，保证人应当对全部债务承担责任。倘若对保证责任的存续期间不作出限制，而主合同当事人又没有约定债务履行期

---

① 最高人民法院一则答复曾有明确的说明："对于中国农业银行担保借款协议书第八条的理解问题，该行农银函〔1991〕226号函解释其含义是：借款方应当按期归还贷款本息、贷款到期后一个月内先由借款方负责偿还。其间借款方不能偿还的，则由担保单位（或担保人）代为偿还。'一个月'是对担保单位（或者担保人）承担责任的宽限期，而不是担保责任期限，即贷款逾期一个月后，担保人开始承担担保责任。"参见《最高人民法院对安徽省高级人民法院关于借款担保合同纠纷请示问题的答复》（1995年11月6日）。

限，那么因主债务的范围发生变化就会导致保证债务的范围发生改变。通过约定保证期间，就可以及时地确定保证债务的范围，这对于保证人显然是有利的。综上所述，允许当事人约定保证期间既可借此有效地缩短保证人因无对待给付而单方负有保证债务所产生的风险，又能督促债权人及时行使权利以确保债权得以圆满实现，有效地衡平了保证人与债权人的利益，实现了公平与效率的有机统一。

（二）法定的保证期间

法定的保证期间，即法律直接规定的保证期间。当事人对保证期间没有约定或者约定不明确时，适用法律规定的保证期间，即《民法典》第 692 条第 2 款规定的“保证期间为主债务履行期限届满之日起六个月”。所谓当事人没有约定保证期间，既包括债权人与保证人根本没有就保证期间达成合意，也包括双方虽然有约定但该约定被法律视为没有约定的情形，即《民法典》第 692 条第 2 款规定的“约定的保证期间早于主债务履行期限或者与主债务履行期限同时届满的，视为没有约定”。之所以在这种情形下，当事人的约定被视为没有约定，是因为在债权人与保证人约定的保证期间早于主债务履行期或者与主债务履行期限同时届满的情形下，如果认可此种保证期间约定效力的话，就会导致两种情况：一方面，债权人在债务履行期限尚未届满前，由于无法要求债务人履行债务，自然也就不发生无法要求（连带责任）保证人承担保证责任的可能；另一方面，当债务履行期间届满时，保证期间却早已或同时届满了，此时债权人虽然可以要求债务人履行债务，却无法要求保证人承担保证责任。显然，这就实际上使得保证人的保证责任形同虚设，违背了当事人订立保证合同的目的。故此，法律上将这种违反保证期间本质的约定视为没有约定，从而适用法定的保证期间。

需要注意的是，我国《民法典》修改了《担保法解释》的不合理规定。依据《担保法解释》第 32 条的规定，保证合同约定的保证期间早于或者等于主债务履行期限的，视为没有约定，保证期间为主债务履行期届满之日起六个月。保证合同约定保证人承担保证责任直至主债务本息还清时为止等类似内容的，视为约定不明，保证期间为主债务履行期届满之日起二年。显然，《担保法解释》上述规定是不合理的。为何在当事人没有约定保证期间时，将保证期间规定为主债务履行期届满之日起六个月，而在当事人对保证期间的约定不明时，却将保证期间规定为主债务履行期届满之日起两年？此种区分对待，没有任何正当理由。有鉴于此，《民法典》修正了这一规定，对于约定的保证期间早于主债务履行期限或者与主债务履行期限同时届满的“视为没有约定”的情形，与“约定不明确”的情形作了相同处理，即这两种情况下保证期间均为主债务履行期限届满之日起六个月。

三、一般保证的保证期间届满的法律效果

《民法典》第 693 条第 1 款规定：“一般保证的债权人未在保证期间对债务人提起诉讼或者申请仲裁的，保证人不再承担保证责任。”该规定来自《担保法》第 25 条第 2 款，但有所不同的是，删除了《担保法》该款第 2 句即“债权人已提起诉讼或者申请仲裁的，保证期间适用诉讼时效中断的规定”。《民法典》作此修改的理由在于：保证期间是确定期间，不发生中止、中断和延长。只要一般保证的债权人在保证期间内对债务人提起诉讼或者申请仲裁，保证期间就失去作用了，接下来需要适用的只是保证债务的诉讼时效。《民法典》第 694 条第 1 款规定：“一般保证的债权人在保证期间届满前对债务人提起诉讼或者申请仲裁的，从保证人拒绝承担保证责任的权利消灭之日起，开始计算保证债务的诉讼时效。”所谓保证人拒绝承担保证责任的权利就是指一般保证中保证人享有的先诉抗辩权（《民法典》第 687 条第 2 款）。故此，《担保法》第 25 条第 2 款第 2 句的规定是不合理的，不存在保证期间适用诉讼时效中断的规定的必要。

就一般保证而言，虽然保证人享有先诉抗辩权，但先诉抗辩权的存在并不意味着债权人就不能对一般保证人提起诉讼或者申请仲裁，该权利的效力仅仅体现在债权的实现阶段，换言之，如果债权人不能证明其对于主债务人已经依法强制执行而无效果的话，一般保证人就可以拒绝清偿债权。也就是说，如果主合同纠纷未经审判或者仲裁并就债务人财产依法强制执行仍不能履行债务，一般保证人有权拒绝向债权人承担保证责任。先诉抗辩权并不能排除债权人以保证人为被告提起诉讼或申请仲裁的权利。故此，一般保证的债权人在保证期间内，可以仅对债务人提起诉讼或者申请仲裁，也可以将债务人与保证人作为共同被告（被申请人）而提起诉讼或者申请仲裁。《民事诉讼法解释》第 66 条规定：“因保证合同纠纷提起的诉讼，债权人向保证人和被保证人一并主张权利的，人民法院应当将保证人和被保证人列为共同被告。保证合同约定为一般保证，债权人仅起诉保证

人的，人民法院应当通知被保证人作为共同被告参加诉讼；债权人仅起诉被保证人的，可以只列被保证人为被告。”不过，《民法典担保制度解释》的规定有所不同，其第26条第1款、第2款规定：“一般保证中，债权人以债务人为被告提起诉讼的，人民法院应予受理。债权人未就主合同纠纷提起诉讼或者申请仲裁，仅起诉一般保证人的，人民法院应当驳回起诉。一般保证中，债权人一并起诉债务人和保证人的，人民法院可以受理，但是在作出判决时，除有民法典第六百八十七条第二款但书规定的情形外，应当在判决书主文中明确，保证人仅对债务人财产依法强制执行后仍不能履行的部分承担保证责任。”总之，因为债权人在保证期间内已经依法向债务人提起了诉讼或者申请了仲裁，故此，保证期间失去效力，保证人不得以保证期间届满为由而拒绝承担保证责任。

四、债权人在保证期间依据公证债权文书申请强制执行的效力

我国《公证法》第37条第1款规定：“对经公证的以给付为内容并载明债务人愿意接受强制执行承诺的债权文书，债务人不履行或者履行不适当的，债权人可以依法向有管辖权的人民法院申请执行。”之所以《公证法》作此规定，主要就是考虑到对于一些以给付为内容且债权债务关系非常简单明确，当事人有无争议的债权文书，可以通过公证赋予其强制执行效力，使之成为执行依据。债权人在债务人不履行债务时可以直接凭着此种经过公证的债权文书向人民法院申请强制执行，而无需经过诉讼或者仲裁程序。这样的规定既有利于发挥公证规范民事活动的功能，也有利于减轻当事人的讼累及法院和仲裁机构的负担，高效及时地保护当事人的合法权益。依据《公证法》这一规定，我国《民事诉讼法》第238条第1款规定：“对公证机关依法赋予强制执行效力的债权文书，一方当事人不履行的，对方当事人可以向有管辖权的人民法院申请执行，受申请的人民法院应当执行。”

在一般保证中，当债权人已经取得对债务人赋予强制执行效力的公证债权文书后，就可以依法直接向债务人申请强制执行，而无需再向债务人提起诉讼或者申请仲裁。此种行为的效果与债权人在保证期间针对债务人提起诉讼或申请仲裁并在取得生效的胜诉法律文书后申请强制执行是一样的，一般保证人当然也不得仅以债权人未在保证期间内对债务人提起诉讼或者申请仲裁为由而主张不承担保证责任。这一点应当说是不言自明的。不过，为了避免司法实践僵化理解

《民法典》第 693 条第 1 款的规定，《民法典担保制度解释》本条还是对此作出了明确规定，即“一般保证的债权人取得对债务人赋予强制执行效力的公证债权文书后，在保证期间内向人民法院申请强制执行，保证人以债权人未在保证期间内对债务人提起诉讼或者申请仲裁为由主张不承担保证责任的，人民法院不予支持”。

◆ 疑点与难点

一、债权人仅起诉一般保证人或申请仲裁却未针对债务人起诉或申请仲裁的情形的处理

如果债权人只是在保证期间内针对一般保证人提起诉讼或者申请仲裁或者以其他的方式如发出催告函等要求保证人承担保证责任，却并没有针对债务人提起诉讼或者申请仲裁，此时应当如何处理？对此，《民事诉讼法解释》第 66 条规定：“因保证合同纠纷提起的诉讼，债权人向保证人和被保证人一并主张权利的，人民法院应当将保证人和被保证人列为共同被告。保证合同约定为一般保证，债权人仅起诉保证人的，人民法院应当通知被保证人作为共同被告参加诉讼；债权人仅起诉被保证人的，可以只列被保证人为被告。”《民间借贷规定》第 4 条规定：“保证人为借款人提供连带责任保证，出借人仅起诉借款人的，人民法院可以不追加保证人为共同被告；出借人仅起诉保证人的，人民法院可以追加借款人为共同被告。保证人为借款人提供一般保证，出借人仅起诉保证人的，人民法院应当追加借款人为共同被告；出借人仅起诉借款人的，人民法院可以不追加保证人为共同被告。”也就是说，依据上述两个司法解释的规定，一般保证的债权人仅仅起诉一般保证人的，法院应当追加债务人作为共同被告。

但是，《民法典担保制度解释》第 26 条第 1 款则规定：“一般保证中，债权人以债务人为被告提起诉讼的，人民法院应予受理。债权人未就主合同纠纷提起诉讼或者申请仲裁，仅起诉一般保证人的，人民法院应当驳回起诉。”这就是说，债权人可以单独起诉债务人，却不能单独起诉一般保证人。该规定与前述《民事诉讼法解释》《民间借贷规定》的规定有所不同，即法院是驳回债权人针对一般保证人的起诉，而不是通知债务人作为共同被告参加诉讼。这一改变的理由在

于：首先，债权人起诉一般保证人依据的是其与保证人之间的保证合同关系，而并未就主合同纠纷而起诉债务人，将债务人引入其并非当事人的保证合同关系纠纷当中来不妥。其次，一般保证人享有先诉抗辩权，并且依据《民法典》第693条第1款的规定，一般保证的债权人未在保证期间对债务人提起诉讼或者申请仲裁的，保证人不再承担保证责任。故此，债权人仅以一般保证合同作为请求权基础而起诉保证人的，应当驳回该诉讼。这样有利于更好落实《民法典》关于一般保证人先诉抗辩权的规定。

二、公证债权文书是否可以赋予担保合同以强制执行效力的问题

在以往的司法实践中，就公证债权文书是否可以赋予担保合同以强制执行效力的问题，曾经存在很大的争议。对此，《执行异议和复议规定》第22条明确规定："公证债权文书对主债务和担保债务同时赋予强制执行效力的，人民法院应予执行；仅对主债务赋予强制执行效力未涉及担保债务的，对担保债务的执行申请不予受理；仅对担保债务赋予强制执行效力未涉及主债务的，对主债务的执行申请不予受理。人民法院受理担保债务的执行申请后，被执行人仅以担保合同不属于赋予强制执行效力的公证债权文书范围为由申请不予执行的，不予支持。"从这一规定可知，无论对于主合同还是担保合同都是可以通过公证而赋予强制执行效力的。但是，如果担保合同是保证合同且保证方式属于一般保证时，需要特别注意的是：由于一般保证人享有先诉抗辩权，在主债务未经审判或仲裁且就债务人财产强制执行而不能清偿债务前，一般保证人有权拒绝承担保证责任。故此，只有在一般保证人既作出了愿意接受强制执行的同意且书面同意放弃先诉抗辩权的，才能通过公证债权文书赋予保证债务以强制执行效力，否则对于保证债务赋予强制执行效力的公证债权文书是无效的。

（本条由程啸撰写）

第二十八条 【一般保证的诉讼时效】

一般保证中，债权人依据生效法律文书对债务人的财产依法申请强制执行，保证债务诉讼时效的起算时间按照下列规则确定：

（一）人民法院作出终结本次执行程序裁定，或者依照民事诉讼法第二百五十七条第三项、第五项的规定作出终结执行裁定的，自裁定送达债权人之日起开始计算；

（二）人民法院自收到申请执行书之日起一年内未作出前项裁定的，自人民法院收到申请执行书满一年之日起开始计算，但是保证人有证据证明债务人仍有财产可供执行的除外。

一般保证的债权人在保证期间届满前对债务人提起诉讼或者申请仲裁，债权人举证证明存在民法典第六百八十七条第二款但书规定情形的，保证债务的诉讼时效自债权人知道或者应当知道该情形之日起开始计算。

◆ 条文要旨

本条是对一般保证的保证债务诉讼时效的起算时间的规定。

◆ 理解与适用

一、保证债务的诉讼时效的意义

依据《民法典》第694条的规定，无论是一般保证还是连带责任保证，只要债权人在约定的或者法定的保证期间内按照法定的方式行为，即一般保证的债权人针对主债务提起诉讼或申请仲裁，连带责任保证的债权人请求保证人承担保证责任，此时，保证期间便“功成身退”，失去作用，进而将由保证债务的诉讼时效制度取而代之。

所谓保证债务的诉讼时效，也称保证合同的诉讼时效，即债权人依据保证合同请求保证人履行保证债务的请求权的诉讼时效。《民法典》第188条规定，向人民法院请求保护民事权利的诉讼时效期间为三年。法律另有规定的，依照其规定。诉讼时效期间自权利人知道或者应当知道权利受到损害以及义务人之日起计算。法律另有规定的，依照其规定。但是，自权利受到损害之日起超过二十年的，人民法院不予保护，有特殊情况的，人民法院可以根据权利人的申请决定延长。依据《民法典》第192条，诉讼时效期间届满的，义务人可以提出不履行义务的抗辩。诉讼时效期间届满后，义务人同意履行的，不得以诉讼时效期间届满为由抗辩；义务人已经自愿履行的，不得请求返还。我国《民法典》专门规定了不适用诉讼时效的几类请求权，具体包括：其一，依据《民法典》第196条的规定：下列请求权不适用诉讼时效的规定：（1）请求停止侵害、排除妨碍、消除危险；（2）不动产物权和登记的动产物权的权利人请求返还财产；（3）请求支付抚养费、赡养费或者扶养费；（4）依法不适用诉讼时效的其他请求权。其二，《民法典》第995条规定，人格权受到侵害的，受害人有权依照本法和其他法律的规定请求行为人承担民事责任。受害人的停止侵害、排除妨碍、消除危险、消除影响、恢复名誉、赔礼道歉请求权，不适用诉讼时效的规定。

除了上述法律明确规定不适用诉讼时效的请求权外，其他的请求权都适用诉讼时效的规定。债权人基于保证合同而享有的请求保证人履行保证债务的权利属于债权请求权，在法律没有特别规定的情形下，该请求权当然也适用诉讼时效。从理论上来说，本无须对保证债务的诉讼时效作出特别规定。《民法典》之所以在第694条对保证债务的诉讼时效作出专门的规定，主要目的就是区分保证期间与保证债务的诉讼时效，实现二者适用上的衔接。也就是说，当债权人在保证期间内依法定方式向主债务人或保证人主张权利后，保证期间就失去意义，保证人不能以保证期间届满为由而拒绝承担保证责任。但是，保证债务依然适用《民法典》关于诉讼时效的规定，保证人并不因为保证期间失效而一直需要向债权人承担保证责任，否则对于保证人非常不利。

二、一般保证中保证债务诉讼时效的起算

依据《民法典》第694条第1款，一般保证的债权人在保证期间届满前对债务人提起诉讼或者申请仲裁的，从保证人拒绝承担保证责任的权利消灭之日起，开始计算保证债务的诉讼时效。所谓“保证人拒绝承担保证责任的权利消灭”，是指一般保证中保证人享有的先诉抗辩权，即一般保证的保证人在主合同纠纷未经审判或者仲裁，并就债务人财产依法强制执行仍不能履行债务前依法享有的拒绝向债权人承担保证责任的权利，此种权利属于一时性的抗辩权。《民法典担保制度解释》本条依据《民法典》第694条的规定并结合司法实践的具体情形，将一般保证的保证债务诉讼时效的起算分为以下两大类型分别加以明确。

（一）债权人依法申请强制执行时保证债务诉讼时效的起算规则

依据《民法典担保制度解释》本条第1款之规定，一般保证中，债权人依据生效法律文书对债务人的财产依法申请强制执行，保证债务的诉讼时效按照下列规则确定：

1. 人民法院作出终结本次执行程序裁定，或者依照《民事诉讼法》第257条第（三）项、第（五）项的规定作出终结执行裁定的，自裁定送达债权人之日开始计算。

由于一般保证中，保证人享有先诉抗辩权，即在主合同纠纷未经审判或者仲裁，并就债务人财产依法强制执行仍不能履行债务前，保证人有权拒绝向债权人承担保证责任。故此，债权人只能在保证期间届满前先针对债务人提起诉讼或者申请仲裁，直到保证人的先诉抗辩权消灭后，才能开始计算保证合同即保证债务的诉讼时效。由此可见，确定保证人先诉抗辩权消灭的时间点非常重要。这个时间点就是一般保证中保证债务诉讼时效的起算点。《担保法解释》第34条第1款曾规定："一般保证的债权人在保证期间届满前对债务人提起诉讼或者申请仲裁的，从判决或者仲裁裁决生效之日起，开始计算保证合同的诉讼时效。"显然，这一规定是错误的，有违先诉抗辩权的基本法理。因为即便一般保证的债权人在保证期间届满前对债务人提起诉讼或者申请仲裁并且取得了生效的判决或裁决，但是，因其并未对债务人的财产依法强制执行，无法确定是否经由对债务人财产的强制执行仍然不能履行债务，所以保证人依然有权拒绝向债权人承担保证责任。如果从判决或裁决生效之日就开始起算保证债务的诉讼时效，对于债权人显然是不利的。一方面，由于保证人的先诉抗辩权没有消灭，故此债权人实际上还不能要求保证人承担保证责任；但另一方面，保证债务的诉讼时效又已经开始计算了。《担保法解释》第34条第1款如此规定的根本原因还是在于原来的《担保法》作出了一个错误的规定，即该法第25条第2款规定："在合同约定的保证期间和前款规定的保证期间，债权人未对债务人提起诉讼或者申请仲裁的，保证人免除保证责任；债权人已提起诉讼或者申请仲裁的，保证期间适用诉讼时效中断的规定。”事实上，保证期间不应当发生中断的问题，先诉抗辩权“非谓债权人对于主债务人之先诉为债权人对保证人请求清偿的要件，故债权人无须证明已就主债务人之财产强制执行而无效果，亦得向保证人请求清偿或并同起诉。惟债权人如无法证明，其对于主债务人已为强制执行而无效果，则保证人得据此而为拒绝清偿抗辩”①。只要一般保证的债权人在保证期间届满前向主债务人提起诉讼或者申请仲裁，则保证期间失去效力，不再适用保证期间。当保证人丧失先诉抗辩权时，债权人就有权要求保证人承担保证责任，此时倘若保证人拒绝承担保证责任的，就属于对债权人的权利的侵害，应当开始起算保证债务的诉讼时效。有鉴于此，我国《民法典》一方面在第 692 条第 1 款明确规定，保证期间不发生中止、中断和延长；另一方面在第 694 条第 1 款规定，一般保证中保证债务的诉讼时效从保证人拒绝承担保证责任的权利消灭之日起算。

依据《民法典》第 694 条第 1 款的规定，《民法典担保制度解释》本条第 1 款第（一）项修改了以往《担保法解释》第 34 条第 1 款的规定，没有从判决或裁决生效之日起算保证债务的诉讼时效，而是规定：人民法院作出终结本次执行程序裁定，或者依照《民事诉讼法》第 257 条第（三）项、第（五）项的规定作出终结执行裁定的，自裁定送达债权人之日起算保证债务的诉讼时效。具体阐述如下：

（1）所谓终结本次执行程序，是指对于已经开始的执行案件，在经过调查之后没有发现可供执行的财产时依据相应的程序而终结本次执行程序的制度。终结本次执行在我国《民事诉讼法》中并无规定，它是由最高人民法院在民事执行实践中创设出来的新制度和程序，最早见于 2009 年中央政法委与最高人民法院下发的《关于规范集中清理执行积案结案标准的通知》（2009 年 3 月 19 日；法发〔2009〕15 号）。2015 年 1 月 1 日施行的《最高人民法院关于执行案件立案、结案若干问题的意见》（法发〔2014〕26 号）第 14 条将终结本次执行程序作为执行实施类案件的六种结案方式之一。该意见第 16 条第 1 款规定：“有下列情形之一的，可以以‘终结本次执行程序’方式结案：（一）被执行人确无财产可供执

① 邱聪智：《新订债法各论》（下册），台湾作者印行 2003 年版，第 544 页。

行，申请执行人书面同意人民法院终结本次执行程序的；（二）因被执行人无财产而中止执行满两年，经查证被执行人确无财产可供执行的；（三）申请执行人明确表示提供不出被执行人的财产或财产线索，并在人民法院穷尽财产调查措施之后，对人民法院认定被执行人无财产可供执行书面表示认可的；（四）被执行人的财产无法拍卖变卖，或者动产经两次拍卖、不动产或其他财产权经三次拍卖仍然流拍，申请执行人拒绝接受或者依法不能交付其抵债，经人民法院穷尽财产调查措施，被执行人确无其他财产可供执行的；（五）经人民法院穷尽财产调查措施，被执行人确无财产可供执行或虽有财产但不宜强制执行，当事人达成分期履行和解协议，且未履行完毕的；（六）被执行人确无财产可供执行，申请执行人属于特困群体，执行法院已经给予其适当救助的。”2015 年 2 月 4 日起施行的《民事诉讼法解释》正式在司法解释上确立了终结本次执行程序制度。该解释第 519 条规定：“经过财产调查未发现可供执行的财产，在申请执行人签字确认或者执行法院组成合议庭审查核实并经院长批准后，可以裁定终结本次执行程序。依照前款规定终结执行后，申请执行人发现被执行人有可供执行财产的，可以再次申请执行。再次申请不受申请执行时效期间的限制。”民事诉讼法学界认为，虽然《民事诉讼法》没有明确规定终结本次执行程序，但是其可以被解释到《民事诉讼法》第 257 条第（六）项的兜底性规定当中，因为无财产可供执行同样属于无法执行或者无法继续执行的情形，无非所谓无财产可供执行的判断根据是基于现在的认识条件而作出的。① 由此可见，当一般保证的债权人向人民法院申请强制执行，经过财产调查未发现作为被执行人的债务人的可供执行的财产，人民法院依法作出了终结本次执行程序的裁定，就属于《民法典》第 687 条第 2 款规定的“就债务人财产依法强制执行仍不能履行债务”的情形。故此，当该裁定送达债权人之日即裁定生效时，开始计算保证债务的诉讼时效。

（2）所谓终结执行，也称执行终结或执行终止，是指在执行过程中，因为出现法律规定的特殊情况，执行程序没有必要继续进行或无法继续进行，从而依法结束执行程序，以后再也不恢复。② 终结执行不同于前述的终结本次执行程序，

---

① 张卫平：《民事诉讼法》（第 5 版），法律出版社 2019 年版，第 566 页。
② 张卫平：《民事诉讼法》（第 5 版），法律出版社 2019 年版，第 564 页。

前者是指执行程序的彻底终止，以后也不再恢复。但是，终结本次执行程序并非执行程序的彻底终止，而只是将本次执行程序加以终止，此后一旦发现被执行人还有可执行的财产，则对该财产的执行还可以再次启动。① 我国《民事诉讼法》第257条规定，有下列情形之一的，人民法院裁定终结执行：①申请人撤销申请的；②据以执行的法律文书被撤销的；③作为被执行人的公民死亡，无遗产可供执行，又无义务承担人的；④追索赡养费、扶养费、抚育费案件的权利人死亡的；⑤作为被执行人的公民因生活困难无力偿还借款，无收入来源，又丧失劳动能力的；⑥人民法院认为应当终结执行的其他情形。除了第（六）项是兜底性规定外，在其他5种终结执行的具体情形中，只有第（三）项和第（五）项情形的发生才会涉及从法院作出终结执行裁定生效之日起算保证债务诉讼时效的问题。这是因为，第（四）项终结执行的情形显然是与保证债务无关的，而在第（一）项和第（二）项情形即申请人撤销执行申请或据以执行的法律文书被撤销的，由于此时执行程序并未进行下去，还不满足《民法典》第687条第2款规定的“就债务人财产依法强制执行仍不能履行债务”的情形，故此一般保证人没有丧失先诉抗辩权，自然也不可能发生保证债务诉讼时效的起算问题。只有在第（三）项和第（五）项情形下，法院作出终结执行裁定的，才可能产生保证债务诉讼时效的起算问题。例如，作为债务人的自然人死亡且没有财产可供执行，又没有义务承担人的，显然对于债务人已经无法强制执行，此时应当裁定终结执行，同时这也意味着一般保证人已经丧失先诉抗辩权，保证债务的诉讼时效从该终结执行的裁定送达债权人之日即裁定生效之日起开始计算。

2. 人民法院自收到申请执行书之日起一年内未作出终结本次执行或者终结执行的裁定的，自人民法院收到申请执行书满一年之日起开始计算，但是保证人有证据证明债务人仍有财产可供执行的除外。

首先，之所以人民法院自收到申请执行书之日起一年内未作出终结本次执行或者终结执行的裁定的，保证债务的诉讼时效自人民法院收到申请执行书满一年

① 例如，《最高人民法院关于严格规范终结本次执行程序的规定（试行）》第9条规定：“终结本次执行程序后，申请执行人发现被执行人有可供执行财产的，可以向执行法院申请恢复执行。申请恢复执行不受申请执行时效期间的限制。执行法院核查属实的，应当恢复执行。终结本次执行程序后的五年内，执行法院应当每六个月通过网络执行查控系统查询一次被执行人的财产，并将查询结果告知申请执行人。符合恢复执行条件的，执行法院应当及时恢复执行。”

之日起开始计算，理由在于：为了严格规范执行案件的审理期限，防止执行程序的不当拖延，损害当事人合法权益，我国《民事诉讼法》第 226 条规定：“人民法院自收到申请执行书之日起超过六个月未执行的，申请执行人可以向上一级人民法院申请执行。上一级人民法院经审查，可以责令原人民法院在一定期限内执行，也可以决定由本院执行或者指令其他人民法院执行。”《最高人民法院关于适用〈中华人民共和国民事诉讼法〉执行程序若干问题的解释》第 10 条规定：“依照民事诉讼法第二百二十六条的规定，有下列情形之一的，上一级人民法院可以根据申请执行人的申请，责令执行法院限期执行或者变更执行法院：（一）债权人申请执行时被执行人有可供执行的财产，执行法院自收到申请执行书之日起超过六个月对该财产未执行完结的；（二）执行过程中发现被执行人可供执行的财产，执行法院自发现财产之日起超过六个月对该财产未执行完结的；（三）对法律文书确定的行为义务的执行，执行法院自收到申请执行书之日起超过六个月未依法采取相应执行措施的；（四）其他有条件执行超过六个月未执行的。”《最高人民法院关于严格执行案件审理期限制度的若干规定》第 5 条第 1 款规定，执行案件应当在立案之日起六个月内执结，非诉执行案件应当在立案之日起三个月内执结；有特殊情况需要延长的，经本院院长批准，可以延长三个月，还需延长的，层报高级人民法院备案。故此，人民法院自收到债权人的申请执行书之日，无论是能够执行还是不能执行，都应当在六个月内作出终结本次执行程序、终结执行的裁定或者执行完结。但是，在强制执行时，被执行财产的强制拍卖会出现流拍的情形。《最高人民法院关于人民法院民事执行中拍卖、变卖财产的规定》第 23 条规定：“拍卖时无人竞买或者竞买人的最高应价低于保留价，到场的申请执行人或者其他执行债权人不申请以该次拍卖所定的保留价抵债的，应当在六十日内再行拍卖。”第 25 条规定：“对于第二次拍卖仍流拍的不动产或者其他财产权，人民法院可以依照本规定第十六条的规定将其作价交申请执行人或者其他执行债权人抵债。申请执行人或者其他执行债权人拒绝接受或者依法不能交付其抵债的，应当在六十日内进行第三次拍卖。第三次拍卖流拍且申请执行人或者其他执行债权人拒绝接受或者依法不能接受该不动产或者其他财产权抵债的，人民法院应当于第三次拍卖终结之日起七日内发出变卖公告。自公告之日起六十日内没有买受人愿意以第三次拍卖的保留价买受该财产，且申请执行人、其他执行债权人仍不表示接受该财产抵债的，应当解除查封、冻结，将该财产退还被执行人，但对该财产可以采取其他执行措施的除外。”

这就是说，人民法院自收到申请执行书之日起，即便不作出终结本次执行程序裁定或者终结执行裁定，那么最长的完成执行程序的时间就是一年，即（收到申请执行书之日起六个月内执行）+（第一次拍卖流拍后六十日内进行第二次拍卖）+（第二次拍卖流拍后六十日内进行第三次拍卖）+（第三次拍卖流拍后六十日内进行变卖）。故此，《民法典担保制度解释》本条第1款第（二）项规定，人民法院自收到申请执行书之日起一年内未作出裁定的，保证债务的诉讼时效自人民法院收到申请执行书满一年之日起开始计算。

其次，《民法典担保制度解释》本款规定了一种除外情形，即保证人有证据证明债务人仍有财产可供执行的除外。这就是说，如果保证人举证证明债务人仍然有可供执行的财产的，那么即便人民法院自收到申请执行书之日起一年内未作出终结本次执行或者终结执行的裁定的，保证债务的诉讼时效也不应当开始计算。此时，债权人仍然应当通过强制执行程序继续对债务人的财产进行强制执行，一般保证人不能仅仅因为法院拖延强制执行程序而丧失作为实体权利的先诉抗辩权。

（二）保证人存在《民法典》第687条第2款规定的丧失先诉抗辩权的情形时保证债务诉讼时效的起算

我国《民法典》第687条第2款规定了一般保证人丧失先诉抗辩权的四种情形：（1）债务人下落不明，且无财产可供执行；（2）人民法院已经受理债务人破产案件；（3）债权人有证据证明债务人的财产不足以履行全部债务或者丧失履行债务能力；（4）保证人书面表示放弃本款规定的权利。当出现上述四种情形之一时，一般保证的保证人丧失先诉抗辩权。债权人对于是否存在上述情形负有举证责任，如果能够证明存在上述情形之一的，则保证债务的诉讼时效自债权人知道或者应当知道该情形之日起开始计算。具体阐述如下：

1. 债务人下落不明，且无财产可供执行

当债务人下落不明且无财产可供执行，就意味着债权人实际上既无法要求债务人履行债务，也无法通过对债务人财产依法强制执行而实现债权。在这种情况下，如果还要求债权人必须对债务人提起诉讼或者申请仲裁显然是没有意义的，只会徒增债权人的讼累和法院、仲裁机构的负担。故此，依据《民法典担保制度解释》本条之规定，从债权人知道或者应当知道“债务人下落不明，且无财产可供执行”这一情形之日起开始计算保证债务的诉讼时效。

2. 人民法院已经受理债务人破产案件

所谓人民法院已经受理债务人破产，可以细分为以下三种情形：其一，债权人尚未对债务人提起诉讼或者申请仲裁，而法院已经受理债务人破产案件。依据《企业破产法》第16条，人民法院受理破产申请后，债务人对个别债权人的债务清偿无效。债权人可以在人民法院确定的债权申报期限内向管理人申报债权（《企业破产法》第47条）；如果债权人不申报的，依据《企业破产法》第51条第2款的规定，债务人的保证人尚未代替债务人清偿债务的，可以以其对债务人的将来求偿权申报债权，除非债权人已经向管理人申报全部债权。当然，即便债务人破产，债权人依然可以针对债务人提起民事诉讼，不过此时债权人只能向受理破产申请的人民法院提起（《企业破产法》第21条）。

其二，债权人已经针对债务人提起诉讼或者申请仲裁，在诉讼或者仲裁进行当中法院受理了债务人的破产案件。此时，依据《企业破产法》第20条，该诉讼或者仲裁应当中止；在管理人接管债务人的财产后，该诉讼或者仲裁继续进行。对于诉讼、仲裁未决的债权，债权人可以在人民法院确定的债权申报期限内向管理人申报债权（《企业破产法》第47条）。

其三，债权人已经针对债务人提起诉讼或者申请仲裁并且取得了生效的判决或裁决，且正在对债务人进行的强制执行程序当中，债务人的破产案件被法院受理，此时依据《企业破产法》第19条，执行程序应当中止。债权人应当在法院确定的债权申报期间向管理人申报债权。

无论是上述哪一种情形，在人民法院已经受理债务人破产案件的情况下，都意味着债权人只能通过破产程序与其他债权人从债务人的财产中公平受偿，而且这种受偿可能是不能全额实现债权人的债权的。故此，倘若保证人仍然享有先诉抗辩权的话，显然是不妥当的。因此，在出现该情形时，从债权人知道或应当知道该情形时开始计算保证债务的诉讼时效。

3. 债权人有证据证明债务人的财产不足以履行全部债务或者丧失履行债务能力

保证人丧失先诉抗辩权的这一项事由是以往的《担保法》《担保法解释》都

没有规定的，但是，从比较法上来看，不少国家或地区的民法都有规定。例如，《德国民法典》第773条第1款第（四）项规定，根据某些情况足以认为对于主债务人财产的强制执行不足清偿债权人的债权时，保证人不得主张先诉抗辩权。《瑞士债务法》第495条第1款规定，如果债务人提交了明确的资不抵债的声明时，债权人可以直接请求一般保证人履行保证债务。我国台湾地区“民法”第746条第（四）项也明确规定，主债务人之财产不足清偿其债务时，保证人丧失先诉抗辩权。所谓“主债务人之财产不足清偿其债务”的情形，是指“不足清偿保证人所担保之主债务而言，不以主债务人毫无财产或无资力，以致全部不能清偿为限，其财产所在不明致无从执行，或其财产仅足供清偿被保证主债务之一部者，即为不足清偿，保证人亦不得主张先诉抗辩权”。① 鉴于上述比较法的规定，既有效地保障债权人的利益，又能够避免在明知主债务人无力清偿债务之时进行诉讼或仲裁的不必要费用支出，从而有效地了结债权债务关系，故此，我国《民法典》编纂时增加了这一规定。当然，债权人举证到何种程度才能证明债务人的财产不足以履行全部债务或者丧失债务履行能力，有必要深入研究。

4. 保证人书面表示放弃本款规定的权利

先诉抗辩权旨在保护一般保证人的利益，属于一般保证人的权利，自然可以放弃。不过，为了慎重起见，我国《民法典》要求保证人必须是以书面形式表示放弃先诉抗辩权。当然，此种放弃的意思表示可以直接针对债权人作出，也可以针对债务人作出，而且一旦以书面形式作出了此种意思表示，保证人不得反悔。债权人只要举证证明了此点，则可以要求保证人承担保证责任，从而保证债务的诉讼时效自债权人知道或者应当知道保证人以书面形式放弃先诉抗辩权之日起开始计算。

◆ 疑点与难点

连带责任保证中债权人请求保证人承担保证责任的行为的类型

就连带责任保证而言，当债权人在保证期间届满前请求保证人承担保证责任的，则保证债务的诉讼时效从债权人请求保证人承担保证责任之日起开始计算，

---

① 邱聪智：《新订债法各论》（下册），台湾作者印行2003年版，第551页。

对此《民法典》第694条第2款有明确的规定。所谓债权人请求保证人承担保证责任，就是指当连带责任保证的债务人不履行到期债务或者发生当事人约定的情形时，债权人直接可以请求保证人在其保证范围内承担保证责任。债权人请求保证人承担保证责任的方式并无法定之要求。从理论上说，既包括债权人针对保证人提起诉讼，也包括债权人向保证人发出承担保证责任的书面通知书等，均可被认定为债权人针对保证人主张权利的其他情形。最高人民法院民事审判第二庭在针对青海省高级人民法院“关于担保期间债权人向保证人主张权利的方式及程序问题的请示”作出的答复中曾指出：债权人向保证人主张债权或主张权利的方式，可以包括“提起诉讼”和“送达清收债权通知书”等。其中“送达”既可由债权人本人送达，也可以委托公证机关送达或公告送达（在全国或省级有影响力的报纸上刊发清收债权公告）。① 但是，无论债权人以何种方式向保证人主张权利，其中都必须有向保证人主张权利的意思表示，这种意思表示可以是要求保证人承担保证责任，也可以是向保证人催收逾期贷款等，如果仅仅是一种单纯的债权债务转让的通知，其中根本没有要求保证人履行义务的意思表示，则难以认定为债权人向保证人主张了权利。②

从法院的判决来看，司法实践中认为属于连带责任保证中，债权人请求保证人承担保证责任的行为主要有以下一些类型：（1）在保证期间内，债权人向连带责任保证人发出了催还到逾期贷款及利息通知书，连带责任保证人在该通知书上盖章签收；（2）债权人在保证期间内向连带责任保证人发出了催收到逾期债务通知书，保证人以回执的方式予以确认；（3）债权人在保证期间内向连带责任保证人送达了担保人履行责任通知书并为此办理了公证；（4）在保证期间内，债务人

---

① 2002年11月22日；〔2002〕民二他字第32号。关于青海省高级人民法院向最高人民法院民事审判第二庭书面请示中的两个问题，参见最高人民法院民事审判第二庭编：《民商审判指导与参考》（2002年第2卷），人民法院出版社2003年版，第121页。

② 对此不同的见解为四川省高级人民法院的一则判决，该判决认为：“中国人民银行四川省分行批复撤销川农信，其债权债务由华兴支行承接后，川农信与华兴支行于1997年11月11日向丝绸厂、电力公司发出通知，明确丝绸厂所欠川农信款项已由华兴支行承接处理。丝绸厂、电力公司在该通知上签字盖章。虽然该通知并无要求债务人丝绸厂或担保人电力公司履行义务的明确文字表述，但其告知该债权转移的事实本身，即包含了债务人应向新的债权人履行义务的应有之义。因此，原审判决认定该份通知可视为对债务人和保证人催收债权的行为，构成主债务诉讼时效中断的法定事由，并无不当。”四川省高级人民法院（2001）川经终字第209号民事判决书，载四川省高级人民法院编：《人民法院裁判文书选》（四川省·2002年卷），法律出版社2003年版，第105页。

向债权人出具债务认可书，连带责任保证人也在该债务认可书上签名或盖章表示认可；（5）债权人在保证期间内以特快专递的方式向保证人发出了逾期贷款催收通知书且有保证人签收或拒收的证据。

（本条由程啸撰写）

第二十九条 【共同保证的保证期间】

同一债务有两个以上保证人，债权人以其已经在保证期间内依法向部分保证人行使权利为由，主张已经在保证期间内向其他保证人行使权利的，人民法院不予支持。

同一债务有两个以上保证人，保证人之间相互有追偿权，债权人未在保证期间内依法向部分保证人行使权利，导致其他保证人在承担保证责任后丧失追偿权，其他保证人主张在其不能追偿的范围内免除保证责任的，人民法院应予支持。

◆ 条文要旨

本条是对共同保证中保证期间的规定。

◆ 理解与适用

一、共同保证的涵义与类型

保证人可以为一人（自然人、法人或非法人组织），也可以为二人以上。当两个以上的保证人为同一债务提供保证担保的，就是所谓的共同保证。共同保证不同于分别保证，后者是指，数个保证人分别为同一债务人的不同债务向不同的债权人提供的保证担保。例如，债务人 A 分别向债权人 B、债权人 C 负有 100 万元、200 万元债权，保证人 D 为债务人 A 向债权人 B 负担的 100 万元债务提供保证担保；保证人 E 为债务人 A 向债权人 C 负担的 200 万元债权提供保证担保。这种情形不是共同保证，而是分别保证。如果保证人 D 和保证人 E 都为债务人 A 向债权人B负担的100万元债务提供保证担保，无论保证人D先与债权人B签订保证合同，保证人E后与债权人B签订保证合同；还是保证人D、E同时与债权人B签订保证合同，为该100万元债权提供保证担保的，都属于共同保证。由此可见，共同保证最重要的特征就是，数个保证人为同一债务提供保证担保。

对于共同保证，我国《民法典》第699条规定："同一债务有两个以上保证人的，保证人应当按照保证合同约定的保证份额，承担保证责任；没有约定保证份额的，债权人可以请求任何一个保证人在其保证范围内承担保证责任。"由此可见，依据两个以上保证人是否约定了保证份额，可以将共同保证分为按份共同保证与连带共同保证。

所谓按份共同保证，是指数个保证人与债权人在保证合同中约定了保证份额的共同保证；所谓连带共同保证，是指数个保证人没有约定保证份额的共同保证。① 这两类共同保证存在以下区别：首先，由于按份共同保证中各个保证人仅依据其与债权人的保证合同约定就同一被担保债权的特定份额负担保证责任，因此不存在就各保证人相同的债权数额部分成立连带共同保证的可能性。此种所谓的"共同保证"并非固有的共同保证，只是个别保证债务累积担保同一债权。② 在这种共同保证中，保证人相互之间没有任何法律上的联系。主债务人届期不履行债务之时，债权人只能依据其与各个保证人之间的保证合同的约定，分别要求保证人在相应的保证份额内承担保证责任。从诉讼法上说，由此形成的多个诉讼并非共同诉讼，不能合并审理。然而，在连带共同保证中，由于各保证人之间就债权数额相同部分承担连带清偿责任，因此主债务人不履行债务之时，债权人可以请求任何一个保证人在其保证范围内承担保证责任，这一诉讼属于共同诉讼。

其次，既然按份共同保证中，各个保证人仅依据其与债权人的保证合同就同一债权的特定部分负保证责任，因此任何一个保证人承担了自己的保证责任之后都只能向主债务人进行追偿，保证人互相之间无论如何都不会发生追偿的关系。但是，在连带共同保证中，多个保证人之间可能会发生互相追偿和分摊的情形。

---

① 郭明瑞：《担保法》，法律出版社2004年版，第70页；曹士兵：《中国担保诸问题的解决与展望——基于担保法及其司法解释》，中国法制出版社2001年版，第72页。

② 例如，德国的一些民法学者认为，如果数个保证人就主债务个别的部分承担保证责任，那么由于不存在债务的同一性，所以不成立共同保证。参见史尚宽：《债法各论》，中国政法大学出版社2000年版，第941页。

这取决于连带共同保证中，各个保证人是否就互相之间的追偿权作出了约定。[①]如果作出了约定，即各个保证人之间约定的也是连带责任关系，则在各个保证人之间适用《民法典》关于连带债务的规定，即《民法典》第 519 条的规定："连带债务人之间的份额难以确定的，视为份额相同。实际承担债务超过自己份额的连带债务人，有权就超出部分在其他连带债务人未履行的份额范围内向其追偿，并相应地享有债权人的权利，但是不得损害债权人的利益。其他连带债务人对债权人的抗辩，可以向该债务人主张。被追偿的连带债务人不能履行其应分担份额的，其他连带债务人应当在相应范围内按比例分担。"如果各个保证人之间并未约定连带责任关系，则保证人相互之间并没有追偿权，保证人在承担保证责任后不能向其他保证人追偿或者主张按照比例分担，而只能向债务人追偿并相应地享有债权人的权利。在这一点上，《民法典》对共同保证人之间的追偿权和对混合担保中各个担保人之间追偿权的问题都采取了不同于以往司法实践的做法。依据《担保法解释》第 20 条第 2 款的规定，连带共同保证的保证人承担保证责任后，向债务人不能追偿的部分，由各连带保证人按其内部约定的比例分担。没有约定的，平均分担。

二、共同保证的保证期间

在共同保证当中，无论是按份共同保证还是连带共同保证，就保证期间而言，债权人与保证人都可以进行约定，也就是说，每个共同保证人都可以与债权人分别约定不同的保证期间，当然也可以约定相同的保证期间，或者在没有约定或约定不明确的情形下都适用法定的保证期间。此时，需要研究的问题是，如果债权人在保证期间中依法行使了权利，如一般保证的情形下，债权人在保证期间内针对债务人提起诉讼或者申请仲裁，或者在连带责任保证的情形中，债权人请求某个共同保证人承担保证责任。此时，债权人的这种主张权利的行为是否会对

---

① 我国《民法典》第 699 条删除了原《担保法》第 12 条中"已经承担保证责任的保证人，有权向债务人追偿，或者要求承担连带责任的其他保证人清偿其应当承担的份额"的规定。由此可知，立法机关认为，只有在当事人之间明确约定为连带共同保证时，才能适用关于连带债务追偿权的规则；如果当事人之间未特别约定为连带共同保证，此时由于是不真正连带，保证人相互之间就没有追偿权。如此规定的原因在于：当多个保证人之间没有特别的意思联络，意味着他们之间是偶然性的共同为债权人提供担保，此时承认保证人之间相互追偿缺乏法律上的请求权基础。参见黄薇主编：《中华人民共和国民法典合同编解读》，中国法制出版社 2020 年版，第 781 页。

其他共同保证人发生效力，即是否也会使其他共同保证人不得以保证期间届满债权人为主张权利为由拒绝承担保证责任？对此，应当区分不同的情形分别加以判断。

1. 如果共同保证人中一部分的保证人承担的是一般保证责任，而另一部分的保证人承担的是连带责任保证，那么债权人只是针对债务人提起诉讼或者申请仲裁，会使承担一般保证的共同保证人不得以保证期间届满为由拒绝承担保证责任，但是，债权人此种仅仅针对债务人起诉或申请仲裁的行为，并不等于在保证期间内请求了承担连带责任保证的共同保证人承担保证责任。故此，承担连带责任保证的共同保证人仍然有可能以保证期间届满而债权人未请求其承担保证责任为由，拒绝承担保证责任。

2. 如果共同保证人承担的都是一般保证责任，即共同保证人均享有先诉抗辩权，那么只要债权人在保证期间内针对债务人提起诉讼或者申请仲裁了，则此时所有的保证人都不得以保证期间届满为由而拒绝承担保证责任。

3. 如果共同保证人承担的都是连带责任保证，问题就比较复杂。因为这种情形下，由于保证期间对于每个保证人都具有保护的作用，而我国《民法典》第693条第2款又明确规定了“连带责任保证的债权人未在保证期间请求保证人承担保证责任的，保证人不再承担保证责任”。这一规定应当适用于每一个承担连带责任保证的共同保证人。故此，债权人仅仅是向某个承担连带责任保证的共同保证人请求承担保证责任，并不能因此就当然等同于其向所有承担连带责任保证的共同保证人请求了承担保证责任。也就是说，债权人应当在保证期间向所有的承担连带责任保证的共同保证人逐一请求他们承担保证责任，才会使得任何一个共同保证人无法以保证期间届满为由拒绝承担保证责任。有观点认为，在共同保证中所有保证人均为连带责任保证，且共同保证人又没有约定保证份额的，那么依据《民法典》第699条，债权人可以请求任何一个保证人在其保证范围内承担保证责任。既然如此，只要债权人在保证期间内向一个连带责任保证人主张了权利，就对其他承担连带共同保证人发生效力。笔者认为，虽然在约定了追偿权的共同保证中，各个保证人之间是连带债务人的关系，适用《民法典》第519条关于连带债务的规则，保证人相互之间有追偿权。但是，这并不意味着债权人向连带共同保证中的一人主张权利的效力及于保证人。理由在于：从我国《民法典》

第 520 条关于连带债务人所生事项的绝对效力和相对效力的规定来看，该条仅明确规定了，部分连带债务人履行、抵销债务、提存标的物以及债权人受领迟延这四个事项属于发生绝对效力的事项；至于免除部分连带债务人的债务以及部分连带债务人的债务与债权人的债权的混同，则属于限制绝对效力的事项。除此之外，连带债务人的其他事项都属于相对事项。既然如此，债权人在保证期间向连带共同保证人中的一人或数人主张权利的，不对其他连带共同保证人发生效力，当保证期间届满后，其他连带共同保证人可以主张免除保证责任。故此，《民法典担保制度解释》本条第 1 款才明确规定："同一债务有两个以上保证人，债权人以其已经在保证期间内依法向部分保证人行使权利为由，主张已经在保证期间内向其他保证人行使权利的，人民法院不予支持。"

三、因债权人未向部分共同保证人主张权利而免除共同保证人的部分保证责任

在连带共同保证中，只有当共同保证人之间约定了追偿权时，才能互相追偿，因为我国《民法典》无论是对保证人与物上保证人并存，还是对共同保证人，都要求除非明确约定了相互之间可以追偿，否则只能向主债务人追偿，相互不能追偿。在约定了追偿权的共同保证人之间，已经承担了保证责任的共同保证人中的一人或数人，不仅有权在承担保证责任的范围内向债务人追偿，享有债权人对债务人的权利（《民法典》第 700 条），还可以就超出部分在其他共同保证人未履行的份额范围内向其追偿，并相应地享有债权人的权利（《民法典》第 519 条第 2 款）。如果由于债权人没有在保证期间内向所有的承担连带责任保证的共同保证人主张权利，导致了部分共同保证人因此可以拒绝承担保证责任，那么势必就会使得实际承担了保证责任的共同保证人无法向这些保证人进行追偿，这在客观上就增加了实际承担保证责任的共同保证人追偿不能的风险，损害了其合法权益。由于该风险是因为债权人的原因所致，故此应当由债权人承担。此外，从我国《民法典》第 520 条第 2 款的规定来看，部分连带债务人的债务被债权人免除的，在该连带债务人应当承担的份额范围内，其他债务人对债权人的债务消灭。就相互之间有追偿权的连带共同保证而言，由于债权人没有向某个保证人主张权利，导致保证期间届满该保证人在保证范围内免责的，实际上就相当于债权人免除了部分连带债务人的债务，据此，其他保证人就应当在这个范围内免除保证责任。有鉴于此，《民法典担保制度解释》本条第2款规定："同一债务有两个以上保证人，保证人之间相互有追偿权，债权人未在保证期间内依法向部分保证人行使权利，导致其他保证人在承担保证责任后丧失追偿权，其他保证人主张在其不能追偿的范围内免除保证责任的，人民法院应予支持。"

◆ 疑点与难点

共同保证的类型问题

需要注意的是，连带共同保证与按份共同保证是对共同保证的分类，不同于一般保证与连带责任保证，后者是依据保证方式对保证的分类。申言之，按份共同保证与连带共同保证关注的是各个保证人之间的关系，而一般保证与连带责任保证关注的是保证人与债务人之间的关系。按份共同保证中，各个保证人虽然与债权人有保证份额的约定，但是保证人提供的保证担保可能都是一般保证，也可能都是连带责任保证，还可能有的是一般保证，有的是连带责任保证；同理，连带共同保证中，保证人提供的可能都是一般保证，也可能都是连带责任保证，还可能有的是一般保证，有的是连带责任保证。故此，共同保证与不同保证方式的结合，可能产生的是以下六种类型：

1. 连带共同连带责任保证，即债务人和保证人之间的关系均为连带责任保证，同时各个保证人之间的关系也为连带责任关系即连带共同保证。因此，当债务履行期限届满而债务人不履行债务时，债权人既可以请求债务人履行债务，也可以请求共同保证人中任何一个承担全部或部分的保证责任。

2. 连带共同一般保证，即债务人与保证人之间均为一般保证关系，但是共同保证人之间为连带责任关系。故此，当债务履行期限届满而债务人不履行债务时，债权人需要先对债务人提供诉讼或申请仲裁并就债务人财产依法强制执行仍不能履行债务后，才能请求共同保证人承担保证责任。但是，由于共同保证人之间是连带责任关系，故而，此时债权人可请求共同中的任意一个保证人承担全部或者部分保证责任。

3. 按份共同连带责任保证，即债务人和保证人之间的关系均为连带责任保证，但是共同保证人之间是按份共同保证。故此，当债务履行期限届满而债务人不履行债务时，债权人可请求债务人履行债务，也可以请求保证人承担保证责任。但是，由于共同保证人之间是按份共同保证，故此，债权人只能请求保证人在约定的保证份额内承担保证责任。

4. 按份共同一般保证，即债务人和保证人之间全部都是一般保证关系，保证人享有先诉抗辩权，同时共同保证人之间也是按份共同保证。故此，当债务履行期限届满而债务人不履行债务的，需要先对债务人提供诉讼或申请仲裁并就债务人财产依法强制执行仍不能履行债务后，才能请求共同保证人承担保证责任。由于共同保证人之间是按份共同保证，故此，债权人只能请求保证人在约定的保证份额内承担保证责任。

5. 按份共同混合保证，即债务人与部分保证人之间是一般保证关系，与部分保证人之间是连带责任保证关系，同时，共同保证人之间是按份共同保证。

6. 连带共同混合保证，即债务人与部分保证人之间是一般保证关系，与部分保证人之间是连带责任保证关系，同时，共同保证人之间是连带共同保证。

（本条由程啸撰写）

第三十条 【最高额保证的保证期间】

最高额保证合同对保证期间的计算方式、起算时间等有约定的，按照其约定。

最高额保证合同对保证期间的计算方式、起算时间等没有约定或者约定不明，被担保债权的履行期限均已届满的，保证期间自债权确定之日起开始计算；被担保债权的履行期限尚未届满的，保证期间自最后到期债权的履行期限届满之日起开始计算。

前款所称债权确定之日，依照民法典第四百二十三条的规定认定。

◆ 条文要旨

本条是对最高额保证的保证期间如何确定的规定。

◆ 理解与适用

一、最高额保证的涵义与特征

在市场经济活动过程中，当事人之间的交易行为常常是多次、连续发生的，如果为每一次交易所生的债权债务都分别提供一次保证担保，显然极不便利。因此，为了“简化保证的程序，方便当事人，促进资金融通和商品经济的发展”①，早在《担保法》中就明确规定了最高额保证，该法第14条允许保证人与债权人协议在最高债权额限度内就一定期间连续发生的借款合同或者某项商品交易合同订立一个保证合同。此种保证就是所谓的最高额保证。

我国《民法典》对最高额保证作出了具体规定。《民法典》第690条第1款规定：“保证人与债权人可以协商订立最高额保证的合同，约定在最高债权额限度内就一定期间连续发生的债权提供保证。”故此，所谓最高额保证，是指保证人与债权人在保证合同中约定，于最高债权额限度内为一定期间连续发生的债权提供的保证担保。从《民法典》的规定来看，最高额保证具有以下几项特征。

1. 最高额保证所担保的债权是一定期间内连续发生的债权

首先，所谓“一定期间”可以由当事人自行约定，一旦期间届满则保证担保的债权被确定，该期间届满后发生的债权不属于最高额保证所担保的债权。故此，当事人约定的一定期间就是债权确定期间。例如，债权人A银行与债务人B企业约定自2020年1月1日至2021年1月1日向B企业发放特定数量的贷款，由C公司在5000万元的最高债权额限度内提供保证担保。那么，作为保证人的C公司所担保的一定期间内连续发生的债权中的“期间”可以是与上述主合同约定的贷款发放期间完全相同的期间，也可以不同。如，保证人C公司与债权人A银行可以约定仅就2020年1月1日至2021年1月1日或2020年1月1日至2020年10月1日这些时间段内，A银行与B企业之间的贷款合同于最高债权额限度内提供保证担保。如果当事人没有约定债权的确定期间或者约定不明的，那么依据《民法典》第690条第2款，参照适用《民法典》物权编关于最高额抵押权的规

① 全国人大常委会法制工作委员会民法室：《中华人民共和国担保法释义》，法律出版社1995年版，第19页。

定。依据《民法典》第423条第（二）项，没有约定债权确定期间或者约定不明确，抵押权人或者抵押人自最高额抵押权设立之日起满二年后请求确定债权的，抵押权人的债权确定。故此，最高额保证合同中没有约定债权确定期间的，则债权人或者保证人自最高额抵押合同生效之日起满两年后请求确定债权的，债权确定。

其次，所谓“连续发生的债权”意味着两点：一方面，在保证担保的债权被确定之前，该债权不是特定的某个债权。不特定债权常常是金额不特定的或者未曾发生的债权（即将来债权），但并非所有金额不特定的债权或者将来的债权就是不特定债权。作为最高额保证担保对象的不特定债权具有特殊含义，它是指债权本身具有变动性。申言之，最高额保证所担保的债权从保证合同生效之时至被担保的债权确定之时是不断发生、消灭的，具有变动性、代替性，属于一定范围内发生的生生不息的债权。另一方面，连续发生的债权并不意味着最高额保证担保的债权就必须都是将来的债权，也可以包括已经确定的某个或某几个债权。也就是说，保证人与债权人约定在最高债权额限度内既担保某个或某几个在最高额保证合同生效前已经存在的特定的债权，又担保一定期间内连续发生的债权，这也是完全可以的，对此，《民法典》第420条第2款有明确的规定。当然，如果保证担保的债权全部是已经确定的一个或数个债权，那么该保证显然不属于最高额保证。

2. 最高额保证担保的债权存在最高债权额限度

所谓“最高债权额限度”，是指保证人与债权人约定的保证债权所担保的主债权的最高数额。最高债权额限度决定了债权人在债务人不履行债务时有权要求保证人承担保证责任的最高数额。当最高额保证合同担保的一定期间内连续发生的债权被特定化之后，就要以该最高债权额限度来最终确定保证人实际应当承担的保证责任的范围，保证人仅就最高债权额限度内的主债权确定的余额承担担保责任，超过该债权额限度的债权，保证人不负任何保证责任。最高债权额限度一般都由当事人具体约定，法律上不可能也不应当作出特别的限制。当事人约定时往往从主债务人对资金的需求、保证人承担保证责任的能力等多方面考虑而最终确定。依据《民法典》第691条，保证的范围包括主债权及其利息、违约金、损害赔偿金和实现债权的费用。当事人另有约定的，按照其约定。故此，最高额保证中的最高债权额是指包括主债权及其利息、违约金、损害赔偿金、实现债权的费用等在内的全部债权，除非当事人另有约定。对此，《民法典担保制度解释》第 15 条第 1 款有明确的规定。

二、最高额保证中保证期间的确定

（一）当事人有约定的按照约定

最高额保证也属于保证，自然也存在保证期间。但是，最高额保证担保的并非某个或某几个特定的债权，而是一定期间连续发生的债权，故此，最高额保证中保证期间的确定与非最高额保证有所不同。我国《民法典》第 692 条第 2 款第 1 句规定，债权人与保证人可以约定保证期间。该规定当然适用于最高额保证。故此，最高额保证中，债权人与保证人也可以对保证期间的计算方式、起算点等作出约定。例如，债权人与保证人约定统一从债权确定期间届满之日起算保证期间，保证期间为一年。《民法典担保制度解释》本条第 1 款对此作出了明确，即“最高额保证合同对保证期间的计算方式、起算时间等有约定的，按照其约定”。也就是说，债权人和保证人在最高额保证合同中对于保证期间的计算方式、起算点等作出了约定的，此时按照该约定来确定保证期间。例如，债权人与保证人可以在债权确定期间届满之日起算保证期间，保证期间为一年，也可以约定在债权确定期间届满之日起的三个月后起算保证期间，保证期间为六个月。当然，债权人和保证人如果约定保证人承担保证责任直至主债务本息还清时为止等类似内容的，则依据《民法典担保制度解释》第 32 条的规定，视为约定不明，此时该最高额保证期间的起算点应当适用本条第 2 款的规定。

（二）没有约定时最高额保证的保证期间的起算

问题是，如果当事人对于保证期间没有约定或者约定不明确的，如何确定最高额保证的保证期间。《民法典》第 692 条第 2 款第 2 句规定，如果债权人与保证人没有约定保证期间或者对保证期间的约定不明确的，保证期间为主债务履行期限届满之日起六个月。但是，最高额保证与普通的保证担保不同，前者担保的是一定期间内连续发生的债权，而非普通的保证担保某个特定的债权。故此，在确定保证期间的起算点上，最高额保证有其独特之处。

对于当事人没有约定或约定不明时，最高额保证的法定保证期间究竟从何时起算，实践中曾有以下三种不同的观点：

第一种观点认为，由于最高额保证担保的是一定期间内连续发生的债权，而法定的保证期间就是从债务履行期限届满之日起算的，故此应当分别从最高额保证被担保的每笔债务的履行期限届满之日起开始计算。①

第二种观点认为，应当从最高额保证的决算日起开始计算。这是因为，最高额保证尽管是为连续发生的数个债权所为的保证，但与普通保证有着相同目的，即在决算日到来，对债权人未获清偿的债权承担保证责任。因此，确定最高额保证人的保证责任时，只以决算日时债权人未获清偿的债权承担责任，而不是存续期间内发生的债权总额。故此，只有决算日到来才能确定保证人应当承担的保证责任，此时开始计算保证期间是合理的。

第三种观点认为，如果在债权确定之日前所有的被担保的债权的履行期限均已届满，则应当从债权确定之日起算法定保证期间，否则，就应当从最后到期债权的履行期限届满之日起算。《民法典担保制度解释》采取了这一观点。②

《民法典担保制度解释》本条第 2 款规定："最高额保证合同对保证期间的计算方式、起算时间等没有约定或者约定不明，被担保债权的履行期限均已届满的，保证期间自债权确定之日起开始计算；被担保债权的履行期限尚未届满的，保证期间自最后到期债权的履行期限届满之日起开始计算。"对于该款的理解应注意以下几点：

1. 所谓"被担保债权的履行期限均已届满"，是指在债权确定之前发生的被纳入最高额保证担保范围的每个债权的履行期限都已经届满。例如，A 银行与 B 公司签订授信协议，约定从 2021 年 1 月 1 日至 2023 年 1 月 1 日这两年时间给予 B 公司最高 5000 万元的授信额度，同时 C 公司与 A 银行签订最高额保证合同，该保证合同中约定债权确定期间为 2021 年 1 月 1 日至 2023 年 1 月 1 日，C 公司提供最高额为 5000 万元的连带责任保证担保。合同签订后，A 银行与 B 公司先后于 2021 年 4 月 1 日发生了第一笔 2000 万元的借款，借款期限 2 个月，即 2021 年 4 月 1 日至 2021 年 6 月 1 日；于 2022 年 10 月 1 日，A 银行与 B 公司发生了第二笔 1500 万元的借款，借款期限为 3 个月，即 2022 年 10 月 1 日至 2023 年 1 月 1 日。显然，上述两个债权都属于最高额保证担保的债权，每个债权的履行期限各不相

---

① 汪明照：《连续最高额保证当事人未约定保证期间的法律适用》，载《法律适用》2000 年第 11 期。

② 于玉、李曙光：《简论最高额保证的保证期间》，载《政法论丛》2000 年第 4 期。

同，但都是在债权确定期间届满前履行期限届满。故此，如果当事人没有约定最高额保证的保证期间的话，那么保证期间就从2023年1月1日起算为六个月。

"被担保债权的履行期限均已届满"不同于"债权确定"。所谓债权确定，是指因当事人约定的债权确定期间届满或者法律规定的情形的发生而使最高额保证所担保的债权被确定下来。《民法典》第423条规定："有下列情形之一的，抵押权人的债权确定：（一）约定的债权确定期间届满；（二）没有约定债权确定期间或者约定不明确，抵押权人或者抵押人自最高额抵押权设立之日起满二年后请求确定债权；（三）新的债权不可能发生；（四）抵押权人知道或者应当知道抵押财产被查封、扣押；（五）债务人、抵押人被宣告破产或者解散；（六）法律规定债权确定的其他情形。"依据《民法典》第690条第2款："最高额保证除适用本章规定外，参照适用本法第二编最高额抵押权的有关规定。"故此，最高额保证的债权确定也应当适用《民法典》第423条的规定，对此《民法典担保制度解释》本条第3款作出了明确，即"前款所称债权确定之日，依照民法典第四百二十三条的规定认定"。

2. 如果最高额保证所担保的债权中，任何一个被担保债权的履行期限在债权确定之前尚未届满的，则保证期间自最后到期债权的履行期限届满之日起开始计算。作此规定的理由在于：如果最高额保证的债权确定之前所有被担保债权的履行期限都已经届满了，则保证期间从债权确定之日起算六个月是没有什么问题的，因为最高额保证所担保的一定期间内连续发生债权，只要都在最高债权额限度内且各个具体债权的履行期限都已经届满了，那么到债权确定后，就可以确定最高额保证所担保的具体债权数额。此时，就最高额一般保证而言，债权人有权要求债务人履行债务，并在其不履行债务时提起诉讼或者申请仲裁，如果对债务人的财产强制执行仍不能清偿债务的，债权人有权要求保证人承担保证责任，此时开始计算保证债务的诉讼时效。就最高额连带保证而言，债权人既有权要求债务人履行债务，也有权要求连带责任保证人承担保证责任，而从债权人请求保证人承担保证责任之日起开始计算保证债务的诉讼时效。故此，在所有被担保债权履行期限均已届满的情况下，从债权确定之日开始计算六个月的法定保证期间，无论是对于债权人还是保证人都无不利影响。反之，如果最高额保证所担保的最高债权额限度内的某个或某几个被担保债权的履行期限尚未届满，此时，虽然债权已经确定了，但是，对于那些履行期限尚未届满的被担保债权而言，债权人还无权要求债务人履行债务，故此不可能请求保证人承担保证责任。倘若要是从债权确定之日开始计算保证期间的话，那么，对于债权人显然是不利的。因为，在保证期间届满前，可能某个或某几个被担保债权的履行期限都还没有届满，债权人将因此丧失请求保证人对这些债权承担保证责任的权利。故此，按照《民法典担保制度解释》本条第 2 款的规定，此时，保证期间应当自最后到期债权的履行期限届满之日起开始计算。以前述例子而言，如果 A 银行与 B 公司之间还有第三笔 1000 万元借款的履行期限是从 2022 年 11 月 1 日至 2023 年 5 月 1 日，这就意味着在债权确定期间届满之日即 2023 年 1 月 1 日时，该第三笔债权的履行期限尚未届满。此时，就应当从第三笔债权履行期限届满之日即 2023 年 5 月 1 日起算六个月的保证期间。

◆ 疑点与难点

最高额保证的类型问题

最高额保证属于一种特殊形式的保证，而非《民法典》第 686 条所谓的保证方式，因此，《民法典》中一般保证与连带责任保证这两种保证方式的各项规定对其仍然适用。因此，按照保证方式的不同可以将最高额保证分为：最高额一般保证与最高额连带责任保证。所谓最高额一般保证，是指当事人在最高额保证合同中约定，债务人不能履行债务时，由保证人于最高债权额限度内承担保证责任；最高额连带责任保证是指当事人在最高额保证合同中约定，债务人不履行债务时，由保证人于最高债权额限度内与债务人承担连带责任的保证。

（本条由程啸撰写）

第三十一条 【撤诉或撤回仲裁是否影响保证期间】

一般保证的债权人在保证期间内对债务人提起诉讼或者申请仲裁后，又撤回起诉或者仲裁申请，债权人在保证期间届满前未再行提起诉讼或者申请仲裁，保证人主张不再承担保证责任的，人民法院应予支持。

连带责任保证的债权人在保证期间内对保证人提起诉讼或者申请仲裁后，又撤回起诉或者仲裁申请，起诉状副本或者仲裁申请书副本已经送达保证人的，人民法院应当认定债权人已经在保证期间内向保证人行使了权利。

◆ 条文要旨

本条是就撤诉或撤回仲裁申请是否影响保证期间的规定。

◆ 理解与适用

一、一般保证的债权人撤诉或撤回仲裁申请对保证期间的影响

依据《民法典》第693条，如果一般保证的债权人未在保证期间对债务人提起诉讼或者申请仲裁的，则保证人不再承担保证责任；如果连带责任保证的债权人未在保证期间请求保证人承担保证责任的，则保证人不再承担保证责任。实践中常常出现一般保证的债权人虽然在保证期间内对债务人提起诉讼或者申请仲裁，但是后来又撤回了起诉或者仲裁申请，此后未再行起诉或申请仲裁的情形。一旦保证期间届满，保证人能否主张免除保证责任？对此，《民法典担保制度解释》本条第1款作出了规定，即一般保证的债权人在保证期间内对债务人提起诉讼或者申请仲裁后，又撤回起诉或者仲裁申请，债权人在保证期间届满前未再行提起诉讼或者申请仲裁，保证人主张不再承担保证责任的，人民法院应予支持。

司法解释作出上述规定的理由在于：所谓保证期间，就是确定保证人承担保证责任的期间，该期间不发生中止、中断和延长。法律上如此设立的根本目的在于限制保证人的责任，维护保证人的利益。同时，该期间在于督促债权人按照法律规定的方式主张权利，即在一般保证中就是要求债权人针对债务人提起诉讼或者申请仲裁，并在取得生效判决或裁决后及时申请就债务人财产强制执行。如果依然不能实现债权的，则保证人丧失先诉抗辩权，债权人可以要求保证人承担保证责任。如果债权人只是起诉或申请仲裁，在取得生效的法律文书前又撤回起诉或仲裁申请的，并且在保证期间届满没有再次起诉或申请仲裁的，倘若认为保证

期间因此失去效力，保证人不得以保证期间届满为由免除保证责任，就会出现以下弊端：一方面，由于此时保证期间已经失去效力，故此保证人不能以保证期间届满为由免除保证责任；另一方面，由于一般保证人依法并未丧失先诉抗辩权，故此，在保证期间失去效力的情形下，保证债务的诉讼时效却还没有开始起算。这就意味着债权人可以通过决定何时再行起诉或者申请仲裁来控制保证债务的诉讼时效的起算时间点，对于保证人显然是不利的。为了尽早确定保证期间的失效并且督促债权人通过起诉或仲裁以及后续的强制执行程序实现债权，从而开始起算保证债务的诉讼时效，有必要作出上述规定。

二、连带责任保证的债权人撤诉或撤回仲裁申请对保证期间的影响

连带责任保证与一般保证有所不同。在连带责任保证中，保证人和债务人对债务承担连带责任，债权人就既可以请求债务人履行债务，也可以请求保证人在其保证范围内承担保证责任。因此，只要连带责任保证的债权人在保证期间请求保证人承担保证责任的，则保证期间失去作用，从债权人请求保证人承担保证责任之日起，开始计算保证债务的诉讼时效。故此，即便债权人提起诉讼或者申请仲裁后又撤回起诉或仲裁申请，只要起诉书副本或者仲裁申请书副本已经送达保证人，就意味着债权人请求了保证人承担保证责任。所以，从这一天保证期间就失去效力，应当开始起算保证债务的诉讼时效。连带责任保证人显然无法通过起诉后又撤诉或撤回仲裁申请，然后又起诉或提出申请来操控保证债务的诉讼时效的起算。正因如此，《民法典担保制度解释》本条第 2 款才规定，连带责任保证的债权人在保证期间内对保证人提起诉讼或者申请仲裁后，又撤回起诉或者仲裁申请，起诉状副本或者仲裁申请书副本已经送达保证人的，人民法院应当认定债权人已经在保证期间内向保证人行使了权利。

（本条由程啸撰写）

第三十二条 【保证期间约定不明】

保证合同约定保证人承担保证责任直至主债务本息还清时为止等类似内容的，视为约定不明，保证期间为主债务履行期限届满之日起六个月。

◆ 条文要旨

本条是对保证期间约定不明时如何确定保证期间的规定。

◆ 理解与适用

既然保证期间属于期间，那么无论长短，当事人一般都会通过数字确定一个明确的开始日与终结日。但是，从金融实践来看，作为债权人的银行等金融机构为确保债权能够受到保证债权强有力的担保常会与保证人就保证期间做如下一些比较特殊的约定，例如，约定“本担保书将持续有效至借款合同项下借款方所欠贷款方的全部贷款本息、逾期加息及其他费用完全清偿时为止”“本担保书至还清借款合同项下借款方所欠贷款方的全部款项后自动终止”①“保证期限为从主合同生效开始至主合同项下贷款本息全部清偿完毕时止”②或“本保证合同的保证期限为主合同生效开始至主合同失效时止”③。如何看待当事人关于保证期间的这些约定，它究竟是对保证期间的明确约定，还是没有约定抑或约定不明，司法实践中曾一度存在很大的争议，主要有以下几种观点。

第一种观点认为，上述关于保证期间的约定不能认为没有约定，而是属于约定不明。原最高人民法院副院长李国光在1998年举行的全国经济审判工作座谈会上曾指出：“保证期间是担保法中的一个重要问题，目前市场交易中采取保证担保的方式比较多，当事人对保证期间的约定也极不规范，在审理有关案件时当事人争执很大，审判人员也认识不一致。问题主要出现在当事人对保证期间约定不明的情况下，如约定‘保证责任直至主债务本息还清时为止’等，这种没有约定保证期间具体截止日期，究竟是应该参照担保法对‘没有约定’的规定，推定为半年，还是应该参照诉讼时效的规定，将保证期间定为两年，在审判实践中争

---

① 《厦门国际银行诉晋江厚泰鞋业有限公司、晋江晓升服装实业有限公司借款合同纠纷案》，载《中华人民共和国最高人民法院公报》1998年第2期。

② 中国建设银行南海市支行诉南海市商贸实业企业集团、广东省南海市石油企业集团、南海市商贸房地产公司借款合同纠纷案，广东省佛山市中级人民法院（2003）佛中法民二初字第144号民事判决书。

③ 中国建设银行忻州市地区支行诉山西省地方铁路局、山西省铁路工程公司借款担保合同纠纷案，山西省高级人民法院（2001）晋经二终字第19号民事判决书。

论较大。我们考虑，这种情况毕竟不同于当事人根本没有约定，仅仅是该约定没有确定明确的期间，如果完全按照没有约定处理，也不尽合理。因此，参照诉讼时效的规定将保证期间确定为两年比较合适。但是，必须明确这段期间是保证期间，它与诉讼时效具有根本不同的性质，因此不存在诉讼时效那样的中止、中断的情况。"① 司法实践中不少法院在案件的处理中采取了这一观点。例如，在刊登于《最高人民法院公报》上的"厦门国际银行诉晋江厚泰鞋业有限公司、晋江晓升服装实业有限公司借款合同纠纷案"中，法院认为："保证责任期限应当是一个恒定的时间段，即有明确的起始时间和终止时间。没有这个时间段，就无法确定义务人何时履行义务，履行义务是否违约。本案担保书第三条约定中，由于借款方的实际还款日期不能确定，保证人的保证责任期限也就无法确定。这种约定具有不确定性，实际操作中没有意义。保证责任与保证责任期限是两个不同的概念，保证责任明确不等于保证责任期限也是明确的。因此这一条约定，正是《最高人民法院关于审理经济合同纠纷案件有关保证的若干问题的规定》第 11 条所指的情况。司法解释针对保证责任期限没有约定或者约定不明确的情况，规定了保证人向债权人行使催告权的期间，有利于督促债权人及时行使权利，保证人及时履行义务。晓升公司在保证责任期限约定不明确的情况下，以电报和特快专递等书面形式通知国际银行向厚泰公司主张权利，国际银行作为债权人却无视自己的权利，在接到晓升公司的函电后，没有根据函电的要求在规定期限内起诉，直至 1996 年 10 月才提起诉讼，已逾催告期限。晓升公司的保证责任应当免除。"②

第二种观点认为，当事人此种对保证期间的约定属于明确的约定，且该约定当然有效，因此在主债务没有得到清偿之前，保证责任将一直存在。例如，在一个案件中，法院认为："上诉人在借款人债务到期未还时，又在《借款协议书》中签注'延至款项还清之日止'，是对担保期限的延长，且'延至款项还清之日止'的约定，是以债务人款项还清之日为担保期限，在主债务人未还清债务时其

---

① 李国光：《确保司法公正 加强队伍建设 进一步推进经济审判工作的全面发展——在全国经济审判工作座谈会上的讲话》，载最高人民法院经济审判庭：《经济审判指导与参考》（总第 1 卷），法律出版社 1999 年版，第 18 页。

② 《中华人民共和国最高人民法院公报》1998 年第 2 期。

担保的责任永远存在。因此上诉人主张担保期限已超过，应予免责与事实不符，依法不能采纳。”① 再如，在“中国农业银行上海市分行国际业务部诉上海凯达房地产经营公司、上海三好制衣有限公司贷款合同欠款纠纷案”中，法院认为：“上诉人为该笔借款出具的是无条件的、独立的和不可撤销的担保，并约定担保期限自合同生效日起至借款人全部偿还或担保人代借款人全部偿还合同项下的本息和费用之日止，该保证期限系上诉人真实意思表示，并非对担保期限没有约定。上诉人认为保证期间未按法定的期间写明时、日、月、年，故属担保期间约定不明，缺乏法律依据。故上诉人上诉理由，依据不足，本院不予支持。”②

第三种观点认为，当事人作出上述约定，肯定不能认为是没有约定，至于是否属于约定不明，也不能简单而武断地下结论，而应当按照当事人使用的语言文字判断该约定是否明确；如果按照当事人使用的语言文字无法判断的，应当按照当事人订立保证合同的目的、合同的其他条款、当事人之间的交易习惯以及诚实信用原则等，确定当事人约定的保证期间是否明确。③ 如果无法依据合同的解释有效地确定该保证期间的约定，那么应视为对保证期间没有约定，而应适用法定保证期间。④

《担保法解释》采取的是上述第一种观点，该司法解释第 32 条第 2 款规定：“保证合同约定保证人承担保证责任直至主债务本息还清时为止等类似内容的，视为约定不明，保证期间为主债务履行期届满之日起二年。”司法解释采取此种观点的理由在于：当事人作此约定不能简单地等同于当事人没有约定的情形，毕竟此种约定体现了债权人采取最大限度的可能来确保自己债权实现的意旨，因此简单地适用六个月的法定保证期间，对于债权人是不公平的。但是，从另一个角度说，如果一味承认这种约定的效力，确实会造成当事人以约定排除法律规定的诉讼时效的结果，使得保证人处于一种随时可能要承担责任的不利境地，显然也不合适。因此，

① 许琼英诉喻清廉、许国树、郭梅莺借贷、担保纠纷案，福建省高级人民法院（1999）闽民终字第 117 号民事判决书。

② 上海市第二中级人民法院（1998）沪二中经终字第 1585 号民事判决书。

③ 邹海林：《论保证责任期间》，载梁慧星主编：《民商法论丛》（总第 14 卷），法律出版社 2000 年版，第 156 页以下。

④ 高圣平：《“保证期间约定不明”的处理——兼评保证期间法定主义》，载王利明主编：《合同法评论》（总第 1 辑），人民法院出版社 2004 年版，第 162 页。

最好的做法是采取普通诉讼时效即两年的时间加以限制，即当事人约定的期间如果超过诉讼时效的，那么超出的部分应当认定无效，而没有超过的仍然有效。①

《担保法解释》第 32 条区分当事人没有保证期间和对保证期间约定不明，而分别规定不同长度的保证期间，显然是不合理的。故此，我国《民法典》第 692 条第 2 款规定："债权人与保证人可以约定保证期间，但是约定的保证期间早于主债务履行期限或者与主债务履行期限同时届满的，视为没有约定；没有约定或者约定不明确的，保证期间为主债务履行期限届满之日起六个月。"因此，无论是将"保证合同约定保证人承担保证责任直至主债务本息还清时为止等类似内容"的情形是作为对保证期间没有约定，还是约定不明，都应当适用相同的法定保证期间，即"主债务履行期限届满之日起六个月"。

依据《民法典》第 692 条第 3 款的规定，《民法典担保制度解释》本条规定："保证合同约定保证人承担保证责任直至主债务本息还清时为止等类似内容的，视为约定不明，保证期间为主债务履行期限届满之日起六个月。"这就是说，司法解释仍然不承认当事人此种约定的效力，而是将其作为对保证期间约定不明的情形处理，适用法定的保证期间。笔者认为，司法解释的这一规定是正确的。保证期间是确定保证人承担保证责任的期间，该期间应当是确定的期间，不能中止、中断和延长。对此，我国《民法典》第 692 条第 1 款有明确的规定。如果承认当事人可以约定保证人承担保证责任直至主债务本息还清时为止，实际上就等于使保证期间成为不确定的期间，违反了法律的规定，起不到限制保证责任的作用。所以，此种约定应当视为当事人对保证期间约定不明确，从而适用法定的保证期间。

（本条由程啸撰写）

第三十三条 【保证合同无效时的保证期间】

保证合同无效，债权人未在约定或者法定的保证期间内依法行使权利，保证人主张不承担赔偿责任的，人民法院应予支持。

---

① 李国光等：《最高人民法院关于适用〈中华人民共和国担保法〉若干问题的解释理解与适用》，吉林人民出版社 2000 年版，第 146 - 147 页以下。

◆ 条文要旨

本条是对保证合同无效时保证人的赔偿责任仍然适用保证期间的规定。

◆ 理解与适用

一、保证合同无效时保证人的赔偿责任

保证合同可能因为自身原因而无效，也可能因为主合同无效而无效。申言之，一方面，保证合同可能因为违反法律、行政法规的强制性规定或者公序良俗等原因而归于无效（如《民法典》第153条、第683条）；另一方面，由于保证合同是主债权债务合同的从合同，故此，主债权债务合同无效的，保证合同无效，除非法律另有规定（《民法典》第682条第1款）。合同无效并不等于合同从来没有存在过，更不等于不发生任何法律效果。无论是保证合同因本身的原因而无效，还是因为主合同无效而归于无效，都可能产生相应的民事责任。《民法典》第157条规定："民事法律行为无效、被撤销或者确定不发生效力后，行为人因该行为取得的财产，应当予以返还；不能返还或者没有必要返还的，应当折价补偿。有过错的一方应当赔偿对方由此所受到的损失；各方都有过错的，应当各自承担相应的责任。法律另有规定的，依照其规定。"第682条第2款规定："保证合同被确认无效后，债务人、保证人、债权人有过错的，应当根据其过错各自承担相应的民事责任。"

就保证合同无效后债权人、债务人和保证人如何承担赔偿责任的具体问题，《担保法解释》第7条规定："主合同有效而担保合同无效，债权人无过错的，担保人与债务人对主合同债权人的经济损失，承担连带赔偿责任；债权人、担保人有过错的，担保人承担民事责任的部分，不应超过债务人不能清偿部分的二分之一。"第8条规定："主合同无效而导致担保合同无效，担保人无过错的，担保人不承担民事责任；担保人有过错的，担保人承担民事责任的部分，不应超过债务人不能清偿部分的三分之一。"

《民法典担保制度解释》总体上延续了《担保法解释》上述规定，但也进行了一些修改。其第17条规定："主合同有效而第三人提供的担保合同无效，人民法院应当区分不同情形确定担保人的赔偿责任：（一）债权人与担保人均有过错

的，担保人承担的赔偿责任不应超过债务人不能清偿部分的二分之一；（二）担保人有过错而债权人无过错的，担保人对债务人不能清偿的部分承担赔偿责任；（三）债权人有过错而担保人无过错的，担保人不承担赔偿责任。主合同无效导致第三人提供的担保合同无效，担保人无过错的，不承担赔偿责任；担保人有过错的，其承担的赔偿责任不应超过债务人不能清偿部分的三分之一。”因此，只要保证人存在过错，那么无论是主合同无效导致保证合同无效，还是主合同有效而保证合同无效，都可能会产生保证人的赔偿责任，无非赔偿责任的范围有所不同。

二、关于保证人的赔偿责任是否适用保证期间的争论

既然在保证合同无论是因主合同无效而无效还是因自身原因而无效的情形中，均可能发生保证人的赔偿责任问题，就产生了当事人约定的保证期间或者法定的保证期间在此时是否仍然适用的问题。对此，理论界与实务界存在很大的争议，有否定说与肯定说两种观点。

否定说认为，在保证合同无效或被撤销的情形下，不应当再适用保证期间，①理由在于：首先，债权人与保证人在保证合同中约定了保证期间，而保证合同无论是因主合同无效而无效还是因为自身的原因无效或被撤销，该保证期间的约定当然也失效。故此，不应当适用当事人约定的保证期间。其次，保证期间是确定保证人的保证责任的期间，该期间适用的前提是保证合同合法有效，保证人依据合同的约定应当承担保证责任。在保证合同无效或被撤销的情形下不应当适用。②最后，保证合同无效后保证人因为过错而产生的赔偿责任在性质上不是担保责任

① 在2020年11月22日，由清华大学法学院不动产法研究中心主办，北京市东卫律师事务所协办的“最高人民法院关于适用《中华人民共和国民法典》担保部分的解释（征求意见稿）专家研讨会”上，王利明教授、石佳友教授、程啸教授等都认为，保证合同无效或被撤销的情形中，不应当再适用保证期间的规定。参见《民法典担保部分司法解释意见稿研讨会会议综述（中）》，载不动产法前沿微信公众号：https：//mp. weixin. qq. com/s? _ _ biz = MzUxMzk5MzcyNg = = &mid = 2247484994&idx = 1&sn = d426ac83e74d1d93b5e76865b99abf3b&chksm = f94df8d3ce3a71c58e547b76ca3ce4df8238c1a8ebc33571a5942ab08c88b5dd05f717a1e22a&scene = 126&sessionid = 1608860014&key = a0f1e02c9a7863fd4c2f603517b75523dc6016a44f3ec8593cf9c2b41a49137d13048ce634139182fcfa4b3fc23849dc791b3ec09dcc1968ec4c969ec3acb3211c82f25b61d831acde8af53e326e11252876af79578c7555c995d92852daba46cb99e690c92dafca28ecea22d63e5c2a08ec17e7ecb24f0db25675d0d0df86bb&ascene = 1&uin = OTA5MTgzNTgy&devicetype = Windows + 10&version = 62080079&lang = zh_ CN&exportkey = AUxETozStQ7cooEKZcGLrSE%3D&pass_ ticket = mpLEhqAx4H1yjyBmPp8Ww%2FcxA5nyMLHa5O%2Buxob6fn%2Fa8wdM5G4Ah2CrbXv17sFk&wx_ header = 0。

② 高圣平教授在其最新出版的著作中改变了以往的观点，采取了肯定说，参见高圣平：《民法典担保制度及其配套司法解释理解与适用》（上册），中国法制出版社2021年版，第171页。

而是缔约过失责任（或侵权赔偿责任），[①] 对于缔约过失责任和侵权赔偿责任应当适用的是诉讼时效的规定。我国最高人民法院的某些判决和一些地方法院采取了此种观点。例如，最高人民法院民事审判第二庭第七次法官会议纪要认为："保证期间是对保证责任的限制期间，其适用的前提是保证合同有效。保证无效，保证人承担的是因缔约过失而产生的损害赔偿责任，并非保证责任。因此，保证责任不适用担保法有关保证期间的规定，债权人未在保证期间内向保证人主张赔偿损失的，只要该请求权未过诉讼时效期间，保证人仍应承担赔偿责任。"[②] 再如，最高人民法院在"太原市融通信用合作社与山西省通宝能源股份有限公司保证合同纠纷案"的判决中认为："因四份借款合同及担保合同均为无效，合同约定的或法律规定的保证期间即丧失了法律适用条件，担保人应在承担民事责任诉讼时效期间即两年内承担民事责任。因此，通宝公司不能以融通信用社扣划款项行为超过《中华人民共和国担保法》第二十六条规定的六个月的保证期间为由，要求免除责任，请求人民法院判令融通信用社返还扣划款项。"[③] 就"中国信达资产管理公司郑州办事处与濮阳市石油公司等借款担保纠纷上诉案"，最高人民法院判决认为："因上述保证合同均为无效，保证人濮阳市财政局需承担的是过错赔偿责任而不是保证责任，过错赔偿责任的诉讼时效期间为两年，故濮阳市财政局应在两年内承担过错赔偿责任。该诉讼时效期间的起算日应确定为主合同履行期限届满之日即主债务人濮阳市石油公司应承担赔偿责任之日。"[④] 再如，《北京市高级人民法院审理民商事案件若干问题的解答之五（试行）》（2007 年 5 月 18 日；京高法发〔2007〕168 号）第 24 条认为："保证合同无效，诉讼时效期间如何计算？保证合同被确认无效后，不存在保证期间的计算问题，只是起算诉讼时效期间。在一般保证的情况下，保证合同无效后的诉讼时效期间根据主合同的诉讼时效期间确定。在连带保证的情况下，保证合同的诉讼时效期间独立于主合

---

① 关于保证合同无效后保证人承担的赔偿责任性质的详细讨论，参见程啸：《保证合同研究》，法律出版社 2006 年版，第 164－170 页。

② 贺小荣主编：《最高人民法院民事审判第二庭法官会议纪要：追寻裁判背后的法理》，人民法院出版社 2018 年版，第 235 页。

③ 于松波：《担保合同无效，担保法规定的保证期间是否仍然适用》，载最高人民法院经济审判庭编：《经济审判指导与参考》（第 2 卷），法律出版社 2000 年版，第 194 页以下。

④ 最高人民法院（2002）民二终字第 87 号民事判决书，载最高人民法院民事审判第二庭：《民商审判指导与参考》（2003 年第 1 卷），人民法院出版社 2004 年版，第 436 页以下。

同的诉讼时效期间。从主合同履行期限届满，保证人应承担责任之日起开始计算无效连带保证合同的诉讼时效期间。”

肯定说认为，即便保证合同无效，保证期间仍然应当适用，理由在于：首先，保证合同无效时，也应当对于保证人需要承担的赔偿责任加以限制，而不能让保证人无期限地承担责任。故此，保证期间仍然具有其意义，应当适用。其次，在保证合同无效时，债权人所获得的利益不应当超过保证合同有效时可以获得的利益，既然在保证合同有效时，如果债权人没有在保证期间内主张权利的，保证人可以免除保证责任。那么，保证合同无效时也应当同样处理。① 最后，即使保证合同被认定无效，其中的清算条款和争议解决条款仍然是有效的。当保证合同无效后，保证人虽然不需要承担担保责任，但仍然需要根据其对合同无效的过错承担相应的赔偿责任，故此，当事人关于保证期间的约定条款仍然可以解释为清算条款，即债权人应当在保证期间内进行清算。此外，如果在保证合同无效的情形下就不适用保证期间，会导致保证人承担的赔偿责任比保证合同有效时更重，从而出现利益失衡。② 司法实践中，最高人民法院的一些法律文书和一些地方法院采取了此种观点，例如，在“中国银行（香港）有限公司与台山市电力发展公司等担保合同纠纷申请案”中，最高人民法院（2011）民申字第1209号民事裁定书认为：“虽然案涉保证合同为无效合同，但是保证合同约定的或者法律规定的保证期间仍然具有法律意义，债权人在保证期间没有向保证人主张权利的，保证人不再承担无效保证的赔偿责任。因此，如果新华银行在保证期间没有向台山市政府主张保证责任，则台山市政府对无效保证合同的赔偿责任也相应免除。”再如，《陕西省高级人民法院民二庭关于审理担保纠纷案件若干法律问题的意见》（2007年12月6日）认为：“保证合同无效，债权人在保证期间内未向保证人主张权利的，保证人原则上不再承担保证合同无效的赔偿责任。”

《民法典担保制度解释》采取了肯定说，依据本条规定，保证合同无效的，如果债权人没有在约定或者法定的保证期间内依法行使权利的，保证人可以保证

① 相关理由的介绍，参见曹士兵：《中国担保制度与担保方法》（第4版），中国法制出版社2017年版，第160页。

② 高圣平：《民法典担保制度及其配套司法解释理解与适用》（上册），中国法制出版社2021年版，第171－172页。

期间届满为由拒绝承担赔偿责任。

笔者不赞同司法解释的上述规定，理由在于：首先，从文义解释上看，我国《民法典》第692条第1款明确规定，保证期间是确定保证人承担保证责任的期间。保证责任是指保证人依据保证合同的约定于债务人不履行到期债务或者发生当事人约定的情形时，履行债务或者承担责任。这是当事人基于意思自治而产生的权利义务关系。然而，在合同无效或被撤销时的损害赔偿责任是由法律直接规定的，保证责任显然并不包括合同无效或被撤销时的损害赔偿责任。将仅仅适用于保证责任的保证期间扩张至适用法定的损害赔偿责任，是不妥当的。其次，从保证期间制度设立的功能来看，其根本目的是维护保证人的利益，因为保证合同是单务合同、无偿合同，保证人在没有从债权人处获得任何对待给付的情形下，单方面地负有债务。为了避免保证人因此处于过分不利的地位，法律上才通过规定保证人的抗辩权、追偿权以及保证期间等对之提供相应的保护。但是，在保证合同因为主合同无效而无效或者因为自身原因而无效的情形下，保证人承担赔偿责任的前提是其具有过错，而在保证人具有过错的时候，从法政策上说，也并无特别的理由应当对保证人加以保护。最后，将保证期间解释为当事人的清算条款也并不合理。一则，保证期间既包括当事人约定的保证期间，也包括法律规定的保证期间；二则，我国《民法典》第567条规定："合同的权利义务关系终止，不影响合同中结算和清理条款的效力。"合同无效或被撤销也不等于合同权利义务关系的终止。对于合同无效或被撤销后的民事责任问题，我国《民法典》第157条已经作出了明确的规定，不能将保证期间解释为结算和清理条款。

◆ 疑点与难点

主合同被撤销对保证合同效力的影响

依据《民法典》第682条第1款的规定，主合同无效，作为从合同的保证合同也无效，除非法律另有规定。然而，主合同被撤销，并不当然导致作为从合同的保证合同无效。此时，需要区分究竟是债务人还是债权人享有撤销权。如果是债务人因欺诈、胁迫、重大误解等原因而有权撤销主合同的，那么如果债务人行使了撤销权，撤销了主合同，则因主合同自始消灭，保证合同当然消灭，保证人免除保证责任。如果债务人有撤销权却不行使，那么依据《民法典》第702条的规定，保证人享有一种抗辩权，即可以在相应范围内拒绝承担保证责任。这种抗辩权是我国《民法典》新规定的独属于保证人的抗辩权。①

如果债权人有权撤销主合同，当其行使撤销权撤销了主合同后，一方面，因主合同归于消灭，依据保证合同的从属性，保证合同也归于消灭。另一方面，依据《民法典》第157条的规定，行为人因该行为取得的财产，应当予以返还；不能返还或者没有必要返还的，应当折价补偿。有过错的一方应当赔偿对方由此所受到的损失；各方都有过错的，应当各自承担相应的责任。法律另有规定的，依照其规定。故此，应当按照《民法典》第682条第2款以及《民法典担保制度解释》第18条的规定处理损害赔偿的问题。

（本条由程啸撰写）

第三十四条 【与保证期间有关事实的审查】

人民法院在审理保证合同纠纷案件时，应当将保证期间是否届满、债权人是否在保证期间内依法行使权利等事实作为案件基本事实予以查明。

债权人在保证期间内未依法行使权利的，保证责任消灭。保证责任消灭后，债权人书面通知保证人要求承担保证责任，保证人在通知书上签字、盖章或者按指印，债权人请求保证人继续承担保证责任的，人民法院不予支持，但是债权人有证据证明成立了新的保证合同的除外。

◆ 条文要旨

本条是对法院就与保证期间相关的事实进行审查以及如何认定保证人继续承担保证责任的规定。

① 关于《民法典》第702条的分析，详见程啸：《论〈民法典〉第702条上的保证人抗辩权》，载《环球法律评论》2020年第6期。

◆ 理解与适用

一、法院应否主动审查与保证期间相关的事实

由于保证期间不仅决定保证人是否需要承担保证责任，即便在保证合同无效或被撤销的情形下还决定了保证人是否要承担损害赔偿责任，故此，保证期间是审理保证担保案件中非常重要的法律事实，具体包括：当事人是否约定保证期间？保证期间从何时起算？是否已经届满？一般保证的债权人在保证期间内是否针对主债务人提起诉讼或申请仲裁？连带责任保证的债权人是否在保证期间请求保证人承担保证责任？存在争议的问题是，法院是否应当依职权主动审查这些与保证期间相关的事实。对此存在肯定说与否定说两种观点。

否定说认为，保证期间是确定保证责任的期间，主要目的在于维护保证人的利益，并不涉及公共利益，况且，当保证期间届满而债权人没有依法定之方式行使权利时，保证人只是享有拒绝承担保证责任的抗辩权，此种抗辩权行使与否应由保证人自行决定，就如同诉讼时效届满的抗辩一样，法院不应当主动审查，但是，法院可以对当事人进行释明。①

肯定说认为，法院应当对于保证期间的相关事实进行审查，理由在于：首先，保证期间在性质上并非诉讼时效，保证期间届满的后果并非保证人享有拒绝承担保证责任的抗辩权，而是保证债务消灭，保证期间是否经过关系到保证人的实体权利义务，属于人民法院应查明的事实，人民法院应主动予以审查。② 其次，

---

① 在 2020 年 11 月 22 日，由清华大学法学院不动产法研究中心主办，北京市东卫律师事务所协办的“最高人民法院关于适用《中华人民共和国民法典》担保部分的解释（征求意见稿）专家研讨会”上，王利明教授、石佳友教授以及朱虎教授等学者均持此种观点。参见《民法典担保部分司法解释意见稿研讨会会议综述（中）》，载不动产法前沿微信公众号：https：//mp. weixin. qq. com/s? _ _biz = MzUxMzk5MzcyNg = = &mid = 2247484994&idx = 1&sn = d426ac83e74d1d93b5e76865b99abf3b&chksm = f94df8d3ce3a71c58e547b76ca3ce4df8238c1a8ebc33571a5942ab08c88b5dd05f717a1e22a&scene = 126&sessionid = 1608860014&key = a0f1e02c9a7863fd4c2f603517b75523dc6016a44f3ec8593cf9c2b41a49137d13048ce634139182fcfa4b3fc23849dc791b3ec09dcc1968ec4c969ec3acb3211c82f25b61d831acde8af53e326e11252876af79578c7555c995d92852daba46cb99e690c92dafca28ecea22d63e5c2a08ec17e7ecb24f0db25675d0d0df86bb&ascene = 1&uin = OTA5MTgzNTgy&devicetype = Windows + 10&version = 62080079&lang = zh_CN&exportkey = AUxETozStQ7cooEKZcGLrSE%3D&pass_ ticket = mpLEhqAx4H1yjyBmPp8Ww%2FcxA5nyMLHa5O%2Buxob6fn%2Fa8wdM5G4Ah2CrbXv17sFk&wx_ header = 0。

② 高圣平：《民法典担保制度及其配套司法解释理解与适用》（上册），中国法制出版社 2021 年版，第 176 页。

法院主动审查保证期间符合我国尚未建立答辩失权制度的现状。① 如果法院在一审中不查明保证期间的相关事实而由保证人自行决定是否以保证期间届满为由拒绝承担保证责任，很容易导致案件事实不清，加之保证人如果又在二审中提出保证期间届满的主张，则不利于公平高效准确地裁判案件处理纠纷。这样对于审判我国司法实践中一些法院就采取了这种理由而主张对保证期间进行主动审查。例如，《北京市高级人民法院审理民商事案件若干问题的解答（之三)》（京高法发〔2002〕51 号）第 8 条认为："保证期间内，债权人未要求连带责任保证人承担保证责任，或者债权人未对一般保证的主债务人提起诉讼或者申请仲裁的，保证人和主债权人之间的实体权利义务消灭，保证人当然免责。无论保证人是否以此抗辩，法院都应当主动适用相关法律规定，免除保证人的保证责任。"再如，上海市高级人民法院民二庭颁布的《关于审理担保、票据等民商事纠纷案件若干问题的处理意见》规定："鉴于保证期间与诉讼时效在性质、法律后果上的不同，对保证期间的审查，人民法院不能采取抗辩权发生说为依据。债权人就保证合同提起诉讼，应当提交其已在保证期间依法主张权利的相关证据。保证人在诉讼中未应诉或者虽然应诉，但未就债权人主张保证债权超过保证期间予以抗辩，人民法院应当按照《最高人民法院关于民事诉讼证据的若干规定》的规定，就债权人在保证期间内是否已依法主张权利这一事实作出认定，并据此按照担保法及其司法解释的规定作出相应的裁判。"②

《民法典担保制度解释》本条第 1 款采取了肯定说，其规定："人民法院在审理保证合同纠纷案件时，应当将保证期间是否届满、债权人是否在保证期间内依法行使权利等事实作为案件基本事实予以查明。"这就是说，法院应当主动对于保证期间是否届满、债权人是否在保证期间内依法行使权利等作为案件基本事实予以查明。笔者赞同司法解释的这一规定。由于保证期间直接涉及保证责任的承担问题，一旦保证期间届满而债权人未在该期间内按照法定方式行使权利，则保证人免除保证责任，故此保证期间不同于诉讼时效，而与除斥期间具有一定的相似之处。既然保证期间是否届满、债权人是否在保证期间内依法行使权利等事实

① 司伟、肖峰：《担保法实务札记：担保纠纷裁判思路精解》，中国法制出版社 2019 年版，第 197 页。

② 载最高人民法院民二庭：《中国民商审判》（总第 7 集），法律出版社 2004 年版，第 166 页。

对于保证人是否承担保证责任至关重要，为及时高效地处理担保纠纷，法院或者仲裁机构在审理保证担保纠纷时就应当查明该等事实，无论当事人是否加以主张。

二、如何认定保证人继续承担保证责任

（一）实践中的争议

债权人在保证期间内未依法向保证人行使权利的，保证人不再承担保证责任，即保证债务消灭。保证债务消灭后，如果债权人书面通知保证人要求承担保证责任，而保证人又在该通知书上签字、盖章或者按指印，债权人能否据此请求保证人继续承担保证责任呢？换言之，保证人在保证期间届满从而免除保证责任后，能否放弃此种因保证期间届满而免责所带来的利益？例如，保证人在保证期间届满而免责后又在债权人向其发出的催收贷款通知书、对账单、履行担保责任通知书等文书上签章的，能否认为保证人放弃了因保证期间届满而免除保证责任的利益？对此，司法实践中曾有很大的争议。

一些法院采取了肯定的态度，并且把握的标准十分宽松，即只要保证人在债权人的催款通知书上签章的，就认定保证人继续承担保证责任。支持该做法的主要理由为：处理该问题时可以参照《最高人民法院关于超过诉讼时效期间借款人在催款通知单上签字或者盖章的法律效力问题的批复》,① 由于该批复规定，债务人在享有时效抗辩权的情况下于债权人发出的催款通知单上签字或盖章时，“视为对原债务的重新确认”，同理保证人在这种催款通知单上签字或盖章也应视为在保证期间届满后对保证责任的重新确认。例如，广东省高级人民法院在《关于民商事审判适用中华人民共和国担保法及其司法解释若干问题的指导意见》（粤高法〔2003〕200号；2003年9月25日）第3条认为：“债权人未在保证期间内向保证人主张权利，保证期间届满后，保证人在催款通知书上签字盖章的，除保证人在催款通知书明确表示不再承担责任外，保证人仍应承担保证责任。”

另一些法院则采取了比较谨慎的态度，认为不能仅仅因保证人在债权人的催款通知书上签章就认定保证人须承担保证责任。例如，《北京市高级人民法院审

---

① 该批复指出：“根据《中华人民共和国民法通则》第四条、第九十条规定的精神，对于超过诉讼时效期间，信用社向借款人发出催收到期贷款通知单，债务人在该通知单上签字或者盖章的，应当视为对原债务的重新确认，该债权债务关系应受法律保护。”（最高人民法院1999年2月11日；法释〔1999〕7号）。

理民商事案件若干问题的解答（之三)》（京高法发〔2002〕51号）第7条认为："保证期间是除斥期间，依照《中华人民共和国担保法》第二十六条之规定，债权人未在保证期间内向连带责任保证的保证人要求承担保证责任的，保证人享有免责抗辩权。保证人签收'催收贷款通知书'的行为，不当然发生放弃免责抗辩权的法律后果。此种情况下，债权人向保证人主张权利的应当提交其他证据予以佐证。但'催收贷款通知书'上明确要求保证人继续承担保证责任的除外。"再如，《陕西省高级人民法院民二庭关于审理担保纠纷案件若干法律问题的意见》(2007年12月6日）第10条第1款认为：保证期间届满债权人未依法向保证人主张保证责任的，保证责任消灭。保证责任消灭后，债权人书面通知保证人要求承担保证责任或者清偿债务，保证人在催款通知书上签字的，人民法院不得认定保证人继续承担保证责任。但是，该催款通知书内容符合合同法和担保法有关担保合同成立的规定，并经保证人签字认可，能够认定成立新的保证合同的，人民法院应当认定保证人按照新保证合同承担责任。

（二）最高人民法院的态度

鉴于司法实践对该问题存在分歧，最高人民法院对此问题先后做了多个复函或批复。例如，2003年2月25日《最高人民法院关于锦州市商业银行与锦州市华鼎工贸商行、锦州市经济技术开发区实华通信设备安装公司借款纠纷一案的复函》指出："保证期间届满后，保证人如无其他明示，仅在债权人发出的催收到期贷款通知单上签字或盖章的行为，不能成为重新承担保证责任的依据。本院法释〔1999〕7号《关于超过诉讼时效期间借款人在催款通知单上签字或者盖章的法律效力问题的批复》，不适用于保证人。"① 再如，2004年3月23日发布的《最高人民法院关于人民法院应当如何认定保证人在保证期间届满后又在催款通知书上签字问题的批复》指出："根据《中华人民共和国担保法》的规定，保证期间届满债权人未依法向保证人主张保证责任的，保证责任消灭。保证责任消灭后，债权人书面通知保证人要求承担保证责任或者清偿债务，保证人在催款通知书上签字的，人民法院不得认定保证人继续承担保证责任。但是，该催款通知书内容符合合同法和担保法有关担保合同成立的规定，并经保证人签字认

① 2003年2月25日，〔2000〕民监他字第14号函。

可，能够认定成立新的保证合同的，人民法院应当认定保证人按照新保证合同承担责任。”

《民法典担保制度解释》本条第 2 款延续了上述做法，其规定：“债权人在保证期间内未依法行使权利的，保证责任消灭。保证责任消灭后，债权人书面通知保证人要求承担保证责任，保证人在通知书上签字、盖章或者按指印，债权人请求保证人继续承担保证责任的，人民法院不予支持，但是债权人有证据证明成立了新的保证合同的除外。”

笔者赞同司法解释的上述规定。保证期间届满而债权人未于该期间内依法定方式主张权利，如一般保证债权人针对主债务人提起诉讼或者申请仲裁，或者连带责任保证的债权人要求连带责任保证人承担保证责任，那么，一旦保证期间届满，保证人就免除保证责任。换言之，保证合同上的权利义务关系全部归于消灭，保证人并非享有抗辩权，而是根本就不再负有保证债务，债权人也不对保证人享有保证债权。由此可知，保证期间届满的这一法律效果显然不同于诉讼时效期间届满的法律效果。前者是彻底消灭了实体法上的权利义务关系，后者不消灭实体法上的权利义务关系，仅仅是债务人享有作为永久性抗辩权的时效抗辩权。因此，不存在保证人放弃免除保证责任抗辩权的问题。更重要的是，保证合同属于单务合同、无偿合同，只是保证人单方面负担给付义务，保证责任是一种很重的责任，绝不能简单地根据某些事实就任意加以推定，对于保证人在已经免除保证责任后是否继续承担保证责任应当遵循当事人的真实意思表示从严认定。只有当保证人以书面形式明确表示为债权人提供保证担保，才能认为此时在债权人与保证人之间产生了新的保证合同关系，否则即便保证人在债权人发出的承担担保责任书、催收到逾期债务通知书上签字、盖章或按指印，或者与债权人重新签订还款协议或者以口头的方式答应继续担保等，也不能认为保证人重新提供了担保。① 如果法院仅以保证人在债权人发出的催款通知书、对账单、确认书等文件上的签章或按指印的行为就推定其继续承担保证责任或者已经重新提供了担保，则对于维护保证人的合法权益明显不利，而且也为债权人转嫁风险提供了便利。

---

① 曹士兵：《中国担保诸问题的解决与展望——基于担保法及其司法解释》，中国法制出版社 2001 年版，第 137 页。

◆ 疑点与难点

如何认定债权人有证据证明成立了新的保证合同？

就《民法典担保制度解释》本条第2款中“债权人有证据证明成立了新的保证合同”的理解，笔者认为，应参考以下标准加以判断：其一，催款通知书、确认书、债权转让通知书等债权人发给保证人的书面文件中是否已经明确表明保证期间已经届满，并且明确要求保证人继续承担保证责任。如果保证人在这样的文件上签字、盖章或按指印的，就可以表明保证人具有重新提供保证担保的意思表示，由此双方达成了新的保证合同。例如，《山东省高级人民法院关于当前审理民商事案件中适用法律若干问题的意见》规定：“超过保证责任期间后，保证人又在包含有‘借款人和担保人继续履行借款合同、担保合同或协议规定的各项义务’内容的债权转让确认通知书上盖章的，应认定新的保证合同成立，保证人按照新保证合同承担责任。”再如，《陕西省高级人民法院民二庭关于审理担保纠纷案件若干法律问题的意见》（2007年12月6日）第10条第2款也认为：催收通知书回执上记载类似“借款人和担保人保证继续履行借款合同、担保合同或协议规定的各项义务”等内容，保证人在该回执上签字或盖章的，应认定在保证人与债权人之间成立了新的保证合同。

其二，保证人于保证期间届满而免除保证责任之后，主动向债权人发出通知，承诺其保证责任继续维持不变，而债权人也没有表示反对的，就可以认定双方成立了新的保证合同。例如，最高人民法院的一则判决认为，如果保证人于保证期间届满而免除保证责任之后，明确向债权人承诺其“担保不变”，则属于重新提供保证。① 但是，无论如何不能仅仅依据保证人在债权人发出的载明催收贷款或者确认贷款的通知书上签章的行为，就推定保证人具有重新提供保证担保的意思表示。再如，《浙江省高级人民法院民事审判第二庭民商审判若干疑难问题讨论纪要》第13条就明确提出：“审判实践中，要审查保证人有无书面的重新提供保证的意思表示。保证人在债权转让催款通知书或在债权人向保证人发出的

① 青海省格尔木市柴达木城市信用合作社诉关闭海南发展银行清算组、海南大信集团海口投资公司借款保证合同纠纷案，最高人民法院（2000）经终字第159号民事判决书。

'保证人履行担保责任通知书'上签字或盖章的行为在理解上不是唯一的，可以有多种理解，无法判断保证人是否愿意提供新的担保。由于保证人已经免责在先，所以不能仅根据其签字或盖章即推定其有提供新担保的意思表示。"

（本条由程啸撰写）

第三十五条　【对超过诉讼时效的债务提供保证】

保证人知道或者应当知道主债权诉讼时效期间届满仍然提供保证或者承担保证责任，又以诉讼时效期间届满为由拒绝承担保证责任或者请求返还财产的，人民法院不予支持；保证人承担保证责任后向债务人追偿的，人民法院不予支持，但是债务人放弃诉讼时效抗辩的除外。

◆ 条文要旨

本条是关于对已罹于诉讼时效的主债务提供保证的规定。

◆ 理解与适用

本条是结合《民法典》第192条对第681条所作的解释。《担保法解释》第35条规定："保证人对已经超过诉讼时效期间的债务承担保证责任或者提供保证的，又以超过诉讼时效为由抗辩的，人民法院不予支持。"《民法典担保制度解释》于本条对该条作了两个方面的修改。其一，将适用前提增加了保证人知道或者应当知道主债务已经超过诉讼时效期间；其二，增加了一种法律后果，即保证人承担保证责任后向债务人追偿的，人民法院不予支持，但是债务人放弃诉讼时效抗辩的除外。

一、已罹于诉讼时效的主债务是否可以作为被担保债权

《民法典》第681条规定："保证合同是为保障债权的实现，保证人和债权人约定，当债务人不履行到期债务或者发生当事人约定的情形时，保证人履行债务或者承担责任的合同。"这里的"债务"是否包括已罹于诉讼时效的主债务？如

当事人就已罹于诉讼时效的主债务提供担保，其效力应如何认定？不无争议。

《民法典》第192条规定："诉讼时效期间届满的，义务人可以提出不履行义务的抗辩。诉讼时效期间届满后，义务人同意履行的，不得以诉讼时效期间届满为由抗辩；义务人已经自愿履行的，不得请求返还。"由此可见，我国《民法典》上就诉讼时效期间届满的法律效果采取了"抗辩权发生说"，亦即，诉讼时效期间届满并不产生实体权利消灭的法律后果，而仅使义务人取得不履行义务的抗辩权。这就意味着，即使诉讼时效期间届满，权利人仍然享有起诉权，可以向法院主张其已过诉讼时效之权利，法院应当受理。如义务人不主张时效经过的抗辩权，法院则以公权力维护权利人的利益；如义务人主张时效经过的抗辩权，法院则在审查确认后，不得强制义务人履行义务。诉讼时效期间届满后，权利人虽不能请求法律的强制性保护，但法律并不否定其权利的存在。若义务人放弃时效利益自愿履行的，权利人可以受领并保持，受领不属于不当得利，义务人不得请求返还。诉讼时效期间届满后，义务人同意履行的，不得以诉讼时效期间届满为由抗辩。①

在解释上，就债务罹于诉讼时效期间，债务人取得时效经过抗辩权；既属抗辩权，债务人即可放弃。债权在诉讼时效期间届满后，债务人即因此产生对债权人的抗辩权，债务人遂不受法院的强制执行。但如债务人放弃该抗辩权的，法律不予干涉，此时已罹于诉讼时效的债权因债务人放弃抗辩权而得以行使。一般而言，债务人履行债务或以书面承诺履行债务是债务人放弃抗辩权的形式，法律予以认可。因此，学说上就已罹于诉讼时效的债务能否作为担保债权，理论上一般持肯定态度。② 保证人本可主张属于主债务人对债权人的时效经过抗辩权，但其在知道或者应当知道主债务已经超过诉讼时效期间的情况之下，仍然愿意承担保证责任或者提供保证，自应解释为对时效经过抗辩权的放弃，此后保证人再行提出抗辩的，人民法院将不予支持。③

---

① 参见黄薇主编：《中华人民共和国民法典解读·总则编》，中国法制出版社2020年版，第597－598页。

② 持此观点者参见以下著作：邹海林、常敏：《债权担保的理论与实务》，社会科学文献出版社2005年版，第49－50页；郭明瑞、杨立新：《担保法新论》，吉林人民出版社1996年版，第44页；陈本寒主编：《担保法通论》，武汉大学出版社1998年版，第73页。

③ 参见李国光等：《最高人民法院〈关于适用中华人民共和国担保法若干问题的解释〉理解与适用》，吉林人民出版社2000年版，第152页。

二、本条适用应注意的问题

第一，《民法典担保制度解释》本条的适用以保证人知道或者应当知道主债务已经超过诉讼时效期间为前提。在解释上，如保证人不知道也不应当知道主债务已经超过诉讼时效期间，可以请求撤销保证合同或者宣告保证合同无效；对于债权人依保证合同提出的履行请求，保证人仍然可以基于《民法典》第701条的规定，主张主债务人对于债权人的时效经过抗辩权。

第二，《民法典担保制度解释》于本条后段规定："保证人承担保证责任后向债务人追偿的，人民法院不予支持，但是债务人放弃诉讼时效抗辩的除外。"主债权诉讼时效期间届满，主债务人已经取得时效经过抗辩权。保证人知道或者应当知道主债权诉讼时效期间届满仍然提供保证或者承担保证责任，虽然产生主债权债务关系消灭的法律后果，但保证人明显存在过错，不符合保证人追偿权的发生要件。保证人承担保证责任后向主债务人追偿的，主债务人可以拒绝履行，但主债务人放弃诉讼时效抗辩的除外。

第三，《民法典担保制度解释》本条所定规则自当类推适用于担保物权的情形。

◆ 疑点与难点

对已罹于诉讼时效的主债务提供保证时保证期间的计算

《民法典担保制度解释》本条前段仅规定："保证人知道或者应当知道主债权诉讼时效期间届满仍然提供保证或者承担保证责任，又以诉讼时效期间届满为由拒绝承担保证责任或者请求返还财产的，人民法院不予支持"，但未提及保证期间问题。在《民法典》之下，所有保证债权债务均应适用保证期间，只不过有约定保证期间和法定保证期间的区分。此种情形之下，主债务人已经处于违约状态，保证期间的起算点显然不能是主债务履行期限届满之日。本书作者认为，此时仍应坚持"有约定依约定"的观点。其一，当事人之间就保证期间有约定的，按照约定计算保证期间。如未约定保证期间，则保证期间为六个月；其二，当事人之间就保证期间的起算点有约定的，按照约定的起算点开始计算保证期间。如未约定保证期间的起算点，则自保证合同生效之日起开始计算保证期间。如当事人在保证合同中约定了保证期间为三年，但没有约定保证期间的起算点，则从保证合同生效之日起计算三年。

（本条由高圣平撰写）

第三十六条 【增信措施的性质和效力】

第三人向债权人提供差额补足、流动性支持等类似承诺文件作为增信措施，具有提供担保的意思表示，债权人请求第三人承担保证责任的，人民法院应当依照保证的有关规定处理。

第三人向债权人提供的承诺文件，具有加入债务或者与债务人共同承担债务等意思表示的，人民法院应当认定为民法典第五百五十二条规定的债务加入。

前两款中第三人提供的承诺文件难以确定是保证还是债务加入的，人民法院应当将其认定为保证。

第三人向债权人提供的承诺文件不符合前三款规定的情形，债权人请求第三人承担保证责任或者连带责任的，人民法院不予支持，但是不影响其依据承诺文件请求第三人履行约定的义务或者承担相应的民事责任。

◆ 条文要旨

本条是关于增信措施的性质和效力的规定。

◆ 理解与适用

一、本条的规范意旨

本条系对《民法典》第685条第2款及第552条的解释。本条旨在解释用于增信的承诺文件在何种情形下可以被认定为《民法典》第685条第2款所规定的保证合同、在何种情形下构成《民法典》第552条所规定的债务加入、当事人意思表示不明确时应如何处理，以及该承诺文件不构成前述保证合同或债务加入时的法律效果。

《民法典》第685条第2款规定："第三人单方以书面形式向债权人作出保证，债权人接收且未提出异议的，保证合同成立。"据此，第三人与债权人之间达成具有担保性质的书面保证文件或第三人单方提供具有担保性质的书面保证，债权人接收且未提出异议的，均可认定为第三人和债权人之间成立保证合同关系。但上述规定未对书面文件的内容作出限定，即何谓具有担保性质，何种约定可以被认定为保证合同。

《民法典担保制度解释》本条第1款对此问题作出了解释。第三人向债权人提供差额补足、流动性支持等承诺文件为相关债务增信的，若该承诺文件中体现了第三人为债务提供担保的意思表示，则该承诺文件可以被认定为保证合同，债权人请求该第三人承担保证责任的，人民法院应当依照保证的有关规定处理。其核心在于承诺文件应具有提供担保的意思表示，具体而言该承诺文件所体现的意思表示应具有从属性和补充性，如约定在债务人不完全履行或不能完全履行债务的情形下，第三人以代为补足差额、提供流动性支持等方式承担相应责任。在将上述承诺文件认定为保证合同后，其合同效力、保证方式、保证期间等事项均应依据《民法典》合同编第一分编及第二分编“保证合同”一章的相关规定处理。

《民法典》第552条规定：“第三人与债务人约定加入债务并通知债权人，或者第三人向债权人表示愿意加入债务，债权人未在合理期限内明确拒绝的，债权人可以请求第三人在其愿意承担的债务范围内和债务人承担连带债务。”根据上述规定和《民法典担保制度解释》本条第2款，若第三人向债权人提供的承诺文件具有第三人加入债务或第三人与债务人共同承担债务的意思表示，则可以认定该承诺文件为债务加入合同，债权人可请求第三人在承诺范围内与债务人承担连带责任。其核心在于第三人须作出明确的与债务人共同承担债务的意思表示，“第一责任”①“一切责任”② 等含糊的词汇均不能直接得出债务加入的结论。此外，该承诺应具有独立性，即第三人与债务人承担完全一致的责任，其责任没有主从之分亦不存在补充性。同时，因债务加入属于并存的债务承担，故被加入债务应具有可转让性、现实性。

由于债务加入情形下第三人的责任明显重于保证责任，若增信承诺文件所

① 参见南通市世新房地产开发有限公司与中国建设银行股份有限公司如东支行合同、无因管理、不当得利纠纷再审案，江苏省高级人民法院（2017）苏民申3856号民事裁定书。

② 参见绥芬河龙江商联进出口有限公司、毛小敏民间借贷纠纷再审案，最高人民法院（2020）最高法民申763号民事裁定书。

体现的意思表示难以确定是债务加入还是保证，应认为第三人的意思表示为保证。

若增信承诺文件的内容不符合上述保证合同或债务加入合同的要求，根据交易自由原则，在承诺文件符合《民法典》第143条的情形下，债权人可以要求第三人按照承诺文件履行相应责任。同时应当注意的是，《民法典担保制度解释》本条虽与《民商事审判会议纪要》第91条高度相似，但二者在适用范围上存在一定差异，《民商事审判会议纪要》第91条规定："信托合同之外的当事人提供第三方差额补足、代为履行到期回购义务、流动性支持等类似承诺文件作为增信措施，其内容符合法律关于保证的规定的，人民法院应当认定当事人之间成立保证合同关系。其内容不符合法律关于保证的规定的，依据承诺文件的具体内容确定相应的权利义务关系，并根据案件事实情况确定相应的民事责任。"即《民商事审判会议纪要》第91条针对的是信托合同关系下第三人为保障受益人收益权所提供的承诺文件，本条将上述认定规则拓展适用于一般债权债务关系，可统一司法实践中对于借贷合同关系下第三人为保障债权而提供增信文件的性质的认定。

二、保证与债务加入的识别

实践中用于增信的承诺文件名目繁多，内容多样，其中多数以承诺函、承诺书、声明、担保书等类似名称为文件名，其内容可能涉及代为履行、差额补足、流动性支持等各种提高债务履行可能的措施。从体系定位的角度来看，上述承诺文件既有可能被认定为保证合同，也有可能被认定为债务加入合同，区分二者的关键在于承诺文件所传达的当事人的意思表示。要判断第三人承诺的意思表示构成保证抑或债务加入，原则上应依据承诺文件中"保证"或"债务加入"的明确措辞进行相应的定性，但在承诺文件未明确采用相关术语或其所采术语与承诺文件所表达的真实意思相悖的情形下，需要根据承诺文件的措辞、当事人之间的关系及合同实际履行情况等因素综合判断该承诺文件是否符合债务加入制度或保证制度的本质特征。

根据《民法典》的规定，保证合同是指为保障债权的实现，保证人和债权人约定，当债务人不履行到期债务或者发生当事人约定的情形时，保证人履行债务或者承担责任的合同；债务加入，即第三人加入债务中，作为新债务人和原债务人一起向债权人负有连带债务。债务加入和连带保证均增加了担保债权实现的责任财产，但不同在于：第一，保证债务是债务人不履行债务时，保证人承担保证责任的从属性债务，而债务加入是第三人作为连带债务人，没有主从关系；第二，连带保证具有保证期间和诉讼时效的限制，而债务加入后产生的连带债务仅受诉讼时效的限制；第三，连带保证人承担保证责任后，可以向债务人追偿，而债务加入人作为连带债务人履行债务后，是否对债务人有追偿权，取决于其与债务人之间的约定。① 从学理上看二者泾渭分明，不存在混淆之可能。但在实践中，由于债务加入亦有担保债权实现的功能，加之合同用语不规范等原因，债务加入的意思表示与保证的意思表示往往难以区分。经过对相关裁判的梳理，目前司法实践中的裁判倾向总结如下：

（一）构成债务加入须具备明确的加入债务或对债务承担连带责任的意思表示

对于承诺文件要构成“债务加入”是否必须具备明确的加入债务或对债务承担连带责任的意思表示的问题，司法实践中存在一定裁判分歧。

第一种裁判观点认为，由于加入债务的第三人对原债务所需负担的连带责任重于保证人的保证责任（包括连带保证责任），要构成债务加入须有明确的加入债务的意思表示，即使承诺文件中没有直接出现“债务加入”这一术语，也至少应当包含“共同承担责任”“承担连带责任”等措辞，而诸如“一切责任”“第一责任”等概念模糊的用词一概不得推定为债务加入。例如在“青岛新华友建工集团股份有限公司与青岛新华友建工集团股份有限公司新泰分公司等民间借贷纠纷再审案”② 中，第三人向债权人声明对原债权承担“连带偿还责任”，对此，最高人民法院认为该声明性质应属于债务加入。

第二种裁判观点则认为，判断承诺文件究竟是保证还是债务加入，应根据具体情况确定，如承担人承担债务的意思表示中有较为明显的保证含义，可以认定为保证；如果没有，则应当从保护债权人利益的立法目的出发，认定为债务加入。例如，在“茂名市长隆石油化工有限公司深圳分公司与长江南京航道工程局

① 参见黄薇主编：《中华人民共和国民法典解读·合同编》（上），中国法制出版社2020年版，第287页。

② 最高人民法院（2016）最高法民再322号民事判决书。

合同纠纷再审案”① 中，一审法院认为：“本案中，备忘录的约定从形式上看并不符合法律规定的担保的要件，从内容上看南京航道工程局亦没有作出提供保证的意思表示，故上述约定应属并存的债务承担。该备忘录的约定，不违反法律、法规的强制性规定，应为合法有效。”

笔者认为，此类推定思路并不可取，理由在于第三人之所以未明确承诺加入债务即代表其真实意思表示并非加入债务，债权人接受该承诺时应视为认可第三人非债务加入的增新承诺，根据交易自由原则，其债权无需额外予以保护，故判断承诺文件之性质仍应以明确术语定性为原则，以文义解释为辅助，不应采用推定方式，否则将损害第三人的合法权益。同时，《民法典担保制度解释》第 36 条第 3 款亦规定：“前两款中第三人提供的承诺文件难以确定是保证还是债务加入的，人民法院应当将其认定为保证。”出于权衡各方当事人利益的考虑，无论是保证还是债务加入都具有无偿性，故不应对保证人及加入债务者科以过重的责任，由于债务加入制度下第三人所承担的连带责任明显重于保证制度，故即使因意思表示不明而不得不进行意思表示推定，也应当推定第三人作出的是保证的意思表示。

（二）补充性承诺更可能被推定为保证，独立性承诺更可能被推定为债务加入

如前所述，保证合同的本质特征为从属性、补充性，因此，增信承诺要被认定为保证也必须具备从属性、补充性。具体而言，该承诺应以主债务的存在为前提，且应包含有“若债务人不完全履行或不能完全履行债务，第三人才对未履行部分承担相应责任”的意思表示。反之，债务加入的本质特征在于独立性、并存性，故构成债务加入的增新承诺应当包含有“无论债务人是否及时完全履行债务，第三人均与其对债务承担连带责任”的意思表示。换言之，履行顺位之约定可以排除债务加入，不以债务人届期未履行作为第三人履行债务的条件可以排除保证。②例如，在“云南远腾投资（集团）有限公司与内江远成置业有限公司等

---

① 江苏省高级人民法院（2017）苏民再350号民事判决书。

② 参见夏昊晗：《债务加入与保证之识别——基于裁判分歧的分析和展开》，载《法学家》2019 年第 6 期。

合同纠纷再审案”① 中，最高人民法院认为：“远腾集团既未在协议中明确表达作为保证人对案涉债务承担一般保证责任的意思，又与远成公司共同实际履行，其主张对案涉债务为一般保证人的理由不能成立。”

（三）或然性承诺更可能被认定为保证，确定性承诺更可能被认定为债务加入

由于保证债务具有补充性，构成保证的承诺文件所确定的第三人债务应当具有或然性，即若债务人及时完全履行了债务，第三人则无需承担相应债务，而债务加入通常是指加入已经确定的债务。因此，在司法实践中部分法院以承诺文件中所涉债务是否具有确定性、或然性为判断其法律性质的标准。例如，在“茂名市长隆石油化工有限公司深圳分公司与长江南京航道工程局合同纠纷再审案”②中，二审法院认为承诺债务具有或然性、顺序性、补充性因而属于保证债务：“本案中，南京航道工程局承担的债务具有以下特征：其一，或然性。备忘录的核心条款是第 1 条，第一句是‘乙方积极配合，共同努力向业主争取补偿款尽早到位’，突出备忘录的中心主题是争取业主补偿款。后面用句号分开，细分收到业主补偿款和未收到业主补偿款两种情形，一正一反，预示着当事人对于争取业主补偿款成与败的未来判断和路径安排。南京航道工程局的付款责任是被列入未收到业主补偿款的情形，表明其承担的债务只是一种或然债务，并非实然或必然债务。其二，顺序性。南京航道工程局承担付款责任的适用情形是未收到业主补偿款，亦即，在争取业主补偿款期间，长隆深圳分公司是不能要求南京航道工程局承担付款责任的。……其三，补充性和不确定性。长隆深圳分公司要求南京航道工程局付清欠款必须提供润达公司的最新欠款确认单，这是对润达公司不能履行、业主补偿款不能清偿的最后剩余部分进行清偿，带有补充性；而且最终的剩余金额应根据两年内实际履行情况而定，备忘录签署之时并不确定。其四，保证期间。并存的债务承担不适用保证期间制度。备忘录约定南京航道工程局的付款责任期限是‘在两年内’，属于双方对保证责任期间的约定。综上，备忘录不符

① 最高人民法院（2020）最高法民申 1021 号民事裁定书。类似案件参见：广发银行股份有限公司与山东胜凯石化有限公司合同纠纷案，天津市第二中级人民法院（2019）津 02 民初 815 号民事判决书。

② 江苏省高级人民法院（2017）苏民再 350 号民事判决书。

合并存的债务承担的基本特征。”

（四）从权利义务内容推定保证的意思表示

由于保证责任相较于债务加入的连带责任而言属于较轻的或然性、补充性责任，故不同于对债务加入的严格把握，司法实践中对于新型的担保形式采取较为宽松的态度，对于明显属于提供担保的增信承诺文件，多数法院认可其保证合同性质。其中具体包括：

1. 借贷关系中的代偿承诺、金融投资关系中保障兑付的承诺、为债务人提供流动性资金支持的承诺等同类承诺，此类承诺的共同点在于其均旨在保障债务人履行付款义务或保障债务人具有付款能力，从实质上看，其虽未使用“保证”术语，但明显起到担保债权实现的功能。

2. 差额补足承诺，主要是指第三人承诺在付款义务人未能足额给付的情形下补足差额，保证债权的实现或保证投资者取得约定的投资收益。司法实践中多数法院认可其保证合同效力，同时有法院进一步认为差额补足承诺中的“差额”蕴含着第三人仅在债务人不能履行之范围内承担责任，故其应属于一般保证。

但应当注意的是，虽然差额补足承诺通常可以被认定为保证，但仍需结合承诺文件的实际履行情况进行判断，若第三人虽向债权人出具差额补足承诺，但其实际上以债务加入的方式履行了债务的应认定为债务加入。例如，在“中粮信托有限责任公司与上海华信国际集团有限公司等股权转让纠纷案”① 中，《差额补足协议》约定上海华信公司应该在收到中粮信托公司关于支付差额补足款的通知后即向中粮信托公司支付华信中能公司尚未支付的差额部分款项。关于协议项下“差额补足责任”的法律性质问题及上海华信公司应承担的责任问题，法院认为：“本案中，前述协议约定，在华信中能公司未向中粮信托公司按时足额支付任何一期股权转让款及/或其他应付款项的情况下，上海华信公司应自行或者指定第三方补足该期应付款项。前述条款存在作为债务人不能履行债务时第三人需要承担责任的表述，具有‘保证’属性，但另一方面，依据协议约定，上海华信公司所应承担的差额补足金额以中粮信托公司所发出的《通知函》为依据，其收到

---

① 北京市第二中级人民法院（2018）京02民初109号民事判决书。

《通知函》后按照通知函载明的支付时间、支付金额进行支付。《通知函》中差额补足金额虽应依据《股权转让协议》及《股权转让协议之补充协议》计算，但上海华信公司在收到《通知函》后，其具体的支付系以《通知函》为依据，与华信中能公司的债务形成并列的债务负担。此外，《差额补足协议》《差额补足协议之补充协议》均约定如上海华信公司不能按《通知函》的要求支付差额补足款则需要承担违约责任并需对违约金不足以弥补的部分向中粮信托公司承担赔偿责任，前述违约责任作为上海华信公司的债务负担，独立于《股权转让协议》及其补充协议的约定，即独立于华信中能公司对中粮信托公司所负的债务。综上所述，在《差额补足协议》及其补充协议并不存在明确的保证意思表示的情况下，本院依照协议的有关条款及确保债权实现的合同目的，认定上海华信公司所承担的'差额补足责任'为共同清偿责任。"

三、不属于保证或债务加入的承诺应按约定履行

如前所述，用于增信的承诺文件名目繁多，内容各异，其中部分承诺因符合保证制度或债务加入制度的要件而得以适用保证及债务加入的相关规定，但除此之外，大量承诺文件虽有担保的意图但因缺少部分法定要件而不能认定为保证或债务加入，对此司法实践中绝大多数法院认为符合《民法典》第 143 条之规定的增信承诺合法有效，当事人可以另行起诉要求履行合同。

◆ 疑点与难点

不具有保证或债务加入的意思表示的认定

除上述具有担保意图的承诺文件外，司法实践中还不乏并无担保意图但具有增信功能的承诺文件，其中的典型为安慰函①或与之类似的仅承诺督促债务人履行债务的增信文件。由于上述安慰函大多仅具有督促意思而无承担责任的意思表示，故司法实践中大多不认可其具有担保效力。例如，在"中国银行（香港）有限公司与广州市保科力贸易公司、广州市对外贸易经济合作局保证合同

---

① 参见杭子晴：《浅议安慰函的法律效力——兼评最高人民法院关于佛山市人民政府与交通银行香港分行之间的保证合同纠纷案终审判决》，载《金融管理与研究》2006 年第 7 期。安慰函是指一国政府为其下属机构或母公司为其子公司融资而向贷款人出具的，表示支持并愿意为该下属机构融资或为该子公司的还款提供适当帮助的书面文件。

纠纷再审案”① 中，最高人民法院认为：“外经局向金城银行出具承诺函，内容表示为越秀医保是外经局的下属企业，因借款人业务需要，特申请港币 3400 万元的贸易信用额度，并表示上述信用额度经其研究批准同意，要求贷款人根据借款人业务的实际需要，给予继续支持。其愿意督促借款人切实履行还款责任，按时归还贷款本息。如借款人出现逾期或拖欠贷款本息的情况，外经局将负责解决，不让贷款人在经济上蒙受损失。该承诺函从名称上看，并非担保函，故对于其是否可以构成法律意义上的保证应当根据其内容来决定。从该承诺函的内容看，外经局只是承诺督促借款人切实履行还款责任，按时归还贷款本息。如借款人出现逾期或拖欠贷款本息的情况，外经局将负责解决，不让贷款人在经济上蒙受损失。其中并未明确承担保证责任或者代为还款，并未明确保证当债务人不履行债务时由承诺人（外经局）履行债务或承担责任的担保意愿。”

但应当注意的是若上述“安慰函”中包含了承担责任的意思表示，则其也可被认定为保证。例如在“中国银行（香港）有限公司与台山市电力发展公司等担保合同纠纷再审案”② 中，法院认为：“《承诺函》中载明：……（3）我市人民政府将竭尽所能，确使借款人履行其在贵行所使用的银行便利/贷款的责任及义务。并在贵行要求时，全部承担借款人的有关责任和义务。（4）如借款人不能按贵行要求偿还就上述银行便利/贷款下产生的任何债务时，我市人民政府将负责解决借款人拖欠贵行的债务，不让贵行在经济上蒙受任何损失。该《承诺函》系针对特定数额的银行便利/贷款出具，并已经清楚表明了台山市政府承诺在银行要求时，将全部承担借款人有关责任和义务的意思表示，应当属于保证性质。”

（本条由高圣平撰写）

---

① 最高人民法院（2011）民申字第 1412 号民事裁定书。相同处理的还可参见交通银行香港分行诉佛山市人民政府担保纠纷上诉案，最高人民法院（2004）民四终字第 5 号民事判决书；中国银行（香港）有限公司诉辽宁省人民政府、葫芦岛锌厂保证合同纠纷案，最高人民法院（2014）民四终字第 37 号民事判决书。

② 最高人民法院（2011）民申字第 1209 号民事裁定书。

第三章 关于担保物权

第一节 担保合同与担保物权的效力

第三十七条 【以被查封或者扣押的财产等设立抵押】

当事人以所有权、使用权不明或者有争议的财产抵押，经审查构成无权处分的，人民法院应当依照民法典第三百一十一条的规定处理。

当事人以依法被查封或者扣押的财产抵押，抵押权人请求行使抵押权，经审查查封或者扣押措施已经解除的，人民法院应予支持。抵押人以抵押权设立时财产被查封或者扣押为由主张抵押合同无效的，人民法院不予支持。

以依法被监管的财产抵押的，适用前款规定。

◆ 条文要旨

本条是对以权属不明、有争议的财产或被查封、扣押或被依法监管的财产进行抵押时相关问题的规定。

◆ 理解与适用

一、《民法典》第399条第（四）项、第（五）项规定的两类禁止抵押的财产

我国《民法典》第399条第（四）项、第（五）项规定了以下两类禁止抵押的财产：

1. 所有权、使用权不明或者有争议的财产不得抵押。该规定的理由在于：如果一项财产的所有权归属或者使用权尚且不明确，甚至存在很大的争议，那么将该项财产进行抵押，则不仅会引发更多的法律上的纠纷与争议，更会出现侵犯真正的财产所有权人或者使用权人的合法权利的情形。《民法典》这一规定来自《担保法》第37条第（四）项、《物权法》第184条第（四）项。然而，在《民法典》编纂之前，《担保法》和《物权法》的规定在司法实践中就很少被适用。因为虽然法律禁止以“所有权、使用权不明或者有争议的财产”设定抵押，但是这种规定并不意味着以此类财产设定的抵押权就一概无效，而是可能存在善意取得抵押权的情形。例如，甲、乙都认为某金戒指是自己的，但是甲占有该金戒指，此时甲将该戒指抵押给了丙，从而向其借款5000元。由于丙并不知道此物存在所有权的争议，其属于善意，可以善意取得该动产上的抵押权。即便是不动产，在当事人对其权属存在争议的情况下，如果没有在不动产登记簿上进行有效的异议登记，也无法阻止抵押时他人善意取得抵押权的可能。因此，禁止以“所有权、使用权不明或者有争议的财产”的规定，更多的是一种宣示性的规定，并无实际意义。① 此外，即便不存在适用善意取得的可能，当事人以“权属不明或者有争议的财产”设定抵押权或者质权而订立的抵押合同、质押合同等担保合同，也不会因此而无效。这是因为：一方面，我国《民法典》第143－146条对于民事法律行为无效的情形有明确的规定。《民法典》第399条禁止以权属不明或者有争议的财产抵押的规定，只是宣示性或倡导性规定，不属于效力强制性规范，当事人不能仅仅以违反《民法典》第399条为由而主张担保合同无效。另一方面，在抵押合同或质押合同本身不因标的物属于权属不明或者有争议的财产而无效的时候，如果因为无法办理抵押权登记或质押登记的，债权人可以要求抵押人或出质人承担违约责任。因为对于标的物权属是否明确或有无争议，抵押人或出质人是最清楚的，其应当为此类财产无法办理登记以致抵押权或质权未能设立给债权人造成的损失承担赔偿责任。此时倘若担保合同无效，反而不利于保护债权人的利益。况且，所谓权属不明的财产，如果是不动产，那么基于不动产登记

---

① 曹士兵：《中国担保制度与担保方法》（第4版），中国法制出版社2017年版，第220页。

簿的推定效力（《民法典》第216条第1款），在权属不明时就应当依据登记簿的记载确定该不动产物权的归属和内容；而动产则应当依据占有的权利推定效力来确认动产物权的归属，至于有争议的财产，只有人民法院或仲裁委员会才能最终确认财产归属，在确定前，仍然需要依据登记或占有的推定效力来确认权利归属。故此，以权属不明的不动产和动产进行抵押的，无论如何是不可能导致抵押合同无效的。

2. 依法被查封、扣押、监管的财产禁止抵押。所谓查封，是指人民法院或有权的行政机关（如税务机关）等，依法将被保全的财产、被执行人的财产或违反有关法律、法规的财产，贴上封条就地封存，并禁止该财产被转移或处理。查封一般是针对不易或不能移动的物品，如机器、设备、厂房等采用的，既包括不动产也包括某些动产。《最高人民法院关于人民法院民事执行中查封、扣押、冻结财产的规定》第7条规定："查封不动产的，人民法院应当张贴封条或者公告，并可以提取保存有关财产权证照。查封、扣押、冻结已登记的不动产、特定动产及其他财产权，应当通知有关登记机关办理登记手续。未办理登记手续的，不得对抗其他已经办理了登记手续的查封、扣押、冻结行为。"《最高人民法院、国土资源部、建设部关于依法规范人民法院执行和国土资源房地产管理部门协助执行若干问题的通知》第3条第1款规定："对人民法院查封或者预查封的土地使用权、房屋，国土资源、房地产管理部门应当及时办理查封或者预查封登记。"因此，查封不动产时，应当办理查封登记或者预查封登记。查封登记是指不动产登记机构依据人民法院或者其他有权机关的委托，依照法定程序作出的以限制登记名义人对不动产进行处分为目的的登记。它是为贯彻查封效力，防止已被查封的不动产被登记名义人再行处分，以致妨害执行或财产保全的效果而进行的一种限制性登记。我国《不动产登记暂行条例》第3条明确将查封登记作为登记的一种类型加以规定，而《不动产登记暂行条例实施细则》第五章第四节对查封登记作出了详细的规定。所谓预查封，是指对尚未在登记机关进行物权登记但又履行了一定的批准或者备案等预登记手续、被执行人享有物权期待权的房地产所采取的控制性措施。预查封登记，是指登记机构依据人民法院的预查封裁定书和协助执行通知书办理的以限制不动产处分为目的的一种登记。《最高人民法院关于人民法院民事执行中查封、扣押、冻结财产的规定》第24条规定，被执行人就已经查封、扣押、冻结的财产所作的移转、设定权利负担或者其他有碍执行的行为，不得对抗申请执行人。第三人未经人民法院准许占有查封、扣押、冻结的财产或者实施其他有碍执行的行为的，人民法院可以依据申请执行人的申请或者依职权解除其占有或者排除其妨害。《最高人民法院、国土资源部、建设部关于依法规范人民法院执行和国土资源房地产管理部门协助执行若干问题的通知》第22条第1款更是明确规定："国土资源、房地产管理部门对被人民法院依法查封、预查封的土地使用权、房屋，在查封、预查封期间不得办理抵押、转让等权属变更、转移登记手续。"由此可见，虽然依法被查封的不动产的所有权或使用权人仍属于被查封人，但其对该不动产的处分权受到了限制。故此，《民法典》第399条第（五）项禁止此类财产抵押。

所谓扣押，是指法院或有权行政机关将财物就地或者易地扣留，财物所有人在扣留期间不得动用或处分。《最高人民法院关于人民法院民事执行中查封、扣押、冻结财产的规定》第24条规定，被执行人就已经查封、扣押、冻结的财产所作的移转、设定权利负担或者其他有碍执行的行为，不得对抗申请执行人。第三人未经人民法院准许占有查封、扣押、冻结的财产或者实施其他有碍执行的行为的，人民法院可以依据申请执行人的申请或者依职权解除其占有或者排除其妨害。

所谓监管，是指海关依照《海关法》的有关规定，对自进境起到办结海关手续的进口货物，自向海关申报起到出境止的出口货物过境、转运、通运货物，以及暂时进口货物、保税货物和其他尚未办结海关手续的进出境货物进行监督、管理，对违反《海关法》和其他有关法律法规规定的进出境货物、物品予以扣留。依据《海关法》第37条第1款、第2款的规定，"海关监管货物，未经海关许可，不得开拆、提取、交付、发运、调换、改装、抵押、质押、留置、转让、更换标记、移作他用或者进行其他处置。海关加施的封志，任何人不得擅自开启或者损毁。"由此可见，依法被扣押、监管的财产，所有权仍属于财产所有人，但所有权的行使受到了法律限制，因此，《民法典》第399条第（五）项禁止以此类财产设定抵押。

无论是被查封、扣押的财产还是被监管的财产，都只是权利人对财产的处分权受到限制，而此种处分受限制的状态本身并不影响当事人之间订立的担保合同的效力，在抵押人或出质人因为财产被查封、扣押或监管以致无法办理登记，导致抵押权或质权无法设立的，抵押人或出质人应当向债权人承担违反担保合同的违约赔偿责任。《民法典担保制度解释》本条第2款对于抵押合同不因抵押财产属于被查封、扣押或监管的财产而无效作出了明确规定。

二、以权属不明或有争议的财产设定担保时担保物权的善意取得

《民法典》第311条第1款规定了无权处分不动产或动产时，受让人善意取得不动产或动产所有权的要件。同时，该条第3款明确规定："当事人善意取得其他物权的，参照适用前两款规定。"该款中的其他物权就是指所有权之外的其他物权，包括用益物权和担保物权。《民法典担保制度解释》本条第1款专门就当事人以所有权、使用权不明或者有争议的财产设定担保时，因构成无权处分而适用善意取得的问题作出了规定。以抵押权这一最典型的担保物权为例，依据《民法典》第311条第1款和第3款的规定，其适用善意取得的构成要件如下：

（一）无处分权人将不动产或者动产抵押给他人

最常见的无处分权人将不动产或者动产抵押给他人的情形就是：其一，共同共有人未经其他共有人同意抵押共有财产。例如，A房屋为甲、乙二人的夫妻共有财产，甲未经乙的同意将该房屋抵押给丙。其二，虽为有权占有但并无处分权之人将占有的财产抵押给他人。例如，A公司将10吨钢材存放于B公司的仓库，B公司擅自将该钢材抵押给C银行。《民法典担保制度解释》本条第1款之所以强调"当事人以所有权、使用权不明或者有争议的财产抵押，经审查构成无权处分的"，理由在于：当事人以所有权、使用权不明或者有争议的财产抵押的，并不当然都属于无权处分。即便他人与抵押人就某一财产的权属存在争议，如登记在A名下的房屋，B认为应当归自己与B共有，并且办理了异议登记，也不能因此当然就导致A将其房屋抵押给C的行为构成无权处分。因为，在办理异议登记后，登记簿上有效的异议登记只是起到暂时击破登记簿公信力的作用。① 而要确定该房屋的归属，B仍然需要提起诉讼或者申请仲裁（《民法典》第220条第2款）。同时，登记机构也不能因为登记簿上有异议登记的记载，就拒绝受理A与C的抵押权首次登记的申请，而是应当书面告知申请人该权利已经存在异议登记的有关事项。如果申请人申请继续办理的，应当予以办理，但申请人应当提供知

① 程啸：《不动产登记法研究》（第2版），法律出版社2018年版，第761页以下。

悉异议登记存在并自担风险的书面承诺（《不动产登记暂行条例实施细则》第84条)。B与A就房屋权属发生的争议经过诉讼或者仲裁后，如果认定房屋就是A单独所有的，则A将房屋抵押给C的行为就是有权处分，C当然可以取得抵押权(无须适用善意取得)；反之，如果认定房屋属于A与B共有的，那么A的抵押行为才属于无权处分。此时，由于登记簿上存在有效的异议登记，故此C不能善意取得抵押权。

（二）取得抵押权之人即债权人是善意的

善意取得制度旨在维护交易安全，它保护的是善意的第三人。就抵押权善意取得而言，保护的就是与无权处分人签订抵押合同的善意的债权人。由于动产与不动产在推定力和公信力上的差别，因而判断债权人在取得抵押权时是否为善意，应当区分动产和不动产而确定不同的标准。首先，就不动产抵押权的善意取得而言，债权人只要同时符合以下两个标准，即应认定为善意：其一，不动产登记簿上记载了抵押人是抵押财产的所有权人且登记簿上也不存在异议登记；其二，债权人不知道登记簿上的不动产权利的记载存在错误。如果债权人知道登记簿上记载的权利主体错误的，则不构成善意。《民法典物权编解释（一)》第15条规定：“具有下列情形之一的，应当认定不动产受让人知道转让人无处分权：（一）登记簿上存在有效的异议登记；（二）预告登记有效期内，未经预告登记的权利人同意；（三）登记簿上已经记载司法机关或者行政机关依法裁定、决定查封或者以其他形式限制不动产权利的有关事项；（四）受让人知道登记簿上记载的权利主体错误；（五）受让人知道他人已经依法享有不动产物权。真实权利人有证据证明不动产受让人应当知道转让人无处分权的，应当认定受让人具有重大过失。”

其次，就动产抵押权的善意取得而言，善意的判断应当遵循以下规则：其一，对于已经建立登记制度的特殊动产（准不动产)，如机动车、船舶、民用航空器等，债权人是否善意，应依据登记簿的记载加以判断，即凡是抵押人在这些动产登记簿上被记载为所有权人的，并且没有证据证明债权人知道抵押人并非所有权人的，就应当认定债权人是善意的。例如，在最高人民法院第一巡回法庭审理的一起案件中，抵押人兆峰机电公司是通过与马尼租赁公司订立的融资租赁合同而占有机动车的承租人，并非机动车的所有权人，且双方在融资租赁合同中也明确约定了机动车属于马尼租赁公司所有。但是，该机动车在公安机关车辆管理部门登记为兆峰机电公司所有，且该公司占有了机动车。后兆峰机电公司违背融资租赁合同，将机动车抵押给了债权人中信银行大连分行，双方也在公安机关车辆管理部门办理了抵押权登记。据此，最高人民法院第一巡回法庭认为："本案中，如果以占有作为外观权利表彰，案涉车辆已经交付给兆峰机电公司实际使用，将兆峰机电公司当作所有权人应是占有外观的自然判断结果。如果以登记作为判断案涉车辆所有权人的外观权利表彰，案涉车辆已经登记在兆峰机电公司名下，不管公安部门的车辆登记是不是所有权登记，由于《担保法》将公安部门规定为车辆抵押权的登记机关，中信银行大连分行只能信赖该登记，其因信赖所产生的交易利益应当得到保护。当然，推定出的事实是依据生活经验中的大数法则所得出的结果，该结果可以推翻，但应当由主张和推定事实相反事实的当事人承担举证责任。马尼租赁公司并未举证证明，中信银行大连分行明知案涉车辆所有权属于马尼租赁公司，仍然与无权处分人兆峰机电公司进行设定抵押权的交易，所以本院只能推定中信银行大连分行在案涉抵押权交易中的主观心态为善意。"①

其二，对于没有建立登记制度的动产，判断抵押权人是否善意应当更加严格，即只有当债权人不知道或者应当知道而非因重大过失不知道占有抵押财产的抵押人并非无处分权之人，方构成善意。通过提出"应当知道而非因重大过失不知道"就给抵押人施加了一定的审查义务，以便使其在交易中更加谨慎，避免盲目信赖占有这种并不具有坚实基础的公示方法。目前，我国司法实践也倾向于采取这种判断标准。

（三）抵押的不动产或者动产依照法律规定应当登记的已经登记

《民法典》第311条第1款第（三）项中"依照法律规定应当登记的已经登记"显然是指那些以登记为生效要件的不动产物权变动，就抵押权而言，依据

① 最高人民法院（2015）民申字第1247号民事裁定书。本案还有一个细节就是，中国人民银行于2014年3月20日下发了《关于使用融资租赁系统进行融资租赁交易查询的通知》，要求商业银行等机构在办理资产抵押、质押和受让等业务时，登录融资平台查询相关标的物的权属状况。然而，由于该通知下发的时间为2014年3月20日，只能约束此后的相关金融交易行为，而案涉抵押合同签订及抵押登记办理的时间为2012年3月。故此，法院认为，当时尚无法律、行政法规、行业或者地区主管部门的规定要求办理抵押登记时需要登录融资平台进行查询，更无合同约定或者其他依据。"中信银行大连分行没有登录融资平台进行相关查询，不存在过失。因此，马尼租赁公司称中信银行大连分行存在过错，不能善意取得案涉车辆抵押权的理由不能成立，不予支持。"

《民法典》第402条的规定，以登记为成立要件的抵押权包括：以建筑物和其他土地附着物、建设用地使用权、海域使用权为标的设立的抵押权，以及以正在建造的建筑物为标的物设立的抵押权。就这些抵押权的善意取得而言，在取得人善意取得抵押权时必须是已经完成了抵押权的首次登记，方符合善意取得的构成要件。否则，即便债权人在签订抵押合同时是善意的，也不能善意取得不动产抵押权。

至于以《民法典》第403条规定的以登记为对抗要件的动产抵押权的善意取得，是否需要以登记为要件，值得研究。笔者认为，抵押权的成立本不以转移抵押财产的占有为要件，如果对于动产抵押权的善意取得也不以登记为要件，将导致善意取得条件过宽，对真实权利人造成的损害太大。为了更好地权衡真实权利人与善意取得人的利益，避免在善意取得抵押权的认定上的不确定性，即便这些以登记为对抗要件的抵押权，其善意取得原则上也应当以已经办理了登记为要件，否则不应适用善意取得。

三、以被查封、扣押或被监管的财产抵押的问题

当事人以被查封、扣押或被监管的财产抵押的，抵押合同并不因此而无效，前文已经论述。存在争议的问题是，抵押权是否产生？从理论上说，就已经办理了查封登记的不动产而言，由于登记机构不得为此类财产办理抵押权登记，而不办理登记则抵押权没有产生，因此不大可能存在抵押权成立的情形。但是，对于动产而言，由于抵押合同生效时抵押权就产生了，登记只是对抗要件。故此，可能产生抵押权是否存在的问题。对此，《民法典担保制度解释》本条第2款区分了两种情形：一种情形是，当事人以依法被查封、扣押或监管的财产抵押，抵押权人请求行使抵押权，经审查查封、扣押或监管措施已经解除的，人民法院应予支持。也就是说，此时抵押权已经成立，债权人享有优先受偿权。另一种情形是，当事人以依法被查封、扣押或监管的财产抵押，抵押权人请求行使抵押权，经审查查封、扣押或监管措施没有解除的。此时应当认为抵押权人不得请求行使抵押权。因为如果认为抵押权人可以行使抵押权，即有权将抵押财产变价并优先受偿，则意味着查封、扣押或被监管完全起不到限制处分的作用，违反了法律和司法解释的规定。所以，抵押权人只能等待查封、扣押或监管措施解除后，才能行使抵押权。

◆ 疑点与难点

一、抵押权善意取得的构成要件

依据《民法典》第311条第1款第（二）项，所有权的善意取得的一个构成要件是“以合理的价格转让”。就如何判断转让的价格是否合理，《民法典特权编解释（一）》第18条提出的判断标准为“应当根据转让标的物的性质、数量以及付款方式等具体情况，参考转让时交易地市场价格以及交易习惯等因素综合认定”。然而，需要注意的是，抵押权等担保物权善意取得并不需要以合理的对价为要件。也就是说，不能机械地按照《民法典》第311条第1款第（二）项的规定，要求抵押权人必须支付合理的价格。然而，实践中有观点却认为，抵押借款合同中，抵押权人已经发放贷款给抵押人（同时也是债务人）意味着满足了善意取得中支付合理对价的要件。例如，在一起案件中，最高人民法院第一巡回法庭认为：“从一、二审人民法院在本案以及中信银行大连分行诉兆峰机电公司、关兆峰的另案查明事实看，中信银行大连分行已经按照其与兆峰机电公司、关兆峰之间的借款合同提供了1000万元人民币的借款，为担保该笔借款的偿还，兆峰机电公司向中信银行大连分行提供了案涉车辆作为抵押物。鉴于中信银行大连分行为取得抵押权已经履行了相关贷款给付义务，抵押权担保的主债权已经成立，应当视为已经支付合理对价。”① 笔者认为，这种观点是错误的也是有害的。一方面，即便债务人与抵押人同一，债权人是否发放贷款也只是作为主合同的贷款合同中的债权人负担的给付义务而已，并非抵押合同中抵押权人支付给抵押人的对价。至于债务人之外第三人提供抵押担保的情形，更非抵押权设立的对价。另一方面，如果以债权人是否实际发放贷款为要件，还会导致贷款尚未发放的情形下，抵押权的善意取得被否定的情形，这显然是不妥当的。综上所述，笔者认为，抵押权的善意取得中无须以支付合理价格或合理对价为要件，更不应将抵押权人是否实际履行主合同的义务作为判断是否满足这一要件的标准。

二、查封、扣押或监管措施公示的问题

查封、扣押或监管措施应当相应地公示，否则容易对善意第三人造成损害。

① 最高人民法院（2015）民申字第1247号民事裁定书。

例如，《最高人民法院关于人民法院民事执行中查封、扣押、冻结财产的规定》第24条第3款规定：“人民法院的查封、扣押、冻结没有公示的，其效力不得对抗善意第三人。”这就是说，如果查封、扣押等措施已经公示如办理了查封登记等，就可以对抗善意第三人。在“中国银行股份有限公司辽宁省分行与大连银行股份有限公司等信用证垫款合同纠纷再审案”中，因法院制作查封裁定书和协助执行通知书时，误将应当查封的被执行人的30#地块写成并不存在的31#地块，以致30#地块实际上并未被查封，后该地块被抵押给银行。原审法院认为，法院虽然误写查封标的物，但不能因此就认为30#地块上没有查封，故此银行的抵押权无效。最高人民法院再审认为：“即使大连中院和甘井子法院查封时本意确实在于查封星山公司的30#小区的土地，但因误写导致查封落空，亦不能以此为由否认星山公司与中行辽宁分行签订抵押协议及办理相关抵押登记时所涉房产上面并无被法院查封的事实。因此，原审法院以星山公司用以抵押的房产系法院查封财产为由，认定星山公司与中行辽宁分行签订的《国际结算融资业务抵押协议》无效于法无据，本院依法予以纠正。即使星山公司在与中行辽宁分行签订抵押协议时可能知道法院意欲查封其30#小区，但大连银行并无充分证据证明中行辽宁分行对此明知，因此，大连银行关于中行辽宁分行与星山公司恶意串通损害其利益，抵押协议无效的答辩理由，本院不予采信。”①

（本条由程啸撰写）

第三十八条 【担保物权的效力及于担保财产的全部】

主债权未受全部清偿，担保物权人主张就担保财产的全部行使担保物权的，人民法院应予支持，但是留置权人行使留置权的，应当依照民法典第四百五十条的规定处理。

担保财产被分割或者部分转让，担保物权人主张就分割或者转让后的担保财产行使担保物权的，人民法院应予支持，但是法律或者司法解释另有规定的除外。

① 最高人民法院（2012）民提字第69号民事判决书。

◆ 条文要旨

本条是从担保财产的角度对担保物权不可分性的规定。

◆ 理解与适用

一、担保物权的不可分性

担保物权的不可分性（Unteilbarkeit），是指被担保的债权在未受全部清偿前，担保物权人可以就担保财产的全部行使权利。具体来说，包括以下含义：其一，被担保的债权即使经过分割、部分清偿或部分消灭，担保物权仍为了担保各部分债权或剩余债权而存在；其二，担保财产即使经过分割或部分灭失，各部分或余存的财产仍为担保财产，并为担保全部债权而存在。由于担保物权不可分性的目的在于强化担保物权的效力，从而更好地担保债权的实现，故此，理论上认为担保物权的不可分性不具有强行性，当事人可以特约加以排除或限制适用，但是，如果要排除或限制，必须登记公示后方能对抗第三人。

我国法律没有规定担保物权的不可分性。只有《担保法解释》就抵押权的不可分性作出了详细的规定。该解释第 71 条规定："主债权未受全部清偿的，抵押权人可以就抵押物的全部行使其抵押权。抵押物被分割或者部分转让的，抵押权人可以就分割或者转让后的抵押物行使抵押权。"第 72 条规定："主债权被分割或者部分转让的，各债权人可以就其享有的债权份额行使抵押权。主债务被分割或者部分转让的，抵押人仍以其抵押物担保数个债务人履行债务。但是，第三人提供抵押的，债权人许可债务人转让债务未经抵押人书面同意的，抵押人对未经其同意转让的债务，不再承担担保责任。"

在《民法典》编纂时，很多学者提出要规定担保物权的不可分性。但非常令人遗憾的是，《民法典》再次忽视了这一问题，既没有概括性地规定担保物权的不可分性，也没有在有关抵押权等具体担保物权的规定中明确不可分性。这就使在《民法典》颁布后，不得不通过司法解释来弥补这一法律上的漏洞。

二、与担保财产有关的不可分性

《民法典担保制度解释》本条在总结《担保法解释》第 71 条规定的基础上对

于担保物权的不可分性作出了规定，本条主要是从担保财产的角度对担保物权不可分性作出的规定。具体阐述如下：

1. 被担保的债权未受全部清偿的，担保物权人可就全部担保财产行使担保物权。例如，债务人甲以房屋一套设定抵押权，担保其向债权人乙所负担的 90 万元债务。此后，甲向乙偿还了 70 万元的债务，即实现了部分主债权，但还有 20 万元的债务到期后无法履行。此时，抵押权人乙有权将作为抵押财产的房屋拍卖，就所得价款优先受偿。①

2. 担保财产被分割或者部分转让，担保物权人有权就全部的担保财产行使担保物权，除非法律另有规定。具体而言，首先，如果担保财产被分割的，担保物权不因此而受影响，担保物权人仍然可以就分割后的全部担保财产行使其担保物权。例如，甲、乙向债权人丙负有连带债务，甲、乙以他们按份共有的价值 100 万元的钢材为债权人丙设定动产抵押权。此后，甲、乙分割该原材料，抵押权人丙的抵押权不因甲、乙的分割行为而受影响。如果债务履行期限届满，甲、乙未履行债务，则丙仍可以就分割后的各部分原材料行使抵押权。

其次，担保财产被部分转让的，担保物权人仍然可以就转让后的全部担保财产行使其担保物权。例如，A 以房间 4 间（每一间都是独立物，但登记为一个所有权）为 B 设抵押权，其后虽将其中 2 间转让给 C，抵押权人 B 并不因 A 之让与行为而影响其抵押权，即 B 仍可以就作为抵押财产的 4 间房屋使其抵押权。

最后，《民法典担保制度解释》本条第 2 款规定了一个但书，即“法律或者司法解释另有规定的除外”。这主要是指动产抵押中抵押部分财产转让时的例外。因为我国《民法典》规定，在以动产抵押时，倘若抵押权未经登记，则不得对抗善意第三人（第 403 条），而且即便抵押权已经登记，也不得对抗正常经营活动中已经支付合理价款并取得抵押财产的买受人（第 404 条）。《民法典担保制度解释》第 56 条就何为“正常经营活动中”的买受人作出了具体规定。故此，在动产抵押中，如果抵押人转让部分抵押财产的，未经登记的不得对抗善意第三人，同时即便登记的，也不得对抗正常经营活动中已经支付合理价款并取得抵押财产

① 武汉市亚洲贸易广场股份有限公司与中国东方资产管理公司武汉办事处借款担保合同纠纷上诉案，最高人民法院（2006）民二终字第 31 号民事判决书。

的买受人。

3. 担保财产部分毁损之后，担保物权人有权就剩余的担保财产行使担保物权。例如，A 公司以 100 吨水泥为 B 公司设立动产抵押权，后因台风致使存放 100 吨水泥的仓库被毁，只剩 20 吨水泥未受损。该 20 吨水泥是抵押财产，其上依然存在抵押权。如果债务人到期不履行债务或者发生当事人约定的实现抵押权的情形的，抵押权人有权就该剩余的抵押财产行使优先受偿权。当然，如果被毁损的 80 吨水泥投保了保险，由此获得了保险赔偿金，则此时抵押权人 B 对该保险赔偿金享有优先受偿权。不过，这已经是担保物权物上代位性的问题了。

◆ 疑点与难点

一、留置权不可分性的理解

留置权的不可分性是指，债权人于其债权未受全部清偿前，得就留置物之全部，行使其留置权。然而，如果过分严格地强调留置权的不可分性可能会对债务人不公平，也不利于对留置物的充分利用。试想，如果某个债权人可以为了仅仅担保几万元保管费用而留置价值上千万的标的物，这显然极不合适。因此，我国《民法典》第 450 条对留置权的不可分性作了一定程度上的缓和，该条规定：“留置财产为可分物的，留置财产的价值应当相当于债务的金额。”如果留置财产是可分物，而债权人留置了超过债务金额的留置财产的，债务人有权要求返还，倘若拒不返还的，则债务人有权依据其与债权人之间的合同关系（如保管合同、加工合同等）追究留置权人的违约责任。① 倘若留置权人仅仅留置了与债务金额相当的留置财产，同时又告知债务人取回剩余的财产，而债务人置之不理，不去取回未被留置的财产，那么即便留置权人实际占有的留置财产的价值超过了债务的金额，也不能认为留置权人行使留置权不当。② 有鉴于此，《民法典担保制度解释》本条第 1 款才特别规定“但是留置权人行使留置权的，应当依照民法典第四百五十条的规定处理”。

---

① 安新县捷力和铜业有限公司、金川集团股份有限公司加工合同纠纷案，最高人民法院（2016）最高法民终 254 号民事判决书。

② 江苏悦达卡特新能源有限公司、江苏悦达卡特新材料科技有限公司与富锋生物能源（泰兴）有限公司承揽合同纠纷案，最高人民法院（2016）最高法民申 994 号民事裁定书。

二、抵押房屋合法扩建后，新增的面积是否纳入抵押范围？

如果设立抵押权的房屋经过合法扩建，面积由原来的10000平方米变为12000平方米，该新增的2000平方米的面积是否也属于抵押财产？最高人民法院的一则判决认为，这种情形下，基于抵押权不可分性的原理，抵押权及于全部的抵押财产，即12000平方米。[①] 笔者认为，该问题与抵押权的不可分性并无关系。如果抵押人是先抵押某一不动产而对之进行扩建，显然新增建筑物的面积不属于抵押财产。当然在拍卖时应当将整个房屋一并拍卖，但就新增的2000平方米，抵押权人无权优先受偿。此时，应当适用《民法典担保制度解释》第51条第1款。如果是先扩建后抵押，则扩建的部分当然属于抵押财产。即便抵押人与他人共同扩建，且约定扩建后的财产属于共有财产，但是在登记簿上并未记载该房屋为共有，而仅仅记载抵押人单独所有。那么，抵押权人依然可以善意取得抵押权，这与抵押权的不可分性无关。

（本条由程啸撰写）

第三十九条 【担保财产担保主债权的全部】

主债权被分割或者部分转让，各债权人主张就其享有的债权份额行使担保物权的，人民法院应予支持，但是法律另有规定或者当事人另有约定的除外。

主债务被分割或者部分转移，债务人自己提供物的担保，债权人请求以该担保财产担保全部债务履行的，人民法院应予支持；第三人提供物的担保，主张对未经其书面同意转移的债务不再承担担保责任的，人民法院应予支持。

---

① 李京平：《经翻建的抵押物其抵押权的效力是否及于抵押物生效的仲裁裁决书能否对抗经登记的抵押权——大庆建行与庆莎公司、金银来公司借款抵押合同纠纷上诉案》，载最高人民法院民事审判第二庭：《民商事审判指导》（总第7辑），人民法院出版社2005年版，第213页以下。

◆ 条文要旨

本条是从被担保的债权和债务的角度对担保物权不可分性的规定。

◆ 理解与适用

一、主债权被分割或部分转让的

《民法典担保制度解释》本条第 1 款是对主债权被分割或部分转让时担保物权的不可分性的规定。具体而言：

1. 担保物权所担保的主债权经过分割后，担保物权不受影响，依然担保全部的主债权，分割后的各个债权按照各自享有的债权份额行使担保物权。例如，甲、乙二人为夫妻，共同享有对丙的债权 60 万元，丙以其房屋一套为该 60 万元债权设定抵押权担保。其后，甲、乙分割债权，各分得 30 万元债权。丙的房屋上的抵押权不因被担保债权的分割而受影响，依然担保全部的债权 60 万元，但是，债权人甲、债权人乙只能分别就其享有的 30 万元债权行使抵押权。

2. 担保物权所担保的主债权的一部分被转让的，担保物权不受影响，各债权人可以就其享有的债权份额行使担保物权。例如，A 对 C 享有债权 100 万元，D 为该债权提供了抵押权担保。A 将债权的一部分即 60 万元转让给 B。此时，债权人 A 和债权人 B 依照各自的债权份额（即 A 的债权为 40 万元，B 的债权为 60 万元）行使抵押权。

3.《民法典担保制度解释》本条第 1 款规定的“但是法律另有规定或者当事人另有约定的除外”情形分别是指：

其一，法律另有规定，例如，《民法典》第 421 条规定：“最高额抵押担保的债权确定前，部分债权转让的，最高额抵押权不得转让，但是当事人另有约定的除外。”这是因为：在最高额抵押权担保的债权确定之前，因债权未被确定，处于变动不居的状态，可以消灭也可以产生，因此部分债权转让自然也没有问题。但是，由于最高额抵押权并不从属于一定期间将要连续发生的债权中的某个债权，而是从属于导致债权连续发生的基础性法律关系，即从属于“总约”而非“个约”。所以，除非当事人特别约定的情况下，否则部分债权的转让，并不导致最高额抵押权转让。此外，我国法上也不承认最高额抵押权本身可以单独转让，这一点与我国台湾地区“民法”的规定有所不同。① 但是，最高额抵押权人可以转让部分债权给第三人，同时与受让人约定，被转让的部分债权依然受最高额抵押权的担保。如此一来，原本只是属于一人所有的最高额抵押成为二人共有，实际上发生了最高额抵押权部分转让的效果。

其二，当事人另有约定。所谓当事人另有约定，包括两种情形：（1）债权人转让部分债权时与受让人约定，受让人受让的债权不受抵押权的担保。例如，A对C享有债权5000万元，C以房屋一栋为该债权提供了抵押权担保。A将债权的一部分即500万元转让给B，并约定该500万元债权不受房屋抵押权的担保。那么，此时抵押权人只是C，而B取得的是无担保的普通债权。（2）债权人转让部分债权时与受让人约定，抵押权随同被部分转让的债权而转让，债权人剩余的部分债权不受抵押权担保。以前例而言，A在将部分债权500万元转让给B的时候，可以约定房屋抵押权随之全部转让，A的剩余的4500万元债权成为不受抵押权担保的债权。之所以当事人可以进行上述两种类型的约定，是因为担保物权的不可分性旨在确保担保物权的安定性，保护担保物权人的利益，关于不可分性的规定并非强制规定，当事人可以特约加以排除。②

二、主债务被分割或者部分转移的

主债务被分割或者部分转移的，需要区分抵押人究竟是债务人还是第三人而分别讨论担保物权的不可分性问题。

1. 债务人提供物的担保的

当债务人自己提供物的担保的，在主债务被分割或者部分转移时，因为担保人就是债务人，故而不会因此出现而加重担保人的担保责任，无需经过担保人书面同意，担保人仍继续承担担保责任。所谓主债务被分割，是指多数人之债中数个债务人之间对于债务进行分割，就按份债务而言，因债务人原本就是按照份额各自负担债务，故此不存在债务分割的问题。因此，主债务被分割是指连带债务人之间对债务进行的分割，但是，此种分割如果没有经过债权人的同意，仅仅在

① 我国台湾地区“民法”第881条之八规定：“原债权确定前，抵押权人经抵押人之同意，得将最高限额抵押权之全部或分割其一部让与他人。”该规定将使最高额抵押权抽离其所担保的债权范围而具有独立性。

② 谢在全：《民法物权论》（下册）（修订7版），新学林出版股份有限公司2020年版，第153页。

债务人之间发生效力，而不能发生将连带债务转为按份债务的效果。例如，A、B共同对C负担400万元债务，二人为连带债务人，A以其房屋为该400万元债务提供抵押担保。此后，经过债权人C的同意，A与B对债务进行分割，A负担350万元，B负担50万元。无论是A还是B没有履行到期债务，抵押权人C均可以就抵押房屋的全部行使抵押权。

所谓主债务部分被转移，是指主债务人经过债权人同意后将部分债务转移给他人。依据《民法典》第551条，债务人可以将债务的部分转移给第三人，但是应当经债权人同意。债务人或者第三人可以催告债权人在合理期限内予以同意，债权人未作表示的，视为不同意。例如，A公司向B公司负有5000万元债务，并以某宗地的建设用地使用权抵押担保，后A公司经过B公司的同意将其中的4000万元债务转移给C公司。由此，则B公司分别对A公司享有1000万元债权，对C公司享有4000万元债权，债务人A公司提供的建设用地使用权上的抵押权担保全部的5000万元债权。

2. 第三人提供物的担保的

在第三人提供物的担保，即担保人为物上保证人时，主债务的分割或者转让会加重物上保证人的担保责任。例如，原本债务人A、B是对债权人C承担连带债务，而物上保证人D提供了抵押担保，但是A与B仅仅是得到债权人C的同意就将连带债务分割为按份债务，显然会对物上保证人D产生不利影响。因为连带债务转为按份债务在很大程度上减轻了债务人A、B的债务履行责任，却由此使得物上保证人的担保责任被加重。再如，债务人甲经过债权人乙的同意将部分债务转给了丙，但没有取得物上保证人丁的同意。由于丙的债务履行能力可能较之于甲更弱，且丁与甲熟悉却并不认识丙，其原本是基于与甲的信任关系而提供此种物上担保的。所以，在这种情形下，如果让丁就被转让给丙的那部分债务也承担担保责任，显然是不妥当的。故此，我国《民法典》第391条规定："第三人提供担保，未经其书面同意，债权人允许债务人转移全部或者部分债务的，担保人不再承担相应的担保责任。"所谓担保人"不再承担相应的担保责任"就是说，在没有取得物上保证人书面同意的情形下，物上保证人只是可以主张就被转让出去的那部分债务不承担担保责任，至于依由原债务人承担的那部分债务，物上保证人依然需要承担担保责任。例如，债务人A对债权人B负有800万元债务，抵押人 C 提供抵押权担保，A 未取得 C 的书面同意就将其中的 500 万元债务转让给了 D，则抵押人 C 在 500 万元的范围内免除担保责任，但是对于债务人 A 的 300 万元债务仍然需要承担担保责任。为了明确此点，《民法典担保制度解释》本条第 2 款特别规定："主债务被分割或者部分转移，债务人自己提供物的担保，债权人请求以该担保财产担保全部债务履行的，人民法院应予支持；第三人提供物的担保，主张对未经其书面同意转移的债务不再承担担保责任的，人民法院应予支持。"这就明确了物上保证人只是对没有经过其书面同意而转移的那部分债务不再承担担保责任，而不是对所有的债务都不承担担保责任。

◆ 疑点与难点

债务加入与保证的联系和区别

债务承担不同于债务加入。所谓债务加入，也称并存的债务承担或重叠的债务承担（Kumulativer Schuldbeitritt），[①] 是指债务承担人加入到既有的债权债务当中，与原债务人共同成为债务人，二者共同对债权人负担同一债务。[②] 并存的债务承担可以分为约定并存的债务承担与法定并存的债务承担两种。我国《民法典》对约定并存的债务承担作出了规定，即第 552 条规定："第三人与债务人约定加入债务并通知债权人，或者第三人向债权人表示愿意加入债务，债权人未在合理期限内明确拒绝的，债权人可以请求第三人在其愿意承担的债务范围内和债务人承担连带债务。"

保证合同与约定并存的债务承担往往难以区分。从理论上说，保证合同与并存的债务承担之间的区别主要表现在：第一，虽然并存的债务承担在成立之前必须要有其他债务的存在为前提，亦即其成立具有从属性，但是成立之后，该债务的存续或消灭则与原债务人的债务相分离，各自独立而异其命运。然而，保证债务无论是产生、移转还是消灭，原则上均与主债务同命运，而具有很强的从属性。[③]

---

① 郑冠宇：《民法债编总论》，新学林出版股份有限公司 2015 年版，第 344 页。

② 我国台湾地区"最高法院"1960 年台上字第 2090 号判例指出："债务承担，有免责的债务承担及并存的债务承担之别，前者于契约生效后原债务人脱离债务关系，后者为第三人加入债务关系与原债务人并负同一之债务，而原债务人并未脱离债务关系。"转引自邱聪智：《新订民法债编通则》（下），台湾作者印行 2003 年版，第 689 页。

③ 邱聪智：《新订债法各论》（下册），台湾作者印行 2003 年版，第 503 页。

第二，保证人是为他人的债务担保，而并存的债务承担是创设自身的债务。因此，保证人只是保证合同的当事人而并非主合同当事人，基于保证债务的从属性，只有在主合同规定的债务履行期届满主债务人不履行或不能履行债务时，债权人才有权要求保证人承担保证责任。在并存的债务承担中，原债务人和债务承担人都是合同当事人，他们属于连带债务人，债权人可以直接要求原债务人或者承担人履行合同义务，而无须等待原债务人的迟延。并存的债务承担中，承担人不享有追偿权，而是依据其与原债务人的约定分担或者就超出自己应当承担的份额后向原债务人追偿。第三，并存的债务承担中，承担人不存在先诉抗辩权，而在一般保证人中，保证人享有先诉抗辩权；并存的债务承担中，承担人与原债务人属于连带债务人，而保证中只有连带责任保证人才与主债务人承担连带清偿责任（不真正连带债务人）。第四，保证有保证期间的限制，而并存的债务承担则不存在此限制，仅受到诉讼时效的约束。第五，根据《民法典》的规定，保证必须采用书面形式，而并存的债务承担是非要式的。①

由于债务加入的情形下，担保人的责任并不会被加重，相反债务加入提高了债权实现的可能性，故此，债务加入无需取得物上保证人的书面同意。对此，《民法典》第697条第2款规定："第三人加入债务的，保证人的保证责任不受影响。"依据《民法典担保制度解释》第20条的规定，人民法院在审理第三人提供的物的担保纠纷案件时，可以适用《民法典》第697条第2款等关于保证合同的规定。

（本条由程啸撰写）

第四十条　【抵押权及于从物】

从物产生于抵押权依法设立前，抵押权人主张抵押权的效力及于从物的，人民法院应予支持，但是当事人另有约定的除外。

从物产生于抵押权依法设立后，抵押权人主张抵押权的效力及于从物的，人民法院不予支持，但是在抵押权实现时可以一并处分。

---

① 由于司法实践中就债务加入和保证担保的认定存在很大的争议，故此，《民法典担保制度解释》第36条作出了相应的规定。

◆ 条文要旨

本条是对抵押权的效力及于抵押财产的从物的规定。

◆ 理解与适用

一、从物的涵义及区分主物与从物的意义

从物是指非主物的成分，常助主物之效用而同属于一人之物。从物所辅助的物，就是主物。例如，手表和手表带，前者为主物，后者为从物。在符合下列条件时，某物是另一物的从物：第一，该物必须是独立的物而并非主物的成分。也就是说，与物的诸成分的法律联系相比，主物与从物之间的法律联系更为松散。从物与主物各自具有独立的经济上的价值。因此，作为主物重要成分的房屋的墙壁或者门窗不属于从物。第二，该物常常是用来进一步发挥另一物的效用的。尽管从物也具有自己独立的经济上的价值，但却没有自己独立的效用即独立的使用价值，从物的效用只有在与主物搭配之时才能加以发挥。因此，从物与主物之间有某种经济上的从属关系。例如，手表带固然有自己独立的经济价值，但其只有与手表相结合的时候才能发挥效用。至于从物是否具有自己独立的效用，应当依照社会的通常观念加以判断。第三，从物必须是持续性地有助于发挥主物的效用，如果某物只是为了临时供主物发挥经济上的效用，则不构成从物。当然，从物只是暂时地脱离主物，并不因此而丧失其从物性质。第四，该物与另一物必须有一定的空间上的结合关系。第五，该物与另一物必须同归一人所有，如果分别属于不同的人，则不能认为是从物。第六，交易上没有特别的习惯认为这两个物之间不是主物与从物的关系。例如，装米的米袋在交易观念上就认为并非米的从物。

区分主物与从物的意义在于：为了交易上的便利以及更好地发挥主物的经济效用，法律上确立了“从物随主物”的原则，即除非当事人另有约定，否则从物应当与主物同享法律命运。首先，当主物的所有权移转时，从物的所有权也随同移转，除非当事人另有约定（《民法典》第320条）；其次，在买卖合同中，因标的物的主物不符合约定而解除合同的，解除合同的效力及于从物。因标的物的从

物不符合约定被解除的，解除的效力不及于主物（《民法典》第631条）。

二、抵押权的效力是否及于抵押财产的从物

在《民法典》颁布前，只有《担保法解释》对于抵押权的效力是否及于抵押财产的从物的问题作出了部分的规定。《担保法解释》第63条规定："抵押权设定前为抵押物的从物的，抵押权的效力及于抵押物的从物。但是，抵押物与其从物为两个以上的人分别所有时，抵押权的效力不及于抵押物的从物。"该司法解释没有对抵押权设定后成为抵押物的从物的，抵押权的效力是否及于该从物的问题作出规定。《民法典担保制度解释》本条在《担保法解释》第63条的基础上进行了补充完善。具体分析如下：

（一）抵押权设立前某物就是抵押财产的从物的

依据《民法典担保制度解释》本条第1款的规定，从物产生于抵押权依法设立前，抵押权人主张抵押权的效力及于从物的，人民法院应予支持，但是当事人另有约定的除外。与《担保法解释》第63条相比，该款没有再规定"抵押物与其从物为两个以上的人分别所有时，抵押权的效力不及于抵押物的从物"。笔者认为，这一修改是正确的，因为从物和主物当然要同属一人，分属不同所有人的物无论它们相互间有多大程度的经济效用上的辅助性，也不会发生主从物的关系。因此，"抵押物与其从物为两个以上的人分别所有时，抵押权的效力不及于抵押物的从物"是不言自明之理，无须赘言。① 需要强调的只是，在当事人另有约定时，抵押权的效力不及于抵押财产的从物。之所以如此，是因为虽然从物对于主物具有经济上的辅助功能，但是从物毕竟是独立的物，而非主物的成分。而且，抵押权的效力及于抵押权设立时抵押财产的从物的规定，也只是为了增强抵押权的担保功能，故此，这种规定并非强制性的规定，当事人可以另行约定，排除抵押权效力及于抵押权设立时抵押财产的从物，这也是对当事人意思自由的尊重。

（二）抵押权设立后成为抵押财产的从物

如果某物是在抵押权设定之后，才成为抵押财产的从物的，该抵押权的效力是否及于该从物呢？例如，在一个案件中，房地产公司以房产抵押给银行进行贷

---

① 参见程啸：《担保物权研究》（第2版），中国人民大学出版社2019年版，第396页。

款。抵押权设立后，该公司又在作为抵押财产的房屋中安装了电梯。在抵押权实现时，抵押人与抵押权人就电梯是否为抵押权的效力所及产生了不同的看法。法院认为：电梯虽可作为独立的权利客体存在，但作为建筑物的重要组成部分，电梯一旦与建筑物本身脱离，其将失去独立存在的意义。鉴于抵押合同当事人双方对抵押物在建项目中电梯的权属并未作出特别约定，故将电梯认定为抵押物房产的从物并无不当。抵押权设定时，电梯虽未安装，但至今地产公司无证据证明该电梯所有权属于另外一个主体，故无论在抵押权设定前后，除非当事人之间有特别约定，电梯应视为抵押房产组成部分之一，即房产的从物。故本案抵押物的财产范围应包括电梯部分。① 在理论上，对于抵押权的效力是否及于抵押权设立后抵押财产的从物，存在很大的争议，主要有以下观点：

1. 肯定说认为，既然抵押权存续期间从物与主物都归于同一人之手，如果抵押权的效力不及于从物，则主物的效用无法充分加以发挥，抵押物的价值的把握将变得明显狭小。这样既损害抵押权人的利益，也不利于社会资源的有效配置，尤其会使抵押权无法作为企业的担保手段加以使用。② 毕竟，抵押权的设定不同于抵押权的实行，抵押权设定之后某物成为抵押物的从物是基于法律的规定而非当事人的意思所发生的。况且，只有在抵押权实行之时使主物与从物被一并处分，才能将主物与从物结合所产生的经济价值予以充分地发挥与体现。③

2. 否定说认为，抵押权的效力不应及于抵押权设定之后所生的抵押物的从物。因为，抵押权设定之时双方当事人的合意仅以某物作为抵押权的标的物，如果将抵押权的效力扩及于抵押权设定之后所生的从物显然不符合当事人的意思。当事人在设定抵押权时仅以抵押物的现存价值为限，并未预见到将来抵押物会存在从物，况且，由于抵押物价值减少时，抵押权人有要求抵押人承担补足义务的权利。因而，将抵押权的效力扩及于抵押权设定之后产生的从物殊无必要。④

---

① 参见最高人民法院民事审判第二庭：《最高人民法院商事审判指导案例·借款担保卷》（下），中国法制出版社 2011 年版，第 640 页。

② 参见史尚宽：《物权法论》，中国政法大学出版社 2000 年版，第 279 页；邹海林、常敏：《债权担保的方式和应用》，法律出版社 1998 年版，第 145 页；［日］近江幸至：《担保物权法》，祝娅、王卫军、房兆融译，法律出版社 2000 年版，第 115 页。

③ 谢在全：《民法物权论》（下册）（修订 7 版），新学林出版股份有限公司 2020 年版，第 177 页。

④ 参见许明月：《抵押权制度研究》，法律出版社 1998 年版，第 237 页。

3. 折中说，此说又可细分为五种观点：第一种观点认为，抵押权的效力应及于抵押权设定之后产生的抵押物的从物，抵押权人可以在实现抵押权时将该从物一并予以拍卖。不过，对从物卖得的价款抵押权人没有优先受偿权。① 第二种观点认为，该问题应就动产与不动产区别对待，如果从物是动产的，则无论设定前还是设定后均成为抵押物从物，为抵押权的效力所及；如果从物是不动产，则不为抵押权效力所及。② 第三种观点认为，原则上抵押权的效力及于抵押权设定之后所生的从物，但是当后增的从物影响了一般债权人的共同担保时，则抵押权人虽有权将抵押物及其从物一并拍卖，但就从物拍卖所得价款无优先受偿的权利。③ 第四种观点认为，原则上抵押权对设定之后所生的从物具有效力，但是如果该从物的价值比较大，并且有独立的使用价值，那么应当认为抵押权的效力不及于从物，抵押人可以单独保留从物，不允许抵押权人一同变价。如果该从物不具有独立的使用价值，而将其从抵押物中分离出来会严重影响抵押物的变价价值，则抵押权人对此享有变价权，但是为了保护一般债权人的利益，此时应当认为抵押权人不享有优先受偿权。④ 第五种观点认为，抵押权设立之后的从物是否为抵押权效力所及，取决于当事人是否将之在登记簿上加以记载，如果记载了，就为抵押权效力所及；否则，不为所及。⑤

笔者认为，上述争论实际上是基于不同的利益衡量而产生的。肯定说立足于强化抵押权的效力，保护抵押权人的利益的立场。因为从经济目的而言，从物既然常助主物的效用，具有依存关系，则抵押权的效力倘不及于从物，不能一并拍卖，势必减损抵押物的价值，影响抵押权人之利益。否定说则注重对一般债权人利益的维护，不希望因过分保护抵押权人而使普通的债权人蒙受损失。因为抵押权设定之后产生的从物，如果为抵押权效力所及，抵押权人能够优先受偿，共同担保因而减少，一般债权人难免蒙受损失。折中说希望能够比肯定说与否定说更

---

① 郑玉波：《论抵押权标的物之范围》，载郑玉波：《民商法问题研究》（二），台北作者印行 1976 年版，第 137 页。

② 参见姚瑞光：《民法物权论》，台北作者印行 1999 年版，第 215 页。

③ 参见王泽鉴：《不动产抵押权与从物》，载王泽鉴：《民法学说与判例研究》（第 3 册），北京大学出版社 2009 年版，第 263 页。

④ 参见许明月：《抵押权制度研究》，法律出版社 1998 年版，第 237－238 页。

⑤ 参见马俊驹、陈本寒主编：《物权法》，复旦大学出版社 2007 年版，第 369 页。

有效地实现抵押权人与一般债权人利益的平衡。

考虑到我国社会信用不佳，为强化抵押权的效力，保障抵押权人的合法权益，同时考虑到判断从物为抵押权效力所及是否危害一般债权人的共同担保存在困难，笔者认为，应当采取肯定说。不过，《民法典担保制度解释》本条第 2 款原则上采取否定说，但认为可以一并处分，抵押权人就从物没有优先受偿权，即“从物产生于抵押权依法设立后，抵押权人主张抵押权的效力及于从物的，人民法院不予支持，但是在抵押权实现时可以一并处分”。

◆ 疑点与难点

作为抵押财产的从权利是否为抵押权的效力所及？

需要注意的是，作为抵押财产的从权利是否为抵押权效力所及的问题。所谓从权利是为了辅助主权利的效力而存在的一种权利。从权利与主权利的关系与从物与主物之关系存在一定的区别。从物具有独立的经济上的价值但却没有独立的效用，从物的效用只有在与主物搭配之时才能加以发挥。然而，从权利却可以具有自己独立的效用，不必一定要与主权利搭配才能发挥。因此，在以主权利或其所属标的物为抵押时，抵押权的效力也及于其从权利。

在我国法上，属于用益物权的从权利只有地役权，而该权利可以从属于房屋所有权，也可以从属于建设用地使用权、土地经营权以及宅基地使用权。因此，在主权利被抵押时，从权利也属于抵押财产。对此，《民法典》第 381 条规定：“地役权不得单独抵押。土地经营权、建设用地使用权等抵押的，在实现抵押权时，地役权一并转让。”所谓地役权不得单独抵押，就是指地役权只能随同土地经营权、建设用地使用权抵押，而不能单独作为抵押财产。此外，需要注意的是，在抵押权设立之后才成为从权利的权利，虽然在实现抵押权时应当一并转让，但也应当适用《民法典担保制度解释》本条第 2 款的规定，即抵押权人就转让从权利所得之价款不得优先受偿。

（本条由程啸撰写）

第四十一条　【抵押权及于添附物】

抵押权依法设立后，抵押财产被添附，添附物归第三人所有，抵押权人主张抵押权效力及于补偿金的，人民法院应予支持。

抵押权依法设立后，抵押财产被添附，抵押人对添附物享有所有权，抵押权人主张抵押权的效力及于添附物的，人民法院应予支持，但是添附导致抵押财产价值增加的，抵押权的效力不及于增加的价值部分。

抵押权依法设立后，抵押人与第三人因添附成为添附物的共有人，抵押权人主张抵押权的效力及于抵押人对共有物享有的份额的，人民法院应予支持。

本条所称添附，包括附合、混合与加工。

◆ 条文要旨

本条是对抵押权的效力是否及于添附物的规定。

◆ 理解与适用

一、添附的涵义与类型

添附，是指不同所有人的财产合并在一起形成不能分离的财产的一种法律事实。在《民法典》之前的法律，无论是《民法通则》还是《物权法》，均未对添附制度作出规定。这主要是因为那种将添附制度等同于侵权行为的观念占据了上风。须知，添附制度解决的是添附物的归属问题，添附的情形可能发生在侵权行为的场合，也可能发生在不存在侵权行为的场合。添附的当事人之间的合同关系或侵权关系，都只是解决债权债务或民事责任问题。① 正因如此，《民法典》第

① 例如，《最高人民法院关于审理城镇房屋租赁合同纠纷案件具体应用法律若干问题的解释》第 7 条以下，既对租赁合同中承租人对租赁房屋进行装修后，形成附合的装饰装修物的归属作了规定，也对租赁合同、损害赔偿等问题作了规定。

322 条首次对添附作出了规定。添附包括附合、混合与加工等三种类型。

（一）附合

附合，是指两个以上不同所有人的有形物相互结合，在社会交易上被认为是一个物的情形。物上的附合包括动产与不动产的附合（如砖瓦、木板附合于房屋之中）、动产与动产的附合（如将钻石嵌入白金指环中）以及不动产与不动产的附合（因海水冲上泥沙而增加的土地面积）。实践中，不动产与不动产附合的情形较为少见。

1. 动产与不动产的附合。它是指动产与他人的不动产相结合从而成为该不动产的重要成分，因而发生动产所有权变动的法律事实。动产与不动产的附合发生以下法律效力：首先，动产因附合而丧失了经济上的独立性，从而在社会经济上不再将其看作独立的物而被视为不动产的组成部分，因此，法律上不能再保持该物上单独存在一项所有权。① 此时，动产上的所有权消灭，不动产上的所有权扩张至该动产，即不动产所有人取得该动产的所有权。动产所有人不得主张恢复原状而要求取回该动产。需要注意的是，法律上关于添附的所有权确定规则旨在避免社会资源的无益浪费，其并不构成公共秩序，因此当事人有权基于意思自治阻止这一规则的适用。同理，如果取得动产的不动产所有人不愿意基于添附制度而取得该动产，那么自然可以要求恢复原状。

其次，该动产上的其他权利也归于消灭。因为动产因附合而消灭其原所有人的所有权是法律的直接规定，而不动产所有人取得该动产所有权也是基于法律的直接规定，此种取得方式为原始取得，故此该动产上存在的其他权利如抵押权、质权等也归于消灭。此项规则属于强行法，不得依照当事人的约定加以改变。当然，如果因此而得到赔偿金等代位物的，应适用担保物权的物上代位性。

再次，在当事人没有约定的情形下，丧失动产所有权的人有权依据不当得利或者侵权请求不动产所有权人予以赔偿。对于因过错而为附合行为之人，倘其附合行为造成不动产权利人损害时，受害人有权要求该附合之人承担（侵权或违约）损害赔偿责任。例如，承租人甲在未经过出租人乙同意的情况下，擅自将乙的房屋瓷面砖全部打掉而改铺了复合木地板，就瓷面砖被毁这一损害，乙有权要

---

① ［德］曼弗雷德·沃尔夫：《物权法》，吴越、李大雪译，法律出版社 2002 年版，第 17 页。

求甲承担赔偿责任。如果不动产所有人与从事附合之人存在合同关系，还可以要求附合之人承担违约损害赔偿责任。例如，承租人未经出租人的许可擅自对租赁物进行装修，此时出租人可以要求承租人承担违约责任。

2. 动产与动产附合。动产与动产附合之后形成的物，称为“合成物”，就其所有权的归属，通说认为必须考虑附合的动产之间有无主物与从物的关系而定。如果附合的动产中有可视为主物的，则主物的所有人取得合成物的所有权。例如，甲将乙的油漆刷在自己的椅子上，此时主物显然是椅子。判断附合的动产可否视为主物，应视该物的价值、效用、性质，依一般交易观念而定。如果主从物关系难以确定或者根本就不存在主从物的问题，那么应当由各个动产的所有人按照其动产附合时的价值共有该合成物。例如，甲的木板与乙的木板相附合做成了一个木箱。因动产与动产的附合而丧失所有权的人依不当得利请求权有权要求取得所有权的人给予补偿。

依据《民法典》第322条，就因附合而产生的物的归属，有约定的，按照约定；没有约定或者约定不明确的，依照法律规定；法律没有规定的，按照充分发挥物的效用以及保护无过错当事人的原则确定。所谓“充分发挥物的效用”主要就是看，将因附合而产生的物归属于谁，最能发挥该物的效用。一般来说，动产和不动产附合时，将附合物确定为不动产权利人所有更能发挥物的效用。例如，《最高人民法院关于审理城镇房屋租赁合同纠纷案件具体应用法律若干问题的解释》第7条规定：“承租人经出租人同意装饰装修，租赁合同无效时，未形成附合的装饰装修物，出租人同意利用的，可折价归出租人所有；不同意利用的，可由承租人拆除。因拆除造成房屋毁损的，承租人应当恢复原状。已形成附合的装饰装修物，出租人同意利用的，可折价归出租人所有；不同意利用的，由双方各自按照导致合同无效的过错分担现值损失。”第8条规定：“承租人经出租人同意装饰装修，租赁期间届满或者合同解除时，除当事人另有约定外，未形成附合的装饰装修物，可由承租人拆除。因拆除造成房屋毁损的，承租人应当恢复原状。”至于保护无过错当事人的原则，主要是出现在未经同意因过错而为附合行为的场合，例如，承租人在没有得到出租人同意的情形下，对租赁房屋进行装修，本身是有过错的行为。此时，由于出租人没有过错，故此可以将附合产生的物确定为归出租人所有。此外，承租人的此种过错行为给承租人造成损害的，还应当承担赔偿责任。对此，《最高人民法院关于审理城镇房屋租赁合同纠纷案件具体应用法律若干问题的解释》第11条有明确的规定："承租人未经出租人同意装饰装修或者扩建发生的费用，由承租人负担。出租人请求承租人恢复原状或者赔偿损失的，人民法院应予支持。"

（二）混合

混合，是指不同所有人的动产互相结合在一起，难以分开或者虽能分开但花费很大，从而产生所有权变动的法律事实。例如，中国稻米与泰国稻米混在一起；茅台酒与五粮液酒混在一起等。对于混合物的归属，传统民法认为与动产的附合相同处理，即有主物的时候，则主物的所有人取得混合物的所有权，例如，咖啡与咖啡伴侣混合，咖啡为主物，其所有人取得所有权。我国以往的司法实践对于混合的处理一般是根据原财产价值的大小来决定，混合后的新物一般归于原财产价值大的一方所有，原财产价值小的一方可以取得相应的补偿金。① 如果价值差别不大，则可以由双方按份共有。实际上，此种处理方法有些类似"以量取胜"，将量大的物视为主物。② 不过，依据《民法典》第322条，就因混合而产生的物的归属，有约定的，按照约定；没有约定或者约定不明确的，依照法律规定；法律没有规定的，按照充分发挥物的效用以及保护无过错当事人的原则确定。

（三）加工

加工，是指对他人的动产进行加工改造的法律事实。加工有广义与狭义两种情况，狭义的加工指改造他人的动产而成为一个新物的法律事实。例如将丝织成绸缎，沙子制成玻璃，麦芽制成啤酒，煤制成煤气或谷物制成威士忌。广义的加工则不仅包括改造他人的动产为新的动产，也包括虽未产生新物，但是因加工产生的价格高于材料的价格的情形。例如，在他人的宣纸上挥毫泼墨作出一幅山水画、在绸缎上绣上精美的图案等。日本传统观点认为，加工仅限于产生新物，但是现在的观点认为，加工不仅包括产生新物，也包括虽未产生新物但是加工后产生的价格显著高于原材料价格的情形。我国台湾地区采取狭义的加工概念，认为只有产生了新物才能构成加工。③ 我国司法实践采用的是广义的加工概念。

---

① 王利明、郭明瑞、方流芳：《民法新论》（下册），中国政法大学出版社1988年版，第66－67页。
② 王泽鉴：《民法物权：通则·所有权》，台北2001年自版，第309页。
③ 梅仲协：《民法要义》，中国政法大学出版社2004年版，第543页。

关于加工物的所有权归属，早在罗马法时代就存在争论。一派以萨宾（Sabinians）为代表，他们认为新产品应归属于原材料所有人，而另一派以普罗库勒（Proculians）为代表，认为应由加工人获得转化物。对这一争论，盖尤斯也未能作出判断指导，但他进一步指出了这两种观点的分歧在于，一者认为财产中的所有权利益不应由于第三人的干涉而失去，而另一者认为财产的性质已因加工过程而丧失，不可能再恢复。

上述争论延续到现代民法中，产生了对加工物归属的两种不同立法例：其一，加工物原则上归加工人所有，但是当加工价值明显小于材料价值时，归属于材料所有人，如《德国民法典》第950条第1款第1句。德国的此种立法例会导致一个社会政策甚或道德上的问题，加工人作为侵权人却能够取得加工物的所有权显然违背了一般人的观念。其二，加工物原则上归材料所有人，但是当加工的价值明显大于材料的价值时，则加工物的所有权归属于加工人。不过该加工人必须是善意的，如《日本民法典》第246条、《俄罗斯民法典》第220条第1款。

依据我国《民法典》第322条，加工物的归属，当事人有约定的，按照约定。例如，甲有一块田黄石，请乙雕刻印章并付给酬劳，显然雕刻后的印章归属于甲。如果没有约定或者约定不明确的，则依照法律的规定。法律没有规定的，按照充分发挥物的效用以及保护无过错当事人的原则确定。以前例而言，乙如果盗窃甲的这块田黄石而雕刻成一块印章，那么乙的行为属于侵权行为，存在过错，可以确定该印章仍然归甲所有。而且，如果因一方当事人的过错或者确定物的归属造成另一方当事人损害的，应当给予赔偿或者补偿。

二、抵押权的效力是否及于添附物

《民法典》颁布前，《物权法》没有规定添附制度，就抵押权的效力是否及于添附物的问题只有《担保法解释》第62条作出了规定："抵押物因附合、混合或者加工使抵押物的所有权为第三人所有的，抵押权的效力及于补偿金；抵押物所有人为附合物、混合物或者加工物的所有人的，抵押权的效力及于附合物、混合物或者加工物；第三人与抵押物所有人为附合物、混合物或者加工物的共有人的，抵押权的效力及于抵押人对共有物享有的份额。"从这一规定可知，只有当添附物归属或部分归属于抵押物的所有人即抵押人时，抵押权的效力才及于附合物、混合物或者加工物等添附物或抵押人的份额；否则，抵押权的效力不及于添附物。这样的规定，既有利于强化抵押权的担保效力，也有利于维护第三人的合法权益。

然而，《担保法解释》第 62 条存在两个问题：其一，该条运用抵押权的物上代位性原理，将抵押权的效力扩及于抵押物的代位物，固无问题。不过，统称为“补偿金”，则殊为不妥，因为当第三人恶意添附致使抵押人丧失抵押物的所有权时，抵押人有权获得的是损害赔偿金，而非补偿金。其二，未规定当抵押权的效力及于添附物时，其效力范围应以“原有价值为限”。因为如果一概认定抵押权的效力范围及于所有的添附物，那么显然使抵押权人获得了不当利益，而使抵押人以及抵押人的普通债权人遭受了损失。因为经过添附之后抵押物的价值常常会增加，而增值的部分可能是由于抵押人自身的投入所致。例如，担保 100 万元债权的价值 100 万元的抵押物——棉花——经过加工后成为价值 300 万元的棉布。如果认为抵押权的效力无限制地及于该棉布则会造成以下不利后果：一方面，如果没有发生加工，因棉花的价格随着市场而波动，到抵押权实现时可能价值仅值 90 万元，这样抵押权人实际优先受偿的范围仅为 90 万元。如果发生加工后，不作限制地将抵押权的效力范围及于加工物——棉布，则抵押权人优先受偿的范围就是其债权范围即 100 万元，这样抵押权人就可以完全将因市场波动而导致抵押物价值下跌的风险转移到抵押人与抵押人的普通债权人身上。另一方面，抵押人将棉花加工成棉布需要支付相应的成本，抵押物因加工而增加的价值作为抵押人支付成本的收益自然应归属于抵押人，并作为其一般责任财产担保普通债权的实现。如果认定抵押权的效力及于全部加工物的价值，就意味着抵押人辛劳的成果由抵押权人独享，显属不公。

《民法典担保制度解释》本条依据添附物的归属分别对于抵押权的效力所及的标的物范围进行了详细的规定：首先，依据本条第 1 款，抵押权依法设立后，抵押财产被添附，添附物归第三人所有，抵押权人主张抵押权效力及于补偿金的，人民法院应予支持。显然，此时已经属于抵押权的物上代位效力的问题，即适用《民法典》第 390 条以及《民法典担保制度解释》第 42 条的规定。其次，依据本条第 2 款的规定，抵押权依法设立后，抵押财产被添附，抵押人对添附物享有所有权，抵押权人主张抵押权的效力及于添附物的，人民法院应予支持，但是添附导致抵押财产价值增加的，抵押权的效力不及于增加的价值部分。这一规定较之于《担保法解释》的上述规定更加公平合理，值得肯定。最后，依据本条第 3 款的规定，抵押权依法设立后，抵押人与第三人因添附成为添附物的共有人，抵押权人主张抵押权的效力及于抵押人对共有物享有的份额的，人民法院应予支持。需要注意的是，《民法典》第 305 条规定：“按份共有人可以转让其享有的共有的不动产或者动产份额。其他共有人在同等条件下享有优先购买的权利。”《民法典物权编解释（一）》对于共有人优先购买权的行使作出了具体的规定。

（本条由程啸撰写）

第四十二条　【抵押权的物上代位效力】

抵押权依法设立后，抵押财产毁损、灭失或者被征收等，抵押权人请求按照原抵押权的顺位就保险金、赔偿金或者补偿金等优先受偿的，人民法院应予支持。

给付义务人已经向抵押人给付了保险金、赔偿金或者补偿金，抵押权人请求给付义务人向其给付保险金、赔偿金或者补偿金的，人民法院不予支持，但是给付义务人接到抵押权人要求向其给付的通知后仍然向抵押人给付的除外。

抵押权人请求给付义务人向其给付保险金、赔偿金或者补偿金的，人民法院可以通知抵押人作为第三人参加诉讼。

◆ 条文要旨

本条是对抵押权的物上代位效力的规定。

◆ 理解与适用

一、担保物权的物上代位效力

（一）物上代位效力的概念与意义

担保物权的物上代位效力，也称担保物权的“物上代位性”（dingliche Surrogation），是指担保物因灭失、毁损而获得金钱或其他物的赔偿或补偿时，此等金钱或其他物成为担保物的代替物，担保物权依然存在于其上，债权人有权就该代替物行使担保物权。担保物权的物上代位性旨在强化权利人对担保财产的交换价值的控制力度，不因交换价值载体的改变而使担保物权人丧失支配力。由于物上代位性极大地强化了担保物权的担保效力，有利于保障债权的实现，故许多国家或地区的民法皆规定抵押权等担保物权人享有物上代位权。① 例如，《德国民法典》第1127条以下、《瑞士民法典》第822条、《日本民法典》第304条（以及第350条、第372条）、《葡萄牙民法典》第692条、《荷兰民法典》第3编第229条、我国台湾地区“民法”第881条和第899条等。

《民法典》颁布之前，《担保法》第58条、第73条，《担保法解释》第62条、第80条、第94条以及第114条分别对抵押权、质权和留置权的物上代位性作出了规定。而《物权法》则在担保物权总则部分即第十五章“一般规定”中统一规定了担保物权的物上代位性，该法第174条规定：“担保期间，担保财产毁损、灭失或者被征收等，担保物权人可以就获得的保险金、赔偿金或者补偿金等优先受偿。被担保债权的履行期未届满的，也可以提存该保险金、赔偿金或者补偿金等。”

《民法典》延续了《物权法》对担保物权物上代位性的规定，其第390条规定：“担保期间，担保财产毁损、灭失或者被征收等，担保物权人可以就获得的保险金、赔偿金或者补偿金等优先受偿。被担保债权的履行期限未届满的，也可以提存该保险金、赔偿金或者补偿金等。”由此可知：首先，《民法典》该条第1句，是指被担保的债权的履行期限已经届满而债务人未履行债务或者已经发生了当事人约定的实现担保物权的事由，因此担保物权人可以直接要求负有支付保险金、赔偿金或者补偿金的人向其履行支付义务。其次，该条第2句意味着，此时负有支付保险金、赔偿金或者补偿金等义务的人既不能向担保人履行义务，也不能向担保物权人履行义务，而必须采取提存的方式来消灭其义务。根据1995年司法部颁布的《提存公证规则》，提存包括清偿提存和担保提存。《民法典》第390条第2句的提存就是担保提存，即担保人为债权人的利益而对担保物或担保物的替代物进行提存，以担保债务履行和替代其他担保形式。②

① 无非这些国家或地区的民法对代位物的范围以及物上代位权的实现程序的规定，存在差别。相关资料参见刘得宽：《民法诸问题与新展望》，中国政法大学出版社2002年版，第404-426页。

② 参见《提存公证规则》第3条。

法律之所以要赋予担保物权以物上代位效力，原因在于：担保物权不同于用益物权。用益物权人取得对标的物的直接占有是为了获得标的物的使用价值，而非限制所有权人对标的物的处分。然而，担保物权属于价值权（Wertrecht），权利人必须通过限制那些提供标的物的债务人或第三人的处分权，才能确实地把握该标的物的交换价值。交换价值不同于使用价值，它可以存在于不同的实体之上，在有担保物的时候，它存在于担保物上。而在担保物毁损、灭失或被征收后，其交换价值并不当然消失，可能转移到其他实体之上，如保险金、赔偿金、补偿金。为了能够增强担保物权的效力，法律上才特别规定，担保物在毁损灭失后，只要交换价值并没有消失，不论其存在于何种实体之上，依然要为担保物权的效力所及。担保物权人可以就获得的保险金、赔偿金或者补偿金等优先受偿。如果担保物在毁损灭失后，担保物权也随之消灭，担保人依然可以享有担保物灭失毁损而产生的保险金、赔偿金或补偿金，显然有违法律的公平观念。因此，赋予担保物权以代位性也是基于公平原则的考量。

（二）担保财产代位物的范围

关于代位物的范围，各国或地区立法上的规定并不相同。日本法上对代位物的范围规定得最为宽泛。例如，就抵押物的代位物而言，包括保险金、侵权损害赔偿金、补偿金、清算金、出卖的价金以及租金等金钱或其他物。① 而德国与瑞士民法的规定较为狭窄，依据这两国的民法典，抵押物的代位物包括保险金、租金、征收的补偿金，但不包括侵权损害赔偿金、出卖的价金以及建筑物因倒塌而形成的动产。

在我国，《民法典》第390条只是明确列举了保险金、赔偿金和补偿金这三类代位物，至于价金、租金等不属于代位物。首先，因转让担保物而获得的价金不属于代位物。由于动产质押中的质物和留置权的标的物均由担保物权人占有，所以不发生担保人转让担保物的问题，价金无须作为担保物的代位物。至于抵押

---

① 日本民法界对于租金是否作为代位物存在争议，一些学者认为，抵押人具有抵押物的使用、收益的权能，所以作为其权能实现的孳息收取权应当归属于抵押人，相反，如果在抵押权实行之前，允许抵押权人对抵押物进行干涉，那么将阻碍抵押人的经济活动。因此，在抵押权实行之前的孳息不为抵押权的效力所及。多数学者以及判例认为，租金具有标的物交换价值的整借零还的意思，所以当然适用物上代位的规定。参见［日］近江幸至：《担保物权法》，祝娅、王卫军、房兆融译，法律出版社2000年版，第122页以下。

权人允许抵押人转让抵押财产所获得的价款，《民法典》第 406 条第 2 款只是规定，抵押权人能够证明抵押财产转让可能损害抵押权的，可以请求抵押人将转让所得的价款向抵押权人提前清偿债务或者提存，而没有提及抵押权人可以就获得的价款优先受偿。因此，不能认为抵押财产转让的价款属于代位物。

其次，担保物出租获得的租金也不是代位物。依据《民法典》第 412 条第 1 款，债务人不履行到期债务或者发生当事人约定的实现抵押权的情形，致使抵押财产被人民法院依法扣押的，自扣押之日起，抵押权人有权收取该抵押财产的天然孳息或者法定孳息，但是抵押权人未通知应当清偿法定孳息义务人的除外。租金不作为抵押物的代位物的理论依据为：抵押权的本质在于把握抵押物的交换价值，抵押物的占有、使用与收益的权能皆归属于抵押人，这正是抵押权制度的优势所在。因此，抵押物因出租所获得的租金在抵押权实行之前应当归属于抵押人。相反，如果将租金作为抵押物的代位物则意味着抵押权人变相地获得了抵押权的使用与收益的权能，大大超出了抵押权人所把握的抵押物交换价值的范围，这对于抵押人来说是不利的。因此，租金不应当作为抵押物的代位物。至于动产质权和留置权，因担保物为担保物权人占有，所以不存在担保人出租担保物的问题。

最后，抵押物被毁损后剩余的材料不属于代位物的原因在于：如果抵押物的价值减少是由于抵押人的行为造成的，那么依据《民法典》第 408 条，抵押权人有权请求抵押人停止其行为；抵押财产价值减少的，抵押权人有权请求恢复抵押财产的价值，或者提供与减少的价值相应的担保。抵押人不恢复抵押财产的价值，也不提供担保的，抵押权人有权请求债务人提前清偿债务。至于剩余的材料，依据抵押权的不可分性，依然为抵押权的效力所及。司法实践也认为，抵押物灭失毁损后所剩的残余物，不属于抵押物的代位物，仍然为抵押权的标的物。①

（三）物上代位效力的性质

担保财产灭失、毁损或被征收后，倘若因此产生了保险金、赔偿金或补偿金等代位物的给付请求权，就发生了担保物权物上代位性的问题，即担保物权人享

① 参见李国光等：《最高人民法院关于适用〈中华人民共和国担保法〉若干问题的解释理解与适用》，吉林人民出版社 2000 年版，第 290 页。

有物上代位权。然而，物上代位效力究竟只是担保物权人享有的原担保物权效力的延长抑或一种新的权利呢？这就是所谓担保物权物上代位权的性质或法律构成问题。对此，大陆法系国家或地区在民事立法和学说上有两种观点：法定债权质权说与担保物权延续说。

法定债权质权说认为，担保物权人的物上代位权是法定债权质权，确切地说，是以代位物给付请求权这一债权作为标的物的、依据法律规定直接产生的权利质权。采取法定债权质权说的有德国、瑞士、我国台湾地区等。例如，依据《德国民法典》第1127条第1款，基于对建筑物以及其他为抵押权承担责任的标的物而产生的债权属于这些标的物的代位物，因此，保险金债权被纳入了抵押权的效力范围，而抵押权人则处于债权质权人（Pfandglaeubiger）的地位。① 此时，准用《德国民法典》第1273条至第1279条关于权利质权的规定。② 我国台湾地区"民法"第881条第（一）项、第（二）项规定："抵押权除法律另有规定外，因抵押物灭失而消灭。但抵押人因灭失得受赔偿或其他利益者，不在此限。抵押权人对于前项抵押人所得行使之赔偿或其他请求权有权利质权，其次序与原抵押权同。"由此可知，一方面，因为抵押物等担保物的灭失，抵押权等担保物权归于消灭；另一方面，为了强化担保物权的担保效力，法律上特别赋予原担保物权人依法享有针对赔偿给付请求权的权利质权。"该权利质权虽为嗣后发生，但基于抵押权物上代位之法理，该质权乃抵押权之代替，故其次序应与原抵押权相同。"③ "采取此项立法政策具有确保抵押权安定性之优点。详言之，不仅可避免采取抵押权说时，抵押权以不动产以外之财产权为客体之例外，且于转换为权利质权后，因此得适用质权之规定，一方面，使当事人与第三债务人间之权义关系明确化，他方面使抵押权发生物上代位问题后，其行使权利之方法有明文可资依循。"④

担保物权延续说认为，担保财产转为代位物后，原担保物权继续存在于代位物请求权之上。日本采取此说。《日本民法典》对先取特权的物上代位性做了详细的规定，然后，将该规定准用于质权、抵押权等其他的担保物权（第350条、

① Erman/Wenzel, BGB, 12. Aufl., 2008, §1128 Rn. 8.
② MuenchKommBGB/Eickmann, 4. Aufl., 2004, §1128 Rn. 17 ff.
③ 郑冠宇：《民法物权》（第2版），新学林出版股份有限公司2011年版，第458页。
④ 谢在全：《民法物权论》（下册）（修订7版），新学林出版股份有限公司2020年版，第196－197页。

第372条)。《日本民法典》第304条第1款规定:“先取特权,对于债务人因其标的物的变卖、出租、灭失或毁损而所得的金钱或其他物品,亦可以行使。但先取特权人须在其支付或交付以前实行扣押。”通说认为,原则上担保财产灭失的,担保物权也归于消灭,这是物权法的一般原则。但是,为了强化担保,对担保权人在法律政策上给予特别保护,故此例外地认为,担保物权不消灭,依然存在于代位物上。① 换言之,担保物权人依据物上代位对请求权取得的权利是与原担保权性质相同的法定担保物权,例如抵押权人在抵押财产灭失所得的保险金赔偿请求权上产生法定的抵押权。② 通说认为,《日本民法典》第304条第1款中所谓债务人所得的金钱或其他物品不是指现物本身,而是指对于其物的请求权,即先取特权等担保物权的物上代位的效力并非及于担保物因变卖、出租、灭失、毁损而发生的现实存在的金钱之上,而是基于保险金、损害赔偿金的请求权之上。③ 为了避免代位物因支付给债务人,构成债务人的一般财产,从而违背担保物权的本质,因此先取特权人等担保物权人对债务人应得之金钱及其他的物必须在支付或转移前查封。④

从我国《民法典》的规定来看,没有采取法定债权质权说,《民法典》第390条与《物权法》第174条的规定一致,采取的是所谓“担保物权延续说”。⑤ 首先,我国法“没有采取大陆法系各国民法公认立场即‘抵押权代位在抵押设定人所享有的赔偿金(补偿金)请求权上’”,而是采取“抵押权代位在抵押物的变形物或代表物上”⑥。易言之,我国《物权法》规定的是物上代位,物上代位

---

① [日]我妻荣:《新订担保物权法》,申政武、封涛、郑芙蓉译,中国法制出版社2008年版,第267页。

② 刘得宽:《民法诸问题与新展望》,中国政法大学出版社2002年版,第409页。

③ [日]我妻荣:《新订担保物权法》,申政武、封涛、郑芙蓉译,中国法制出版社2008年版,第264页。

④ 关于担保物权人查封代位物的理由,日本民法学界有特定性维持说、优先权保全说以及折中说等不同的观点。详见[日]近江幸至:《担保物权法》,祝娅、王卫军、房兆融译,法律出版社2000年版,第43-44页。

⑤ 王利明:《物权法研究》(下卷)(第3版),中国人民大学出版社2013年版,第1144页;尹田:《物权法》,北京大学出版社2013年版,第529页;陈华彬:《民法物权论》,中国法制出版社2010年版,第395页;高圣平:《担保法论》,法律出版社2009年版,第343页;陈明添、谢黎伟:《抵押权的物上代位性》,载《华东政法大学学报》2005年第3期,第63页。

⑥ 最高人民法院物权法研究小组:《〈中华人民共和国物权法〉条文理解与适用》,人民法院出版社2007年版,第513页。

中的代位物仍然是原担保物的转换形态，而非法定抵押、法定质押。既然担保物权是支配担保财产的交换价值的物权，即便担保财产发生了形态变化，也不应当影响该支配权利的实现，担保物权自动存续于其代位物之上。其次，虽然大陆法系国家就抵押权等担保物权的物上代位性采取的法定债权质权的做法更符合逻辑，但是如果采取法定债权质权说，则会使得法律关系更加复杂化。① 况且，基于担保物权为价值权的特性，其效力当然及于抵押物等担保财产的价值变形物上，即及于作为抵押物的变形物的保险金请求权、赔偿金请求权和补偿金请求权之上，因此《物权法》第 174 条的方案更为简洁。②

笔者认为，就担保物权人物上代位权的性质，应当废弃担保物权延续说，改采法定债权质权说。因为担保物权延续说不仅在理论上存在解释的障碍，实践中也有很大的弊端，无法发挥物上代位权应有的增强担保物权的担保功能、保护债权人权益的作用，具体理由详述如下：

1. 当担保财产的代位物是特定的动产或不动产时，如房屋被征收时，被征收人选择的不是货币补偿而是房屋产权调换，则该用于产权调换的房屋就是代位物。此时，认为担保物权继续存在于该物之上，从理论上也能加以解释。问题是，如果担保财产因毁损、灭失或被征收获得的是保险金、赔偿金或补偿金，在给付义务人尚未支付前，它们只是债权请求权而已。此时，如果担保物权人享有的是动产质权，尚可理解为该质权继续存在于债权请求权之上。但是，对于抵押权人而言，显然不能说抵押权存在于债权请求权之上。更重要的是，如果代位物给付义务人将补偿金等代位物直接支付给了担保人后，这些金钱势必混入担保人的一般财产中，无法被特定化。此时，如果认为担保物权依然存在于已被一般财产化的保险金、赔偿金、补偿金之上，显然有违物权法的基本原理。③ 正因如此，

---

① 温世扬、廖焕国：《物权法通论》，人民法院出版社 2005 年版，第 617－618 页。

② 崔建远：《物权：规范与学说——以中国物权法的解释论为中心》（下册），清华大学出版社 2011 年版，第 765－766 页。

③ 实践中，法院都是在判决书的主文中直接确认担保物权人有权对担保财产的补偿金、保险金或赔偿金优先受偿。例如，在“成都市农村商业银行股份有限公司与徐某某、易某某、徐某某金融借款合同纠纷案”中，一审法院判决主文中的一项为“原告成都农村商业银行股份有限公司都江堰石羊支行对被告徐志春位于都江堰市石羊镇徐渡村 5 组的房屋［都房权徐渡字第 0021 号］毁损、灭失或者被征收等获得的保险金、赔偿金或者补偿金等享有优先受偿权”。四川省都江堰市人民法院（2012）都江民初字第 1753 号民事判决书。

司法实践中，一旦补偿金等代位物被支付给了担保人，法院往往就认为担保物权人已经丧失了物上代位权。例如，在“中国信达资产管理公司哈尔滨办事处与哈尔滨市城市建设投资集团有限公司等借款合同纠纷案”中，一审法院认为：由于拆迁办已经将拆迁补偿金支付给了抵押财产的所有权人，故此失去了特定性，抵押权人对拆迁补偿金的优先受偿权已经无法实现，因此抵押权人不能主张物上代位权。作为二审法院的最高人民法院明确肯定了一审法院的观点并认为：“因大地公司享有土地使用权项下的土地被征收、地上房屋被拆迁，拆迁补偿金即成为抵押物的代位物。根据《担保法解释》第 80 条第 1 款关于在抵押物灭失、毁损或者被征用的情况下，抵押权人可以就该抵押物的保险金、赔偿金或者补偿金优先受偿之规定，信达公司哈办有权对拆迁补偿金行使优先受偿权。但由于该项补偿金已经支付给抵押人，且其中绝大部分补偿金已被抵押人转移，从而失去了行使担保物权所必需的财产的特定性，抵押权人对拆迁补偿金行使优先受偿权，客观上已无实现的可能。因此，原审法院驳回信达公司哈办对拆迁补偿金行使优先受偿权的主张，并无不当。”① 从此案判决可以看出，担保物权延续说不仅无法保护抵押权人，反而有利于抵押人逃避应当承担的担保责任。也就是说，只要抵押人赶在抵押权人之前取得了保险金、赔偿金或补偿金，实质上就消灭了抵押权人的物上代位权。

2. 担保物权延续说也不利于构建一套科学合理的物上代位权实现程序，发挥物上代位权应有的强化担保物权之担保功能的作用。事实上，《物权法》与《担保法》及《担保法解释》缺乏的就是一套能够确保物上代位权得以实现的程序。该弊端最鲜明地体现在抵押权之上。与动产质权不同的是，抵押权的成立不以转移抵押财产的占有为必要。在抵押人继续占有、使用抵押财产的时候，抵押权人通常无法知悉抵押财产是否灭失、毁损或者将要被征收。这种情况下，法律上不

---

① 最高人民法院民事审判第二庭：《担保案件审判指导》，法律出版社 2014 年版，第 391 页。不仅如此，令人感到困惑的是，一些法院还认为，如果代位物给付义务人没有将补偿金等代位物支付给担保人，则担保物权人还不能行使物上代位权。例如，在“中国信达资产管理公司北京办事处与北京银地大厦等债权转让合同纠纷上诉案”中，法院就认为：“信达公司享有对抵押物‘银地大厦’设定抵押部分的赔偿金或补偿金优先受偿的权利。但是，根据信达公司提供的证据，并不能证明相应的拆迁补偿款已发放给银地大厦。因此，对于信达公司关于以‘银地大厦’被抵押部分的拆迁补偿款优先清偿 1065 万元借款本金及利息的上诉主张，本院不予支持。”参见北京市第二中级人民法院(2009) 二中民终字第 21978 号民事判决书。

应要求抵押权人随时关注抵押财产的状况，而应当规定担保人以及代位物给付义务人负有通知、查询并取得抵押权人同意后，方能支付代位物的义务。否则，抵押权人的物上代位权就无法实现。而我国现行法既未明文规定在担保财产毁损、灭失或被征收时担保人应通知担保物权人，也没有规定代位物给付义务人在向担保人支付代位物前应查询不动产登记簿并取得担保物权人的同意。① 从理论根源上说，症结就在于采取了担保物权延续说来构造担保物权人的物上代位权。依据担保物权延续说，既然担保物权不因担保财产的毁损、灭失而受任何影响，继续存在于代位物之上，担保物权人的权利没有受到任何影响，有何必要规定担保人和代位物给付义务人的通知、查询及取得同意的义务？自然，当债权人无法实现担保物权来满足债权时，代位物给付义务人也不会因为没有通知或取得同意而承担赔偿责任。司法实践中，一些法院甚至认为，在担保财产出现毁损、灭失或被征收的情况时，不是担保人要告知，而是担保物权人负有注意担保物状况变化的义务，否则将因怠于行使权利而承担不利后果。例如，在“珠海市嘉运投资有限公司与兴宁金雁房地产有限公司等侵权责任纠纷上诉案”中，抵押权人嘉运公司认为，拆迁人金雁公司在对房屋实施动迁前没有查明房屋上是否设定了抵押权并通知抵押权人，就与抵押人农药厂签订了《房屋拆迁作价补偿协议书》及《兴城石光街北面农药厂部分地段房屋拆迁作价补偿协议书》并支付了全部补偿款，故此侵害了抵押权人的权利。然而，法院认为：“我国法律并未规定拆迁人在拆迁设有抵押权的抵押物时对抵押权人负有协商、通知义务。故金雁公司的拆迁行为不具有违法性，嘉运公司的该项主张不能成立。”法院进一步认为，抵押权人应

---

① 司法实践中只有极少数法院认为，征收人负有查明抵押权有无并告知抵押权人的义务，例如，内蒙古高级人民法院的一则判决认为：“土右旗政府、城管大队在拆迁实施前应查明房屋所有权人的同时，亦应当对房屋是否设定抵押以及拆迁是否会损害抵押权人利益负有必要的注意和审查义务，包括通过房产交易机构查询房屋权属及是否设定抵押，并在此基础上根据产权人提交的产权证作进一步核实，由此得以避免房屋产权证未能反映抵押设定情况而所有权人故意不告知所带来的抵押权人利益受损的风险。本案中，土右旗城管大队、土右旗政府未能在拆迁前通过相关职能部门查明拆迁房屋已设定抵押，未能向抵押权人告知拆迁情况和将补偿款向公证机关提存，而将拆迁款直接支付给抵押人，致使包头农村商业银行丧失了主张抵押权或要求提存补偿款的机会，最终导致包头农村商业银行的优先受偿权受损。据此，认定土右旗政府、城管大队在拆迁过程中，未尽到必要的、合理的注意义务，对包头农村商业银行的损失存在过错。”依照《侵权责任法》第 6 条第 1 款的规定，应承担侵权赔偿责任。参见土默特右旗人民政府与包头农村商业银行、土默特右旗城镇管理执法大队侵权责任纠纷再审案，内蒙古自治区高级人民法院（2014）内民再二字第 00019 号民事判决书。

负有注意抵押物状况的义务，即“兴宁市政府在对涉案项目作出征收决定后，兴宁市房地产管理局已经作出公告，涉案抵押物的原抵押权人工行兴宁支行应当知晓抵押物面临即将灭失的风险，即应注意抵押物的状况，积极与抵押人协商，维护其抵押权益。嘉运公司作为该抵押权的受让人，也相应负有对抵押物状况的注意义务，并得以抵押权人身份，根据抵押物的被征收拆迁状况，积极向抵押人主张权利，而不应怠于行使权利，直至抵押物灭失”①。再如，在一起案件中，抵押人的房屋被拆迁，抵押人和拆迁公司都没有通知抵押权人，拆迁公司直接将拆迁补偿款支付给了抵押人，而作为债务人的抵押人不履行债务，且将拆迁款转移。法院认为，作为房屋抵押权人的银行，“应随时关注还款人的还款情况及抵押房屋的状况。涉案房屋拆迁在该地块张贴公告，且甲银行住所地离拆迁地只有一公里，如甲银行稍加留意应能知道拆迁事项，但甲银行却未及时向李某某主张权利也未告知动迁公司应对安置款进行提存。银行疏于管理也是造成本案的原因之一”②。

如果采取法定债权质权说来理解担保物权人的物上代位权，那么在担保财产毁损或灭失而担保人因此获得保险金、赔偿金或补偿金的给付请求权时，担保物权人就成为权利质权人，即无论担保物权人原先享有的是抵押权还是质权，均依法转化为以保险金、补偿金或赔偿金的给付请求权——这一普通债权——为标的的权利质权。依据权利质权的基本原理，作为第三债务人的代位物给付义务人即便没有得到出质人的同意，向质权人为清偿的，依然会使质权人在所受利益的限度内发生债权受清偿的效力，从而使出质人在该范围内免责，而第三债务人也可以以该清偿为由，向出质人主张在所受利益的范围内，消灭出质人对第三债务人的债权。如果第三债务人没有得到质权人的同意，而自行向出质人清偿，该清偿对质权人不发生效力，质权人依然能够在实现质权时，对第三债务人主张权利。在这种情况下，第三债务人势必要查询不动产登记簿从而了解是否存在抵押权，并在向担保财产所有人给付保险金、赔偿金或补偿金之前得到担保物权人的同意，否则其要继续承担向质权人给付代位物的义务。如此一来，就能非常有效地保护担保物权人的利益，真正实现法律上确立担保物权的物上代位性的目的。

---

① 广东省高级人民法院（2013）粤高法民一终字第97号民事判决书。

② 上海市第一中级人民法院（2012）沪一中民六（商）终字第187号民事判决书。

3. 担保物权延续说也与《民法典》的整体规定不协调。我国《民法典》第406条第1款改变了《物权法》的规定，明确规定抵押期间抵押人有权转让抵押财产，并且抵押权不因此而受影响。也就是说，《民法典》已经明确承认了抵押财产转让时抵押权的追及效力，而对于赔偿金、保险金等“现物本身”的效力，不是物上代位性的问题，而是担保权的追及效力问题。故此，应当认为在有代位物的给付请求权时，担保物权应当存在于该给付请求权之上，即产生所谓法定的债权质权。①

二、担保物权的物上代位效力的实现程序

从比较法来看，为了确保物上代位权的实现，大陆法系国家或地区的民法中都对物上代位权的实现程序作出了详细的规定。在德国，为了确保抵押权人针对保险金债权的质权能得到实现，《德国民法典》第1128条作出了如下规定：首先，给保险人和被保险人施加了“通知义务”（Benachrichtigungspflicht），即保险人或者被保险人必须将建筑物发生损害的事实通知抵押权人，且自通知受领时起一个月的期间届满后，才能向被保险人支付保险赔偿金，该支付的效力及于抵押权人。其次，赋予抵押权人“异议权”（Widerspruch），即抵押权人在保险人或被保险人通知后的一个月内，针对保险人的支付保险赔偿金有权提出异议。如果抵押权人提出异议的，则保险人必须向被保险人和抵押权人共同给付（《德国民法典》第1281条第1句）。② 再次，抵押权人可以向保险人登记（Anmelden）。一旦抵押权人登记了抵押权的，那么保险人只有在得到抵押权人的书面同意后，方能向被保险人支付赔偿金且该效力及于抵押权人。否则，即便保险人向被保险人支付了赔偿金，对抵押权人也不发生效力，抵押权人依然有权请求保险人支付保险赔偿金。最后，由于德国民法对于不动产抵押权采取的是登记生效要件主义（《德国民法典》第873条第1款），保险人完全可以通过查询登记簿而知悉抵押权的有无，因而，《德国民法典》第1128条第3款第2句规定，保险人不得援用其对土地登记簿上登记的抵押权不知情来作为抗辩理由。

《瑞士民法典》第970条确立了不动产登记簿的公开原则，因此保险人有义

① 崔建远：《中国民法典释评·物权编》（下册），中国人民大学出版社2020年版，第328－329页。

② MuenchKommBGB/Eickmann（Fn.9），Rn.15.

务查阅不动产登记，了解被保险的不动产上是否存在抵押权。① 当查阅登记簿知道了不动产上存在抵押权后，依据《瑞士民法典》第822条第1款，保险人只有在得到全体不动产抵押权人的同意后，才能将保险金支付给被保险的不动产所有人。倘若不动产抵押权人不同意的，则保险人应当依法院的规定提存（gerichtlich zu hinterlegen）该保险金。②

在日本，依据《日本民法典》第304条第1款，先取特权人必须在金钱或其他物品等代位物交付给债务人之前，向法院申请查封。这种查封不是物上代位权的成立要件，而是物上代位权的行使要件。通过法院的查封，既能确保代位物给付请求权被特定、持续存在，不因支付而消灭，也能通过查封进行公告，以确保其优先受偿的地位（尤其是在债务人还有其他债权人的时候）。③ 法院在查封了代位物给付请求权后，会向给付义务人发出转付命令，由代位物给付义务人向担保物权人进行支付。

在我国台湾地区，“民法”采取的是法定债权质权说，故此，担保物权人实现物上代位权的方法依据“民法”第905条至第906条之三关于实现权利质权的规定即可，除非法律另有特别规定或当事人另有约定。台湾地区“民法”第905条规定：“为质权目标物之债权，以金钱给付为内容，而其清偿期先于其所担保债权之清偿期者，质权人得请求债务人提存之，并对提存物行使其质权。为质权目标物之债权，以金钱给付为内容，而其清偿期后于其所担保债权之清偿期者，质权人于其清偿期届至时，得就担保之债权额，为给付之请求。”据此，作为第三债务人的代位物给付义务人未经抵押权人的同意，不得再向抵押人进行清偿。由于我国台湾地区“民法”对于不动产抵押采取的是登记生效要件主义，因而第三债务人完全可以通过查询登记簿知悉抵押权的存在，一般不发生第三债务人不知标的物有抵押权而将保险金或赔偿金支付给抵押人的问题。但为了避免第三债务人负担过重的责任，我国台湾地区“民法”仍在第881条第（三）项规定：“给付义务人因故意或重大过失向抵押人为给付者，对于抵押权人不生效力。”学

① Handkomm – Christina Schmid – Tschirren, ZGB, 2006, § 822 Rn. 7.

② Handkomm – Christina Schmid – Tschirren (Fn. 32), Rn. 8.

③ 关于查封必要性的讨论，详见［日］近江幸至：《担保物权法》，祝娅、王卫军、房兆融译，法律出版社2000年版，第43－44页。

说上认为，尽管如此，在抵押权人知道有物上代位的情形发生后，还是应当尽快通知第三债务人，从而保护自己的权利。

在我国《民法典》编纂前，无论是《担保法》及其司法解释，还是《物权法》，都未就担保物权人物上代位权的具体实现程序作出明确规定，其他的单行法也未见相应的规定。① 由此造成了实践中担保物权的物上代位性并不能真正起到强化担保效力，维护担保物权人利益的功能。司法实践中最常见的情形是：在因征收而拆除作为抵押财产的房屋前，拆迁人既不通过查询不动产登记簿了解被征收的房屋上是否存在抵押权，更不会就是否向被拆迁人支付补偿款的问题征得抵押权人的同意，而是直接与被拆迁人协商并将拆迁补偿款支付给被拆迁人。等到债务人不履行到期债务，抵押权人要实现抵押权时，才发现抵押房屋早已不复存在，且拆迁补偿款也已被抵押人挥霍或转移了。抵押权人的物上代位权根本连行使的机会都没有，谈何增强抵押权的担保功能？此时，无奈的抵押权人只能以侵害抵押权为由起诉拆迁人，要求其承担债权不能全部实现的赔偿责任。而法院又往往以拆迁人没有义务查询或取得抵押权人的同意为由，判决抵押权人败诉。② 由于我国社会整体诚信度不高的现状，在法律上确立一套科学合理的担保物权的物上代位权的实现程序显然是非常有必要的。然而，令人遗憾的是，《民法典》对于担保物权的物上代位效力的实现程序也没有作出任何规定。

有鉴于此，《民法典担保制度解释》本条试图对物上代位效力的实现程序作出一些规定，对此意图，笔者认为应当加以肯定。就该司法解释本条之规定具体分析如下：

1. 依据本条第 1 款，抵押权依法设立后，抵押财产毁损、灭失或者被征收等，抵押权人请求按照原抵押权的顺位就保险金、赔偿金或者补偿金等优先受偿的，人民法院应予支持。这就是说，如果同一抵押财产上有多个抵押权，则各个抵押权的物上代位效力，仍然应当按照该等抵押权原有的顺位加以实现。在先的抵押权人就代位物在担保范围优先受偿后，有剩余的，再由后顺位抵押权人在担

---

① 例如，2011 年 1 月 21 日起施行的《国有土地上房屋征收与补偿条例》虽颁布于《物权法》之后，却完全不考虑被征收的房屋上存在抵押权时抵押权的物上代位性如何实现的问题，没有任何规定。

② 相关案例参见上海银行股份有限公司诉上海浦东工程建设管理有限公司等其他侵权责任纠纷案，上海市浦东新区人民法院（2013）浦民六（商）初字第 8710 号民事判决书。

保范围内依次优先受偿。

2. 依据本条第2款，给付义务人已经向抵押人给付了保险金、赔偿金或者补偿金，抵押权人请求给付义务人向其给付保险金、赔偿金或者补偿金的，人民法院不予支持，但是给付义务人接到抵押权人要求向其给付的通知后仍然向抵押人给付的除外。这一款规定很重要。因为它实际上就是认可了抵押权的物上代位效力的客体是保险金、赔偿金或者补偿金等代位物的给付请求权，而非保险金、赔偿金或者补偿金。故此，在抵押权人通知给付义务人向其给付后，给付义务人就不得未经抵押权人的同意而向抵押人进行给付，否则，此种给付对于抵押权人不发生效力。在抵押权人实现物上代位效力时，仍然有权要求给付义务人给付相应的保险金、赔偿金或者补偿金。至于给付义务人此前已经给付给抵押人的保险金、赔偿金或者补偿金，其有权基于不当得利而请求返还。

在《民法典担保制度解释》的起草过程中，专家学者们就本条第2款存在很大的争议。主要的争议问题是，究竟由谁来通知代位物给付义务人，抑或代位物给付义务人负有查询登记簿的义务。对此，笔者认为，首先，应当规定抵押人在抵押财产发生灭失、毁损或被征收时，负有通知抵押权人的义务。因为抵押人对于抵押财产是否发生灭失毁损等情形最为清楚，故此由其负有通知义务最为合理。从司法实践来看，包括最高人民法院在内的不少法院判决也认为，抵押人在抵押的房屋被拆迁时，应当履行通知抵押权人的义务。① 在抵押人通知抵押权人之后，如果抵押权担保的债权的履行期已经届满而债务人未履行债务的，此时抵押权人有权就代位物优先受偿，即要求代位物给付义务人将保险金、赔偿金或补偿金支付给自己，超过债权数额的部分归担保人所有，不足的部分由债务人清偿。如果担保物权担保的债权的履行期尚未届满的，则担保物权人有权要求代位物给付义务人提存该代位物。如果抵押人不履行通知义务，导致抵押权人无法实现物上代位权的，则属于物上保证人的抵押人应在所获得的保险金、赔偿金或补

① 相关案例参见中国信达资产管理公司哈尔滨办事处与哈尔滨市城市建设投资集团有限公司、黑龙江雅美食品加工有限公司、原审被告哈尔滨大地农业有限公司借款合同纠纷上诉案，最高人民法院民事审判第二庭：《担保案件审判指导》，法律出版社2014年版，第391页；中国工商银行宣城分行营业部诉宣城市宣州区百货公司、宣州百货商城、芜湖百蕊房地产公司宣城分公司、安徽杰成房地产公司侵害抵押物权损害赔偿纠纷抗诉案，载最高人民检察院民事行政检察厅：《民事行政检察指导与研究》（总第5集），法律出版社2006年版，第231页以下。

偿金的范围内承担相应的担保责任。如果抵押人本身就是债务人，其自然应当完全履行债务，并且不存在以所获得的代位物为限的问题。

其次，就不动产抵押权而言，由于登记簿上已经记载了抵押权，故此，保险金、赔偿金或者补偿金的给付义务人在给付之前应当查询登记簿，如果发现了有抵押权后，其要将保险金、赔偿金或补偿金请求权产生的事实通知抵押权人。在取得抵押权人的同意后，代位物给付义务人才能向抵押人支付保险金、赔偿金与补偿金。倘若在未取得抵押权人同意的情况下，代位物给付义务人就向抵押人给付代位物的，则对抵押权人不发生效力。抵押权人于抵押权实现的条件成就时，依然有权请求代位物给付义务人给付保险金、赔偿金或补偿金。①

3. 就抵押权人直接请求给付义务人向其给付保险金等代位物的民事诉讼的当事人问题，《民法典担保制度解释》本条第3款规定，抵押权人请求给付义务人向其给付保险金、赔偿金或者补偿金的，人民法院可以通知抵押人作为第三人参加诉讼。由于抵押人对于抵押权人与给付义务人诉讼案件的处理结果与抵押人存在法律上的利害关系，即抵押人是否有权受领并保有保险金、赔偿金或补偿金这一权利将受到抵押权人和给付义务人之间诉讼结果的影响，② 故此，抵押人在该诉讼中属于无独立请求权第三人。我国《民事诉讼法》第56条第2款规定："对当事人双方的诉讼标的，第三人虽然没有独立请求权，但案件处理结果同他有法律上的利害关系的，可以申请参加诉讼，或者由人民法院通知他参加诉讼。人民法院判决承担民事责任的第三人，有当事人的诉讼权利义务。"《民事诉讼法解释》第81条第1款规定："根据民事诉讼法第五十六条的规定，有独立请求权的第三人有权向人民法院提出诉讼请求和事实、理由，成为当事人；无独立请求权的第三人，可以申请或者由人民法院通知参加诉讼。"

◆ 疑点与难点

侵害物上代位权的民事责任问题

物上代位性是担保物权的属性之一，侵害物上代位权实质上就是侵害担保物

① 程啸：《担保物权研究》（第2版），中国人民大学出版社2019年版，第68－69页。

② 张卫平：《民事诉讼法》（第5版），法律出版社2019年版，第166页。

权，在代位物给付义务人侵害物上代位权给担保物权人造成损失时，承担的是侵权损害赔偿责任。①

在担保人就是债务人的情况下，因其本身就与担保物权人之间存在债权债务关系，故无所谓侵害物上代位权的问题。而当担保人是债务人之外的第三人时，完全可能存在担保人单独或与代位物给付义务人恶意串通共同侵害担保物权人的物上代位权的问题。至于代位物给付义务人一般不会单独地故意侵害担保物权人的物上代位权，因为这样做对其没有什么利益。反正其要支付保险金、赔偿金与补偿金，支付给谁对其来说没有区别。因此，实践中代位物给付义务人往往是由于过失而侵害物上代位权，或者与担保人恶意串通共同侵害物上代位权。

从我国司法实践来看，侵害物上代位权的纠纷主要发生在抵押权人与抵押房屋的拆迁人之间，即抵押的房屋被征收后拆除，但抵押权人并不知悉，拆迁人将征收抵押不动产的补偿款全部支付给了抵押人，当债务人到期不履行债务后，抵押权人要实现抵押权时才发现抵押财产已经灭失而抵押人也将所得的补偿款转移。于是，抵押权人往往针对抵押人（多为债务人）与拆迁人提起诉讼，要求其承担侵害物上代位权的赔偿责任。② 在没有规定代位物给付义务人通知并取得担保物权人同意的义务的情况下，法院对于拆迁人等代位物给付义务人有无过错，存在不同的看法。有些法院认为，法律没有规定拆迁人有此种通知或者取得担保物权人同意后才能支付补偿款的义务，故此拆迁人将补偿款交付给抵押人的行为并不违法，也没有过错，不承担赔偿责任。③ 有些法院则认为，拆迁人在拆迁抵押房产之前，未向房产登记机关查询被拆迁房产的权利人信息，未将拆迁事项通知抵押权人，未要求被拆迁人与抵押权人协商，也未向公证机关提存补偿

① 司法实践均认为，侵害物上代位权产生的是侵权赔偿责任。参见甲银行等与丙拆迁公司其他侵权责任纠纷上诉案，上海市第一中级人民法院（2012）沪一中民六（商）终字第187号民事判决书；上海银行股份有限公司诉上海浦东工程建设管理有限公司等其他侵权责任纠纷案，上海市浦东新区人民法院（2013）浦民六（商）初字第8710号民事判决书；珠海市嘉运投资有限公司与兴宁金雁房地产有限公司等侵权责任纠纷上诉案，广东省高级人民法院（2013）粤高法民一终字第97号民事判决书；包头市郊区农村信用联社股份有限公司与土默特右旗城市管理执法大队、土默特右旗人民政府侵权责任纠纷案，内蒙古自治区高级人民法院（2013）内商终字第31号民事判决书。

② 司法实践中的诉讼模式有很多，有的以债务人和代位物给付义务人为共同被告，有的以债务人为被告，而以代位物给付义务人为第三人，还有的仅以债务人为被告。

③ 珠海市嘉运投资有限公司与兴宁金雁房地产有限公司等侵权责任纠纷上诉案，广东省高级人民法院（2013）粤高法民一终字第97号民事判决书。

款，而是将拆迁补偿款直接发放给被拆迁人，显然是存在过错的，需要承担赔偿责任。①

问题是，此时代位物给付义务人和物上担保人如何承担赔偿责任？依据《民法典担保制度解释》本条第2款的规定，当给付义务人收到了抵押权人要求向其给付的通知后仍然向抵押人进行给付的话，则抵押权人有权请求代位物给付义务人再次向其给付保险金等代位物。但是，该款没有对物上保证人与给付义务人如何向抵押权人承担赔偿责任作出规定。对此问题，存在不同看法。一种意见认为，代位物给付义务人应当在债务人不能清偿的范围内向债权人承担相应的补充赔偿责任。理由在于：首先，当抵押人就是债务人时，其原本就是债务的终局承担者。因此，在债务人还有其他可供偿债的财产时，债务人作为第一位的责任人，须先行承担赔偿责任。② 其次，代位物给付义务人的过错行为并不必然导致债权人的抵押权受损，债权人的抵押权无法实现的根本原因还是取得了补偿款的抵押人不承担担保责任或不履行债务，故此，代位物给付义务的过错行为与抵押权人的损失之间只是存在一定的因果关系而已，应当承担的是与其过错和原因力相应的责任。③

另一种意见认为，侵害抵押权人物上代位权的实质就是导致债权人的债权无法获得实现，而造成债权人的债权无法实现的原因有二：一是作为抵押人的债务人因为不诚信而不履行债务，未将抵押财产毁损、灭失的情形告知抵押权人；二是补偿款等代位物的给付义务人违规向抵押人支付补偿款。因此，抵押人与代位物给付义务人实际上构成了多数人侵权。此时，应当适用《民法典》第1172条的规定："二人以上分别实施侵权行为造成同一损害，能够确定责任大小的，各自承担相应的责任；难以确定责任大小的，平均承担责任。"故此，鉴于抵押人与补偿款给付义务人是以不同的方式共同导致了债权人的抵押权及其优先受偿权被侵害，债权不能全部受偿，而且侵权各方的责任无法确定大小，因而抵押人与

---

① 上海银行股份有限公司诉上海浦东工程建设管理有限公司等其他侵权责任纠纷案，上海市浦东新区人民法院（2013）浦民六（商）初字第8710号民事判决书。

② 张文婷：《拆迁人因发放补偿款致抵押权人利益受损的法律责任》，载《人民司法》2013年第12期。

③ 上海银行股份有限公司诉上海浦东工程建设管理有限公司等其他侵权责任纠纷案，上海市浦东新区人民法院（2013）浦民六（商）初字第8710号民事判决书。

代位物给付义务人应各承担50%的侵权责任。①

笔者认为，应当区分抵押人是债务人还是债务人之外的第三人，分别确定第三债务人（即代位物给付义务人）侵害物上代位权的赔偿责任问题。当抵押人就是债务人时，代位物给付义务人应当承担补充赔偿责任，但最大赔偿范围不超过第三债务人负有给付义务的赔偿金、保险金或补偿金的数额。这是因为债务人是债务的终局承担者，让债务人先承担责任，可以避免追偿的烦琐，减少司法诉累。当抵押人是债务人之外的第三人时，抵押人与第三债务人就债务人不能偿还的部分承担连带赔偿责任，最大的赔偿范围也不超过第三债务人负有给付义务的赔偿金、保险金或补偿金的数额。

（本条由程啸撰写）

第四十三条 【抵押财产转让的约定的效力】

当事人约定禁止或者限制转让抵押财产但是未将约定登记，抵押人违反约定转让抵押财产，抵押权人请求确认转让合同无效的，人民法院不予支持；抵押财产已经交付或者登记，抵押权人请求确认转让不发生物权效力的，人民法院不予支持，但是抵押权人有证据证明受让人知道的除外；抵押权人请求抵押人承担违约责任的，人民法院依法予以支持。

当事人约定禁止或者限制转让抵押财产且已经将约定登记，抵押人违反约定转让抵押财产，抵押权人请求确认转让合同无效的，人民法院不予支持；抵押财产已经交付或者登记，抵押权人主张转让不发生物权效力的，人民法院应予支持，但是因受让人代替债务人清偿债务导致抵押权消灭的除外。

① 包头市郊区农村信用联社股份有限公司与土默特右旗城市管理执法大队、土默特右旗人民政府侵权责任纠纷案，内蒙古自治区高级人民法院（2013）内商终字第31号民事判决书。

◆ 条文要旨

本条是对当事人禁止或限制抵押财产转让的约定效力的规定。

◆ 理解与适用

一、《民法典》第406条允许抵押人转让抵押财产

关于抵押人能否转让抵押财产，在《民法典》颁布之前，《物权法》采取的是禁止抵押人转让抵押财产的立场。依据《物权法》第191条的规定，抵押期间，抵押人未经抵押权人同意，不得转让抵押财产；只有得到了抵押权人的同意后，抵押人才能转让抵押财产。如果抵押人不能得到抵押权人的同意，又想要转让抵押财产，那么只有抵押财产的受让人代为清偿债务消灭抵押权这一条路径可走。《物权法》之所以采取禁止抵押财产转让的做法，理由在于：首先，符合抵押权的价值权属性。既然财产上已经设定了抵押权，就意味着该财产的交换价值交给了抵押权人控制，而抵押人就不能再享有抵押财产的交换价值了。抵押人只能对抵押财产进行占有和使用，即获得使用价值。如果法律上依然允许抵押人在抵押期间将抵押财产任意转让，岂不是鼓励"一物二卖"?① 其次，有利于保护抵押权人。就保护抵押权人而言，禁止抵押人自由转让抵押财产是一种预先防范措施，是"防患未然"。允许抵押人自由转让抵押财产，同时承认抵押权的追及效力，对抵押权人来说，只是"亡羊补牢"或者说"力挽狂澜"的事后救济。比较而言，预先防范不仅对抵押权人更为有利，而且能够避免破坏抵押财产转让之后形成的新的财产秩序。② 最后，就交易安全和秩序的维护而言，禁止抵押财产转让也是有必要的，因为只要抵押权在转让后能够继续存在于被转让的财产之上，就会出现因抵押权人行使抵押权而破坏一系列已经形成的新的财产秩序的情形。③

在我国《民法典》编纂时，有观点认为，《物权法》第191条一律禁止抵押

---

① 王胜明：《物权法制定过程中的几个重要问题》，载《法学杂志》2006年第1期。

② 参见王胜明：《物权法制定过程中的几个重要问题》，载《法学杂志》2006年第1期。

③ 全国人大常委会法制工作委员会民法室：《中华人民共和国物权法条文说明、立法理由及相关规定》（第2版），北京大学出版社2017年版，第396页。

人转让抵押财产的规定并不妥当。抵押人虽然将财产设立抵押，用于担保，但并未因此丧失财产的所有权或者处分权，要求抵押人转让抵押财产必须得到抵押权人的同意，就意味着抵押人丧失了对抵押财产的处分权，这从理论上就说不通。另外，虽然抵押权是价值权，抵押权人支配抵押财产的交换价值，但这并不意味着抵押财产的交换价值就被抵押权人独占地、排他的控制了，抵押权人实际上享有的只是在抵押权实现时就抵押财产变价所得价款优先受偿的权利。如果认为抵押财产的交换价值被抵押权人完全支配，那么同一财产上为什么可以设立多个抵押权呢？后顺位的抵押权人岂非对抵押财产的交换价值没有支配的权利？故此，不能认为抵押权设立就意味着完全禁止抵押人转让抵押财产。立法机关经研究后认为，“如果当事人设立抵押权时进行了登记，受让人可以知悉财产上是否负担抵押权，受让人知道或者应当知道该财产上设有抵押权仍受让的，应当承受相应的风险；如果当事人设立抵押权时没有进行登记，则不能对抗善意的受让人，受让人将获得没有抵押负担的财产所有权。随着我国不动产统一登记制度的建立以及动产抵押登记制度的完善，抵押人转让抵押财产时抵押权人和抵押财产的买受人可能承担的风险大大降低，为了充分发挥物的效用，促进交易便捷，应当允许抵押人在抵押期间转让抵押财产并承认抵押权的追及效力。同时，应当允许当事人对抵押期间能否转让抵押财产另行约定，以平衡抵押人与抵押权人之间的利益，保护抵押权人为行使抵押权而作的预先安排，尊重当事人之间的意思自治。”①

有鉴于此，《民法典》改变了《物权法》第191条的规定。《民法典》第406条规定：“抵押期间，抵押人可以转让抵押财产。当事人另有约定的，按照其约定。抵押财产转让的，抵押权不受影响。抵押人转让抵押财产的，应当及时通知抵押权人。抵押权人能够证明抵押财产转让可能损害抵押权的，可以请求抵押人将转让所得的价款向抵押权人提前清偿债务或者提存。转让的价款超过债权数额的部分归抵押人所有，不足部分由债务人清偿。”这就是说：首先，抵押期间，抵押人可以转让抵押财产。但是，如果当事人明确约定抵押人不得转让抵押财产的，则按照该约定。其次，抵押权具有追及效力，抵押财产转让时其上的抵押权

---

① 黄薇主编：《中华人民共和国民法典物权编解读》，中国法制出版社2020年版，第681页。

依然存在，不受影响。最后，抵押人转让抵押财产的，应当及时通知抵押权人。如果抵押权人能够证明抵押财产的转让可能损害抵押权的，虽然不能禁止抵押人转让抵押财产，但可以请求抵押人将转让所得的价款向抵押权人提前清偿债务或者提存。转让的价款超过债权数额的部分归抵押人所有，不足部分由债务人清偿。

二、承认抵押权的追及效力

《民法典》第406条第1款第3句规定："抵押财产转让的，抵押权不受影响。"这就明确表明，《民法典》在允许抵押人转让抵押财产的前提下，承认了抵押权的追及效力，据此保护抵押权人的合法权益。所谓抵押权的追及效力，实质上就是指抵押财产转让后抵押权是否继续存在于该被转让的财产之上的问题。抵押权属于限制物权，是对所有权的限制。本质上抵押权就是对标的物的直接支配并排他的权利，只要该权利存在，不论所有权归属于何人，抵押权人均可以在抵押权实现事由成立时就抵押财产变价并优先受偿。故此，追及效力原是抵押权作为"依法对特定的物享有直接支配和排他的权利"的应有之义，并非什么法律赋予的特别效力。对此，最高人民法院的一则判决曾有阐述："抵押权系以确保债务清偿为目的，债权人对债务人或者第三人所有的特定财产所享有的直接支配和排他的权利。抵押权本质上是'对物'的权利，而非'对人'的权利。因此，一旦抵押权依法设定，债权人即对抵押财产享有了排他的优先受偿的权利，只要抵押权人未表示同意放弃抵押权的，抵押财产不论是基于抵押人的自由转让行为，还是基于司法执行行为等导致变动，抵押权人均可基于有效的抵押权追及抵押财产行使权利。"①

三、抵押人与抵押权人禁止或限制抵押财产转让的约定的效力

（一）相关争论

尽管允许抵押人在抵押期间转让抵押财产，但是，为了维护抵押权人的合法权益，避免因抵押财产转让给抵押权人造成损害，《民法典》第406条第1款在第1句"抵押期间，抵押人可以转让抵押财产"之后，紧接着就规定"当事人另有约定的，按照其约定"。这就是说，抵押人与抵押权人可以对抵押财产的转让

---

① 新疆三山娱乐有限公司等与中国农业银行新疆维吾尔自治区分行营业部等金融借款合同纠纷上诉案，最高人民法院（2012）民二终字第113号民事判决书。

作出禁止性或限制性的约定。所谓禁止性的约定是指，当抵押权人认为抵押人转让抵押财产会对自己的权益产生不利影响时，则其可以与抵押人约定，不允许抵押人在抵押期间转让抵押财产。而限制性的约定是指，抵押权人与抵押人约定在抵押期间就抵押财产的转让进行某些限制，如规定只有在符合一定条件时才可以进行转让。《民法典》这一规定体现了意思自治的精神，尊重了抵押人和抵押权人的合意。使得当事人可以根据自己的利益判断进行约定，从而可以起到预防因抵押财产的转让而给抵押权人造成损害的作用。如果抵押人与抵押权人在抵押合同中对抵押财产转让作出了禁止性或限制性的约定，此种约定对于抵押人与抵押权人当然产生效力。如果抵押人违反约定转让抵押财产，则抵押权人有权请求抵押人承担违约责任。抵押人和抵押权人可以专门就违反禁止转让抵押财产的约定而在合同中约定违约金或损害赔偿金。

问题是，抵押人和抵押权人的此种禁止或限制抵押财产转让的约定能否产生对抗抵押财产受让人的法律效力。对此存在很大的争议。一种观点认为，抵押人与抵押权人对抵押财产转让的禁止性或限制性约定，只能在当事人之间产生约束力，不能对抗善意第三人。① 否则，就会导致当事人通过此种约定并加以登记的方式重新禁止或限制抵押财产转让的结果，等于变相回到《物权法》第191条的规定。况且，赋予此种登记后的约定具有对抗第三人的效力，也缺乏法律规定，损害了财产的流通性。② 另一种观点认为，只要抵押人和抵押权人将此种禁止抵押财产转让的约定记载于不动产登记簿，就既能产生对抗抵押财产受让人的效力，也能对办理抵押财产转移登记的登记机构产生约束力。例如，抵押人与抵押权人约定了在抵押期间内作为抵押财产的房屋不得转让，并且将该约定记载于不动产登记簿，如果抵押人违反该约定与受让人共同申请抵押房屋的转移登记的，不动产登记机构应当不予办理该登记；即便已经办理了登记，该约定也可以对抗第三人，抵押权人有权主张抵押财产的转让不发生物权变动效力，第三人不能取得抵押财产的所有权，其只能请求抵押人承担违约责任。③ 反之，如果没有记载

---

① 黄薇主编：《中华人民共和国民法典物权编解读》，中国法制出版社2020年版，第682页；孙宪忠、朱广新主编：《民法典评注：物权编》（第4册），中国法制出版社2020年版，第174页。

② 此种观点也是《民法典担保制度解释》征求意见时，一些人提出的观点。

③ 程啸：《我国民法典中的抵押财产转让规则》，载《检察日报》2020年11月16日。

于不动产登记簿的，则该约定仅仅在抵押人和抵押权人之间发生法律效力，不能约束受让人。

《民法典担保制度解释》本条采取了第二种观点。笔者认为，司法解释的这一规定是合理的，具体理由阐述如下：

1. 当事人可以约定禁止或者限制抵押财产的转让是我国《民法典》第 406 条第 1 款所明确允许的。这充分表明了《民法典》尊重当事人的意思自治，使其可以根据交易的具体情形来合理规划利益。当事人约定禁止或限制抵押财产的转让并不等于法律上禁止抵押财产转让。故此与不能将当事人作出此种约定简单等同于倒退回《物权法》第 191 条的规定。

2. 通过登记而赋予当事人之间的约定发生物权效力，不仅在我国《民法典》中有大量的规定，而且在比较法上也并不罕见。例如，《民法典》第 221 条规定的预告登记，性质上就是当事人之间的物权变动的债权行为通过登记而赋予了物权效力；再如，《民法典》第 641 条规定的当事人在买卖合同中作出的保留所有权的约定，即便没有登记，也可以对抗恶意第三人，而经过登记后，还可以对抗善意第三人。既然在买卖中出卖人与买受人都可以约定虽然交付了却保留动产的所有权，那么抵押人与抵押权人对抵押财产的转让进行限制或者禁止有何不可？而此种约定经过登记后能够发生物权效力，既符合当事人的意思，也不会损害抵押财产取得人的权益，同时不违反法律行政法规的强制性规定和公序良俗，又有什么问题？从比较法上来看，我国台湾地区“民法”第 826 条之一第（一）项就明确规定，不动产共有人关于共有物使用、管理、分割或者禁止分割的约定或依据第 820 条第（一）项规定所为之决定，在登记后，对于应有部分受让人或取得物权之人，具有效力。这一规定是 2009 年修订“民法”时新增加的。

3. 通过在登记簿上记载当事人禁止或者限制抵押财产转让的约定，对于作为抵押财产的不动产的受让人而言，因为基于法律行为的不动产物权变动以登记作为生效要件，故此，一方面，登记机构会受到这个约定的限制，而不会为受让人办理抵押不动产的转移登记；另一方面，受让人在办理登记时也完全可以查询登记簿而知悉该登记的存在，不会因此遭受不测。目前，我国不动产登记主管机关也正在修改登记簿，允许在登记簿上记载此种当事人的约定，故此，从不动产登记程序法上来说，规定登记后可以发生物权效力，也没有障碍。另外，正在起草的我国《不动产登记法》也将会增加上述规定。

4. 有人认为，赋予禁止或限制转让抵押财产约定如此之强的效力，可以预料的是，理性的抵押权人必然会在抵押合同中作此约定并办理登记，由此导致《民法典》第406条的适用后果倒退到《物权法》第191条的立场。此种观点并不妥当。因为对于抵押权人而言，限制或者禁止抵押财产转让并不一定是其最好的选择，在很多情况下，允许抵押财产转让可能更符合抵押权人的利益，例如房地产开发企业以在建建筑物设定抵押，就作为抵押权人的银行而言，当然是希望房地产开发企业将房屋预售出去，从而偿还贷款，而绝不会禁止转让的。况且，即便当事人愿意做出此种约定，法律上又有什么必要加以限制呢？而且，当事人也可以选择登记或者不登记，从而灵活地加以安排。

5. 通过登记公示而获得物权效力或对抗第三人的效力，是现代民法中的基本法理（尤其是在现代网络信息技术发展而使得登记制度的容量大幅度提升、登记的查询更为便捷的背景之下），也符合我国《民法典》的立法精神。我国《民法典》在合同编中新增的一些担保，即所有权保留买卖中出卖人对标的物保留的所有权（第641条）、融资租赁中出租人对租赁物享有的所有权（第745条）等，无不体现了这种登记后具有对抗第三人效力的法理。

（二）《民法典担保制度解释》本条的理解

1. 依据《民法典担保制度解释》本条第1款，“当事人约定禁止或者限制转让抵押财产但是未将约定登记，抵押人违反约定转让抵押财产，抵押权人请求确认转让合同无效的，人民法院不予支持；抵押财产已经交付或者登记，抵押权人请求确认转让不发生物权效力的，人民法院不予支持，但是抵押权人有证据证明受让人知道的除外；抵押权人请求抵押人承担违约责任的，人民法院依法予以支持”。这就是说，如果禁止或限制转让抵押财产的约定没有登记，那么该约定仅具有债权效力，在抵押人与抵押权人之间发生效力，抵押人违反约定转让抵押财产，既不会导致抵押财产转让合同无效，更不会影响抵押财产的物权变动。故此，抵押权人既无权请求确认转让合同无效，也无权请求确认抵押财产的转让不发生物权变动效力。但是，抵押权人可要求抵押人承担违反该约定的违约责任。

需要注意的是，《民法典担保制度解释》本条第1款规定了一种例外情形，即“抵押权人有证据证明受让人知道的”。所谓抵押权人有证据证明受让人知道的，是指抵押权人通过举证证明抵押财产的受让人已经知道了抵押权人与抵押人之间对抵押财产的转让作出了禁止性或限制性的约定，却依然受让抵押财产。此时，就表明受让人主观上是恶意的，故此，司法解释规定，抵押权人可以请求法院确认转让不发生物权效力。当然，抵押权人必须是证明受让人“知道”即确实知道，而非“应当知道”。笔者并不赞同司法解释的这一例外规定。一则，抵押权人与抵押人约定禁止或者限制转让抵押财产但是未将约定登记的，依据合同的相对性，该约定的效力就限于抵押权人与抵押人之间，不应当及于当事人之外的第三人即受让人；既然赋予了登记的约定具有对抗第三人的效力，那么抵押权人自己不去登记，应当自行承受该后果。二则，由于抵押财产的转让并不影响抵押权，抵押权具有追及效力，而且《民法典》第406条第2款第2句已经明确规定，在抵押财产的转让损害抵押权时，抵押权人有权请求抵押人将转让所得的价款向抵押权人提前清偿债务或者提存，就已经给予了抵押权人足够的保护。完全没有必要再赋予抵押权人请求确认转让不发生物权变动效力的权利。即便抵押人与受让人的抵押财产转让合同属于恶意串通损害抵押权人合法权益的合同，那么依据《民法典》第154条，抵押权人也可以请求法院确认合同无效。三则，司法解释这种例外规定会增加当事人行为的不可预期性，使得一些明明没有将约定登记的案件中抵押权人还纠缠于证明抵押财产受让知道约定的情形，徒增纷扰！

2.《民法典担保制度解释》本条第2款规定：“当事人约定禁止或者限制转让抵押财产且已经将约定登记，抵押人违反约定转让抵押财产，抵押权人请求确认转让合同无效的，人民法院不予支持；抵押财产已经交付或者登记，抵押权人主张转让不发生物权效力的，人民法院应予支持，但是因受让人代替债务人清偿债务导致抵押权消灭的除外。”这就是说，如果已经将此种禁止或限制抵押财产转让的约定在登记簿上进行了记载的，那么抵押人违反该约定转让抵押财产的，并不会影响转让合同本身的效力，但是即便抵押财产已经交付或登记的，也不发生抵押财产的转让这一物权变动效力，除非受让人通过代偿债务而消灭抵押权。如果抵押财产的受让人处分抵押财产则构成无权处分，他人除非善意取得，否则不能取得所有权或他物权。

◆ 疑点与难点

抵押财产转让中对抵押财产受让人的保护问题

抵押财产的转让不仅涉及抵押人对抵押财产的处分权以及债权人的抵押权的保护问题，还涉及抵押财产受让人以及该受让人再次转让抵押财产的受让人等一系列第三人的合法权益的维护问题。立法者在考虑抵押财产能否自由转让的问题时，必须要考虑到抵押财产受让人的权益的保护。如果任由抵押人自由转让抵押财产，抵押权人任意行使抵押权而无论抵押财产转让到何人手中，也势必会对交易的秩序和安全造成不利影响。对于不动产抵押而言，因为存在登记这一有效的公示方法，故此，受让人在受让不动产时完全可以通过查询不动产登记簿而了解到不动产上是否存在抵押权这样的权利负担，从而自行决定是否愿意受让这样一个有权利负担的财产。一方面，受让人可以在受让的不动产上有抵押权的情形下，通过与抵押人的协商而扣除抵押权所担保的债权的价值给出一个抵押财产的合理受让价格；另一方面，受让人如果不想受让有权利负担的不动产，也可以通过代为清偿债务而消灭抵押权，从而取得没有权利负担的不动产。

至于动产抵押，其不以登记为生效要件，但是登记具有对抗效力，即不登记不得对抗善意第三人。因此，如果动产抵押已经办理了登记，那么动产的受让人可以通过查询登记簿等谨慎的调查义务了解动产上是否存在权利负担；如果动产抵押权没有办理登记，则不得对抗善意第三人，因为《民法典》第 403 条规定："以动产抵押的，抵押权自抵押合同生效时设立；未经登记，不得对抗善意第三人。"

这里要特别注意的是《民法典》第 404 条的规定："以动产抵押的，不得对抗正常经营活动中已经支付合理价款并取得抵押财产的买受人。"对于该条应当做如下理解：首先，在以动产抵押的时候，即便抵押权人已经办理了登记，该抵押权也不得对抗正常经营活动中已支付合理价款并取得抵押财产的买受人。其次，无论买受人是否属于正常经营活动中已经支付合理价款并取得抵押财产的买受人，都不影响抵押人向抵押权人负有的在转让抵押财产时通知抵押权人的义务。再次，如果抵押人和抵押权人约定了禁止转让抵押财产（无论是否在登记簿上记载），只要抵押人转让了抵押财产且买受人属于《民法典》第 404 条规定的买受人，那么抵押权就不得对抗该买受人，即失去追及效力。但是，抵押人违反禁止转让抵押财产的约定的行为仍然是违约行为，其应当向抵押权人承担违约责任。最后，以动产抵押而不得对抗正常经营活动中已经支付合理价款并取得抵押财产的买受人的情形，客观上已经符合了《民法典》第406条第2款规定的“抵押财产转让可能损害抵押权的”情形，此时，抵押权人可以请求抵押人将转让所得的价款向抵押权人提前清偿债务或者提存。

（本条由程啸撰写）

第四十四条 【主债权诉讼时效期间届满的法律后果】

主债权诉讼时效期间届满后，抵押权人主张行使抵押权的，人民法院不予支持；抵押人以主债权诉讼时效期间届满为由，主张不承担担保责任的，人民法院应予支持。主债权诉讼时效期间届满前，债权人仅对债务人提起诉讼，经人民法院判决或者调解后未在民事诉讼法规定的申请执行时效期间内对债务人申请强制执行，其向抵押人主张行使抵押权的，人民法院不予支持。

主债权诉讼时效期间届满后，财产被留置的债务人或者对留置财产享有所有权的第三人请求债权人返还留置财产的，人民法院不予支持；债务人或者第三人请求拍卖、变卖留置财产并以所得价款清偿债务的，人民法院应予支持。

主债权诉讼时效期间届满的法律后果，以登记作为公示方式的权利质权，参照适用第一款的规定；动产质权、以交付权利凭证作为公示方式的权利质权，参照适用第二款的规定。

◆ 条文要旨

本条是对主债权诉讼时效期间届满后抵押权、质权和留置权等担保物权是否消灭以及如何实现等问题的规定。

◆ 理解与适用

一、主债权诉讼时效届满对抵押权的影响

（一）相关规则的演变

最早对主债权诉讼时效与担保物权存续二者之间的关系作出规定的是《担保法解释》，该司法解释借鉴我国台湾地区“民法”第880条的规定，于第12条第2款规定：“担保物权所担保的债权的诉讼时效结束后，担保权人在诉讼时效结束后的二年内行使担保物权的，人民法院应当予以支持。”从该款表述可知，《担保法解释》并不承认担保物权的存续受主债权时效届满的影响，而是规定了一个担保物权的法定存续期限（即除斥期间），即“主债权诉讼时效期间+两年”，该期限届满后，担保物权即归于消灭。

起草《物权法》的时候，就担保物权是否因主债权罹于时效而消灭以及应否规定担保物权的法定存续期限等问题，有很大的争议。一种观点认为，担保物权不应受到主债权罹于时效的影响。因为主债权的诉讼时效期间届满后，权利本身并不消灭，债务人只是享有时效抗辩权而已。担保物权属于从权利，从属于其担保的债权，既然主债权不消灭，则担保物权也并不因此消灭，仍得以存续。此外，担保物权是一种物权，物权不是请求权，其本身也不适用诉讼时效。故此，建议继续沿用《担保法解释》第12条第2款的规定，为担保物权的存续规定一个法定的期限即可。另一种观点认为，法律最好规定主债权诉讼时效届满后，担保物权不消灭，但担保人享有对担保权人的抗辩权，该抗辩权可以在担保权人要求实现担保物权时主张。

最终，《物权法》并未对所有的担保物权的存续期限作出规定，只是规定了主债权诉讼时效期间届满对抵押权的影响。该法第202条规定：“抵押权人应当在主债权诉讼时效期间行使抵押权；未行使的，人民法院不予保护。”该条的立法理由为：“随着市场经济的快速运转，如果允许抵押权一直存续，可能会使抵押权人怠于行使抵押权，不利于发挥抵押财产的经济效用，制约经济的发展。因此，规定抵押权的存续期限，能够促使抵押权人积极行使权利，促进经济的发展。由于抵押权是主债权的从权利，因此一些国家民法和我国台湾地区‘民法’将抵押权的存续期限与主债权的消灭时效或者诉讼时效挂钩的做法，值

得借鉴。”①

我国《民法典》编纂时，立法机关延续了《物权法》第202条的规定，没有进行任何的修改。《民法典》第419条规定：“抵押权人应当在主债权诉讼时效期间行使抵押权；未行使的，人民法院不予保护。”

（二）“人民法院不予保护”的涵义

自2007年10月1日《物权法》施行以来，围绕着该法第202条第2句中规定的“人民法院不予保护”的涵义，一直存在很大的争议，主要有以下三种观点。

1. 胜诉权丧失说

此说也称“执行力丧失说”。其认为，过了主债权诉讼时效期间后，抵押权人丧失的是抵押权受人民法院保护的权利即胜诉权，而抵押权本身并没有消灭，如果抵押人自愿履行担保义务的，抵押权人仍可以行使抵押权。② 申言之，《物权法》第202条规定的是抵押权的司法保护期，而非抵押权的存续期限。因为该期间届满后，抵押权人丧失的是抵押权受人民法院保护的权利即胜诉权，抵押权本身并没有消灭，如果抵押人自愿履行担保义务的，抵押权人仍可以行使抵押权。也就是说，《物权法》规定的抵押权的行使期间近似于抵押权的“诉讼时效”，因为与诉讼时效的法律效果一样，该司法保护期届满后抵押权并不消灭，抵押权人丧失的是抵押权受人民法院保护的权利即胜诉权。在我国法律和司法解释没有明确规定主债权诉讼时效届满抵押权消灭的情况下，必须严格遵循文义解释的原则，在“法”的框架内去理解和适用法律，不得随意扩大解释将抵押权“人民法院不予保护”理解为“抵押权消灭”。故依照物权法定主义，抵押权此际并未消灭。③

2. 时效抗辩权发生说

此说是多数学者所赞同的学说。④ 此说认为，对于主债权诉讼时效期间已经届满的抵押权，人民法院不予保护不等于该抵押权已经消灭，只是抵押人因此享

① 胡康生主编：《中华人民共和国物权法释义》，法律出版社2007年版，第440页。

② 胡康生主编：《中华人民共和国物权法释义》，法律出版社2007年版，第441页。

③ 泸溪县农村信用合作联社与张大松抵押合同纠纷上诉案，湖南省湘西土家族苗族自治州中级人民法院（2012）州民二终字第4号民事判决书。

④ 祁阳县农村信用合作联社与胡北平抵押担保合同纠纷上诉案，永州市中级人民法院（2011）永中法民二终字第332号民事判决书。

有了主债务人的时效抗辩权。① 有的学者认为，所谓人民法院不予保护应当与民法关于诉讼时效届满的法律后果做相同的理解。也就是说，主债权时效届满，抵押权不消灭，而只是使抵押人享有了拒绝履行的抗辩权。作为从权利的抵押权，其实体权利不应消灭，如果抵押人自愿履行担保义务，抵押权人仍然可以接受，从而使其权利实现。② 有的学者认为，《物权法》第 202 条的规定只是产生担保物权因主债权超过诉讼时效期间而与之同时丧失强制力的效果，即主债权诉讼时效期间届满后，对于主债权人行使担保物权的主张，担保人有权在诉讼中主张时效抗辩。但是，如果担保人未在一审辩论终结前主张其时效抗辩，则视为放弃时效利益，主债权人行使其担保物权的主张仍然成立。③ 此外，如果担保物权所担保的是分期履行的债务（如定期支付的租金或分期支付的贷款），应将之视为各个相对独立的请求权而分别计算诉讼时效期间，如果其中部分诉讼时效期间届满，因担保物权的不可分性，担保物权的效力不受影响，但债权人不得就时效期间已经届满的债务部分，就担保物而强制获得清偿。④

3. 抵押权存续期限说

此说认为，《物权法》第 202 条规定的抵押权的行使期限就是抵押权的存续期限或除斥期间，而非抵押权的诉讼时效或受到公权力保护的期限，抵押权因该时间的经过而消灭。⑤ 首先，如果法律上不规定抵押权的存续期限，而是允许抵押权人在任何时候都可以行使抵押权，对于抵押人来说过于苛刻。此外，抵押权人有抵押权却不行使，不仅不利于物的交易价值和担保秩序的稳定，反而可能助长抵押权人滥用因物之担保而取得的优势地位，损害债务人的利益。故此，法律上必须对抵押权的存续期限加以限制，以便督促抵押权人积极行使抵押权，保证社会经济秩序的稳定。⑥ 其次，我国《物权法》第 202 条规定了抵押权的行使期

---

① 王利明、尹飞、程啸：《中国物权法教程》，人民法院出版社 2007 年版，第 446 页；江平主编：《中国物权法教程》，知识产权出版社 2007 年版，第 461 页。

② 王利明：《物权法研究》（下卷）（第 3 版），中国人民大学出版社 2018 年版，第 1218 页。

③ 尹田：《物权法》，北京大学出版社 2013 年版，第 470 页。

④ 尹田：《民法典总则之理论与立法研究》，法律出版社 2010 年版，第 811－813 页。

⑤ 最高人民法院物权法研究小组：《〈中华人民共和国物权法〉条文理解与适用》，人民法院出版社 2007 年版，第 602 页。

⑥ 最高人民法院物权法研究小组：《〈中华人民共和国物权法〉条文理解与适用》，人民法院出版社 2007 年版，第 602 页。

限，在期限内怠于行使的，则抵押权人“丧失人民法院公权力的保护，且抵押权的实质是对抵押物享有优先受偿权，被告对抵押物不再受到法律保护，显然不能再就抵押物优先于其他债权而受到清偿，被告享有的抵押权已不具有抵押权的实质，该抵押权的存在已没有任何意义”，因此抵押人有权请求法院确认抵押权人丧失抵押权，即抵押权消灭。① 最后，如果认为抵押权并不消灭，只是不受公权力保护而已，则抵押物上存续这种无法行使的抵押权，不仅不利于物的效用的发挥，与《物权法》的宗旨相悖，也损害了其他债权人的利益。②

司法实践中，不少法院采取了这一观点。例如，重庆市高级人民法院 2009 年 6 月发布的《审理金融债权及担保纠纷案件研讨会纪要》第二部分第 3 条写道：“关于抵押权人在主债权诉讼时效期间届满后行使抵押权的法律后果，即《中华人民共和国物权法》第 202 条‘抵押权人应当在主债权诉讼时效期间行使抵押权；未行使的，人民法院不予保护’之规定的理解问题，会议认为，该规定是对抵押权存续期限的规定，超过该期限未行使抵押权的，抵押权消灭。”再如，2017 年第 7 期《最高人民法院公报》刊登的“王军诉李睿抵押合同纠纷案”中，法院认为：“在主债权已过诉讼时效的前提下，法院认为上诉人李睿的抵押权已消灭，抵押人王军主张解除抵押登记的请求应予支持。……应当认定在法律已设定行使期限后，抵押权人仍长期怠于行使权利时，法律对之也无特别加以保护的必要，应使抵押权消灭。具体到本案中，因上诉人李睿在主债权诉讼时效期间并未向被上诉人王军主张行使抵押权，故对李睿的抵押权，人民法院不予保护，该抵押权消灭，王军请求解除抵押登记的请求应予支持。”③ 最高人民法院《民商事审判会

---

① 刘某某诉重庆某某商业银行股份有限公司铜梁支行抵押合同纠纷案，重庆市铜梁县人民法院（2013）铜法民初字第 00841 号民事判决书。

② 中国农业银行股份有限公司淅川县支行与淅川县福利特种电珠厂抵押权纠纷上诉案，河南省南阳市中级人民法院（2010）南民二终字第 701 号民事判决书。

③ 《王军诉李睿抵押合同纠纷案》，载《中华人民共和国最高人民法院公报》2017 年第 7 期。对该案的详细评析参见程啸：《主债权诉讼时效期间届满抵押权是否消灭》，载周江洪等主编：《民法判例百选》，法律出版社 2020 年版，第 226 页以下。类似案例参见杨轩诉安徽马鞍山农村商业银行股份有限公司抵押合同纠纷案，安徽省马鞍山市当涂县人民法院（2010）当民二初字第 0131 号民事判决书；中国信达资产管理股份有限公司海南省分公司与海南协裕房地产有限公司抵押合同纠纷上诉案，海南省三亚市中级人民法院（2013）三亚民二终字第 254 号民事判决书；中国农业银行股份有限公司淅川县支行与淅川县福利特种电珠厂抵押权纠纷上诉案，河南省南阳市中级人民法院（2010）南民二终字第 701 号民事判决书。

议纪要》也采取了此种观点，其第59条第1款规定：“抵押权人应当在主债权的诉讼时效期间内行使抵押权。抵押权人在主债权诉讼时效届满前未行使抵押权，抵押人在主债权诉讼时效届满后请求涂销抵押权登记的，人民法院依法予以支持。”

在《民法典》编纂时，不少学者就认为，应当明确“人民法院不予保护”的涵义，但是立法机关仍然延续了《物权法》第202条的规定，故此，上述争议并未因为《民法典》的颁布而消除，依然存在。①

笔者认为，在对《民法典》第419条中“人民法院不予保护”的理解上，最合理的就是抵押权消灭说，即主债权诉讼时效期间届满而抵押权人未行使抵押权的，则抵押权归于消灭，对于办理了登记的抵押权，抵押人有权请求抵押权人协助办理抵押权的注销登记。具体理由阐述如下：首先，诉讼时效只适用于请求权且主要适用于债权请求权，作为物权的抵押权不适用诉讼时效，也不存在因时效期间届满而成为丧失强制执行力的“自然物权”或“不完全物权”。由于只有主债权适用诉讼时效，因而在主债权罹于时效后，债务人享有了对抗债权人履行债务请求的时效抗辩权。但是，抵押人无法援引该时效抗辩权来对抗抵押权人实现抵押权的要求。因为时效抗辩权对抗的是债权请求权，确切地说，是债权人的给付请求权，不能在抵押权人实现抵押权时对抗之。抵押权是物权，而物权是绝对权和支配权。作为绝对权，抵押权人于债务履行期限届满或发生当事人约定的实现抵押权的情形时，有权将抵押财产变价并优先受偿，这也是抵押权的最主要效力，其本质为变价权与优先受偿权的实现，而非抵押权人针对抵押人的给付请求。抵押权人实现抵押权时，无须抵押人的同意与协助，即便抵押人与抵押权人未就抵押权实现方式达成协议的，抵押权人也可以请求人民法院拍卖、变卖抵押财产。此时，抵押权人实现抵押权的程序属于非讼程序，即《民事诉讼法》第十五章第七节规定的作为特别程序的“实现担保物权案件”。

其次，如果认为主债权罹于时效，抵押权本身并不消灭，而只是丧失了“胜诉权”或仅产生“时效抗辩权”，将不正当地限制抵押人对其财产的利用，还影响其他债权人的合法权益，尤其是在同一标的物上享有抵押权的其他债权人对法

---

① 立法机关在《民法典》中延续《物权法》第202条规定的理由，可参见黄薇主编：《中华人民共和国民法典物权编解读》，中国法制出版社2020年版，第726－727页。

律关系确定性的期待。具体而言：一方面，尽管《民法典》第 406 条改变了《物权法》第 191 条，允许抵押期间抵押人可以不经抵押权人的同意而转让抵押财产，但由于抵押财产的转让并不影响抵押权，故此，在抵押权已经没有强制执行力的情况下却依然不消灭，存在于抵押财产之上，会导致受让人不敢受让抵押财产，对于抵押财产交换价值的实现产生很大的影响，限制了抵押财产的流通。另一方面，由于抵押权本身不消灭，那么当同一抵押财产上有多个抵押权，顺位在先的抵押权所担保的主债权已经罹于诉讼时效，倘若其不消灭，那么在就抵押财产变价并优先受偿时应如何处理呢？一方面，顺位在先的抵押权已经不受法院保护，按理则应当由顺位在后的抵押权人优先受偿；另一方面，从理论上说，既然顺位在先的抵押权没有消灭，而抵押人又可能自愿承担担保责任，顺位在后的抵押权人只能在扣除顺位在先的抵押权担保的债权数额后再优先受偿，这样一来，《民法典》第 419 条的规定又有什么意义呢？由此可见，无论是胜诉权丧失说还是时效抗辩权发生说，都无法回答主债权时效届满后抵押权的顺位效力是否随之失效的问题。故此，当抵押人主动向该抵押权人承担担保责任时，其他抵押权人是否可以对此提出异议，也存在很大的疑问。所以不如直接让抵押权归于消灭，简化法律关系，更为合理。

最后，有些人认为，虽然主债权的诉讼时效期间届满后，抵押权不受法院保护，但是抵押人仍然可以自愿承担担保责任。倘若认为抵押权消灭了，则是否意味着抵押人能够反悔，要求债权人返还，这样显然不符合诚实信用原则。① 对此，笔者认为，抵押人自愿与抵押权人配合而拍卖变卖抵押财产甚至是代替债务人履行债务，是双方意思自治的范畴，一旦履行则不得请求返还，这与抵押权是否消灭无关，而是因为，主债权虽然诉讼时效届满了，但是主债权债务本身并没有消灭，而只是债务人享有时效届满的抗辩权而已。此时抵押人是代主债务人而履行债务，故此不能在履行后请求返还，但是抵押人也无权向主债务人进行追偿，否则就等于变相剥夺了主债务人的时效届满的抗辩权。

（三）《民法典担保制度解释》本条第 1 款的规定

1.《民法典担保制度解释》本条第 1 款第 1 句、第 2 句规定："主债权诉讼

---

① 黄薇主编：《中华人民共和国民法典物权编解读》，中国法制出版社 2020 年版，第 726 页。

时效期间届满后，抵押权人主张行使抵押权的，人民法院不予支持；抵押人以主债权诉讼时效期间届满为由，主张不承担担保责任的，人民法院应予支持。”首先，所谓“抵押权人主张行使抵押权的，人民法院不予支持”对应着《民法典》第419条第2句，即“未行使的，人民法院不予保护”。其次，从本条第2句来看，《民法典担保制度解释》采取的是“时效抗辩权发生说”，即抵押人可以以主债权诉讼时效届满作为抗辩，而不承担担保责任。最后，令人遗憾的是，司法解释本款没有明确，抵押人是否可以针对抵押权人提起诉讼，请求法院确认对抵押权不予保护，并由抵押权人协助办理注销登记。这样就会导致，虽然抵押人可以不承担担保责任，但是却不能请求法院确认抵押权消灭，抵押权仍然存续在抵押财产上，不利于抵押财产的流通（毕竟对于有抵押权负担的财产，转让时受让人都会更谨慎或者受让的意愿更低）。

2. 依据《民法典担保制度解释》本条第1款第3句之规定，主债权诉讼时效期间届满前，债权人仅对债务人提起诉讼，经人民法院判决或者调解后未在民事诉讼法规定的申请执行期间内对债务人申请强制执行，其向抵押人主张行使抵押权的，人民法院不予支持。这一规定的依据在于我国法上有所谓的“执行时效”，即申请执行的期间。①《民事诉讼法》第239条第1款规定，申请执行的期间为两年，申请执行时效的中止、中断，适用法律有关诉讼时效中止、中断的规定。虽然债权人对债务人提起诉讼并取得了生效的法律文书但是没有申请强制执行，这就意味着债权人已经无法对债务人通过强制执行程序而实现债权了，此时，如果抵押人是债务人自身，允许债权人向抵押人主张行使抵押权，就等于废除了《民事诉讼法》上的申请执行的期间规定；如果抵押人是债务人之外的第三人，则等于债权人将因为自己过错而导致无法强制执行的风险转嫁给物上保证人。

二、主债权诉讼时效届满对质权和留置权的影响

（一）学说上的争议

无论是《物权法》第202条还是《民法典》第419条，都只是规定了主债权时效届满导致抵押权人行使抵押权的请求不会得到法院的支持，而没有规定主债

① 对于《民事诉讼法》规定的申请执行的期间的批评，参见张卫平：《民事诉讼法》（第5版），法律出版社2019年版，第549页。

权时效届满对质权、留置权有何影响。对此，学说上有不同的观点。

第一种观点认为，之所以《物权法》与《民法典》未就质权和留置权作如同抵押权那样的规定，就是认为这两种权利既不会因主债权罹于时效而受到影响，也没有其他法定的存续期限。因为动产质权与留置权都属于需要转移占有的担保物权。即使主债权的诉讼时效期间届满，由于担保物仍在质权人或留置权人的控制之下，他们可以凭借占有处分担保物，实现自己的权利。因此，规定这两类担保物权因主债权诉讼时效届满而消灭的实际意义不大。这样的规定也与债务人不得对超过诉讼时效期间所为的履行请求返还的民法基本理论相悖。① 对于质权人和留置权人也是不公平的，况且关于质权、留置权的问题，《民法典》已经根据各自权利的特点单独作了规定，如第437条第1款规定，出质人可以请求质权人在债务履行期限届满后及时行使质权；质权人不行使的，出质人可以请求人民法院拍卖、变卖质押财产。第454条规定，债务人可以请求留置权人在债务履行期限届满后行使留置权；留置权人不行使的，债务人可以请求人民法院拍卖、变卖留置财产。② 故此，规定质权和留置权因主债权时效届满而消灭或单独规定这两类担保物权的存续期限，没有什么意义。③

第二种观点认为，《物权法》第202条的规定应参照适用于其他担保物权。④ 因为如果质权和留置权不因主债权罹于时效而消灭的话，则当债务人提供担保时，债权人实现担保物权就直接否定了主债权时效完成的全部意义。即便担保人是债务人以外的第三人，物上保证人在承担担保责任后对主债务人享有的追偿权也会使时效完成变得毫无价值可言。⑤

第三种观点认为，对于以登记作为公示方法的权利质权，应当参照《物权法》第202条的规定，而对于以占有作为公示方法的动产质权以及留置权则不适用。《民商事审判会议纪要》采用了此种观点，其第59条规定："抵押权人应当

① 《德国专家对担保物权的意见》，载全国人民代表大会常务委员会法制工作委员民法室编：《物权法立法背景与观点全集》，法律出版社2007年版，第661页。

② 黄薇主编：《中华人民共和国民法典物权编解读》，中国法制出版社2020年版，第727页。

③ 刘贵祥：《〈物权法〉关于担保物权的创新及审判实务面临的问题》（下），载《法律适用》2007年第9期。

④ 尹田：《物权法》，北京大学出版社2013年版，第470页。

⑤ 孙鹏：《论担保物权的实行期间》，载《现代法学》2007年第6期。

在主债权的诉讼时效期间内行使抵押权。抵押权人在主债权诉讼时效届满前未行使抵押权，抵押人在主债权诉讼时效届满后请求涂销抵押权登记的，人民法院依法予以支持。以登记作为公示方法的权利质权，参照适用前款规定。”①

（二）《民法典担保制度解释》本条第 2 款、第 3 款的理解

《民法典担保制度解释》本条第 2 款、第 3 款在《民商事审判会议纪要》第 59 条的基础上走得更远，就主债权诉讼时效期间届满对质权和留置权的影响作出了全面的规定。依据这两款的规定，其一，主债权诉讼时效期间届满后，财产被留置的债务人或者对留置财产享有所有权的第三人请求债权人返还留置财产的，人民法院不予支持；债务人或者第三人请求拍卖、变卖留置财产并以所得价款清偿债务的，人民法院应予支持。其二，以登记作为公示方式的权利质权，参照适用第一款的规定；动产质权、以交付权利凭证作为公示方式的权利质权，参照适用第二款的规定。

从上述规定可知，《民法典担保制度解释》本条第 2 款、第 3 款区分了登记和占有两种不同的公示方法分别处理主债权诉讼时效对留置权和质权的影响问题。一方面，对于以登记作为公示方法的权利质权，主债权诉讼时效届满后，出质人享有时效抗辩权，有权拒绝承担担保责任；另一方面，对于留置权、动产质权和以交付权利凭证作为公示方式的权利质权，即便主债权诉讼时效届满，对于该等担保物权也不产生影响，占有担保财产或权利凭证的债权人有权继续占有，但是财产被留置的债务人或者第三人以及出质人有权依据《民法典》第 437 条和第 454 条请求质权人、留置权人及时行使质权或留置权。

笔者不赞同司法解释的上述规定。一方面，对于质权，区分以登记为生效要件的权利质权和以交付为要件的动产质权，在主债权诉讼时效届满时分别规定不同的法律效果，理由不充分。实际上这种规定在动产质权中等于架空了诉讼时效制度，因为作为出质人的债务人虽然针对债权人的请求权享有时效届满抗辩权，但是还无权请求返还质物，且只能以“请求拍卖、变卖质押财产并以所得价款优

---

① 至于为何这样规定，在最高人民法院出版的释义书中只是简单地写道：“鉴于《物权法》第 202 条仅适用于抵押权，而实践中对于以登记作为公示方法的权利质权，也存在与抵押权类似的问题，故本纪要将《物权法》第 202 条有关抵押权的规定类推适用于以登记作为公示方法的权利质权。”最高人民法院民事审判第二庭：《全国法院民商事审判工作会议纪要理解与适用》，人民法院出版社 2019 年版，第 361 页。

先清偿债务的”方式来履行本来可以不用履行的债务；如果动产质权中的出质人是第三人，那么第三人在承担担保责任后还可以向债务人追偿。这显然是不妥当的。

另一方面，就主债权诉讼时效届满与留置权存续的关系问题，笔者认为，只要主债权诉讼时效期间届满，则债务人有权要求债权人返还留置的财产。理由在于：首先，留置权是法定担保物权，本身就是法律赋予特定的债权人的优惠保护措施，其并非是基于当事人之间合意而产生的约定担保物权，这一点与抵押权和质权不同。其次，从留置权的立法本意来看，应当是希望双方尽快履行债务，包括尽快实现留置权。如果留置权人连主债权诉讼时效都已经届满了，债权人还可以继续留置而不返还债务人的动产，显然是不合理的。最后，留置权人所留置的都是债务人的动产。主债权时效届满后，留置权人可以不返还留置的债务人的动产，债务人只能请求拍卖、变卖财产来清偿债务，那岂不是等于架空了诉讼时效制度，剥夺了债务人的时效届满的抗辩权。

◆ 疑点与难点

主债权时效期间内已对抵押财产强制执行但执行程序处于停滞状态的问题

需要注意的是，倘若抵押权人在主债权诉讼时效期间内行使了抵押权，如已经向法院申请对抵押财产进行强制执行，但是由于一些原因执行程序处于停滞状态并未进行完毕的，即便嗣后主债权诉讼时效期间经过，也不能认为抵押权人因在主债权诉讼时效期间内未行使抵押权而致抵押权消灭。例如，在一起案件中，抵押权人平安银行华强支行对永兴公司所享有的涉案债权以及为担保该债权而成立的抵押权均经过了法院生效判决的确认，平安银行华强支行在判决生效后向法院申请强制执行。在执行过程中，永兴公司出具了还款计划并经债权人平安银行华强支行的认可，但是未经法院出具法律文书予以确认，此后该还款计划未得到实际履行，原审法院也没有出具任何法律文书对执行状态或执行结果进行确认，该案执行程序实际上处于停滞状态，执行并未终结。抵押人主张抵押权已经消灭，对此，法院认为：“平安银行华强支行作为抵押权人已在主债权诉讼时效期间以提起诉讼的方式行使抵押权，之后亦依法申请强制执行，法院并向抵押人即本案姚广庆、王成秀送达了执行通知书，此后执行程序一直在持续过程中，且主债权至今未获清偿，故本案不存在法律规定的抵押权人未及时行使抵押权而导致抵押权不受保护的情形，也不存在法律规定的导致抵押权消灭的其他情形。”①

（本条由程啸撰写）

第四十五条 【担保物权的实现程序】

当事人约定当债务人不履行到期债务或者发生当事人约定的实现担保物权的情形，担保物权人有权将担保财产自行拍卖、变卖并就所得的价款优先受偿的，该约定有效。因担保人的原因导致担保物权人无法自行对担保财产进行拍卖、变卖，担保物权人请求担保人承担因此增加的费用的，人民法院应予支持。

当事人依照民事诉讼法有关“实现担保物权案件”的规定，申请拍卖、变卖担保财产，被申请人以担保合同约定仲裁条款为由主张驳回申请的，人民法院经审查后，应当按照以下情形分别处理：

（一）当事人对担保物权无实质性争议且实现担保物权条件已经成就的，应当裁定准许拍卖、变卖担保财产；

（二）当事人对实现担保物权有部分实质性争议的，可以就无争议的部分裁定准许拍卖、变卖担保财产，并告知可以就有争议的部分申请仲裁；

（三）当事人对实现担保物权有实质性争议的，裁定驳回申请，并告知可以向仲裁机构申请仲裁。

债权人以诉讼方式行使担保物权的，应当以债务人和担保人作为共同被告。

① 姚广庆等与中国信达资产管理股份有限公司深圳市分公司等抵押合同纠纷上诉案，广东省深圳市中级人民法院（2014）深中法房终字第1504号民事判决书。

◆ 条文要旨

本条是对担保物权实现程序的规定。

◆ 理解与适用

一、担保物权的约定实现程序

所谓担保物权的约定实现程序，也称担保物权的私实行程序，是指允许当事人就担保物权的实现进行相应的约定，一旦担保物权实现的条件成就后，担保物权人就可以按照该约定对担保财产进行变价并优先受偿的程序。担保物权的约定实现程序充分尊重了当事人的意思自由，有利于当事人根据自己的意愿采取最符合自身利益的担保物权实现方法。因此，担保物权的约定实现程序具有效率高、时间短的优势。但是，这种实现程序能否成功在很多时候要取决于担保人是否配合，尤其是对于不转移占有的担保物权如抵押权而言，更是如此。倘若担保人不予协助甚至恶意阻挠，则此种程序难以实现。我国《民法典》有限度地允许当事人约定担保物权的实现程序。《民法典》第 410 条规定："债务人不履行到期债务或者发生当事人约定的实现抵押权的情形，抵押权人可以与抵押人协议以抵押财产折价或者以拍卖、变卖该抵押财产所得的价款优先受偿。协议损害其他债权人利益的，其他债权人可以请求人民法院撤销该协议。抵押权人与抵押人未就抵押权实现方式达成协议的，抵押权人可以请求人民法院拍卖、变卖抵押财产。抵押财产折价或者变卖的，应当参照市场价格。"第 436 条第 2 款、第 3 款规定："债务人不履行到期债务或者发生当事人约定的实现质权的情形，质权人可以与出质人协议以质押财产折价，也可以就拍卖、变卖质押财产所得的价款优先受偿。质押财产折价或者变卖的，应当参照市场价格。"第 453 条规定："留置权人与债务人应当约定留置财产后的债务履行期限；没有约定或者约定不明确的，留置权人应当给债务人六十日以上履行债务的期限，但是鲜活易腐等不易保管的动产除外。债务人逾期未履行的，留置权人可以与债务人协议以留置财产折价，也可以就拍卖、变卖留置财产所得的价款优先受偿。留置财产折价或者变卖的，应当参照市场价格。"

在《民法典》上述规定的基础上，《民法典担保制度解释》本条第 1 款规定：

“当事人约定当债务人不履行到期债务或者发生当事人约定的实现担保物权的情形，担保物权人有权将担保财产自行拍卖、变卖并就所得的价款优先受偿的，该约定有效。因担保人的原因导致担保物权人无法自行对担保财产进行拍卖、变卖，担保物权人请求担保人承担因此增加的费用的，人民法院应予支持。”这就是说，首先，当事人既可以在担保合同中就作此约定，也可以在担保物权实现条件成就后加以协商的，当然，在担保合同中提前约定好，更有效率，可以防止担保人的推诿扯皮。《民法典担保制度解释》本条第1款认为担保物权人自行拍卖、变卖担保财产的规定，很有意义。它可以有效地降低司法拍卖带来的成本，提高效率，更好地保护当事人，优先营商环境。其次，本款只是认可了当事人对债务人不履行到期债务或者发生当事人约定的实现担保物权的情形，担保物权人将担保财产自行拍卖、变卖并就所得的价款优先受偿的约定的效力，没有规定担保物权人有权将担保财产进行折价的约定的效力。一般来说，折价的方式简便高效，例如，就不动产抵押时，抵押财产的折价过程往往是先由抵押权人与抵押人对不动产进行估价，然后共同向登记机构提出注销不动产抵押权登记的申请，将抵押权注销。接着，抵押人与抵押权人共同申请办理房屋所有权或土地使用权的转移登记，将房屋或土地使用权从抵押人处转到抵押权人处，抵押权人将不动产价值超过担保债权的金额补偿给抵押人。但是，由于折价的方式，可能会不公平，或者损害抵押人的其他债权人的合法权益。故此，司法解释本款没有规定担保物权人有权将担保财产进行折价的约定的效力。最后，明确了因担保人的原因导致担保物权人无法自行对担保财产进行折价或者拍卖、变卖的，担保物权人有权请求担保人承担因此增加的费用。这一规定很重要，有助于防止担保人不讲诚信，阻挠担保物权的实现。例如，就动产抵押权而言，抵押人不配合，抵押权人就难以自行拍卖、变卖担保财产。

二、担保物权的法定实现程序

（一）担保物权法定实现程序的类型

在大陆法系国家和地区中，担保物权特别是抵押权的法定实现程序有两种立法模式：一是非讼程序模式，二是诉讼程序模式。以往，我国《担保法》仅规定了诉讼程序作为担保物权的法定实现程序，依据《担保法》第53条第1款、第71条第2款、第87条第2款以及《担保法解释》第128条第1款及第130条的规定，无论是抵押权、质权还是留置权，只要担保物权人与担保人没有就担保物权的实现达成合意，即无法以约定的程序实现担保物权的，就只能通过由担保物权人向法院提起诉讼的方式来实现担保物权。显然，仅仅以诉讼程序作为担保物权的法定实现程序存在很大的缺陷。因为在当事人虽然没有就担保物权的实现程序达成一致，但对担保物权本身并无争议的情形下，一律要求担保物权人必须向法院起诉来实现担保物权，极大地增加了担保物权人实现权利的成本，延长了担保物权的实现时间，不利于充分发挥担保物权的担保功能与融资功能，故此饱受理论界与实务界的批评。在我国《物权法》起草时，“不少人提出，要求抵押权人向人民法院提起诉讼以实现抵押权的规定使得抵押权的实现程序变得复杂而且漫长，有时抵押权需要一两年才能实现。建议为使抵押权的实现程序更加简便，应当允许抵押权人在协议不成的情况下，直接向人民法院申请拍卖、变卖抵押财产”①。该意见被立法机关所接受。《物权法》第 195 条第 2 款规定：“抵押权人与抵押人未就抵押权实现方式达成协议的，抵押权人可以请求人民法院拍卖、变卖抵押财产。”就动产质权而言，因质物被质权人占有，质权人对质物具有实际的控制能力。因此，无须担心质权人无力实现动产质权，需要担心的是质权人是否会因其怠于行使质权而给出质人造成损害。所以，《物权法》第 220 条第 1 款规定：“出质人可以请求质权人在债务履行期届满后及时行使质权；质权人不行使的，出质人可以请求人民法院拍卖、变卖质押财产。”为落实《物权法》的规定，2012 年 8 月 31 日，第十一届全国人大常委会第二十八次会议审议通过的《全国人民代表大会常务委员会关于修改〈中华人民共和国民事诉讼法〉的决定》，在现行《民事诉讼法》第十五章“特别程序”后增加了一节，即第七节“实现担保物权案件”。如此一来，我国法上，担保物权特别是抵押权的法定实现程序就有两类，即非讼程序与诉讼程序。

1. 非讼程序。如果担保物权人与担保人未能就担保物权的实现达成协议，且对于担保物权没有实质性争议，则依据《民法典》第 410 条第 2 款的规定，抵押权人可以请求人民法院拍卖、变卖抵押财产。所谓“请求人民法院拍卖、变卖抵押财产”，指的就是我国《民事诉讼法》第十五章“特别程序”中的第七节“实

① 全国人大常委会法制工作委员会民法室：《〈中华人民共和国物权法〉条文说明、立法理由及相关规定》，北京大学出版社 2007 年版，第 357 页。

现担保物权案件”程序，该程序性质上属于非讼程序。所谓非讼程序，是指适用于非讼事件（freiwillige Gerichtsbarkeit）的程序，与之对应的诉讼程序，则是适用于诉讼事件（streitige Gerichtsbarkeit）的程序。尽管现代法上部分诉讼事件也被纳入非讼程序，非讼事件与诉讼事件的区分变得困难起来，但是，典型的非讼事件如监护、遗产、不动产登记、证书、担保财产的拍卖与变卖等与诉讼事件仍然存在明显的差别，即在有无私权的争议或纠纷上不同。凡是不存在私权利争议或纠纷的事件，就属于非讼事件。反之，就属于诉讼事件。非讼程序追求的目标是高效与快捷，故而法院对抵押权人提出的拍卖、变卖抵押财产的申请只进行所谓的形式审查。我国《民事诉讼法》第 197 条规定：“人民法院受理申请后，经审查，符合法律规定的，裁定拍卖、变卖担保财产，当事人依据该裁定可以向人民法院申请执行；不符合法律规定的，裁定驳回申请，当事人可以向人民法院提起诉讼。”由于无论法院作出允许拍卖还是驳回申请的裁定，都不是对实体民事权利义务的确定，故而这些裁定都没有既判力。一方面，担保物权人在向法院申请实现担保物权而被驳回时，担保物权人可以向法院提起诉讼。该诉讼的类型可能是确认之诉，也可能是给付之诉。例如，法院审查后认为抵押权实现条件尚未成就，则抵押权人可以以债务人和抵押人为共同被告，向法院提起诉讼，要求债务人履行债务并要求实现抵押权。另一方面，申请人的申请虽获得法院之认可，但被申请人或其他利害关系人提出了异议，例如，抵押人认为主债权不存在或抵押权不存在，此时，抵押权人没有义务在非讼程序中证明主债权与抵押权的存在。既然债务人或抵押人对于实体民事权利义务有争议，则他们应以抵押权人为被告向法院提起民事诉讼，请求法院就民事实体权利义务关系作出裁判，如确认抵押权不存在或者抵押权因主债权合同无效而归于消灭。

2. 诉讼程序。如果当事人对实现担保物权有“实质性争议”的，就不能适用非讼程序，担保物权人就必须先通过民事诉讼程序来解决存在争议的权利义务关系。依据《民事诉讼法解释》第 372 条的规定，人民法院审查后，当事人对实现担保物权无实质性争议且实现担保物权条件成就的，裁定准许拍卖、变卖担保财产；当事人对实现担保物权有部分实质性争议的，可以就无争议部分裁定准许拍卖、变卖担保财产；当事人对实现担保物权有实质性争议的，裁定驳回申请，并告知申请人向人民法院提起诉讼。该条中所谓“实质性争议”应当理解为实体权利义务的争议。① 以抵押权为例，抵押人、债务人与抵押权人之间可能存在的实体民事权利义务争议主要包括以下情形：(1) 主合同不成立、无效或者已被撤销；(2) 抵押合同不成立；(3) 抵押合同无效或已被撤销；(4) 抵押权已因主债权实现而归于消灭；(5) 抵押权人已经抛弃了抵押权；(6) 抵押权已因主债权罹于诉讼时效而不能请求法院保护。

《民法典担保制度解释》本条第 2 款与《民事诉讼法解释》第 372 条基本一致，但其解决的是在担保合同中约定仲裁条款的情形下，如何适用非讼程序和诉讼程序实现担保物权的具体问题。因为依据《民法典担保制度解释》第 21 条第 1 款："主合同或者担保合同约定了仲裁条款的，人民法院对约定仲裁条款的合同当事人之间的纠纷无管辖权。"然而，担保合同中虽然有仲裁条款的约定，可是担保物权人依据《民事诉讼法》有关"实现担保物权案件"的规定，申请拍卖、变卖担保财产时，当事人未必对于担保物权就存在实质性争议，故此，法院应当通过审查确定当事人对于担保物权有无实质性争议来决定是否适用《民事诉讼法》的实现担保物权案件这一特别程序，不能直接驳回担保物权人的申请。申言之，如果法院经审查后发现当事人对担保物权无实质性争议且实现担保物权条件已经成就的，则应当裁定准许拍卖、变卖担保财产；如果当事人对实现担保物权有部分实质性争议的，则可以就无争议的部分裁定准许拍卖、变卖担保财产，并告知可以就有争议的部分申请仲裁；如果当事人对实现担保物权全部存在实质性争议的，则裁定驳回申请，并告知可以向仲裁机构申请仲裁。

在当事人实现担保物权有部分或全部的实质性争议时，当事人应当通过民事诉讼程序或者约定的仲裁程序解决该实体权利义务的争议。依据《民法典担保制度解释》本条第 3 款，债权人以诉讼方式行使担保物权的，应当以债务人和担保人作为共同被告。

（二）作为特别程序的实现担保物权案件

1. 申请主体

在依据《民事诉讼法》规定的实现担保物权案件这一特别程序实现担保物权

---

① 参见杜万华、胡云腾主编：《最高人民法院民事诉讼法司法解释逐条适用解析》，法律出版社 2015 年版，第 712 页。

时，程序的主体包括申请人和被申请人。所谓申请人，就是指向法院申请实现担保物权的民事主体。《民事诉讼法》第 196 条规定“担保物权人以及其他有权请求实现担保物权的人”可以提出申请。依据《民事诉讼法解释》第 361 条，担保物权人，包括抵押权人、质权人、留置权人；其他有权请求实现担保物权的人，包括抵押人、出质人、财产被留置的债务人或者所有权人等。此外，在作为担保物权人的企业法人申请破产后，破产管理人也属于有权请求实现担保物权之人（《企业破产法》第 25 条）。

此外，如果同一财产上既有担保物权，又有保证，而当事人就担保物权的实现顺序有约定的，在申请实现担保物权时，不能违反该约定，否则人民法院将不予受理（《民事诉讼法解释》第 365 条）；如果同一物上有多个担保物权如同一个土地使用权上有多个不同顺位的抵押权，此时登记在先即顺位在前的担保物权尚未实现的，不影响后顺位的担保物权人向人民法院申请实现担保物权，只要该担保物权的实现条件成就即可（《民事诉讼法解释》第 366 条）。

就担保物权实现程序中的被申请人，《民事诉讼法》没有明文规定。笔者认为，担保物权人或者其他有权请求实现担保物权的人向法院申请实现担保物权的，应当在申请书中列明被申请人。具体来说，如果抵押权人提出申请的，则被申请人是抵押人；而抵押人申请的，被申请人是抵押权人；如果出质人提出申请的，则被申请人是质权人；质权人提出申请的，被申请人是出质人；如果留置权人提出申请的，被申请人是财产被留置的债务人；而财产被留置的债务人或留置财产的所有权人提出申请的，被申请人是留置权人。

2. 管辖的法院

《民事诉讼法》第 196 条规定：“申请实现担保物权，由担保物权人以及其他有权请求实现担保物权的人依照物权法等法律，向担保财产所在地或者担保物权登记地基层人民法院提出。”也就是说，如果担保物权是需要登记的，如不动产抵押权，则向登记地的基层法院提出申请。否则，可以向担保财产所在地的基层法院申请实现担保物权。但是，对于实现票据、仓单、提单等有权利凭证的权利质权案件，可以由权利凭证持有人住所地人民法院管辖；无权利凭证的权利质权，由出质登记地人民法院管辖（《民事诉讼法解释》第 362 条）。此外，实现担保物权案件属于海事法院等专门人民法院管辖的，由专门人民法院管辖（《民事诉讼法解释》第 363 条)。当同一债权的担保物有多个且所在地不同，申请人可以分别向有管辖权的人民法院申请实现担保物权（《民事诉讼法解释》第 364 条)。

需要研究的是，对于有些动产担保物权，如机动车、船舶、民用航空器等特殊的动产上的抵押权，我国法上采取了登记对抗要件主义（《民法典》第 225 条、《民用航空法》第 16 条、《海商法》第 13 条第 1 款)，就这些特殊动产担保物权实现案件的管辖法院，应按照以下情形加以确定：首先，如果法律对于这些特殊动产纠纷的管辖法院有专门规定的，应当依据这些法律的规定，由专门法院管辖。《海事诉讼特别程序法》第 6 条第 2 款第（六）项规定：因海事担保纠纷提起的诉讼，由担保物所在地、被告住所地海事法院管辖；因船舶抵押纠纷提起的诉讼，还可以由船籍港所在地海事法院管辖。《民事诉讼法解释》第 363 条规定："实现担保物权案件属于海事法院等专门人民法院管辖的，由专门人民法院管辖。"因此，船舶抵押权的实现应当由船舶所在地或被告住所地海事法院管辖。其次，如果特殊的动产担保物权已经办理了登记的，则应当由登记地的基层人民法院管辖。否则，应由动产所在地的基层人民法院进行管辖。

3. 申请材料的受理与审查

申请人向法院提出实现担保物权的申请时，应当提交如下材料：（1）申请书。申请书应当记明申请人、被申请人的姓名或者名称、联系方式等基本信息，具体的请求和事实、理由。（2）证明担保物权存在的材料，包括主合同、担保合同、抵押登记证明或者他项权利证书，权利质权的权利凭证或者质权出质登记证明等。（3）证明实现担保物权条件成就的材料。（4）担保财产现状的说明。（5）人民法院认为需要提交的其他材料。

人民法院在受理申请后，应当在 5 日内向被申请人送达申请书副本、异议权利告知书等文书。如果被申请人有异议的，应当在收到人民法院通知后的 5 日内向人民法院提出，同时说明理由并提供相应的证据材料。由于实现担保物权的程序性质上为非讼程序，并非解决争议的程序，故为了使程序更加快捷，依据《民事诉讼法解释》的规定，实现担保物权案件可以由审判员一人独任审查。只有当担保财产标的额超过基层人民法院管辖范围的，才必须组成合议庭进行审查。

人民法院在审查申请人的申请时，主要是就主合同的效力、期限、履行情况，担保物权是否有效设立、担保财产的范围、被担保的债权范围、被担保的债权是否已届清偿期等担保物权实现的条件，以及是否损害他人合法权益等内容进行审查。如果被申请人或者利害关系人提出异议的，人民法院应当一并审查。在审查的过程中，法院可以询问申请人、被申请人、利害关系人，必要时也可以依职权调查相关事实。

◆ 疑点与难点

担保物权约定实现程序与流押或流质的区别

需要注意的是，担保物权的约定实现程序不同于流押或流质。我国自《担保法》到《物权法》再到《民法典》，都不承认流押契约和流质契约。所谓流押或流质契约，是指抵押权人（或质权人）在订立抵押合同（或质押合同）时与抵押人（或出质人）约定，债务人不履行债务时担保财产归债权人所有。不过在对流押契约和流质契约相关规定的表述上，《民法典》比《担保法》《物权法》更加柔化，《民法典》并未直接规定流押或流质契约无效，而是规定当事人有此等约定时，只能依法就抵押财产或质押财产优先受偿（第 401 条、第 428 条）。采取此种柔化表述的理由在于："在对民法典物权编草案进行二次审议以及向社会各界征求意见时，有的专家学者、单位提出，为进一步优化营商环境，建议完善草案中有关流押条款、流质条款的效力，明确当事人事先作出此类约定的，仍享有担保权益，但是只能依法就抵押财产或者质押财产优先受偿。宪法和法律委员会经研究，建议采纳这一意见。"① 当事人对担保物权实现程序的约定与流押契约或流质契约的区别在于：

1. 成立时间不同。流押或流质契约成立在债务人不履行到期债务或者发生当事人约定的实现担保物权的情形之前，往往就是担保物权人与担保人在签订抵押（质押）合同时，双方就约定当债务人不履行到期债务时抵押或质押财产归债权人所有。但是，双方就担保物权的实现加以约定，则是在债务人不履行到期债务或者发生当事人约定的实现抵押权的情形已经出现之后，即担保物权的实现条件已经成就的时候。这是流质或流押契约与当事人约定担保物权实现方式的一个重

① 黄薇主编：《中华人民共和国民法典物权编解读》，中国法制出版社 2020 年版，第 665 页。

要区分。例如，在最高人民法院审理的一起案件中就涉及这一点。该案的当事人在签订的股权质押合同中约定了在主债务履行期间届满，保证人（股权质权反担保中的质权人）万基控股代替债务人一拖公司偿还债务后，即直接取得出质人豫新公司用于质押的股份。法院认为，该约定属于流质契约，应属无效。但是，在股权质权已经合法设立且债务人一拖公司在债务到期没有偿还债务后，出质人豫新公司又向股权质权人万基控股出具了一份承诺书，该承诺书宣称："贵公司为一拖公司在交行洛阳分行涧西支行贷款960万元提供的担保（我公司为贵公司的担保提供了股权质押担保），因一拖公司实在无力偿还，该贷款已于2006年7月5日到期，现已逾期一个月，因我公司也无还贷能力，特提请贵公司作为该贷款的担保人代为偿还，我公司同意按照2005年9月1日双方签订的《股权质押合同》第6条约定，自动放弃在贵公司的控股公司万基铝业的所有股权及其派生权益，若一年内我公司未按照《股权质押合同》条款归还贵公司代偿的银行本息（加上10%年利率），该股权和权益可以按照法律程序办理，归贵公司持有。"本案当事人争议的一个焦点就是，该承诺书究竟是属于流质契约还是当事人关于股权质权实现方式的约定。对此，最高人民法院认为：首先，由于豫新公司出具《承诺书》是在债务人一拖公司到期未向银行偿还借款、万基控股已经确定需承担担保责任的前提下出具的，而《股权质押合同》在此之前已经为万基控股承担担保责任后的追偿权设定了质押反担保，一旦万基控股代偿了一拖公司的银行借款，就可以作为质权人行使对本案争议股权的优先受偿权，因而豫新公司是否出具《承诺书》并不影响万基控股行使质权，双方无须在《股权质押合同》外另行达成补充协议。豫新公司主张《承诺书》是《股权质押合同》的附属性文件，不合交易常理，本院不予支持。其次，《承诺书》虽然引用了《股权质押合同》第6条以本案争议股权作为万基控股代一拖公司偿还借款对价的约定，但并未将该约定内容作为质权实现的方式，也未提及《股权质押合同》项下出质人义务的履行，而是另行约定豫新公司在一年内归还万基控股代偿的银行本息及10%年利率，如到期未归还，本案争议股权归万基控股所有。万基控股在依法承担担保责任的前提下，本可以依照《股权质押合同》的约定行使质权，而豫新公司作为出质人却以出具《承诺书》的方式要求变更《股权质押合同》的约定，将万基控股担保追偿权的实现方式由行使质权变更为由豫新公司以一年期10%利率的方式承担相应债务、到期不偿还则以股权抵债的折价受偿方式，该内容已经对《股权质押合同》作出了实质性变更，不能视为《股权质押合同》的补充和延续。因此，从《承诺书》出具的时间、债务履行背景及其自身内容综合考虑，《承诺书》系借款主债务履行期届满后，豫新公司向万基控股提出的有别于《股权质押合同》约定内容的新要约，主要内容是由万基控股附条件地代偿债务，万基控股在《承诺书》出具的次日即以代偿借款的行为接受要约，《承诺书》的内容构成双方达成的债务承担及折价清偿协议，并以此替代了《股权质押合同》中约定的质权实现方式。《承诺书》不是《股权质押合同》的补充协议，也未约定股权质押的相应内容，不能适用《担保法》第66条关于流质条款的规定，其约定内容合法有效。①

2. 是否估价不同。就流抵或流质契约而言，在抵押权或质权实现时，债权人直接就取得了抵押物或质物的所有权，不需要对抵押物或质物进行估价并加以清算（如担保财产中超过被担保财产价值的部分返还给担保人）。但是，双方约定担保物权实现程序时，即便采取折价或变卖的方式也必须参照市场价值（《民法典》第410条第3款、第436条第3款）。在参照市场价值确定担保财产的价值后，担保人将抵押物或质物抵偿债务，剩余的债务，债务人应当继续清偿。担保财产的价值超出债务的，债权人应当返还给担保人。正是因为流押或流质契约中不对担保财产和被担保债务进行清算且该等约定又是成立于担保合同订立之时，才容易产生不公平的情形，法律上才有必要予以禁止。由此可见，不能简单地认为当事人在主合同签订时约定了折价的方式都构成流押或流质，还需要进一步考虑是否估价、以物抵债是否是在债务履行期届满而不履行债务之时等具体情形。例如，在“山西羽硕房地产开发有限公司与山西智海房地产开发有限公司买卖合同纠纷再审案”中，最高人民法院认为：“本案中，双方因买卖合同而形成了债权债务关系，在债务清偿期限届满之前，对代替物——房产的价值进行了协商作价，且每平方米3000元的价格符合当时的市场行情，并且约定了代物清偿的条件为到期不能履行债务，还款承诺系附条件的以物抵债协议，合法有效。至于诉讼时房产的价格已经上涨，这属于市场行情的变动，不构成以物抵债协议无效的

---

① 河南万基铝业股份有限公司、万基控股集团有限公司与河南豫新投资有限公司一般股权转让侵权纠纷再审案，最高人民法院（2014）民提字第92号民事判决书。

因素。”显然，支持最高人民法院这一判决的事实在于：其一，双方已对写字楼作价每平方米3000元；其二，在债务清偿届满之前，当事人之间并没有形成抵押关系，即房产所有人对房产的处分权没有受到限制。①

（本条由程啸撰写）

第二节　不动产抵押

第四十六条　【不动产抵押合同生效后未办理抵押权登记的民事责任】

不动产抵押合同生效后未办理抵押登记手续，债权人请求抵押人办理抵押登记手续的，人民法院应予支持。

抵押财产因不可归责于抵押人自身的原因灭失或者被征收等导致不能办理抵押登记，债权人请求抵押人在约定的担保范围内承担责任的，人民法院不予支持；但是抵押人已经获得保险金、赔偿金或者补偿金等，债权人请求抵押人在其所获金额范围内承担赔偿责任的，人民法院依法予以支持。

因抵押人转让抵押财产或者其他可归责于抵押人自身的原因导致不能办理抵押登记，债权人请求抵押人在约定的担保范围内承担责任的，人民法院依法予以支持，但是不得超过抵押权能够设立时抵押人应当承担的责任范围。

◆ 条文要旨

本条是对不动产抵押合同生效后未办理抵押权登记的民事责任的规定。

---

① 最高人民法院（2009）民申字第1600号民事判决书。

◆ 理解与适用

一、合同效力与物权登记效力的区分

以往我国法律曾不区分合同效力与登记的效力，将二者混为一谈。最典型的例子就是《担保法》第41条，该条规定："当事人以本法第四十二条规定的财产抵押的，应当办理抵押物登记，抵押合同自登记之日起生效。"这就是说，以房屋等不动产设定抵押权的，如果没有登记，不仅抵押权没有产生，而且抵押合同也不发生法律效力。显然，该规定混淆了抵押合同的生效要件与抵押权设立的生效要件，备受理论界批评。

鉴于混淆不动产登记的转让效力与合同效力，以不动产登记作为物权变动合同生效要件的做法，既不符合物权与债权相区分的法理，也不利于贯彻合同严守原则，保护善意第三人，维护交易安全。故此，《物权法》第15条规定："当事人之间订立有关设立、变更、转让和消灭不动产物权的合同，除法律另有规定或者合同另有约定外，自合同成立时生效；未办理物权登记的，不影响合同效力。"① 申言之，当事人之间订立的引发不动产物权变动的合同一经成立，只要在内容上不违反法律、行政法规的强行性规定、公序良俗且当事人对于合同生效没有另外的约定（如附条件或附期限），合同成立时即发生效力。即便不动产登记是不动产物权变动的生效要件，登记与否也只是决定了不动产物权变动的效力发生与否，并不会影响合同本身的效力。② 因为不动产登记旨在贯彻落实的是物权法的公示与公信原则，如果当事人之间仅就不动产物权的变动达成合意，而没有办理登记，合同的效力不应受到影响。不动产物权变动合同生效后，如果一方拒绝协助对方办理不动产登记，构成违约行为，另一方有权依据该生效的合同要求违约方履行登记义务。如果因为债务人不办理不动产登记，使债权人无法取得

---

① 《最高人民法院关于审理矿业权纠纷案件适用法律若干问题的解释》第14条规定："矿业权人为担保自己或者他人债务的履行，将矿业权抵押给债权人的，抵押合同自依法成立之日起生效，但法律、行政法规规定不得抵押的除外。当事人仅以未经主管部门批准或者登记、备案为由请求确认抵押合同无效的，人民法院不予支持。"

② 最高人民法院一则裁定书认为："抵押合同的订立和抵押权的设定是不同的法律实施。抵押权自登记时生效，但抵押合同不以办理抵押登记为生效要件，而是自合同成立时生效。"参见丁卫、杨志耘民间借贷纠纷申请再审案，最高人民法院（2016）最高法民申816号民事裁定书。

不动产所有权或他物权，债权人有权追究债务人的违约责任。《合同法解释(二)》第15条明确规定：“出卖人就同一标的物订立多重买卖合同，合同均不具有合同法第五十二条规定的无效情形，买受人因不能按照合同约定取得标的物所有权，请求追究出卖人违约责任的，人民法院应予支持。”我国《民法典》延续了《物权法》第15条的规定，《民法典》第215条规定：“当事人之间订立有关设立、变更、转让和消灭不动产物权的合同，除法律另有规定或者当事人另有约定外，自合同成立时生效；未办理物权登记的，不影响合同效力。”

二、抵押合同生效后抵押人有义务协助办理抵押权登记

依据《民法典》第215条，不动产抵押权登记与否并不影响抵押合同的效力。同时，依据《民法典》第402条的规定，以建筑物和其他土地附着物、建设用地使用权、海域使用权以及正在建造的建筑物抵押的，应当办理抵押登记。抵押权自登记时设立。因此，债权人与抵押人仅仅是签订了不动产抵押合同，却没有办理不动产抵押权登记的，抵押权并未成立。双方还必须依法向不动产登记机构申请不动产抵押权的首次登记。问题是，如果抵押人拒不协助债权人申请抵押权登记，应如何处理呢?

显然，在抵押合同已经生效之后，抵押合同的当事人就应当按照约定全面履行自己的义务。对于抵押人而言，协助债权人申请抵押权登记是其最主要的义务，如果其违反抵押合同的约定，不履行合同义务，则应当承担继续履行等违约责任（《民法典》第577条)，债权人有权诉请法院或者仲裁机构要求其履行该义务。为了明确此点，最高人民法院《民商事审判会议纪要》第60条第1句规定：“不动产抵押合同依法成立，但未办理抵押登记手续，债权人请求抵押人办理抵押登记手续的，人民法院依法予以支持。”《民法典担保制度解释》本条第1款再次重申此点，该款规定：“不动产抵押合同生效后未办理抵押登记手续，债权人请求抵押人办理抵押登记手续的，人民法院依法予以支持。”具体而言，债权人提起的诉讼属于给付之诉，即请求抵押人为一定行为，而法院应当判决抵押人履行协助债权人办理抵押登记手续的义务。如果在给付判决生效后，抵押人不履行的，债权人可以申请强制执行，此时依据《民事诉讼法》第251条，在执行中，需要办理有关财产权证照转移手续的，人民法院可以向有关单位发出协助执行通知书，有关单位必须办理。《民事诉讼法解释》第502条也规定：“人民法院在执行中需要办理房产证、土地证、林权证、专利证书、商标证书、车船执照等有关财产权证照转移手续的，可以依照民事诉讼法第二百五十一条规定办理。”人民法院可以向不动产登记机构发出协助执行通知书，登记机构据此为债权人办理抵押权首次登记，从而使得抵押权产生。

三、抵押合同生效后未办理抵押权登记时抵押人的民事赔偿责任

在抵押合同生效后，如果最终因为没有办理抵押权登记，而给债权人造成损害的，抵押人是否要承担赔偿责任以及如何承担赔偿责任，值得研究。《民商事审判会议纪要》第 60 条第 2 句规定：“因抵押物灭失以及抵押物转让他人等原因不能办理抵押登记，债权人请求抵押人以抵押物的价值为限承担责任的，人民法院依法予以支持，但其范围不得超过抵押权有效设立时抵押人所应当承担的责任。”这一规定将抵押物灭失导致抵押权登记无法办理给债权人造成的损害也归责于抵押人，显然没有考虑到抵押人对于抵押物毁损或灭失并无过错的情形，例如，在抵押权登记办理之前，因为第三人的侵权行为或者政府的征收行为，从而导致抵押权登记无法办理，此时如果要求抵押人对因此给债权人造成的损害也承担赔偿责任，显然是不妥当的。《民法典担保制度解释》本条考虑到了这种情形，分别在第 2 款和第 3 款区分了造成抵押权不能登记的原因是否归责于抵押人而作出了相应的规定。

（一）因不可归责于抵押人自身的原因导致不能办理登记

依据《民法典担保制度解释》本条第 2 款，如果抵押财产因不可归责于抵押人自身的原因灭失或者被征收等导致不能办理抵押登记，债权人请求抵押人在约定的担保范围内承担责任的，人民法院不予支持；但是抵押人已经获得保险金、赔偿金或者补偿金等，债权人请求抵押人在其所获金额范围内承担相应赔偿责任的，人民法院应予支持。作此规定的理由在于：首先，由于抵押合同属于单务合同，在第三人侵权造成抵押物灭失、政府征收等导致无法办理抵押权登记的情形下，此种给付不能并非因抵押人的过错所致，因此，作为债务人的抵押人免予给付义务，加之抵押权并未办理登记而没有成立的情形下，抵押人自然无须按照约定的担保范围承担担保责任。

其次，虽然债权人不能请求抵押人承担约定的担保责任，但是，当债务人对于第三人有请求给付保险金、赔偿金或补偿金的请求权时，债权人可以向债务人

请求让与此等请求权，或者交付其所受领的保险金、赔偿金或补偿金。债权人的这一权利被称为“代偿请求权”。[①] 例如，我国台湾地区“民法”第225条规定：“因不可归责于债务人之事由，致给付不能者，债务人免给付义务。债务人因前项给付不能之事由，对第三人有损害赔偿请求权者，债权人得向债务人请求让与其损害赔偿请求权，或交付其所受领之赔偿物。”《民法典担保制度解释》本条第2款没有规定抵押人要向债权人转移保险金、赔偿金或补偿金请求权，而是规定在抵押人已经获得保险金、赔偿金或者补偿金等抵押财产代位物时，债权人有权请求抵押人在该代位物价值范围内承担相应赔偿责任。这是因为：一方面，当抵押人就是债务人时，虽然抵押权没有成立，但是作为债务人的抵押人所取得的保险金、赔偿金或补偿金本身就属于责任财产，应当用于履行债务；另一方面，当抵押人是债务人之外的第三人时，抵押权即便没有成立，也并不意味着债权人就一定会遭受损失。如果主合同的债务人按照约定履行了债务，则抵押人无需承担担保责任。只有当债务人不履行债务，作为物上保证人的抵押人才需要承担担保责任。此时，要求抵押人在已经取得的保险金、赔偿金或补偿金的价值范围内承担相应的赔偿责任，也是对抵押物因不可归责于双方的原因而灭失或被征收的风险的合理分配。对于抵押人而言并不苛刻，符合当事人订立抵押合同时的心理预期。

（二）因可归责于抵押人自身的原因导致不能办理登记

当抵押权登记是因为可归责于抵押人自身的原因（如抵押人在抵押权登记前即转让原本作为抵押财产的不动产给他人），即抵押人因其故意或者过失而导致抵押权登记无法办理的，此时，一方面，由于没有办理不动产抵押权登记，故此抵押权没有成立，债权人还是普通的债权人而非抵押权人，其对于抵押财产不享有追及效力，也不针对抵押人转让原本作为抵押财产的不动产所获得的价金享有优先受偿权（即此时不存在抵押权的物上代位效力规则的适用）；另一方面，由于抵押人的行为属于违反抵押合同的违约行为，故此，抵押人应当就因其违约行为承担赔偿责任。例如，A公司与B公司订立抵押合同，约定A公司提供房屋一栋为B公司对C公司享有的1000万元债权提供抵押权担保。抵押合同生效后，

---

① 郑冠宇：《民法债编总论》，新学林出版股份有限公司2015年版，第160页。

办理房屋抵押权首次登记前，A 公司又将该房屋出卖给 D 公司。此时，抵押人 A 公司应当就其违反抵押合同的行为承担违约责任。如果抵押人自身就是债务人，此时让抵押人承担违反抵押合同的违约赔偿责任，则并无意义。因为抵押权本身就是担保其自身的债务，其财产就是责任财产，再让债务人承担违反抵押合同的赔偿责任，意义很小。但是，在物上保证人违反抵押合同时，其承担的违约赔偿责任的性质与范围究竟是什么，则值得研究。

1. 抵押人赔偿责任的性质

对此问题存在不同的看法。一种观点为连带责任说。例如，有些法院认为，在抵押权没有办理登记而未成立的情形下，依据所谓无效法律行为转换为有效法律行为的理论，将债务人之外的抵押人与债权人签订的抵押合同转换为连带责任保证，进而要求抵押人在抵押财产的价值范围内承担保证担保责任。① 有些学者更是别出心裁地认为，在抵押权因未办理登记而没有成立的情形下，由于抵押人具有担保的意思，与债权人达成了担保的合意，故此可以将该担保合同解释为保证担保，无非这种保证担保的保证责任不是保证人（即抵押人）的全部责任财产而仅限于特定财产（即抵押财产），可将此种保证担保称为不规则保证担保。另一种观点为补充责任说，此说认为，在法律没有规定连带责任或者当事人没有约定连带责任的情形下，应当认为作为物上保证人的抵押人违反抵押合同导致抵押权不成立时，承担的是补充责任。②

笔者认为，连带责任说是不正确的。首先，不登记或不交付本身并不导致抵押合同或质押合同无效，自然也就谈不上法律行为无效的问题，更没有必要去转换，完全可以依据违约责任加以解决。其次，物的担保与人的担保存在根本的区别，物的担保是有限责任，仅以担保物的价值为限；而人的担保是无限责任，是以担保人的全部责任财产为限。任意将物的担保转换为人的担保，既不符合当事人的真实意思，更有损担保人的合法权益。最后，在当事人没有约定连带责任保证，更无法律规定连带责任的情形下，直接认定抵押人与债务人向债权人承担连

---

① 新疆石河子农村合作银行与刘峻瑞、步春华借款合同纠纷案，最高人民法院（2015）民申字第 2354 号民事裁定书；王景州、赵红军民间借贷纠纷案，郑州市中级人民法院（2017）豫 01 民终 5314 号民事判决书。

② 最高人民法院民事审判第二庭：《〈全国法院民商事审判工作会议纪要〉理解与适用》，人民法院出版社 2019 年版，第 364 页。

带责任，显然违反了《民法典》第178条第3款的规定。

由于抵押人就违反抵押合同而导致无法办理抵押权登记的，只有在给债权人造成损失时，才需要承担赔偿责任。而当债务人已经按照约定履行了债务的时候，则无论抵押权成立与否，都不会产生物上保证人承担担保责任的情形。所以，虽然抵押人违反抵押合同所承担的损害赔偿责任，客观上确实是处于补充的地位，可以称为某种意义上的补充责任。

2. 抵押人赔偿责任的范围

在抵押担保属于物的担保，作为物上保证人的抵押人所负担的担保责任属于有限责任，此种有限性体现在：一方面，当事人对担保范围存在约定；另一方面，抵押人最大的责任不超过抵押财产的价值。故此，当担保范围大于抵押财产的价值时，则抵押人最多只是承担以抵押财产的价值范围为限的责任；当担保范围小于抵押财产价值时，则抵押人仅在担保范围内承担责任。故此，在不动产抵押权因为可归责于抵押人的原因而没有成立的情形下，抵押人的违约赔偿责任不能约定的担保范围或者抵押财产价值。例如，最高人民法院的一则裁定书明确指出："抵押合同的订立和抵押权的设定是不同的法律事实。抵押权自登记时生效，但抵押担保合同不以办理抵押登记为生效要件，而是自合同成立时生效。本案中，杨志耘、王思元与丁卫和甘磊、岑学燕之间形成了抵押担保法律关系，尽管杨志耘、王思元未就抵押房产去办理抵押登记，但是三方关于抵押担保的约定意思表示是真实的，符合上述法律规定，应为有效。如果由于杨志耘、王思元违背诚信原则，拒绝办理抵押登记，致使基于抵押担保合同而成为债权人的丁卫而受到无法实现债权的损失，杨志耘、王思元应当在抵押财产现有价值的范围内承担相应的违约赔偿责任。"① 再如，最高人民法院的另一则判决指出："现代置业公司未履行抵押登记义务致抵押权未设立，构成违约，其应当承担违约责任。中建七局未请求现代置业公司履行抵押登记义务，直接要求现代置业公司承担清偿责任，根据《合同法》第一百零七条、第一百一十三条的规定，现代置业公司应承担违约损害赔偿责任，损失赔偿额应当相当于因违约造成的损失，包括合同履行后可以获得的利益。《担保合同》如正常履行，中建七局可以获得的利益是对担

① 丁卫、杨志耘民间借贷纠纷申请再审案，最高人民法院（2016）最高法民申816号民事裁定书。

保物在建工程享有抵押权。因此，现代置业公司应当在约定的担保物价值范围内承担对现代物流港公司票面金额债务的赔偿责任。一审判决将现代置业公司抵押合同项下的责任转换为连带清偿责任，与合同约定不符，适用法律错误，应予纠正。”①

《民商事审判会议纪要》第 60 条第 2 句规定，“因抵押物灭失以及抵押物转让他人等原因不能办理抵押登记，债权人请求抵押人以抵押物的价值为限承担责任的，人民法院依法予以支持，但其范围不得超过抵押权有效设立时抵押人所应当承担的责任”。《民法典担保制度解释》本条第 3 款也规定：“因抵押人转让抵押财产或者其他可归责于抵押人自身的原因导致不能办理抵押登记，债权人请求抵押人在约定的担保范围内承担责任的，人民法院依法应予支持，但是不得超过抵押权能够设立时抵押人应当承担的责任范围。”该款中所谓“约定的担保范围”，是指抵押人与债权人在抵押合同中约定的抵押权担保的范围，如主债权、利息、违约金、损害赔偿金、实现抵押权的费用等。所谓“抵押权能够设立时抵押人应当承担的责任范围”，是指如果抵押权已经成立了，即已经办理了不动产抵押权登记的，则抵押人应当承担的责任范围就是所谓的担保责任范围，该范围可能有约定，也可能没有约定即适用法律的规定的担保范围。但无论如何，担保范围大于抵押的不动产的价值时，以抵押的不动产价值为限；担保范围小于抵押的不动产的价值时，以担保范围为限。

◆ 疑点与难点

一、抵押权人有权请求抵押人在代位物价值范围内承担相应赔偿责任不同于物上代位权

《民法典担保制度解释》本条第 2 款只是规定了抵押权人有权请求抵押人在该代位物价值范围内承担相应赔偿责任。故此，抵押权人并不针对该代位物享有优先受偿权，这与抵押权的物上代位效力是有区别的。因为抵押权的物上代位效力是在抵押权成立后才具有的，然而，在抵押物灭失或被征收的情形下，不

① 现代（邯郸）物流港开发有限公司、现代（邯郸）置业有限公司票据追索权纠纷案，最高人民法院（2017）最高法民终 718 号民事判决书。

动产抵押权因为没有办理登记而没有成立，故此，抵押合同中的抵押权人实际上仍然只是债权人而非担保物权人，其不对抵押财产或其代位物享有优先受偿的权利。

二、不得超过抵押权能够设立时抵押人应当承担的责任范围的合理性

在起草《民法典担保制度解释》时，有观点认为，司法解释将抵押人因可归责于自身原因而导致无法办理抵押权登记的赔偿责任限定为“不得超过抵押权能够设立时抵押人应当承担的责任范围”是错误的，基于完全赔偿原则，就应当是造成多少损害赔偿多少损失。抵押人违反抵押合同而赔偿责任与抵押权是否设立没有关系。笔者认为，就不动产抵押而言，抵押合同的完全履行就是抵押人与债权人一起办理了不动产抵押权首次登记，抵押权设立。作为物上保证人的抵押人并非主合同的债务人，其只是在债务人不履行到期债务或者发生约定的实现抵押权的事由后，最大以抵押财产的价值为限承担物上担保责任而已。故此，作为物上保证人的抵押人，其违约行为给债权人造成的最大损失也不可能超过抵押权成立时其需要承担的物上担保责任，这也是抵押人能够预见的因其违约行为而可能造成的损失。我国《民法典》第584条规定：“当事人一方不履行合同义务或者履行合同义务不符合约定，造成对方损失的，损失赔偿额应当相当于因违约所造成的损失，包括合同履行后可以获得的利益；但是，不得超过违约一方订立合同时预见到或者应当预见到的因违约可能造成的损失。”因此，将抵押人的赔偿责任限定为“不得超过抵押权能够设立时抵押人应当承担的责任范围”是合理的。

（本条由程啸撰写）

第四十七条　【不动产登记簿的效力】

不动产登记簿就抵押财产、被担保的债权范围等所作的记载与抵押合同约定不一致的，人民法院应当根据登记簿的记载确定抵押财产、被担保的债权范围等事项。

◆ 条文要旨

本条是对不动产登记簿记载与抵押合同记载不一致时以何者为准的规定。

◆ 理解与适用

一、不动产抵押权采取登记生效要件主义

我国《民法典》对于基于法律行为的不动产物权变动，原则上采取登记生效要件主义，即不动产物权的设立、变更、转让和消灭，经依法登记，发生效力；未经登记，不发生效力，但是法律另有规定的除外（第209条第1款）；不动产物权的设立、变更、转让和消灭，依照法律规定应当登记的，自记载于不动产登记簿时发生效力（第214条）。就不动产抵押权而言，《民法典》第402条更是明确规定，以建筑物和其他土地附着物、建设用地使用权、海域使用权以及正在建造的建筑物抵押的，应当办理抵押登记。抵押权自登记时设立。所谓“抵押权自登记时设立”是指，只有在办理登记之后，当事人通过订立抵押合同所旨在达到的法律效果方出现，即抵押权产生。没有登记，抵押权不产生。这就是登记生效要件主义。

依据物权变动的形态不同，不动产抵押权登记可以分为首次登记、转移登记、变更登记以及注销登记。《不动产登记暂行条例》以及《不动产登记暂行条例实施细则》对每一类不动产抵押权登记的适用范围、申请人和申请材料等问题都作出了详细的规定，其中，抵押权的首次登记就是抵押权的设立登记，即当事人通过抵押合同设立抵押权时向登记机构申请的登记。不动产抵押权的首次登记应当向不动产所在地的登记机构提出申请。具体来说，应当由抵押人与抵押权人共同向不动产登记机构提出申请。抵押财产属于共同共有财产的，必须由全体共有人或其委托代理人提出申请；如果是按份共有财产的，需要由占份额2/3以上的共有人或者其委托代理人提出申请。

在我国不动产统一登记后，不动产登记统一由自然资源部门管理。依据原国土资源部颁布的《不动产登记簿证样式（试行）》，抵押权首次登记时，应当将抵押权登记信息记载于不动产登记簿的“抵押权登记信息”页。该页中关于抵押权首次登记应当记载的信息包括：抵押权人、证件种类、证件号码、抵押人、抵押

方式、登记类型、登记原因、被担保主债权数额、债务履行期限、不动产登记证明号、登记时间、登簿人等。因此，登记机构经审核决定将抵押权首次登记记载于不动产登记簿时，应当填写上述内容。

二、不动产登记簿具有推定效力与公信效力

（一）不动产登记簿的推定效力

所谓不动产登记簿的推定效力，也称“不动产登记簿的推定效力”或“不动产登记簿的正确性推定”（Die Vermutung der Richtigkeit des Grundbuchs），是指不动产物权经登记（即记载于不动产登记簿）后，推定不动产登记簿上记载的该物权的归属、内容与真实的物权归属、内容是一致的。

《民法典》第216条第1款规定：“不动产登记簿是物权归属和内容的根据。”该款规定的就是不动产登记簿的推定效力。不动产登记簿的推定效力规范在性质上属于证明责任规范。具体来说，在诉讼中，如果当事人就登记簿上记载的物权归属和内容不发生争议，法官则无须对不动产登记簿上记载的权利产生的要件或权利消灭的要件是否存在的问题进行认定，其只需适用《民法典》第216条第1款，并据此在有人提出登记簿不正确的主张之前，将登记簿上的记载作为判决权利存在与否的基础。倘若有人与登记权利人就登记簿上记载的物权的归属或内容发生争议而提起诉讼，则其必须举证证明不动产登记簿的记载是错误的，即登记簿的记载与真实的权利状态不一致且其为真实的不动产物权人。倘若不能证明或者事实真相如何已无法查明，则法官应当判决主张登记簿不正确者败诉，即其承担举证不能而败诉的风险。

在我国法上，不动产登记簿推定力可以分为以下两类：

1. 不动产登记簿的积极推定效力，即凡是不动产登记簿上将某人登记为不动产物权人的，就推定该人按照登记簿上的记载享有物权。所谓“按照登记簿上的记载”意味着，该人按照不动产登记簿上记载的物权的种类（如所有权还是抵押权抑或其他的物权）、内容（如抵押权担保的债权范围等）和顺位（如第一顺位或第二顺位抵押权）等享有物权。在不动产登记簿积极推定效力中，被推定存在的权利必须是已经在不动产登记簿上进行了记载的物权。因此，某项物权并未在不动产登记簿上进行记载时（如当事人虽已向登记机构提出申请但尚未记载入登记簿中），则不存在积极推定。如果某项物权在不动产登记簿上进行了记载，那么即便该项登记是在违反不动产登记程序法的情形下发生的，依然适用积极推定。这就意味着，纵使有人对不动产登记簿上记载的正确性存有异议，他也不能仅仅以在不动产登记簿上的登记违反了不动产登记程序法为由来反驳积极推定。① 因为积极推定并非对实体权利产生要件是否存在、是否合法有效而作出的推定，而只是对权利的存在（这种状态）的推定。

2. 不动产登记簿的消极推定效力，凡是在不动产登记簿上注销了某一物权的（ein eingetragenes Recht geloescht），就推定该物权已不复存在。消极推定效力意味着：首先，该被推定为不存在的权利必须是曾被记载入登记簿而后来又被注销的物权。不动产登记簿的推定力是一种法律推定，而推定就必须有一个前提。显然，不动产登记簿消极推定的前提只能是登记簿曾经记载过的物权被注销了。故此，如果某项物权根本就没有被记载入登记簿中，推定的前提就不存在，当然不能进行消极推定。至于注销该权利出于何种原因——究竟是更正登记还是当事人通过法律行为对权利进行的变动所致，在所不问，因为消极推定不包括对实体权利消灭要件的推定。其次，消极推定只是推定在登记簿上被注销的权利是不存在的，而并非推定被注销的权利到注销时为止曾经存在过。② 也就是说，不能对消极推定作反对解释。

（二）不动产登记簿的公信效力

不动产登记簿的公信效力（Oeffentlicher Glaube des Grundbuchs），也称“不动产登记的公信力”或“不动产的善意取得（der Redliche Erwerb im Liegenschaftsrecht）”③，是指即便不动产登记簿上记载的物权的归属和内容与真实的物权归属和内容不一致，信赖该登记簿记载之人仍可如同登记簿记载正确时那样依法律行为而取得相应的不动产物权。不动产登记簿的公信力是为了维护不动产交易安全而在“权利外观思想（Rechtsscheingedanken）”的基础上产生的制度。尽管其与动产善意取得制度（Der gutglaeubige Mobiliarerwerb）一样，都具有维护交易

① 参见 Klaus Mueller，Sachenrecht，4Aufl.，Koeln；Berlin；Bonn；Muenchen：Carl Heymanns Verlag，1997，Rn. 1044。

② BGHZ 52，S. 358f. 转引自 Klaus Mueller，Sachenrecht，4Aufl.，Koeln；Berlin；Bonn；Muenchen：Carl Heymanns Verlag，1997，Rn. 1051。

③ “不动产登记簿公信力”与“不动产善意取得”这两种称谓并无实质区别，德国民法学的著作中常常混着使用这两种表述。

安全、提高交易效率的功能，但是，二者在理论根据、构成要件等方面存在明显的差异。

尽管从立法技术上看，《民法典》第311条没有对不动产登记簿的公信力与动产善意取得进行统一的规定，但并不能因此就认为我国法上不承认登记簿公信力与动产善意取得的区分。①《民法典物权编解释（一）》专门区分了不动产与动产善意取得中善意的认定标准。该司法解释第15条规定："具有下列情形之一的，应当认定不动产受让人知道转让人无处分权：（一）登记簿上存在有效的异议登记；（二）预告登记有效期内，未经预告登记的权利人同意；（三）登记簿上已经记载司法机关或者行政机关依法裁定、决定查封或者以其他形式限制不动产权利的有关事项；（四）受让人知道登记簿上记载的权利主体错误；（五）受让人知道他人已经依法享有不动产物权。真实权利人有证据证明不动产受让人应当知道转让人无处分权的，应当认定受让人具有重大过失。"第16条规定："受让人受让动产时，交易的对象、场所或者时机等不符合交易习惯的，应当认定受让人具有重大过失。"

三、抵押权登记时不动产登记簿的记载与抵押合同的约定不一致

我国不动产登记采取的是物的编成主义，《不动产登记暂行条例》第8条第1款规定："不动产以不动产单元为基本单位进行登记。不动产单元具有唯一编码。"依据《不动产登记暂行条例实施细则》第5条的规定，所谓不动产单元，是指权属界线封闭且具有独立使用价值的空间。没有房屋等建筑物、构筑物以及森林、林木定着物的，以土地、海域权属界线封闭的空间为不动产单元。有房屋等建筑物、构筑物以及森林、林木定着物的，以该房屋等建筑物、构筑物以及森林、林木定着物与土地、海域权属界线封闭的空间为不动产单元。前款所称房屋，包括独立成幢、权属界线封闭的空间，以及区分套、层、间等可以独立使用、权属界线封闭的空间。《不动产登记暂行条例实施细则》第6条规定："不动产登记簿以宗地或者宗海为单位编成，一宗地或者一宗海范围内的全部不动产单元编入一个不动产登记簿。"故此，不动产登记簿对于不动产抵押权的首次登记也是记载于相应的不动产登记簿当中。

---

① 详细论述参见程啸：《不动产登记法研究》（第2版），法律出版社2018年版，第293页以下。

就不动产抵押权登记而言，登记机构在受理当事人的不动产抵押登记申请后需要履行相应的审核职责。《不动产登记暂行条例》第 17 条第 1 款规定：“不动产登记机构收到不动产登记申请材料，应当分别按照下列情况办理：（一）属于登记职责范围，申请材料齐全、符合法定形式，或者申请人按照要求提交全部补正申请材料的，应当受理并书面告知申请人；（二）申请材料存在可以当场更正的错误的，应当告知申请人当场更正，申请人当场更正后，应当受理并书面告知申请人；（三）申请材料不齐全或者不符合法定形式的，应当当场书面告知申请人不予受理并一次性告知需要补正的全部内容；（四）申请登记的不动产不属于本机构登记范围的，应当当场书面告知申请人不予受理并告知申请人向有登记权的机构申请。”《不动产登记暂行条例实施细则》第 15 条规定：“不动产登记机构受理不动产登记申请后，还应当对下列内容进行查验：（一）申请人、委托代理人身份证明材料以及授权委托书与申请主体是否一致；（二）权属来源材料或者登记原因文件与申请登记的内容是否一致；（三）不动产界址、空间界限、面积等权籍调查成果是否完备，权属是否清楚、界址是否清晰、面积是否准确；（四）法律、行政法规规定的完税或者缴费凭证是否齐全。”因此，当事人在抵押合同中约定的抵押财产与登记簿记载的抵押财产以及担保范围在绝大多数时候不会出现不一致的情形。但是，在有些情形下，因为不动产所有权或使用权的首次登记不完整或不准确等原因，也可能出现抵押合同约定的抵押财产与登记簿记载的抵押财产不一致等情形。实践中主要的不一致情形有以下两种：

（一）担保范围的不一致

由于我国现行的不动产登记簿上只有被担保的主债权的金额（最高债权额限度）的记载，却没有抵押权担保范围的记载项，当事人于抵押合同中约定的担保范围无法在登记簿上记载，故此，实践中一旦抵押权人要实现抵押权时，究竟是以抵押合同中约定的担保范围作为优先受偿范围，还是仅以登记簿上记载的被担保主债权的金额作为优先受偿范围，存在很大的争议。这个问题涉及抵押权人的利益、同一抵押财产上后顺位抵押权人的利益以及抵押人的普通债权人的利益的协调。

对此，司法实践中存在不同的观点。一种观点认为，抵押合同与抵押权登记簿、他项权证上记载的抵押权的担保范围应当一致。如果出现不一致，鉴于权证登记的公示效力，应以登记的内容确定具体数额。① 另一种观点认为，依据《物权法》第173条，担保物权的担保范围包括主债权及其利息、违约金、损害赔偿金、保管担保财产和实现担保物权的费用。但实践中，有的登记部门操作不够规范，在办理房地产抵押登记、股权出质登记等担保物权时，会发生登记范围与合同约定不一致的情况，如合同中约定担保范围包括主债权、利息、违约金、实现担保物权的费用等，但在相关登记证明或他项权证上却载明担保范围仅为本金。结合上述《物权法》对担保范围的规定，应当认为，在合同各方意思表示真实、一致且内容合法的情形下，不能因不规范的行政行为而影响当事人实体权益的实现。在主债权本金已经合法登记的情况下，登记效力应及于合理的利息、违约金等其他费用，申请人可在据以登记的担保合同约定的范围内依法享有优先受偿权。②

对此问题，最高人民法院《民商事审判会议纪要》第58条规定："以登记作为公示方式的不动产担保物权的担保范围，一般应当以登记的范围为准。但是，我国目前不动产担保物权登记，不同地区的系统设置及登记规则并不一致，人民法院在审理案件时应当充分注意制度设计上的差别，作出符合实际的判断：一是多数省区市的登记系统未设置'担保范围'栏目，仅有'被担保主债权数额（最高债权数额）'的表述，且只能填写固定数字。而当事人在合同中又往往约定担保物权的担保范围包括主债权及其利息、违约金等附属债权，致使合同约定的担保范围与登记不一致。显然，这种不一致是由于该地区登记系统设置及登记规则造成的该地区的普遍现象。人民法院以合同约定认定担保物权的担保范围，是符合实际的妥当选择。二是一些省区市不动产登记系统设置与登记规则比较规范，担保物权登记范围与合同约定一致在该地区是常态或者普遍现象，人民法院在审理案件时，应当以登记的担保范围为准。"应当说，这一规定以维护登记的公式力为原则，是值得肯定的，但是，所谓区分不同地区而分别以合同的记载和登记

---

① 参见《江苏省高级人民法院关于执行疑难若干问题的解答》（2013年12月18日）。《上海市高级人民法院关于行使担保物权所得价款优先受偿范围的统一裁判和执行尺度的操作意见指引》第2条规定："当事人在登记机关已经登记了明确的担保物权担保范围的，行使担保物权所得价款优先受偿的范围以登记范围为准。"

② 参见《浙江省高级人民法院关于审理实现担保物权案件若干问题的解答》（浙高法〔2013〕152号）。

簿为准的做法，则不是解决问题的根本之道。

笔者认为，依据我国《民法典》第389条第1句的规定，在当事人没有约定时，担保物权的担保范围包括主债权及其利息、违约金、损害赔偿金、保管担保财产和实现担保物权的费用。立法者作此规定的着眼点仅在于抵押人与抵押权人之间的法律关系。也就是说，在不涉及第三人时，如果当事人对抵押担保的范围有特别约定的，依据当事人的约定。没有约定时适用法律的规定。然而，一旦涉及后顺位抵押权人以及普通债权等第三人利益时，如仍然适用《民法典》这一规定，就会损害第三人的合法权益。就不动产抵押权而言，我国明确采取了登记生效要件主义。不动产登记簿作为不动产物权归属和内容的根据，具有推定力与公信力。故此，为了维护不动产登记簿的公示公信效力，对于以登记为生效要件的不动产抵押权，应当以登记簿上记载的抵押权担保范围为准，不应当以抵押合同的约定为准，否则不利于保护后顺位抵押权人、普通债权人等第三人的合法权益。至于目前不动产登记簿上不记载抵押权担保范围的缺陷问题，自然资源部已经高度重视，正在依据《民法典》的规定完善不动产登记簿。故此，很快就能解决这一问题。

正因如此，《民法典担保制度解释》本条改变了《民商事审判会议纪要》的上述规定，依据本条之规定，不动产登记簿就被担保的债权范围所作的记载与抵押合同约定不一致的，人民法院应当根据登记簿的记载确定被担保的债权范围。笔者非常赞同这一规定，该规定有利于更好地维护不动产登记簿的公示力与公信力，保护不动产权利的合法权益，同时维护交易的安全。

（二）抵押财产的不一致

在不动产抵押权登记实践中，还可能出现抵押合同约定的抵押财产与登记簿记载不一致的情形。① 这种不一致可能有两种类型：一是抵押合同中约定抵押财产是A不动产，但是登记簿上记载的抵押财产是B不动产；二是抵押合同中约定的抵押财产与登记簿记载的抵押财产是相同的，但是该财产的面积、范围存在差异。例如，甲公司与乙公司签订的抵押借款合同中约定的抵押财产是甲公司拥有

---

① 相关案例参见中国东方资产管理公司武汉办事处与平安信托投资有限责任公司、中国平安人寿保险股份有限公司、武汉农村商业银行股份有限公司、北京王府井百货商业物业管理有限公司和陆氏实业（武汉）有限公司借款担保合同纠纷案，最高人民法院（2011）民二终字第28号民事判决书。

所有权的A楼房中的1－5层，并办理了相应的抵押权登记。此后，因为甲公司偿还了部分债务，双方协商变更抵押权登记，将抵押财产范围变更为A楼房的1－3层，但是双方并未签订补充的合同，抵押借款合同中约定的抵押财产的范围仍然是A楼房的1－5层。后来因为甲公司没有偿还剩余的债务，乙公司主张按照抵押借款合同中约定的抵押财产的范围行使抵押权。依据《民法典担保制度解释》本条之规定，不动产登记簿就抵押财产所作的记载与抵押合同约定不一致的，人民法院应当根据登记簿的记载确定抵押财产。

（本条由程啸撰写）

第四十八条　【因登记机构原因不能办理登记的后果】

当事人申请办理抵押登记手续时，因登记机构的过错致使其不能办理抵押登记，当事人请求登记机构承担赔偿责任的，人民法院依法予以支持。

◆ 条文要旨

本条是对因登记机构原因导致不能办理抵押登记的法律后果的规定。

◆ 理解与适用

实践中，因为种种原因，一些登记机构不依法办事，任意干涉民事法律关系，对于应当办理抵押权登记的，不予办理。例如，一些登记机构对于自然人作为债权人的建设用地使用权抵押权登记不予办理等。对于这些因为登记机构的原因而导致无法办理抵押权登记的情形，以往的司法解释曾作出规定，《担保法解释》第59条规定："当事人办理抵押物登记手续时，因登记部门的原因致使其无法办理抵押物登记，抵押人向债权人交付权利凭证的，可以认定债权人对该财产有优先受偿权。但是，未办理抵押物登记的，不得对抗第三人。"这一规定意味着，因登记部门的原因使当事人无法办理抵押权登记时，法院可"基于抵押当事人的真实意思认定该抵押合同对抵押权人和抵押人有效，但此种抵押对抵押当事人之外的第三人不具有法律效力"①。然而，这种规定在《民法典》颁行后肯定是错误的。因为我国《民法典》已明确规定了不动产的抵押以登记为生效要件，不登记抵押权就不成立；动产抵押以登记为对抗要件，不登记不得对抗善意第三人。司法解释无权随意改变法律的规定。对于登记机构因过错而不办理抵押权登记的，应当使之承担相应的法律责任，而不能直接认定抵押权已经产生。

故此，《民法典担保制度解释》本条规定，"当事人申请办理抵押登记手续时，因登记机构的过错致使其不能办理抵押登记，当事人请求登记机构承担赔偿责任的，人民法院依法予以支持"。在理解本条时，需要注意以下两个问题。

1. 登记机构赔偿责任的性质

本条所规定的登记机构承担的赔偿责任的性质究竟是民事赔偿责任还是行政赔偿责任，值得研究。就不动产登记而言，依据《不动产登记暂行条例》第 6 条的规定，国务院国土资源主管部门负责指导、监督全国不动产登记工作。县级以上地方人民政府应当确定一个部门为本行政区域的不动产登记机构，负责不动产登记工作，并接受上级人民政府不动产登记主管部门的指导、监督。不动产登记机构无论性质上是事业单位还是行政机关，其从事的不动产登记行为都属于行政行为。自然人、法人或者非法人组织对于不动产登记机构的登记行为不服，提起的诉讼是行政诉讼。例如，《最高人民法院关于审理房屋登记案件若干问题的规定》第 1 条规定："公民、法人或者其他组织对房屋登记机构的房屋登记行为以及与查询、复制登记资料等事项相关的行政行为或者相应的不作为不服，提起行政诉讼的，人民法院应当依法受理。"既然是行政诉讼，那么因登记机构的过错致使其无法办理抵押登记而产生的赔偿责任，就只能认定为行政赔偿责任。我国《国家赔偿法》第 2 条第 1 款规定，国家机关和国家机关工作人员行使职权，有本法规定的侵犯公民、法人和其他组织合法权益的情形，造成损害的，受害人有依照本法取得国家赔偿的权利。第 4 条第（四）项规定，行政机关及其工作人员在行使行政职权时有造成财产损害的其他违法行为的，受害人有取得赔偿的权利。故此，因为不动产登记机构的过错导致当事人无法办理抵押登记，而遭受损

① 《最高人民法院关于担保法司法解释第五十九条中的"第三人"范围问题的答复》（法函〔2006〕51 号）。

害的，当事人有权依据《国家赔偿法》要求登记机构承担赔偿责任。

至于动产和权利担保的登记，依据2020年12月14日召开的国务院常务会议的决定，从2021年1月1日起，对动产和权利担保在全国实行统一登记。原由市场监管总局承担的生产设备、原材料、半成品、产品抵押登记和人民银行承担的应收账款质押登记，以及存款单质押、融资租赁、保理等登记，改由人民银行统一承担，提供基于互联网的7×24小时全天候服务。此前已作动产和权利担保登记的，不需要重新登记，有关部门要妥善做好存量信息数据移交等衔接工作。对新登记的，由当事人通过动产融资统一登记公示系统自主办理，并对登记内容的真实性、完整性和合法性负责；登记机构不对登记内容进行实质审查。① 由此可见，动产和权利担保登记中负责登记的机构也是行政机构，其登记行为属于行政行为，由此造成损害的赔偿责任的性质也属于行政赔偿责任。

2. 登记机构赔偿责任的归责原则

依据《民法典担保制度解释》本条的规定，登记机构承担的赔偿责任属于过错责任。申言之，一方面，登记机构存在过错，即因为过错导致当事人不能办理抵押登记。如果是因为当事人自身的原因，如未依法提交相应的抵押权登记的申请材料，或者提供虚假的申请材料等，登记机构依法不予办理登记的，则不产生登记机构的赔偿责任问题。当事人应当对于登记机构存在过错负有举证责任。另一方面，必须因为登记机构存在过错导致无法办理抵押登记而给当事人造成了损害。所谓给当事人造成了损害，可能是给抵押权人造成了损害，即抵押权人因为抵押登记没有办理而未取得抵押权担保，以致债权部分或全部未能实现；也可能是给债务人造成损害，如因为没有办理抵押登记，债权人不给债务人贷款，以致债务人遭受损失等。

（本条由程啸撰写）

① 《我国将在全国实施动产和权利担保统一登记》，载中华人民共和国中央人民政府网站：http：//www. gov. cn/xinwen/2020－12/15/content_ 5569670. htm。

第四十九条 【违法建筑物抵押】

以违法的建筑物抵押的，抵押合同无效，但是一审法庭辩论终结前已经办理合法手续的除外。抵押合同无效的法律后果，依照本解释第十七条的有关规定处理。

当事人以建设用地使用权依法设立抵押，抵押人以土地上存在违法的建筑物为由主张抵押合同无效的，人民法院不予支持。

条文要旨

本条是对以违法建筑物抵押时抵押合同效力的规定。

理解与适用

一、违法建筑物不能申请房屋抵押权首次登记

依据《城乡规划法》《建筑法》《建设工程质量管理条例》等法律、行政法规的规定，“违法建筑物”主要是指存在以下情形之一的建筑物：（1）未取得建设工程规划许可证进行建设的建筑物。（2）未按照建设工程规划许可证的规定进行建设的建筑物。（3）在乡、村庄规划区内未依法取得乡村建设规划许可证或者未按照乡村建设规划许可证的规定进行建设的建筑物。（4）未经批准进行临时建设的建设工程、未按照批准内容进行临时建设的以及临时建筑物、构筑物超过批准期限不拆除的。

到目前为止，我国并无法律、行政法规明确规定违法、违章的建筑物不得设定抵押，只有司法解释和一些地方性法规或规章明确禁止违法、违章建筑物的抵押。例如，《担保法解释》第48条曾规定：“以法定程序确认为违法、违章的建筑物抵押的，抵押无效。”《上海市房地产登记条例》（已废止）第20条第（二）项规定，属违法建筑、临时建筑或者附有违法建筑的，房地产登记机构应当作出不予登记的决定。《上海市拆除违法建筑若干规定》第16条第2款规定：“违法建筑不得办理房地产权利登记。”《房屋登记办法》（已废止）第22条第（一）项规定，未依法取得规划许可、施工许可或者未按照规划许可的面积等内容建造

的建筑申请登记的，房屋登记机构应当不予登记。

在不动产登记中，当事人申请人房屋所有权首次登记时，登记机构就必须要判断申请登记的建筑物是否属于违法建筑。《不动产登记暂行条例实施细则》第24条第2款规定："未办理不动产首次登记的，不得办理不动产其他类型登记，但法律、行政法规另有规定的除外。"故此，当事人申请房屋抵押权的首次登记前必须已经办理了房屋所有权的首次登记，否则无法办理抵押权首次登记。由于违法建筑物连房屋所有权首次登记都无法办理，故此，多数情形下是不可能以违法建筑物申请房屋抵押权首次登记的。

实践中，比较常见的以违法建筑物抵押的情形是发生在预售商品房或在建工程抵押之时。以这两类财产抵押的，往往是已经办理完毕了抵押登记且建筑物建造完毕后才发现存在违反规划等违法情形。此时，登记机构无权注销该在建工程抵押登记或预售商品房抵押登记。但是，由于建筑物存在违法的情形，也无法办理所有权首次登记，进而不可能将在建工程抵押或预售商品房抵押转为房屋抵押登记。

二、以违法建筑物抵押时抵押合同的效力

由于违法建筑物不能办理房屋所有权首次登记，更无法申请房屋抵押权的首次登记。故此，依据《民法典担保制度解释》本条第1款规定，以违法的建筑物抵押的，抵押合同无效。以违法建筑物作为标的物的合同，无论是建设工程施工合同、房地产抵押合同还是房屋租赁合同，都是无效的，这是司法实践中一直采取延续的观点。例如，《最高人民法院关于审理建设工程施工合同纠纷案件适用法律问题的解释（一）》第3条规定："当事人以发包人未取得建设工程规划许可证等规划审批手续为由，请求确认建设工程施工合同无效的，人民法院应予支持，但发包人在起诉前取得建设工程规划许可证等规划审批手续的除外。发包人能够办理审批手续而未办理，并以未办理审批手续为由请求确认建设工程施工合同无效的，人民法院不予支持。"再如，依据《最高人民法院关于审理城镇房屋租赁合同纠纷案件具体应用法律若干问题的解释》第2条规定，"出租人就未取得建设工程规划许可证或者未按照建设工程规划许可证的规定建设的房屋，与承租人订立的租赁合同无效。但在一审法庭辩论终结前取得建设工程规划许可证或者经主管部门批准建设的，人民法院应当认定有效"。

在抵押合同无效时，其产生的法律后果应当依照《民法典担保制度解释》第

17 条的有关规定处理。但是，如果当事人在一审法庭辩论终结前已经办理合法手续的，即违法建筑物的违法情形消除，如补办相应的规范手续，成为合法建筑，此时，抵押合同有效。抵押人应当按照抵押合同的约定协助债权人办理房屋抵押权的首次登记。这一规定也有利于减少合同无效的情形，更好地发挥鼓励交易的功能。

《民法典担保制度解释》本条第 2 款规定，当事人以建设用地使用权依法设立抵押，抵押人以土地上存在违法的建筑物为由主张抵押合同无效的，人民法院不予支持。之所以如此，是因为在我国法上，土地和建筑物是两个独立的不动产，当事人如果已经取得了建设用地使用权，则该权利是其合法财产，当然可以抵押，即便土地上存在违法建筑物，也不会导致其失去建设用地使用权，更不能因此而认定建设用地使用权抵押合同无效。至于建设用地使用权抵押后，因实现抵押权而需要拍卖变卖时，应当将建设用地使用权及其上的违法建筑物一并处分，对于违法建筑物按现状加以拍卖，此时应适用《最高人民法院关于转发住房和城乡建设部〈关于无证房产依据协助执行文书办理产权登记有关问题的函〉的通知》（已失效）第 2 条的规定。

◆ 疑点与难点

不动产登记法中的连续登记原则的涵义

在我国不动产登记法中有一项基本原则就是连续登记原则。该原则也称“在先原则”（Prioritätsprinzip）或“在先已登记原则”（Voreintragungsgrundsatz），也称“连续登记原则”。依据该原则，那些因登记而使其权利被涉及之人必须是其权利已被记载于不动产登记簿的人。① 具体来说，所谓在先原则包括两层含义：其一，不动产未办理所有权初始登记的，除非法律另有规定，否则不得办理其他权利登记。例如，A 公司合法建造了一栋写字楼，但并未办理房屋所有权的初始登记。不久，A 公司因资金紧张，准备将该房屋出售给 B 公司。由于该房屋没有办理所有权初始登记，故此 A 公司必须先申请房屋所有权的初始登记，然后才能与 B 公司一并申请房屋所有权的转移登记。如果 A 公司提出直接将该写字楼登记在 B 公司名下，是不允许的，因为这样的做法违反了连续登记原则。其二，因处

① Holzer/Kramer, Grundbuchrecht, 2Aufl. C. H. Beck, 2004, Rn. 112.

分不动产而申请相应的处分登记的，被处分的不动产权利应当已经登记。例如，张三有房屋一套，张四是张三的唯一法定继承人。张三因车祸死亡，依据《民法典》的规定，被继承人张三死亡时，张四作为继承人即依法继承该房屋，取得房屋的所有权。但是，由于登记簿上仍然记载张三是房屋的所有权人。故此，张四要将房屋抵押给王五，必须先单方申请所有权转移登记，将房屋登记到自己的名下，然后才能与王五共同申请抵押权的设立登记。当然，在登记实务中，这两项登记申请可以一并申请，登记机构一并受理、依次办理，① 即先办理房屋所有权转移登记，再办理房屋抵押权首次登记。②

连续登记原则确保了只有合法的不动产才能进入不动产登记法律体系当中，防止了违法建筑的交易。例如，当事人违法建造的房屋，就无法办理房屋所有权初始登记，至于此后的转移登记、抵押登记、变更登记或注销登记等都不可能办理。

在我国不动产登记实践中，经常出现一些当事人建造了违法建筑后，因无法办理房屋所有权初始登记，故通过虚假诉讼，在法院主持下与对方达成以物抵债的协议。然后，借助法院的强制执行来实现将非法建筑合法化的目的。③ 某些法官因种种原因不查明当事人以物抵债中的房屋是否属于合法建筑、有无办理房屋所有权初始登记，就直接做成调解书，使当事人得以借助法院之手实现将非法建筑合法化的目的。不动产登记机构在面对法院做出的要求登记机构为那些未办理初始登记的非法建筑办理转移登记的协助执行通知书，处境非常困难。因为按照连续登记原则，这些房屋没有办理初始登记，除非有法律、行政法规的特别规定，否则是不能办理转移登记的。但是，登记机构对于法院的协助执行书不能进

① 《不动产登记操作规范（试行）》第 1.10.1 条对于可以一并申请的具体情形作了规定。

② 如果甲向 A 房地产公司签订了商品房买卖合同，在办理所有权转移登记之前，甲就死亡，其唯一的法定继承人为乙。此时，房屋登记机构可以直接为 A 房屋与乙办理房屋所有权转移登记，而无须先将房屋登记在甲名下，再为乙办理转移登记。因为甲享有的只是债权，其死亡后，继承人乙取得了其债权。故此，商品房买卖合同的主体为 A 公司与乙，应由 A 公司与乙共同申请房屋所有权转移登记。此种登记不受连续登记原则的限制。

③ 近年来，一些法院也注意到了在以物抵债中存在借助法院的执行行为来实现非法目的的现象，故此采取了相应的措施。例如，2014 年 3 月 31 日，江苏省高级人民法院第 6 次审判委员会会议记录就明确要求：在债权债务案件诉讼过程中，如果当事人自愿达成以物抵债协议，并要求法院制作调解书的，人民法院应建议当事人申请撤诉。当事人不申请撤诉而要求法院制作调解书的，人民法院应不予支持，对当事人之间债权债务法律关系继续审理。当事人双方持人民调解组织主持达成的以物抵债调解协议，向人民法院申请司法确认的，经审查，当事人尚未完成物权转移手续的，人民法院应裁定驳回申请。

行实体审查，即便发现问题也只能提出审查建议，不能停止办理协助执行事项。①为了能够摆脱这种两难处境，一些地方的住房和城乡建设厅向住房和城乡建设部进行请示。2012 年 5 月 30 日针对浙江省住房和城乡建设厅的《关于无证房产可否依据协助执行文书直接办理产权登记的请示》（浙建房〔2011〕72 号），《住房和城乡建设部关于无证房产依据协助执行文书办理产权登记有关问题的函》指出："一、对已办理初始登记的房屋，房屋登记机构应当按照人民法院生效法律文书和协助执行通知书的要求予以办理。二、对未办理初始登记的房屋，在完善相关手续后具备初始登记条件的，房屋登记机构应当按照人民法院生效法律文书和协助执行通知书予以登记；不具备初始登记条件的，房屋登记机构应当向人民法院书面说明情况，在人民法院按照法律和有关规定作出处理前，房屋登记机构暂停办理登记。三、房屋登记机构依据人民法院协助执行通知书予以登记的，应当在房屋登记簿上记载基于人民法院生效的法律文书予以登记的事实。"2012 年 6 月 15 日，最高人民法院向地方各级高级人民法院转发了住房和城乡建设部该函，并要求参照执行。该通知中，最高人民法院规定：首先，法院在执行程序中，既要依法履行强制执行职责，又要尊重房屋登记机构依法享有的行政权力；既要保证执行工作的顺利开展，也要防止"违法建筑"等不符合法律、行政法规规定的房屋通过协助执行行为合法化。其次，执行程序中处置未办理初始登记的房屋时，具备初始登记条件的，执行法院处置后可以依法向房屋登记机构发出《协助执行通知书》；暂时不具备初始登记条件的，执行法院处置后可以向房屋登记机构发出《协助执行通知书》，并载明待房屋买受人或承受人完善相关手续具备初始登记条件后，由房屋登记机构按照《协助执行通知书》予以登记；不具备初始登记条件的，原则上进行"现状处置"，即处置前披露房屋不具备初始登记条件的现状，买受人或承受人按照房屋的权利现状取得房屋，后续的产权登记事项由买受人或承受人自行负责。最后，执行法院向房屋登记机构发出《协助执行通知书》，房屋登记机构认为不具备初始登记条件并作出书面说明的，执行法院

① 《最高人民法院、国土资源部、建设部关于依法规范人民法院执行和国土资源房地产管理部门协助执行若干问题的通知》第 3 条第 2 款规定："国土资源、房地产管理部门在协助人民法院执行土地使用权、房屋时，不对生效法律文书和协助执行通知书进行实体审查。国土资源、房地产管理部门认为人民法院查封、预查封或者处理的土地、房屋权属错误的，可以向人民法院提出审查建议，但不应当停止办理协助执行事项。"

应在30日内依照法律和有关规定，参照行政规章，对其说明理由进行审查。理由成立的，撤销或变更《协助执行通知书》并书面通知房屋登记机构；理由不成立的，书面通知房屋登记机构限期按《协助执行通知书》办理。①

（本条由程啸撰写）

第五十条 【划拨土地抵押及其土地上建筑物抵押】

抵押人以划拨建设用地上的建筑物抵押，当事人以该建设用地使用权不能抵押或者未办理批准手续为由主张抵押合同无效或者不生效的，人民法院不予支持。抵押权依法实现时，拍卖、变卖建筑物所得的价款，应当优先用于补缴建设用地使用权出让金。

当事人以划拨方式取得的建设用地使用权抵押，抵押人以未办理批准手续为由主张抵押合同无效或者不生效的，人民法院不予支持。已经依法办理抵押登记，抵押权人主张行使抵押权的，人民法院应予支持。抵押权依法实现时所得的价款，参照前款有关规定处理。

◆ 条文要旨

本条是对划拨土地使用权抵押与划拨土地上的建筑物抵押的规定。

◆ 理解与适用

一、划拨建设用地使用权的抵押

（一）划拨建设用地使用权的涵义与特征

划拨建设用地使用权即通过划拨的方式取得的国有建设用地使用权。国有建设用地使用权的划拨是指，县级以上人民政府依法批准，在土地使用者缴纳补

① 《最高人民法院关于转发住房和城乡建设部〈关于无证房产依据协助执行文书办理产权登记有关问题的函〉的通知》（法〔2012〕151号）。

偿、安置等费用后将该幅土地交付其使用，或者将土地使用权无偿交付给土地使用者使用的行为（《城市房地产管理法》第23条第1款）。

划拨建设用地使用权不同于通过出让方式取得国有建设用地使用权，其特征在于：一方面，通过划拨设立国有建设用地使用权是无偿的。改革开放之前，我国的国有建设用地使用权的获得基本上都是通过无偿的行政划拨的方式；改革开放之后，为推进建设用地使用权的市场化，实现土地这一重要生产要素的市场化配置，我国逐步推进建设用地使用权的有偿有期限的出让。但是，由于以下原因，无法对于所有的城市建设用地使用权都由市场加以配置，依然保留了行政划拨的方式：（1）对于依靠国家财政拨款的立法机关、行政机关、司法机关、事业单位、社会团体、国防军事设施、公共设施，不可能按照市场规律的要求实行有偿出让；（2）一些财政投资新建的公共设施、公益设施，如公共交通、水利设施、文化教育卫生设施，虽然是经营性的，但是采取有偿出让也很困难。所以，对于上述用地要采取行政划拨的方式无偿供给土地使用权。这样一来，改革开放以来我国建设用地使用权制度就形成了一个“有偿出让”与“无偿划拨”并存的双轨制。行政划拨的方式取得建设用地使用权的无偿性主要体现在取得建设用地使用权的一方无需缴纳土地使用权出让金。但是，获得建设用地使用权的一方仍然必须依法缴纳补偿、安置等费用（《城市房地产管理法》第23条第1款）。

另一方面，通过划拨设立的国有建设用地使用权的存续也没有期限的限制。《城市房地产管理法》第23条第2款规定：“依照本法规定以划拨方式取得土地使用权的，除法律、行政法规另有规定外，没有使用期限的限制。”之所以对于划拨取得的土地使用权原则上没有使用期限的限制，是因为：一方面，划拨土地使用权的用途一般是非经营性的，因此国家在政策上要有所区别；另一方面，划拨土地使用权不能进入土地市场，不得转让、抵押和出租。因城市建设发展需要和城市规划要求，政府还可以无偿收回划拨土地使用权。①

通过行政划拨的方式设立国有建设用地使用权是计划经济体制的产物，不符合我国社会主义市场经济发展的需要，不利于实现国家所有自然资源的有偿利

---

① 徐玉麟主编：《城市房地产管理法讲话》，中国法制出版社1994年版，第21页。

用。但是，考虑到我国的实际情形，完全取消划拨的方式也不现实。① 故此，现行法律在保留以划拨方式设立建设用地使用权的同时，严格限制了划拨的适用范围。《民法典》第 347 条第 3 款规定：“严格限制以划拨方式设立建设用地使用权。”《城市房地产管理法》第 24 条规定：“下列建设用地的土地使用权，确属必需的，可以由县级以上人民政府依法批准划拨：（一）国家机关用地和军事用地；（二）城市基础设施用地和公益事业用地；（三）国家重点扶持的能源、交通、水利等项目用地；（四）法律、行政法规规定的其他用地。”《土地管理法》第 54 条规定：“建设单位使用国有土地，应当以出让等有偿使用方式取得；但是，下列建设用地，经县级以上人民政府依法批准，可以以划拨方式取得：（一）国家机关用地和军事用地；（二）城市基础设施用地和公益事业用地；（三）国家重点扶持的能源、交通、水利等基础设施用地；（四）法律、行政法规规定的其他用地。”《国务院关于加强国有土地资产管理的通知》中要求：“严格执行《中华人民共和国土地管理法》、《中华人民共和国城市房地产管理法》关于划拨用地范围的规定，任何单位和个人均不得突破。除法律规定可以采用划拨方式提供用地外，其他建设需要使用国有土地的，必须依法实行有偿使用。国土资源部要依据法律规定，抓紧制订具体的划拨用地目录。”2001 年 10 月 18 日国土资源部按照国务院的要求颁布了《划拨土地目录》②，该目录将上述划拨的适用范围具体详细地规定为十九类建设用地，只有符合该目录的建设用地项目，由建设单位提出申请，经有批准权的人民政府批准，才可以划拨方式提供土地使用权。

（二）划拨建设用地使用权的抵押

由于划拨的建设用地使用权是无偿取得的，故此，划拨建设用地使用权不能如同通过出让方式取得的建设用地使用权那样可以由权利人进行转让、抵押等较为自由的处分。在我国，就划拨的建设用地使用权的抵押问题，有一个从禁止到适当限制的演变过程。最初，依据《城镇国有土地使用权出让和转让暂行条例》第 44 条和第 45 条，划拨的建设用地使用权除符合下列条件，并经市、县人民政府土地管理部门和房产管理部门批准外，不得抵押：（1）土地使用者为公司、企

① “关于《中华人民共和国城市房地产管理法（草案）》的说明”，1994 年 5 月 5 日第八届全国人民代表大会常务委员会第七次会议。

② 2001 年 10 月 18 日国土资源部第 9 次部务会议通过，自发布之日起施行。

业、其他经济组织和个人；（2）领有国有土地使用证；（3）具有地上建筑物、其他附着物合法的产权证明；（4）依照条例第二章的规定签订土地使用权出让合同，向当地市、县人民政府补交土地使用权出让金或者以抵押所获收益抵交土地使用权出让金。1992 年 3 月原国家土地管理局颁布的《划拨土地使用权管理暂行办法》（已废止）第 5 条更是明确规定："未经市、县人民政府土地管理部门批准并办理土地使用权出让手续，交付土地使用权出让金的土地使用者，不得转让、出租、抵押土地使用权。"这些规定意味着，划拨的建设用地使用权只有经过有关行政主管部门的批准且通过签订出让合同并补交出让金转为出让的建设用地使用权后，方能设定抵押，否则抵押权归于无效。应当说，这种对划拨的建设用地使用权处分上的限制过于严厉。以划拨的建设用地使用权设定抵押毕竟不等于转让划拨的建设用地使用权。如果债务人履行了债务，则无须实现抵押权，划拨的建设用地使用权自然也不会发生转让。只有在债务人不履行债务或发生其他实现抵押权的事由时，才涉及划拨的建设用地使用权的转让问题。故此，没有必要对禁止划拨的建设用地使用权设定抵押，只需在其抵押权实现时加以规范即可。

正因如此，1994 年颁行的《城市房地产管理法》和 1995 年颁布的《担保法》改变了《城镇国有土地使用权出让和转让暂行条例》的上述规定。《城市房地产管理法》第 51 条规定："设定房地产抵押权的土地使用权是以划拨方式取得的，依法拍卖该房地产后，应当从拍卖所得的价款中缴纳相当于应缴纳的土地使用权出让金的款额后，抵押权人方可优先受偿。"①《担保法》第 56 条规定："拍卖划拨的国有土地使用权所得的价款，在依法缴纳相当于应缴纳的土地使用权出让金的款额后，抵押权人有优先受偿权。"依据这两条规定，划拨的建设用地使用权无须先转为出让的建设用地使用权即可设定抵押，只是因抵押权实现导致划拨的建设用地使用权被转让时，需要从拍卖该划拨建设用地使用权的价款中扣缴相当于应缴纳的土地使用权出让金。

2003 年 4 月 18 日起施行的《最高人民法院关于破产企业国有划拨土地使用

① 从该条规定来看，划拨土地使用权似乎必须与其上的建筑物一并抵押即构成所谓"房地产抵押"才可以。如果土地上没有建筑物，则该划拨土地使用权不允许抵押。

权应否列入破产财产等问题的批复》第2条曾规定："企业对其以划拨方式取得的国有土地使用权无处分权，以该土地使用权为标的物设定抵押，除依法办理抵押登记手续外，还应经具有审批权限的人民政府或土地行政管理部门批准。否则，应认定抵押无效。如果企业对以划拨方式取得的国有土地使用权设定抵押时，履行了法定的审批手续，并依法办理了抵押登记，应认定抵押有效。根据《中华人民共和国城市房地产管理法》第五十条和《中华人民共和国担保法》第五十六条的规定，抵押权人只有在以抵押标的物折价或拍卖、变卖所得价款缴纳相当于土地使用权出让金的款项后，对剩余部分方可享有优先受偿权。但纳入国家兼并破产计划的国有企业，其用以划拨方式取得的国有土地使用权设定抵押的，应依据国务院有关文件规定办理。"① 但是，2004年1月15日国土资源部颁布的《关于国有划拨土地使用权抵押登记有关问题的通知》则规定，以国有划拨土地使用权为标的物设定抵押，土地行政管理部门依法办理抵押登记手续，即视同已经具有审批权限的土地行政管理部门批准，不必再另行办理土地使用权抵押的审批手续。结果，最高人民法院不得不改变前述司法解释的立场，其于2004年3月23日发布的《最高人民法院关于转发国土资源部〈关于国有划拨土地使用权抵押登记有关问题的通知〉的通知》（法发〔2004〕11号）指出："国土资源部于2004年1月15日发布了国土资发〔2004〕9号《关于国有划拨土地使用权抵押登记有关问题的通知》。现将该《通知》转发给你们，在《通知》发布之日起，人民法院尚未审结的涉及国有划拨土地使用权抵押经过有审批权限的土地行政管理部门依法办理抵押登记手续的案件，不以国有划拨土地使用权抵押未经批准而认定抵押无效。已经审结的案件不应依据该《通知》提起再审。"

2010年7月4日《国务院关于第五批取消和下放管理层级行政审批项目的决定》（国发〔2010〕21号）中明确取消了"国有划拨土地使用权抵押审批"。

① 该司法解释已于2020年12月23日被最高人民法院修改，修改后的条文为："企业对其以划拨方式取得的国有土地使用权无处分权，以该土地使用权设定抵押，未经有审批权限的人民政府或土地行政管理部门批准的，不影响抵押合同效力；履行了法定的审批手续，并依法办理抵押登记的，抵押权自登记时设立。根据《中华人民共和国城市房地产管理法》第五十一条的规定，抵押权人只有在以抵押标的物折价或拍卖、变卖所得价款缴纳相当于土地使用权出让金的款项后，对剩余部分方可享有优先受偿权。但纳入国家兼并破产计划的国有企业，其用以划拨方式取得的国有土地使用权设定抵押的，应依据国务院有关文件规定办理。"

2019年7月6日《国务院办公厅关于完善建设用地使用权转让、出租、抵押二级市场的指导意见》(国办发〔2019〕34号)明确规定:“以划拨方式取得的建设用地使用权可以依法依规设定抵押权,划拨土地抵押权实现时应优先缴纳土地出让收入。”从上述文件来看,以划拨的建设用地使用权抵押的,不属于需要经过审批的事项,但是,何为“依法依规”抵押划拨建设用地使用权,目前并无具体的规定。然而,无论如何,可以得出的结论是:首先,审批并非是以划拨建设用地使用权抵押时抵押合同的生效要件,未经审批不会导致划拨建设用地使用权抵押合同无效。其次,目前争议最大的问题是没有地上建筑物的划拨建设用地使用权能否抵押以及是否需要审批。至于有地上建筑物的划拨建设用地使用权的抵押,只要不动产登记机构为划拨建设用地使用权抵押办理了抵押权登记,抵押权就依法成立了,此时债权人可以行使抵押权。但是,在抵押权实现时,必须依据《城市房地产管理法》第51条的从拍卖所得的价款中缴纳相当于应缴纳的土地使用权出让金的款额后,抵押权人方可优先受偿。

有鉴于此,《民法典担保制度解释》本条第2款规定:“当事人以划拨方式取得的建设用地使用权抵押,抵押人以未办理批准手续为由主张抵押合同无效或者不生效的,人民法院不予支持。已经依法办理抵押登记,抵押权人主张行使抵押权的,人民法院应予支持。抵押权依法实现时所得的价款,参照前款有关规定处理。”

二、划拨土地上的建筑物的抵押

虽然对于单纯的划拨建设用地使用权的抵押权的设立究竟需要履行到何种程序,目前暂无明确的规定。但是,实践中经常发生的是以当事人以划拨建设用地使用权上的房屋等建筑物进行抵押,对于此种抵押是否有效,存在不同的观点。

第一种观点认为,《最高人民法院关于破产企业国有划拨土地使用权应否列入破产财产等问题的批复》第3条第2款曾规定:“国有企业以建筑物设定抵押的效力问题,应区分两种情况处理:如果建筑物附着于以划拨方式取得的国有土地使用权之上,将该建筑物与土地使用权一并设定抵押的,对土地使用权的抵押需履行法定的审批手续,否则,应认定抵押无效;如果建筑物附着于以出让、转让方式取得的国有土地使用权之上,将该建筑物与土地使用权一并设定抵押的,即使未经有关主管部门批准，亦应认定抵押有效。"① 因此，民事主体以附着于划拨土地使用权之上的建筑物设定抵押的，没有经过有审批权限的土地管理部门批准或办理抵押登记，即不属于"履行法定的审批手续"。仅在房屋登记机关办理房屋抵押登记的，仍应认定抵押合同无效。故此，凡房屋坐落于划拨土地使用权之上的，设立抵押就必须履行法定的审批手续。

第二种观点认为，划拨土地使用权之上的房屋抵押合同只要合法履行了房屋抵押登记手续的，就应认定该抵押合同有效。首先，依据《物权法》第147条和《民法典》第357条的规定，建筑物、构筑物及其附属设施转让、互换、出资或者赠与的，该建筑物、构筑物及其附属设施占用范围内的建设用地使用权一并处分。这一规定并未将建设用地使用权限制在出让的建设用地使用权中。其次，最高人民法院上述批复的指向是明确的，即"如果建筑物附着于以划拨方式取得的国有土地使用权之上，将该建筑物与土地使用权一并设定抵押的，对土地使用权的抵押需履行法定的审批手续，否则，应认定抵押无效"。也就是说，适用该条规定的前提是将建筑物与土地使用权一并设定抵押。如果仅仅是对房屋设定了抵押，而并未对土地使用权也设定抵押，则不能适用该规定。最后，如果认为划拨土地使用权之上的房屋抵押必须经过有审批权限的土地管理部门批准或办理抵押登记，否则就应视为未履行法定的审批手续，实际上是要求当事人承担了政府职能部门界分不清的法律后果，也与《担保法解释》第60条关于在土地管理部门或者房产管理部门任何一个部门办理抵押登记手续都可以产生登记效力的规定相悖。

实践中，最高人民法院的一些判决采取了上述第二种观点。例如，在"中国长城资产管理公司济南办事处与山东省济南医药采购供应站、山东省医药集团有限公司、山东省医药公司借款担保合同纠纷案"中，最高人民法院判决认为：本院《关于破产企业国有划拨土地使用权应否列入破产财产等问题的批复》（以下简称《批复》）第3条规定"如果建筑物附着于以划拨方式取得的国有土地使用权之上，将该建筑物与土地一并设定抵押的，对土地使用权的抵押须履行法定的审批手续，否则，应认定抵押无效"。该《批复》中所规定的"将该建筑物与土

① 《民法典》实施后，该款已经被删除。

地一并设定抵押的”系指当事人约定将建筑物与土地一并设定抵押的情形。当事人在订立合同时如果约定将建筑物与以划拨方式取得的国有土地使用权一并设定抵押的，则抵押人应对抵押国有土地使用权履行法定审批手续。本案当事人签订合同约定仅以自有房产设定抵押并办理房屋抵押登记，并未涉及土地使用权一并抵押的情况，该事实与上述《批复》规定的情形不符，原审判决以该《批复》为依据认定本案《最高额抵押合同》无效不妥，本院予以纠正。① 再如，在“中国长城资产管理公司济南办事处与济南金冠毛纺集团有限责任公司借款担保合同纠纷上诉案”中，最高人民法院同样认为：根据《担保法》第 36 条第 1 款的规定，以依法取得的国有土地上的房屋抵押的，该房屋占用范围内的国有土地使用权同时抵押。依据该规定以及房地产交易中房随地走、地随房走，即房地产主体一致的原则，本案双方当事人应对金冠公司提供抵押的房产及其占用范围内的土地使用权一并抵押。双方签订的 2000 年抵字第 0001 号抵押合同仅就金冠公司自有的房产设定了抵押，未对该房屋占用范围内的土地使用权一并抵押，但该单独抵押的行为并不必然导致本案房产抵押合同无效的法律后果。对于划拨土地使用权之上的房产抵押，法律并无禁止性规定。如果因为划拨土地使用权未履行抵押审批手续并办理抵押登记，进而否定房产抵押合同的效力，则与房产抵押合同订立的根本目的相悖。②

《民法典担保制度解释》本条第 1 款延续了最高人民法院以往的观点，依据该款，抵押人以划拨建设用地上的建筑物抵押，当事人以该建设用地使用权不能抵押或者未办理批准手续为由主张抵押合同无效或者不生效的，人民法院不予支持。抵押权依法实现时，拍卖、变卖建筑物所得的价款，应当优先用于补缴建设用地使用权出让金。笔者认为，司法解释这一规定认定抵押合同的效力不因划拨建设用地使用权不能抵押或未办理批准手续而受影响是正确的，因为无论是抵押登记还是划拨地抵押的审批都不是抵押合同的生效要件，也不会导致抵押合同无效。然而，这一规定会产生以下问题：抵押权成立于建筑物上而不成立于划拨建

---

① 《中华人民共和国最高人民法院公报》2008 年第 1 期。

② 李晓云：《划拨土地使用权之上的房屋抵押合同的效力问题——中国长城资产管理公司济南办事处与济南金冠毛纺集团有限责任公司借款担保合同纠纷上诉案》，载最高人民法院民事审判第二庭编：《民商事审判指导》2008 年第 2 辑，人民法院出版社 2009 年版，第 184 页以下。

设用地使用权上，那么实现抵押权时，如果说可以将建筑物和划拨建设用地使用权一并拍卖、变卖，显然就会出现通过建筑物抵押而直接就规避了划拨建设用地使用权抵押的任何管理性规范的问题；如果说只是可以将建筑物拍卖、变卖，而划拨建设用地使用权不能拍卖、变卖，又明显违反房地一致的原则。从司法解释这一规定文义上来看，所谓优先用于补交建设用地使用权出让金，实际上就是承认了在这种情形下可以将划拨的建设用地使用权进行拍卖、变卖。然而，《城市房地产管理法》第51条的规定是，实现抵押权依法拍卖该房地产后，应当从拍卖所得的价款中缴纳相当于应缴纳的土地使用权出让金的款额后，抵押权人方可优先受偿。也就是说，是将建筑物和划拨建设用地使用权一并拍卖，并从整个价款中缴纳出让金，而不是如司法解释本条第1款规定的只是从“拍卖、变卖建筑物所得的价款”中补缴出让金。

（本条由程啸撰写）

第五十一条　【房地一体抵押】

当事人仅以建设用地使用权抵押，债权人主张抵押权的效力及于土地上已有的建筑物以及正在建造的建筑物已完成部分的，人民法院应予支持。债权人主张抵押权的效力及于正在建造的建筑物的续建部分以及新增建筑物的，人民法院不予支持。

当事人以正在建造的建筑物抵押，抵押权的效力范围限于已办理抵押登记的部分。当事人按照担保合同的约定，主张抵押权的效力及于续建部分、新增建筑物以及规划中尚未建造的建筑物的，人民法院不予支持。

抵押人将建设用地使用权、土地上的建筑物或者正在建造的建筑物分别抵押给不同债权人的，人民法院应当根据抵押登记的时间先后确定清偿顺序。

◆ 条文要旨

本条是对房地一体抵押的规定。

◆ 理解与适用

一、我国法上的房地一致原则

我国法上不动产的范围很广，既包括土地、海域，也包括地上或海上的定着物，如房屋等建筑物、构筑物、林木等。《不动产登记暂行条例》第2条第2款规定："本条例所称不动产，是指土地、海域以及房屋、林木等定着物。"由此可见，与德国法等国外立法将建筑物、构筑物、林木等作为土地的重要成分不同的是，我国法上的建筑物、构筑物、林木等地上或海上定着物并非土地或海域的重要成分，而是与土地、海域一样，属于独立的不动产。既然土地、海域以及房屋等定着物都是独立的不动产，但由于房屋等定着物不可能离开土地、海域而单独存在，因此它们必须共享法律命运，即土地、海域的权利主体必须与地上、海上的建筑物、构筑物等的权利主体保持一致。这就是所谓的"权利主体一致"的原则。具体来说，就土地和房屋而言，权利主体一致就是"房地一致"，亦即俗称的"房随地走、地随房走"，"房抵地抵，地抵房抵"；就海域及海上建筑物、构筑物而言，权利主体一致就是"房海一致"。

在我国，之所以实体法上要保证房屋等地上、海上定着物的权利主体与建设用地使用权、海域使用权的权利主体一致，根本原因在于：我国是社会主义国家，实行的是社会主义公有制，即土地、海域等自然资源只能属于国家或集体所有，而不能归属于任何私人。因此，土地、海域的所有权被完全排除出了市场。但是，我国尚处于社会主义初级阶段，不可能实行全部的公有制，只能是"坚持公有制为主体、多种所有制经济共同发展的基本经济制度"（《宪法》第6条第2款）。因此，房屋、林木等不动产可以归自然人、法人或者其他组织等私人所有。在社会主义市场经济条件下，为了能够更加充分发挥市场在资源配置中的决定性作用，我国实行的是公有自然资源的有偿使用制度，即国家将其所有的或集体所有的建设用地使用权、海域使用权授予公司、企业、其他组织和个人后，这些主体必须对土地或海域进行开发、利用、经营，否则法律授予这些主体土地使用权、海域使用权的根本目的将落空。为了能够使国家所有的海域以及公有的建设用地能够被真正加以利用，法律上只能将土地及其地上建筑物、构筑物，海域及其海上定着物作为一个整体加以看待，并要求二者的权利主体始终保持一致。否则，不仅会导致国家或集体授予个人或组织建设用地使用权、海域使用权的目的落空，而且有可能出现土地使用权蜕变为土地所有权、海域使用权蜕变为海域所有权的局面。

我国《民法典》对于权利主体一致原则作出明确的规定。例如，《民法典》第356条规定："建设用地使用权转让、互换、出资或者赠与的，附着于该土地上的建筑物、构筑物及其附属设施一并处分。"第357条规定："建筑物、构筑物及其附属设施转让、互换、出资或者赠与的，该建筑物、构筑物及其附属设施占用范围内的建设用地使用权一并处分。"

二、房屋与建设用地使用权一并抵押

《民法典》第397条规定："以建筑物抵押的，该建筑物占用范围内的建设用地使用权一并抵押。以建设用地使用权抵押的，该土地上的建筑物一并抵押。抵押人未依据前款规定一并抵押的，未抵押的财产视为一并抵押。"这一规定是我国法上房地一致原则在房地产抵押中的具体体现。《不动产登记暂行条例实施细则》第65条第2款明确规定，以建设用地使用权抵押的，该土地上的建筑物、构筑物一并抵押；以建筑物、构筑物抵押的，该建筑物、构筑物占用范围内的建设用地使用权一并抵押。这就是所谓的"房地产一并抵押"。

《民法典》第397条第2款规定的"未抵押的财产视为一并抵押"意味着，无论是以建筑物及其占用范围内的建设用地使用权单独抵押还是分别抵押，未抵押的财产都视为一并抵押。申言之，单独以建筑物设定的抵押权是有效的，但是其效力及于建筑物占用范围内的土地使用权；单独以土地使用权设定的抵押权也是有效的，其效力同样及于土地上的建筑物及其他附着物。

在我国不动产实现统一登记之前，房屋登记机构负责房屋的登记，土地登记机构负责建设用地使用权的登记。因此，实践中常常出现抵押人不依法律之规定，将房地分别抵押给不同的债权人或仅在房屋或土地使用权上设定抵押权的情形。此时，土地和房屋上分别设立的抵押权是否成立？如果成立，二者之间的优先受偿顺位如何？对此，实践中曾有很大的争议。最高人民法院《民商事审判会议纪要》作出了明确，依据该纪要第 61 条之规定：“根据《物权法》第 182 条之规定，仅以建筑物设定抵押的，抵押权的效力及于占用范围内的土地；仅以建设用地使用权抵押的，抵押权的效力亦及于其上的建筑物。在房地分别抵押，即建设用地使用权抵押给一个债权人，而其上的建筑物又抵押给另一个人的情况下，可能产生两个抵押权的冲突问题。基于‘房地一体’规则，此时应当将建筑物和建设用地使用权视为同一财产，从而依照《物权法》第 199 条的规定确定清偿顺序：登记在先的先清偿；同时登记的，按照债权比例清偿。同一天登记的，视为同时登记。应予注意的是，根据《物权法》第 200 条的规定，建设用地使用权抵押后，该土地上新增的建筑物不属于抵押财产。”

《民法典担保制度解释》延续了《民商事审判会议纪要》上述规定，依据本条第 3 款，抵押人将建设用地使用权、土地上的建筑物或者正在建造的建筑物分别抵押给不同债权人的，人民法院应当根据抵押登记的时间先后确定清偿顺序。笔者认为，这一规定是正确的，值得赞同。首先，《民法典》第 397 条第 2 款已经明确规定，如果抵押人没有依法将建筑物与建筑物占用范围内的土地使用权一并抵押的，未抵押的财产视为一并抵押。所谓“视为一并抵押”就明确表明，即便建设用地使用权或建筑物没有办理抵押权登记，也被法律直接纳入抵押财产当中。既然未被抵押的，未办理登记的房屋或建设用地使用权被作为抵押财产，那就不仅意味着在抵押权实现时要将房屋与建设用地使用权一并拍卖，还意味着抵押权人有权就房屋和建设用地使用权变价所得价款优先受偿。否则，立法者就不会使用“视为一并抵押”的表述。

其次，土地与房屋的登记机构本应统一，既然房地分别登记的情形在《物权法》制定时就存在，立法者非常清楚这一点（否则《物权法》不会有第 10 条第 2 款与第 246 条的规定），却仍在《物权法》第 199 条第（一）项中规定，同一财产向两个以上债权人抵押且抵押权已经登记的，拍卖、变卖抵押财产所得的价款应当“按照登记的先后顺序清偿；顺序相同的，按照债权比例清偿”。因此，不能将“登记的先后顺序”仅仅理解为同一登记机构的登记先后顺序，而应当理解为在同一或不同的登记机构登记的先后顺序。对于此点，《民法典》第 414 条第 1 款更是作出了明确，即“同一财产向两个以上债权人抵押的，拍卖、变卖抵押财产所得的价款依照下列规定清偿：（一）抵押权已经登记的，按照登记的时间先后确定清偿顺序；（二）抵押权已经登记的先于未登记的受偿；（三）抵押权未登记的，按照债权比例清偿”。

最后，由于不动产抵押权的设立以登记为生效要件，那么没有登记就意味着抵押权没有产生，而房屋登记机构与土地登记机构的登记本身也无何者效力更强的问题。故此，按照登记的先后顺序确定抵押权人受偿的顺序是最为科学合理的做法。

三、建设用地使用权抵押后新增建筑物不为抵押权效力所及

依据我国《民法典》第344条的规定，建设用地使用权人依法对国家所有的土地享有占有、使用和收益的权利，有权利用该土地建造建筑物、构筑物及其附属设施。《民法典》第353条规定，建设用地使用权人有权将建设用地使用权转让、互换、出资、赠与或者抵押，但是法律另有规定的除外。故此，建设用地使用权人当然可以将尚未建造建筑物的建设用地使用权进行抵押（即俗称的“光地抵押”），也可以在土地上建造了建筑物后将土地和房屋即房地一并抵押。在抵押人以尚无房屋等建筑物的建设用地使用权抵押后，如果抵押人又在该土地上建造了房屋等建筑物，无论该建筑物是已经建造完毕的还是正在建造的，新增的建筑物都不属于抵押财产，不为抵押权效力所及。否则，如果抵押权的效力及于建设用地使用权抵押权设立后土地上新增的建筑物，显然无端扩张了抵押财产的范围，抵押权人获得了更多的利益，对于抵押人和抵押人的普通债权等都是不利的。

故此，早在《城市房地产管理法》以及《担保法》中就已经对建设用地使用权抵押后土地上新增建筑物如何处理的问题作出了规定。《城市房地产管理法》第52条规定：“房地产抵押合同签订后，土地上新增的房屋不属于抵押财产。需要拍卖该抵押的房地产时，可以依法将土地上新增的房屋与抵押财产一同拍卖，但对拍卖新增房屋所得，抵押权人无权优先受偿。”《担保法》第55条第1款规定：“城市房地产抵押合同签订后，土地上新增的房屋不属于抵押物。需要拍卖该抵押的房地产时，可以依法将该土地上新增的房屋与抵押物一同拍卖，但对拍卖新增房屋所得，抵押权人无权优先受偿。”就同一问题，《物权法》第200条再次明确规定：“建设用地使用权抵押后，该土地上新增的建筑物不属于抵押财产。该建设用地使用权实现抵押权时，应当将该土地上新增的建筑物与建设用地使用权一并处分，但新增建筑物所得的价款，抵押权人无权优先受偿。”

《民法典》第417条延续了《物权法》第200条的规定，该条规定："建设用地使用权抵押后，该土地上新增的建筑物不属于抵押财产。该建设用地使用权实现抵押权时，应当将该土地上新增的建筑物与建设用地使用权一并处分。但是，新增建筑物所得的价款，抵押权人无权优先受偿。"

《民法典担保制度解释》本条第1款对此作出了进一步的明确，即"当事人仅以建设用地使用权抵押，债权人主张抵押权的效力及于土地上已有的建筑物以及正在建造的建筑物已完成部分的，人民法院应予支持。债权人主张抵押权的效力及于正在建造的建筑物的续建部分以及新增建筑物的，人民法院不予支持"。也就是说，一方面，在建设用地使用权进行抵押即办理抵押权登记时，如果土地上已经建造了建筑物或者正在建造建筑物，那么基于房地一致原则并依据《民法典》第397条之规定，抵押权的效力及于抵押权设立时土地上已有的建筑物和正在建造的建筑物已经完成部分；另一方面，如果建设用地使用权抵押时，土地上尚无建筑物的，或者虽然有建筑物但属于正在建造的建筑物，那么新增的建筑物以及正在建造的建筑物在抵押权设立后新完成的部分，不为抵押权的效力所及，不属于抵押财产，抵押权人无权就这些部分变价所得优先受偿。

四、在建建筑物抵押中抵押财产的范围

（一）在建建筑物抵押的概念与特征

本来，合法建造的建筑物只有建造完毕，才成为民法上的一个独立的物，民事主体方能取得该建筑物的所有权，进而对之进行处分，如买卖、抵押等。然而，随着现代社会的发展，实践中合法建造建筑物的民事主体虽然因尚未建造完毕而取得建筑物的所有权，却亦有极为迫切的融资需要。为了满足当事人的这一需要，法律上特别允许对尚未建造完毕，且没有办理所有权首次登记的建筑物进行出售、抵押。这就是正在建造的建筑物抵押。

鉴于正在建造的建筑物抵押可以充分发挥物的效用，扩大抵押财产的范围，增强民事主体的融资能力，对于促进经济的发展、繁荣交易具有极大的裨益，故此，早在《担保法解释》第47条中，最高人民法院就明确规定："以依法获准尚未建造的或者正在建造中的房屋或者其他建筑物抵押的，当事人办理了抵押物登记，人民法院可以认定抵押有效。"《物权法》的立法者认为，"实践中，建设工程往往周期长，至今缺口大"，允许当事人以正在建造的建设工程作为担保，对于解决建设者融资难，保证在建工程顺利完工，具有重要的作用。① 因此，该法第180条第1款第（五）项明确规定，债务人或者第三人可以以其有权处分的“正在建造的建筑物”进行抵押。此外，《物权法》第187条还明确规定：“以本法第一百八十条第一款第一项至第三项规定的财产或者第五项规定的正在建造的建筑物抵押的，应当办理抵押登记。抵押权自登记时设立。”

我国《民法典》延续了《物权法》上述规定，《民法典》第395条第1款第（五）项规定，债务人或者第三人有权处分的正在建造的建筑物可以抵押。《民法典》第402条规定，以正在建造的建筑物抵押的，应当办理抵押登记。抵押权自登记时设立。

（二）在建建筑物抵押与预购商品房抵押之间的区别

正在建造的建筑物抵押最大的特殊之处就在于抵押财产是正在建造的建筑物。申言之，在建建筑物抵押的客体不是已经建造完毕并办理所有权首次登记的建筑物，而是正在建造的建筑物。在我国经济生活中，如果从广义上说，以正在建造的建筑物设定抵押的情形有两类：一是民事主体为了取得继续建造建筑物所需资金，而以依法正在建造的建筑物，如房地产企业以正在建造的商品房、工矿企业以正在建造的厂房等建筑物向银行等金融机构抵押贷款。此种情形以往被称为“在建工程抵押”。原建设部（现住房和城乡建设部）颁布的《城市房地产抵押管理办法》第3条第5款规定：“本办法所称在建工程抵押，是指抵押人为取得在建工程继续建造资金的贷款，以其合法方式取得的土地使用权连同在建工程的投入资产，以不转移占有的方式抵押给贷款银行作为偿还贷款履行担保的行为。”《不动产登记暂行条例实施细则》没有继续使用“在建工程抵押”的称谓，而是改称为“在建建筑物抵押”。二是预售商品房的购买人即预购人以从房地产开发企业处预购的商品房向银行等金融机构抵押贷款。《城市房地产抵押管理办法》第3条第4款规定：“本办法所称预购商品房贷款抵押，是指购房人在支付首期规定的房价款后，由贷款银行代其支付其余的购房款，将所购商品房抵押给贷款银行作为偿还贷款履行担保的行为。”虽然这两种抵押的客体都是正在建造

---

① 全国人大常委会法制工作委员会民法室：《〈中华人民共和国物权法〉条文说明、立法理由及相关规定》，北京大学出版社2007年版，第323页。

的建筑物，但在建建筑物抵押和预购商品房抵押存在以下区别：

其一，抵押的主体不同。在建工程的抵押人是正在建造的房屋的建设单位，如房地产开发企业、工矿企业等。而预购商品房抵押的抵押人是购买预售商品房的民事主体，即与进行商品房预售的房地产开发企业签订了预售商品房买卖合同的买受人，简称“预购人”。

其二，抵押的客体不同。依据《不动产登记暂行条例实施细则》，所谓在建建筑物抵押的客体不包括建设用地使用权，而仅指土地上正在建造的建筑物中已经建造完成部分的全部或部分。当然，申请登记时必须同时申请建设用地使用权及在建建筑物抵押权的首次登记，以遵循房地一致原则。预购商品房抵押的客体是预购商品房，该商品房可能是正在建造的建造物中已经建造完成的部分，也可能是尚未建造的部分。

其三，担保的主债权不同。尽管实践中，在建工程抵押和预购商品抵押担保的基本上都是金钱债权，但这两个债权中债务人的借款用途是不同的。在建工程抵押担保的借款主要是用于继续建造完成房屋，即所谓的房地产开发贷款或建设资金贷款。然而，预购商品房抵押中抵押权担保的是预购人购买预购房的贷款。

其四，不动产登记的性质不同。《不动产登记暂行条例实施细则》将在建建筑物抵押与建设用地使用权抵押、房屋抵押等规定在一起，办理的登记性质上属于本登记。而将预购商品房抵押规定在预告登记当中，性质上属于预备登记。

（三）在建建筑物抵押时抵押财产的范围限于已经建造完成的部分

在建建筑物当然必须是合法建造的。非法建造的建筑物，无论是否建造完毕都不能取得所有权。如果已经建造完毕了，即便尚未办理所有权首次登记的建筑物，也不属于在建建筑物，不得办理在建建筑物抵押权首次登记。如果土地上完全没有任何建筑，则只能是建设用地使用权抵押，也非在建建筑物抵押。

就在建建筑物抵押中，抵押财产究竟是哪些？是仅限于抵押时已经建造完成的部分，还是可以包括将要建造而尚未建造完成的部分。对此，曾经存在很大的争议。一种观点认为，在建建筑物抵押中，抵押的财产应当是整个房屋及其占用范围的建设用地使用权。所谓整个“房屋”就包括了已经建造完成的部分，也包括尚未完成的部分。这样可以更有效地保障债权人的债权圆满获得实现，同时也免除了当事人因新完工部分增加而不断办理在建建筑物抵押权变更登记的麻烦。

例如，《担保法解释》第47条曾规定："以依法获准尚未建造的或者正在建造中的房屋或者其他建筑物抵押的，当事人办理了抵押物登记，人民法院可以认定抵押有效。"

另一种观点认为，在建建筑物抵押中抵押财产只能是已经建造完毕的部分，至于尚未建造的部分，因其尚不存在，故而不能作为抵押财产。如果在建建筑物抵押权首次登记之后，该在建建筑物中又有新的部分建造完毕了，抵押权人想将之纳入抵押财产范围的话，则应与抵押人协议变更抵押财产的范围并办理在建建筑物抵押权的变更登记。否则，抵押权设立后，在建建筑物中新完成的部分不属于抵押财产，不为抵押权效力所及。《不动产登记暂行条例实施细则》也采取了这一观点，其第75条第1款规定："以建设用地使用权及全部或者部分在建建筑物设定抵押的，应当一并申请建设用地使用权及在建建筑物抵押权的首次登记。"所谓"全部或者部分在建建筑物"仅限于已经建造完毕的建筑物部分，不包括尚未建造的部分。至于抵押人究竟是以抵押时全部建造完毕的部分抵押，还是仅仅抵押建造完毕的建筑物中的某一部分，由当事人自行决定。例如，依据建设规划，A房地产开发公司在一块土地上要建造一栋20层商住楼，已经建造完毕了7层，则该公司可以将该7层建造完毕的部分进行抵押，也可以将建造完成的7层中的一层或数层进行抵押。具体的抵押范围有多大，交由当事人自行决定。《不动产登记暂行条例实施细则》第16条第（二）项还专门规定，在建建筑物抵押权登记时，不动产登记机构进行实地查看，重点查看抵押的在建建筑物坐落及其建造等情况。

《民法典担保制度解释》本条第2款规定采取了上述第二种观点，该款规定："当事人以正在建造的建筑物抵押，抵押权的效力范围限于已办理抵押登记的部分。当事人按照担保合同的约定，主张抵押权的效力及于续建部分、新增建筑物以及规划中尚未建造的建筑物的，人民法院不予支持。"

◆ 疑点与难点

土地上存在未登记的建筑或者违法建筑，当事人能否仅抵押建设用地使用权？

在房地一并抵押中，需要注意的一个问题是，如果当事人取得的建设用地使用权上建造了建筑物，但因违反规划、欠缺申请材料等原因，导致该建筑物并未办理房屋所有权的首次登记。显然，在这种情况下，当事人抵押建设用地使用权及其上建筑物时，无法为建筑物的抵押办理登记。当事人能否仅以单纯的建设用地使用权抵押，而在实现抵押权时将建设用地使用权及上房屋一并进行处分？对此，有观点认为，由于我国《民法典》第 397 条明确了房地产一并抵押的原则，故此，在土地上的房屋没有办理所有权首次登记以致无法办理抵押权登记时，即便当事人仅以建设用地使用权抵押也是不允许的，否则就违反了房地产一并抵押的原则。此外，如果允许当事人以存在违法建筑物的建设用地使用权抵押，也等于变相鼓励违法行为，从而间接导致了对违法建筑物抵押的认可。

笔者认为，上述观点是错误的。理由在于：首先，虽然我国法上坚持房地一致原则，包括抵押时坚持房地一并抵押，但无论如何，建设用地使用权和房屋所有权都是两项独立的不动产财产权利。我国《民法典》第 397 条（及此前《物权法》第 182 条）的目的是避免在房地分别登记的情形下出现房地分别抵押而引发的法律风险和处置障碍，并非强制性的权利捆绑，更不是禁止土地使用权单独抵押。故此，不能以《民法典》中程序性的“一并抵押”的规定对民事主体实体性权利的处分进行不当限制强制。其次，《民法典》第 397 条中的“一并抵押”的前提条件是建设用地使用权和房屋所有权都是合法取得的，对于违法建筑物，当然不能取得所有权。故此，《民法典》第 397 条第 2 款规定“未一并抵押的，未抵押的财产视为一并抵押”的涵义至少包括两种：其一，在合法取得建设用地使用权的土地上合法建造房屋的，则以建设用地使用权抵押时，未抵押的房屋，视为一并抵押，即此时在建设用地使用权和房屋所有权上都设立了抵押权；其二，在合法取得建设用地使用权的土地上违法建造房屋时，此时由于当事人只是对土地拥有合法的建设用地使用权，而对于违法建造的房屋并不能取得房屋所有权，故此，所谓一并抵押只能理解为抵押了合法取得的建设用地使用权，但并未在违法建筑物上设立抵押权。然而，基于房地一致的原则，故此在抵押权实现时应当对土地使用权和违法房屋进行一并处置。这也是我国不动产强制执行中法院认可的做法，即鉴于违法建筑物也具有价值而对之采取“依现状”处置的方法。

（本条由程啸撰写）

第五十二条　【抵押预告登记的优先受偿效力】

当事人办理抵押预告登记后，预告登记权利人请求就抵押财产优先受偿，经审查存在尚未办理建筑物所有权首次登记、预告登记的财产与办理建筑物所有权首次登记时的财产不一致、抵押预告登记已经失效等情形，导致不具备办理抵押登记条件的，人民法院不予支持；经审查已经办理建筑物所有权首次登记，且不存在预告登记失效等情形的，人民法院应予支持，并应当认定抵押权自预告登记之日起设立。

当事人办理了抵押预告登记，抵押人破产，经审查抵押财产属于破产财产，预告登记权利人主张就抵押财产优先受偿的，人民法院应当在受理破产申请时抵押财产的价值范围内予以支持，但是在人民法院受理破产申请前一年内，债务人对没有财产担保的债务设立抵押预告登记的除外。

◆ 条文要旨

本条是对抵押权预告登记的优先受偿效力的规定。

◆ 理解与适用

一、预告登记的涵义与适用

预告登记（Vormerkung），是不动产物权变动中的债权人为确保能够实现自己所期望的不动产物权变动，在与债务人约定后，向不动产登记机构申请办理的一类不动产登记。通过此种登记，债权人以实现不动产物权变动为内容的请求权的效力被增强。由于预告登记具有限制房地产开发商等债务人处分其权利，以保障债权人将来实现其债权的功能，它对于解决类似商品房预售中一房二卖这样一些敏感的社会问题有着特殊的作用。[①] 故此，“为了保护房屋预售中买受人的权益，维护房屋交易秩序”，[②] 我国《物权法》确立了预告登记制度，该法第 20 条第 1 款规定：“当事人签订买卖房屋或者其他不动产物权的协议，为保障将来实现物权，按照约定可以向登记机构申请预告登记。预告登记后，未经预告登记的权利人同意，处分该不动产的，不发生物权效力。”第 2 款规定：“预告登记后，债权消灭或者自能够进行不动产登记之日起三个月内未申请登记的，预告登记失效。”

《民法典》在《物权法》规定的基础上，对预告登记制度继续作出了规定。《民法典》第 221 条第 1 款规定：“当事人签订买卖房屋的协议或者签订其他不动产物权的协议，为保障将来实现物权，按照约定可以向登记机构申请预告登记。预告登记后，未经预告登记的权利人同意，处分该不动产的，不发生物权效力。”第 2 款规定：“预告登记后，债权消灭或者自能够进行不动产登记之日起九十日内未申请登记的，预告登记失效。”《不动产登记暂行条例实施细则》第 85 条第 1 款对预告登记的适用范围作出了具体规定，即有下列情形之一的，当事人可以按照约定申请不动产预告登记：（1）商品房等不动产预售的；（2）不动产买卖、抵押的；（3）以预购商品房设定抵押权的；（4）法律、行政法规规定的其他情形。具体阐述如下：

（一）商品房等不动产预售的预告登记

在商品房等不动产预售的时候，由于商品房等不动产尚未建造或尚未建造完毕，故此并未办理所有权首次登记，购买预售不动产的当事人有必要通过预告登记来确保将来能够取得预售不动产的所有权或其他物权。目前，我国现行法中只有商品房预售制度，但是不排除未来出现其他不动产预售的情形，故此，《不动产登记暂行条例实施细则》采取了“商品房等不动产预售”的表述，以便适应未来的发展。

在我国房地产开发过程中，为了给房地产开发企业提供更多的融资手段，

---

① 胡康生主编：《中华人民共和国物权法释义》，法律出版社 2007 年版，第 61 页以下。

② “《〈中华人民共和国民法（草案）〉的说明》中关于物权法草案的说明（2002 年 12 月 17 日九届全国人大常委会第三十一次会议）”“全国人大法律委员会关于《中华人民共和国物权法（草案）》的情况汇报（2004 年 10 月 19 日十届全国人大常委会第十二次会议）”。

《城市房地产管理法》等法律法规允许房地产开发企业将正在建设中的房屋预先出售给承购人，这就是所谓的商品房预售。在商品房预售中，用于销售的正在建设的房屋是“预购商品房”（也称“预售商品房”），出售预购商品房的房地产开发企业是“预售人”，购房者为“预购人”。商品房预售中，因房屋尚未建造或者正在建造中，故此没有办理所有权的首次登记。购房人即便支付了全部购房款，也无法办理房屋所有权转移登记。为了确保将来房屋所有权首次登记完成后，能够顺利进行房屋所有权转移登记，最终取得房屋所有权，预购人就有办理预购商品房预告登记的需要。在预购人无法一次性支付全部购房款而需要贷款时，债权人为确保债务人（即购房人）能够按约偿还贷款，也有在预购商品房上设立抵押权的强烈冲动。《不动产登记暂行条例实施细则》第85条规定了预购商品房预告登记，而预购商品房抵押权的预告登记则规定在第78条。

（二）不动产买卖、抵押的预告登记

可以办理预告登记的不动产买卖主要是指房屋买卖以及国有建设用地使用权等不动产物权转让，而可以进行预告登记的不动产抵押，主要就是指房屋抵押以及国有建设用地使用权等不动产物权的抵押。当事人买卖或抵押不动产时，会因为种种原因暂时不能进行不动产转移登记或抵押权首次的登记，为了确保将来能够取得不动产所有权或取得在先顺位的抵押权，也有进行预告登记的必要。故此，早在《房屋登记办法》和《土地登记办法》中就明确承认了房屋转让、抵押以及土地权利的转让时，当事人可以约定进行预告登记。

（三）预购商品房抵押的预告登记

预购人以预购商品房抵押时，因预购商品房尚未建造完毕或正在建造，房地产开发企业没有办理房屋所有权首次登记，预购人无法办理房屋所有权转移登记。此时，预购人如果要抵押预购的商品房，双方可以约定办理预购商品房抵押权的预告登记。

（四）法律、行政法规规定的其他情形

预购登记的适用范围，只能由法律和行政法规作出规定，地方性法规和规章不得擅自加以规定。

二、抵押权预告登记的权利人是否具有优先受偿权

（一）抵押权预告登记的类型

从《不动产登记暂行条例实施细则》第 85 条第 1 款对预告登记的适用范围的规定可知，抵押权的预告登记有两种类型：一是不动产抵押的预告登记，即房屋抵押权预告登记、建设用地使用权抵押权预告登记，即抵押人以（办理了房屋所有权首次登记的）房屋抵押或者以建设用地使用权设立抵押时办理的预告登记；二是预购商品房抵押权预告登记，即购房人以预购的商品房设立抵押时申请的预告登记。从目前我国的不动产登记实践来看，预告登记适用的情形最多的就是预购商品房预告登记与预购商品房抵押权预告登记。在抵押权预告登记中，办理数量最多也最主要的就是预购商品房抵押权的预告登记。例如，2019 年上海市（市区）全年办理的不动产预告登记为 65863 件，其中，抵押权预告登记为 47107 件。在这些抵押权预告登记中，预购商品房抵押权的预告登记为 42414 件，其他抵押权预告登记只有 4693 件。再如，2019 年广州市（市区）全年办理的不动产预告登记为 18200 件，其中抵押权预告登记 8070 件，占比 44. 34%，这些抵押权的预告登记全部是预购商品房的抵押权预告登记，没有其他类型的抵押权预告登记；2019 年成都市（市区）办理的抵押权预告登记为 36834 件，其中预购商品房抵押权预告登记为 36610 件。①

（二）讨论抵押权预告登记的法律效力的意义

由于目前实践中最常见的抵押权预告登记就是预购商品房抵押权预告登记，故此，主要的争议也是围绕着预购商品房抵押权预告登记而展开的。具体来说，就是当债务人不履行到期债务或者发生当事人约定的实现抵押权的情形时，作为债权人的抵押权预告登记权利人是否就抵押财产享有优先受偿权，这是司法实践中争议特别大的一个问题。对该问题的回答，对预告登记权利人的利益影响巨大，也直接决定了预告登记制度能否真正发挥保障物权实现的功能。如果持肯定的观点，抵押权预告登记的权利人就有将抵押财产变价并优先受偿的权利，即便抵押人破产或抵押财产被强制执行，预告登记权利人的利益也不受影响。反之，如果否定抵押权预告登记权利人的优先受偿权，则其只能作为普通债权人参

① 上述数据由自然资源部自然资源确权登记局提供，在此表示衷心感谢！

与破产的分配或强制执行中的财产分配，利益难以保障。不仅如此，对抵押权预告登记权利人有无优先受偿权问题的回答，还直接决定了对以下三个问题的处理结果。

1. 混合共同担保中债权人实现担保权的先后顺序。当债权既有债务人提供的不动产抵押权预告登记担保，又有保证人的保证担保，且当事人并未约定各个担保权实现的先后顺序时，如果肯定不动产抵押权预告登记权利人的优先受偿权，那么当债务人不履行到期债务时，依据《民法典》第392条（原《物权法》第176条），债权人应当先就债务人提供的物的担保实现债权，仍未满足债权的，方可要求保证人承担保证责任。例如，有的法院在判决中认为："朱妍睿以南京市秦淮区中山南路239号盛天大厦D座309室房产为其向招行龙蟠路支行的贷款提供抵押担保时，该房产尚处于在建状态，故招行龙蟠路支行、盛天某与朱妍睿签订案涉《南京市房地产抵押合同（预购商品房贷款抵押）》并办理了抵押预告登记。在朱妍睿未能依约履行还款义务时，招行龙蟠路支行有权处分被抵押房产，以优先清偿其债权。"根据《物权法》第176条的规定，"现《个人购房（抵押）借款合同》及《南京市房地产抵押合同（预购商品房贷款抵押）》中均未约定适用物保和人保受偿的先后顺序，故招行龙蟠路支行应先就物的担保实现债权。"①

倘若否定抵押权预告登记权利人的优先受偿权，由于不存在同一债权既有人保又有物保的问题，自然不适用《民法典》第392条（原《物权法》第176条），债权人有权选择任何一种担保加以实现。例如，有的法院认为："故预告登记之效力在于登记将来发生抵押权变动的请求权，使登记权利人取得可以对抗第三人的效力，以保障将来实现物权，而抵押权则应依法自办理抵押权设立登记时方为设立。本案中，工行环城支行为涉案房屋预购商品房抵押权预告登记权利人，在

---

① 南京盛天置业有限公司与招商银行股份有限公司南京龙蟠路支行、朱妍睿借款合同纠纷案，南京市中级人民法院（2014）宁商终字第1399号民事判决书。其他相同观点的判决参见温州市住房公积金管理中心与钱晓燕、温州市中厦房地产开发有限公司借款合同纠纷案，温州市鹿城区人民法院（2014）温鹿商初字第4557号民事判决书；中国银行股份有限公司南京城南支行与南京江宁万达广场有限公司、李霞、李志龙借款合同纠纷案，南京市秦淮区人民法院（2015）秦商初字第145号民事判决书；广东省阳东农村商业银行股份有限公司与陈春柳借款合同纠纷案，阳东县人民法院（2014）阳东法民二初字第16号民事判决书。

未办理房屋抵押权设立登记之前，其享有的是当抵押登记条件成就或约定期限届满对涉案房屋办理抵押权登记的请求权，并可对抗他人针对涉案房屋的处分，但涉案房屋尚未办理抵押登记，故工行环城支行尚未取得现实抵押权，其主张行使抵押权缺乏法律依据”，“本案中，涉案房屋尚未办理抵押登记，工行环城支行的抵押权尚未设立，故不存在被担保债权既有物的担保又有人的担保的情形，粤兴华公司应当按照合同约定承担保证责任”。①

2. 阶段性保证担保的保证人是否免除保证责任。实践中，预购人向银行等金融机构进行购房贷款时，债权人除了要求预购人以预购商品房抵押外，还会要求房地产开发企业就该购房贷款提供所谓“阶段性保证担保”，即当事人约定“保证人承担保证责任的期间至债权人就合同项下不动产办妥登记时或有效抵押设立时为止”。倘若认为抵押权预告登记权利人有优先受偿权，就意味着只要抵押权预告登记办理完毕，有效抵押就设立完成了。自然，保证人因阶段性保证担保责任到期而免除保证责任。反之，如果认为抵押权的预告登记不发生优先受偿效力，只有在预告登记转为作为本登记的抵押权首次登记后债权人才成为抵押权人，方有优先受偿权，保证人在此之前是不能免除保证担保责任的。例如，有的法院认为：“所谓阶段性连带保证，其本意就是让房地产开发商为借款人在该阶段内（贷款合同签署之日起至抵押有效设定，相关权利证明文件交付银行执管之日止）向银行履行还款义务提供保证，亦为银行获得安全的房屋抵押担保的等待过程提供保证。一旦房屋抵押设定成功，该阶段性保证的任务完成，即阶段性保证期限届满之时即是银行获得借款人的房屋抵押担保之时。而抵押预告登记与正式抵押登记有所不同，根据物权法相关规定，在特定情况下，抵押预告登记未转为正式抵押登记，抵押权人将无法优先受偿。因此，预告抵押登记不能认定为有效抵押，本案抵押预告登记在未变更为抵押登记之前，根据物权法定原则，光大银行北外滩支行就抵押房屋处分并优先受偿的权利仍存在不确定性，即爱法房地

① 中国工商银行股份有限公司广州环城支行、广州粤兴华实业有限公司与易东云借款合同纠纷案，广州市中级人民法院（2014）穗中法金民终字第1327号民事判决书。类似的判决参见中国银行股份有限公司南宁市埌东支行与龚艳红、南宁新湄公河房地产有限公司金融借款合同纠纷案，南宁市中级人民法院（2015）南市民再终字第2号民事判决书；中国工商银行股份有限公司无锡城南支行与深圳茂业和平商厦无锡有限公司、郑孝平金融借款合同纠纷案，无锡市中级人民法院（2014）锡商终字第0324号民事判决书。

产公司提供的阶段性连带保证的期限届满条件未成就。故爱法房地产公司仍应向光大银行北外滩支行承担连带保证责任。"①

3. 债权人是否构成放弃物的担保的认定。如果认为不动产抵押权预告登记权利人具有优先受偿权，那么在混合共同担保的情况下，作为债权人的预告登记权利人在就债务人提供的不动产享有预告登记权利时，其不能随意放弃预告登记或怠于行使优先受偿权，否则依据《民法典》第409条第2款（原《物权法》第194条第2款），其他担保人将在"抵押权人丧失优先受偿权益的范围内免除担保责任"。反之，即便不动产抵押权预告登记权利人放弃预告登记，也不会导致其他担保人的免责。

（三）不同的观点

从司法实践中各级法院的裁判来看，就预购商品房抵押预告登记中，预告登记权利人在预告登记尚未转为本登记前是否具有优先受偿效力，存在肯定说与否定说两种观点。肯定说认为，无论是抵押预告登记，还是正式的抵押登记，只要当事人在不动产登记机构办理了以抵押为意思表示的登记，抵押权就有效设立。债务人不能清偿到期债务时，作为债权人的预告登记权利人有权就抵押财产优先受偿。② 例如，安徽省高级人民法院的一则判决认为："买受人刘忠发以所购买的尚未取得产权证的不动产进行抵押并办理了抵押预告登记，当债权届至而尚未办理产权登记及抵押登记时，如果要求抵押权人必须等待办理房屋产权证和正式抵押登记后才能行使抵押权，显然不符合立法本意及当事人签订《抵押担保合同》的本意。""本院认为，案涉《抵押担保合同》签订后，在登记机构办理了抵押预告登记，在借款人刘忠发逾期不能偿还借款时，依据《中华人民共和国物权法》第一百八十条和第一百八十七条的规定，中行南城支行有权以该抵押财产或者以拍卖、变卖该抵押物的价款优先受偿。"③

---

① 上海爱法房地产经营开发有限公司与中国光大银行股份有限公司上海北外滩支行、虞新梅金融借款合同纠纷案，上海市第二中级人民法院（2014）沪二中民六（商）终字第221号民事判决书。

② 中国建设银行股份有限公司黄山市分行与袁晶、白晶等金融借款合同纠纷案，黄山市中级人民法院（2014）黄中法民二初字第00031号民事判决书；中国银行股份有限公司胶州支行与周凯、刘忠暖等金融借款合同纠纷案，青岛市中级人民法院（2015）青金商终字第37号民事判决书。

③ 中国银行股份有限公司合肥南城支行与刘忠发、刘娟等借款合同纠纷案，安徽省高级人民法院（2014）皖民二终字第00780号民事判决书。

否定说认为，抵押权预告登记权利人不享有优先受偿效力。理由在于：第一，抵押权预告登记不同于抵押权登记，办理预告登记并未使债权人现实地取得抵押权，只是使债权人取得了将来发生抵押权变动的请求权，该请求权经预告登记后具有了物权变动的排他效力。申言之，作为预告登记权利人的债权人享有的只是当抵押登记条件成就时或约定期限届满时对涉案的不动产办理抵押权登记的请求权，并可对抗他人针对该涉案不动产的处分，但在办理抵押权登记前，债权人并未取得现实的抵押权。第二，《物权法》明确采取了物权法定原则，物权的种类和内容应当由法律规定。现行法规定的担保物权就是抵押权、质权和留置权。抵押权预告登记不属于法定的担保物权，不具有优先受偿效力。第三，从《物权法》第20条来看，法律并未赋予预告登记权利人对不动产本身享有其他特权（如法定优先权或支配权）。预告登记公示的仅仅是不动产将在未来有可能发生物权变动的一种安排，而非对物权变动已经发生的公示。因此，预告登记不可能使债权人立即变成物权人，也不能使债权人具有担保物权人相同的地位（即不能使债权人对不动产享有支配权和优先权）。此外，从合理性上来说，预告登记权利人仅可以利用预告登记制度而冻结债务人的财产即限制其处分权，但较之于其他债权人，预告登记权利人并无特别的利益付出，也无特殊的利益需要法律予以特别的保护。预告登记权利人没有理由在任何情况下具有优先于其他债权人的法律地位。第四，就预购商品房抵押权预告登记而言，由于涉案房屋尚未竣工，会继续建造还是就此停建未为可知，此时实现抵押权不能反映抵押物的实际价值，实现抵押权的条件尚不成就，故预告登记权利人只能在房屋建成符合抵押权登记条件或房屋确定停建后方享有优先受偿权。第五，由于我国禁止预购商品房转让，因此预购商品房没有市场流通性，不能成为优先受偿权的标的物。如果无视预告登记的制度功能，认为银行基于抵押权的预告登记对预购商品房享有优先受偿权，也是无法成真的一句空话。①

---

① 常鹏翱：《预购商品房抵押预告登记的法律效力》，载《法律科学》2016年第6期。

我国有些法院采取了否定说。① 例如，最高人民法院公报刊登的一则判决认为："系争房产上设定的抵押预告登记，与抵押权设立登记具有不同的法律性质和法律效力。根据《中华人民共和国物权法》等相关法律法规的规定，预告登记后，未经预告登记的权利人同意，处分该不动产的，不发生物权效力。预告登记后，债权消灭或者自能够进行不动产登记之日起三个月内未申请登记的，预告登记失效。即抵押权预告登记所登记的并非现实的抵押权，而是将来发生抵押权变动的请求权，该请求权具有排他效力。因此，上诉人光大银行作为系争房屋抵押权预告登记的权利人，在未办理房屋抵押权设立登记之前，其享有的是当抵押登记条件成就或约定期限届满对系争房屋办理抵押权登记的请求权，并可排他性地对抗他人针对系争房屋的处分，但并非对系争房屋享有现实抵押权。"②

笔者认为，抵押权预告登记当然不同于抵押权登记，无条件地、不做区分地承认抵押权预告登记的权利人具有优先受偿权，势必混淆抵押权预告登记与抵押权登记，显然是不妥的。③ 但是，在抵押权预告登记已经完全具备了转为抵押权登记的情形下，虽然从登记簿上看还是抵押权预告登记，尚未转为抵押权登记，然而此时的抵押权预告登记实际上就已经是抵押权登记，据此承认抵押权预告登记的权利人具有优先受偿效力完全是可行的。例如，就预购商品房抵押权的预告登记而言，只要预购商品房已经建造完毕，即建筑物已经办理了所有权的首次登记，那么只要预购商品的预购登记及预购商品抵押权的预告登记没有失效，即不存在《民法典》第221条第2款规定的"债权消灭"的情形（如预告登记的买卖不动产物权的协议被认定无效、被撤销，或者预告登记的权利人放弃债权的），

---

① 湖北厚发置业有限公司第三人撤销之诉再审纠纷案，湖北省高级人民法院（2014）鄂民监三再终字第00043号民事裁定书；赵鸿霜与新疆海里行房地产开发有限公司商品房预售合同纠纷案，乌鲁木齐市中级人民法院（2015）乌中民四终字第1246号民事判决书；交通银行股份有限公司大连金州支行与巴永琪金融借款合同纠纷案，大连市中级人民法院（2015）大审民再终字第41号民事判决书；中国工商银行股份有限公司广州环城支行与广州粤兴华实业有限公司借款合同纠纷案，广州市中级人民法院（2014）穗中法金民终字第1327号民事判决书；中国银行股份有限公司福州名仕支行与柯明春、林小梅、林元铨借款合同纠纷案，福州市中级人民法院（2015）榕民终字第1626号民事判决书；中国农业银行股份有限公司徐州云龙支行与魏德刚、尚雪艳金融借款合同纠纷案，徐州市中级人民法院（2014）徐商终字第0488号民事判决书。

② 《中国光大银行股份有限公司上海青浦支行诉上海东鹤房地产有限公司、陈思绮保证合同纠纷案》，载《中华人民共和国最高人民法院公报》2014年第9期。

③ 笔者对预购商品房抵押权预告登记的优先受偿效力的详细分析可参见程啸：《论抵押权的预告登记》，载《中外法学》2017年第2期。

则预购商品房的预告登记就完全可以直接转为房屋所有权转移登记，同时使得预购商品房抵押权预告登记直接转为房屋抵押权登记。这一系列的登记转换过程不存在任何法律上的障碍。甚至，从不动产登记程序法的角度来说，为了便利当事人，更好地保护债权人的利益，完全可以直接转化，无需当事人另行提出申请。如果僵化地以抵押权预告登记不等于抵押权登记为由，在抵押权预告登记已经完全满足了成为抵押权登记的条件时，也一概否认抵押权预告登记的权利人的优先受偿效力，显然是非常不妥当的。

三、抵押权预告登记权利人在特定条件下具有优先受偿权

令人欣喜的是，《民法典担保制度解释》并没有僵化地以抵押权预告登记不等于抵押权登记为由，完全排除抵押权预告登记权利人的优先受偿权。该司法解释本条第1款规定："当事人办理抵押预告登记后，预告登记权利人请求就抵押财产优先受偿，经审查存在尚未办理建筑物所有权首次登记、预告登记的财产与办理建筑物所有权首次登记时的财产不一致、抵押预告登记已经失效等情形，导致不具备办理抵押登记条件的，人民法院不予支持；经审查已经办理建筑物所有权首次登记，且不存在预告登记失效等情形的，人民法院应予支持，并应当认定抵押权自预告登记之日起设立。"笔者认为，司法解释的这一规定非常科学，值得赞同。具体分析如下：

1.《民法典担保制度解释》本条规定并未混淆抵押权登记与抵押权预告登记，只是在满足特定条件下承认抵押权预告登记权利人的优先受偿权，即不动产登记机构已经办理建筑物所有权首次登记、预告登记的财产与办理建筑物所有权首次登记时的财产一致并且预告登记并未失效。应当说，在满足这些条件的情形下，抵押权的预告登记转为抵押权登记已经不存在任何法律上的障碍，故此，完全应当认可抵押权预告登记权利人在债务人不履行债务或者发生约定的事由时，抵押权预告登记的权利人享有优先受偿权。此时，要求当事人先申请将抵押权预告登记转为抵押权登记，然后法院才能认可其优先受偿权，这样做显然是没有实际意义的，也不利于充分发挥预告登记的制度功能。

2.《民法典担保制度解释》本条规定认可了抵押权预告登记具有顺位效力，即"抵押权自预告登记之日起设立"。这就是说，抵押权预告登记在转为抵押权登记时，其原先在不动产登记簿上的抵押顺位不发生变化，仍应以预告登记的顺位为准。应当说，预告登记的顺位效力主要是在抵押权预告登记时具有意义，因为同一不动产上可能先后存在多个抵押权登记或者抵押权预告登记，如果不承认抵押权预告登记的顺位效力，则预告登记的意义就很小。凡是建立了预告登记的国家或地区，立法上都承认预告登记有顺位效力（Rangwirkung），如《德国民法典》第883条第3款规定："请求权以权利的给予为目的的，按照预告登记来确定该项权利的顺位。"这就是说，被预告登记的权利此后被登记时（即进行本登记时），其顺位溯及预告登记的那个登记时间。它所获得的顺位，就是它当初假如不为预告登记而是立即并直接登记时所应占据的顺位。例如，在没有负担的土地上，抵押人为A登记了一项抵押权预告登记，此后，在该土地上又依次登记了另外两个抵押权，那么A的抵押权是第一顺位的。预告登记的这一顺位效力在登记技术上是通过《土地登记条例》第12条第1n款的规定来实现的。① 再如，《瑞士民法典》第959条与第960条对预告登记作出了规定。依据第959条第2款、第960条第2款之规定，预告登记的权利对他人此后就同一不动产取得的权利具有对抗效力（Wirkung gegenueber jedem spaeter erworbenen Recht）。申言之，首先，经预告登记的权利原则上在不动产登记簿上取得了在先的顺位，预告登记本身并不阻碍针对同一不动产上顺位在后的权利的登记申请，不产生登记簿的障碍。其次，预告登记的权利优先于在设立的物权性权利以及在后设立的预告登记。最后，预告登记具有对抗在预告登记之后强制执行措施。②

我国《民法典》以及原《物权法》都没有对预告登记的顺位效力作出明确的规定。理论界曾有人认为，预告登记不应具有顺位效力，理由在于：一方面，《物权法》第20条并未明确承认预告登记具有顺位效力；另一方面，依据《物权法》第14条，不动产物权的设立、变更、转让和消灭，依照法律规定应当登记的，自记载于不动产登记簿时发生效力。该条未设但书，故此物权变动的时间点应当以本登记为准，预告登记不具有顺位效力。③

笔者认为，这种观点并不妥当。首先，所谓预告登记的顺位效力并非指预告

---

① Baur/Stuerner, Sachenrecht, §20, Rn. 49.

② Handkomm - Bernhard Trauffer, ZGB, N 965.

③ 崔建远：《物权：规范与学说——以中国物权法的解释论为中心》（上册），清华大学出版社2011年版，第194－195页。

登记之后就发生不动产物权变动效力，而是说被预告登记的权利在此后进行本登记时，其原先在不动产登记簿上的顺位不发生变化，仍应以预告登记的顺位为准。至于不动产物权按变动的生效时间点当然仍以预告登记转为本登记的那个时间点为准，故此，预告登记的顺位效力与《民法典》和《物权法》关于不动产物权变动的效力以本登记的时间点为准的规定并不矛盾。其次，在承认预告登记的顺位效力的前提下，不动产登记名义人（预告登记义务人）可以将已经办理抵押权预告登记的不动产再次抵押，或者再次设立抵押权预告登记，这对于在先的预告登记权利人不会产生不利影响。如果不承认预告登记具有顺位效力，则登记名义人就不能再将已经办理预告登记的不动产进行抵押。这样做显然不利于充分地发挥物的效用。

正因如此，《不动产登记暂行条例实施细则》明确认可的预告登记的顺位效力，该细则第 85 条第 3 款规定："预告登记后，债权未消灭且自能够进行相应的不动产登记之日起 3 个月内，当事人申请不动产登记的，不动产登记机构应当按照预告登记事项办理相应的登记。"所谓"按照预告登记事项"办理相应的登记，就包括按照预告登记的顺位来确定相应登记的类型、登记的权利内容、登记的顺位等。此外，司法实践中不少法院的确承认了预告登记的顺位效力。例如，在"中国建设银行股份有限公司文登支行与山东凯威融资担保有限公司、杜俊花等金融借款合同纠纷审判监督案"中，法院认为："涉案房产虽然办理了预购商品房抵押权预告登记，但预告登记不等同于抵押登记，其保护的是抵押权的登记顺序，即只保障预告登记权利人在能够进行不动产登记时优先于他人办理抵押登记。"①

四、抵押权预告登记权利人在抵押人破产时具有优先受偿权

实践中可能出现的一种情形是，抵押权预告登记之后，由于抵押人破产，从而导致抵押权预告登记无法转为抵押权登记，此时在破产程序中抵押权预告登记权利人能否主张就抵押财产优先受偿。笔者认为，由于抵押权预告登记能否转为

---

① 威海市中级人民法院（2014）威民再终字第 24 号民事判决书。采取相同观点的判决书还有：中国银行股份有限公司胶州支行与周凯、刘忠暖等金融借款合同纠纷案，青岛市中级人民法院（2015）青金商终字第 37 号民事判决书；中国建设银行股份有限公司沈阳苏家屯支行与单宇含、沈阳盈达房地产开发有限公司金融借款合同纠纷案，沈阳市中级人民法院（2015）沈中民四终字第 147 号民事判决书。

抵押权登记存在一定的不确定性，为了保障抵押权预告登记转为抵押权登记后抵押权人的利益，在抵押人破产时，可以参考《企业破产法》第 117 条第 1 款对破产财产分配时债权人附生效条件或解除条件的债权的处理方法，即人民法院应当从拍卖抵押财产所得价款中扣除抵押权担保的债权数额，将其提存，留待抵押权预告登记转为抵押权登记后用于满足抵押权人的优先受偿权。如果抵押权预告登记未能转为抵押权登记的，则该部分价款应当用于清偿申请执行人的债权。

《民法典担保制度解释》本条第 2 款在这个问题上迈的步子比较大，其规定“当事人办理了抵押预告登记，抵押人破产，经审查抵押财产属于破产财产，预告登记权利人主张就抵押财产优先受偿的，人民法院应当在受理破产申请时抵押财产的价值范围内予以支持，但是在人民法院受理破产申请前一年内，债务人对没有财产担保的债务设立抵押预告登记的除外”。这就是说，首先，在抵押人的破产程序中，抵押权预告登记权利人就抵押财产享有优先受偿权。司法解释作此规定的理由是考虑到，在抵押人已经破产的情况下，如果认为抵押权预告登记只是使得预告登记权利人在抵押登记条件成就时对系争不动产享有请求抵押人办理抵押权登记的请求权，在抵押人破产的情形下显然是行不通的，因为抵押权登记的条件可能已经难以成就。此时，不如直接赋予抵押权预告登记的权利人就抵押财产享有优先受偿权。但是，应当将抵押权预告登记权利人的优先受偿权限定在法院“受理破产申请时抵押财产的价值范围”，也就是说，抵押权预告登记权利人不能在抵押权担保范围内优先受偿。由于破产申请到破产清算中间需要经历相当长的时间和程序，包括和解、重整等，只有当法院作出破产宣告后，才进入破产清算程序。此时，抵押财产的价值与法院受理破产申请时的价值相比会发生变化。依据司法解释的本条规定，就抵押权预告登记的权利人而言，即便在破产宣告后进行破产清算中抵押财产的价值增长了，权利人也不能只以受理破产申请时抵押财产的价值范围为标准来确定优先受偿的范围。

其次，《民法典担保制度解释》本条第 2 款规定了一个例外，即抵押预告登记是在人民法院受理破产申请前一年内，债务人对没有财产担保的债务设立抵押预告登记。之所以作此规定，是因为《企业破产法》第 31 条规定：“人民法院受理破产申请前一年内，涉及债务人财产的下列行为，管理人有权请求人民法院予以撤销：(一) 无偿转让财产的；(二) 以明显不合理的价格进行交易的；(三) 对没有财产担保的债务提供财产担保的；(四) 对未到期的债务提前清偿的；(五) 放弃债权的。”由于《民法典担保制度解释》本条第2款认可了抵押人破产时抵押权预告登记的权利人具有优先受偿权，故此，抵押权预告登记具有了担保功能，应当受到《企业破产法》第31条第（三）项的规范。

◆ 疑点与难点

一、抵押权预告登记不能对抗查封

就抵押权的预告登记而言，预告登记权利人的目的不是要取得不动产的所有权或使用权，而只是要取得不动产上的抵押权，抵押权属于价值权，其通过赋予债权人就抵押财产变价的优先受偿权来确保债权的实现。因此，只要抵押权预告登记能够转为抵押权登记即可，无须排除法院的查封或预查封措施。故此，无论是抵押权登记还是办理抵押权预告登记本身都不具有对抗查封的效力。至于其抵押权预告登记权利人是否具有优先于查封债权人的权利，则取决于该抵押权预告登记是否符合《民法典担保制度解释》本条第1款规定的情形。

二、抵押权预告登记不具有限制抵押人转让财产的效力

我国《民法典》第406条第1款规定：“抵押期间，抵押人可以转让抵押财产。当事人另有约定的，按照其约定。抵押财产转让的，抵押权不受影响。”由此可见，抵押期间，抵押人有权转让抵押财产，除非当事人对于抵押财产的转让存在禁止性或限制性的约定。既然如此，那么在财产上尚未设立抵押权而只是办理抵押权预告登记的情形下，抵押人转让抵押财产的，也应当参照《民法典》第406条的规定处理。

三、在建建筑物抵押权登记并非抵押权预告登记

在建建筑物抵押权登记与房屋抵押权登记的性质相同，都属于本登记，而非抵押权预告登记。首先，不动产的概念在各国法上本不相同，对此立法者具有法政策取舍或创造的空间。① 我国现行法中，不动产包括土地、海域以及房屋、林木等定着物。法律上对于符合哪些条件的物上才能作为不动产，进而产生不动产

① 张双根：《商品房预售中预告登记制度之质疑》，载《清华法学》2014年第2期。

所有权，没有明确的限制，更没有将正在建造的建筑物从不动产中排除出去，并否定在其上能够产生所有权或处分权。《民法典》第 231 条只是对房屋所有权原始取得的时间作出的规定，而非对所有不动产上的所有权产生时间作出的规定。立法者完全可以基于某种政策的考虑，而对哪些物是不动产，其上可以产生何种不动产物权作出特别的规定，《民法典》第 395 条第 1 款第（五）项以及第 402 条正是此种特别规定。故此，在我国法上，无论是已经建造完毕的建筑物，还是正在建造的建筑物，性质上都属于不动产。① 既然如此，在正在建造的建筑物上设立抵押权，并办理抵押权登记，有何不可？

其次，从当初我国《物权法》明确规定正在建造的建筑物可以抵押的立法目的来看，之所以认可此种财产的抵押就是因为，立法机关认为，即便是正在建造的建筑物，已建成的部分也是具有一定经济价值的有体物。只要债权人愿意接受，抵押人完全可以以之抵押。唯有如此，方能扩大抵押财产的范围，为广大民事主体提供更多的融资手段，从而促进经济的发展。正因如此，《物权法》第 187 条才将建筑物与正在建造的建筑物的抵押规定在一起。这就是说，在建筑物的抵押权自办理了在建建筑物抵押权登记时设立。简言之，一经登记，债权人就取得了在建建筑物抵押权这一物权。

再次，在建建筑物抵押权登记确实比较特殊，其特殊之处就在于该种登记是不动产登记法中连续登记原则的例外。所谓连续登记原则，也称“在先已登记原则”。依据该原则，那些因登记而使其权利被涉及之人必须是其权利已被记载于不动产登记簿的人。② 具体来说，连续登记原则包括两层含义：其一，不动产未办理所有权初始登记的，除非法律另有规定，否则不得办理其他权利登记；其二，因处分不动产而申请相应的处分登记的，被处分的不动产权利应当已经登记。我国《民法典》第 232 条正是连续登记原则的重要体现。《不动产登记暂行条例实施细则》明确规定了连续登记原则，其第 24 条第 2 款规定：“未办理不动产首次登记的，不得办理不动产其他类型登记，但法律、行政法规另有规定的除外。”在我国《民法典》中，对连续登记原则的例外性规定有二：一是预告登记；

---

① 崔建远：《物权：规范与学说——以中国物权法的解释论为中心》（上册），清华大学出版社 2011 年版，第 50 页。

② Holzer/Kramer, Grundbuchrecht, 2Aufl. C. H. Beck, 2004, Rn. 112.

二是在建建筑物抵押权登记。倘若没有这一规定，不动产登记机构是不能在房屋所有权首次登记尚未办理之前办理在建建筑物抵押权登记的。由此可见，作为连续登记原则例外的登记类型并不限于预告登记，也包括法律特别规定的本登记，不能仅仅因为在建建筑物抵押权登记是连续登记原则的例外，就将其界定为预告登记。

最后，如果将在建建筑物抵押界定为预告登记，就会与土地使用权的抵押登记的性质发生矛盾。因为，抵押人在以建建筑物抵押时，除必须办理在建建筑物抵押权首次登记外，还必须办理建设用地使用权抵押权登记。由于在建建筑物抵押人已经拥有了建设用地使用权，故此其以建设用地使用权设立的抵押时进行的登记当然是性质上属于本登记的抵押权首次登记。倘若将在建建筑物抵押权登记界定为预告登记，就会出现建设用地使用权抵押登记为本登记，而土地上的在建建筑物抵押却是预告登记的矛盾情形。

或许有人会质疑：为什么同为尚未建造完毕且未办理房屋所有权首次登记的建筑物，预购商品房抵押权登记是预告登记，而在建建筑物抵押权登记却是本登记？笔者认为，产生这一差别的根源在于：一方面，抵押的客体不同。表面上看，在建建筑物抵押与预购商品房抵押中的抵押的客体似乎都是正在建造的建筑物，但是我国《物权法》在规定在建建筑物抵押时，已经将其当作独立的物加以看待（第180条第1款第（五）项、第187条），却并未将预购商品房作为一种独立的物加以对待。因此，在建建筑物抵押权登记性质上就属于本登记，而预购商品房抵押权的登记只能作为预告登记。另一方面，抵押人对抵押财产所享有的权利不同。在建建筑物抵押中，抵押人除了已经拥有了建设用地使用权外，还依据法律的规定对已经建造完毕的部分拥有一定范围内的处分权（即设定抵押）。然而，在预购商品房抵押的情形中，无论预购人所购买的商品房是否已经现实地存在了，预购人既没有取得相应的建设用地使用权，也没有取得预购商品房的所有权，其是拥有请求房地产开发企业交付预购商品房的债权请求权而已。尽管在我国基于法律政策的考虑，法院对于已经付清全部购房款或者大部分购房款的预购人的这一债权请求权给予更强的保护——优先于建设工程价款优先受偿权与抵押权，但仍未改变其权利作为债权的属性。既然如此，如果仅仅是在预购人与房地产开发企业签订了商品房预售合同后，就可以将所谓的预购商品房抵押给债权人，实质上几乎相当于以取得不动产所有权的债权设定的权利质权。有鉴于此，为了确保预购人能够取得预购商品房的所有权，进而维护预购商品房上抵押权的稳定，《不动产登记暂行条例实施细则》采取了双重预告登记的模式，即将预购商品房抵押权的预告登记建立在预购商品房办理了预购登记的基础上（《不动产登记暂行条例实施细则》第78条第1款第（二）项）。① 申言之，作为基础的预购商品房预告登记旨在确保预购人能够确实地得到预购商品房的所有权，并在房地产开发企业办理房屋所有权首次登记后，再与购房人一同办理相应的房屋所有权转移登记。预告登记将预购人的权利的效力予以强化后，预购人就可以以该预购商品房设定抵押权，并与债权人办理预购商品房抵押权的预告登记。

（本条由程啸撰写）

第三节　动产与权利担保

第五十三条　【担保财产的概括描述】

当事人在动产和权利担保合同中对担保财产进行概括描述，该描述能够合理识别担保财产的，人民法院应当认定担保成立。

◆ 条文要旨

本条是关于担保财产概括描述的规定。

① 根据笔者当年参与《房屋登记办法》的起草工作所了解的情况，《房屋登记办法》这样规定还有一个重要考虑就是，通过贷款银行去迫使房地产开发企业与购房人办理预购商品房的预告登记，从而有效地维护购房者的合法权益。否则，房地产开发企业会基于经济上的优势地位拒绝与预购人办理预购商品房的预告登记。由于预购商品房抵押权预告登记对银行有利，故此，将预购商品房预告登记证明作为当事人申请预购商品房抵押权预告登记的必备申请材料，可以让银行给房地产开发企业施加压力，迫使其不得不与预购人办理预购商品房的预告登记。

◆ 理解与适用

本条系结合《民法典》第 114 条第 2 款对第 400 条第 2 款、第 427 条第 2 款所作的解释。

一、担保财产的特定化与概括描述

担保物权在《民法典》上被定位为物权，自是以“特定的物”为其客体。由此，作为物权法结构原则的物权（客体）特定原则，① 对于物上担保制度的展开具有重要的意义。与其他物权种类不同的是，担保物权的效力体现为，在担保物权可得实现之时，权利人可就“特定的物”进行变价并优先受偿。如此，物权特定原则在物上担保制度中的贯彻也就有了特殊性。在担保物权设立之时，标的物仅需可得特定即可，但在担保物权实现之时，标的物必须是特定的。如此即为未来财产进入融资担保领域提供了理论前提。《民法典》在第 396 条明确“现有的以及将有的生产设备、原材料、半成品、产品”可以抵押。该条反映了实践中存货融资的基本制度需求，虽然在学说上多被界定为浮动抵押，但与比较法上的相关制度不同的是，该条中的“生产设备”并不具有“存货”的性质（生产设备构成产品的除外）。② 这就为未来的生产设备设定动产（固定）抵押权提供了解释基础。为因应未来财产担保化的制度需求，赋予当事人更大的自主权，《民法典》允许担保合同对担保财产只作概括性的描述，将《物权法》规定的抵押合同条款“抵押财产的名称、数量、质量、状况、所在地、所有权归属或者使用权归属”修改为“抵押财产的名称、数量等情况”③。在解释上，《民法典》上关于担保合同内容的规定仅具有倡导性作用，并不具有强行法效力。

动产和权利担保登记公示的目的在于与债务人就标的物从事交易的第三人据以判断该标的物上是否存在担保负担。因此，登记簿上的信息尚须按照一定标准

---

① 参见王泽鉴：《民法物权》（第 2 版），北京大学出版社 2009 年版，第 15 页。

② 参见龙俊：《动产抵押对抗规则研究》，载《法学家》2016 年第 3 期；侯国跃：《浮动抵押逸出担保物权体系的理论证成》，载《现代法学》2020 年第 1 期。

③ 参见沈春耀（全国人大宪法和法律委员会副主任委员）：《全国人民代表大会宪法和法律委员会关于〈民法典物权编（草案）〉修改情况的汇报——2019 年 4 月 20 日在第十三届全国人民代表大会常务委员会第十次会议上》，载《民法典立法背景与观点全集》编写组：《民法典立法背景与观点全集》，法律出版社 2020 年版，第 42 页。

编制成索引以供查询人检索。不动产登记簿奉行物的编成主义，以不动产单元为编制标准，但大多数动产并不具有特定化的识别要素，不足以支撑物的编成主义的登记与查询。物的编成主义意味着对担保财产的具体描述，这一要求对于在担保人现有和将有的动产（如生产设备、存货、应收账款等）上所设立的担保权的登记程序无法展开。因此，动产和权利担保登记簿主要采取人的编成主义，即以担保人的姓名或名称作为登记簿的编制标准和检索标准。这一编成模式为担保财产的概括描述提供了前提，使得担保人的集合动产（现有和将有的动产）和种类物上的动产担保权经由单一登记即可完成。①

根据《民法典担保制度解释》本条的规定，对担保财产的概括性描述应达到"能够合理识别担保财产"的标准。此即表明，担保财产应能与担保人其他财产相互区分，以达到担保权利客体确定的标准，如此方能使第三人清晰地判定据此描述的担保权利登记的范围，使担保权利具有对抗第三人的效力。

二、担保财产不特定时担保不成立

担保权利作为物权的一种，其效力直接指向担保财产，物权特定性原则自有适用空间。有裁判认为，担保财产不特定将导致担保物权不设立。如在"中国光大银行股份有限公司大连青泥支行与大连港湾谷物有限公司等借款合同纠纷再审案"② 中，当事人在《最高额抵押合同》中约定以31500吨玉米为该债权设定抵押，并进行了登记。但从《最高额抵押合同》和《动产抵押登记书》以及抵押物清单等相关证据来看，均未对抵押物的具体位置作出约定和说明，根据已查明的事实，双方签订《最高额抵押合同》时，抵押人在一号至五号五个仓库均储存过玉米，并不能确定案涉玉米的具体位置。最高人民法院据此认为，《最高额抵押合同》和《动产抵押登记书》对担保财产的描述尚不能达到成立抵押法律关系所要求的抵押物特定化的法定标准，案涉抵押权不成立。

《民法典担保制度解释》于本条规定，在对动产和权利担保的担保财产作概括性描述时，唯满足"合理识别"标准，动产和权利担保方成立。这表明，动产和权利担保的担保财产在作概括性描述时，即使不满足"合理识别"的标准，其

① See Ronald C. C. Cuming, Catherine Walsh and Roderick J. Wood, Personal Property Security Law, 2nd ed., Toronto, ON: Irwin Law Inc., 2012, p. 330.

② 最高人民法院（2017）最高法民申2923号民事裁定书。

担保合同的效力也不受影响。

三、担保财产的“合理识别”标准

一般而言，对担保财产的描述可以分为物理与法律两个面向。通过对担保财产的物理描述，能够在客观上使之与其他的财产相区分，因此应就其物理信息加以列举，如数量、质量等；通过对担保财产的法律描述，能够在权属上使之与其他主体的财产相区分，如所有权、使用权的归属等。有的规范性文件已就实际操作过程中的“合理识别”标准予以细化，如《动产抵押登记办法》第 5 条规定：“《动产抵押登记书》应当载明下列内容：（一）抵押人、抵押权人名称（姓名）、住所地等；（二）抵押财产的名称、数量、状况等概况；（三）被担保债权的种类和数额；（四）抵押担保的范围；（五）债务人履行债务的期限；（六）抵押合同双方指定代表或者共同委托代理人的姓名、联系方式等；（七）抵押人、抵押权人签字或者盖章；（八）抵押人、抵押权人认为其他应当登记的抵押权信息。”①《应收账款质押登记办法》原第 10 条规定：“登记内容包括质权人和出质人的基本信息、应收账款的描述、登记期限。质权人应将本办法第八条规定的协议作为登记附件提交登记公示系统。”

◆ 疑点与难点

合理识别标准对于融资租赁合同和所有权保留买卖合同的适用

《民法典》第 388 条第 1 款规定：“设立担保物权，应当依照本法和其他法律的规定订立担保合同。担保合同包括抵押合同、质押合同和其他具有担保功能的合同。”一般认为，《民法典》第 641 条之所有权保留买卖合同以及第 735 条之融资租赁合同属于“其他具有担保功能的合同”。所有权保留买卖合同与融资租赁合同具有实质意义上担保价款、租金的功能，亦应适用《民法典担保制度解释》本条的规定。

以融资租赁合同为例，《民法典》第 736 条第 1 款规定：“融资租赁合同的内容一般包括租赁物的名称、数量、规格、技术性能、检验方法，租赁期限，租金构成及其支付期限和方式、币种，租赁期限届满租赁物的归属等条款。”租赁物

---

① 《动产抵押登记办法》在《民法典》实施之后应予废止。

是承租人指令出租人购买的标的物，是合同当事人双方权利和义务指向的对象，是融资租赁合同的必备条款。通常来说，租赁物都是价格较高、使用寿命较长的动产和不动产。大型机器设备、航空器、船舶等都是常见的融资租赁物。[①] 由于租赁物大多涉及专业技术内容，一般只在合同正文中简要提及，另附表详细说明，该附表为合同不可缺少的附件。融资租赁合同成立之时并不要求租赁物已经现实存在，因此，融资租赁合同中有关租赁物的条款只要达到可得特定（合理识别）的标准即可，对租赁物名称、数量、规格、技术性能、检验方法应作灵活处理。

（本条由高圣平撰写）

第五十四条　【未办理登记的动产抵押权的效力】

动产抵押合同订立后未办理抵押登记，动产抵押权的效力按照下列情形分别处理：

（一）抵押人转让抵押财产，受让人占有抵押财产后，抵押权人向受让人请求行使抵押权的，人民法院不予支持，但是抵押权人能够举证证明受让人知道或者应当知道已经订立抵押合同的除外；

（二）抵押人将抵押财产出租给他人并移转占有，抵押权人行使抵押权的，租赁关系不受影响，但是抵押权人能够举证证明承租人知道或者应当知道已经订立抵押合同的除外；

（三）抵押人的其他债权人向人民法院申请保全或者执行抵押财产，人民法院已经作出财产保全裁定或者采取执行措施，抵押权人主张对抵押财产优先受偿的，人民法院不予支持；

（四）抵押人破产，抵押权人主张对抵押财产优先受偿的，人民法院不予支持。

① 参见魏耀荣等：《中华人民共和国合同法释论（分则）》，中国法制出版社2000年版，第245页。

◆ 条文要旨

本条是关于未登记的动产抵押权的效力的规定。

◆ 理解与适用

本条是对《民法典》第 403 条的解释，因本解释第 67 条的规定一体适用于所有权保留买卖和融资租赁。

一、未经登记不得对抗善意第三人之“对抗”的理解

《民法典》就动产抵押权采取登记对抗主义，即使未经登记，只要动产抵押合同生效，动产抵押权亦设立。就文义而言，“对抗”应是指一方对另一方的权利主张予以反驳或排除的权利。如就《民法典》中规定的动产抵押权而言，依上述观念，“对抗”即应指抵押权人对他人（抵押人自不在内）的权利主张予以反驳或排除的权利。对此，王泽鉴先生认为，“就文义言，对抗云者，系以权利依其性质有竞存抗争关系为前提”①。所谓有竞存抗争关系，应指他人权利的存在，对我之权利的行使产生妨碍，若任由他人行使，实现其权利，我之权利必遭损害这样一种关系。②

未经登记的动产抵押权的法律后果，在解释论上，自是不同于未经登记的不动产抵押权。当事人间依合意成立动产抵押权，登记与否对当事人不产生任何影响，对于第三人而言，也并非绝对无效，只是该当事人不得对第三人主张抵押权的效力。当事人间的动产抵押权未经登记，在第三人主张抵押权对其不发生效力时，该当事人不能因抵押权之存在，去排斥或主张享有优先于第三人的权利。此时，若抵押人将抵押财产转移，对于善意取得该物的第三人，抵押权消灭，而抵押权人只得请求抵押人重新提供新的担保或者请求债务人及时履行债务。如经登记，则动产抵押权取得绝对效力，得以对抗第三人，排除第三人的善意取得。

《民法典》第 403 条所定第三人范围，除了“善意”之外未加其他任何限制，依文义解释，应理解为当事人之外对动产有权利请求的任何人。但如此理解，可

---

① 王泽鉴：《民法学说与判例研究》（第 1 册），中国政法大学出版社 1998 年版，第 243 页。

② 参见王应富、李登杰：《动产抵押权登记对抗效力论》，载《江西师范大学学报》（哲学社会科学版）2008 年第 2 期。

能造成不合理、不妥当的结果。就第三人的范围，学者间分歧较大。第一种观点认为，第三人应指对同一标的物享有物权之人，债务人之一般债权人并不包括在内。动产抵押权等若已成立，则无论登记与否，其效力恒优先于债务人之一般债权人。① 第二种观点认为，第三人是指对于动产有权利要求的任何第三人，包括但不限于该动产的第三取得人，该动产的其他担保权人以及依照合同或者其他债的发生原因而得以对该动产主张权益的人。② 第三种观点认为，第三人是指不知道也不应当知道物权发生变动的物权关系相对人。③ 在动产抵押的情形下，如抵押权未经登记，该抵押权人不能以其抵押权对抗该抵押财产的善意受让人，以及在该抵押财产上设立时间虽晚但就其抵押权进行了登记的抵押权。④ 第四种观点认为，第三人是指与抵押物有利害关系的人，例如抵押物所有权的受让人、抵押物的承租人、其他担保权人、抵押人的普通债权人等。未办理登记的抵押权，只有债权的效力，不得对抗所有的第三人。⑤《民法典担保制度解释》于本条对此予以明确，以防止解释上的分歧。

二、未经登记的动产抵押权不得对抗善意的受让人

未经登记的动产抵押权不得对抗善意的受让人，后者并非抵押关系的当事人，故对于抵押人与抵押权人而言属于第三人。《民法典担保制度解释》本条第（一）项规定，动产抵押权设立后未办理登记的，抵押权人不得向取得抵押物所有权的善意受让人主张抵押权。因此，只要抵押权人不能举证证明受让人知道或者应当知道已经订立抵押合同的，抵押权人不能对抗抵押财产的受让人。

我国学说上均认为，标的物的受让人作为动产抵押权未登记而不得对抗的“第三人”时，尚须以受让人的主观“善意”为前提。⑥ 这里所谓“善意”，是指不知道标的物上存在动产担保负担，且无重大过失。受让人不知情且存在轻过失

① 参见王泽鉴：《民法学说与判例研究》（第1册），中国政法大学出版社1998年版，第243页。
② 参见梁慧星主编：《中国物权法草案建议稿》，社会科学文献出版社2000年版，第615页。
③ 参见胡康生主编：《中华人民共和国物权法释义》，法律出版社2007年版，第69页。
④ 参见胡康生主编：《中华人民共和国物权法释义》，法律出版社2007年版，第412页。
⑤ 参见李国光、奚晓明、金剑锋、曹士兵：《最高人民法院〈关于适用中华人民共和国担保法若干问题的解释〉理解与适用》，吉林人民出版社2000年版，第226页以下。
⑥ 参见龙俊：《动产抵押对抗规则研究》，载《法学家》2016年第3期；郭志京：《也论中国物权法上的登记对抗主义》，载《比较法研究》2014年第3期；庄加园：《动产抵押的登记对抗原理》，载《法学研究》2018年第5期。

者，不在此限，否则无异于强制性地要求所有动产交易的相对人均须注意交易标的物上是否存在动产抵押权，害及大量动产交易的效率和安全。① 动产抵押权既未登记，第三人亦难以注意到标的物上存在动产抵押权，为贯彻登记对抗制度的规范意旨，应将“善意”限定在重大过失，不强求第三人在登记簿之外再作详尽的调查，以降低交易成本、促进交易效率。这一解释方案也与我国实践中关于善意认定的一般标准相合。②

值得注意的是，《民法典》第 403 条中关于登记对抗的规定表述简略。在美国法和加拿大法上，未登记动产担保权对抗买受人的前提条件是：该买受人不知道标的物上存在未登记的动产担保权，且有偿取得该财产。③ 其法律后果是，买受人取得不受动产担保权约束的清洁所有权，标的物上的动产担保权消灭。但我国《民法典》上相关条文的表述仅有“善意”的限制，并无其他条件，由此在解释上是否与美国法和加拿大法作相同理解，亦即，该“第三人”是否以已善意取得标的物的所有权为前提？

《民法典》第 406 条第 1 款规定：“抵押期间，抵押人可以转让抵押财产。当事人另有约定的，按照其约定。抵押财产转让的，抵押权不受影响。”由此可见，自《民法典》实施之日起，抵押权人转让抵押财产不再需要抵押权人的同意。在解释上，抵押人并不因抵押权的设定而丧失对抵押财产的处分权，④ 抵押人未经抵押权人同意转让抵押财产也就不再构成无权处分，《民法典》第 311 条所定善意取得规则随即没有了适用前提，受让人自无法基于善意取得标的物所有权而主

---

① 参见刘春堂：《动产担保交易登记之对抗力》，载《物权法之新思与新为——陈荣隆教授六秩华诞祝寿论文集》，台湾瑞兴图书股份有限公司 2016 年版，第 404 页。

② 《物权法解释（一）》第 15 条第 1 款即规定：“受让人受让不动产或者动产时，不知道转让人无处分权，且无重大过失的，应当认定受让人为善意。”

③ 《美国统一商法典》第 9-317 条（b）［受领交付的买受人］规定：“除第（e）款另有规定外，有体担保债权凭证、物权凭证、有体动产、票据或者凭证式证券的买受人（担保权人除外），在其上担保权或者农业担保权公示之前，已给付对价并受领担保物之交付，且不知其上该担保权或者农业担保权的负担的，不受担保权或者农业担保权的约束。”美国法上的介绍，参见 William H. Lawrence, William H. Henning and R. Wilson Freyermuth, Understanding Secured Transactions, 5thed., New Providence, NJ: Matthew Bender & Company, Inc., 2012, p. 258。加拿大法上的观点，参见 Ronald C. C. Cuming, Catherine Walsh and Roderick J. Wood, Personal Property Security Law, 2nd ed., Toronto, ON: Irwin Law Inc., 2012, p. 378。

④ 参见谢在全：《民法物权论》（中册）（修订 5 版），中国政法大学出版社 2011 年版，第 700 页。

张其上未登记抵押权的消灭。值得注意的是，虽然《民法典》第 406 条第 1 款允许当事人就抵押财产的转让作出相反约定，当事人自可约定抵押人未经抵押权人同意不得转让抵押财产，但这一约定对受让人不发生效力，抵押权人自不得以这一禁转约定主张受让人为恶意，除非受让人对于这一禁转约定知情且有重大过失。

由此可见，登记对抗规则与善意取得制度之间，分别适用不同的场景，各有其不同的制度功能和体系分工。① 未经登记不得对抗的是善意第三人，并不是要求第三人善意取得标的物的所有权，第三人取得标的物上无负担的所有权也无须在善意取得制度之下寻求解释基础。在将未登记动产抵押权不得对抗的第三人的客观范围界定为物权人和特殊债权人的前提之下，受让人是否取得标的物所有权意义重大，但受让人是否取得标的物所有权不是登记对抗规则的任务，自应适用《民法典》上动产物权变动的一般规则。由此可进一步认为，登记对抗规则所涉及的仅仅只是未登记动产抵押权人与第三人之间的关系，并不解决第三人是否取得物权问题。②

在将标的物的受让人纳入“第三人”的客观范围之后，其主观上的善意、恶意分别产生不同的法律后果。以普通动产（担保物）的买卖为例，买受人为善意之时，如该买受人已依《民法典》上一般物权变动规则，受领标的物的交付取得标的物所有权，未登记的动产担保权不得与之对抗，此时，并不以买受人给付合理对价为前提。此际的“不得对抗”宜解释为动产抵押权消灭。虽然动产抵押权已因当事人之间的抵押合同而设立，对抗问题仅仅涉及与第三人的关系，但此时抵押人已经丧失对标的物的所有权，抵押权人亦因没有对抗力而失去对标的物的追及力，作为在已丧失的所有权上的动产抵押权自当消灭。如认为未登记动产抵押权不消灭，买受人取得的标的物所有权上仍然存在担保负担，只是后者的顺位劣后，一则没有实际意义，二则可能危及标的物的进一步流转。买受人为善意之时，如该买受人并未取得标的物所有权，未登记动产抵押权自可对抗之，已如前述。买受人为恶意之时，该买受人亦可依《民法典》上一般物权变动规则，受领

① 参见郭志京：《也论中国物权法上的登记对抗主义》，载《比较法研究》2014 年第 3 期；尹田：《论物权对抗效力规则的立法完善与法律适用》，载《清华法学》2017 年第 2 期。

② 参见郭志京：《也论中国物权法上的登记对抗主义》，载《比较法研究》2014 年第 3 期。

标的物的交付而取得标的物所有权。只不过，未登记的动产抵押权可以对抗该买受人，自可依《民法典》第 406 条第 1 款关于“抵押财产转让的，抵押权不受影响”的规定，追及标的物之所在，向买受人主张动产抵押权，就标的物变价并优先受偿。

第三人为受赠人之时，解释结论与上相同。至于担保人低价处分或无偿赠与财产对债权人（未登记动产抵押权人）带来的不利影响，债权人自可依据《民法典》上债权人撤销权规则主张权利。在解释上，虽然未登记动产抵押权已经消灭，但其债权人地位并未消灭；在满足相应要件的情形之下，自可行使债权人撤销权。

三、未经登记的动产抵押权不得对抗善意的承租人

在第三人为承租人之时，同样有主观上善意的要求。我国法上的解释论可以与买卖的情形大致相当。《民法典》第 405 条规定“抵押不破租赁”的规则，即抵押权设立前，抵押财产已经出租并转移占有的，原租赁关系不受该抵押权的影响。但该条针对的是租赁关系成立在前的情形。租赁关系成立在后时，依据《民法典》第 394 条以及第 402 条、第 403 条的规定，自然不得对抗在先设立的已登记抵押权。针对未登记动产抵押权能否对抗成立在后的租赁关系，《民法典担保制度解释》本条第（二）项规定，未登记动产抵押权人不得对抗已占有租赁物的善意承租人。若承租人并未实际占有租赁物，则不论承租人是否知晓在先订立的抵押合同，未登记动产抵押权人均可对租赁物主张抵押权。

四、未经登记的动产抵押权与抵押人的无担保债权人之间的对抗关系

（一）未经登记的动产抵押权原则上可以对抗抵押人的无担保债权人

司法实践中就未经登记的动产抵押权是否可以对抗抵押人的一般债权人的解释并不统一。一种观点认为，未登记的动产抵押权不能对抗一般债权人。如在“张之伟与任国松等案外人执行异议之诉上诉案”① 中，法院认为：“目前我国现行的法律法规并未对第三人做限制规定，法未禁止即可为，故一般债权的第三人同样具有对抗未经登记的抵押权。”另一种观点认为，动产抵押权即使没有登记，也可以对抗一般债权人。如在“辽宁辉山乳业集团四合城牧业有限公司、辽宁辉

---

① 江苏省徐州市中级人民法院（2015）徐民终字第 03066 号民事判决书。

山乳业集团金星牧业有限公司破产债权确认纠纷案”① 中，法院认为：“因未经登记，该抵押权不得对抗善意第三人。此处对第三人的范围界定应是对同一抵押标的物享有物权关系的人，债务人的一般债权人并不包括在内。因为一般债权人与抵押标的物并无法律上的直接联系，其系信赖债务人的清偿能力而与债务人建立债权债务关系，并非基于对抵押标的物未来价值变现的期待。动产抵押权未办理登记并不因此丧失其优先受偿的性质，否则即意味着无论抵押权是否成立，在法律效力上都与一般债权没有任何实质差异，都将被同等对待，这明显与《物权法》对动产抵押权的立法初衷相违背。”

笔者认为，动产抵押权虽未登记，但已因抵押合同生效而设立。既已设立，却不具有优先受偿效力，这一解释结论与《民法典》第403条前句的文义不符。但未登记动产抵押权的对世性不若已经公示的物权，不能对抗善意第三人。② 具体裁判中只需在判决主文中写明：“[债权人] 有权就本判决主文第一项确定的债权在 [优先受偿的数额] 元范围内对 [抵押人] 提供抵押的 [抵押财产] 折价或者拍卖、变卖的价款优先受偿，但不得对抗善意第三人。”③

动产抵押权虽未登记，但亦属物权，只不过效力没有那么完备而已。采行债权意思主义的物权变动模式，未登记动产抵押权的物权效力自不应完全同于基于债权形式主义物权变动模式。与债权形式主义不同的是，债权意思主义下的物权不再限于能有效对抗所有第三人的权利，未经登记的动产担保权是能有效对抗当事人及“某些”第三人的物权，与有效对抗“所有”第三人的物权存在着区别。④ 有学者即主张，“物权具有优先于债权的效力，在公示对抗主义模式下成了一个值得怀疑的命题。在构建我国的公示对抗主义制度时，我们不能简单地以物权、债权的二元划分作为分析工具，而应该具体分析每一组权利间的优先顺位

---

① 辽宁省高级人民法院（2019）辽民终1722号民事判决书。

② 参见崔建远：《物权：规范与学说——以中国物权法的解释论为中心》，清华大学出版社2011年版，第22-23页。

③ 裁判实践中类似的处理，参见何润财与广东泓桥建设工程有限公司、凌亚辉运输合同纠纷上诉案，广东省佛山市中级人民法院（2017）粤06民终11379号民事判决书；云南科诚融资担保有限公司与云南亨益商贸有限公司、云南荷溢淳茶叶有限公司等追偿权纠纷上诉案，云南省昆明市中级人民法院（2018）云01民终6806号民事判决书。

④ See Ulrich Drobnig and Ole Böger (eds), Proprietary Security in Movable Assets, Oxford: Oxford University Press, 2015, p. 276.

关系"①。物债两分体系仍然是我国《民法典》的架构基础，在解释论上亦为重要的分析工具。担保人的无担保债权人仅得请求给付，并不能支配作为担保财产的责任财产，与担保权人的变价权和优先受偿权所体现的支配性不在同一层次，在进入强制执行程序和破产清算程序之前，尚无法及于该财产，也不会与动产抵押权人就担保财产发生争夺关系。② 此时，动产抵押权虽未登记，但亦可对抗无担保债权人，无担保债权人也就不属于法律保护的"善意第三人"之列。③

就此，我国包括《民法典》在内的法律上并不明确。④《民法典物权编解释(一)》第6条规定："转让人转让船舶、航空器和机动车等所有权，受让人已经支付合理价款并取得占有，虽未经登记，但转让人的债权人主张其为民法典第二百二十五条所称的'善意第三人'的，不予支持，法律另有规定的除外。"这里明确规定，未经登记的物权变动，亦可对抗无担保债权人，其理由在于："在物权与债权的关系上，根据物权的排他性、优先性特征以及物权与债权的基本性质差异，在一物之上既有物权又有债权时，一般情况下，物权优先于债权。因此，在法律无明确排斥性规定的情况下，如果物权和债权发生冲突，则应当适用这一基本规则。"⑤《民法典担保制度解释》于本条对《民法典物权编解释（一)》第6条进行了限缩，将特定情形下的无担保债权人排除于外。在解释上可以认为，本条规定系特别规定，优先于《民法典物权编解释（一)》第6条而适用。

（二）未经登记的动产抵押权不得对抗抵押人的查封、扣押债权人

未登记动产抵押权这一隐蔽性的权利，基于其物权地位可以对抗无担保债权。有学者主张，这一解释论"可能导致交易信赖基础的丧失和正常预期的破坏，直接损害社会整体的交易安全"⑥，但无担保债权人是否享有主张登记欠缺

---

① 龙俊：《公示对抗下"一般债权"在比较法中的重大误读》，载《甘肃政法学院学报》2014年第4期。

② 参见庄加园：《动产抵押的登记对抗原理》，载《法学研究》2018年第5期。

③ 参见王轶：《物权变动论》，中国人民大学出版社2001年版，第132页。

④ 参见王洪亮：《动产抵押登记效力规则的独立性解析》，载《法学》2009年第11期。

⑤ 罗书臻：《进一步提升保障财产权利及市场交易安全与效率的法治化程度——最高人民法院民一庭负责人就物权法司法解释（一）答记者问》，载《人民法院报》2016年2月24日，第2版。值得注意的是，可得对抗债权人的受让人，尚须"已经支付对价并取得占有"。就未支付对价并取得占有的受让人，尚无法得出可以对抗转让人的债权人的结论。

⑥ 李文涛、龙翼飞：《"不登记不得对抗第三人"规则中"第三人"范围的界定——以对传统民法形式逻辑的检讨为思路》，载《法学杂志》2012年第8期。

的正当利益，尚存疑问。无担保债权人以债务人（担保人）的全部责任财产作为求偿基础，一则债务人责任财产变动不居，无担保债权人求偿不能的风险本属其在债权债务关系形成之初即可得预见；① 二则在债务人以其财产为自身债务提供物上担保的情形之下，债务人已取得相应的财产，并不影响其责任财产的总量和偿债能力。② 尽管如此，在法政策上，对无担保债权人的范围进行限缩，降低未登记动产抵押权的隐蔽性可能对交易安全所致损害，应属妥适的方案。

《民法典担保制度解释》于本条对未经登记的动产抵押权可得对抗的无担保债权人进行了限缩，不得对抗无担保债权人中的查封、扣押债权人和破产债权人、管理人。在诉讼和执行程序中，第三人对抵押物申请保全或执行时，未登记的抵押权不得对抗法院的扣押、查封；破产程序中，未登记的抵押权不具有优先受偿效力，与一般债权同等受偿。③

《民法典担保制度解释》于本条第（三）项规定："抵押人的其他债权人向人民法院申请保全或者执行抵押财产，人民法院已经作出财产保全裁定或者采取执行措施，抵押权人主张对抵押财产优先受偿的，人民法院不予支持。"由此可见，未经登记的动产抵押权不得对抗查封、扣押债权人。

无担保债权人基于执行名义已经申请启动强制执行程序，且执行法院已就抵押财产采取查封、扣押措施之时，未登记的动产抵押权是否可得对抗之，我国实定法上并无明文规定。就强制执行程序中查封、扣押在私法上的效力，除了限制债务人处分标的物之外，我国法上并未明确查封、扣押债权人是否就标的物取得优先受偿权。在比较法上，德国《民事诉讼法》和法国《民事执行程序法》均规定查封、扣押债权人依照法律的直接规定取得对标的物的扣押质权与保全抵押权、裁判抵押权，并依查封、扣押的时点取得相应的优先顺位。④ 在美国法上，

---

① 参见王泽鉴：《民法学说与判例研究：重排合订本》，北京大学出版社2015年版，第1481页。

② 参见王稳：《登记对抗模式下的信赖保护问题研究》，载《江西社会科学》2018年第4期，第184页；最高人民法院民事审判第一庭：《最高人民法院物权法解释（一）理解与适用》，人民法院出版社2016年版，第189页。

③ 最高人民法院民法典贯彻实施工作领导小组主编：《中华人民共和国民法典物权编理解与适用》（下），人民法院出版社2020年版，第1080页。

④ 参见于海涌：《法国保全性裁判抵押权制度研究——兼论我国不动产查封制度的完善》，载《清华大学学报》（哲学社会科学版）2006年第3期；刘哲玮：《论民事司法查封的效力》，载《国家检察官学院学报》2019年第4期。

根据《美国统一商法典》第9－317条（a）（2）的规定，未登记的动产担保权劣后于法定担保权人（lien creditor）。这里的“法定担保权人”之中即包括通过查封、扣押或者其他类似程序，对相应财产取得法定担保权（lien）的债权人。①

我国法上虽无类似的明确规定，在解释论上可以认为，无担保债权人已经通过强制执行程序查封、扣押抵押财产的情形之下，其对该抵押财产已经取得了对物的支配权，与抵押权人形成了对物的争夺关系。② 同时可以认为，无担保债权人此时已取得对该财产的（间接）占有，债权人的胜诉债权就该财产也就取得了担保权（动产质权）。在利益衡量上，无担保债权人在交易时是基于标的物上不存在担保负担的责任财产状态，在债务人的财产被查封、扣押时，债权人即与未登记抵押权人的利益发生实质性冲突，此际，对于未登记抵押权人和无担保债权人应实行平等保护。③

在解释上，其他与查封或扣押债权人法律地位类同的无担保债权人，未经登记的动产抵押权也不得对抗。上述查封、扣押债权人自当包括在强制执行程序中申请参与分配的债权人。这一解释结论与同采登记对抗主义的台湾“法”相同。我国台湾地区“动产担保交易法”引入美国法，但采行各别物权分别规定的形式主义立法模式。就动产担保交易而言，规定未经登记不得对抗善意第三人（第5条）。裁判实践中认为，“参与分配的他债权人即为善意第三人”，未经登记的动产抵押权自不得对抗。④

◆ 疑点与难点

未经登记的动产抵押权是否可以对抗抵押人的破产债权人或者管理人？

《民法典担保制度解释》于本条第（四）项规定：“抵押人破产，抵押权人

---

① 值得注意的是，美国法上明确指出，无担保债权人基于查封、扣押等取得法定担保权的时间，由各州具体规定。See Barkley Clark and Barbara Clark, The Law of Secured Transactions Under the Uniform Commercial Code, 3rd ed., New York: LexisNexis, 2017, pp. 3－26.

② 参见李文涛、龙翼飞：《“不登记不得对抗第三人”规则中“第三人”范围的界定——以对传统民法形式逻辑的检讨为思路》，载《法学杂志》2012年第8期；赵忠丽：《论登记对抗规则下第三人范围的确定》，载《研究生法学》2015年第2期。

③ 参见龙俊：《中国物权法上的登记对抗主义》，载《法学研究》2012年第5期。

④ 参见王泽鉴：《民法学说与判例研究：重排合订本》，北京大学出版社2015年版，第1504－1505页。

主张对抵押财产优先受偿的，人民法院不予支持。”由此可见，未经登记的动产抵押权不得对抗破产债权人或者管理人。破产清算程序在性质上属于对破产债务人的概括执行程序，破产债权人、破产管理人的法律地位亦应与查封、扣押债权人作相同理解。准此，未经登记的动产抵押权，不得对抗查封或扣押债权人、参与分配债权人、破产债权人或破产管理人。

未经登记的动产抵押权是否可以对抗破产管理人，裁判实践中把握不一。

一种观点认为，未经登记的动产抵押权可以对抗破产管理人。在进入破产程序前未登记的抵押权人未依法定程序行使抵押权的，在破产程序中不得作为优先债权享有优先受偿权。同时，如果承认未经登记的动产抵押权在破产程序中的效力，在实际操作中将会对破产程序的进行带来极大的不确定性，甚至会滋生譬如债务人与债权人恶意串通倒签抵押合同损害其他债权人利益的道德风险。未经登记的抵押权仅具有债权效力，只在抵押人与抵押权人间产生约束力，不得对抗善意第三方债权人尤其是已进行查封等财产保全措施的债权人。

另一种观点认为，未经登记的动产抵押权不得对抗破产管理人。优先受偿性是抵押权的本质属性，所谓“未经登记，不得对抗善意第三人”，是指不能对抗抵押人与善意第三人直接针对抵押物的物权处分行为，而非第三人的一般普通债权请求权。未经登记的抵押权亦属物权，能够与之相对抗的是动产善意受让人、登记抵押权人、留置权人、质权人等物权人，一般债权人并不包括在内，且一般债权人与债务人交易系信赖债务人之清偿能力，而与抵押人的动产抵押标的物无法律上的直接联系，故应承担不获清偿的风险。① 司法实践中亦有支持破产程序中未登记动产抵押权人不得对抗普通破产债权人的实例。②

（本条由高圣平撰写）

① 宜昌市中小企业担保投资有限公司与宜昌新高湖滚装客船有限公司、晏贤凤别除权纠纷上诉案，湖北省宜昌市中级人民法院（2018）鄂05民终2433号民事判决书；广东南方富达进出口有限公司与佛山市南海广亿五金制品有限公司等与破产有关的纠纷上诉案，广东省佛山市中级人民法院（2012）佛中法民二终字第76号民事判决书。

② 江苏省江阴市人民法院（2019）苏0281民初2053号民事判决书。

第五十五条 【财产处于第三方监管的质押】

债权人、出质人与监管人订立三方协议，出质人以通过一定数量、品种等概括描述能够确定范围的货物为债务的履行提供担保，当事人有证据证明监管人系受债权人的委托监管并实际控制该货物的，人民法院应当认定质权于监管人实际控制货物之日起设立。监管人违反约定向出质人或者其他人放货、因保管不善导致货物毁损灭失，债权人请求监管人承担违约责任的，人民法院依法予以支持。

在前款规定情形下，当事人有证据证明监管人系受出质人委托监管该货物，或者虽然受债权人委托但是未实际履行监管职责，导致货物仍由出质人实际控制的，人民法院应当认定质权未设立。债权人可以基于质押合同的约定请求出质人承担违约责任，但是不得超过质权有效设立时出质人应当承担的责任范围。监管人未履行监管职责，债权人请求监管人承担责任的，人民法院依法予以支持。

◆ 条文要旨

本条是关于财产处于第三方监管的质押下质权的设立与监管人的责任的规定。

◆ 理解与适用

本条是对《民法典》第429条适用于存货时的解释。

一、对于动态质押的基本司法态度

信贷实践中，动态质押（实践中又称为流动质押、浮动质押、滚动质押）多采用第三人监管的模式，即由银行（质权人）委托物流企业原地监管质物，解决质物交付、占有中的运输、管理难题，尽管动态质押可以满足经营与融资的双重需求，但由于质物非由质权人直接占有，故存在虚假出质及质物被出质人等强行出货的风险。且由于法律并未明文规定动态质押，在具体制度上也未发展成熟，实践中无论是贷款方还是监管方都频频陷入诉讼中。

第一，流动质押是金融创新实践中出现的一类新的贸易融资品种，在我国法已经承认就存货可以设定浮动抵押的情形之下，自无禁止流动质押之理。在物权法定主义渐趋缓和的大背景之下，不宜以违反物权法定原则为由否定流动质押的效力。在法学方法上，可以类推适用浮动抵押的相关规则。例如，流动质押的效力不及于已经出卖的动产，但自动及于质押人新取得的动产。

第二，流动质押仅仅只表明了标的财产的特殊性，其设立仍应符合质权设立的生效要件。就标的财产——存货而言，实践中因债权人（通常是银行等金融机构）储存条件的限制，多由第三方仓储企业存管，由此出现《民法典》上观念交付的相关规则的适用问题。《民法典》第429条规定："质权自出质人交付质押财产时设立。"在解释上，这里的"交付"并不仅限于现实交付，简易交付和指示交付亦无不可，但不得采取占有改定的方法。就指示交付而言，质权人就标的财产的占有在性质上属于间接占有，义务人对于标的财产是为质权人抑或出质人而占有，对于流动质权的设立具有实质上的影响。

第三，在第三方监管模式之下，如监管人系受质权人的委托监管质物，则构成质权人对质物的间接占有，应当认定完成了质物的交付，质权有效设立。如监管人系受出质人委托监管质物的，表明质物并未交付质权人，应当认定质权未有效设立。尽管监管协议约定监管人系受债权人的委托监管质物，但有证据证明其并未履行监管职责，质物实际上仍由出质人管领控制的，也应当认定质物并未实际交付，质权未有效设立。此时，债权人可以基于质押合同的约定请求质押人承担违约责任，但其范围不得超过质权有效设立时质押人所应当承担的责任。

第四，监管人违反监管协议约定，违规向出质人放货、因保管不善导致质物毁损灭失的，按照三方监管协议的约定承担违约责任。

二、动态质押中质权的设立

《民法典担保制度解释》本条明确了对财产处于第三方监管时动产质权的设立规则。与传统意义上的静态质押相比，一方面，动态质押的特点是在维持最低价值限额的基础上，允许质物出库，同时出质人应当补足、替换质物，即质物的品种、规格、质量、数量处于不断变化中。但另一方面，动态质押仍应满足动产质权的一般设立要件。

首先，本条两款均强调“出质人以特定货物为债务履行提供担保”。质权作为物权，用于质押的动产须是特定化的物。具体到以存货为标的物的动态质押中，质物应当是特定化的种类物，即能与其他的种类物相区分，以期明确质物的权属。

其次，在动态质押中，质物移转占有的表现形式是出质人将质物移交监管人直接占有与控制，而质权人通过与监管人之间的基础合同关系间接占有质物。因此，对本条第 1 款作反面解释，若质物未由被委托的监管人实际占有与控制，则质权未有效设立。

综上，在动态质押中，质权的设立应当满足质物特定化及移交质物的占有的条件。在动态质押这样的三方法律关系中，质权人通过被委托的监管人间接占有质物，因此监管人依约对质物的实际占有与控制是质权人享有质权的关键，亦是动态质押的风险所在。

动态质押交易中，出质人将质物存放于自有仓库，通过与监管人签订场地租赁协议的方式对质权人进行交付，此种交付方式是否达到质权设立的要件，不无疑问。在动态质押中，经常由质权人、出质人与监管人签订三方监管协议，此时要根据实际的权利义务关系来确定监管人究竟是受质权人的委托还是受出质人的委托来监管质物。本条分情形予以规定：如果监管人系受质权人的委托监管质物，则其是质权人的间接占有人，应当认定完成了质物交付，质权有效设立；监管人违反监管协议约定，违规向出质人放货、因保管不善导致质物毁损灭失的，质权人有权请求监管人承担违约责任；如果监管人系受出质人委托监管质物的，表明质物并未交付质权人，应当认定质权未有效设立；监管合同尽管约定由监管人监管质物，但质物实际上仍由出质人管领控制的，也应当认定质物并未实际交付，质权未有效设立。

三、动态质押中监管协议的性质与违约责任的判定

（一）动态质押中监管协议的性质

《民法典担保制度解释》于本条明确了监管人承担违约责任的情形。对监管协议的性质认定将直接影响当事人的权利义务关系，与监管人违约责任的负担紧

密相关。金融机构与监管人和/或出质人签订的监管协议中往往涉及仓储、保管、委托等多种法律关系，但权利义务类型又不限于其中任何一种，司法实践中对于动态质押中监管协议的定性在认识上并不一致。部分判决就如监管协议不予定性，直接依据监管协议的约定判定当事人之间的权利义务。

第一种观点认为，从行业惯例来看，监管人通常并不实际占有和控制质物，其主要义务在于受质权人的委托监督实际仓储方的仓储保管工作；从合同条款来看，监管协议通常约定，监管人受质权人之委托或作为其代理人履行监管职能，故其性质应为委托合同。

第二种观点认为，监管协议中如约定监管人对质物负有妥善保管的义务，监管期间，除不可抗力事件或合同特别约定外，质物毁损灭失或变质、短少、受污染的，监管人应承担赔偿责任，符合保管合同的特征。即使监管协议中出现“监管人作为质权人的代理人，代为监管质物”的表述，也不影响监管协议的性质。

第三种观点认为，保管合同是保管人保管寄存人交付的保管物，并返还该物的合同，而在监管协议中，监管人的义务不限于保管质物，还包括承担验明质物、监管质物等义务，与保管人在保管合同项下承担的义务有所区别，应为混合合同，也可以称为监管合同。

有学者主张，基于无名合同的违约责任采无过错责任，而委托合同、保管合同、仓储合同等有名合同的违约责任均以当事人存在过错为构成要件，宜将监管协议定性为有名合同。至于属于哪一类有名合同，尚须结合合同的具体内容加以确定，不宜抽象判断，一概而论。当监管协议里同时约定了监管人负有质物监管义务和保管义务时，监管人的主给付义务自然不以保管义务为限。除保管义务外，监管人此时还负有对动态质押中质物的价值和数量变动情况进行监督报告、对质物进行特殊标识以及质物受侵害时在约定时间内及时通知银行等监督、管理方面的义务。尤其要强调的是，监管人需要承担质物权属审核义务，这是仓储合同中保管人不需要承担的职责。在此种情形之下，认定质物监管协议是质权人概括委托监管人处理与质物保管、监督相关的一切事务的委托合同，而非单纯的仓储合同，更为妥当，更符合当事人的合同目的。当然，如质物监管协议中约定监管人的合同义务仅为保管质物，无其他监督、管理方面的内容，则该合同自应属于仓储合同。① 这一观点符合意思表示的解释规则，实值赞同。

（二）动态质押中监管人的违约责任

《民法典担保制度解释》于本条规定，动态质押中监管人应依监管协议的约定履行监管义务，未尽监管义务者，在没有法定或约定的免责事由之下，应承担违约责任。

首先，需明确的是，由于动态质押的质物可被替换，故质物的种类、规格、数量、质量都可能发生变化，监管人义务的核心是监管物的数量还是价值？在“中海集团四川物流有限公司与中国工商银行股份有限公司合江支行、合江县百巨商贸有限公司合同纠纷上诉案”中，二审法院指出，“就本案监管质物的价值而言，其本身即是由一定数量和一定种类、品质的货物共同构成的，不能截然分割开来”②，同时，该法院亦指出，质物的价值受市场行情、保管条件、存放期限等多种因素影响，只有在质物价值的减损是因为监管人未尽监管义务造成的，监管人才应承担监管责任。

由此可知，在动态质押的监管合同中，双方常约定监管人将质物控制在最低价值线上，而质物的数量、质量等是衡量价值的标准，故监管人的义务本质是维持质物价值处于最低价值线上，而非使质物数量保持不变。当然，从尊重意思自治的角度出发，当事人对质押财产的控制有特殊约定的，应予尊重。监管人对质物价值的监管责任往往是通过对质物的数量、规格等标准的控制来履行的，质言之，被监管质物的价值与数量等外在标准是内容与形式的关系。

其次，本条规定监管人未履行监管职责的，应依其过错承担违约责任。实践中存在出质人强行出货的情况，此时监管人是否尽到监管义务成为其是否存有过错以及是否应承担法律责任的关键。③ 在“中信银行股份有限公司青岛分行与青岛中远物流有限公司、光明轮胎集团有限公司等金融借款合同纠纷再审案”④

① 参见王富博、李明卉：《质物监管纠纷中的法律争点及解决路径》，载《人民司法·应用》2019年第19期。

② 四川省高级人民法院（2016）川民终966号民事判决书。

③ 山东省高级人民法院（2016）鲁民终1922号民事判决书。本案二审判决对一审判决予以维持。类似观点参见蓬达资产管理有限公司与中国工商银行股份有限公司淄博分行等保管合同纠纷申请再审案［最高人民法院（2013）民申字第591号民事裁定书］。

④ 最高人民法院（2016）最高法民申978号民事裁定书。

中，监管人在出质人强制出货前依约向质权人提示风险并采取应急措施向110报案，再审法院认为监管人不存在过错，无需承担赔偿责任。

最后，监管人未履行监管义务的赔偿范围如何确定？是以质物担保的主债权为限，还是相应质物的价值？在"中国工商银行股份有限公司息县支行与中国外运河南公司保管合同纠纷再审案"① 中，质权人基于拥有质物的质权及《质押物监管协议》向质物监管人，请求按照质押物约定的价值赔偿，本质上属于质物灭失的替代物，但并不等于质权人可以获得超过主债权的不当得利，多余的部分应当归还给出质人。在"大连俸旗投资管理有限公司与中国外运辽宁储运公司等借款合同纠纷上诉案"② 中，二审法院认为，虚假出质中债权未能实现的首要原因是债务人不清偿债务，而质权未能有效设立的首要原因为出质人的虚假出质和质权人未尽审查义务，故监管人的责任范围应是补充赔偿责任。

◆ 疑点与难点

虚假出质中各方责任的分配

在动态质押中，由于质物非由监管人直接占有，故存在监管人未尽监管责任或者与出质人串通而导致虚假出质的风险。《民法典担保制度解释》于本条第2款虽仅规定了出质人和监管人的法律责任，但根据法律与合同的约定，出质人、质权人和监管人在质权的设立上各自负有相应的义务，因此在虚假出质中，各方按其过错程度承担责任，在"广发银行股份有限公司哈尔滨长江路支行与中国物流有限公司、哈尔滨商德实业有限公司等金融借款合同纠纷上诉案"③ 中，从与有过失的角度出发，二审法院认为对涉案质押钢材实际数量与监管下限的差额部分质权不能设立给债权人造成的损失，债权人、出质人、监管人均存在过错，均应承担相应责任。

对于出质人的责任，若其未按约定交付质物时，应当按照其过错承担赔偿责任。对于质权人的责任，本条第2款虽无直接规定，但根据《商业银行法》第36条的规定，作为质权人的商业银行应当对质物的权属及价值及质权的可行性进行

---

① 最高人民法院（2014）民申字第1490号民事裁定书。
② 最高人民法院（2016）最高法民终650号民事判决书。
③ 最高人民法院（2016）最高法民终266号民事判决书。

严格审查，并负有妥善保管质押财产的义务；若未尽相应义务，对虚假出质或不足额出质等情形造成的己方损失也应承担相应责任。对于监管人的责任，作为监管方的物流公司在未尽合同约定的监管义务，导致债权不能或不能完全实现时，应按其过错程度承担违约责任。

（本条由高圣平撰写）

第五十六条 【正常经营活动中买受人规则】

买受人在出卖人正常经营活动中通过支付合理对价取得已被设立担保物权的动产，担保物权人请求就该动产优先受偿的，人民法院不予支持，但是有下列情形之一的除外：

（一）购买商品的数量明显超过一般买受人；

（二）购买出卖人的生产设备；

（三）订立买卖合同的目的在于担保出卖人或者第三人履行债务；

（四）买受人与出卖人存在直接或者间接的控制关系；

（五）买受人应当查询抵押登记而未查询的其他情形。

前款所称出卖人正常经营活动，是指出卖人的经营活动属于其营业执照明确记载的经营范围，且出卖人持续销售同类商品。前款所称担保物权人，是指已经办理登记的抵押权人、所有权保留买卖的出卖人、融资租赁合同的出租人。

◆ 条文要旨

本条是关于正常经营活动中买受人规则的规定。

◆ 理解与适用

本条是对《民法典》第404条的限缩解释。

一、正常经营活动中买受人规则的制度演变

《物权法》第189条第2款规定:“依照本法第一百八十一条规定抵押的,不得对抗正常经营活动中已支付合理价款并取得抵押财产的买受人。”由此可见,动产浮动抵押权人不得对抗正常经营活动中已支付合理价款并取得抵押财产的买受人,在动产浮动抵押领域以“正常经营活动中买受人规则”阻却了抵押权的追及效力。《民法典》第404条将这一规则上升为动产抵押的一般规则,其中规定:“以动产抵押的,不得对抗正常经营活动中已经支付合理价款并取得抵押财产的买受人。”就此,有学者主张,《民法典》既已承认抵押权的追及效力,且该效力不因抵押财产的种类不同而有所差异,为了买受人的利益而否定动产抵押权的追及效力,虽符合动产买卖交易中信用接受者的基本预期,但损害了动产买卖之前为了融资或其他交易而设定的担保物权的信用,将会动摇抵押担保制度的存在基础。①

根据《民法典》第395条第1款第(四)项和第396条的规定,“生产设备、原材料、半成品、产品”既可以设立动产(固定)抵押权,② 也可以设定浮动抵押权,而这些财产在性质上属于“存货”,且常见于“正常经营活动”之中,如“正常经营活动中的第三人”仅能对抗浮动抵押权人,不能对抗固定抵押权人,就意味着正常经营活动中的所有第三人在交易之前均有查阅担保登记簿的义务。倘若如此,将损害交易效率,增加交易成本,也不合交易习惯和市场交易主体的合理商业预期。因此,不应区分固定抵押与浮动抵押,只要是“正常经营活动中的买受人”均适用相同的规则。③ “如果当事人不再信赖转让人对财产的占有,并且还必须调查相关财产上是否存在着已登记的担保物权或保留所有权交易,则

---

① 参见邹海林:《论〈民法典各分编(草案)〉“担保物权”的制度完善——以〈民法典各分编(草案)〉第一编物权为分析对象》,载《比较法研究》2019年第2期。

② 在类型化上,浮动抵押权自是动产抵押权之一种。由此,两者之间构成种属关系,其中,动产抵押权是属概念、上位概念;浮动抵押权是种概念、下位概念。在动产抵押权这一属概念之下与浮动抵押权这一种概念相并而称的另一种概念,应是固定抵押权。为行文方便,笔者仅在需要与浮动抵押权相对而称时,才括注“固定”。

③ 参见龙俊:《动产抵押对抗规则研究》,载《法学家》2016年第3期。

会对日常商业构成重大障碍。”[①]《民法典》第404条与现代动产担保交易法的发展趋势相吻合：不关注当事人采取的法律构造，只要在事实上起到相同的功能就适用相同的法律。[②]《联合国动产担保立法指南》就正常经营活动中的买受人规则的建议，并不限定于浮动抵押；[③]《欧洲示范民法典草案》亦无不然。[④]

《民法典》第406条规定抵押权的追及效力，抵押权不受抵押物转让的影响，但《民法典》第404条的“正常经营买受人”显然阻却了抵押权的追及效力，构成抵押权追及效力的例外。故正常经营活动中的买受人规则，有比较严格的适用要件。为了防止该规则的滥用，就需要在司法解释中作为一个限制。

二、如何认定“正常经营活动”

《民法典担保制度解释》于本条第2款第1句明确规定：“出卖人正常经营活动，是指出卖人的经营活动属于其营业执照明确记载的经营范围，且出卖人持续销售同类商品。”

首先，“正常经营活动”是指担保人的正常经营活动，而非买受人的正常经营活动。[⑤] 其次，经营活动属于该担保人营业执照明确记载的经营范围，且出卖人持续销售同类商品。至于从事“正常经营活动”的担保人与《民法典》第312条所称“具有经营资格的经营者”是否为同义语，有学者认为，两者之间没有不同，均指“从事与交易物同种类物品买卖的商人的活动”。[⑥] 实践中的具体情形可能是这样，但在鼓励营业自由、“万众创业”的大背景之下，抵押人是否具有相应经营资格，并不在“正常经营活动”的文义之列。最后，交易标的物在性质上属于“原材料、半成品、产品”（存货）。基于正常经营活动中的买受人规则的规范目的，交易标的物应属具有市场流通性的种类物（原材料、半成品、产品）。

---

① Study Group on a European Civil Code and Research Group on EC Private Law (Acquis Group), Principles, Definitions and Model Rules of European Private Law: Draft Common Frame of Reference, Volume 6, Munich: Sellier. European Law Publishers GmbH, 2007, pp. 5604 – 5605.

② 参见高圣平：《美国动产担保交易法与我国动产担保物权立法》，载《法学家》2006年第5期。

③ See United Nations Commission on International Trade Law, UNCITRAL Legislative Guide on Secured Transactions, United Nations, 2010, p. 202.

④ See Study Group on a European Civil Code and Research Group on EC Private Law (Acquis Group), Principles, Definitions and Model Rules of European Private Law: Draft Common Frame of Reference, Volume 6. Munich: Sellier. European Law Publishers GmbH, pp. 5604 – 5605.

⑤ 参见董学立：《论“正常经营活动中”的买受人规则》，载《法学论坛》2010年第4期。

⑥ 董学立：《论“正常经营活动中”的买受人规则》，载《法学论坛》2010年第4期。

当然，交易标的物是否构成存货，尚须对所销售的标的物与出卖人（担保人）的正常经营范围进行比较，如出卖人是销售洗衣机等家用电器的销售商，则家用电器构成存货，该销售商销售家用电器，即构成正常经营活动，但如其销售家用电器的生产设备，则生产设备不具有存货性质，就不构成正常经营活动。当然，该生产设备对于生产该类生产设备的制造商来说，就可能构成存货。

《民法典担保制度解释》于本条第 1 款列举了五种正常经营活动中买受人规则适用的限制情形。在解释上，这些情形均不属于正常经营活动。

第一，买受人购买商品的数量明显超过一般买受人的，担保物权人仍得以请求就该动产优先受偿。正常经营活动中的买受人之所以能够阻却动产抵押权的追及效力，是因为一般买受人并不负有查询抵押登记的义务，符合真实的交易习惯，同时满足一般买受人的真实需求。若买受人购买商品的数量明显超出了一般买受人的真实需求，将严重降低买受人的抵押财产价值，损害抵押权人的合法权益。

第二，买受人购买出卖人的生产设备的，担保物权人仍得以请求就该动产优先受偿。出卖人的生产设备是出卖人正常经营的必要动产，对于出卖人未来的生产经营起着关键作用，通常构成出卖人的资产，并不具有存货性质。一概允许买受人取得生产设备并排除抵押权的追及效力，对抵押权人的利益保护而言有失偏颇。需注意的是，此处的“生产设备”并不包括作为存货或商品的生产设备。

第三，订立买卖合同的目的在于担保出卖人或者第三人履行债务的，担保物权人仍得以请求就该动产优先受偿。此时，买受人对出卖人本质上享有的是担保债务履行的利益，亦属担保物权，应按照《民法典》第 414 条的规定确定数个抵押权的清偿顺序。若允许买受人此时取得排除在先动产抵押权的追及效力，无异于承认以此方式规避在先抵押权人的优先受偿权，存在诱发道德风险的可能，损害在先抵押权人的合法权益。

第四，买受人与出卖人存在直接或者间接的控制关系的，担保物权人仍得以请求就该动产优先受偿。买受人与出卖人存在控制关系的，其内部之间的动产转让显然不属于“正常经营活动”，且此种关联交易容易诱发道德风险，有损抵押权人的合法权益。

第五，买受人应当查询抵押登记而未查询的其他情形，担保物权人仍得以请求就该动产优先受偿。一般认为，基于交易效率的保障以及交易成本的控制考虑，正常经营活动中的买受人在交易之前并无查阅担保登记簿的义务，否则将不合市场交易主体的合理预期。但若依交易习惯买受人应当查询抵押物上的抵押权负担时，买受人并无可值得特别保护之处，而应适用《民法典》第403条之一般规定。

三、如何认定“已支付合理对价”

在比较法上，《美国统一商法典》和《联合国动产担保立法指南》均不要求正常经营活动中的买受人规则的适用以买受人已支付合理对价为前提，但《欧洲示范民法典草案》上要求受让人为取得动产已经支付对价。在解释上，该草案第9-6：102条第（2）款仅构成第8-3：102条第（1）款中所定善意要件具体认定上的补充，正常经营活动中的买受人规则的适用还应满足后者所定其他要件。

我国《民法典》上，登记对抗规则与善意取得制度之间各有其不同的制度功能和体系分工。《民法典》第404条与其第311条所定善意取得的构成要件上虽在条文表述上相同，但其基于的政策考量尚存差异。规定“已支付合理对价”要件在一定程度上是“为了防止抵押人与他人合谋欺诈抵押权人”。① 不过，对“已支付合理对价”这一要件亦应契合商业实践作出灵活解释。同时，“已支付合理对价”不以支付金钱为限，各种替代金钱的方式均在其列。司法实践中有观点认为，即使买受人与抵押人将作为种类物的抵押物进行互换，也应当认定这种互易行为是一种支付对价的交易行为，买受人取得的抵押物亦不受抵押权人抵押权的追及。②

四、如何认定“担保物权人”

《民法典担保制度解释》于本条第2款第2句明确指出：“前款所称担保物权人，是指已经办理登记的抵押权人、所有权保留买卖的出卖人、融资租赁合同的出租人。”就文义而言，《民法典》第404条的适用范围以动产抵押交易为限。在解释上，结合《民法典》第388条来看，所有权保留交易和融资租赁交易具有动产担保的功能，因此与动产抵押交易同属动产担保交易，同样需要面对动产抵押物转让时抵押人、抵押权人与受让人之间的利益平衡问题，故本条将其列入适用范围。

---

① 程啸：《担保物权研究》（第2版），中国人民大学出版社2019年版，第545页。

② 湖北省高级人民法院（2013）鄂民二终字第00041号民事判决书。

◆ 疑点与难点

正常经营活动中的买受人规则的适用是否以买受人善意为前提?

《民法典》第404条上非如美国法一样要求正常经营活动中的买受人在主观上须为善意,《美国统一商法典》要求正常经营活动中的买受人不知其购买行为侵害了他人的权利。学说上认为,正常经营活动中的买受人规则在物上存在负担(例如动产抵押权)的场合,也存在善意受让人的保护问题。正常经营活动中的买受人规则本质上是一种特殊的善意取得,自应以买受人的善意为前提。① 只不过,此时的善意,并非是指受让人不知道也不应当知道其受让的标的物上存在担保负担,而是指受让人不知道也不应当知道担保权人不允许担保人无负担地转让担保财产。因此,受让人虽然对标的物上存在担保权并非善意(尤其是在动产担保权已经登记的情形之下),但可善意信赖担保权人同意担保人可以无负担地处分该物。此即为对处分权限的信赖。② 而且,这里的"善意"是推定的。若有证据证明担保权人禁止担保人的特定销售行为且为买受人知悉,则不适用正常经营活动中的买受人规则,担保权人的权利不受影响。例如,制造商在其提供给销售商的存货上设定了动产抵押权,担保合同中明确约定禁止该销售商将存货销售给其他销售商,以免后者打折销售,买受人—销售商知道该项禁止约定,则其权利劣后于制造商的抵押权。③

《民法典》第404条并不以买受人主观善意为适用前提,而以"已支付合理价款"作为平衡正常经营活动中的买受人与其他债权人之间利益的工具,与美国法上不要求支付合理对价但要求买受人主观善意的考量因素不同,自不得作相同理解。从本条第1款列举的"正常经营买受人"规则例外的情形来看,亦不以买受人非善意为由排斥其阻却抵押权追及效力。

(本条由高圣平撰写)

---

① See Barkley Clark and Barbara Clark, The Law of Secured Transactions Under the Uniform Commercial Code, 3rd ed., Newark, NJ: LexisNexis, 2017, pp. 3-38.

② 参见纪海龙、张玉涛:《〈民法典物权编(草案)〉中的"正常经营买受人规则"》,载《云南社会科学》2019年第5期。

③ See Barkley Clark and Barbara Clark, The Law of Secured Transactions Under the Uniform Commercial Code, 3rd ed., Newark, NJ: LexisNexis, 2017, pp. 3-39.

第五十七条 【购买价金担保权的超优先顺位】

担保人在设立动产浮动抵押并办理抵押登记后又购入或者以融资租赁方式承租新的动产，下列权利人为担保价款债权或者租金的实现而订立担保合同，并在该动产交付后十日内办理登记，主张其权利优先于在先设立的浮动抵押权的，人民法院应予支持：

（一）在该动产上设立抵押权或者保留所有权的出卖人；

（二）为价款支付提供融资而在该动产上设立抵押权的债权人；

（三）以融资租赁方式出租该动产的出租人。

买受人取得动产但未付清价款或者承租人以融资租赁方式占有租赁物但是未付清全部租金，又以标的物为他人设立担保物权，前款所列权利人为担保价款债权或者租金的实现而订立担保合同，并在该动产交付后十日内办理登记，主张其权利优先于买受人为他人设立的担保物权的，人民法院应予支持。

同一动产上存在多个价款优先权的，人民法院应当按照登记的时间先后确定清偿顺序。

◆ 条文要旨

本条是关于购买价金担保权的超优先顺位的规定。

◆ 理解与适用

本条是对《民法典》第416条的解释。

一、购买价金担保权超优先顺位规则的适用范围

购买价金担保权，又称购置款担保权、购买价金担保权益，① 比较法上多称

① 参见董学立：《美国动产担保交易制度研究》，法律出版社2007年版，第147页。

为“purchase money security interest”（PMSI），是指债权人在动产之上取得的担保因购买该动产所生的价金给付义务的担保权，《联合国动产担保立法指南》将其界定为“一种有体动产（而非可转让票据或可转让单证）担保权，借此为未受清偿的购买价金的付款义务或为使担保人获取该动产而产生的债务或提供的其他信贷的履行提供担保。购买价金担保权不一定如此称呼。在非统一处理处理模式之下，这一术语还包括所有权保留交易中出卖人的权利或融资租赁交易中出租人的权利”。① 购买价金担保权总是和购买价金融资交易（acquisition financing）联系在一起，既包括赊销有体动产的出卖人对标的物所保留的所有权，也包括应承租人的指令购买租赁物的出租人对标的物所保有的所有权，还包括为购置特定有体动产提供贷款的债权人对标的物享有的抵押权。由此可见，在比较法上，购买价金担保权人既可以是贷款人，也可以是出卖人、出租人。但是，我国《民法典》将所有权保留交易和融资租赁交易没有重构为典型的动产担保交易，基于此，《民法典》在第十七章“抵押权”第一节“一般抵押权”部分规定购买价金抵押权（第416条）。在解释上，这一规则自可类推适用于所有权保留交易和融资租赁交易。

出卖人或债权人依购买价金融资交易就标的物取得的动产担保权，并不以动产抵押权为限，所有权保留交易和融资租赁交易中的所有权亦属之。② 如在所有权保留交易中，买受人全额支付购买价款之前，出卖人保留对标的物的所有权，出卖人为买受人购置该标的物提供信用支持。此时，出卖人的权利同样有特殊保护的必要。在解释上，所有权保留交易和融资租赁交易与动产抵押交易同属动产担保交易，自可准用本条规定。这一解释方案，一是赋予所有购买价金融资提供人以同样的法律地位，尽可能同等对待为购买价金提供融资的所有交易，与统一动产担保交易规则的政策目标相合；二是实现了改行登记对抗主义之后出卖人或出租人依传统的所有权保留交易或融资租赁交易本应得到的相同保护。③

---

① See United Nations Commission on International Trade Law, UNCITRAL Legislative Guide on Secured Transactions, United Nations, 2010, p. 455.

② 参见谢在全：《浮动资产担保权之建立——以台湾地区“企业资产担保法草案”为中心》，载《交大法学》2017年第4期。

③ See Ulrich Drobnig and Ole Böger (eds), Proprietary Security in Movable Assets, Oxford: Oxford University Press, 2015, p. 569; United Nations Commission on International Trade Law, UNCITRAL Legislative Guide on Secured Transactions, United Nations, 2010, p. 336.

《民法典担保制度解释》本条明显采纳了上述理论。

二、购买价金担保权优先于在先的动产抵押权

在承认未来财产之上的动产担保权依登记时间而确定其优先顺位的情形之下,① 为防止所有的新增财产自动“流入”已设定的动产担保权，促进为担保人（债务人）购置资产提供新的信贷支持，拓宽再融资渠道，有必要承认购买价金担保权的超优先顺位。② 在我国《民法典》上，动产抵押权、所有权保留交易中出卖人的所有权、融资租赁交易中出租人的所有权都奉行登记对抗主义，且竞存的动产担保权之间依登记先后确定其优先顺位。如债权人在债务人的所有未来财产上已设定浮动抵押权，在解释上，如该浮动抵押权已经登记，即具有优先于后设立的动产担保权的效力。此时，该浮动抵押权已经事实上形成了对其后信用提供者的垄断性权利，甚至构成对债务人经营活动的过度控制。③ 如债务人就这些未来财产的购置寻求新的融资之时，信用提供者即使在这些财产上设立动产抵押权或保留所有权，因这些权利的登记劣后于在先浮动抵押权的登记而只能屈居第二顺位，如此这些新信用提供者提供购买价金融资的积极性将大为降低。

购买价金担保权超优先顺位的承认对于各方当事人均为有利：新的信用提供者因超优先顺位的保障，无需担心其债权担保落空，从而提高了为债务人提供新的信用支持的积极性；债务人因此也可以继续展开正常经营或者扩大再生产，充实其责任财产，增强偿债能力;④ 原担保权人的信用期待也未受到不利影响，因为担保人责任财产的增加是因新的信用提供者的介入所致，否则担保人将无法取得新的财产,⑤ “通过出卖并转移相关财产给买受人，出卖人对买受人最终作为

---

① See Thomas H. Jackson and Anthony T. Kronman, Secured Financing and Priorities Among Creditors, 88 Yale Law Journal 1143 (1979), pp. 1164 - 1171.

② 参见董学立:《浮动抵押的财产变动与效力限制》，载《法学研究》2010 年第 1 期；龙俊:《动产抵押对抗规则研究》，载《法学家》2016 年第 3 期。

③ See William H. Lawrence, William H. Henning and R. Wilson Freyermuth, Understanding Secured Transactions, 5th ed., New Providence, NJ: Matthew Bender & Company, Inc., 2012, p. 240; Ronald C. C. Cuming, Catherine Walsh and Roderick J. Wood, Personal Property Security Law, 2nd ed., Toronto, ON: Irwin Law Inc., 2012, p. 440.

④ 参见谢鸿飞:《民法典担保规则的再体系化——以〈民法典各分编（草案）二审稿〉为分析对象》，载《社会科学研究》2019 年第 6 期。

⑤ See Ronald C. C. Cuming, Catherine Walsh and Roderick J. Wood, Personal Property Security Law, 2nd ed., Toronto, ON: Irwin Law Inc., 2012, p. 440.

偿债基础的责任财产做出了直接贡献……由于没有出卖人的贡献，买受人的其他担保或非担保的债权人就不会从出卖的财产中获得清偿，出卖人优先于这些财产上的其他所有担保物权的担保权人，似乎更为公平”;① 不管购买价金担保权人是否具有超优先顺位，只要践行登记手续，所影响的仅仅只是竞存的已登记动产担保权之间的优先顺位，对其他第三人并不产生影响，交易安全亦不会受到威胁。②

《民法典》在改变了所有权保留交易和融资租赁交易等非典型动产担保交易的立法方法的情形之下，增设购买价金担保权的超优先顺位规则尤为重要。此前，《合同法》上就这两类交易并未采行登记对抗主义，所有权保留交易中出卖人所保留的和融资租赁交易中出租人所享有的，都是所有权，无须登记即具有对抗第三人的效力。这一所有权的权能丰满，依《物权法》的规定，并不受其他特别的限制。尤其是在买受人或承租人破产之时，标的物不属于破产财产，出卖人或出租人自得主张取回权。《民法典》就这两类交易改行登记对抗主义，还原其经济上的担保功能，与动产抵押权作一体的处理。所有权保留交易中出卖人所保留的和融资租赁交易中出租人所享有的所有权，自其登记之时，才获得强势保护。如债权人事先已在债务人嗣后取得的财产之上设定了动产担保权（如浮动抵押权），并已登记，所有权保留交易中的出卖人和融资租赁交易中的出租人即使登记，也不可能在前述浮动抵押权之前登记，如仍以依登记的先后确定竞存权利之间的优先顺位，其权利必定劣后。如此，如不规定购买价金担保权的超优先顺位规则，所有权保留交易和融资租赁交易的展开必受影响。增设购买价金担保权的超优先顺位规则，作为“先公示者优先”这一一般规则的例外，有利于促进购买价金融资的发展。基于此，《民法典担保制度解释》本条第 1 款规定，在先设立并登记的动产抵押权不得对抗购买价金担保权。

三、购买价金担保权超优先顺位规则的适用条件

购买价金担保权超优先顺位规则奉行“后登记者优先”，虽属一般优先顺位

---

① See Ulrich Drobnig and Ole Böger (eds), Proprietary Security in Movable Assets, Oxford: Oxford University Press, 2015, p. 568.

② 参见谢鸿飞：《民法典担保规则的再体系化——以〈民法典各分编（草案）二审稿〉为分析对象》，载《社会科学研究》2019 年第 6 期。

规则的例外，但也破坏了信贷担保规则的既有体系，应予严格适用。根据《民法典》第416条和《民法典担保制度解释》本条的规定，适用购买价金担保权超优先顺位规则，应满足以下条件：

第一，新担保权是为了担保人购置标的物，且在该标的物上设立，旨在担保该标的物全部或部分价款的清偿。《民法典》第416条以为债务人购置标的物而提供贷款为基本交易原型，但并不以借款合同本身记载贷款的用途是为债务人购置标的物为前提，只要其他证据能够证明此贷款用途即可。值得注意的是，购买价金担保权的产生以贷款已经发放为前提，为债务人履行买卖合同而签订借款担保合同，仅产生对债务人的应付款项的，贷款人就该应付款项并未取得购买价金担保权。此外，该笔贷款还必须实际用于债务人购置标的物。至于在债务人取得标的物之前就发放贷款是否构成购买价金担保权，尚须结合具体情形予以认定。如债务人已经自出卖人取得标的物，且并未为出卖人设立担保权；此后债务人从贷款人处取得贷款，为贷款人在该标的物上设定担保权，并将贷款支付予出卖人。此际，贷款人是否取得购买价金担保权的超优先顺位，值得怀疑。关键的判断因素在于，当事人之间是否将购置标的物的买卖交易和贷款交易作为一个交易的两个阶段。从美国和加拿大的司法实践来看，如债务人取得了贷款人的贷款承诺，其后购置标的物，并最终以自贷款人取得的贷款偿还出卖人的价款，贷款人即取得购买价金担保权；但如债务人并未获得贷款人明确的贷款承诺，只是有希望获得该笔贷款，则贷款人并未取得购买价金担保权。在借助通道业务完成购置交易的，亦应作同样解释。①

在解释上，出卖人在赊销交易形式下保留标的物的所有权，亦是担保该标的物价款的清偿，应符合本要件。融资租赁交易中出租人的所有权亦是如此，但该条的文义较为明显地排除了售后回租（sale - and - lease - back）的情形，其主要理由在于这种交易形式并未带来债务人责任财产的增加。虽然售后回租也是融资租赁交易的一种特殊形式，出租人取得的所有权亦其担保作用，在性质上也属于

---

① See Keith Meyer, "Purchase Money Security Interests under the Revised Article Nine of the Uniform Commercial Code", in Iwan Davies (ed), Security Interests in Mobile Equipment, New York: Routledge, 2002, pp. 263 - 264; Ronald C. C. Cuming, Catherine Walsh and Roderick J. Wood, Personal Property Security Law, 2nd ed., Toronto, ON: Irwin Law Inc., 2012, pp. 442 - 444.

非典型动产担保权，但无法取得超优先顺位。售后买回（sale and repurchase）交易也是如此。在此交易模式之中，所有人将标的物出卖给买受人，其后立即依分期付款买卖合同再买回该标的物，同样因为此时并未增加债务人责任财产，该交易并不产生购买价金担保权。①

第二，新担保权人应在标的物交付后 10 日内办理动产担保登记。这是购买价金担保权取得超优先顺位的程序要件。规定宽限期的正当性在于，出卖人不必等到自己或其他购买价金融资提供者登记，即可向买受人交付标的物，从而促进动产的有效流动。② 在比较法上，承认和规定了购买价金担保权的国家和地区，大多对本要件的适用区分标的物是否构成存货作了不同的处理。宽限期规则一般仅适用于标的物非为存货的情形。在标的物为存货之时，为了保护非购买价金担保权人的利益，大多规定，仅在购买价金担保权人向担保人交付存货之前即已登记，且书面通知了在先登记的非购买价金担保权人的情形之下，购买价金担保权人才能取得优先于非购买价金担保权人的超优先顺位。亦即就存货提供购买价金融资的担保权人并不享有宽限期的恩惠。③ 但《加拿大魁北克民法典》的处理模式并不相同，该法就购买价金担保权登记的宽限期的规定，适用于所有动产标的物，并不仅限于非存货。④ 《联合国动产担保立法指南》据此建议各国在动产担保法制改革中可以根据具体情形作出政策选择，在宽限期的适用问题上，既可以区分标的物的类别，也可以不做区分。⑤ 我国《民法典》对此未作区分，只要对购置款提供融资的担保权人均有宽限期的适用。

---

① See Ronald C. C. Cuming, Catherine Walsh and Roderick J. Wood, Personal Property Security Law, 2nd ed., Toronto, ON: Irwin Law Inc., 2012, pp. 441 – 442.

② See William H. Lawrence, William H. Henning and R. Wilson Freyermuth, Understanding Secured Transactions, 5th ed., New Providence, NJ: Matthew Bender & Company, Inc., 2012, p. 241; United Nations Commission on International Trade Law, UNCITRAL Legislative Guide on Secured Transactions, United Nations, 2010, p. 346.

③ See Keith Meyer, "Purchase Money Security Interests under the Revised Article Nine of the Uniform Commercial Code", in Iwan Davies (ed), Security Interests in Mobile Equipment, New York: Routledge, 2002, pp. 277 – 278; United Nations Commission on International Trade Law, UNCITRAL Legislative Guide on Secured Transactions, United Nations, 2010, p. 353.

④ See Ronald C. C. Cuming, Catherine Walsh and Roderick J. Wood, Personal Property Security Law, 2nd ed., Toronto, ON: Irwin Law Inc., 2012, p. 109.

⑤ See United Nations Commission on International Trade Law, UNCITRAL Legislative Guide on Secured Transactions, United Nations, 2010, pp. 353 – 354.

在解释上，即使担保权人在标的物交付后 10 日内办理了动产担保登记，但该登记因未合理指明标的物、担保人姓名或名称错误等原因而无效的，此程序要件仍视为未满足，但如担保权人在 10 日宽限期届满之前登记了变更登记书，弥补了前述登记缺陷的，则已满足此程序要件。即使未满足此程序要件，动产担保权的性质也不发生改变。未登记并不意味着动产担保权的丧失，动产担保权仍在当事人之间有效，并具有对抗无担保债权人的效力。如担保权人在宽限期期满后才登记的，该动产担保权人就不构成购买价金担保权，不能依据第 416 条取得超优先顺位。

值得注意的是，《民法典》第 416 条所称“标的物交付”应限缩解释为移转标的物所有权意义上的交付。如债务人基于试用买卖而受领标的物的交付的，不宜从此时开始计算宽限期。试用买卖的买受人在试用期内可以购买标的物，也可以拒绝购买（第 638 条）。买受人拒绝购买的，自无购买价金担保权发生的空间；在试用期内买受人（债务人）决定购买标的物的，应自该日起计算宽限期；试用期间届满，买受人对是否购买标的物未作表示的，视为购买，此时，从试用期间届满之日起计算宽限期。至于试用期间，自可由试用买卖的当事人约定；没有约定或者约定不明确的，可以协议补充，不能达成补充协议，按照合同有关条款、合同性质、合同目的或者交易习惯仍然不能确定的，由出卖人确定。

第三，同一债务人为他人设立了购买价金担保权和其他竞存的动产担保权。《民法典》第 416 条和《民法典担保制度解释》本条并未明确此点，但从购买价金担保权超优先顺位的规范目的出发，不同的债务人在同一财产上为不同的担保权人分别设立购买价金担保权和其他竞存动产担保权的，购买价金担保权即不具有超优先顺位。例如，甲担保权人在丙债务人的财产上设立了动产抵押权，并办理了动产抵押登记。其后，丙债务人将该财产出卖予丁债务人，出卖该财产并未得到甲担保权人的授权，且亦不属于丙债务人的正常经营活动。乙担保权人为丁债务人购置该财产提供贷款，且及时登记从而取得购买价金担保权。此际，竞存的动产担保权并不是由同一债务人所设立，因此，乙担保权人并不能取得足以对抗甲担保权人的购买价金担保权。乙担保权人的购买价金担保权只能对丁债务人在同一财产上为他人设立的其他动产担保权取得超优先顺位。①

四、竞存购买价金担保权之间的优先顺位规则

在供给侧改革的大背景下，购买价金融资的需求在不断增加，同时购买价金融资的标的物（如大型成套设备、大宗原材料和存货）的价值也越来越高，单一的出卖人、出租人或贷款人难以满足买受人的所有融资需求，同一标的物上同时存在数个购买价金担保权就成为可能。此时，针对数个购买价金担保权之间的冲突，《民法典》第416条并无适用空间。如两个商业银行分别为债务人提供部分购置款的贷款；再如贷款人向买受人提供信贷以使买受人得以支付标的物的首付款，出卖人也就该标的物价款的其余部分向买受人提出信用支持。如这些担保权人均在宽限期内登记了动产担保权，彼此之间的优先顺位如何确定？

美国法和加拿大法上规定，出卖人的购买价金担保权优先于贷款人的购买价金担保权；贷款人的购买价金担保权之间地位平等，依优先顺位的一般规则处理，即先登记者优先；② 融资租赁交易中出租人的购买价金担保权的地位同于贷款人的购买价金担保权。③ 之所以优先保护出卖人的购买价金担保权，主要原因在于，与贷款人相比，出卖人分配融资损失的能力较弱。④ 归根结底，出卖人所受损失体现在丧失其本来享有所有权的财产，而贷款人所承担的风险则为不能就其并不享有所有权的财产的变价款受偿。两者之间，出卖人更值得同情。⑤ 这一

① See Ronald C. C. Cuming, Catherine Walsh and Roderick J. Wood, Personal Property Security Law, 2nd ed., Toronto, ON: Irwin Law Inc., 2012, pp. 451 – 452.

② See William H. Lawrence, William H. Henning and R. Wilson Freyermuth, Understanding Secured Transactions, 5th ed., New Providence, NJ: Matthew Bender & Company, Inc., 2012, p. 242; Ronald C. C. Cuming, Catherine Walsh and Roderick J. Wood, Personal Property Security Law, 2nd ed., Toronto, ON: Irwin Law Inc., 2012, p. 465. 不过，加拿大法上就后者并未作出明确规定，是经由解释而得出的结论。

③ See Ronald C. C. Cuming, Catherine Walsh and Roderick J. Wood, Personal Property Security Law, 2nd ed., Toronto, ON: Irwin Law Inc., 2012, p. 465.

④ See William H. Lawrence, William H. Henning and R. Wilson Freyermuth, Understanding Secured Transactions, 5th ed., New Providence, NJ: Matthew Bender & Company, Inc., 2012, p. 242.

⑤ See Keith Meyer, "Purchase Money Security Interests under the Revised Article Nine of the Uniform Commercial Code", in Iwan Davies (ed), Security Interests in Mobile Equipment, New York: Routledge, 2002, p. 285; 美国法学会、美国统一州法委员会：《美国〈统一商法典〉及其正式评述》（第3卷），高圣平译，中国人民大学出版社2006年版，第237页。

处理方案也是《联合国动产担保立法指南》的推荐方案之一。①

笔者认为，尽可能同等对待信用提供者，已经成为《民法典》的政策选择，就为购置标的物提供融资的所有交易而言，亦应如此。基于此，应对所有的购买价金融资交易平等对待，不区分所有权保留交易、融资租赁交易和动产抵押交易；所有的购买价金担保权之间法律地位平等，无论是出卖人、出租人，还是贷款人，都适用相同的优先顺位规则。尚无压倒性的理由认为出卖人的地位就一定优于贷款人。准此，在《民法典》就竞存的购买价金担保权之间的优先顺位未作特别规定的情形之下，《民法典担保制度解释》于本条第3款规定："同一动产上存在多个价款优先权的，人民法院应当按照登记的时间先后确定清偿顺序。"

这一规范内容与《民法典》第414条第1款的精神一致，即先登记者优先。在解释上，如未在宽限期内登记，即不构成购买价金担保权，自无所谓超优先顺位的问题。如此，一是有利于尽可能简化竞存权利之间的优先顺位规则，达到清晰、简明的目标；二是为所有的信用提供者创造平等的竞争机会，有助于增加信贷提供量，降低信贷成本；三是买受人基于谈判机会上的平等，可以展开尽可能有利的交易方式以满足其融资需求。②

◆ 疑点与难点

超优先顺位规则对融资租赁交易和所有权保留买卖交易的适用

《民法典担保制度解释》本条第2款规定："买受人取得动产但未付清价款或者承租人以融资租赁方式占有租赁物但是未付清全部租金，又以标的物为他人设立担保物权，前款所列权利人为担保价款债权或者租金的实现而订立担保合同，并在该动产交付后十日内办理登记，主张其权利优先于买受人为他人设立的担保物权的，人民法院应予支持。"这一规定明确了不管是否存在在先登记的浮动抵押权，所有权保留买卖交易中的出卖人或者融资租赁交易中的出租人只要在宽限

① See United Nations Commission on International Trade Law, UNCITRAL Legislative Guide on Secured Transactions, United Nations, 2010, pp. 364 - 365.

② See United Nations Commission on International Trade Law, UNCITRAL Legislative Guide on Secured Transactions, United Nations, 2010, pp. 331 - 332. Harry C. Sigman, "Perfection and Priority of Security Rights", in Horst Eidenmüller and Eva - Maria Kieninger (eds.), The Future of Secured Credit in Europe, Berlin: De Gruyter Recht, 2008, pp. 163 - 164.

期内办理了登记，即优先于买受人或者承租人在宽限期内为他人设立的担保物权，即使买受人或者承租人为他人设立的担保物权登记或者交付在先，亦无不然。这一规则同样适用于为债务人提供贷款购置标的物的情形，亦即贷款人为债务人提供贷款购置标的物，并约定以该标的物为贷款人设定抵押权的，如该债务人又以该标的物为他人设立担保物权的，只要贷款人在宽限期内办理了动产抵押登记，贷款人的动产抵押权即优先于债务人为他人设立的担保物权。

（本条由高圣平撰写）

第五十八条　【汇票质权】

以汇票出质，当事人以背书记载“质押”字样并在汇票上签章，汇票已经交付质权人的，人民法院应当认定质权自汇票交付质权人时设立。

◆ 条文要旨

本条是关于汇票质权的设立的规定。

◆ 理解与适用

本条是对《民法典》第441条的解释。《票据法》第19条规定：“汇票是出票人签发的，委托付款人在见票时或者在指定日期无条件支付确定的金额给收款人或者持票人的票据。汇票分为银行汇票和商业汇票。”汇票质权是指在票据法上所称的汇票权利上设立的质权，在性质上属于债权质权。《民法典》与《票据法》对之均有明确的规定。

一、背书“质押”字样的必要性

《票据法》第35条第2款规定：“汇票可以设定质押；质押时应当以背书记载‘质押’字样。被背书人依法实现其质权时，可以行使汇票权利。”《最高人民法院关于审理票据纠纷案件若干问题的规定》（以下简称《票据规定》）原第55条规定：“依照票据法第三十五条第二款的规定，以汇票设定质押时，出质人在汇票上只记载了‘质押’字样未在票据上签章的，或者出质人未在汇票、粘单上记载‘质押’字样而另行签订质权合同、质押条款的，不构成票据质押。”① 由此可见，汇票质权之设定应以背书记载“质押”字样为必要，质押背书是票据质权的生效要件。《物权法》第 224 条规定，“以汇票、支票、本票、债券、存款单、仓单、提单出质的，当事人应当订立书面合同。质权自权利凭证交付质权人时设立；没有权利凭证的，质权自有关部门办理出质登记时设立。”《担保法解释》第 98 条明确规定：“以汇票、支票、本票出质，出质人与质权人没有背书记载‘质押’字样，以票据出质对抗善意第三人的，人民法院不予支持。”由此，质押背书是汇票质权的对抗要件。关于汇票质权的设立是否以背书记载“质押”字样为必要这一问题，由于上述法律和司法解释中存在不同规定，在实务中也即存在裁判路径上的分歧。

第一种裁判路径是以《票据法》第 35 条第 2 款或《票据规定》原第 55 条为依据，认为设质背书是票据质权的生效要件，即不满足背书“质押”字样的条件票据质权即不成立。如在“武汉玖信汽车有限公司等与杨文芝等民间借贷纠纷上诉案”② 中，第三人以商业承兑汇票为债权提供担保，但未背书记载“质押”字样，法院以《票据法》第 35 条第 2 款及《票据规定》原第 55 条为依据认定票据质押无效。

第二种裁判路径是以《物权法》第 224 条（或《担保法》第 76 条）及《担保法解释》第 98 条为依据，认为票据质权以交付票据为生效要件，而设质背书为票据质权的对抗要件。如在“内蒙古敕勒川科技发展股份有限公司与上海农村商业银行股份有限公司长宁支行等金融借款合同纠纷上诉案”③ 中，法院则未引用《票据法》第 35 条第 2 款的规定，而是以《物权法》及《担保法解释》的相关规定为依据做出判决。在背书记载“质押”字样为票据质权的对抗要件的观点中，就上述法律之间的冲突，有法院认为应按照新法优于旧法的关系处理，如在“南京凯盛建设集团有限公司与陈义洪、南京义洪劳务服务有限公司、江苏飞亚

---

① 经法释〔2020〕18 号修正的《票据规定》第 54 条的规定与此完全相同。

② 湖北省高级人民法院（2013）鄂民一终字第 00055 号民事判决书。类似观点请参见佛山市顺德区杏坛镇乐欣塑料五金包装厂与汕头保税区宝田电子有限公司等票据支付请求权纠纷上诉案，广东省汕头市中级人民法院（2008）汕中法民二终字第 51 号民事判决书。

③ 上海市第一中级人民法院（2015）沪一中民六（商）终字第 362 号民事判决书。

建设工程有限公司票据损害责任纠纷上诉案”① 中，二审法院认为，《票据规定》的颁布时间早于《担保法解释》，故应适用《担保法解释》中的规定。

第三种裁判路径是同时适用《票据法》及《物权法》(或《担保法》)，认为背书质押非为设定票据质权的唯一方式，订立质押合同、交付票据亦可设立票据质权。② 法院同时适用《票据法》第35条第2款与《担保法》第76条的规定，认为“背书质押不是设定票据质权的唯一方式，订立质押合同、交付票据也可以设定票据质权”；继而又依据《担保法解释》第98条的规定认为“背书‘质押’字样不是票据质权的取得要件，仅是票据质权的对抗要件”——按照前种观点，背书质押与交付均是设立票据质权的生效要件，自与后述的对抗要件说相矛盾。

笔者认为，依法律部门划分的基本原理，一部法律中不可能规定与其调整的法律关系相关的所有法律问题，而是在各法律部分存在相对明晰的分工。就《民法典》“物权编”与《票据法》而言，两者虽都调整票据质权关系，但两者之间也存在明显分工。前者调整票据质权的原因关系，而不调整票据关系。票据关系由《票据法》调整，亦即设质背书如何进行，其效力如何，票据质押与其他票据行为的关系等，非《民法典》所能及，但属《票据法》的分内之责。

设质背书行为作为票据行为，应符合票据行为的一般要件。《票据法》第20条规定：“出票是指出票人签发票据并将其交付给收款人的票据行为。”第27条规定：“持票人可以将汇票权利转让给他人或者将一定的汇票权利授予他人行使……持票人行使第一款规定的权利时，应当背书并交付汇票。”上述条款均将票据交付明确规定为出票、背书等票据行为的构成要件，可见有效的票据行为，除了行为人以书面在票据上记载法定事项并签章之外，还需要将票据交付与相对人。③ 通说认为，设质背书应当具备以下要件：(1) 记载设质文句；(2) 出质人(持票人) 签章；(3) 交付票据。④ 就票据质权的公示而言，依设质背书，第三

① 江苏省南京市中级人民法院(2014)宁商终字第1432号民事判决书。

② 《最高人民法院公报》2004年第11期。类似观点请参见招商银行股份有限公司呼和浩特新华东街支行与中国银行股份有限公司包头市九原支行、土默特右旗鑫鑫煤炭有限责任公司票据质权纠纷上诉案，内蒙古自治区包头市中级人民法院(2015)包民五终字第86号民事判决书；大冶市富通贸易有限公司等诉威县腾龙棉业有限公司票据返还请求权纠纷上诉案，河北省邢台市中级人民法院(2016)冀05民终3646号民事判决书。

③ 参见于莹：《票据法》，高等教育出版社2004年版，第45页。

④ 参见曾世雄、曾陈明汝、曾宛如：《票据法论》，台湾学林文化事业有限公司2003年版，第148页。

人即可知晓质权的存在，设质背书因此具有了公示票据上权利负担的作用，而仅依单纯交付票据，第三人无从知晓质权的存在。准此以解，《民法典》上关于票据质权设立中交付的规定，实际上属于设质背书的“交付”，并无独立发挥作用的意义。① 如在“天津国恒铁路控股股份有限公司与上海浦东发展银行股份有限公司杭州和睦支行、浙江圆融实业有限责任公司票据追索权纠纷上诉案”② 中，法院以《票据法》第35条为裁判依据，认为当事人在票据上记载“质押”字样并背书交付符合票据质押的有效要件。

综上，在票据质权中，《票据法》所调整的是设质背书行为之作为与效力的票据关系，而《民法典》所调整的是票据质权的原因关系，两者之间存在明显的分工而非互相取代的关系。故此，《民法典担保制度解释》于本条吸收《担保法解释》第98条、《票据规定》原第55条之规定，强调了汇票质权设立的背书、签章之要件。

二、记载“不得转让”的票据出质的效力

汇票包括汇票上记载有“不得转让”字样的禁转汇票。《票据法》第27条第2款规定：“出票人在汇票上记载‘不得转让’字样的，汇票不得转让。”同法第34条规定：“背书人在汇票上记载‘不得转让’字样，其后手再背书转让的，原背书人对后手的被背书人不承担保证责任。”由此可见，记载“不得转让”的汇票不得转让，但记载“不得转让”的汇票能否质押，《票据法》和《民法典》未设明文，在司法实践中亦存在争议。

持肯定说者认为，出票人记载“不得转让”的票据出质并不会发生票据权利的实际转让，只有在出质人不履行债务时，质权人才行使票据权利，保全债权，这与出票人禁止票据权利转让的目的并不相悖。而且设质背书是典型的非转让背书，通过设质背书设定票据质押不是将出质人的票据权利转让给质权人。质权人虽然占有票据，但并非票据权利受让人，质权人行使票据权利的资格是通过设质背书由《票据法》直接授予的，并非出质人票据权利转让的结果。所以对出票人

---

① 参见高圣平：《设质背书的效力研究——兼及票据法与物权法冲突及其解决》，载《中外法学》2009年第4期。

② 浙江省高级人民法院（2013）浙商终字第19号民事判决书。

记载“不得转让”的票据可以出质。①

持否定说者认为，出票人记载“不得转让”的票据出质后，出质人到期不能履行债务，则质权人会主张票据权利以实现质权，这样实际上会发生票据权利由出质人向质权人转让的效果，这与出票人记载“不得转让”的目的相悖。并且，《票据法》第27条第2款规定：“出票人在汇票上记载‘不得转让’字样的，汇票不得转让。”《票据规定》第47条规定：“依照票据法第二十七条的规定，票据的出票人在票据上记载‘不得转让’字样，票据持有人背书转让的，背书行为无效。背书转让后的受让人不得享有票据权利，票据的出票人、承兑人对受让人不承担票据责任。”可见，出票人禁止背书转让的票据会丧失流通性，收款人不得通过转让背书的方式转让票据权利，如果背书的，背书行为无效。通过无效背书取得票据的人不具有票据法上持票人的资格，不能取得票据权利。由于出票人和承兑人不对收款人以外的人承担票据责任，所以质权人不可能通过行使票据权利来实现其质权。而且票据上有明确记载的“不得转让”文句，因而质权人也不可能以善意取得制度主张其权利。由于以出票人记载“不得转让”的票据出质既违背了意思自治原则又使权利人的质权难以实现，因而该类票据不可质押。②

出票人在票据上“不得转让”的记载（禁转记载）使该票据绝对丧失流通性、指示性，票据将票据关系限定在了出票人、付款人和票面上载明的收款人之间，而将其他人排斥在外，即排除了一切于禁转记载后取得票据的债权人。也就是说，禁转背书后，再依背书方式受让票据的人不能取得票据权利，由于出票人禁止票据转让，票据权利的让与不能依背书方式进行，因而即使持票人经交付而取得票据，也并不承认其当然的票据权利人资格。同时，出票人对收款人仍负有担保责任，即出票人担保票据承兑和付款的票据责任并不因禁止背书而得到免除，只是在禁转背书的情况下，其票据担保责任仅限于对收款人而已。

一般而言，出票人禁止记载的目的在于通过限制收款人以背书方式转让票据

---

① 参见孔祥俊：《担保法及其司法解释的理解与适用》，法律出版社2001年版，第303－305页。

② 参见李国光等：《最高人民法院〈关于适用中华人民共和国担保法若干问题的解释〉理解与适用》，吉林人民出版社2000年版，第352页。

权利，从而保留出票人对其直接后手的抗辩权，避免对人抗辩切断及防止偿还金额增大，以达到保护其自身利益不因过多的追索而受到影响的目的。从上述禁转背书效力的范围看，其是对汇票流通性及依票据法上的方式转让票据权利做出限制，使该票据恢复为一般的指名债权证券。即使收款人以禁转票据出质，质权人也很难成功。因为出票人基于先期的票据记载而免责，质权人在主债权得不到清偿或当事人约定的实现质权的情形出现时，不得向出票人和付款主张票据权利，仍只能向出质人主张权利，主债权实际上并未获得担保，这样的票据质权在法律上是没有意义的。《票据规定》第52条即明确规定："依照票据法第二十七条的规定，出票人在票据上记载'不得转让'字样，其后手以此票据进行贴现、质押的，通过贴现、质押取得票据的持票人主张票据权利的，人民法院不予支持。"

从法律后果来看，背书人的禁转记载，并不能影响整个票据的流通性，只是导致禁转背书的背书人依其背书将自己的担保责任限定在直接被背书人的范围以内，对于此后的后手受让人不承担任何担保责任的后果。《票据规定》第53条规定："依照票据法第三十四条和第三十五条的规定，背书人在票据上记载'不得转让'字样，其后手以此票据进行贴现、质押的，原背书人对后手的被背书人不承担票据责任。"由此可见，被背书人无视禁转记载转让票据是有效的。被背书人的后手取得票据后成为正当持票人，享有票据权利，还可以继续背书。只是作禁转记载的背书人仅对被背书人承担票据责任，而对被背书人的后手不承担票据责任。若票据被拒绝承兑或拒绝付款，被背书人的后手持票人只能对背书人以外的其他票据债务人主张票据权利。因为背书人已经在票面上明确记载了禁转文句，被背书人的后手明知这一情况仍然接受票据，因此他要承担追索权受限制的后果。被背书人的后手通过设质背书取得票据，同样要受到这种抗辩的约束。因此，上述否定说的理由即值商榷。

◆ 疑点与难点

商业票据电子化之下的解释论

随着银行供应链金融业务的拓展，电子商业票据已成为一种市场迫切需求的、重要的新型融资工具。2009年《电子商业汇票业务管理办法》第51条即对电子商业汇票的质押作出了规定，其是指电子商业汇票持票人为了给债权提供担保，在票据到期日前在电子商业汇票系统中进行登记，以该票据为债权人设立质权的票据行为。但该条中的“电子商业汇票系统”未有确指。至2016年，《票据交易管理办法》第30条规定电子商业汇票的质押信息应当通过电子商业汇票系统同步传送至票据市场基础设施，第15条方明确上海票据交易所即为前述“票据市场基础设施”。

依据《电子商业汇票业务管理办法》第51条的规定，电子商业汇票应在系统中进行登记。由此可见，电子汇票进入债权人指定的特定系统时，质权设立。实践中，法院严格遵循上述规则，认定电子汇票质押下质权设立与否应取决于电子商业汇票登记系统的登记。①

此外，当事人之间的约定不能对抗电子商业汇票系统中的记载。如在“2018年度上海法院金融商事审判十大案例之五”一案②中，甲证券公司、乙保理公司还与戊银行签订《票据服务协议》，约定乙保理公司将系争汇票出质给甲证券公司，戊银行作为票据服务银行和质权人的代理人，在电子商业汇票系统中持有票据，并提供质押票据的审验、保管和提示付款等服务。在电子商业汇票系统中，质权人登记为戊银行。对此，审理法院在裁判要旨与裁判意义中认为：“根据票据的文义性特征，票据上的一切权利义务必须严格依照票据上记载的文义而定，文义之外的任何理由及事项均不能作为根据。我国《票据法》中的多个条文即是票据文义性特征的体现，无论是传统纸质票据还是电子票据，在法无特殊规定的情况下均应遵循。虽然电子票据产生于《票据法》制定之后，但其相对传统纸质票据而言是发展而非颠覆，电子商业汇票系统亦在不断发展完善中。本案二审判决重申票据的严格文义性，明确当事人的约定不能对抗电子商业汇票系统中的记载，对于维护票据交易的安全与效率具有重要意义。”

（本条由高圣平撰写）

---

① 江西省高级人民法院（2020）赣民终501号民事判决书；上海金融法院（2019）沪74民终825号民事判决书。

② 上海市高级人民法院（2018）沪民终241号民事判决书。

第五十九条 【仓单质权】

存货人或者仓单持有人在仓单上以背书记载“质押”字样，并经保管人签章，仓单已经交付质权人的，人民法院应当认定质权自仓单交付质权人时设立。没有权利凭证的仓单，依法可以办理出质登记的，仓单质权自办理出质登记时设立。

出质人既以仓单出质，又以仓储物设立担保，按照公示的先后确定清偿顺序；难以确定先后的，按照债权比例清偿。

保管人为同一货物签发多份仓单，出质人在多份仓单上设立多个质权，按照公示的先后确定清偿顺序；难以确定先后的，按照债权比例受偿。

存在第二款、第三款规定的情形，债权人举证证明其损失系由出质人与保管人的共同行为所致，请求出质人与保管人承担连带赔偿责任的，人民法院应予支持。

◆ 条文要旨

本条是关于仓单质权的规定。

◆ 理解与适用

本条是对《民法典》第414条、第441条的解释。仓单是一种有价证券，行使仓单上记载的权利或对权利进行处分，必须对仓单进行占有，请求保管人交付寄托物，并向保管人交还仓单。根据《民法典》仓储合同章的规定，仓单是提取仓储物的凭证，存货人或者仓单持有人在仓单上背书并经保管人签字或者盖章的，可以转让提取仓储物的权利。这里将仓单定性为债权凭证，但仓单还是有价证券的一种，其性质为记名的物权证券。物权证券是以物权为证券权利内容的证券。仓单是提取仓储物的凭证，也是存货人对仓储物享有所有权的凭证。仓单发生转移，仓储物的所有权也发生转移。①

一、仓单质权的设立

权利质权的设立应当遵循有关权利让与的相关规则，以仓单出质的，出质人应将仓单或提单交付给质权人，仓单质权自仓单交付之日设立。我国《民法典》对仓单采一券主义，仓单既可以依法转让，也可以依法出质。仓单作为有价证券，可以流通。流通的形式有两种：一是转让仓单，即转让仓单项下仓储物的所有权；二是以仓单出质，质权人享有提取仓单项下仓储物的权利。无论是仓单转让还是仓单出质，都应当满足法定的形式才能生效。仓单的转让或者出质，必须由存货人或者仓单持有人在仓单上背书。② 早期司法实践中，最高人民法院在"中国建设银行常州分行与中国华通物产集团公司、常州长城建设发展有限公司、江苏武进钢铁集团公司借款担保合同纠纷上诉案"③ 中首先明确了仓单质押关系的成立需有书面质押合同及交付权利凭证。

《民法典》第910条规定："仓单是提取仓储物的凭证。存货人或者仓单持有人在仓单上背书并经保管人签名或者盖章的，可以转让提取仓储物的权利。"有学者认为，仓单质权的设立，不仅要交付仓单，还应由出质人在仓单上背书并经保管人签章。④ 在"乌鲁木齐银行股份有限公司民升支行与乌鲁木齐铁路局实业开发总公司等买卖合同纠纷上诉案"⑤ 中，一、二审法院即对仓单质押的生效要件持不同理解。一审法院认为质权成立且生效的基础是出质人对质物享有所有权，故在仅有仓单持有人自己盖章的情况下不能认为质权成立。乌鲁木齐银行民升支行则上诉称："我行在本案中主张的是仓单质权，质押人用以质押的是仓储人出具的仓单，我行仅需对仓单真实性进行审查，对货物实际归属并没有实质审

---

① 参见黄薇主编：《中华人民共和国民法典合同编解读》（下册），中国法制出版社2020年版，第1286页。

② 参见黄薇主编：《中华人民共和国民法典合同编解读》（下册），中国法制出版社2020年版，第1290页。

③ 王宪森：《关于企业法人的分支机构签订借款合同的效力问题及适用担保法司法解释第三十八条第二款的另一法律情形——中国建设银行常州分行与中国华通物产集团公司、常州长城建设发展有限公司、江苏武进钢铁集团公司借款担保合同纠纷上诉案》，载《民商审判指导与参考》2003年第1辑，人民法院出版社2003年版，第314页。

④ 参见孙鹏、王勤劳、范雪飞：《担保物权法原理》，中国人民大学出版社2009年版，第302页。

⑤ 新疆维吾尔自治区高级人民法院（2016）新民终405号民事判决书。与一审法院观点类似的案件请参见章昌华与建发物流集团有限公司侵权纠纷上诉案，福建省高级人民法院（2014）闽民终字第80号民事判决书。

查的义务。"① 对此，二审法院则认为："乌鲁木齐银行民升支行与昊融公司订立了书面仓单质押合同，权利凭证（仓单）亦已交付乌鲁木齐银行民升支行，故乌鲁木齐银行民升支行享有的质权依法成立。"

虽然《民法典》第 441 条就仓单质押的背书未作规定，但该条后句同时规定："法律另有规定的，依照其规定。"在解释上，可以将《民法典》第 910 条关于背书的规定理解为"法律另有规定"的情形。

《民法典担保制度解释》于本条第 1 款规定："存货人或者仓单持有人在仓单上以背书记载'质押'字样，并经保管人签章，仓单已经交付质权人的，人民法院应当认定质权自仓单交付质权人时设立。没有权利凭证的仓单，依法可以办理出质登记的，仓单质权自办理出质登记时设立。"由此可见，以有权利凭证的仓单出质的，仓单质权的设立应满足背书"质押"字样、保管人签名或签章、交付仓单等三个要件；没有权利凭证的仓单，依法可以办理出质登记的，仓单质权自办理出质登记时设立。一般认为，针对电子仓单的特性，自仓单进入债权人指定的特定系统时设立。但是，《国务院关于实施动产和权利担保统一登记的决定》将"存款单、仓单、提单质押"纳入统一登记范围。《民法典》第 441 条规定："以汇票、本票、支票、债券、存款单、仓单、提单出质的，质权自权利凭证交付质权人时设立；没有权利凭证的，质权自办理出质登记时设立。法律另有规定的，依照其规定。"在解释上，统一的动产和权利担保登记系统所登记的仅为"没有权利凭证的"存款单、仓单、提单出质的情形。但在电子仓单之下，是否存在权利凭证，存在解释上的疑问。

二、仓单出质与仓储物担保的效力与清偿顺位

尽管仓单质权所针对的保管物是动产，但仓单质权却不同于动产质权——仓单质权的标的物是仓单这一物权凭证，而动产质权的标的物是动产，即在仓单质权中，质权人只是占有仓单，并不直接占有仓单项下的动产，该动产由保管人负责保管。② 如在"昭通联友仓储有限公司与昭通珠泉建材物业管理有限公司、昭通昭阳富滇村镇银行股份有限公司等案外人执行异议之诉上诉案"③ 中，二审法

---

① 新疆维吾尔自治区高级人民法院（2016）新民终 405 号民事判决书。

② 参见程啸：《担保物权研究》，中国人民大学出版社 2017 年版，第 552 页。

③ 云南省昭通地区（市）中级人民法院（2016）云 06 民终 694 号民事判决书。

院认为，在仓单质押中提取仓储物的权利是仓单质押的标的权利。仓单是一种特殊的物而非动产，它是设定并证明持券人有权取得一定财产权利的书面凭证，合法拥有仓单即意味着拥有仓储物的所有权，仓单的意义在于记载其上的财产权利。因此，仓单质押性质上属于权利质押而不是动产质押。

基于仓单的如上特性，逻辑上存在着同时存在仓单质押与仓储物担保的可能，因此明确二者之间效力与清偿顺位就变得关键。仓储物设定担保包括仓储物抵押权和仓储物质权，但由于仓储物处于保管人的控制之下，出质人无法将仓储物转移至质权人占有，故此处仅指仓储物抵押的情形。《民法典》第415条规定，同一财产上抵押权与质权的清偿顺序按照登记、交付的时间确定。《民法典担保制度解释》于本条第2款规定："出质人既以仓单出质，又以仓储物设立担保，按照公示的先后确定清偿顺序；难以确定先后的，按照债权比例清偿。"《民法典》第414条确认，未登记的抵押权按债权比例清偿，并可适用于其他可以登记的担保物权。这是因为未登记的抵押权自抵押合同签订时设立，而设立时间难以确定，若以抵押合同签订时间先后确认清偿顺序容易诱发倒签合同等道德风险，故以债权比例清偿较为公平。因此，《民法典担保制度解释》本条第2款后半句规定，难以确定仓单质权与仓储物担保物权公示先后的，按照债权比例清偿。

三、同一仓储物的多份仓单上仓单质权的清偿顺位

根据《民法典》有关规定，存货人交付仓储物后，保管人应当出具仓单。仓单是提取仓储物的凭证，仓单持有人可凭借仓单提取仓储物。若保管人就同一货物签发多份仓单，将使多人持有对于同一货物的仓单，造成权利冲突的局面。若仓单持有人以其持有的仓单出质，设定了多个仓单质权，此时判断多个仓单质权的清偿顺位就变得关键。《民法典担保制度解释》本条第3款规定，首先，应判断取得仓单的先后顺序，由最先取得仓单的债权人优先受偿；其次，在无法确定取得仓单的先后顺序时，各债权人按照债权比例受偿。

◆ 疑点与难点

同一仓储物的多份仓单上仓单质权的清偿顺位

出质人以仓单出质的同时，在仓储物上设立担保物权的，若出质人在仓储物上设立抵押权，因无需转移仓储物的占有即可设立动产抵押权，保管人在其中并无发现的可能，不存在过错。但出质人为仓储物设立质权的，因质权设立需将质物交付给质权人占有，故而需要保管人配合，允许出质人、质权人或其委托的第三人将仓储物移出保管场所。此时，仓单质权人的质权实现存在降低的风险，因此造成仓单质权人损失的，《民法典担保制度解释》本条第 4 款规定由出质人与保管人承担连带赔偿责任。

保管人签发仓单后，仓单持有人对保管人即可行使权利，而对取得仓单的原因不负证明责任。仓单持有人无论是否为存货人，都可以行使仓单所代表的权利，也即"认单不认人"原则。为保持仓单、仓储物之间的清晰对应关系，保管人应仅签发一份仓单并交由存货人或存货人指定的第三人。因此，保管人就同一货物签发多份仓单并由出质人设定多个仓单质权的情形中，保管人与出质人均存有过错。此时造成债权人损失的，《民法典担保制度解释》本条第 4 款规定，出质人与保管人承担连带赔偿责任。

（本条由高圣平撰写）

第六十条 【提单质权】

在跟单信用证交易中，开证行与开证申请人之间约定以提单作为担保的，人民法院应当依照民法典关于质权的有关规定处理。

在跟单信用证交易中，开证行依据其与开证申请人之间的约定或者跟单信用证的惯例持有提单，开证申请人未按照约定付款赎单，开证行主张对提单项下货物优先受偿的，人民法院应予支持；开证行主张对提单项下货物享有所有权的，人民法院不予支持。

在跟单信用证交易中，开证行依据其与开证申请人之间的约定或者跟单信用证的惯例，通过转让提单或者提单项下货物取得价款，开证申请人请求返还超出债权部分的，人民法院应予支持。

前三款规定不影响合法持有提单的开证行以提单持有人身份主张运输合同项下的权利。

◆ 条文要旨

本条是关于提单质权的规定。

◆ 理解与适用

本条是对《民法典》第441条、第442条的解释。

一、提单质权的设立

《民法典担保制度解释》于本条第1款规定："在跟单信用证交易中，开证行与开证申请人之间约定以提单作为担保的，人民法院应当依照民法典关于质权的有关规定处理。"提单是指用以证明海上货物运输合同和货物已经由承运人接受或者装船，以及承运人保证据以交付货物的凭证。提单中载明的向记名人交付货物，或者按照指示人的指示交付货物，或者向提单持有人交付货物的条款，构成承运人据以交付货物的凭证。提单分为记名提单、指示提单和不记名提单。根据《海商法》第79条的规定，记名提单不得转让；指示提单经过记名背书或空白背书转让；不记名提单，无须背书，即可转让。因此，记名提单不能成为权利质权的标的权利，仅有指示提单和不记名提单才能作为权利质权的标的权利。

《民法典》第441条规定："以汇票、本票、支票、债券、存款单、仓单、提单出质的，质权自权利凭证交付质权人时设立；没有权利凭证的，质权自办理出质登记时设立。法律另有规定的，依照其规定。"《海商法》第79条自属《民法典》第441条所述"法律另有规定"的情形。如此，在有权利凭证的情形之下，以指示提单出质的，除交付提单之外，尚须作成质押背书；以不记名提单出质的，仅需交付提单即可设立提单质权；在无权利凭证的情形之下，提单质权自办理出质登记时设立。《国务院关于实施动产和权利担保统一登记的决定》将"存款单、仓单、提单质押"纳入统一登记范围。在解释上，统一的动产和权利担保登记系统所登记的仅为"没有权利凭证的"存款单、仓单、提单出质的情形。

二、提单质权的行使

跟单信用证交易模式下，开证行在履行完开证与付款义务后自受益人手中取得相应的提单，作为其对开证申请人债权的担保。开证行占有提单，是开证申请人的质权人；提单是表彰一定物品的交付请求权的证券，又称为“物品证券”,[①]提单持有人在满足特定条件下有权提取提单项下的货物。因此，开证行作为质权人对其持有的提单项下货物究竟享有何种权利，既以提单的法律性质为前提，又与开证行的质权实现保障有关。在司法实践中，法院对于提单兼具债权凭证与物权凭证的双重性质有着较为一致的意见。最高人民法院在“中国建设银行股份有限公司广州荔湾支行与广东蓝粤能源发展有限公司、惠来粤东电力燃料有限公司等信用证开证纠纷再审案”[②] 中详细论述了提单持有人对提单项下的货物享有何种权利。

不可转让的记名提单，只有提单上所记载的人享有交付货物的债权请求权及物权请求权。而可转让的指示提单和无记名提单流转给他人持有时，提单持有人是否当然就享有提单所表征的债权请求权及物权请求权，或者说谁持有提单谁是否当然就对提单项下货物享有所有权，不能一概而论，应区别情况作具体分析。提单本身既表征债权请求权又表征物权请求权，甚至系所有权凭证，这只是说明提单所具有的功能与属性。对承运人而言，一般情况下，提单是承运人决定放货与否的唯一凭证和依据，见单就可以放货，且见单就应该放货。至于提单持有人有无法律上的原因或依据，以及基于何种法律上的原因或依据而持有提单，均无需审查、无需过问。但是，对于提单持有人而言，其依法正当地向承运人行使提单权利，应具有法律上的原因或依据，亦即以一定的法律关系存在为前提。同样是交付提单，既可能是基于委托保管提单关系，亦可能是基于货物买卖关系，还可能是基于设立提单权利质押或提单项下货物动产质押关系，等等。基于不同的法律关系，提单持有人享有不同的权利。如果仅仅是基于委托保管提单的法律关系，提单持有人固然可凭单要求承运人交付货物，但如其主张对货物享有所有权或他物权，则显然不具有合法性和正当性；在基于货物买卖关系的情况下，交付提单，就是转让提单所表征的债权请求权及物权请求权，构成指示交付，产生提单项下货物所有权转移的法律效果；在基于设立提单权利质押关系的情况下，交付提单，产生提单权利质押设立的法律效果。也就是说，虽然提单的交付可以与

---

① 参见王利明：《物权法研究》（下卷）（第4版），中国人民大学出版社2018年版，第599页。

② 最高人民法院（2015）民提字第126号民事判决书，载《最高人民法院公报》2016年第5期。

提单项下货物的交付一样产生提单项下货物物权变动的法律效果，但提单持有人是否就因受领提单的交付而取得物权以及取得何种类型的物权，均取决于其所依据的合同如何约定。其中的道理与动产交付一样，动产占有人受领动产的交付，究竟是享有所有权、动产质权，还是基于合同关系的占有，均取决于当事人之间的合同如何约定。

由此可见，最高人民法院认为，提单持有人对于提单项下的货物具有何种权能，应当关注提单持有人据以主张权利的法律关系。《民法典担保制度解释》于本条吸收了上述意见。在提单质押的情形中，确认跟单信用证交易中开证行得依约定持有提单，并享有提单质权。提单持有人作为质权人，对于所持提单项下货物不享有所有权。因提单系物权凭证，提单项下货物对于提单持有人而言属于质押物，提单持有人对之享有优先受偿权。依《民法典》第 446 条、第 436 条第 2 款与第 3 款的规定，《民法典担保制度解释》本条第 2 款明确规定："在跟单信用证交易中，开证行依据其与开证申请人之间的约定或者跟单信用证的惯例持有提单，开证申请人未按照约定付款赎单，开证行主张对提单项下货物优先受偿的，人民法院应予支持；开证行主张对提单项下货物享有所有权的，人民法院不予支持。"

一般而言，承运人是否放货的依据是提单。开证行作为提单持有者，可以依据其与开证申请人之间的约定或者跟单信用证的惯例，通过转让提单或者提单项下货物取得价款并优先受偿。故《民法典担保制度解释》本条第 3 款明确规定："在跟单信用证交易中，开证行依据其与开证申请人之间的约定或者跟单信用证的惯例，通过转让提单或者提单项下货物取得价款，开证申请人请求返还超出债权部分的，人民法院应予支持。"

《民法典担保制度解释》本条第 4 款规定："前三款规定不影响合法持有提单的开证行以提单持有人身份主张运输合同项下的权利。"《民法典》第 390 条规定，担保物权人有权就担保财产毁损、灭失或者被征收所获得的保险金、赔偿金或者补偿金等优先受偿，是为担保物权之物上代位性。质权作为担保物权之典型，自然具有如此性质。开证行作为质权人得直接行使损害赔偿请求权，可以请求承运人或者其他责任人赔偿提单项下货物损失。

◆ 疑点与难点

提单的权利凭证属性

《海商法》第 71 条规定，提单，是指用以证明海上货物运输合同和货物已经由承运人接收或者装船，以及承运人保证据以交付货物的单证。按照这一规定，提单既是证明运输合同成立的证据，也是承运人保证交付货物的单证。又根据《海商法》第 78 条第 1 款有关承运人同收货人、提单持有人之间的权利义务关系依据提单确定的规定，提单持有人享有提单载明的债权请求权，亦即提单是提单持有人请求承运人交付货物的债权请求权凭证，从这一意义上而言，提单是债权凭证。与此同时，在海上货物运输合同中，货物所有权人将货物交付给承运人并由承运人实际占有后，并未丧失所有权。既然货物所有权人对货物仍然享有所有权，其当然可以基于对货物的所有权请求承运人返还货物，此为基于所有权产生的原物返还请求权，属于物权请求权的范畴。提单是据以向承运人提取货物的唯一凭证，自然可以表征基于货物所有权所产生的原物返还请求权。从这一意义上说，提单亦系所有权凭证。由此可见，提单具有债权凭证与所有权凭证的双重属性。《最高人民法院关于审理无正本提单交付货物案件适用法律若干问题的规定》第 3 条第 1 款规定："承运人因无正本提单交付货物造成正本提单持有人损失的，正本提单持有人可以要求承运人承担违约责任，或者承担侵权责任。" 提单持有人之所以可以要求承运人承担违约责任，是基于提单的债权凭证属性，其系享有提单所载权利的债权人；而提单持有人之所以可以要求承运人承担侵权责任，是基于提单的所有权凭证属性，其系提单项下货物的所有权人或基于所有权所设定的他物权人。显然，该司法解释亦认可了提单具有所有权凭证和债权凭证的双重属性。①

（本条由高圣平撰写）

① 最高人民法院（2015）民提字第 126 号民事判决书。

第六十一条 【应收账款质权】

以现有的应收账款出质，应收账款债务人向质权人确认应收账款的真实性后，又以应收账款不存在或者已经消灭为由主张不承担责任的，人民法院不予支持。

以现有的应收账款出质，应收账款债务人未确认应收账款的真实性，质权人以应收账款债务人为被告，请求就应收账款优先受偿，能够举证证明办理出质登记时应收账款真实存在的，人民法院应予支持；质权人不能举证证明办理出质登记时应收账款真实存在，仅以已经办理出质登记为由，请求就应收账款优先受偿的，人民法院不予支持。

以现有的应收账款出质，应收账款债务人已经向应收账款债权人履行了债务，质权人请求应收账款债务人履行债务的，人民法院不予支持，但是应收账款债务人接到质权人要求向其履行的通知后，仍然向应收账款债权人履行的除外。

以基础设施和公用事业项目收益权、提供服务或者劳务产生的债权以及其他将有的应收账款出质，当事人为应收账款设立特定账户，发生法定或者约定的质权实现事由时，质权人请求就该特定账户内的款项优先受偿的，人民法院应予支持；特定账户内的款项不足以清偿债务或者未设立特定账户，质权人请求折价或者拍卖、变卖项目收益权等将有的应收账款，并以所得的价款优先受偿的，人民法院依法予以支持。

◆ 条文要旨

本条是关于应收账款质权的效力与实现的规定。

◆ 理解与适用

本条是对《民法典》第445条的解释。应收账款是一个会计学上的术语。会计学上的应收账款，是债权人基于双务合同已经履行给付义务，但对方尚未履行对待金钱给付义务之时的已经发生的金钱债权。我国法上对应收账款作出明确界定的是《应收账款质押登记办法》。根据该办法第2条第1款的规定，应收账款是指权利人因提供一定的货物、服务或设施而获得的要求义务人付款的权利以及依法享有的其他付款请求权，包括现有的和未来的金钱债权，但不包括因票据或其他有价证券而产生的付款请求权，以及法律、行政法规禁止转让的付款请求权。

一、应收账款债务人对于应收账款真实性的确认的效力

《民法典担保制度解释》本条第1款规定："以现有的应收账款出质，应收账款债务人向质权人确认应收账款的真实性后，又以应收账款不存在或者已经消灭为由主张不承担责任的，人民法院不予支持。"由此可见，应收账款债务人确认应收账款真实性的，事后不得以应收账款不存在或者已经消灭为由主张不承担责任。如在"中国民生银行股份有限公司徐州分行与安徽省皖煤运销有限责任公司、江苏省苏润能源集团有限公司等金融借款合同纠纷上诉案"① 中，江苏省高级人民法院认为："由于应收账款作为普通债权没有物化的书面记载来固定化作为权利凭证，故质押合同等书面文件中应当载明基础合同等应收账款的相关要素，而本案的质押合同及《应收账款债务人确认函》正体现了作为债权人和质权人的银行的这一要求。故皖煤公司认为银行未审查应收账款是否真实存在故而影响质权成立的上诉理由不能成立，其所提交的还款协议等证据并不能反映设立质权时其与苏润公司之间的账面情况，更不能成为主张应收账款不复存在的依据。至信贷征信机构办理完成相关出质登记，上述质押合同及《应收账款债务人确认函》反映的信息和承诺被进一步确认，从而使该质押具有公示和公信力，质权亦自出质登记完成之时起发生效力。"

二、应收账款质押中质权人与应收账款债务人的举证责任

由于应收账款质权的标的为一般债权，相较于以不动产和动产作为担保物，

---

① 江苏省高级人民法院（2014）苏商终字第0267号民事判决书。

虚假出质的可能性更大，所以法院判决质权人对涉案应收账款享有优先受偿权时，均以该应收账款真实有效作为前提。《民法典担保制度解释》本条第2款规定："以现有的应收账款出质，应收账款债务人未确认应收账款的真实性，质权人以应收账款债务人为被告，请求就应收账款优先受偿，能够举证证明办理出质登记时应收账款真实存在的，人民法院应予支持；质权人不能举证证明办理出质登记时应收账款真实存在，仅以已经办理出质登记为由，请求就应收账款优先受偿的，人民法院不予支持。"由此可见，在应收账款质权人向应收账款债务人主张质权之时，质权人应就现有应收账款的真实性承担举证责任。如在"中国信达资产管理股份有限公司江苏省分公司与江苏兴达利纺织科技有限公司等金融借款合同纠纷上诉案"① 中，江苏省高级人民法院认为："兴业银行苏州分行虽然在中国人民银行征信中心办理了出质登记，但办理该登记是兴业银行苏州分行单方即可完成，且中国人民银行征信中心对于用于出质的应收账款是否客观真实并不作实质审查，在兴业银行苏州分行不能进一步举证证实其所享有的应收账款的具体权利内容要素的情形下，其主张对兴达利公司、意邦公司出质的应收账款享有优先受偿权，缺乏事实依据和法律依据。"

三、通知在应收账款质权行使中的法律意义

应收账款在性质上属于一般债权，应收账款出质与应收账款转让在性质上均属权利人处分其应收账款的行为。根据《民法典》第546条第1款的规定，债权的转让需要通知债务人，否则对债务人不生效力。因此，不仅理论上对于应收账款质权的设立是否需要通知也曾有过激烈的争论，实践中也对此存在分歧。一种观点认为，应收账款质权自信贷征信机构办理出质登记时设立，法律上并未规定应收账款出质应当通知债务人，且债权质押不等于债权转让，故设立应收账款质权时无需通知债务人。② 另一种观点认为，设立应收账款质权时应当通知债务人，否则不对其发生效力。如在"交通银行股份有限公司福建省分行与福建万家药业有限公司、福建盛和食品集团有限公司等金融借款合同纠纷案"③ 中，法院则认

---

① 江苏省高级人民法院（2015）苏商终字第00021号民事判决书。

② 最高人民法院（2016）最高法民申3454号民事裁定书。相同观点请参见中国民生银行股份有限公司武汉分行与广州钢铁控股有限公司、深圳市核电工程建设有限公司等金融借款合同纠纷再审案，最高人民法院（2016）最高法民申3444号民事裁定书。

③ 福建省福州市中级人民法院（2014）榕民初字第296号民事判决书。

为设立应收账款质权若不通知应收账款债务人，则对其不发生效力，其裁判理由如下："应收账款质押登记，并不能取代出质通知。在债权上设定质权，出质人行使债权的权利受限，出质人或质权人应当将出质情况通知应收账款债务人，以便于应收账款债务人正确履行债务。但本案讼争《应收账款质押通知书》系伪造，原告与被告万家公司均未向被告药都樟树公司正式通知应收账款质押情况，故即便本案应收账款质权可依法设立，应收账款质押亦对药都樟树公司不发生效力。"

《民法典担保制度解释》于本条第3款规定："以现有的应收账款出质，应收账款债务人已经向应收账款债权人履行了债务，质权人请求应收账款债务人履行债务的，人民法院不予支持，但是应收账款债务人接到质权人要求向其履行的通知后，仍然向应收账款债权人履行的除外。"这里明显采纳了上述第二种观点。质权人在应收账款债务人在接到应收账款质权设立通知后，有权请求应收账款债务人履行。应收账款债务人在接到应收账款质权设立通知前向应收账款债权人的履行得对抗质权人。

四、在未来应收账款上设立的应收账款质权

《民法典》第440条第（六）项规定，债务人或者第三人有权处分的"现有的以及将有的应收账款"可以出质。《应收账款质押登记办法》第2条第2款规定："本办法所称的应收账款包括下列权利：（一）销售、出租产生的债权，包括销售货物，供应水、电、气、暖，知识产权的许可使用，出租动产或不动产等；（二）提供医疗、教育、旅游等服务或劳务产生的债权；（三）能源、交通运输、水利、环境保护、市政工程等基础设施和公用事业项目收益权；（四）提供贷款或其他信用活动产生的债权；（五）其他以合同为基础的具有金钱给付内容的债权。"这里，"提供医疗、教育、旅游等服务或劳务产生的债权""能源、交通运输、水利、环境保护、市政工程等基础设施和公用事业项目收益权"明显是针对将有的应收账款。以下以最高人民法院第53号指导性案例为例，对将有的应收账款的出质问题展开分析。

（一）最高人民法院第53号指导性案例

最高人民法院审判委员会讨论通过，2015年11月19日发布的第53号指导性案例"福建海峡银行股份有限公司福州五一支行诉长乐亚新污水处理有限公司、福州市政工程有限公司金融借款合同纠纷案”指出：“污水处理项目特许经营权是对污水处理厂进行运营和维护，并获得相应收益的权利。污水处理厂的运营和维护，属于经营者的义务，而其收益权，则属于经营者的权利。由于对污水处理厂的运营和维护，并不属于可转让的财产权利，故讼争的污水处理项目特许经营权质押，实质上系污水处理项目收益权的质押。”“关于污水处理项目等特许经营的收益权能否出质问题，应当考虑以下方面：其一，本案讼争污水处理项目《特许经营权质押担保协议》签订于2005年，尽管当时法律、行政法规及相关司法解释并未规定污水处理项目收益权可质押，但污水处理项目收益权与公路收益权性质上相类似。《最高人民法院关于适用〈中华人民共和国担保法〉若干问题的解释》第九十七条规定，‘以公路桥梁、公路隧道或者公路渡口等不动产收益权出质的，按照担保法第七十五条第（四）项的规定处理’，明确公路收益权属于依法可质押的其他权利，与其类似的污水处理收益权亦应允许出质。其二，国务院办公厅2001年9月29日转发的《国务院西部开发办〈关于西部大开发若干政策措施的实施意见〉》（国办发〔2001〕73号）中提出，‘对具有一定还贷能力的水利开发项目和城市环保项目（如城市污水处理和垃圾处理等），探索逐步开办以项目收益权或收费权为质押发放贷款的业务’，首次明确可试行将污水处理项目的收益权进行质押。其三，污水处理项目收益权虽系将来金钱债权，但其行使期间及收益金额均可确定，其属于确定的财产权利。其四，在《中华人民共和国物权法》（以下简称《物权法》）颁布实施后，因污水处理项目收益权系基于提供污水处理服务而产生的将来金钱债权，依其性质亦可纳入依法可出质的‘应收账款’的范畴。因此，讼争污水处理项目收益权作为特定化的财产权利，可以允许其出质。”

（二）特许经营项目收益权质押的规范及学理

特许经营项目收益权质押的前身是收费权质押，裁判和学说上以收益权取代收费权这一术语，可能的原因有两个：一是消除源自行政干预所可能带来的收费权的不确定性，二是满足金融创新交易中财产独立和便利流通的需要。[①] 结合现

① 参见王乐兵：《“物权编”与“合同编”体系化视角下的应收账款质押制度重构》，载《法学家》2019年第3期。

有规范，目前学说中关于特许经营项目收益权质押制度的讨论主要集中在以下方面：

第一，特许经营项目收益权是否可以出质。在《物权法》施行前，学说上曾就收益权是否可以质押产生争议。反对者认为，基础设施及公用事业具有公益性与非营利性，以其收益权质押有悖公益性；① 同时，收费权具有很强的行政性质，其权利存续具有相当的不确定性，有可能随时被取消。② 肯定者则认为，收费权是具有一定财产价值的权利，能够作为质押标的，且能解决实践中的融资难问题。③ 当时的司法解释及行政规章肯定了收益权质押的效力，例如《担保法解释》第 97 条指出，公路桥梁、公路隧道或者公路渡口等不动产收益权可以出质；计基础〔2000〕198 号文则明确批准了农村电网改造工程电费收益权可以出质；国办发〔2001〕73 号文则指出要扩大以基础设施项目收益权或收费权为质押发放贷款的范围，农村电网、公路、城市基础设施项目、水利开发项目和环保项目收益权质押等都在鼓励范围之内。

第二，特许经营项目收益权是否属于应收账款。《物权法》施行后，学说上更多的讨论集中在特许经营项目收益权是否属于应收账款。反对者认为，应收账款应指合同已履行或交易已发生、销售的商品已发出或劳务已提供而向购货人或顾客应收而未收取的款项，但公路经营者并不向顾客提供赊销服务，都为实时结算，并不产生金钱债权。④ 肯定者则认为，应收账款是一个高度技术化、多元化的商事概念，其范围会随着实践而不断发展变化，收益权可以为应收账款的体系所容纳。⑤《应收账款质押登记办法》第 2 条规定将能源、交通运输、水利、环境保护、市政工程等基础设施和公用事业项目收益权纳入了应收账款的范围。由此可见，该办法采取了特许经营项目收益权属于应收账款的观点。

第三，特许经营项目收益权出质时的确定性要求。出质人以其未来的特许经营项目收益权进行融资，这就提出了未来债权出质时的确定性问题。美国法上确

---

① 参见李成：《开展收费权质押业务中的法律问题》，载《当代经理人》2006 年第 9 期。

② 参见程啸：《物权法 · 担保物权》，中国法制出版社 2005 年版，第 474 页。

③ 参见王利明：《收费权质押的若干问题探讨》，载《法学杂志》2007 年第 2 期。

④ 参见高圣平：《担保法论》，法律出版社 2009 年版，第 541 页。

⑤ 参见王乐兵：《“物权编”与“合同编”体系化视角下的应收账款质押制度重构》，载《法学家》2019 年第 3 期。

立了“嗣后取得财产条款”，当事人可以在担保合同中约定，就债务人未来取得的财产设定担保，担保物在担保权实现时可得特定即可。关于未来债权的特定性，本案一审法院认为：“该收益权因存在特许经营的基础关系，而在一定期限内所产生，且债权金额亦可根据污水处理服务费的价格、提供服务的范围和对象等因素而得以预见，故从其产生原因、期间、债权金额三方面可判断其具备债权的确定性的特征，可成为质押标的物。”由此可见，我国实践中的观点是要求未来债权在出质时就具备特定性的特征，以此降低债权无法实现的风险，此观点也对后续的司法裁判及学说产生了深远影响。

第四，特许经营项目收益权质押如何公示。在早期，收益权的质押公示方式在实践中极不统一，例如计基础〔2000〕198 号文规定，电费收益权质押合同自登记之日起生效，渝交委计〔2009〕33 号文则规定公路收益权质押应当实行备案管理。学说上则认为，收益权质押应当通过登记的方式加以公示，而备案只是一种行政管理手段，不属于公示方式。① 不过，即使是采取登记公示的方式，当时的收益权质押也面临着因登记主管部门不同，而导致登记内容及程序不统一的问题。因此，《物权法》实行后，更多的观点是将收益权解释为应收账款，以此使收益权质押统一在应收账款质押登记系统进行公示。《应收账款质押登记办法》第 2 条将收益权涵摄入应收账款的概念中，也就解决了收益权公示方式不确定、不统一的问题。

第五，特许经营项目收益权质权如何实现。关于担保物权实现的方式，现行法规定了折价、变卖、拍卖等方式，但对于收益权这样行政管制色彩浓厚的将来金钱债权而言，采取前述方式实现质权不仅可能难以顺利实现债权，也可能有违公共事业的目的。因此，在实践中，收益权质权的实现方式更多的是控制收益权账户，以所收取的费用优先清偿债务，《国家开发银行公路收费权质押贷款管理暂行办法》第 10 条即对此作出明确规定。计基础〔2000〕198 号文第 16 条则提出贷款人可以根据质押合同的约定，将借款人经营的电网委托其他有资格的单位经营管理，直至收回贷款。不过，收益权质权的实现并不排除变卖、拍卖等方式。

---

① 参见王利明：《收费权质押的若干问题探讨》，载《法学杂志》2007 年第 2 期。

（三）既有司法实践状况

在本指导性案例公布前，实践中就已出现许多关于特许经营项目收益权质押的案件，且当时所使用的术语多是“收费权质押”，其中最为典型的是公路收费权质押案件。当时公路收费权质押的合法性已为《担保法解释》第97条所确认，但该质押应以何种方式公示却并无统一的结论。

一种观点认为，公路收费权质押应通过登记方式进行公示，例如在“某银行与某投资公司等借款合同纠纷案”① 中，最高人民法院认为：“工行与投资公司所签公路收费权质押合同虽成立于光大银行所签质押合同前，但当时工行并未依国务院国函〔1999〕28号《国务院关于收费公路项目贷款担保问题的批复》的规定，依法办理质押权登记。交通局的同意批复及加盖交通局公章的投资公司质押承诺函，仅表明投资公司同意以公路收费权进行质押以及交通局同意设定质押，并不产生依法登记的法律效力。”

另一种观点认为，公路收费权质押可以通过交付权利凭证或质押登记的方式进行公示。例如在“中国农业银行重庆市农行解放碑支行与重庆鑫宇高科技有限公司等借款合同纠纷上诉案”② 中，重庆市高级人民法院认为：“根据《国务院关于收费公路项目贷款担保问题的批复》关于‘公路建设项目法人可以用收费公路的收费权质押方式向国内银行申请抵押贷款，以省级人民政府批准的收费文件作为公路收费权的权力证书，地市级以上交通主管部门作为公路收费权质押的登记部门。质权人可以依法律和行政法规许可的方式取得公路收费权，并实现质押权’的规定，本案中的公路收费权质押的登记机关应为重庆市交通局（现重庆市交通委员会）。虽然农行大渡口支行在重庆市南川区交通局办理了质押登记，但是，重庆市南川区交通局并非地级市以上交通局，因此，该登记不符合法律规定，农行解放碑支行不能对该公路收费权享有质权。”

（四）第53号指导性案例的参考意义

作为指导案例，第53号指导性案例的参考意义在于：其一，明确特许经营权质押的实质是特许经营收益权质押，且特许经营收益权可以出质，在一定程度

① 最高人民法院（2006）民二终字第97号民事判决书。

② 重庆市高级人民法院（2009）渝高法民终字第93号民事判决书。

上承认了基础资产不能转让并不表明其收益不能转让；其二，明确了将来债权在出质时应具备的确定性要求，即从其产生原因、期间、债权金额三方面可判断其具备债权的确定性特征；其三，明确特许经营收益权属于应收账款，特许经营收益权担保的公示方式是在应收账款质押登记系统进行登记；其四，明确特许经营收益权质权的实现方式可以是由质权人收取特许经营项目的服务费，而非只有拍卖、变卖特许经营项目收益权的方式。不过，本判决基于讼争污水处理项目的主管部门已知晓并认可该权利质押情况的事实，认定有关利害关系人亦可通过 C 建设局查询了解讼争污水处理厂的有关权利质押的情况，并最终认定案涉质权已具备公示条件的思路仍有待商榷。因为主管部门知晓认可权利质押的情形，不代表质权已经向第三人进行了公示。法院之所以作出前述认定，目的是在应收账款质押采取登记生效主义的背景下，避免出质人借质权未登记公示而逃避担保责任。

《民法典担保制度解释》于本条第 4 款规定："以基础设施和公用事业项目收益权、提供服务或者劳务产生的债权以及其他将有的应收账款出质，当事人为应收账款设立特定账户，发生法定或者约定的质权实现事由时，质权人请求就该特定账户内的款项优先受偿的，人民法院应予支持；特定账户内的款项不足以清偿债务或者未设立特定账户，质权人请求折价或者拍卖、变卖项目收益权等将有的应收账款，并以所得的价款优先受偿的，人民法院依法予以支持。"若以这些将有的应收账款出质，当事人为应收账款设立特定账户，因特定账户项下是金钱，故不存在一般实现担保物权的拍卖、变卖等问题，质权人可直接对此主张优先受偿权。

◆ 疑点与难点

虚构应收账款的责任分担

在虚构应收账款的情形下，存在着质权人与出质人虚构应收账款、出质人虚构应收账款以及应收账款债权人与债务人虚构应收账款三种类型。质权人与出质人虚构应收账款的，质权人当然不可就此虚构应收账款享有质权；应收账款债权人与债务人虚构应收账款的，《民法典》第 763 条规定了保理合同中此类情形的处理规则，即只有当质权人明知应收账款虚构时，债务人无需承担责任；在出质人虚构应收账款的情形下，应收账款债务人与质权人难以知晓，二者处于相同地位，就此，江苏省高级人民法院在“中国邮政储蓄银行股份有限公司镇江市分行与中新联进出口公司、镇江市森禾能源有限公司等金融借款合同纠纷案”① 中认为，森禾公司虚构应收账款，质权人应就应收账款真实性承担举证责任。

（本条由高圣平撰写）

第六十二条 【留置权】

债务人不履行到期债务，债权人因同一法律关系留置合法占有的第三人的动产，并主张就该留置财产优先受偿的，人民法院应予支持。第三人以该留置财产并非债务人的财产为由请求返还的，人民法院不予支持。

企业之间留置的动产与债权并非同一法律关系，债务人以该债权不属于企业持续经营中发生的债权为由请求债权人返还留置财产的，人民法院应予支持。

企业之间留置的动产与债权并非同一法律关系，债权人留置第三人的财产，第三人请求债权人返还留置财产的，人民法院应予支持。

◆ 条文要旨

本条是关于留置权的适用的规定。

◆ 理解与适用

本条是对《民法典》第 447 条第 1 款和第 448 条的解释。

一、留置财产是否仅限于债务人所有的财产

关于留置财产是否仅限于债务人所有的财产，留置权能否善意取得，学界存

① 江苏省高级人民法院（2016）苏民终 415 号民事判决书。

在争议。有学者认为，根据《物权法》第106条第3款规定的“当事人善意取得其他物权的，参照前两款规定”，可以认定留置权可以适用善意取得。《担保法解释》第108条规定，“债权人合法占有债务人交付的动产时，不知债务人无处分该动产的权利，债权人可以按照担保法第八十二条的规定行使留置权”。该规定确认了留置权的善意取得。如在“胜利油田胜大实业总公司与阳春海运有限公司侵权损害赔偿纠纷上诉案”① 中，山东省高级人民法院认为，留置权的取得不以留置财产是债务人所有为要件。

也有学者认为，留置权可以恶意取得，② 原因在于：(1) 留置权设立的功能在于担保债权的实现，只要能够实现这一功能，留置物的真正归属可以在所不问。(2) 所有权的善意取得本质上是在违背原所有人真实意思的情况下转移标的物的所有权，因其对原所有人的利益有根本性的影响，因此必须强调相对人交易时的“善意”。而留置权的债务人对留置财产进行保管的行为对其所有权归属不产生实际影响，甚至还有利于原所有权人，因此无须要求留置权人“不知”债务人为无权处分。在“揭阳市中油油品经销有限公司与东莞市东洲国际石化仓储有限公司港口货物保管合同纠纷再审案”③ 中，最高人民法院在肯定留置权的取得不以留置财产为债务人所有的同时，进一步认定，留置财产部分所有权转移的，不影响留置权人对其合法占有的财产行使留置权。本案中，虽然法院认定留置权成立，但并不能就此得出法院肯定留置权可以恶意取得的结论。因为恶意取得要求留置权人在行使留置权时明知债务人不是留置财产的所有权人，即债务人对留置财产属无权处分，但本案中并未对债权人东洲公司留置货物时的主观状态予以评价。

《民法典担保制度解释》于本条第1款规定：“债务人不履行到期债务，债权人因同一法律关系留置合法占有的第三人的动产，并主张就该留置财产优先受偿的，人民法院应予支持。第三人以该留置财产并非债务人的财产为由请求返还的，人民法院不予支持。”这里明确债权人对非属债务人的动产享有留置权并不以其善意为必要，只要债权人基于同一法律关系合法占有第三人之动产即可就此

① 山东省高级人民法院（2007）鲁民四终字第40号民事判决书。

② 参见陈龙业：《留置权若干问题研究》，山东大学民商法学2006年硕士学位论文，第33－34页。

③ 最高人民法院（2017）最高法民申字第76号民事裁定书。

享有优先受偿权，并排除第三人所有权之返还效力。

二、商事留置权适用的限制

《民法典》第448条规定："债权人留置的动产，应当与债权属于同一法律关系，但企业之间留置的除外。"这一但书的规定被认为商事留置权在立法上的表达。由于在商业实践中，企业之间相互交易频繁，追求交易效率，讲究商业信用，如果严格要求留置财产必须与债权的发生具有同一法律关系，则有悖交易迅捷和交易安全原则，因此，《民法典》同时规定，企业之间留置的财产，可以不与债权属于同一法律关系，承认了商事留置权。① 这样的规定虽然不要求留置动产与债权应具备"同一法律关系"，但也不是毫无底线的，并不代表不需要任何牵连关系。比较法上的经验表明，商事留置权普遍缓和了债权与留置动产的牵连性，但并非对牵连性全无要求。例如，《瑞士民法典》第895条规定，商人因相互间交易关系而取得物的占有和债权，即认为存在实质性关联。有学者认为，商事留置权必须是基于营业关系而产生；② 也有学者认为，商事留置权当事人双方存在持续经营关系，并在持续经营过程中分别形成了一个债权集合体和返还请求权集合体，这两个集合体因产生于同一持续经营关系而相互牵连。③

◆ 疑点与难点

非因持续经营所产生的债权是否可以适用商事留置权？

非因持续经营产生的债权可否适用商事留置权，实践中存有争议。否定的观点如"江西江镍高纯材料有限公司与江西江锂科技有限公司等破产债权确认纠纷、别除权纠纷上诉案"④ 中，有关受让债权是否适用商事留置权的规定，一审法院认为："江镍公司申报并经管理人认定的第二项债权1113.20421万元并非江镍公司与江锂公司之间因经营产生的债权，而是江镍公司受让傲川公司对江锂公司的债权，且受让该债权的时间是在江锂公司被人民法院裁定破产前二个月，致使本来没有担保物权的债权转为具有担保物权的债权，因此，江镍公司主张其对

---

① 参见胡康生主编：《中华人民共和国物权法释义》，法律出版社2007年版，第498－499页。

② 参见刘凯湘：《比较法视角下的商事留置权制度》，载《暨南学报》（哲学社会科学版）2015年第8期。

③ 孙鹏：《完善我国留置权制度的建议》，载《现代法学》2017年第6期。

④ 江西省新余市中级人民法院（2018）赣05民终479号民事判决书。

该受让的债权享有优先受偿的请求，与破产法的立法宗旨相悖，并有损其他债权人的权利，一审法院不予支持。但对管理人确认该债权为一般债权的认定，一审法院予以支持。”这一结论得到了二审法院的支持。除了受让债权外，债权人还可能因其他非商事关系而占有债务人的动产，此时不适用商事留置权。如在“昆山市卫乐五金制品有限公司与昆山台艺塑胶五金模具有限公司租赁合同纠纷上诉案”① 中，法院认为，虽然债权人依租赁合同占有了出租人的厂房，但对于位于该厂房内的设备并非合法占有，并非基于房屋租赁合同关系，且并非属于公司之间商事法律关系，故债权人主张对出租人厂房内的设备行使留置权并主张优先受偿。

肯定的观点认为，受让的债权亦可由商事留置权担保清偿。在“青岛港国际股份有限公司大港分公司与洋浦中良海运有限公司港口作业纠纷案”② 中，法院认为：“对于债权转让部分，原告亦享有留置权。”

《民法典担保制度解释》于本条第 2 款规定：“企业之间留置的动产与债权并非同一法律关系，债务人以该债权不属于企业持续经营中发生的债权为由请求债权人返还留置财产的，人民法院应予支持。”这里采纳了上述否定说的观点。

（本条由高圣平撰写）

---

① 江苏省苏州市中级人民法院（2019）苏 05 民终 292 号民事判决书。

② 山东省青岛海事法院（2018）鲁 72 民初 1242 号民事判决书。

第四章　关于非典型担保

第六十三条　【非典型担保的合同效力和物权效力】

债权人与担保人订立担保合同，约定以法律、行政法规尚未规定可以担保的财产权利设立担保，当事人主张合同无效的，人民法院不予支持。当事人未在法定的登记机构依法进行登记，主张该担保具有物权效力的，人民法院不予支持。

◆ 条文要旨

本条规定非典型担保的合同效力和物权效力的一般规则。

◆ 理解与适用

本条系结合《民法典》第215条，对第388条第1款、第395条第1款第（七）项、第440条第（七）项的解释。

一、非典型担保的司法态度

《民法典》第388条第1款中规定“担保合同包括抵押合同、质押合同和其他具有担保功能的合同”，其意义就是为下一步金融担保创新预留一定空间，鼓励实践中担保交易形式的多样化。《民法典》将已经类型化的担保交易形式固定下来，典型化为担保交易或者其他交易形式，但就实践中已经出现的新的担保交易品种，《民法典》中并未作出规定。例如让与担保，民法典编纂时就考虑过是否将之成文化的问题。再如浮动质押、以物抵债、买卖性担保、保兑仓以及股票回购式质押融资，都是实践中出现的一些创新品种。这些创新品种是实践的驱动，而金融审判应当为金融创新服务，尊重当事人的自由选择。在这种背景下，本条第1款增加规定担保合同包括具有担保功能的合同，在一定程度上缓和了物权法定主义，具有重大的体系建构意义。

（一）仅承认合同效力

有的研究者、实务家认为，“担保合同包括抵押合同、质押合同和其他具有担保功能的合同”是一个突袭条款，在前面草案中并无这一规定，没有经过充分的讨论。这一批评没有事实依据。这一规定仅仅是裁判实践的归纳和总结。2019年《民商事审判会议纪要》第66条就指出：“当事人订立的具有担保功能的合同，不存在法定无效情形的，应当认定有效。虽然合同约定的权利义务关系不属于物权法规定的典型担保类型，但是其担保功能应予肯定。”这就表明，法律上规定的担保物权类型并不具有封闭性，当事人自可在这些典型担保类型之外创设新的非典型担保类型。只要不存在《民法典》上规定的法律行为无效事由，非典型担保合同不因违反物权法定原则而无效。

对于金融创新中所产生的非典型物上担保的效力应当如何认定，目前通说认为非典型担保不具有创设物权的效力，即就所涉标的物而言，债权人不能取得优先于其他债权人的效力，但这并不影响非典型担保合同在债法上的效力。① 因而，如果在债务人没有其他债权人的情形下，将因交易所产生的权利认定为物权还是债权在实体处理结果上并无差别。因为只要担保合同有效，债权人就物本身执行的法律效果并无不同，是否具备优先性在单一债权人下并无意义。而如果存在其他债权人，则会对债权人的权利实现产生实质影响。此时，非典型担保仅具债法效力，而无创设物权效力，并不因此取得标的物上的优先受偿权。从这个意义上说，虽然仅承认非典型担保在债法上的效力，不利于维护债权人的利益，但对于金融创新还是有所保护的。

（二）是否具有担保物权效力？

在这些非典型担保的合同效力的前提下，是否进一步要承认其担保物权效力？《民法典担保制度解释》于本条指出：“债权人与担保人订立担保合同，约定以法律、行政法规尚未规定可以担保的财产权利设立担保，当事人主张合同无效的，人民法院不予支持。当事人未在法定的登记机构依法进行登记，主张该担保

① 参见曹士兵：《对非典型担保的司法态度》，载《人民法院报》2005年8月31日；刘贵祥：《物权法关于担保物权的创新及审判实务面临的问题》（下），载《法律适用》2007年第9期。

具有物权效力的，人民法院不予支持。”这里明确了两点：其一，非典型物的担保合同不因违反物权法定原则而无效，但在物权公示原则之下，如未采取适当的公示手段将标的财产之上的担保负担向不特定的第三人周知，即未满足赋予其物权效力所应具备的公示要求，此际，债权人就标的财产尚未取得物权。其二，未以适当的公示方法就非典型担保权予以公示的，该非典型担保不具有物权效力。但债权人可以基于非典型担保合同的约定请求担保人承担责任，主要体现为债权人可以请求按照担保合同的约定就担保财产折价、变卖或者拍卖所得价款等方式清偿债务。就变价款，债权人并无优先受偿的权利。

1. 满足公示要件

非典型担保取得物权效力的前提条件是满足物权公示的要件，这与《民法典》消灭隐形担保的立法态度是一致的。《民法典》第 208 条规定：“不动产物权的设立、变更、转让和消灭，应当依照法律规定登记。动产物权的设立和转让，应当依照法律规定交付。”按照目前登记制度发展的整体趋势，不动产登记已经统一，动产和权利担保登记即将统一。《民法典》第 210 条第 2 款规定：“国家对不动产实行统一登记制度。”《优化营商环境条例》第 47 条第 2 款规定：“国家推动建立统一的动产和权利担保登记公示系统，逐步实现市场主体在一个平台上办理动产和权利担保登记。纳入统一登记公示系统的动产和权利范围另行规定。”由于两大登记系统所基于的登记法理存在重大差异，在非典型担保中登记的展开上也境遇不同。

就非典型担保中涉及不动产（权利）的部分，担保登记的展开较受限制。在不动产登记的连续原则之下，不动产担保登记以其基础权利（标的财产）在不动产登记簿上先登记为前提，如担保财产未登记，其上的担保权利亦不能登记。如此，金融担保创新中的新类型不动产担保在登记环节即受限制。如就商铺租赁权担保，有的地方办理了抵押登记手续，自应认可商铺租赁权抵押权的效力。① 但大多数地方并不办理商铺租赁权抵押登记，实践中，当事人之间大多采取了变通的登记方法，如在出租人或物业管理人处办理了相应的登记手续，司法实践中也

① 广西中小企业信用担保有限公司与广西南宁源岳贸易有限公司、广西源丰钒钛科技开发有限公司等追偿权纠纷执行异议案，广西壮族自治区横县人民法院（2017）桂 0127 执异 2 号执行裁定书。

予以认可。①《民法典担保制度解释》明显采取登记机构法定的方法，只有在法定的抵押登记机构登记，才能发生物权变动的效力。“当事人未在法定的登记机构依法进行登记，主张该担保具有物权效力的，人民法院不予支持。”

就非典型担保中涉及动产和权利的部分，《民法典》采取了统一动产和权利担保登记的立法态度，《优化营商环境条例》所表达的态度也是实行统一的动产和权利担保登记制度。《国务院关于实施动产和权利担保统一登记的决定》（国发〔2020〕18号）规定，自2021年1月1日起，在全国范围内实施动产和权利担保统一登记。纳入动产和权利担保统一登记范围的担保类型包括：生产设备、原材料、半成品、产品抵押；应收账款质押；存款单、仓单、提单质押；融资租赁；保理；所有权保留；其他可以登记的动产和权利担保，但机动车抵押、船舶抵押、航空器抵押、债券质押、基金份额质押、股权质押、知识产权中的财产权质押除外。就非典型担保中涉及动产和权利的部分，仍然是在《民法典》之下寻求妥适的公示方法，登记和交付均为可采的路径。例如，动产让与担保可以在统一的动产和权利担保登记系统中登记。动态质押或流动质押创新模式的认可仍然是在交付公示的规定之下寻找正当性，只不过利用了观念交付方法而已。

2. 经由习惯法创设新类型物权

从《民法典担保制度解释》所采取的方法和路径来看，在满足公示要件之后，进一步尚须结合《民法典》第10条，判断其是否由习惯法已经承认。《民法典》第10条规定：“处理民事纠纷，应当依照法律；法律没有规定的，可以适用习惯，但是不得违背公序良俗。”可以将《民法典》第116条关于“物权的种类和内容，由法律规定”的规定中的“法律”进行目的性扩张，包括习惯法在内。依习惯法创设新类型物权，在一定程度上采取缓和物权法定主义的态度。

从权利的安全性着眼，物权除了应采取适当方法公开之外，法律更应将物权的种类和内容事先予以确定，因此，《民法典》第116条规定：“物权的种类和内容，由法律规定。”此即所谓物权法定主义，或曰物权法定原则。“法定主义”，

① 海宁嘉丰担保有限公司与吴明楚、董相红追偿权纠纷案，浙江省海宁市人民法院（2015）嘉海商初字第492号民事判决书；中信银行股份有限公司常熟支行与何理江、李荣华等金融借款合同纠纷案，江苏省常熟市人民法院（2017）苏0581民初8134号民事判决书。类似的案例还有江苏常熟农村商业银行股份有限公司招商支行与胡晓琴、林良明金融借款合同纠纷案，江苏省常熟市人民法院（2017）苏0581民初7556号民事判决书等。

是指法律所规定的内容必须严格遵行的立法主义，就刑事法律而言，最重要的莫过于“罪刑法定主义”；在民事法律领域，最重要的莫过于“物权法定主义”。采取法定主义的原因，乃在于其规范内容与国家或社会的政策与安全息息相关，因此不容许国家或社会成员任意自由发挥。但法定主义在理论上并非绝对不可动摇，若坚决贯彻执行，其可能发生的流弊有：第一，从社会学的视角观察，社会生活永远在演进之中，“法律公布之时，即落伍之始”；第二，特定的法定主义，是依据当时的社会生活背景所作的考量，如果该社会生活背景条件过后已不再存在或已时过境迁，其法定主义势无存在的必要，否则便造成一个时代错误。

在现今社会经济条件下，是否仍坚守物权法定主义，颇值怀疑。第一，物权法定主义的一个基本前提就是物权与债权在立法上的明确划分以及物权的绝对性。① 民法上区分物权与债权，虽早在罗马法已开其端，但是到了19世纪萨维尼重建罗马法体系，才被赋予鲜明的哲学基础——人是自由的，物是不自由的。② 物权与债权的主要区别在于效力的排他性，但这种排他性是立法者特别许可的，体现了立法者更深层次的良苦用心。③ 物权与债权之区分已随着“物权的债权化”“债权的物权化”趋势而渐趋模糊。对现实生活中的权利，给予一个恰当而严密的归属是很困难的，除了典型的物权和债权之外，其他权利的性质处于物权与债权之间的强弱过渡中。担保物权是物权（所有权）价值化的形态之一，其与债权之间的区别尤为模糊，“物权价值化之结果，乃是以债权形态出现，尤其是债权与担保物权结合后，债权因而强化，并使担保物权同其命运，为债权所支配。物权本优先于债权，但债权挟其金融优势，与担保物权结合后，反可推翻用益物权，处此情势，债权已非昔日阿蒙，债权之优越地位，遂卓然确定。”④ 同时，物权的公示方法为保护利害关系人的有效方法，公示方法如灵活运用，则大可降低利害关系人受害的可能，是为债权依一定的公示方法亦可转化为物权。⑤ 如此，物权法定主义之主要立法理由大为动摇。第二，在当代市场经济社会中，

① 参见杨玉熹：《论物权法定主义》，载《比较法杂志》2002年第1期。

② 参见苏永钦：《民事财产法在新世纪面临的挑战》，载《法令月刊》2001年第3期。

③ 参见杨振山：《从劳动论到民法本体论和立法思想》，载《中国民事与社会权利现状（法学家访谈丛书）》，昆仑出版社2001年版，第80页。

④ 谢在全：《民法物权论》（上册）（修订5版），中国政法大学出版社2011年版，第6页。

⑤ 例如，在日本法上，已登记的贷借权和临时登记的不动产物权请求权即被赋予了物权的效力。

社会生活变化多端，财产种类日益增多，交易数额巨大，交易方式亦层出不穷，会催生出新的物的支配方式，在这种多变的时代里，法律最主要的性质应当是保持弹性以适应社会生活的变迁。此与农业社会之情势大相径庭。物权法定主义的类型强制体法律失去了应有的灵活性，抑制了新型权利的出现。第三，现代社会之教育发达程度非往昔所能比，当事人之法律意识渐增，其创设物权便利交易之能力较强。总而言之，绝对的物权法定主义不足可采。

物权法定主义在确认物之归属、调整物之利用等方面发挥了无法替代的作用，确有其可取之处。但在物权法定主义下，如所规定的物权种类或内容确能符合社会需要，固为最理想的设计，但事实上不可能。“物权法定主义过于僵化，难以适应现时社会经济之发展。”① 学说或实务即对此展开探讨，在保留物权法定主义的前提下，提出了一系列的规定：第一，对于物权法中某些并非强行性法规的规定，直接以合同形式予以变更；第二，为了使新的物权种类能在物权法定主义下得以生存，将旧物权种类作扩大解释以适用于新生的物权形式；第三，对法律未规定事项之习惯，承认其法律效力，认为习惯作为法律渊源当与法律有同一效力；第四，承认社会中已形成习惯的物权形式的效力。②

我国《民法典》虽明文“物权的种类和内容，由法律规定”，但并不是采取绝对封闭的物权法定模式，而是采取了较为开放的态势。③ 例如，我国《民法典》明定用益物权可在动产之上设立，为以后动产融资租赁的权利架构留下了制度空间；再如，同法第395条第1款第（七）项明定法律、行政法规未禁止抵押的其他财产均可以设立抵押权，这就极大地扩充了抵押财产的范围，为信贷实践和司法实践承认新类型的抵押权留下了空间。在我国民商立法普遍关注交易安全的情势下，物权法定主义对交易安全的独特维护功能实不可没。这就决定了我们的选择不能从严格的物权法定主义这一极滑向物权自由主义的另一极。为了兼顾自由与安全，在保留物权类型体系的稳定性前提下，维持必要的开放性，④ “调

---

① 郑玉波：《民法物权》，台湾三民书局1989年版，第16页。

② 参见刘乃忠：《地役权对物权法定原则漏洞的补充》，载王利明主编：《物权法专题研究》，吉林人民出版社2002年版，第707－708页；张鹏：《役权的历史溯源与现代价值定位》，载梁慧星主编：《民商法论丛》（第18卷），金桥文化出版（香港）有限公司2001年版，第489－490页。

③ 参见王利明：《物权法研究》（上卷）（第4版），中国人民大学出版社2018年版，第52页。

④ 参见杨振山：《社会主义市场经济与中国物权法的制度》，载《法学杂志》2001年第2期。

和”成为我们唯一的着眼点。

对于物权法定主义的理解上的一个争议之处在于物权法定主义之“法”的界定。在立法学上，法有广义与狭义之分；在大陆法的传统理论上，物权法定所言之“法”，系指狭义上的法律（民法典及其他法律），行政法规、规章、决定、命令都不具有创设物权的效力，“盖因物权有关人之权利义务甚大，许以命令创设，殊未适宜”①。目前，我国学界对物权法定主义之“法”有以下几种理解，一是仅指法律，即全国人民代表大会及其常务委员会公布的法律，而不包括国务院制定的行政法规、国务院之各部委制定的行政规章及其他规范性文件；② 二是指全国人民代表大会及其常务委员会公布的法律及国务院制定的行政法规；③ 三是除了法律和行政规定之外，还包括行政规章④、国家政策等；⑤ 四是除了上述规范之外，还包括习惯（法）。⑥

本书作者认为，确立物权法定主义的根本宗旨，在于使物权创设尽可能规范化和统一化，以便公示，从而维护交易安全和社会经济秩序。如对“法”作过于广义的解释，物权法定主义的这一宗旨将很难实现。因此，行政规章、国家政策不能作为创设物权的法源。国务院制定的行政法规本不属于物权法定主义之“法”的范畴，但我国立法现状实不容许某一应确定为物权的权利尚需经过漫长的过程方能被规定为物权，明确行政法规为物权法定主义之“法”之一种，有利于及时对社会发展中新出现的物权类型予以确认，也能较好地维系物权体系的稳定性。综上，本书作者认为，物权法定主义之“法”包括法律和行政法规。

物权法定主义之“法”是否包括习惯（法）？各国学者均有不同看法。我国台湾地区学界通说采否定之见解，但采肯定说者有增加之趋势。⑦ 德国、日本学

---

① 郑玉波：《民法物权》，台湾三民书局1998年版，第18页。

② 参见崔建远：《我国物权法应选取的结构原则》，载《法制与社会发展》1995年第6期。

③ 参见王利明：《民商法研究》（3），法律出版社2001年版，第170页。

④ 参见王果纯、屈茂辉：《现代物权法》，湖南师范大学出版社1993年版，第4页。

⑤ 参见马俊驹、余延满：《民法原论》，法律出版社2005年版，第271页。

⑥ 参见谢在全：《民法物权论》（上册）（修订5版），中国政法大学出版社2011年版，第38页。

⑦ 否定说的主要理由是：法律条文已明言“民法或其他法律”，则习惯法很难包括在内；肯定说的主要理由是：（1）为避免物权法定主义过于僵化，导致与社会脱节，倘习惯法有适宜公示之新物权产生，不妨予以承认。（2）中华幅员广大，历史悠久，各地习惯之物权，如不悖于公序良俗，应无加以摈弃之必要。参见谢在全：《民法物权论》（上册）（修订5版），中国政法大学出版社2011年版，第39页。

界则普遍采肯定说，并致力于承认非典型担保习惯法的性质以克服非典型担保在物权法定主义方面所遭遇的困境，从而认为非典型担保并未违反物权法定主义。① 依物权法定主义的本旨而言，让与担保等非典型担保因制度长久存在而固定化、类型化，其内容呈现出高度的确定性，使第三人有预测的可能，并已在社会上形成一种法的确信，应构成一种习惯法。因此，很难说具有习惯法性质的非典型担保违反物权法定主义所要求的法律秩序安定之本旨。② 正如德国民法学者赖札（Raiser）所言："民法所以采物权法定主义，其目的非在于僵化物权，而旨在以类型之强制限制当事人的私法自治，避免当事人任意创设具有对世效力的新的法律关系，借以维持物权关系的明确与安定，但此并不排除于必要时，得依补充立法或法官造法之方式，创设新的物权，因法律必须与时俱进，始能适应社会之需要。"据此，可将非典型担保作为制定法外经由习惯法创设的新型物权取得合法地位的适例。我国有学者也认为，人类认识能力的有限和经济发展的迅速，立法总是滞后于现实，表现在物权法上原则是物权种类的、效力的残缺遗漏。因此，承认习惯（在一定条件下）创设物权是必要的。③ 在《民法典》已将习惯作为民法法源的情形之下，这一观点无疑是缓和物权法定原则的重要路径之一。

二、登记对非典型担保之物权效力的影响

非典型担保之效力问题主要涉及担保合同效力及担保物权效力两个方面，基于《民法典》第215条所规定的"区分原则"，非典型担保合同之效力仅受《民法典》总则编、合同编关于合同效力判断规则的制约，而不受是否登记的影响，就此自无争议。而关于非典型担保的物权效力的问题，则主要受物权公示原则的

---

① 参见［日］我妻荣：《新订担保物权法》，转引自王闯：《让与担保法律制度研究》，法律出版社2000年版，第53页。

② 参见王闯：《让与担保法律制度研究》，法律出版社2000年版，第53页；杨汉东：《让与担保制度之研究》，中兴大学法律学研究所1989年硕士学位论文，第35页。

③ 主张这一观点的学者很多，梁慧星主编：《中国物权法研究》，法律出版社1998年版，第70页；王利明：《物权法论》，中国政法大学出版社1997年版，第94-95页；陈华彬：《物权法原理》，国家行政学院出版社1998年版，第76-77页；孟劲国：《物权二元结构论——中国物权制度的理论重构》，人民法院出版社2002年版，第95页；周林彬：《物权法新论——一种法律经济分析的观点》，北京大学出版社2002年版，第239页；杨玉赢：《论物权法定主义》，载《比较法研究》2002年第1期；钱明星：《论我国物权法的基本原则》，载《北京大学学报》（哲会社学版）1998年第1期；申卫星、傅穹、李建华：《物权法》，吉林大学出版社1999年版，第35页。

制约，即其设立与否主要取决于是否依法进行了登记，由此涉及登记机构认定的问题。

《国务院关于实施动产和权利担保统一登记的决定》指出，从2021年1月1日起，对动产和权利担保在全国实行统一登记。原由国家市场监督管理总局承担的生产设备、原材料、半成品、产品抵押登记，改由中国人民银行统一承担，提供基于互联网的7×24小时全天候服务。我国法定的动产和权利担保登记机构为中国人民银行，但该决定并未明确非典型担保中的各类财产权利应如何登记机构。目前有部分部门规章、地方性法规、规章依据交易习惯规定财产权利证书发放机构同时为质押登记机构，① 实践中更有基于商业习惯，由当事人自行约定由第三方进行登记的情形。② 对于在此类非法定登记机构进行登记的财产权利能否发生物权效力的问题，存在一定争议。

一种观点认为根据物权法定原则，不动产物权的设立、变更、转让和消灭，经依法登记，发生效力，则须经登记产生对抗效力的权利非经法定程序、法定机构登记公示，不发生物权效力。例如，在“宜昌平湖投资担保有限公司与宜昌国宴休闲酒店有限责任公司等追偿权纠纷案”③ 中，法院认为：“现行法律没有规定以经营权出质的权利质权的设立方式，因此，被告国宴酒店与原告以经营权为内容约定设立的质权不具有公示效力，且该经营权已被他人实际占有和行使。故原告请求以被告国宴酒店的房屋经营权折价或者以拍卖、变卖该经营权的价款优先受偿的主张不能成立。”

另一种观点则认可了尚无明确法定登记机构的财产权利在符合商业习惯的机构进行登记的物权效力。例如，在“山西中洋五洲贸易有限公司与山西省霍州市化学工业有限责任公司买卖合同纠纷案”④ 中，法院通知山西省排污权交易中心办理相关排污权质押登记事宜。再如，在“重庆农村商业银行股份有限公司两江

---

① 例如银监会发布的《信托登记管理办法》第2条第1款规定：“本办法所称信托登记是指中国信托登记有限责任公司（简称信托登记公司）对信托机构的信托产品及其受益权信息、国务院银行业监督管理机构规定的其他信息及其变动情况予以记录的行为。”即信托登记公司有权登记信托产品及其受益权信息。又如深圳市人民政府发布的《〈深圳经济特区出租小汽车管理条例〉实施细则》第27条规定出租车经营权质押登记机构为公安车辆管理机关。

② 例如实践中当事人约定以商铺租赁权质押的，大多选择在商铺出租人处进行登记。

③ 湖北省宜昌市夷陵区人民法院（2014）鄂夷陵民初字第00506号民事判决书。

④ 山西省霍州市人民法院（2018）晋1082执保13号执行通知书。

分行负责人与重庆互邦实业（集团）有限公司、曾凡跃等金融借款合同纠纷案”① 中，农商行两江分行（质权人、甲方）与互邦出租公司（出质人、乙方）签订了《权利质押合同》，合同签订后双方在重庆市道路运输管理局进行了质押登记，法院支持了农商两江分行关于其对前述质押财产享有优先受偿权的诉讼主张。

对此，《民法典担保制度解释》明确采取了第一种严格的认定方式，即“当事人未在法定的登记机构依法进行登记，主张该担保具有物权效力的，人民法院不予支持”。但应注意的是，我国已经实行统一的动产和权利担保登记制度，对于权利而言，虽然法律、行政法规尚未规定可以出质，但如能解释为“应收账款”之一种，即可在统一的动产和权利担保登记系统中登记。

本书作者认为，公示方式的初衷在于对外显示物权之变动及其变动后的物权现状，② 上述案例中，在车辆管理机构、环境监管部门处进行登记的方式完全可以起到此法律效果，更有观点认为商铺租赁权质押中，在出租人这一私主体处登记也可以产生一定的公示效力。③ 在尚无相关立法的情形下，其能否产生物权效力，有待进一步考量。

◆ 疑点与难点

一、商铺租赁权质押的效力认定

商铺租赁权质押是指商铺承租人以其对所承租的商铺享有的占有、使用、收益权设立的质押担保。根据《民法典》第 716 条的规定，承租人经出租人同意，可以将租赁物转租给第三人，即在出租人同意转租的情形下，该商铺租赁权因具有一定财产价值而具有担保性。实践中商铺租赁权质押的基本交易模式为，由贷款人、借款人（商铺承租人）、商铺出租人签订三方协议，以商铺租赁权作为借

---

① 重庆市第一中级人民法院（2018）渝 01 民初 515 号民事判决书。

② 参见谢在全：《民法物权论》（上册）（修订 5 版），中国政法大学出版社 2011 年版，第 46 页。

③ 参见江苏省苏州市中级人民法院课题组：《依法强化司法保障职能积极服务小微企业新类型融资担保》，载《人民司法·应用》2012 年第 1 期。该课题组认为，作为权利质押的一般原理，商铺租赁权人出质权利，应通知原基础关系（即租赁合同关系）的相对人知晓。市场管理方的登记行为更多地可以视为权利出质后通知原基础关系相对人知晓的表现，也因市场管理方的管理性质有了公示效力。

款人债务的担保，在商铺出租人处办理质押登记，并限制商铺承租人将该商铺租赁权以任何形式转让、转租或再质押，该商铺租赁权的价值由贷款人进行评估、出租人进行确认，若借款人到期不能归还贷款由出租人处置该商铺租赁权，所得价款用于优先清偿商户的欠款。① 2011 年《商务部、中国银行业监督管理委员会关于支持商圈融资发展的指导意见》② 明确指出，“发展商圈融资是缓解中小商贸企业融资困难的重大举措。要推广适合商圈特点的融资模式，研究推动商铺经营权、租赁权质押融资试点”。但因该租赁权在性质上属于非金钱债权，难以将其解释为“应收账款”进而适用权利质押相关规则，故司法实践中对于商铺租赁权质押之法律效力存在一定争议。

第一种裁判观点认为商铺租赁权并非法律、行政法规规定可以出质的财产权利，不得设定质押，故以商铺租赁权设定质押不发生物权效力，债权人不得要求对变价款优先受偿。③ 第二种裁判观点则认为当事人约定以商铺租赁权设立质押并在出租人处登记，不违反强制性法律规定，当事人可以商铺租赁权变价款优先受偿。④

本书作者认为，根据《民法典担保制度解释》于本条所确立的规则，商铺租赁权属于法律、行政法规尚未规定可以出质的财产权利，同时因尚无法定登记机构而无法依法登记产生物权效力，但相关担保合同若无其他导致合同无效的情形，应属有效。贷款人可依据担保合同，要求对案涉商铺租赁权折价、变价、拍卖以清偿债权，但不得要求就相关款项优先受偿。

二、出租车经营权质押的效力认定

出租车经营权质押（也称出租车营运证质押）是指出租车运营公司以其名下的出租车经营权出质，向银行申请贷款。其操作模式是出租车营运证持有人将其持有的、车辆运输管理所核发的出租车营运证交由债权人保管，并在车辆管理所进行质押登记，如到期不能偿还债务，由债权人对出租车经营权进行处置，所得

① 参见最高人民法院民二庭新类型担保调研小组：《关于新类型担保的调研：现象 · 问题 · 思考》，载最高人民法院民事审判第二庭：《商事审判指导》2012 年第 4 辑（总第 32 辑），人民法院出版社 2018 年版，第 641 页。

② 商秩发〔2011〕253 号。

③ 广东省东莞市中级人民法院（2019）粤 19 民终 1020 号民事判决书。

④ 江苏省常熟市人民法院（2016）苏 0581 民初 10485 号民事判决书。

款项用于清偿所担保的债权。①《行政许可法》第9条规定："依法取得的行政许可，除法律、法规规定依照法定条件和程序可以转让的外，不得转让。"由于出租车经营权属于特许经营权且尚无法律、行政法规对其出质方式进行规范，故对于出租车经营权质押的合同效力及物权效力问题，司法实践中存在一定争议。

第一种观点认为出租车经营权不属于法定可出质财产权利，相关质押合同因违反物权法定原则而无效，债权人更不具有优先受偿权。② 第二种观点则认为出租车经营权质押不违反行政法规的效力性强制性规定，担保合同效力不受影响，但因我国法律未对出租车经营权出质登记方式作出规定，当事人在车辆管理所办理质押登记不能产生设立质押物权的效力。③ 第三种观点则在认可出租车经营权质押合同效力的基础上，进一步认可其质权效力。④

但应当注意的是，在认可出租车经营权质押具有质权效力的案例中，各个法院对于该质权公示方式的要求并不相同。第一种看法认为，目前对于出租车经营权尚无登记制度，故其质权应自真实、合法、有效的出租车经营权证交付给质权人时设立。⑤ 第二种看法认为，出租车经营权质权须经车辆管理所登记才发生物权效力。⑥ 第三种看法认为，出租车经营权质权属于应收账款质权之一种，自办理应收账款质权登记时设立。⑦

笔者认为，在《行政许可法》第9条并非禁止行政许可的转让的效力性强制性规定，现行规则所规定的"出租车经营权变更行政许可"主要考察的是受让人是否具备一定的资格，而非审查合同本身，因此，审批不影响合同效力。就此而

① 参见最高人民法院民二庭新类型担保调研小组：《关于新类型担保的调研：现象·问题·思考》，载最高人民法院民事审判第二庭：《商事审判指导》2012年第4辑（总第32辑），人民法院出版社2018年版，第642页。

② 江西省高级人民法院（2020）赣民终66号民事判决书。

③ 湖南省长沙市中级人民法院（2020）湘01民终9471号民事判决书。

④ 最高人民法院（2018）最高法民终496号民事判决书。

⑤ 辽宁省沈阳市沈河区人民法院（2018）辽0103民初13292号民事判决书。

⑥ 浙江省杭州市西湖区人民法院（2015）杭西商初字第3450号民事判决书。类似判决参见杭州银行股份有限公司下沙开发区支行与冯永祥、吴伟莉、杭州经纬汽车客运有限公司金融借款合同纠纷案，浙江省杭州经济技术开发区人民法院（2015）杭经开商初字第01113号民事判决书；杭州银行股份有限公司下沙开发区支行与马彦华、杭州经纬汽车客运有限公司金融借款合同纠纷案，浙江省杭州经济技术开发区人民法院（2016）浙0191民初182号民事判决书。

⑦ 重庆市第一中级人民法院（2018）渝01民初515号民事判决书。

言，出租车经营权质押合同本身并不因违反行政法规的效力性强制性规定而必然无效。[①] 而就其物权效力而言，因交付出租车经营权证并不具有公示作用，出租车经营权质权则应以登记为生效要件，但实践中常见的登记机构——车辆管理所——并非法定登记机构，根据本条解释，非经法定登记机构登记，该质押不发生物权效力，因此，债权人仅得要求根据担保合同请求对出租车经营权变价款受偿，但不得优先受偿。

（本条由高圣平撰写）

第六十四条 【所有权保留买卖中取回权的行使程序】

在所有权保留买卖中，出卖人依法有权取回标的物，但是与买受人协商不成，当事人请求参照民事诉讼法“实现担保物权案件”的有关规定，拍卖、变卖标的物的，人民法院应予准许。

出卖人请求取回标的物，符合民法典第六百四十二条规定的，人民法院应予支持；买受人以抗辩或者反诉的方式主张拍卖、变卖标的物，并在扣除买受人未支付的价款以及必要费用后返还剩余款项的，人民法院应当一并处理。

◆ 条文要旨

本条是关于所有权保留买卖中取回权的行使程序的规定。

◆ 理解与适用

本条系结合《民法典》第388条，对第642条的解释。出卖人的取回权是指在所有权保留买卖中，标的物进行实际交付以后，标的物所有权移转于买受人之前，因买受人未按照约定支付价款、未按照约定完成特定条件或者将标的物作出

① 参见最高人民法院民事审判第二庭：《〈全国法院民商事审判工作会议纪要〉理解与适用》，人民法院出版社2019年版，第391页。

卖或者出质等不当处分的，出卖人取回标的物的权利。在所有权保留买卖交易中，标的物权利之归属与其占有之外观相分离，一旦买受人不依约支付价款，或者对标的物进行不当处分，都将危害到出卖人的利益。传统民法上都赋予出卖人以取回权。

一、取回权的行使条件

取回权的行使必须要具备一定的条件。出卖人和买受人可以在买卖合同中约定行使取回权的条件，没有约定的，应当符合以下条件，其中第（二）－（四）个条件是选择性条件：

（一）当事人之间存在所有权保留买卖合同法律关系

根据《民法典》第642条及《民法典担保制度解释》本条所确立的规则，所有权保留买卖中的出卖人取回权为法定权利，出卖人无需特别约定而依法享有取回权，但该权利产生的前提是存在所有权保留买卖合同法律关系，即买卖合同中须具备所有权保留的意思表示。若合同中未明确约定在买受人履行完特定义务前，出卖人保留标的物所有权，则该合同不属于所有权保留买卖合同，依据动产物权变动的一般原理，标的物所有权自交付时转移，出卖人自不享有取回权。

《买卖合同解释》第25条规定："买卖合同当事人主张民法典第六百四十一条关于标的物所有权保留的规定适用于不动产的，人民法院不予支持。"因此，当事人之间就不动产不存在所有权保留买卖合同法律关系。

（二）未按照约定支付价款，经催告后在合理期限内仍未支付

根据《民法典》第642条，在所有权保留买卖中，标的物所有权转移前，买受人未按照约定支付价款，经出卖人催告后在合理期限内仍未支付，造成出卖人损害的，除当事人另有约定外，出卖人有权取回标的物。《买卖合同解释》第26条第1款，秉承原第36条规定："买受人已经支付标的物总价款的百分之七十五以上，出卖人主张取回标的物的，人民法院不予支持。"目前司法实践中均遵循此规则，以价款的75%为界，买受人已支付价款比例高于75%的，出卖人即不得取回标的物，低于75%的则通常允许取回，也有部分法院省略了对买受人已支付

比例的分析，直接认定取回权的有无。[①] 同时，有法院进一步认为，在此类型情形下，因买受人已经支付75%以上的价款，出卖人不享有取回权，即使标的物所有权尚未转移，其擅自取回标的物的行为仍构成对买受人或其他合法占有人的侵权行为。

应当注意的是，相较于《买卖合同解释》，《民法典》第642条第1款第（一）项规定增加了有关催告程序及合理宽限期的规定，同时未采纳《买卖合同解释》原第36条中“已支付价款比例”对取回权的限制。该条的理由在于，在买受人已经支付标的物价款达到价款总额的75%时，出卖人的利益已在较大程度上得以实现。此际，若允许出卖人取回再变价，加以买受人回赎，程序比较复杂、运行成本相对较高，在一定程度上损害买受人的期待利益。[②] 即在该规则之下，如买受人已经支付的价款达到总价款的75%时，出卖人则无论如何不得行使取回权。但是该出卖人不能行使取回权所涉及的买受人已支付的法定价款比例的合理性，在买受人已经违反当事人约定的情况下并不充分，也和《民法典》第416条的规定不相吻合。因此，在民法典编纂过程中，没有采纳上述司法解释的内容，而是在买受人未按照约定支付价款的同时增加规定出卖人的催告程序，即出卖人在决定行使对标的物的取回权时，应当先向买受人催告，在催告期满后买受人仍不支付价款的，出卖人才可以行使取回权，以保障当事人之间的利益平衡。[③]

令人遗憾的是，《最高人民法院关于修改〈最高人民法院关于在民事审判工作中适用《中华人民共和国工会法》若干问题的解释〉等二十七件民事类司法解

---

① 此类案件参见刘登堂与宁夏川工工程机械有限公司买卖合同纠纷案，宁夏回族自治区高级人民法院（2018）宁民终113号民事判决书；山东泰盛机械设备有限公司与王志成、乔聚峰买卖合同纠纷案，山东省临沂市河东区人民法院（2017）鲁1312民初2484号民事判决书；高永德与恒天九五重工有限公司、沈礼南买卖合同纠纷上诉案，湖南省长沙市中级人民法院（2016）湘01民终7552号民事判决书；云南临沃工程机械有限公司与自廷华、查丕尊买卖合同纠纷案，云南省景东彝族自治县人民法院（2016）云0823民初884号民事判决书；吴正文与武汉永宏机电设备有限公司、湖北信源投资管理有限公司买卖合同纠纷上诉案，湖北省武汉市中级人民法院（2015）鄂武汉中民商终字第01660号民事判决书；常州市振顺建设机械有限公司与溧阳市金燕建筑安装工程有限公司租赁合同纠纷上诉案，江苏省常州市中级人民法院（2015）常商终字第283号民事判决书；王美兰与建瓯市闽芝汽车发展有限公司分期付款买卖合同纠纷上诉案，福建省南平市中级人民法院（2014）南民终字第924号民事判决书。

② 参见最高人民法院民事审判第二庭：《最高人民法院关于买卖合同司法解释理解与适用》，人民法院出版社2012年版，第551页。

③ 参见黄薇主编：《中华人民共和国民法典解读·合同编》（上），中国法制出版社2020年版，第581－582页。

释的决定》（法释〔2020〕17 号）在对《买卖合同解释》进行修改之时，并没有删去原第 36 条，而于第 26 条第 1 款重申："买受人已经支付标的物总价款的百分之七十五以上，出卖人主张取回标的物的，人民法院不予支持。"这里，并没有准确把握《民法典》第 642 条第 1 款第（一）项规定的立法原意。在解释上，即使买受人已经支付标的物总价款的 75% 以上，但经催告后在合理期限内仍未支付的，出卖人仍然可以请求参照民事诉讼法"实现担保物权案件"的有关规定，拍卖、变卖标的物，并就变价款优先受偿。

虽然《合同法》和《买卖合同解释》没有规定上述催告规则，但实践中已有裁判认为，出卖人因买受人延迟履行价款给付义务而行使取回权的，不应直接取回，应当根据诚实信用原则履行通知、催告等附随义务。①

（三）未按照约定完成特定条件

除了与价款给付相关的违约行为外，若买受人未完成所有权保留买卖合同所约定的特定条件，出卖人也可以行使取回权。当事人约定的"特定条件"不仅限于本合同价金债权的支付，还可以扩张到出卖人或其关联方因其他合同或基于其他理由所享有的债权均由标的物的所有权进行担保，在这些债权未按约定获得清偿时，出卖人可以行使取回权。② 当事人约定以"未完成某项特定条件"为取回权触发条件，说明该特定条件对于合同的顺利履行而言至关重要，出于意思自由的考虑，应当尊重当事人的自由约定。但应当注意的是，若该"特定条件"侵犯消费者自由选择权、涉及垄断和不正当竞争或违反《民法典》有关格式条款的相关规定，则应当依法否定其法律效力。

（四）对标的物作出不当处分

除违反约定义务外，若买受人将标的物出卖、出质或进行其他不当处分，即使当事人未就此事项约定取回权，出卖人仍然可以取回标的物。这里的"其他不当处分"既可以是法律上的不当处分，也可以是事实上的不当处分。例如损害标的物行为、抛弃对标的物的占有、在标的物上设定抵押权等。③ 但如第三人依据

---

① 河南省郑州市中原区人民法院（2018）豫 0102 民初 5411 号民事判决书。

② 参见最高人民法院民法典贯彻实施工作领导小组主编：《中华人民共和国民法典合同编理解与适用》（二），人民法院出版社 2020 年版，第 1102 页。

③ 参见最高人民法院民法典贯彻实施工作领导小组主编：《中华人民共和国民法典合同编理解与适用》（二），人民法院出版社 2020 年版，第 1102 页。

《民法典》第311条的规定已经善意取得标的物所有权或者其他物权的，出卖人无权取回标的物，否则将严重损害交易的安全和交易的秩序。①《买卖合同解释》第26条第2款规定：“在民法典第六百四十二条第一款第三项情形下，第三人依据民法典第三百一十一条的规定已经善意取得标的物所有权或者其他物权，出卖人主张取回标的物的，人民法院不予支持。”

但应当注意的是，该“不当处分”应当达到足以损害出卖人所有权的程度，即并非所有的转让行为均可触发出卖人取回权，例如，在“姚勇军、胡少华买卖合同纠纷、采矿权转让合同纠纷上诉案”② 中，上诉人提出五被上诉人与供货方约定，供货方保留挖掘机的所有权，根据《买卖合同解释》原第35条规定，五被上诉人不能转让挖掘机。

二、取回权的行使程序

关于取回权的行使程序，在《民法典》之前并没有明确的规定。在比较法上，行使取回权类似于实现抵押权，其并非必须经过司法程序，可以由出卖人自行取回。同时，在学理上，关于出卖人保留之所有权的性质，从债的担保角度观察，存在特殊质押关系说③、担保物权说④、担保性财产托管说⑤三种观点。其中以担保物权说为通说。它从所有权保留制度的目的出发，在承认出卖人享有所有权的基础上，认为所有权保留是担保价款债权清偿的担保手段，并以标的物本身作为担保物，当买受人违约时，出卖人可以凭借所保留的所有权行使取回权，并可再行变卖，从变卖所得价款中优先受偿，以实现担保目的。⑥

可见，从所有权保留制度的内容与功能而言，出卖人取回权的规定无疑是实现价款债权的程序。⑦ 即出卖人行使取回权的程序应与动产抵押权的实现程序相

① 参见黄薇主编：《中华人民共和国民法典解读·合同编》（上），中国法制出版社2020年版，第582页。

② 湖北省荆门市中级人民法院（2020）鄂08民终80号民事判决书。

③ 参见王泽鉴：《附条件买卖买受人的期待权》，载王泽鉴：《民法学说与判例研究》（第1册），中国政法大学出版社2003年版，第159页。

④ 参见孙宪忠：《德国当代物权法》，法律出版社1997年版，第345页；余能斌、侯向磊：《保留所有权买卖比较研究》，载《法学研究》2000年第5期。

⑤ 参见尹田：《法国物权法》，法律出版社1998年版，第332页。

⑥ 参见高圣平：《〈民法典〉视野下所有权保留交易的法律构成》，载《中州学刊》2020年第6期。

⑦ 参见王泽鉴：《民法学说与判例研究》（第1册），中国政法大学出版社1998年版，第215－220页；最高人民法院民法典贯彻实施工作领导小组主编：《中华人民共和国民法典合同编理解与适用》（二），人民法院出版社2020年版，第1100－1101页。

当。就动产抵押权的实现程序，《民法典》第410条规定："债务人不履行到期债务或者发生当事人约定的实现抵押权的情形，抵押权人可以与抵押人协议以抵押财产折价或者以拍卖、变卖该抵押财产所得的价款优先受偿……抵押权人与抵押人未就抵押权实现方式达成协议的，抵押权人可以请求人民法院拍卖、变卖抵押财产。抵押财产折价或者变卖的，应当参照市场价格。"《民法典》第642条对上述规则进行了简化，并以准用性规则引入了《民事诉讼法》中"实现担保物权"的特别程序。

◆ 疑点与难点

取回权行使程序的解释论

《民法典担保制度解释》本条亦对此进行了重申，并最终形成三种解决路径，第一，当事人可以进行协商取回标的物。第二，若协商不成，出卖人可以通过诉讼，借助法院强制执行取回标的物。出卖人请求取回标的物，符合《民法典》第642条规定的，人民法院应予支持；买受人以抗辩或者反诉的方式主张拍卖、变卖标的物，并在扣除买受人未支付的价款以及必要费用后返还剩余款项的，人民法院应当一并处理。第三，双方当事人还可以不经诉讼，直接申请适用"实现担保物权案件"特别程序，拍卖、变卖标的物，并以变价款优先受偿。出卖人应当负有清算义务，即拍卖、变卖标的物后，在扣除买受人未支付的价款以及必要费用后将剩余款项返还买受人。

在实践中，法院大多认可出卖人与买受人协商一致自行取回标的物的做法，同时认为若当事人之间未达成合意，即使出卖人依法享有取回权也不得擅自取回标的物，其应当通过协商或诉讼，依照实现抵押权的方式行使取回权。①

（本条由高圣平撰写）

---

① 云南省景谷傣族彝族自治县人民法院（2018）云0824民初1334号民事判决书。

第六十五条　【融资租赁交易中租金未付的救济途径】

在融资租赁合同中，承租人未按照约定支付租金，经催告后在合理期限内仍不支付，出租人请求承租人支付全部剩余租金，并以拍卖、变卖租赁物所得的价款受偿的，人民法院应予支持；当事人请求参照民事诉讼法“实现担保物权案件”的有关规定，以拍卖、变卖租赁物所得价款支付租金的，人民法院应予准许。

出租人请求解除融资租赁合同并收回租赁物，承租人以抗辩或者反诉的方式主张返还租赁物价值超过欠付租金以及其他费用的，人民法院应当一并处理。当事人对租赁物的价值有争议的，应当按照下列规则确定租赁物的价值：

（一）融资租赁合同有约定的，按照其约定；

（二）融资租赁合同未约定或者约定不明的，根据约定的租赁物折旧以及合同到期后租赁物的残值来确定；

（三）根据前两项规定的方法仍然难以确定，或者当事人认为根据前两项规定的方法确定的价值严重偏离租赁物实际价值的，根据当事人的申请委托有资质的机构评估。

◆ 条文要旨

本条是关于融资租赁交易中租金未付的救济途径的规定。

◆ 理解与适用

本条系结合《民法典》第 388 条，对第 752 条、第 758 条的解释。

一、本条的规范意旨

在《民法典》颁行前，融资租赁交易中，承租人违反租金给付义务经催告仍不按期履行的，剩余全部租金给付义务加速到期，承租人丧失期限利益。同时，若欠付租金达到约定或法定解除条件，出租人可以要求解除合同，因解除合同的法律效果，出租人可以取回租赁物并请求承租人赔偿欠付租金与租赁物价值的差额损失，其中租赁物价值应由约定或专业评估确定。但应当注意的是，上述权利救济规则以填补损失为出发点，故上述两种救济措施，出租人应择一行使，若其已请求承租人给付剩余全部租金，其债权得以实现的，则不得再请求解除合同取回租赁物，反之，若其已请求解除合同、取回租赁物则不可能再请求承租人继续履行租金给付义务。

《民法典》第752条规定："承租人应当按照约定支付租金。承租人经催告后在合理期限内仍不支付租金的，出租人可以请求支付全部租金；也可以解除合同，收回租赁物。"第758条规定："当事人约定租赁期限届满租赁物归承租人所有，承租人已经支付大部分租金，但是无力支付剩余租金，出租人因此解除合同收回租赁物，收回的租赁物的价值超过承租人欠付的租金以及其他费用的，承租人可以请求相应返还。当事人约定租赁期限届满租赁物归出租人所有，因租赁物毁损、灭失或者附合、混合于他物致使承租人不能返还的，出租人有权请求承租人给予合理补偿。"与《合同法》相比，《民法典》只是在第758条增加了第2款。

无论是《合同法》第248条与第249条，还是《民法典》第752条与第758条，均存在置重于融资租赁交易形式主义之下的所有权功能，仅在当事人约定租赁期限届满租赁物归承租人所有之时，才考虑出租人就租赁物的清算义务。在《民法典》第388条所确定的功能主义之下，租赁物在租赁期限届满之时的归属，既不影响融资租赁交易的定性，也不影响当事人就租赁物的清算义务，还原融资租赁交易的融资本性。清算义务的实现，既可借助于"实现担保物权案件"特别程序，亦可依循普通民事诉讼程序。

在此思路之下，《民法典担保制度解释》对《民法典》第752条与第758条所确立的租金未付之时出租人救济路径进行了统合。其一，不管当事人约定租赁期限届满租赁物归出租人抑或承租人所有，承租人未按照约定支付租金，经催告后在合理期限内仍不支付，出租人均可主张租金加速到期，并可依普通民事诉讼程序或者"实现担保物权案件"特别程序，就拍卖、变卖租赁物的变价款优先受偿，以此进一步明确融资租赁交易中所有权的担保功能化；其二，不管当事人约定租赁期限届满租赁物归出租人抑或承租人所有，承租人未按照约定支付租金，经催告后在合理期限内仍不支付，出租人均可主张解除融资租赁合同并收回租赁物，并负有清算义务。

二、租金加速到期规则

在融资租赁中，承租人支付的租金并非租赁物的对价而是融资的对价，其中租金分期支付规则体现了承租人的期限利益。《民法典》第752条所述“租金加速到期规则”（又称“期限利益丧失规则”）的正当性在于，在融资租赁交易中，租赁物是为了承租人的特殊需要，专用性较强，在承租人不支付租金时，出租人即使收回租赁物，也难以通过重新转让或出租收回所投入的资金。同时，在融资租赁交易中，出租人与承租人互负的义务具有先后顺序，出租人支付租赁物价款的义务在先，承租人支付租金的义务在后，出租人的利益缺乏一种相互制衡或者保障。一般情况下，承租人在迟延支付一期租金时，很有可能也无力支付剩余未到期的租金。此时，如出租人不能一次性主张全部租金或者不能收回租赁物，将使自己处于默示损失扩大却无能为力的被动局面。因此，在承租人未按照约定支付租金且经催告后在合理期限内仍不支付时，出租人有权要求承租人支付全部租金，这有利于保护出租人的利益。同时，承租人丧失了期限利益，也是对承租人违约行为的一种惩罚，有利于促使承租人更好地履行自己的义务。①

《民法典》第752条规定：“承租人应当按照约定支付租金。承租人经催告后在合理期限内仍不支付租金的，出租人可以请求支付全部租金；也可以解除合同，收回租赁物。”出租人在承租人未付租金时，无论是“请求支付全部租金”，还是“解除合同，收回租赁物”，其最终目的均为收回租金，“收回租赁物”只是保全租金债权的手段之一，并不是说收回租赁物之后就无须清算。就融资租赁交易的融资属性而言，“收回租赁物”并不以解除融资租赁合同为前提，而是在承认融资租赁合同有效存在的情形之下，借由“收回租赁物”来实现租金债权。对此，《民法典》所规定的所有权保留买卖交易、抵押贷款交易中，权利人主张取回标的物，均不以解除相关交易合同为前提。也就是说，“请求支付全部租金”

---

① 参见黄薇主编：《中华人民共和国民法典解读·合同编》（下），中国法制出版社2020年版，第832－833页。

与“收回租赁物”并非非此即彼的关系。

令人遗憾的是，经法释〔2020〕17号修正的《融资租赁解释》第10条，仍然保留原第21条，规定：“出租人既请求承租人支付合同约定的全部未付租金又请求解除融资租赁合同的，人民法院应告知其依照民法典第七百五十二条的规定作出选择。出租人请求承租人支付合同约定的全部未付租金，人民法院判决后承租人未予履行，出租人再行起诉请求解除融资租赁合同、收回租赁物的，人民法院应予受理。”承租人迟延支付一期或几期租金，往往已经陷入经营困难而无力支付剩余未到期的租金。即使法院判决承租人向出租人一次性支付剩余全部租金并强制执行，出租人之金钱债权也可能难以实现。如此，若出租人选择请求承租人支付剩余全部租金，则需要承担执行不能的风险和二次诉讼的时间成本。

为了避免这种现象，《民法典担保制度解释》于本条第1款明确规定：“在融资租赁合同中，承租人未按照约定支付租金，经催告后在合理期限内仍不支付，出租人请求承租人支付全部剩余租金，并以拍卖、变卖租赁物所得的价款受偿的，人民法院应予支持；当事人请求参照民事诉讼法‘实现担保物权案件’的有关规定，以拍卖、变卖租赁物所得价款支付租金的，人民法院应予准许。”这里基于租赁物是担保租金债权清偿的担保财产，以担保物权的实现程序重构了租金未付时出租人的救济路径，使之与抵押贷款交易、所有权保留买卖交易中的权利实现路径相统一。

根据《民法典担保制度解释》本条第1款的规定，在承租人未按照约定支付租金，经催告后在合理期限内仍不支付，出租人的救济路径有两种：

第一，依普通民事诉讼程序请求承租人支付全部剩余租金，并请求以拍卖、变卖租赁物所得的价款受偿。这里改变了《融资租赁解释》第10条（原第21条）请求承租人支付全部剩余租金的单一模式，增加了可以同时主张“以拍卖、变卖租赁物所得的价款受偿”的协同路径。之所以规定为“以拍卖、变卖租赁物所得的价款受偿”，而不是“以拍卖、变卖租赁物所得的价款优先受偿”，可能是基于《民法典》第745条的规定。该条指出：“出租人对租赁物享有的所有权，未经登记，不得对抗善意第三人。”据此，出租人就租赁物的变价款，无论出租人对租赁物的所有权是否经过登记，均可基于其对租赁物的物权主张优先受偿。

只是在出租人对租赁物的所有权未登记之时，不得对抗善意第三人而已。

第二，依实现担保物权案件特别程序请求并请求拍卖、变卖租赁物，并以变价款支付全部剩余租金。在解释上，根据《民法典》第 388 条第 1 款的规定，出租人对租赁物的所有权已经被功能化为担保物权。由此，《民事诉讼法》上“实现担保物权案件”特别程序，即可适用于融资租赁交易。出租人对租赁物的功能化的担保物权，亦属“实现担保物权案件”特别程序中“担保物权”之一种。

本条所确立的租金债权实现机制为新增规则，目前司法实践中尚无此先例。实践中，当事人在融资租赁合同的基础上约定以租赁物为出租人之租金债权设定抵押，在承租人无力清偿租金债务之时，出租人可直接根据抵押权就租赁物优先受偿。同时，在融资租赁合同履行期间，无论出租人还是承租人，均不能同时占有租赁物的全部货币价值与实物价值；就租赁物的功能来看，合同履行期间，出租人虽然享有租赁物的所有权，但却不能占用、使用租赁物，其对出租人的意义仅限于担保租金债权的实现。① 因此，本条第 1 款规定，当事人请求参照民事诉讼法“实现担保物权案件”的有关规定，以拍卖、变卖租赁物所得价款支付租金，符合实践需求，亦不违背融资租赁制度的初衷。

出租人要求承租人就租赁物为其设立抵押权的根本原因，在于彼时缺乏融资租赁登记制度。《民法典》第 745 条明确规定：“出租人对租赁物享有的所有权，未经登记，不得对抗善意第三人。”《国务院关于实施动产和权利担保统一登记的决定》（国发〔2020〕18 号）也明确，自 2021 年 1 月 1 日起将融资租赁纳入动产和权利担保统一登记范围；最高人民法院法释〔2020〕17 号也明令废止了《融资租赁解释》原第 9 条。因此，在《民法典》实施后，出租人无需大费周章地就租赁物办理抵押登记，仅需在统一的动产和权利担保登记系统中就对租赁物享有的所有权办理登记，即可彰显权利，避免第三人善意取得租赁物，也依登记时点确立了优先顺位。

根据《民法典担保制度解释》本条第 1 款之规定，在出租人对租赁物的所有权已行登记的情形之下，承租人未按照约定支付租金，经催告后在合理期限内

---

① 参见李志刚：《融资租赁合同欠租纠纷的司法救济》，载《法律与新金融》2015 年第 1 期。

仍不支付，出租人可以请求承租人支付全部剩余租金，并以拍卖、变卖租赁物所得的价款优先受偿；当事人也可以请求参照民事诉讼法“实现担保物权案件”的有关规定，以拍卖、变卖租赁物所得价款优先支付租金。这一租金债权实现程序与设立抵押权时无异，此规定既规避了法理上的冲突，又保障了出租人之债权。

三、请求解除合同并收回租赁物

《民法典》第752条规定：“承租人应当按照约定支付租金。承租人经催告后在合理期限内仍不支付租金的，出租人可以请求支付全部租金；也可以解除合同，收回租赁物。”第758条第1款规定：“当事人约定租赁期限届满租赁物归承租人所有，承租人已经支付大部分租金，但是无力支付剩余租金，出租人因此解除合同收回租赁物，收回的租赁物的价值超过承租人欠付的租金以及其他费用的，承租人可以请求相应返还。”

《融资租赁解释》第5条进一步将出租人的合同解除权规定为：“有下列情形之一，出租人请求解除融资租赁合同的，人民法院应予支持：（一）承租人未按照合同约定的期限和数额支付租金，符合合同约定的解除条件，经出租人催告后在合理期限内仍不支付的；（二）合同对于欠付租金解除合同的情形没有明确约定，但承租人欠付租金达到两期以上，或者数额达到全部租金百分之十五以上，经出租人催告后在合理期限内仍不支付的；（三）承租人违反合同约定，致使合同目的不能实现的其他情形。”《融资租赁解释》第11条、第12条规定了出租人解除融资租赁合同的法律后果。出租人依照上述规定请求解除融资租赁合同的，可以同时请求收回租赁物并赔偿损失。损失赔偿范围为承租人全部未付租金及其他费用与收回租赁物价值的差额。融资租赁合同约定租赁期间届满后租赁物归出租人所有的，损失赔偿范围还应包括融资租赁合同到期后租赁物的残值。承租人与出租人对租赁物的价值有争议的，人民法院可以按照融资租赁合同的约定确定租赁物价值；融资租赁合同未约定或者约定不明的，可以参照融资租赁合同约定的租赁物折旧以及合同到期后租赁物的残值确定租赁物价值。承租人或者出租人认为依上述确定的价值严重偏离租赁物实际价值的，可以请求人民法院委托有资质的机构评估或者拍卖确定。

司法实践中，法院均认可承租人违反租金给付义务，符合法定或约定的合同解除权条件时，出租人享有合同解除权、租赁物取回权并可请求承租人赔偿损失。①

◆ 疑点与难点

租赁物价值的认定

在确定承租人赔偿数额时，对于租赁物价值的认定是审判实践中的一大难点。《融资租赁解释》第 12 条规定："诉讼期间承租人与出租人对租赁物的价值有争议的，人民法院可以按照融资租赁合同的约定确定租赁物价值；融资租赁合同未约定或者约定不明的，可以参照融资租赁合同约定的租赁物折旧以及合同到期后租赁物的残值确定租赁物价值。承租人或者出租人认为依前款确定的价值严重偏离租赁物实际价值的，可以请求人民法院委托有资质的机构评估或者拍卖确定。"《民法典担保制度解释》本条第 2 款规定："出租人请求解除融资租赁合同并收回租赁物，承租人以抗辩或者反诉的方式主张返还租赁物价值超过欠付租金以及其他费用的，人民法院应当一并处理。当事人对租赁物的价值有争议的，应当按照下列规则确定租赁物的价值：（一）融资租赁合同有约定的，按照其约定；（二）融资租赁合同未约定或者约定不明的，根据约定的租赁物折旧以及合同到期后租赁物的残值来确定；（三）根据前两项规定的方法仍然难以确定，或者当事人认为根据前两项规定的方法确定的价值严重偏离租赁物实际价值的，根据当事人的申请委托有资质的机构评估。"两者之间基本相同。

应当注意的是，对于出租人自行取回租赁物后，未经协商或专业评估擅自变卖租赁物导致租赁物价值无法确定的，其不利后果由出租人承担。②

（本条由高圣平撰写）

---

① 最高人民法院（2016）最高法民终 480 号民事判决书。

② 河北省廊坊市中级人民法院（2020）冀 10 民终 1555 号民事判决书。

第六十六条 【保理】

同一应收账款同时存在保理、应收账款质押和债权转让，当事人主张参照民法典第七百六十八条的规定确定优先顺序的，人民法院应予支持。

在有追索权的保理中，保理人以应收账款债权人或者应收账款债务人为被告提起诉讼，人民法院应予受理；保理人一并起诉应收账款债权人和应收账款债务人的，人民法院可以受理。

应收账款债权人向保理人返还保理融资款本息或者回购应收账款债权后，请求应收账款债务人向其履行应收账款债务的，人民法院应予支持。

◆ 条文要旨

本条是关于保理纠纷中的相关问题的规定。

◆ 理解与适用

本条是对《民法典》第766条和第768条的解释，旨在解决保理纠纷中，同一应收账款上权利竞存时的优先顺位问题、保理人行使追索权的程序问题以及保理人行使追索权后原债权债务效力的问题。

一、权利竞存时的优先顺位问题

在《民法典》颁布之前，司法实践中对于同一应收账款多重转让或质权与保理并存等权利竞存时的优先顺位问题争议较大，最高人民法院自身的裁判观点亦不统一。为定分止争，《民法典》第768条规定："应收账款债权人就同一应收账款订立多个保理合同，致使多个保理人主张权利的，已经登记的先于未登记的取得应收账款；均已经登记的，按照登记时间的先后顺序取得应收账款；均未登记的，由最先到达应收账款债务人的转让通知中载明的保理人取得应收账款；既未登记也未通知的，按照保理融资款或者服务报酬的比例取得应收账款。"根据这一规定，就同一应收账款订立多个保理合同时的权利优先顺位问题得以解决，但上述规则并未谈及保理、质押及一般债权转让并存时不同类型的权利竞存的顺位问题，本条第 1 款针对这一问题规定，在保理、质押及一般债权转让并存时，其优先顺位的确定规则与《民法典》第 768 条的规则相同，即登记在先，顺位优先；均未登记的，通知先到达债务人的优先；既未登记也未通知的，按照保理融资款或者服务报酬的比例取得应收账款。

对于有追索权保理中保理人的追索权问题，《民法典》第 766 条规定："当事人约定有追索权保理的，保理人可以向应收账款债权人主张返还保理融资款本息或者回购应收账款债权，也可以向应收账款债务人主张应收账款债权。"司法实践中对于上述"保理人可以向应收账款债权人主张，也可以向应收账款债务人主张"的规定属于"先后请求""同时请求"还是"择一请求"存在不同理解。本条第 2 款明确了保理人的选择权，既可以以应收账款债权人或者应收账款债务人为被告提起诉讼，也可以一并起诉应收账款债权人和应收账款债务人。

基于有追索权保理的融资担保属性，保理人的追索权及对应收账款债务人的求偿权均限于融资款本息及相关费用，《民法典》第 766 条规定："保理人向应收账款债务人主张应收账款债权，在扣除保理融资款本息和相关费用后有剩余的，剩余部分应当返还给应收账款债权人。"本条第 3 款明确了应收账款债权人返还保理融资款本息或者回购应收账款债权后，重新取得该应收账款，可以请求应收账款债务人向其履行债务。

自 2012 年我国开始实行保理试点以来，应收账款融资担保方式从原本的以质押为主，发展为质押与保理并存的局势，实践中也不乏债权人先后以同一应收账款数次订立保理合同、设立质押乃至多次转让债权以获取多份融资款的情形。就此，各保理人、质权人、债权受让人等多方主体之权利的优先顺位问题，在司法实践中存在较大争议。以应收账款质押与债权让与发生先后为标准可以分为"质押在先，让与在后"与"让与在先，质押在后"两种情形。

（一）质押在先，让与在后

《民法典》第 445 条规定："以应收账款出质的，质权自办理出质登记时设立。应收账款出质后，不得转让，但是出质人与质权人协商同意的除外。出质人转让应收账款所得的价款，应当向质权人提前清偿债务或者提存。"（本条与《物权法》第228条基本相同）根据该规定，应收账款质权设立后，未经质权人同意，出质人不得转让该应收账款。由此，司法实践中各法院均认可依法设立的应收账款质权优先于后续债权受让人的权利，但对于上述“不得转让”的含义存在不同理解。

第一种观点认为，在应收账款质权依法设立后，未经质权人同意，该转让债权的行为因违反《物权法》第228条的强制性规定而无效。① 第二种观点则认为，在应收账款质权已经依法登记设立后，债权人仍隐瞒质押事实将债权转让订立保理合同的，属于欺诈，若受让人不以欺诈为由请求撤销债权转让合同，该合同有效，但不能发生债权转让的效力，保理人不得请求债务人履行债务，但可以要求债权人承担违约责任。同时，债务人明知该应收账款被质押而协助债权人隐瞒质押事实的，应对该违约责任承担补充赔偿责任。② 第三种观点认为，若应收账款质权依法有效设立且先于债权让与发生，质权人与债权受让人权利竞存时，根据物权公信和公示原则，质权具有效力上的优先性，质权人先于债权受让人享有应收账款项下的权利。③

在认同应收账款质权因登记公示具有优先效力的基础上，更有法院认为，即使债权转让合同订立于质权登记之前，只要质押合同先于债权转让合同订立，该债权转让合同以及债权转让通知均不影响应收账款质权的设立及优先效力，债权受让人不得先于质权人受偿，若其不能受偿，只能请求债权人承担违约责任。④

（二）让与在先，质押在后

对于在转让债权、订立保理合同后，又以同一应收账款设立质押的情形，多数观点认为属于无权处分，但对于应收账款质权能否设立的问题仍存在一定争议。第一种观点认为，在债权已经转让后又以其设立质权的属于无权处分，该质权未设立。⑤ 第二种观点则认为，质权设立，但质权人应在扣除债权受让人受偿

① 最高人民法院（2017）最高法民再409号民事判决书。

② 山东省日照市中级人民法院（2016）鲁11民初270号民事判决书。

③ 最高人民法院（2017）最高法民再409号民事判决书。

④ 最高人民法院（2016）最高法民申第568号民事裁定书；山东省高级人民法院（2015）鲁商终字第354号民事判决书。

⑤ 北京市石景山区人民法院（2012）石民初字第14号民事判决书。

金额后的范围内优先受偿，即清偿顺位劣后。①

就应收账款的融资模式，《民法典》上规定了两种：保理和应收账款质押融资。但是，《民法典》对于这两种融资模式采取了不同的立法主义，就保理而言，实行登记对抗主义，未经登记，保理人就其取得的应收账款上的权利，亦发生效力，只是不能对抗善意第三人；就应收账款质权而言，采取登记对抗主义，未经登记，应收账款质权不发生效力。由此而出现了权利竞存优先顺位规则适用上的困难。

就竞存的应收账款质权之间的优先顺位，《民法典》第 414 条提供了规则供给。该条指出："同一财产向两个以上债权人抵押的，拍卖、变卖抵押财产所得的价款依照下列规定清偿：（一）抵押权已经登记的，按照登记的时间先后确定清偿顺序；（二）抵押权已经登记的先于未登记的受偿；（三）抵押权未登记的，按照债权比例清偿。其他可以登记的担保物权，清偿顺序参照适用前款规定。"其一，应收账款质权属于《民法典》第 414 条第 2 款所称的"其他可以登记的担保物权"，竞存应收账款质权之间的清偿顺序自可参照适用第 1 款的规定；其二，竞存应收账款质权之间的清偿顺序，参照适用第 1 款的规定，而不是直接适用第 1 款的规定。应收账款质权采取登记生效主义，未经登记就不存在应收账款质权。因此，竞存应收账款质权之间的清偿顺序，只能准用第 414 条第 1 款第（一）项的规定，即同一应收账款向两个以上债权人出质的，竞存应收账款质权之间，按照登记的时间先后确定清偿顺序。第 414 条第 1 款第（二）项、第（三）项没有准用空间，因为应收账款质权未登记，应收账款质权未设立，债权人尚未取得该笔应收账款之上的质权。《应收账款质押登记办法》第 6 条规定："在同一应收账款上设立多个权利的，质权人按照登记的先后顺序行使质权。"即属此理。

就竞存的保理之间的优先顺位，《民法典》第 768 条规定："应收账款债权人就同一应收账款订立多个保理合同，致使多个保理人主张权利的，已经登记的先于未登记的取得应收账款；均已经登记的，按照登记时间的先后顺序取得应收账款；均未登记的，由最先到达应收账款债务人的转让通知中载明的保理人取得应收账款；既未登记也未通知的，按照保理融资款或者服务报酬的比例取得应收账

① 浙江省宁波市中级人民法院（2018）浙 02 民初 1363 号民事判决书。

款。”由此可见，在应收账款债权人就同一应收账款订立多个保理合同，致使多个保理人主张权利的情况下，应当采取由登记的先后来确定多个保理人之间的优先顺位，已经登记的先于未登记的；均已经登记的，按照登记时间的先后顺序；均未登记的，采收到转让通知的先后顺序确定优先顺位，由最先到达应收账款债务人的转让通知中载明的保理人取得应收账款；既未登记也未通知的，保理人之间顺位平等，按照保理融资款或者服务报酬的比例取得应收账款。

从法理上看，以何种方式确定多个保理人之间的优先顺位，取决于哪种方式能够使得债权交易的公示成本、事先的调查成本、事中的监督防范成本、事后的债权实现的执行成本等各种成本更低，对第三人和社会整体的外部成本也更低。①在我国，统一的动产和权利担保登记平台已经建立，保理人已可通过中国人民银行征信中心进行登记。在这样的实践背景之下，相比成立主义和通知主义，采取登记主义能够使得保理人的公示成本、调查成本、防范成本和债权实现成本降到最低，并能有效减少多重保理对交易安全造成的危害，提升应收账款的融资环境，促使中小企业获得融资。但当多个保理人均未进行登记时，与成立主义相比，通知主义的成本较低，因而更为适合用来确定此时保理人之间的权利顺位。而在均未通知和登记的情况下，《民法典》第768条并未采取成立主义来判断保理人的权利优先顺位，而是直接规定以保理融资款或者服务报酬的比例来确定多个保理人取得应收账款的数额。

由此可见，竞存的应收账款质权之间的优先顺位，与竞存的保理之间的优先顺位并不统一。由此而出现了同一应收账款同时存在保理、应收账款质押和债权转让之时，如何确定权利人之间的优先顺位的问题。《民法典担保制度解释》于本条第1款规定：“同一应收账款同时存在保理、应收账款质押和债权转让，当事人主张参照民法典第七百六十八条的规定确定优先顺序的，人民法院应予支持。”值得注意的是，在适用《民法典担保制度解释》本条第1款之时，保理和债权转让均不以登记为前提，但应收账款质押则以登记为前提。应收账款质押未登记的，和保理、债权转让之间不发生竞争关系。值得注意的是，债权转让在

① 参见黄薇主编：《中华人民共和国民法典解读·合同编》（下），中国法制出版社2020年版，第875页。

《民法典》上并未被赋予登记能力。不过，就交易数额较大的债权让与而言，为保全其权利顺位，防止权利冲突，受让人亦可在统一的动产和权利担保登记平台上登记其对应收账款的权利。

二、保理人追索权的行权方式

根据《商业银行保理业务管理暂行办法》的规定，有追索权保理是指在应收账款到期无法从债务人处收回时，商业银行可以向债权人反转让应收账款、要求债权人回购应收账款或归还融资。从字面上看，该办法似乎将向应收账款债务人求偿定义为行使追索权的前提。但《民法典》第 766 条“当事人约定有追索权保理的，保理人可以向应收账款债权人主张返还保理融资款本息或者回购应收账款债权，也可以向应收账款债务人主张应收账款债权”的规定又似乎表达了两者并存的意思。因此，司法实践中对于保理人“行使追索权”与“向债务人求偿”是否互斥，可否同时行使，是否有先后顺序等问题存在一定争议。①

第一种观点认为，追索权即为回购权，保理人行使此权利即丧失对应收账款债务人所享有的应收账款债权，该应收账款的债权人即刻回归为原债权人，保理人不得再向应收账款债务人求偿。②

第二种观点则认为，有追索权的保理业务所包含的债权转让合同的法律性质并非纯正的债权让与，而应认定为是具有担保债务履行功能的间接给付契约。追索权的功能相当于债权人为债务人的债务清偿能力提供了担保，这一担保的功能与放弃先诉抗辩权的一般保证相当。因此，只有在保理人行使追索权时明确表达出“反转让债权”的意思表示时才发生解除债权转让合同之法效果，保理人进而不得再向债务人主张债权。若保理人在请求债权人返还融资款本息及费用时并没有反转让债权的意思，而具有希望债权人与债务人一同承担债务的意思，则其行

---

① 《民法典》第 752 条规定：“承租人应当按照约定支付租金。承租人经催告后在合理期限内仍不支付租金的，出租人可以请求支付全部租金；也可以解除合同，收回租赁物。”这里和《民法典》第 766 条一样，表述上也是“可以……也可以”，但在解释上，该条被认为是两种救济路径构成非此即彼的关系。《融资租赁解释》第 10 条即规定：“出租人既请求承租人支付合同约定的全部未付租金又请求解除融资租赁合同的，人民法院应告知其依照民法典第七百五十二条的规定作出选择。”“出租人请求承租人支付合同约定的全部未付租金，人民法院判决后承租人未予履行，出租人再行起诉请求解除融资租赁合同、收回租赁物的，人民法院应予受理。”

② 江西省高级人民法院（2016）赣民终 325 号民事判决书。

使追索权后仍可以向债务人求偿。[①]

第三种观点在承认保理制度的担保功能的同时进一步认为，保理制度中债权的转让属于让与担保，故卖方对保理融资款本息负有首要偿还责任，买方在应收账款金额范围内承担连带清偿责任。[②]

第四种观点则认为，债权人对保理人承担补充责任，即只有在债务人未按时清偿债务时，债权人才对保理人未受清偿的部分承担补充责任。[③]

◆ 疑点与难点

保理人行使权利是否存在先后顺序？

《民法典》第766条后句将保理人对应收账款债务人享有的权利限定为以融资款本息为限的优先受偿权，而非全额应收账款，乃从权利实现的角度对有追索权保理的法律性质作出了立法选择。《民法典担保制度解释》于本条亦重申了这一规则。在此规定之下，有追索权保理中的应收账款转让仅为交易的表象，其交易的实质在于担保融资款本息的清偿。由此，有追索权保理中应收账款转让的本质即为应收账款让与担保。因而，在能否向债权人请求回购的同时向应收账款债务人主张应收账款的问题上，从《民法典》第766条所反映的有追索权保理的交易目的和法律性质来看，应将追索权认定为向债权人请求归还融资款本息的债权，该种主债权请求权可与对其进行担保的债权让与担保权同时请求。[④] 因此，《民法典担保制度解释》于本条第2款规定："在有追索权的保理中，保理人以应收账款债权人或者应收账款债务人为被告提起诉讼，人民法院应予受理；保理人一并起诉应收账款债权人和应收账款债务人的，人民法院可以受理。"同时，第3款指出："应收账款债权人向保理人返还保理融资款本息或者回购应收账款债权后，请求应收账款债务人向其履行应收账款债务的，人民法院应予支持。"

（本条由高圣平撰写）

---

① 最高人民法院（2017）最高法民再164号民事判决书。

② 福建省高级人民法院（2016）闽民终579号民事判决书。

③ 天津市高级人民法院（2014）津高民二终字第0092号民事判决书。

④ 参见何颖来：《〈民法典〉中有追索权保理的法律构造》，载《中州学刊》2020年第6期。

第六十七条 【“善意第三人”的范围及效力】

在所有权保留买卖、融资租赁等合同中，出卖人、出租人的所有权未经登记不得对抗的“善意第三人”的范围及其效力，参照本解释第五十四条的规定处理。

◆ 条文要旨

本条是关于未经登记不得对抗的“善意第三人”的范围及其效力的规定。

◆ 理解与适用

本条系对《民法典》第641条第2款和第745条的解释。

一、本条的规范意旨

就融资租赁合同中出租人享有的所有权的效力，原《合同法》第242条规定：“出租人享有租赁物的所有权。承租人破产的，租赁物不属于破产财产。”《民法典》第745条将其修改为：“出租人对租赁物享有的所有权，未经登记，不得对抗善意第三人。”两者相较，《民法典》删去了“承租人破产的，租赁物不属于破产财产”的规定，即在承租人破产之时，出租人自不得依其所有权主张破产取回权，而仅得在其所有权已行登记的情形之下向破产管理人主张优先受偿权；如未登记，即不具有对抗善意第三人的效力，也不得对抗破产管理人。① 同样，就所有权保留买卖中出卖人所保留的所有权，原《合同法》第134条规定：“当事人可以在买卖合同中约定买受人未履行支付价款或者其他义务的，标的物的所有权属于出卖人。”《民法典》第641条第2款亦新增规定：“出卖人对标的物保留的所有权，未经登记，不得对抗善意第三人。”由此可见，《民法典》对于融资租赁合同、所有权保留买卖合同等具有担保功能的合同中的所有权采取了登记对抗主义。

与登记生效主义不同的是，登记对抗主义区分了动产担保权的设立与对抗第

① 参见高圣平：《民法典动产担保权登记对抗规则的解释论》，载《中外法学》2020年第4期。

三人效力，即这些动产担保权一经设立，在性质上即属物权，即使未经登记，也可对抗无担保债权人，而未经登记的动产担保权则不得对抗善意第三人。但就此“善意第三人”的范围，《民法典》未作解答，仅从文义上看，所谓“第三人”，自是当事人及其承受人之外的人。但如此理解，可能造成不合理、不妥当的结果。① 由此，《民法典担保制度解释》第 54 条对未经登记的动产抵押权不得对抗的“善意第三人”的范围及其效力作了解释，其规定：“动产抵押合同订立后未办理抵押登记，动产抵押权的效力按照下列情形分别处理：（一）抵押人转让抵押财产，受让人占有抵押财产后，抵押权人向受让人请求行使抵押权的，人民法院不予支持，但是抵押权人能够举证证明受让人知道或者应当知道已经订立抵押合同的除外；（二）抵押人将抵押财产出租给他人并移转占有，抵押权人行使抵押权的，租赁关系不受影响，但是抵押权人能够举证证明承租人知道或者应当知道已经订立抵押合同的除外；（三）抵押人的其他债权人向人民法院申请保全或者执行抵押财产，人民法院已经作出财产保全裁定或者采取执行措施，抵押权人主张对抵押财产优先受偿的，人民法院不予支持；（四）抵押人破产，抵押权人主张对抵押财产优先受偿的，人民法院不予支持。”这里，未经登记的动产抵押权，不得对抗标的物的善意受让人和善意承租人，不得对抗查封或者扣押债权人以及破产债权人或者管理人。在解释上，也不得对抗参与分配债权人，不得对抗其他担保物权人。

应当注意的是，就上述第（三）、第（四）两项，《民法典物权编解释（一）》第 6 条规定：“转让人转让船舶、航空器和机动车等所有权，受让人已经支付合理价款并取得占有，虽未经登记，但转让人的债权人主张其为民法典第二百二十五条所称的‘善意第三人’的，不予支持，法律另有规定的除外。”这里将转让人的一般债权人均排除在“善意第三人”的范围之外，而《民法典担保制度解释》第 54 条，肯定了查封债权人和破产管理人可以对抗未经登记的动产抵押权。

《民法典担保制度解释》本条在此基础上，通过准用性规范，就所有权保留买卖交易和融资租赁交易中未登记的出卖人、出租人的所有权不得对抗的第三人

---

① 参见高圣平：《民法典动产担保权登记对抗规则的解释论》，载《中外法学》2020 年第 4 期。

的范围进行了补充规定，即未登记的出卖人、出租人的所有权，不得对抗善意的受让人和善意承租人，不得对抗查封或者扣押债权人，不得对抗破产债权人或者管理人。在解释上，也不得对抗参与分配债权人，不得对抗其他担保物权人。

二、所有权未经登记不得对抗善意的受让人

在特殊动产所有权保留买卖交易中，多数法院认为，若标的物已经登记在买受人名下，出卖人根据合同约定所保留的所有权不得对抗善意买受人。

《民法典担保制度解释》于本条规定：“在所有权保留买卖、融资租赁等合同中，出卖人、出租人的所有权未经登记不得对抗的‘善意第三人’的范围及其效力，参照本解释第五十四条的规定处理。”而根据本解释第54条第（一）项的规定，动产抵押合同订立后未办理抵押登记，抵押人转让抵押财产，受让人占有抵押财产后，抵押权人向受让人请求行使抵押权的，人民法院不予支持，但是抵押权人能够举证证明受让人知道或者应当知道已经订立抵押合同的除外。由此可见，未经登记的动产抵押权不得对抗善意的受让人。

在担保人转让担保财产的情形之下，我国学说上均认为受让人属于动产担保权未登记而不得对抗的“第三人”之列。① 在解释上，这里的受让人，应以已依物权变动规则取得所有权者为限；已经签订买卖合同但未受领交付的受让人，在法律地位上仍属债权人，自不属于不得对抗的“第三人”。未登记的动产担保权不得对抗受让人，“不得对抗”并不意味着动产担保权的消灭，而仅指未经登记的动产担保权，在当事人之间已经完全有效成立；在对第三人的关系上也非绝对无效，仅该当事人不得对第三人主张有动产担保权的效力而已。但在受让人取得标的物的所有权之后，该当事人不得对其主张动产担保权，此时动产担保权仅具形式上的意义。因此可以认为，此时，动产担保权亦消灭，担保权人也就无法行使变价权和优先受偿权。准此以解，未经登记的动产担保权与其他担保物权之间，以及未经登记的动产担保权与受让人之间的对抗关系存在差异。在前者，动产担保权并不消灭，只是与其他担保物权进行优先顺位的排序；在后者，动产担保权消灭，受让人取得无负担的所有权。尽管如此，也可以认为，未经登记的动

① 参见龙俊：《动产抵押对抗规则研究》，载《法学家》2016年第3期，第48－49页。

产担保权，不得对抗同一担保物的受让人。①

三、所有权未经登记不得对抗担保物权人

在认可融资租赁合同、所有权保留买卖合同的担保合同属性的情形之下，出租人、出卖人的所有权具有担保物权性质，多数法院根据担保物权优先顺位规则，认为出租人、出卖人未经登记的所有权，不得对抗善意的担保物权人。

融资租赁公司已经善尽注意义务，并未发现售后回租的标的物属于他人保留所有权的标的物，该保留的所有权不得对抗善意的融资租赁公司。② 此外，亦有法院进一步认为，在标的物所有权登记于使用人名下时，即使出租人已经在中国人民银行征信系统进行了融资租赁登记，抵押权人亦没有义务查询案涉标的物是否为融资租赁物，进而可以善意取得抵押权。③

◆ 疑点与难点

所有权未经登记能否对抗无担保债权人?

就融资租赁合同、所有权保留买卖合同中的出租人、出卖人的所有权未经登记能否对抗标的物实际使用人的一般债权人的问题，目前多数法院认为标的物实际使用人的无担保债权人并不在善意第三人之列，若该债权人申请强制执行案涉标的物，出租人、出卖人的所有权可以排除强制执行。但也有法院认为，法律并未对“第三人”作限制性规定，因此“第三人”应包括一般债权人，基于债权的相对性和所有权保留买卖制度中“约定保留的所有权”欠缺公示这一先天缺陷，出卖人保留的所有权虽具有对世性，但在对基于动产转移占有公信力而对此不知情的第三人而言，不再产生追及力的法律后果。即所有权保留买卖合同中出卖人所保留的所有权，未经登记亦不得对抗善意的一般债权人。④

对此，《民法典担保制度解释》于本条规定：“在所有权保留买卖、融资租赁等合同中，出卖人、出租人的所有权未经登记不得对抗的‘善意第三人’的范围及其效力，参照本解释第五十四条的规定处理。”而根据本解释第 54 条第（三）

---

① 参见高圣平：《民法典动产担保权登记对抗规则的解释论》，载《中外法学》2020 年第 4 期。

② 四川省成都市中级人民法院（2019）川 01 民终 2590 号民事判决书。

③ 辽宁省高级人民法院（2014）辽民三终字第 212 号民事判决书。

④ 江苏省徐州市中级人民法院（2015）徐民终字第 03066 号民事判决书。

项、第（四）项的规定，动产抵押合同订立后未办理抵押登记，抵押人的其他债权人向人民法院申请保全或者执行抵押财产，人民法院已经作出财产保全裁定或者采取执行措施，抵押权人主张对抵押财产优先受偿的，人民法院不予支持；抵押人破产，抵押权人主张对抵押财产优先受偿的，人民法院不予支持。由此可见，未经登记的动产抵押权不得对抗查封或者扣押债权人，不得对抗破产债权人或者管理人。在解释上，也不得对抗参与分配债权人。

笔者认为，无担保债权人基于执行名义已经申请启动强制执行程序，且执行法院已就抵押财产采取查封、扣押措施之时，未登记的动产担保权可否对抗之，我国实定法上并无明文规定。就强制执行程序中查封、扣押在私法上的效力，除了限制债务人处分标的物之外，我国法并未明确查封、扣押债权人是否就标的物取得优先受偿权。在解释论上可以认为，无担保债权人已经通过强制执行程序查封、扣押抵押财产的情形之下，其对该抵押财产已经取得了对物的支配权，与抵押权人形成了对物的争夺关系。① 同时可以认为，无担保债权人此时已取得对该财产的（间接）占有，其胜诉债权就该财产也就取得了担保权（动产质权）。在利益衡量上，无担保债权人在交易时是基于标的物上不存在担保负担的责任财产状态，在债务人的财产被查封、扣押时，债权人即与未登记担保权人的利益发生实质性冲突，此际，对于未登记担保权人和无担保债权人应实行平等保护。② 同时，上述查封、扣押债权人自当包括在强制执行程序中申请参与分配的债权人。破产清算程序在性质上属于对破产债务人的概括执行程序，破产债权人、破产管理人的法律地位亦应与查封、扣押债权人作相同理解。准此，未经登记的动产担保权，不得对抗查封或扣押债权人、参与分配债权人、破产债权人或破产管理人。③

（本条由高圣平撰写）

---

① 参见李文涛、龙翼飞：《不登记不得对抗第三人规则中第三人范围的界定——以对传统民法形式逻辑的检讨为思路》，载《法学杂志》2012 年第 8 期。

② 参见龙俊：《中国物权法上的登记对抗主义》，载《法学研究》2012 年第 5 期。

③ 参见高圣平：《民法典动产担保权登记对抗规则的解释论》，载《中外法学》2020 年第 4 期。

第六十八条 【让与担保的物权效力】

债务人或者第三人与债权人约定将财产形式上转移至债权人名下，债务人不履行到期债务，债权人有权对财产折价或者以拍卖、变卖该财产所得价款偿还债务的，人民法院应当认定该约定有效。当事人已经完成财产权利变动的公示，债务人不履行到期债务，债权人请求参照民法典关于担保物权的有关规定就该财产优先受偿的，人民法院应予支持。

债务人或者第三人与债权人约定将财产形式上转移至债权人名下，债务人不履行到期债务，财产归债权人所有的，人民法院应当认定该约定无效，但是不影响当事人有关提供担保的意思表示的效力。当事人已经完成财产权利变动的公示，债务人不履行到期债务，债权人请求对该财产享有所有权的，人民法院不予支持；债权人请求参照民法典关于担保物权的规定对财产折价或者以拍卖、变卖该财产所得的价款优先受偿的，人民法院应予支持；债务人履行债务后请求返还财产，或者请求对财产折价或者以拍卖、变卖所得的价款清偿债务的，人民法院应予支持。

债务人与债权人约定将财产转移至债权人名下，在一定期间后再由债务人或者其指定的第三人以交易本金加上溢价款回购，债务人到期不履行回购义务，财产归债权人所有的，人民法院应当参照第二款规定处理。回购对象自始不存在的，人民法院应当依照民法典第一百四十六条第二款的规定，按照其实际构成的法律关系处理。

◆ 条文要旨

本条是关于让与担保的物权效力的规定。

◆ 理解与适用

本条系结合《民法典》第388条第1款、第208条、第10条对让与担保的物权效力的解释。

就非典型担保的合同效力，《民商事审判会议纪要》第66条指出："当事人订立的具有担保功能的合同，不存在法定无效情形的，应当认定有效。虽然合同约定的权利义务关系不属于物权法规定的典型担保类型，但是其担保功能应予肯定。"《民法典》第388条第1款在此基础上增加规定："担保合同包括抵押合同、质押合同和其他具有担保功能的合同。"其中，所谓"其他具有担保功能的合同"主要包括让与担保、所有权保留、融资租赁以及保理等合同。这里，明确了让与担保合同不会仅因违反物权法定原则而被认定无效。

让与担保本身并不属于担保物权的范畴，但其以转移所有权的方式发挥担保作用，具有事实上的担保功能。《民商事审判会议纪要》第71条明确规定："债务人或者第三人与债权人订立合同，约定将财产形式上转让至债权人名下，债务人到期清偿债务，债权人将该财产返还给债务人或第三人，债务人到期没有清偿债务，债权人可以对财产拍卖、变卖、折价偿还债权的，人民法院应当认定合同有效。合同如果约定债务人到期没有清偿债务，财产归债权人所有的，人民法院应当认定该部分约定无效，但不影响合同其他部分的效力。当事人根据上述合同约定，已经完成财产权利变动的公示方式转让至债权人名下，债务人到期没有清偿债务，债权人请求确认财产归其所有的，人民法院不予支持，但债权人请求参照法律关于担保物权的规定对财产拍卖、变卖、折价优先偿还其债权的，人民法院依法予以支持。债务人因到期没有清偿债务，请求对该财产拍卖、变卖、折价偿还所欠债权人合同项下债务的，人民法院亦应依法予以支持。"由此可见，最高人民法院认为，对于此类具有担保功能的合同，凡是能够通过登记等方式进行公示的，均认可其具有对抗效力。①

《民法典担保制度解释》在《民商事审判会议纪要》第71条的基础上分三款

① 最高人民法院民法典贯彻实施工作领导小组：《中华人民共和国民法典物权编理解与适用》（下），人民法院出版社2020年版，第995页。

将实践中的让与担保形式分别作了规定。第 1 款规定约定了清算义务的让与担保；第 2 款规定约定了流抵、流质契约的让与担保；第 3 款规定附回购条款的让与担保。

一、让与担保的合同效力

让与担保是指债务人或第三人为担保债务的履行，将担保物的所有权移转于担保权人，[①] 债务清偿后，担保物应返还于债务人或第三人；债务不获清偿时，担保权人得就该担保物优先受偿的一种担保形式。[②] 近世以来，基于融资的需要，所有权转变为观念性的利用权，[③] 亦即资本化，其和各种债权契约相结合而发挥重要作用。[④] 此际，所有权的债权化（担保化）至为明显，让与担保之产生，亦属当然。就作为定限物权的抵押权和作为权利移转型担保的让与担保而言，债权人取得的权利在两者之间并无多大差异。就前者而言，虽在解释上担保权人并未取得标的物的所有权，但就标的物交换价值的支配使得担保权人成为标的物担保价值（货币价值、资本价值）的专有者，担保权人实际上即取得“资本所有权”；[⑤] 就后者而言，债权人虽然取得标的物的所有权，但标的物仍然由设定人占有、使用，债权人并不得为担保之外的处分，此际，债权人所取得的仍然也是“资本所有权”。准此，两者之间仅仅在于法律上的表现形式。

考诸担保权的发展轨迹可见，移转标的物所有权实为物上担保的原初形态，[⑥] 经由不移转标的物所有权仅移转占有的占有质（质押），演变至标的物的所有权和占有均不移转的不占有质（抵押）。[⑦] 在近代法典化进程中，大多数国家均未将这种所有权担保方式作为典型担保物权。比较法上所见的让与担保，多是实

---

① 标的财产的类型不同，让与担保的外观表现也不同。动产让与担保、不动产让与担保中，移转的是标的财产的所有权，而在股权让与担保、应收账款让与担保等权利让与担保交易中，移转的是作为标的财产的股权或应收账款。因此，本处仅为论述上的便宜，以所有权移转作为统称。特此说明。

② 参见王利明：《物权法研究》（下卷）（第 4 版），中国人民大学出版社 2018 年版，第 513 页；王闯：《让与担保法律制度研究》，法律出版社 2000 年版，第 20 页；郭明瑞：《担保法》，法律出版社 2000 年版，第 254 页；黄宗乐：《现代物权法之原理及发展——以台湾法为例》，载《辅仁法学》1986 年第 15 期。

③ 参见史尚宽：《民刑法论丛》，作者 1973 年自版，第 96 页。

④ 参见［日］我妻荣：《近代法における債権の優越的地位》，有斐閣 1997 年版，第 9 页。

⑤ 参见［日］我妻荣：《近代法における債権の優越的地位》，有斐閣 1997 年版，第 85 页。

⑥ 参见［英］巴里·古拉斯：《罗马法概论》，黄风译，法律出版社 2000 年版，第 159 页。

⑦ 参见谢在全：《民法物权论》（下册）（修订 5 版），中国政法大学出版社 2011 年版，第 1102 页。

践、判例、学说共同作用的产物。[①] 我国物权立法过程中，学术界就让与担保的成文化问题展开了激烈的讨论。虽然曾经有将让与担保纳入担保物权法体系的动议，《中华人民共和国民法（草案）》（2002 年 12 月）中甚至就让与担保专章作了规定（物权编第二十六章），但最终否定观点占据了主流，我国《物权法》《民法典》亦未将让与担保法典化。不过，在该法通过后，让与担保的司法实践不断展开，学说争议不断。

学说上反对让与担保成文化的理由主要有以下几点：其一，让与担保属虚伪表示。让与担保设立之时，设定人将标的物的所有权移转于债权人仅仅只是形式，实质上双方并没有移转标的物所有权的意思，因此，让与担保属于当事人通谋而为虚伪移转所有权的意思表示。[②] 其二，让与担保系脱法行为。让与担保依占有改定而设定，在外部无公示方法可予以认识，掩盖了当事人间的财产关系，并造成设定人信用可靠的假象，[③] 有规避物权公示原则等物权法既定制度之嫌。[④] 同时，让与担保实际上是一种变相的流质（抵）契约，[⑤]有违实定法上禁止流质契约的规定。[⑥] 其三，让与担保的承认构成体系冲突。在担保物权定位于定限物权的情况下，插入一个“完全所有权”性质的让与担保制度，破坏了物权法体系的完整性，与物权的公示性、种类强制、特殊性、抽象性相矛盾，也使得该担保制度与其他担保物权制度在逻辑上难以协调。[⑦] 其四，既无比较法的先例，也无

① See Study Group on a European Civil Code, Research Group on EC Private Law (Acquis Group), Principles, Definitions and Model Rules of European Private Law: Draft Common Frame of Reference (DCFR), Full Edition, Volume 6. Munich: sellier. european law publishers GmbH, 2009, pp. 5391 – 5392; United Nations Commission on International Trade Law, UNCITRAL Legislative Guide on Secured Transactions, United Nations, 2010, pp. 51 – 52. 另参见徐同远：《担保物权论：体系构成与范畴变迁》，中国法制出版社 2012 年版，第 186 页；［日］内田貴：《民法Ⅲ債権総論・担保物権》，東京大学出版会 2015 年版，第 521 页。

② 参见王利明：《抵押权若干问题的探讨》，载《法学》2000 年第 11 期。

③ 参见［德］赖纳・施罗德：《德国物权法的沿革与功能》，张双根译，载《法学家》2000 年第 2 期。

④ 参见薛启明：《中国法语境下的动产让与担保体系定位与功能反思》，载《法学论坛》2016 年第 2 期。

⑤ 以下为论述方便，径称流质契约。

⑥ 参见全国人民代表大会常务委员会法制工作委员会民法室：《物权法立法背景与观点全集》，法律出版社 2007 年版，第 649 页；王利明：《抵押权若干问题的探讨》，载《法学》2000 年第 11 期；孟祥沛：《论中国式按揭》，载《政治与法律》2013 年第 5 期。

⑦ 参见胡绪雨：《让与担保制度的存在与发展——兼译我国物权法是否应当确认让与担保制度》，载《法学杂志》2006 年第 4 期。

实践需求。在比较法上，让与担保制度是弥补民法典不承认非移转占有型动产担保物权（动产抵押）之法律续造，① “作为商业实践中产生出来的一种非典型的、灵活变通的特殊担保制度”，“没有一个国家将它规定在制定法的典型担保制度中”。② 同时，“让与担保是在特定历史条件下为了解决特定的问题而产生的一种法律制度，由于在我国并不存在这一特殊的社会问题，因此也无需创设或引进为解决这一问题而演化出来的制度”。③ “从客观的立法需求来看，无论是动产还是不动产，实践中并没有产生对一般意义上的让与担保制度的立法需求。”④ 总之，让与担保具有形式与目的相背离的特性，且缺乏有效的公示方法，易发生信用风险；所有权直接归属的实现方式，易发生道德风险，⑤ 不宜在立法上加以承认。

对于让与担保合同效力问题，司法实践中存在一定分歧，对其持否定态度的观点主要受传统民法中有关通谋虚伪意思表示说、违反物权法定说、流质契约说等学说的影响。⑥

第一种观点认为，让与担保合同违反物权法定原则，也与禁止流抵、流质契约的规定相冲突，应认定为无效。⑦ 第二种观点亦认为让与担保合同无效，但其认为让与担保合同无效的原因系根据《民法总则》第146条，相关合同属于当事人之间的虚伪意思表示。⑧ 第三种观点则认为在买卖合同因属于虚假意思表示而无效的基础上，因《民间借贷规定》要求按照借贷法律关系审理此类案件，当事人之间有关担保的真实意思表示亦不能被认为有效。⑨ 第四种观点认为当事人之

---

① 参见［德］鲍尔·施蒂尔纳：《德国物权法》（下册），申卫星、王洪亮译，法律出版社2006年版，第583页以下；［日］我妻荣：《新訂担保物権法（民法講義Ⅲ）》，岩波書店1968年版，第571页；Christian von Bar and Eric Clive（eds），Principles，Definitions and Model Rules of European Private Law，Volume 6. Munich：sellier. european law publishers GmbH，2009，p. 5395。

② 王卫国、王坤：《让与担保在我国物权法中的地位》，载《现代法学》2004年第5期。

③ 石水根、曹亚峰、胡志清：《关于让与担保在我国物权法中地位的思考》，载《法律适用》2006年第9期。

④ 王卫国、王坤：《让与担保在我国物权法中的地位》，载《现代法学》2004年第5期。

⑤ 参见叶朋：《法国信托法近年来的修改及对我国的启示》，载《安徽大学学报》（哲学社会科学版）2014年第1期。

⑥ 最高人民法院民事审判第二庭：《〈全国民商事审判工作会议纪要〉理解与适用》，人民法院出版社2020年版，第403页。

⑦ 浙江省高级人民法院（2015）浙民提字第69号民事判决书。

⑧ 云南省高级人民法院（2020）云民终813号民事判决书。

⑨ 最高人民法院（2019）最高法民再304号民事判决书。

间订立的买卖合同因属于虚假的意思表示而无效，但该买卖合同所隐藏的担保合同的效力应当另行判断，在让与担保合同本身没有涉及流抵、流质条款等违反法律、行政法规效力性强制性规定的情形下，依契约自由原则以及原因行为与物权变动行为相区分原则，应予承认设立让与担保的合同效力。① 第五种观点则未采纳区分虚假意思表示与真实意思表示的分析路径，直接认为在让与担保合同本身不涉及流抵、流质等违反法律、行政法规效力性规定的情形下，依契约自由原则以及原因行为与物权变动行为相区分原则，承认设立让与担保的合同效力。② 其中，亦有法院进一步认为，因让与担保合同有效，若因当事人一方原因让与担保合同无法履行，违约方应承担违约责任。③ 第六种观点则在肯定让与担保合同效力的基础上，进一步认为，即使让与担保合同中涉及流抵、流质条款，该流抵、流质条款无效不影响让与担保合同效力。④

对于这一问题，《民法典》第 388 条第 1 款在此基础上增加规定："担保合同包括抵押合同、质押合同和其他具有担保功能的合同。"《民商事审判会议纪要》第 66 条指出："当事人订立的具有担保功能的合同，不存在法定无效情形的，应当认定有效。虽然合同约定的权利义务关系不属于物权法规定的典型担保类型，但是其担保功能应予肯定。"这里，明确了让与担保合同不会仅因违反物权法定原则而被认定无效。只要让与担保合同是当事人之间的真实意思表示，如无其他导致合同无效的事由出现，该让与担保合同应属有效，其中部分条款无效亦不影响合同其他部分的效力。

二、关于让与担保物权效力的裁判分歧

在认可让与担保合同效力的前提下，对于让与担保能否产生担保物权效力的问题，司法实践中亦存在一定争议。

第一种观点认为，根据《民间借贷规定》，当事人可以直接根据有效的让与担保合同主张对标的物进行拍卖、变卖以清偿。⑤ 应当注意的是，根据上述规则，债权人仅有权请求拍卖变卖标的物以清偿债务，其不享有优先受偿权。故实践中

---

① 最高人民法院（2019）最高法民再 304 号民事判决书。
② 河北省石家庄市中级人民法院（2020）冀 01 民终 8482 号民事判决书。
③ 河南省驻马店市中级人民法院（2020）豫 17 民终 1606 号民事判决书。
④ 河北省石家庄市中级人民法院（2020）冀 01 民终 8482 号民事判决书。
⑤ 吉林省高级人民法院（2019）吉民申 1997 号民事裁定书。

由法院进一步明确，根据物权法定和物权公示原则，只有办理了抵押登记，债权人才能就标的物优先受偿，但债权人可以根据《民间借贷规定》请求拍卖标的物以清偿债务。①

第二种观点则认为，经过物权公示即办理了过户登记或预告登记，债权人才能主张对标的物优先受偿，未经公示，债权人只能依据合同主张抵押人承担违约责任。② 应当注意的是，上述“公示”是指发生物权变动的公示方式，其中“登记”仅指所有权变更登记及预告登记，房屋买卖过程中的网签和备案登记不在此列。③

在丰富担保方式的大背景之下，在解释论上应承认满足特定条件下的让与担保具有物权效力，理由如下：

第一，让与担保当事人以真意进行所有权的让与行为，尽管当事人移转所有权的意思旨在实现担保的经济目的，但该意思确系真正的效果意思，并非欠缺效果意思的通谋虚伪表示。④ 就后者而言，当事人之间故意为不符真意的表示而隐藏他项法律行为，其意思表示无效，当事人仅能主张隐藏的法律行为，并无援用虚假意思表示的余地。⑤ 由此观之，两者迥然不同。在法制史上，让与担保中移转所有权的意思曾因被解读为双方通谋虚伪表示而无效，但此种解释不久便在德国遭到摒弃。德国根据罗马法的信托（fiduzia），借助于信托的法律行为，在学说上解决了让与担保有效性问题。⑥

第二，无论采取所有权构成说还是担保权构成说，让与担保均存在公示不足的问题。学说上试图以占有改定这一间接占有方法解决动产让与担保的公示问题，实务中也多以明认或登记作为公示方法的补充。从比较法来看，日本为了解决动产让与担保权无法进行登记的难题，2004 年通过了《动产·债权让与特例

---

① 广西壮族自治区高级人民法院（2018）桂民终 785 号民事判决书。
② 浙江省金华市中级人民法院（2020）浙 07 民终 1805 号民事判决书。
③ 辽宁省朝阳市中级人民法院（2020）辽 13 民终 2649 号民事判决书。
④ 参见谢在全：《民法物权论》（下册）（修订 5 版），中国政法大学出版社 2011 年版，第 1105 页；［日］道垣内弘人：《担保物権法》（第 3 版），有斐閣 2013 年版，第 300 – 301 页。
⑤ 我国《民法总则》就此定有明文。其第 146 条规定：“行为人与相对人以虚假的意思表示实施的民事法律行为无效。”（第 1 款）“以虚假的意思表示隐藏的民事法律行为的效力，依照有关法律规定处理。”（第 2 款）
⑥ 参见谢在全：《民法物权论》（下册）（修订 5 版），中国政法大学出版社 2011 年版，第 1105 页。

法》，针对一般动产导入了“登记”这一新的公示制度。该法所称的“登记”，有别于不动产登记，并非是为了公示动产之上的所有权以及其他权利，而是为了公示动产让与这一物权变动。[①] 在我国实定法之下，登记已经成为抵押权的公示方法，让与担保的公示完全可以借助登记簿加以解决。不过，让与担保在公示方法上的难题，端赖于立法始竟其功。[②] 就已经存在登记制度的财产而言，如登记动产、不动产、股权等，虽然不能登记让与担保权这一权利负担，但可以借由移转登记间接达到这一目的。在已办理移转登记的情形之下，潜在的交易相对人基于登记簿的查询已经明晰了标的权利的现状，债权人的权利得以保全。

比较法上，多数学说与判例均认为，禁止流质契约的规定属于普遍性的法律规则，当然适用于让与担保等非典型担保。[③] 但是，科予债权人以清算义务即可避免流质契约广受诟病的问题。[④] 担保权作为价值权，以支配标的物的交换价值为其实质特征，担保权之实行亦以清算标的物为其基本方法。典型担保权如此，如抵押权、质权就标的物变价款优先受偿即包含着清算的意义；让与担保等非典型担保亦应如此。与买卖合同等双务合同只强调主观等价并不存在清算制度不同，让与担保虽以移转所有权为其形式，但实质意思是担保，这决定了让与担保的实现应强调给付均衡，须受清算法理的支配，以免发生恃强凌弱的情事，从而维护契约正义。

第三，大陆法系物权体系的形式理性和法典的内在逻辑一致性确应坚持。有学者认为，让与担保的原理“是基于契约自由的方式，根据所有权的变动，以达到债权担保的经济目的”，“让与担保本身并未创设新的物权类型，也未新设物权的内容，与物权法定原则并不冲突。所以，立法者无须为让与担保量身定制一套规则，完全可以根据现行法对其解释”，并进而认为，“让与担保有悖于物权法定

① 但值得注意的是，其仅限于法人让与财产的情形。参见［日］内田貴：《民法Ⅰ総則・物権総論》，東京大学出版会 2015 年版，第 464－465 页。

② 参见王泽鉴：《“动产担保交易法”30 年》，载《民法学说与判例研究》（重排合订本），北京大学出版社 2015 年版，第 1497 页。

③ 参见［德］鲍尔・施蒂尔纳：《德国物权法》（下册），申卫星、王洪亮译，法律出版社 2006 年版，第 614 页。

④ 参见［日］柚木馨、高木多喜男：《担保物権法》（第 3 版），有斐閣 1982 年版，第 549 页。

原则的认识多半源于误解”。[①]但是，让与担保让与之“所有权”，为何“不超过担保目的的范围”。亦即，此时的“所有权”缘何与所有权的法定内容不一致？“用于担保的转移所有权的外部手段显然已经超越了它的目的……（传统物权的）经典的体系有其内在的逻辑自足性，构成了一个较为完美的统一体。在此基础之上，形成包括物权法定在内的各种原则，具有较强的稳定性和连续性。而让与担保的产生却破坏了这种稳定性，对物权法定原则构成了冲击。”[②] 实践中，动产让与担保的运用已非少数。例如，信托收据等手段在商业银行国际业务中的广泛运用，[③] 实际上采行的就是民法中让与担保的法理。[④] 面对让与担保纠纷，学说和实务的各种解释都尝试赋予债权人优先受偿权，或者使得这种交易具有担保的机能。在物权法定主义缓和论之下，让与担保经长期的惯行以使相关领域的交易当事人形成法的确信，已然成为习惯法上的物权。

对于这一问题，《民法典担保制度解释》于本条第1款规定：“债务人或者第三人与债权人约定将财产形式上转移至债权人名下，债务人不履行到期债务，债权人有权对财产折价或者以拍卖、变卖该财产所得价款偿还债务的，人民法院应当认定该约定有效。当事人已经完成财产权利变动的公示，债务人不履行到期债务，债权人请求参照民法典关于担保物权的有关规定就该财产优先受偿的，人民法院应予支持。”

虽然让与担保合同所移转的所有权仅具担保作用，并不具有其他权能，但在物权法定主义缓和论之下，让与担保经长期的惯行以使相关领域的交易当事人形成了法的确信，已然成为习惯法上的物权。就让与担保权的公示、效力和实现，自可准用担保物权的相关规定。不同于《民间借贷规定》中所规定的拍卖变卖标

---

① 庄加园：《“买卖型担保”与流押条款的效力——〈民间借贷规定〉第24条的解读》，载《清华法学》2016年第3期。

② 王卫国、王坤：《让与担保在我国物权法中的地位》，载《现代法学》2004年第5期。

③ 如《中国银行国际结算业务基本规定》（1997年3月6日）第六章“国际结算融资业务”第三节“信托收据”即规定：“信托收据实质上是客户将自己货物的所有权转让给银行的确认书，持有该收据即意味着银行对该货物享有所有权。客户仅为银行的受托人代银行处理该批货物（包括存仓、代购保险、销售等）。客户向我行申请叙办进口押汇时，需向我行出具一份信托收据，将货物的所有权转让给我行，我行凭此将货权凭证交予客户，并代客户付款。”

④ 参见薛启明：《中国法语境下的动产让与担保：体系定位与功能反思》，载《法学论坛》2016年第2期。

的物以受偿的权利，经过公示的让与担保权人可以参照适用担保物权的有关规定享有优先受偿权。

三、让与担保合同中的流抵、流质条款

（一）流抵、流质条款的识别

就流抵、流质条款的识别问题，《物权法》第186条规定："抵押权人在债务履行期届满前，不得与抵押人约定债务人不履行到期债务时抵押财产归债权人所有。"第211条规定："质权人在债务履行期届满前，不得与出质人约定债务人不履行到期债务时质押财产归债权人所有。"《民法典》第401条亦规定："抵押权人在债务履行期限届满前，与抵押人约定债务人不履行到期债务时抵押财产归债权人所有的，只能依法就抵押财产优先受偿。"第428条规定："质权人在债务履行期限届满前，与出质人约定债务人不履行到期债务时质押财产归债权人所有的，只能依法就质押财产优先受偿。"由此可见，约定债务人到期不履行债务时，担保财产归债权人所有的条款即为流抵、流质条款。

在让与担保司法实践中，若合同中有明确的所有权归属条款，法院一般认为其因构成流抵、流质条款而无效，但若合同中包含有清算条款则不认为其涉及流抵、流质。①

（二）含有流抵、流质条款的让与担保合同的效力

就流抵、流质条款本身的效力问题，《物权法》和《民法典》的态度是一致的，法院均认为涉及流抵、流质的条款无效，但就含有流抵、流质条款的让与担保合同的效力问题，司法实践中存在一定分歧。

第一种观点认为，让与担保制度与流抵、流质条款系对立关系，即让与担保制度本身包含担保物权实现的清算环节，涉及流抵、流质条款的合同不构成让与担保，该合同因违反效力性强制性规定而无效。② 第二种观点认为，让与担保合同中含有流抵、流质条款的，该合同即无效。③ 第三种观点认为，即使让与担保合同中涉及流抵、流质条款，但该流抵、流质条款无效不影响让与担保合同

① 最高人民法院（2018）最高法民终119号民事判决书。

② 山东省威海市文登区人民法院（2018）鲁1003民初4196号民事判决书。

③ 云南省高级人民法院（2020）云民终286号民事判决书。

效力。①

对于这一问题，《民法典担保制度解释》于本条第2款中指出："债务人或者第三人与债权人约定将财产形式上转移至债权人名下，债务人不履行到期债务，财产归债权人所有的，人民法院应当认定该约定无效，但是不影响当事人有关提供担保的意思表示的效力。"

（三）含有流抵、流质条款的让与担保合同的物权效力

1. 经登记亦不产生所有权变动效力

对于约定有流抵、流质条款的让与担保合同能否发生物权变动效力的问题，多数法院认为，即使当事人已经就让与担保物进行了所有权变更登记，债权人仍不能以流抵、流质条款及变更登记为由主张对标的物享有所有权。②

2. 经登记可以产生担保物权效力

司法实践中多数法院认为，让与担保物经所有权变更登记虽不能产生所有权转移的效果，但可以产生担保物权效力，债权人可请求就标的物优先受偿，未经公示，债权人只能依据合同主张抵押人承担违约责任。③

3. 债务人履行债务后可请求返还财产

在肯定了让与担保合同的担保属性的基础上，就当事人约定流抵、流质条款且已经变更所有权登记的情形下，债务人履行合同后能否请求返还让与担保物的问题，多数法院认为债务人可以请求债权人返还标的物。④

《民法典担保制度解释》于本条第2款中指出："债务人或者第三人与债权人约定将财产形式上转移至债权人名下，债务人不履行到期债务，财产归债权人所有的，人民法院应当认定该约定无效，但是不影响当事人有关提供担保的意思表示的效力。当事人已经完成财产权利变动的公示，债务人不履行到期债务，债权人请求对该财产享有所有权的，人民法院不予支持；债权人请求参照民法典关于担保物权的规定对财产折价或者以拍卖、变卖该财产所得的价款优先受偿的，人民法院应予支持；债务人履行债务后请求返还财产，或者请求对财产折价或者以

---

① 新疆维吾尔自治区高级人民法院（2019）新民终73号民事判决书。
② 辽宁省沈阳市中级人民法院（2020）辽01民终3711号民事判决书。
③ 浙江省金华市中级人民法院（2020）浙07民终1805号民事判决书。
④ 辽宁省高级人民法院（2016）辽民终84号民事判决书。

拍卖、变卖所得的价款清偿债务的，人民法院应予支持。”本款的处理与《民法典》第401条和第428条的规定相一致。其中，《民法典》第401条规定：“抵押权人在债务履行期限届满前，与抵押人约定债务人不履行到期债务时抵押财产归债权人所有的，只能依法就抵押财产优先受偿。”第428条规定：“质权人在债务履行期限届满前，与出质人约定债务人不履行到期债务时质押财产归债权人所有的，只能依法就质押财产优先受偿。”

◆ 疑点与难点

让与担保合同中回购条款的效力

（一）附回购条款的转让可构成让与担保

实践中，让与担保的表现形式多样，其中包括当事人约定将财产转移至债权人名下，在一定期间后再由债务人或者其指定的第三人以交易本金加上溢价款回购，司法实践中，法院基本认可此类回购合同的让与担保的性质。①

（二）约定流抵、流质的回购条款的效力

除明确的流抵、流质条款外，实践中不乏以回购条款实现流抵、流质的情形，即债务人与债权人约定将财产转移至债权人名下，在一定期间后再由债务人或者其指定的第三人以交易本金加上溢价款回购，债务人到期不履行回购义务，财产归债权人所有。对此，法院大多认为此类条款因属于流抵、流质条款而无效，但让与担保合同并不因此而无效。②

（三）约定流抵、流质的回购条款的物权效力

司法实践中对于约定流抵、流质的回购条款的物权效力问题的处理与一般流抵、流质条款无异，多数法院认为此类回购条款构成让与担保，债权人不得以回购条款之约定对标的物主张所有权，但可以通过担保物权的实现方式实现债权。③

《民法典担保制度解释》于本条第3款中指出：“债务人与债权人约定将财产转移至债权人名下，在一定期间后再由债务人或者其指定的第三人以交易本金加

① 重庆市第四中级人民法院（2019）渝04民终933号民事判决书。
② 黑龙江省鸡西市中级人民法院（2019）黑03民终17号民事判决书。
③ 江西省赣州市（地区）中级人民法院（2017）赣07民终555号民事判决书。

上溢价款回购，债务人到期不履行回购义务，财产归债权人所有的，人民法院应当参照第二款规定处理。回购对象自始不存在的，人民法院应当依照民法典第一百四十六条第二款的规定，按照其实际构成的法律关系处理。”这一明确规定有利于类似案件的审理。

（本条由高圣平撰写）

第六十九条　【股权让与担保的效力】

股东以将其股权转移至债权人名下的方式为债务履行提供担保，公司或者公司的债权人以股东未履行或者未全面履行出资义务、抽逃出资等为由，请求作为名义股东的债权人与股东承担连带责任的，人民法院不予支持。

◆ 条文要旨

本条是关于股权让与担保的效力的规定。

◆ 理解与适用

本条系结合《民法典》第388条第1款、第208条、第10条对股权让与担保的效力的解释。

股权让与担保为让与担保中的一种。《民商事审判会议纪要》第71条明确规定：“债务人或者第三人与债权人订立合同，约定将财产形式上转让至债权人名下，债务人到期清偿债务，债权人将该财产返还给债务人或第三人，债务人到期没有清偿债务，债权人可以对财产拍卖、变卖、折价偿还债权的，人民法院应当认定合同有效。合同如果约定债务人到期没有清偿债务，财产归债权人所有的，人民法院应当认定该部分约定无效，但不影响合同其他部分的效力。当事人根据上述合同约定，已经完成财产权利变动的公示方式转让至债权人名下，债务人到期没有清偿债务，债权人请求确认财产归其所有的，人民法院不予支持，但债权人请求参照法律关于担保物权的规定对财产拍卖、变卖、折价优先偿还其债权的，人民法院依法予以支持。债务人因到期没有清偿债务，请求对该财产拍卖、变卖、折价偿还所欠债权人合同项下债务的，人民法院亦应依法予以支持。”在解释上，股权让与担保也未为该条文义所能涵盖。由此可见，《民商事审判会议纪要》认可了合同效力与权利实现方式，但就股权让与担保权人应否承担出资违约责任的问题，目前尚无针对性的法律规范作出规定。

《民法典》第388条第1款在此基础上增加规定：“担保合同包括抵押合同、质押合同和其他具有担保功能的合同。”其中，所谓“其他具有担保功能的合同”也包括让与担保。从外观上来看，债权人经变更登记受让标的股权后成为公司的股东，从股权转让的角度来看，《公司法解释（三）》第13条第2款规定：“公司债权人请求未履行或者未全面履行出资义务的股东在未出资本息范围内对公司债务不能清偿的部分承担补充赔偿责任的，人民法院应予支持。”第18条第1款规定：“有限责任公司的股东未履行或者未全面履行出资义务即转让股权，受让人对此知道或者应当知道，公司请求该股东履行出资义务、受让人对此承担连带责任的，人民法院应予支持；公司债权人依照本规定第十三条第二款向该股东提起诉讼，同时请求前述受让人对此承担连带责任的，人民法院应予支持。”即在受让人明知原股东出资违约的情形下，应当对此承担连带责任。从受让人构成名义股东的角度来看，《公司法解释（三）》第26条第1款亦规定：“公司债权人以登记于公司登记机关的股东未履行出资义务为由，请求其对公司债务不能清偿的部分在未出资本息范围内承担补充赔偿责任，股东以其仅为名义股东而非实际出资人为由进行抗辩的，人民法院不予支持。”即便认为受让人仅构成名义股东，其亦应承担相应的股东责任。

但从实质上来看，股权让与担保与股权转让存在显著差异，债权人并非以取得股权的意思表示受让债权而仅以其为债权之担保，故其不享有股东权力亦不承担股东责任。《民法典担保制度解释》于本条采纳了这一观点，明确规定作为名义股东的债权人不对原股东的出资违约行为承担责任，旨在强调股权让与担保的担保合同性质，并将其与股权转让制度相区分。

一、股权让与担保的合同效力和物权效力

股权让与担保是指债务人或者第三人与债权人订立合同，约定将股权形式上转让至债权人名下，债务人到期清偿债务，债权人将该股权返还给债务人或第三

人，债务人到期没有清偿债务，债权人可以对股权进行拍卖、变卖、折价偿还债权的一种非典型担保。《民商事审判会议纪要》第66条指出："当事人订立的具有担保功能的合同，不存在法定无效情形的，应当认定有效。虽然合同约定的权利义务关系不属于物权法规定的典型担保类型，但是其担保功能应予肯定。"这里明确了股权让与担保的合同效力。

《民商事审判会议纪要》第71条明确规定："债务人或者第三人与债权人订立合同，约定将财产形式上转让至债权人名下，债务人到期清偿债务，债权人将该财产返还给债务人或第三人，债务人到期没有清偿债务，债权人可以对财产拍卖、变卖、折价偿还债权的，人民法院应当认定合同有效。合同如果约定债务人到期没有清偿债务，财产归债权人所有的，人民法院应当认定该部分约定无效，但不影响合同其他部分的效力。当事人根据上述合同约定，已经完成财产权利变动的公示方式转让至债权人名下，债务人到期没有清偿债务，债权人请求确认财产归其所有的，人民法院不予支持，但债权人请求参照法律关于担保物权的规定对财产拍卖、变卖、折价优先偿还其债权的，人民法院依法予以支持。债务人因到期没有清偿债务，请求对该财产拍卖、变卖、折价偿还所欠债权人合同项下债务的，人民法院亦应依法予以支持。"这里明确了股权让与担保的物权效力。

在《民商事审判会议纪要》之前，裁判实践中对股权让与担保的合同效力存在较大分歧。一种观点认为，股权让与担保不是法律上规定的一种物权种类，因此，股权让与担保合同无效。如在"王恩柱、陈胜英与滕德荣、宽甸金远房地产开发有限公司合同纠纷再审案"① 中，辽宁省高级人民法院认为："物权的种类和内容均由法律作出规定，不允许当事人自由创设和变更。滕德荣与王恩柱、陈胜英约定以股权让与形式为借款合同提供担保违反了物权法定原则。综合上述分析，从外在表现形式上，滕德荣与王恩柱、陈胜英签订的《股权转让协议》并非双方当事人真实意思表示，不能产生相应的法律效力。从双方当事人真实目的看，双方签订的《股权转让协议》和《合作管理协议书》属于设定股权让与担保，该约定违反了法律的禁止性规定和物权法定原则，故原审认定《股权转让协议》和《合作管理协议书》无效并无不当。"

① 辽宁省高级人民法院（2016）辽民申1115号民事裁定书。

另一种观点认为，股权让与担保合同只要是当事人之间的真实意思表示，不因违反物权法定原则而无效。[①] 在《民商事审判会议纪要》颁布之后，裁判观点趋于统一。股权让与担保的合同效力得到了裁判实践的普遍承认，只要满足公示要件，办理了股权过户手续，股权让与担保的物权效力也就得到了承认。《民法典》和《民法典担保制度解释》的态度与此相同。

二、股权让与担保权人的法律地位

股权让与担保在适用让与担保制度的一般规则之外，其特别之处在于，不同于一般财产权利，股权兼具财产权与成员权的双重属性。若将因受让股权而成为名义股东的债权人认定为公司股东，则其可以参与公司经营并参与分红，但同时其也需要承担股东对公司的各种责任。尤其是在原股东出资违约的情形下，对于因受让股权而成为名义股东的债权人是否需要在原股东出资违约的范围内对公司债务承担连带责任的问题，司法实践中存在一定分歧。

第一种观点认为，应当根据当事人之间真实的意思表示确定各方权利义务，在构成股权让与担保的情形下，因受让股权而成为名义股东的债权人不是真正意义上的股权受让人，其不享有股东权利，亦不应承担出资违约责任。例如，在“安徽省天享肥业有限责任公司、滁州市众鑫包装有限公司小额借款合同纠纷上诉案”[②] 中，法院认为：“股权转让是双方当事人虚假的意思表示，而真实的意思表示则是以股权转让的方式为其之间的债权债务提供担保，即股权让与担保，该股权让与担保合同不存在违反法律、行政法规强制性规定的情形，合法有效，因此，应当以当事人的真实意思表示确定双方之间实际的权利义务关系。”

第二种观点则认为，在对外效力场合，善意第三人可以依据外观主义的法理主张信赖保护。基于《公司法》第 32 条第 3 款，债权人和担保人对交易关系中的第三人应负信赖保护义务。在第三人基于对债权人为股东的信赖与公司建立债权债务关系场合，依照《公司法》第 28 条等，此交易关系中的善意第三人可以向债权人主张基于其股东身份而对公司承担的各项义务和责任，特别是股东出资义务以及出资违约责任和资本充实责任。[③]

---

① 最高人民法院（2016）最高法民申 1689 号民事判决书。

② 安徽省滁州市中级人民法院（2019）皖 11 民终 3138 号民事判决书。

③ 参见蔡立东：《股权让与担保纠纷裁判逻辑的实证研究》，载《中国法学》2018 年第 6 期。

对于这一问题，《民法典担保制度解释》于本条明确采纳了第一种观点，即股权让与担保设立后，公司或者公司的债权人以股东未履行或者未全面履行出资义务、抽逃出资等为由，请求作为名义股东的债权人与股东承担连带责任的，人民法院不予支持。

（本条由高圣平撰写）

第七十条　【保证金账户质押】

债务人或者第三人为担保债务的履行，设立专门的保证金账户并由债权人实际控制，或者将其资金存入债权人设立的保证金账户，债权人主张就账户内的款项优先受偿的，人民法院应予支持。当事人以保证金账户内的款项浮动为由，主张实际控制该账户的债权人对账户内的款项不享有优先受偿权的，人民法院不予支持。

在银行账户下设立的保证金分户，参照前款规定处理。

当事人约定的保证金并非为担保债务的履行设立，或者不符合前两款规定的情形，债权人主张就保证金优先受偿的，人民法院不予支持，但是不影响当事人依照法律的规定或者按照当事人的约定主张权利。

◆ 条文要旨

本条是关于保证金账户质押的规定。

◆ 理解与适用

本条系结合《民法典》第388条第1款对第429条的解释。

就保证金账户质押问题，《担保法解释》第85条规定：“债务人或者第三人将其金钱以特户、封金、保证金等形式特定化后，移交债权人占有作为债权的担保，债务人不履行债务时，债权人可以以该金钱优先受偿。”即出于担保债权实现的目的，将保证金账户特定化并转移债权人占有的，债权人可就保证金账户内资金优先受偿。《民法典》上的典型动产质押贷款的交易结构设计，是否足以涵盖保证金账户质押，存在解释上的疑问。《民法典》第429条规定：“质权自出质人交付质押财产时设立。”一则，保证金账户是否是该条所称动产？二则，如何理解保证金账户的“交付”？尤其是在保证金账户内的资金具有浮动性的情形之下，因《民法典》并未承认浮动质押，更加存在解释上的困难。

《民法典担保制度解释》将保证金账户质押视为一种非典型担保，于本条对保证金账户质权的设立要件和法律效果进行细化，强调保证金账户之特定化及债权人对该账户的实际控制，同时明确了保证金账户资金的特定化不同于固定化，账户内资金的浮动不影响保证金账户质权的有效设立。

一、保证金账户质权的有效设立

《民法典担保制度解释》于本条第1款规定：“债务人或者第三人为担保债务的履行，设立专门的保证金账户并由债权人实际控制，或者将其资金存入债权人设立的保证金账户，债权人主张就账户内的款项优先受偿的，人民法院应予支持。当事人以保证金账户内的款项浮动为由，主张实际控制该账户的债权人对账户内的款项不享有优先受偿权的，人民法院不予支持。”第2款规定：“在银行账户下设立的保证金分户，参照前款规定处理。”

作为一种新类型担保物权，保证金账户质权同样要达到以下要求：其一，标的财产的特定化。《民法典》第114条第2款规定：“物权是权利人依法对特定的物享有直接支配和排他的权利，包括所有权、用益物权和担保物权。”因此，保证金账户质权也是质权人依法对“特定的物”享有的担保物权。《民法典》第115条规定：“物包括不动产和动产。法律规定权利作为物权客体的，依照其规定。”在解释上，保证金账户并不是“不动产和动产”等有体物，其所体现的是商业银行和账户开立人之间的债权债务关系。在特定情形之下，这种权利亦可为物权的客体。如此，保证金账户需要达到特定化的要求。其二，质权人已对标的财产构成实际控制，以达到解释上占有标的财产的公示要求。《民法典》第429条规定：“质权自出质人交付质押财产时设立。”对于保证金账户而言，商业银行实际控制该账户，即达到了在静态上占有保证金账户的目的，从而满足了动产质权在解释上的公示要求。

就如何认定保证金账户质押的有效设立，不同法院的处理标准不尽相同。多数观点认为，保证金账户质押系将金钱通过“保证金”形式特定化后进行出质，其性质属动产质押，故其应当具备要式合同、质押财产的特定化、转移占有（或“交付”）三个要件。但对于何谓特定化、何谓转移占有仍存在一定分歧。

二、保证金的特定化与保证金账户质权的设立

多数观点认为，保证金的特定化包括账户的特定化和资金的特定化。具体而言，该账户应专为担保而设立，账户内资金仅可用于担保且应与质押人的其他财产相区分。① 但应当注意的是，对于在何种情况下可以认为该账户及其中资金具有特定性，不同法院的处理标准不尽相同。部分法院认为，保证金账户不仅不能用于普通结算业务而仅得用于存储“保证金”，同时在形式外观上也应有别于普通结算账户，即必须具有外部识别性。例如，在“阿拉善农村商业银行股份有限公司乌斯太支行、马金平执行异议之诉再审案”② 中，最高人民法院认为：“保证金质押，系将金钱通过保证金形式特定化后进行出质，其性质属动产质押，实质是以保证金账户内的资金提供质押，而非账户质押。保证金形式的金钱特定化，应同时具备账户特定化和资金特定化的特征，也即账户在功能上仅用于存储保证金，不能用于普通结算业务；在形式外观上也应有别于普通结算账户。其中资金特定化体现在资金存储后应采取技术措施将普通资金与保证金予以区分，避免混同；在用途上，保证金应专门用于抵偿保证的债务，专款专用。”

还有一种观点则不强调外部可识别性，只要求保证金账户实质上独立于质押人财产。其认为，只要当事人之间约定设立专门的保证金账户且质押人将资金实际存入账户并交债权人控制，即可认为完成了保证金的特定化，账户未经特殊标记不影响质权的设立。例如，在“张珂、中国建设银行股份有限公司达拉特旗支行执行异议之诉再审案”③ 中，最高人民法院认为：“金钱质押作为特殊的动产质押，不同于一般的动产质押，也不同于不动产抵押和权利质押，由于其本身的特殊性质，应当符合将金钱进行特定化并将该特定化的金钱移交债权人占有两个

---

① 最高人民法院（2019）最高法民再198号民事判决书。

② 最高人民法院（2017）最高法民申2513号民事判决书。

③ 最高人民法院（2017）最高法民申1829号民事判决书。

要件，以使该特定化之后的金钱既不与出质人其他财产相混同，又能独立于质权人的财产。首先，建行达旗支行与鑫源房地产公司签订保证金质押合同，约定了保证金专用账户及账号，该账户内金钱即已经完成金钱特定化。其次，该账户是设立在质权人建行达旗支行营业部，且双方约定‘非经乙方（建行达旗支行）同意，甲方不得对保证金专户内资金进行支用、划转或做其他任何处分’，在质权人处开户并存入保证金即完成了该特定化金钱的交付，而享有对该账户内保证金的控制权的约定则质权人完成了对该特定化的金钱实际控制并占有的条件，因此建行达旗支行依法对该账户内的保证金享有质权。再次，保证金质押的账户名称是专门的保证金账户还是出质人自己的账户不影响质权的成立。最后，保证金质权的成立并不以查封、冻结、登记、特别标记等为前提。综上，该账户名称虽然是出质人鑫源房地产公司名称且并未进行查封、冻结或者特别标记为保证金专户，并不影响建行达旗支行依法享有对该账户内保证金的质权成立。”

应当注意的是，保证金质押所要求的特定化仅要求账户及资金区别于质押人的其他财产，而不是要求账户资金固定不变。实践中，不乏当事人以账户内资金浮动为由主张保证金质押未有效设立，对此法院均未予支持。例如，在“宁夏银行股份有限公司吴忠分行与中国农发重点建设基金有限公司等案外人执行异议之诉再审案”① 中，最高人民法院认为：“保证金账户特定化不等同于固定化。宁夏银行吴忠分行认为案涉保证金账户资金余额是浮动的，应当认定该账户为一般结算账户。经审查，该账户除按照合同约定按投资比例存入保证金之外，利息增加以及在担保公司担保的贷款到期未获清偿时，农发基金公司委托的相关银行亦会扣划相应款项，都会导致账户余额浮动，该种浮动均与保证业务相对应，不属于非保证业务的结算，不能据此即认为该账户为一般结算账户，宁夏银行吴忠分行该申请再审理由不能成立。因 9371 账户内资金已特定化并移交农发基金公司占有控制，二审判决认定农发基金公司对该账户内的资金享有质权并无不当，宁夏银行吴忠分行认为农发基金公司对案涉保证金账户内的资金不享有质权的申请再审理由不能成立，本院不予支持。”

---

① 最高人民法院（2020）最高法民申 5346 号民事裁定书。

三、债权人对保证金账户的实际控制

如前所述，债权人是否实际控制保证金账户是保证金账户质权有效设立的关键。司法实践中，多数法院认为，债权人实际控制保证金账户包括两个方面，一是未经债权人同意，出质人不得动用保证金账户内的资金；二是在被担保的债权届期未获清偿时，债权人有权直接扣划该保证金账户内的资金。例如，在“中国银行股份有限公司襄阳自贸区支行、李康莉执行异议之诉再审案”① 中，最高人民法院认为：“中行自贸区支行能够对该保证金专用账户进行实际控制和管理，实现了移交占有。如前所述，天地源公司在按照约定存入保证金之后，中行自贸区支行对案涉两个保证金账户进行了冻结，天地源公司作为保证金账户内资金的所有权人，非经该行同意不得自由支取账户内资金，实质上丧失了对保证金账户的控制权和管理权。而在个人贷款逾期情形出现时，该保证金直接用于偿还逾期贷款。据此中行自贸区支行实际取得了案涉账户的控制权，此种控制权移交符合动产交付占有的要求。”

亦有法院在要求实际转移控制的基础上，要求保证金账户在形式上亦应让第三方能识别质押财产已发生占有的转移。例如，在“中国银行股份有限公司福州市鼓楼支行与李爱英、詹志锋等金融借款合同纠纷上诉案”② 中，一审法院认为：“关于转移占有（或‘交付’）问题。因动产的‘占有’在物权法上具有物权公示的意义，第三方通过动产‘转移占有’的事实识别该动产物权变动的情况，故法律规定动产的‘转移占有’成为动产质权的设立要件。因此，质押财产的转移占有，不仅应在实质上实现对质押财产占有的转移，而且在形式上亦应让第三方能识别质押财产已发生占有的转移，才能起到物权公示的法律效果。对于‘保证金’质押中的质押财产的‘转移占有’，‘保证金’专门账户内的资金的控制权不仅应转移给‘质权人’，而且该‘保证金’专门账户外观上亦应区分于普通账户并体现账户内资金已设定质押，以使第三方能从外观上识别账户内的资金已发生占有转移而非仍在出质人名下，方才符合质押财产‘转移占有’的实质和形式特征，若‘保证金’账户在形式上无法与普通账户区分，而导致第三方无法

---

① 最高人民法院（2018）最高法民再168号民事判决书。

② 福建省高级人民法院（2014）闽民终字第692号民事判决书。

识别该资金已‘转移占有’，则无法起到物权公示的法律效果，亦有违《担保法解释》第八十五条的立法本意。”

四、债权人可就保证金账户内的资金优先受偿

保证金账户质权有效设立，则产生担保物权效力。因此，在保证金账户质押符合前述“特定化”及“债权人实际控制”的情形下，债权人自可就保证金账户内资金优先受偿并对抗质押人的其他债权人。

◆ 疑点与难点

保证金账户质权的性质

保证金账户质押，是指借款人将金钱交存于其在金融机构开立的专用账户，并承诺以该账户中的款项作为偿还借款的担保，当借款人不履行债务时，金融机构有权在保证金账户中直接扣划保证金用于偿还贷款的担保方式。保证金账户质押的本质是以保证金账户内的款项作为质押物，相较于其他以折价、变价、拍卖为实现手段的担保方式，保证金账户质押中质权的实现不需要经过变现的程序，具有简便易行的优点。

保证金账户质押是实践中出现的新类型担保方式，现行法对其欠缺明确的规定。司法实践中，法院审理保证金账户质押纠纷的规范基础大多是《担保法解释》第 85 条，“债务人或者第三人将其金钱以特户、封金、保证金等形式特定化后，移交债权人占有作为债权的担保，债务人不履行债务时，债权人可以以该金钱优先受偿”。目前学理上关于保证金账户质押的设立要件，依据对其性质的不同认识，主要有债权质押说与特殊动产质押说两种学说。

债权质押说认为，保证金账户体现着存款人与银行之间的债权债务关系，在性质上属于应收账款，其理论基础在于“金钱的占有即所有”的原则。通说认为，基于金钱为一般等价物的性质以及充当交易媒介的功能，金钱的所有权适用占有即所有原则，即金钱的所有权不得与对金钱的占有相分离。若占有金钱者，不区分是否合法，皆自动取得金钱的所有权；若丧失对金钱的占有，不论是否自愿，皆自动丧失金钱所有权。① 当存款人将金钱存入银行账户后，就丧失了金钱

① 参见梁慧星、陈华彬：《物权法》，法律出版社 2005 年版，第 247 页。

的所有权，而只享有银行支付其账户中特定金额的债权，付款人不可能再就其账户中的金钱设定动产质权。① 至于保证金账户质押的公示方式，可以在中国人民银行征信中心应收账款质押登记公示系统中登记，同时从交易的便捷性等因素考量，登记应当为质权的对抗要件而非生效要件。②

特殊动产质押说则提出了金钱占有即所有的例外理论。金钱变动虽以占有即所有为原则，但该原则仅适用于金钱的流通领域。在金钱质押的场合，设质金钱经过特定化后退出市场的流通，当事人之间也并无转移金钱所有权的意思，因此，金钱质押是占有即所有原则的例外，③ 出质人对银行账户中的金钱享有所有权，账户质押的标的是账户中的金钱，而账户只是并无实际价值的载体。④ 同时，《担保法解释》第 85 条中的特户是账户的一种，该条位于动产质押章节下，因此，在现行法语境下，保证金账户质押应当认定为动产质押项下的金钱质押。⑤

关于保证金账户质押的设立要件，特殊动产质押说认为应满足账户资金特定化与移交占有两项要件。就保证金账户资金的特定化，该说要求账户资金的进出只能与担保业务有关，该账户不能作为出质人的对外收款账户及对外付款的结算账户。不过，特定化不是质押账户资金的固定化，随着保证金业务的开展，保证金业务必然是浮动的，只要该浮动能与保证金业务相对应即可。⑥ 就账户资金的移交占有，该说则认为占有的实质是对物的控制与管理状态，当保证金账户开立在质权人银行处后，质权人即取得对账户的控制，出质人丧失对该资金的自由处分权。因此，质权人取得对保证金账户的控制后，账户就已经移交占有。⑦

在比较法上，与本案所涉保证金账户质押相似的有美国法上的储蓄账户担保制度。债权人就储蓄账户的担保权，尚须“公示”（perfection）才能对抗第三人，

---

① 参见赵一平：《论账户质押中的法律问题》，载《人民司法》2005 年第 8 期。

② 参见侯思贤：《论银行账户质押的名称、性质与公示方式的选择》，载《征信》2019 年第 6 期。

③ 参见陈龙吟：《账户质押效力论》，载《北方法学》2017 年第 3 期。

④ 参见汪玉宁：《金钱质押设立条件之认定——以〈担保法〉司法解释第 85 条为中心》，载《中南财经政法大学研究生学报》2016 年第 3 期。

⑤ 参见霍楠、夏敏：《保证金账户质押生效则不能成为另案执行标的》，载《人民司法·案例》2014 年第 4 期。

⑥ 参见霍楠、夏敏：《保证金账户质押生效则不能成为另案执行标的》，载《人民司法·案例》2014 年第 4 期。

⑦ 参见其木提：《论浮动账户质押的法律效力——“中国农业发展银行安徽省分行诉张大标、安徽长江融资担保集团有限公司保证金质权确认之诉纠纷案”评释》，载《交大法学》2015 年第 4 期。

储蓄账户担保权的公示方式为控制（control）。《美国统一商法典》第9－104条规定，担保权人取得对账户控制的方法有：其一，担保权人是储蓄账户的开户银行；其二，债务人、担保权人和开户银行在三方协议中同意，开户银行将依据担保权人的指示处分储蓄账户中的资金，并且不必再经过债务人的额外同意；其三，担保权人基于此储蓄账户而成为银行的客户。需要指出的是，美国学界认为，控制作为一种“公示”方式，并不具有向社会公众公示担保权的作用，而美国法之所以允许这样的“秘密”担保权的存在，是因为银行对储蓄账户中的资金享有抵销权，任何第三人都被推定知道银行对账户享有权利。①

受司法实践影响，特殊动产质押说是目前的多数说，但该说尚存疑问的是：其一，保证金存入银行账户后，便进入银行的整个流转体系，成为银行包括对外发放贷款、支付存款等业务的资金来源，而不是将保证金账户内资金“封存”在账户中。② 因此，该说建立的基础——在金钱退出流通领域后，金钱占有即所有原则即不适用的观点——有待商榷。其二，银行账户由谁实际控制和管理，涉及客户的金融隐私和众多金融信息，第三人无法辨别，无合法理由亦无权查阅。换言之，该说提出的控制公示实际上公示性较弱，第三人无法辨别某一债权人是否对某个银行账户进行了“实际控制和管理”。③ 但也应看到的是，控制实际上是占有（交付）的一种特殊形式，占有本身的公示性就较弱。此外，由银行交易惯例所形成的规则，在各国之间尚存差异。在我国，银行控制账户本身是否已经在交易各方之间形成了其对该账户排他的权利，尚值商榷。

（本条由高圣平撰写）

① See Ingrid Michelsen Hillinger, David Line Batty and Richard K. Brown, Deposit Accounts Under The New World Order, 6 N. C. Banking Inst. 1, 2002.

② 参见方建国、蒋海英：《商业银行保证金账户担保的性质辨析》，载《金陵法律评论》2013年秋季卷，第90页。

③ 参见侯思贤：《论银行账户质押的名称、性质与公示方式的选择》，载《征信》2019年第6期。

第五章 附 则

第七十一条 【生效时间】

本解释自2021年1月1日起施行。

◆ 条文要旨

本条是关于本解释生效时间的规定。

◆ 理解与适用

一、《民法典》公布后法院的司法态度

目前在担保司法实践中，多数法院反对就《民法典》颁行前的案件适用《民法典》相关规定。例如，在“胡义梅与章仿、张晶晶房屋买卖合同纠纷上诉案”① 中，当事人对于抵押物转让效力的问题上诉称：“一审判决适用物权法第一百九十一条系适用法律错误，应适用《中华人民共和国民法典》第406条的规定。”对此，二审法院认为：“因《中华人民共和国民法典》截至一审判决作出时尚未施行，故沭阳法院适用《中华人民共和国物权法》的相关规定对本案作出判决并无不当。”“葛洲坝能源重工有限公司与北京世纪竹邦能源技术股份有限公司、冯某某建设工程合同纠纷案”② 中，法院亦认为：“冯某某认为应根据民法典新的担保规定来认定保证责任，但民法典尚未实施暂不能适用，故冯某某的该项答辩意见不能成立，本院不予支持。”

但也有法院在《民法典》或其草案公布后，将相关内容援引至判决中作为裁

① 江苏省宿迁市中级人民法院（2020）苏13民终3278号民事判决书。

② 甘肃省兰州市中级人民法院（2019）甘01民初116号民事判决书。

判说理。例如，在“湖北盈信商业保理有限公司与徐梦影合同纠纷案”① 中，法院认为“《民法典》已确认了保理合同，不再是探索，而需严格依法处理”。在“李宏明、贺小燕与穆志斌合同纠纷案”② 中，法院根据“即将实施的民法典第388 条作出与物权法类似的规定”进行判决。

二、《民法典时间效力规定》对于担保纠纷案件的适用

担保合同非为持续性合同，《民法典》原则上不具有溯及力。根据《民法典时间效力规定》第 1 条的规定，其一，《民法典》施行后的法律事实引起的民事纠纷案件，适用《民法典》的规定。其二，《民法典》施行前的法律事实引起的民事纠纷案件，适用当时的法律、司法解释的规定，但是法律、司法解释另有规定的除外。其三，《民法典》施行前的法律事实持续至《民法典》施行后，该法律事实引起的民事纠纷案件，适用《民法典》的规定，但是法律、司法解释另有规定的除外。

存在解释空间的是，保证合同签订于 2021 年 1 月 1 日之前，但保证人必将仅可能在 2021 年 1 月 1 日之后承担保证责任。如当事人在保证合同中约定，“保证人承担保证责任直至主债务本息还清时为止”。此际，是适用《担保法》及《担保法解释》推定为“保证期间为主债务履行期限届满之日起二年”，还是适用《民法典》及《民法典担保制度解释》推定为“保证期间为主债务履行期限届满之日起六个月”。

笔者认为，对这一问题的解释结论，取决于对于保证合同的定性，如认为保证合同为非持续性合同，则适用《民法典时间效力规定》第 1 条第 2 款的规定，适用《担保法》及《担保法解释》，推定为“保证期间为主债务履行期限届满之日起二年”；如认为保证合同为持续性合同，则适用《民法典时间效力规定》第 1 条第 3 款的规定，适用《民法典》及《民法典担保制度解释》推定为“保证期间为主债务履行期限届满之日起六个月”。在解释上，保证合同非为持续性合同，虽然保证债务的履行受制于主债务的履行情况，带有或然性，但保证人履行保证债务并不处于持续状态。因此，应适用《民法典时间效力规定》第 1 条第 2 款的

① 湖北省宜昌市三峡坝区人民法院（2020）鄂 0591 民初 777 号民事判决书。

② 山西省柳林县人民法院（2020）晋 1125 民初 388 号民事判决书。

规定。《民法典时间效力规定》第 27 条因此规定："民法典施行前成立的保证合同，当事人对保证期间约定不明确，主债务履行期限届满至民法典施行之日不满二年，当事人主张保证期间为主债务履行期限届满之日起二年的，人民法院依法予以支持；当事人对保证期间没有约定，主债务履行期限届满至民法典施行之日不满六个月，当事人主张保证期间为主债务履行期限届满之日起六个月的，人民法院依法予以支持。"

◆ 疑点与难点

《民法典》具有溯及力的例外情形

（一）《民法典》与此前的法律、司法解释规定不一致的情形

根据《民法典时间效力规定》第 2 条的规定，《民法典》施行前的法律事实引起的民事纠纷案件，当时的法律、司法解释有规定，适用当时的法律、司法解释的规定，但是适用《民法典》的规定更有利于保护民事主体合法权益，更有利于维护社会和经济秩序，更有利于弘扬社会主义核心价值观的除外。典型的示例就是关于流抵、流质的规定。

《物权法》第 186 条规定："抵押权人在债务履行期届满前，不得与抵押人约定债务人不履行到期债务时抵押财产归债权人所有。"第 211 条规定："质权人在债务履行期届满前，不得与出质人约定债务人不履行到期债务时质押财产归债权人所有。"由此可见，《物权法》上绝对禁止流抵、流质契约。

《民法典》对这一规则进行了修改。其第 401 条规定："抵押权人在债务履行期限届满前，与抵押人约定债务人不履行到期债务时抵押财产归债权人所有的，只能依法就抵押财产优先受偿。"第 428 条规定："质权人在债务履行期限届满前，与出质人约定债务人不履行到期债务时质押财产归债权人所有的，只能依法就质押财产优先受偿。"在解释上，既可以采取变价清算的方法就质押财产优先受偿，也可以采取归属清算的方法就质押财产优先受偿。

两者相较，适用《民法典》的规定更有利于保护担保物权人的利益，对于担保人及其他债权人也不产生不利影响。此时，应适用《民法典》的规定。《民法典时间效力规定》第 7 条因此规定："民法典施行前，当事人在债务履行期限届满前约定债务人不履行到期债务时抵押财产或者质押财产归债权人所有的，适用

民法典第四百零一条和第四百二十八条的规定。”

（二）《民法典》有规定但此前的法律、司法解释没有规定的情形

根据《民法典时间效力规定》第3条的规定，《民法典》施行前的法律事实引起的民事纠纷案件，当时的法律、司法解释没有规定而《民法典》有规定的，可以适用《民法典》的规定，但是明显减损当事人合法权益、增加当事人法定义务或者背离当事人合理预期的除外。

以保理合同为例。《民法典》对保理合同作了专章规定，但此前的法律、司法解释对此没有规定。目前对保理合同作出规定的仅为行政规章和其他层级较低的规范性文件。基于此，《民法典时间效力规定》第12条规定：“民法典施行前订立的保理合同发生争议的，适用民法典第三编第十六章的规定。”

（本条由高圣平撰写）

附录一：《中华人民共和国民法典》担保相关条文

第二编　物权

第四分编　担保物权

第十六章　一般规定

第三百八十六条　担保物权人在债务人不履行到期债务或者发生当事人约定的实现担保物权的情形，依法享有就担保财产优先受偿的权利，但是法律另有规定的除外。

第三百八十七条　债权人在借贷、买卖等民事活动中，为保障实现其债权，需要担保的，可以依照本法和其他法律的规定设立担保物权。

第三人为债务人向债权人提供担保的，可以要求债务人提供反担保。反担保适用本法和其他法律的规定。

第三百八十八条　设立担保物权，应当依照本法和其他法律的规定订立担保合同。担保合同包括抵押合同、质押合同和其他具有担保功能的合同。担保合同是主债权债务合同的从合同。主债权债务合同无效的，担保合同无效，但是法律另有规定的除外。

担保合同被确认无效后，债务人、担保人、债权人有过错的，应当根据其过错各自承担相应的民事责任。

第三百八十九条　担保物权的担保范围包括主债权及其利息、违约金、损害赔偿金、保管担保财产和实现担保物权的费用。当事人另有约定的，按照其约定。

第三百九十条　担保期间，担保财产毁损、灭失或者被征收等，担保物权人可以就获得的保险金、赔偿金或者补偿金等优先受偿。被担保债权的履行期限未届满的，也可以提存该保险金、赔偿金或者补偿金等。

第三百九十一条　第三人提供担保，未经其书面同意，债权人允许债务人转移全部或者部分债务的，担保人不再承担相应的担保责任。

第三百九十二条　被担保的债权既有物的担保又有人的担保的，债务人不履行到期债务或者发生当事人约定的实现担保物权的情形，债权人应当按照约定实现债权；没有约定或者约定不明确，债务人自己提供物的担保的，债权人应当先就该物的担保实现债权；第三人提供物的担保的，债权人可以就物的担保实现债权，也可以请求保证人承担保证责任。提供担保的第三人承担担保责任后，有权向债务人追偿。

第三百九十三条 有下列情形之一的，担保物权消灭：

（一）主债权消灭；

（二）担保物权实现；

（三）债权人放弃担保物权；

（四）法律规定担保物权消灭的其他情形。

第十七章 抵押权

第一节 一般抵押权

第三百九十四条 为担保债务的履行，债务人或者第三人不转移财产的占有，将该财产抵押给债权人的，债务人不履行到期债务或者发生当事人约定的实现抵押权的情形，债权人有权就该财产优先受偿。

前款规定的债务人或者第三人为抵押人，债权人为抵押权人，提供担保的财产为抵押财产。

第三百九十五条 债务人或者第三人有权处分的下列财产可以抵押：

（一）建筑物和其他土地附着物；

（二）建设用地使用权；

（三）海域使用权；

（四）生产设备、原材料、半成品、产品；

（五）正在建造的建筑物、船舶、航空器；

（六）交通运输工具；

（七）法律、行政法规未禁止抵押的其他财产。

抵押人可以将前款所列财产一并抵押。

第三百九十六条 企业、个体工商户、农业生产经营者可以将现有的以及将有的生产设备、原材料、半成品、产品抵押，债务人不履行到期债务或者发生当事人约定的实现抵押权的情形，债权人有权就抵押财产确定时的动产优先受偿。

第三百九十七条 以建筑物抵押的，该建筑物占用范围内的建设用地使用权一并抵押。以建设用地使用权抵押的，该土地上的建筑物一并抵押。

抵押人未依据前款规定一并抵押的，未抵押的财产视为一并抵押。

第三百九十八条　乡镇、村企业的建设用地使用权不得单独抵押。以乡镇、村企业的厂房等建筑物抵押的，其占用范围内的建设用地使用权一并抵押。

第三百九十九条　下列财产不得抵押：

（一）土地所有权；

（二）宅基地、自留地、自留山等集体所有土地的使用民法典，但是法律规定可以抵押的除外；

（三）学校、幼儿园、医疗机构等为公益目的成立的非营利法人的教育设施、医疗卫生设施和其他公益设施；

（四）所有权、使用权不明或者有争议的财产；

（五）依法被查封、扣押、监管的财产；

（六）法律、行政法规规定不得抵押的其他财产。

第四百条　设立抵押权，当事人应当采用书面形式订立抵押合同。

抵押合同一般包括下列条款：

（一）被担保债权的种类和数额；

（二）债务人履行债务的期限；

（三）抵押财产的名称、数量等情况；

（四）担保的范围。

第四百零一条　抵押权人在债务履行期限届满前，与抵押人约定债务人不履行到期债务时抵押财产归债权人所有的，只能依法就抵押财产优先受偿。

第四百零二条　以本法第三百九十五条第一款第一项至第三项规定的财产或者第五项规定的正在建造的建筑物抵押的，应当办理抵押登记。抵押权自登记时设立。

第四百零三条　以动产抵押的，抵押权自抵押合同生效时设立；未经登记，不得对抗善意第三人。

第四百零四条　以动产抵押的，不得对抗正常经营活动中已经支付合理价款并取得抵押财产的买受人。

第四百零五条　抵押权设立前，抵押财产已经出租并转移占有的，原租赁关系不受该抵押权的影响。

第四百零六条 抵押期间，抵押人可以转让抵押财产。当事人另有约定的，按照其约定。抵押财产转让的，抵押权不受影响。

抵押人转让抵押财产的，应当及时通知抵押权人。抵押权人能够证明抵押财产转让可能损害抵押权的，可以请求抵押人将转让所得的价款向抵押权人提前清偿债务或者提存。转让的价款超过债权数额的部分归抵押人所有，不足部分由债务人清偿。

第四百零七条 抵押权不得与债权分离而单独转让或者作为其他债权的担保。债权转让的，担保该债权的抵押权一并转让，但是法律另有规定或者当事人另有约定的除外。

第四百零八条 抵押人的行为足以使抵押财产价值减少的，抵押权人有权请求抵押人停止其行为；抵押财产价值减少的，抵押权人有权请求恢复抵押财产的价值，或者提供与减少的价值相应的担保。抵押人不恢复抵押财产的价值，也不提供担保的，抵押权人有权请求债务人提前清偿债务。

第四百零九条 抵押权人可以放弃抵押权或者抵押权的顺位。抵押权人与抵押人可以协议变更抵押权顺位以及被担保的债权数额等内容。但是，抵押权的变更未经其他抵押权人书面同意的，不得对其他抵押权人产生不利影响。

债务人以自己的财产设定抵押，抵押权人放弃该抵押权、抵押权顺位或者变更抵押权的，其他担保人在抵押权人丧失优先受偿权益的范围内免除担保责任，但是其他担保人承诺仍然提供担保的除外。

第四百一十条 债务人不履行到期债务或者发生当事人约定的实现抵押权的情形，抵押权人可以与抵押人协议以抵押财产折价或者以拍卖、变卖该抵押财产所得的价款优先受偿。协议损害其他债权人利益的，其他债权人可以请求人民法院撤销该协议。

抵押权人与抵押人未就抵押权实现方式达成协议的，抵押权人可以请求人民法院拍卖、变卖抵押财产。

抵押财产折价或者变卖的，应当参照市场价格。

第四百一十一条 依据本法第三百九十六条规定设定抵押的，抵押财产自下列情形之一发生时确定：

（一）债务履行期限届满，债权未实现；

（二）抵押人被宣告破产或者解散；

（三）当事人约定的实现抵押权的情形；

（四）严重影响债权实现的其他情形。

第四百一十二条 债务人不履行到期债务或者发生当事人约定的实现抵押权的情形，致使抵押财产被人民法院依法扣押的，自扣押之日起，抵押权人有权收取该抵押财产的天然孳息或者法定孳息，但是抵押权人未通知应当清偿法定孳息义务人的除外。

前款规定的孳息应当先充抵收取孳息的费用。

第四百一十三条 抵押财产折价或者拍卖、变卖后，其价款超过债权数额的部分归抵押人所有，不足部分由债务人清偿。

第四百一十四条 同一财产向两个以上债权人抵押的，拍卖、变卖抵押财产所得的价款依照下列规定清偿：

（一）抵押权已经登记的，按照登记的时间先后确定清偿顺序；

（二）抵押权已经登记的先于未登记的受偿；

（三）抵押权未登记的，按照债权比例清偿。

其他可以登记的担保物权，清偿顺序参照适用前款规定。

第四百一十五条 同一财产既设立抵押权又设立质权的，拍卖、变卖该财产所得的价款按照登记、交付的时间先后确定清偿顺序。

第四百一十六条 动产抵押担保的主债权是抵押物的价款，标的物交付后十日内办理抵押登记的，该抵押权人优先于抵押物买受人的其他担保物权人受偿，但是留置权人除外。

第四百一十七条 建设用地使用权抵押后，该土地上新增的建筑物不属于抵押财产。该建设用地使用权实现抵押权时，应当将该土地上新增的建筑物与建设用地使用权一并处分。但是，新增建筑物所得的价款，抵押权人无权优先受偿。

第四百一十八条 以集体所有土地的使用权依法抵押的，实现抵押权后，未经法定程序，不得改变土地所有权的性质和土地用途。

第四百一十九条 抵押权人应当在主债权诉讼时效期间行使抵押权；未行使的，人民法院不予保护。

第二节 最高额抵押权

第四百二十条 为担保债务的履行，债务人或者第三人对一定期间内将要连续发生的债权提供担保财产的，债务人不履行到期债务或者发生当事人约定的实现抵押权的情形，抵押权人有权在最高债权额限度内就该担保财产优先受偿。

最高额抵押权设立前已经存在的债权，经当事人同意，可以转入最高额抵押担保的债权范围。

第四百二十一条 最高额抵押担保的债权确定前，部分债权转让的，最高额抵押权不得转让，但是当事人另有约定的除外。

第四百二十二条 最高额抵押担保的债权确定前，抵押权人与抵押人可以通过协议变更债权确定的期间、债权范围以及最高债权额。但是，变更的内容不得对其他抵押权人产生不利影响。

第四百二十三条 有下列情形之一的，抵押权人的债权确定：

（一）约定的债权确定期间届满；

（二）没有约定债权确定期间或者约定不明确，抵押权人或者抵押人自最高额抵押权设立之日起满二年后请求确定债权；

（三）新的债权不可能发生；

（四）抵押权人知道或者应当知道抵押财产被查封、扣押；

（五）债务人、抵押人被宣告破产或者解散；

（六）法律规定债权确定的其他情形。

第四百二十四条 最高额抵押权除适用本节规定外，适用本章第一节的有关规定。

第十八章 质 权

第一节 动产质权

第四百二十五条 为担保债务的履行，债务人或者第三人将其动产出质给债权人占有的，债务人不履行到期债务或者发生当事人约定的实现质权的情形，债权人有权就该动产优先受偿。

前款规定的债务人或者第三人为出质人，债权人为质权人，交付的动产为质押财产。

第四百二十六条 法律、行政法规禁止转让的动产不得出质。

第四百二十七条　设立质权，当事人应当采用书面形式订立质押合同。

质押合同一般包括下列条款：

（一）被担保债权的种类和数额；

（二）债务人履行债务的期限；

（三）质押财产的名称、数量等情况；

（四）担保的范围；

（五）质押财产交付的时间、方式。

第四百二十八条　质权人在债务履行期限届满前，与出质人约定债务人不履行到期债务时质押财产归债权人所有的，只能依法就质押财产优先受偿。

第四百二十九条　质权自出质人交付质押财产时设立。

第四百三十条　质权人有权收取质押财产的孳息，但是合同另有约定的除外。

前款规定的孳息应当先充抵收取孳息的费用。

第四百三十一条　质权人在质权存续期间，未经出质人同意，擅自使用、处分质押财产，造成出质人损害的，应当承担赔偿责任。

第四百三十二条　质权人负有妥善保管质押财产的义务；因保管不善致使质押财产毁损、灭失的，应当承担赔偿责任。

质权人的行为可能使质押财产毁损、灭失的，出质人可以请求质权人将质押财产提存，或者请求提前清偿债务并返还质押财产。

第四百三十三条　因不可归责于质权人的事由可能使质押财产毁损或者价值明显减少，足以危害质权人权利的，质权人有权请求出质人提供相应的担保；出质人不提供的，质权人可以拍卖、变卖质押财产，并与出质人协议将拍卖、变卖所得的价款提前清偿债务或者提存。

第四百三十四条　质权人在质权存续期间，未经出质人同意转质，造成质押财产毁损、灭失的，应当承担赔偿责任。

第四百三十五条　质权人可以放弃质权。债务人以自己的财产出质，质权人放弃该质权的，其他担保人在质权人丧失优先受偿权益的范围内免除担保责任，但是其他担保人承诺仍然提供担保的除外。

第四百三十六条　债务人履行债务或者出质人提前清偿所担保的债权的，质权人应当返还质押财产。

债务人不履行到期债务或者发生当事人约定的实现质权的情形，质权人可以与出质人协议以质押财产折价，也可以就拍卖、变卖质押财产所得的价款优先受偿。

质押财产折价或者变卖的，应当参照市场价格。

第四百三十七条 出质人可以请求质权人在债务履行期限届满后及时行使质权；质权人不行使的，出质人可以请求人民法院拍卖、变卖质押财产。

出质人请求质权人及时行使质权，因质权人怠于行使权利造成出质人损害的，由质权人承担赔偿责任。

第四百三十八条 质押财产折价或者拍卖、变卖后，其价款超过债权数额的部分归出质人所有，不足部分由债务人清偿。

第四百三十九条 出质人与质权人可以协议设立最高额质权。

最高额质权除适用本节有关规定外，参照适用本编第十七章第二节的有关规定。

第二节　权利质权

第四百四十条 债务人或者第三人有权处分的下列权利可以出质：

（一）汇票、本票、支票；

（二）债券、存款单；

（三）仓单、提单；

（四）可以转让的基金份额、股权；

（五）可以转让的注册商标专用权、专利权、著作权等知识产权中的财产权；

（六）现有的以及将有的应收账款；

（七）法律、行政法规规定可以出质的其他财产权利。

第四百四十一条 以汇票、本票、支票、债券、存款单、仓单、提单出质的，质权自权利凭证交付质权人时设立；没有权利凭证的，质权自办理出质登记时设立。法律另有规定的，依照其规定。

第四百四十二条 汇票、本票、支票、债券、存款单、仓单、提单的兑现日期或者提货日期先于主债权到期的，质权人可以兑现或者提货，并与出质人协议将兑现的价款或者提取的货物提前清偿债务或者提存。

第四百四十三条 以基金份额、股权出质的，质权自办理出质登记时设立。

基金份额、股权出质后，不得转让，但是出质人与质权人协商同意的除外。出质人转让基金份额、股权所得的价款，应当向质权人提前清偿债务或者提存。

第四百四十四条 以注册商标专用权、专利权、著作权等知识产权中的财产权出质的，质权自办理出质登记时设立。

知识产权中的财产权出质后，出质人不得转让或者许可他人使用，但是出质人与质权人协商同意的除外。出质人转让或者许可他人使用出质的知识产权中的财产权所得的价款，应当向质权人提前清偿债务或者提存。

第四百四十五条 以应收账款出质的，质权自办理出质登记时设立。

应收账款出质后，不得转让，但是出质人与质权人协商同意的除外。出质人转让应收账款所得的价款，应当向质权人提前清偿债务或者提存。

第四百四十六条 权利质权除适用本节规定外，适用本章第一节的有关规定。

第十九章 留置权

第四百四十七条 债务人不履行到期债务，债权人可以留置已经合法占有的债务人的动产，并有权就该动产优先受偿。

前款规定的债权人为留置权人，占有的动产为留置财产。

第四百四十八条 债权人留置的动产，应当与债权属于同一法律关系，但是企业之间留置的除外。

第四百四十九条 法律规定或者当事人约定不得留置的动产，不得留置。

第四百五十条 留置财产为可分物的，留置财产的价值应当相当于债务的金额。

第四百五十一条 留置权人负有妥善保管留置财产的义务；因保管不善致使留置财产毁损、灭失的，应当承担赔偿责任。

第四百五十二条 留置权人有权收取留置财产的孳息。

前款规定的孳息应当先充抵收取孳息的费用。

第四百五十三条 留置权人与债务人应当约定留置财产后的债务履行期限；没有约定或者约定不明确的，留置权人应当给债务人六十日以上履行债务的期限，但是鲜活易腐等不易保管的动产除外。债务人逾期未履行的，留置权人可以与债务人协议以留置财产折价，也可以就拍卖、变卖留置财产所得的价款优先受偿。

留置财产折价或者变卖的，应当参照市场价格。

第四百五十四条 债务人可以请求留置权人在债务履行期限届满后行使留置权；留置权人不行使的，债务人可以请求人民法院拍卖、变卖留置财产。

第四百五十五条 留置财产折价或者拍卖、变卖后，其价款超过债权数额的部分归债务人所有，不足部分由债务人清偿。

第四百五十六条 同一动产上已经设立抵押权或者质权，该动产又被留置的，留置权人优先受偿。

第四百五十七条 留置权人对留置财产丧失占有或者留置权人接受债务人另行提供担保的，留置权消灭。

第三编 合 同

第二分编 典型合同

第九章 买卖合同

第六百四十一条 当事人可以在买卖合同中约定买受人未履行支付价款或者其他义务的，标的物的所有权属于出卖人。

出卖人对标的物保留的所有权，未经登记，不得对抗善意第三人。

第六百四十二条 当事人约定出卖人保留合同标的物的所有权，在标的物所有权转移前，买受人有下列情形之一，造成出卖人损害的，除当事人另有约定外，出卖人有权取回标的物：

（一）未按照约定支付价款，经催告后在合理期限内仍未支付；

（二）未按照约定完成特定条件；

（三）将标的物出卖、出质或者作出其他不当处分。

出卖人可以与买受人协商取回标的物；协商不成的，可以参照适用担保物权的实现程序。

第十三章 保证合同

第一节 一般规定

第六百八十一条 保证合同是为保障债权的实现，保证人和债权人约定，当债务人不履行到期债务或者发生当事人约定的情形时，保证人履行债务或者承担责任的合同。

第六百八十二条 保证合同是主债权债务合同的从合同。主债权债务合同无效的，保证合同无效，但是法律另有规定的除外。

保证合同被确认无效后，债务人、保证人、债权人有过错的，应当根据其过错各自承担相应的民事责任。

第六百八十三条 机关法人不得为保证人，但是经国务院批准为使用外国政府或者国际经济组织贷款进行转贷的除外。

以公益为目的的非营利法人、非法人组织不得为保证人。

第六百八十四条 保证合同的内容一般包括被保证的主债权的种类、数额，债务人履行债务的期限，保证的方式、范围和期间等条款。

第六百八十五条 保证合同可以是单独订立的书面合同，也可以是主债权债务合同中的保证条款。

第三人单方以书面形式向债权人作出保证，债权人接收且未提出异议的，保证合同成立。

第六百八十六条 保证的方式包括一般保证和连带责任保证。

当事人在保证合同中对保证方式没有约定或者约定不明确的，按照一般保证承担保证责任。

第六百八十七条 当事人在保证合同中约定，债务人不能履行债务时，由保证人承担保证责任的，为一般保证。

一般保证的保证人在主合同纠纷未经审判或者仲裁，并就债务人财产依法强制执行仍不能履行债务前，有权拒绝向债权人承担保证责任，但是有下列情形之一的除外：

（一）债务人下落不明，且无财产可供执行；

（二）人民法院已经受理债务人破产案件；

（三）债权人有证据证明债务人的财产不足以履行全部债务或者丧失履行债务能力；

（四）保证人书面表示放弃本款规定的权利。

第六百八十八条 当事人在保证合同中约定保证人和债务人对债务承担连带责任的，为连带责任保证。

连带责任保证的债务人不履行到期债务或者发生当事人约定的情形时，债权人可以请求债务人履行债务，也可以请求保证人在其保证范围内承担保证责任。

第六百八十九条 保证人可以要求债务人提供反担保。

第六百九十条 保证人与债权人可以协商订立最高额保证的合同，约定在最高债权额限度内就一定期间连续发生的债权提供保证。

最高额保证除适用本章规定外，参照适用本法第二编最高额抵押权的有关规定。

第二节 保证责任

第六百九十一条 保证的范围包括主债权及其利息、违约金、损害赔偿金和实现债权的费用。当事人另有约定的，按照其约定。

第六百九十二条 保证期间是确定保证人承担保证责任的期间，不发生中止、中断和延长。

债权人与保证人可以约定保证期间，但是约定的保证期间早于主债务履行期限或者与主债务履行期限同时届满的，视为没有约定；没有约定或者约定不明确的，保证期间为主债务履行期限届满之日起六个月。

债权人与债务人对主债务履行期限没有约定或者约定不明确的，保证期间自债权人请求债务人履行债务的宽限期届满之日起计算。

第六百九十三条 一般保证的债权人未在保证期间对债务人提起诉讼或者申请仲裁的，保证人不再承担保证责任。

连带责任保证的债权人未在保证期间请求保证人承担保证责任的，保证人不再承担保证责任。

第六百九十四条 一般保证的债权人在保证期间届满前对债务人提起诉讼或者申请仲裁的，从保证人拒绝承担保证责任的权利消灭之日起，开始计算保证债务的诉讼时效。

连带责任保证的债权人在保证期间届满前请求保证人承担保证责任的，从债权人请求保证人承担保证责任之日起，开始计算保证债务的诉讼时效。

第六百九十五条 债权人和债务人未经保证人书面同意，协商变更主债权债务合同内容，减轻债务的，保证人仍对变更后的债务承担保证责任；加重债务的，保证人对加重的部分不承担保证责任。

债权人和债务人变更主债权债务合同的履行期限，未经保证人书面同意的，保证期间不受影响。

第六百九十六条 债权人转让全部或者部分债权，未通知保证人的，该转让对保证人不发生效力。

保证人与债权人约定禁止债权转让，债权人未经保证人书面同意转让债权的，保证人对受让人不再承担保证责任。

第六百九十七条 债权人未经保证人书面同意，允许债务人转移全部或者部分债务，保证人对未经其同意转移的债务不再承担保证责任，但是债权人和保证人另有约定的除外。

第三人加入债务的，保证人的保证责任不受影响。

第六百九十八条 一般保证的保证人在主债务履行期限届满后，向债权人提供债务人可供执行财产的真实情况，债权人放弃或者怠于行使权利致使该财产不能被执行的，保证人在其提供可供执行财产的价值范围内不再承担保证责任。

第六百九十九条 同一债务有两个以上保证人的，保证人应当按照保证合同约定的保证份额，承担保证责任；没有约定保证份额的，债权人可以请求任何一个保证人在其保证范围内承担保证责任。

第七百条 保证人承担保证责任后，除当事人另有约定外，有权在其承担保证责任的范围内向债务人追偿，享有债权人对债务人的权利，但是不得损害债权人的利益。

第七百零一条 保证人可以主张债务人对债权人的抗辩。债务人放弃抗辩的，保证人仍有权向债权人主张抗辩。

第七百零二条 债务人对债权人享有抵销权或者撤销权的，保证人可以在相应范围内拒绝承担保证责任。

第十五章 融资租赁合同

第七百四十五条 出租人对租赁物享有的所有权，未经登记，不得对抗善意第三人。

第十六章 保理合同

第七百六十一条 保理合同是应收账款债权人将现有的或者将有的应收账款转让给保理人，保理人提供资金融通、应收账款管理或者催收、应收账款债务人付款担保等服务的合同。

第七百六十二条 保理合同的内容一般包括业务类型、服务范围、服务期限、基础交易合同情况、应收账款信息、保理融资款或者服务报酬及其支付方式等条款。

保理合同应当采用书面形式。

第七百六十三条 应收账款债权人与债务人虚构应收账款作为转让标的，与保理人订立保理合同的，应收账款债务人不得以应收账款不存在为由对抗保理人，但是保理人明知虚构的除外。

第七百六十四条 保理人向应收账款债务人发出应收账款转让通知的，应当表明保理人身份并附有必要凭证。

第七百六十五条 应收账款债务人接到应收账款转让通知后，应收账款债权人与债务人无正当理由协商变更或者终止基础交易合同，对保理人产生不利影响的，对保理人不发生效力。

第七百六十六条 当事人约定有追索权保理的，保理人可以向应收账款债权人主张返还保理融资款本息或者回购应收账款债权，也可以向应收账款债务人主张应收账款债权。保理人向应收账款债务人主张应收账款债权，在扣除保理融资款本息和相关费用后有剩余的，剩余部分应当返还给应收账款债权人。

第七百六十七条 当事人约定无追索权保理的，保理人应当向应收账款债务人主张应收账款债权，保理人取得超过保理融资款本息和相关费用的部分，无需向应收账款债权人返还。

第七百六十八条 应收账款债权人就同一应收账款订立多个保理合同，致使多个保理人主张权利的，已经登记的先于未登记的取得应收账款；均已经登记的，按照登记时间的先后顺序取得应收账款；均未登记的，由最先到达应收账款债务人的转让通知中载明的保理人取得应收账款；既未登记也未通知的，按照保理融资款或者服务报酬的比例取得应收账款。

第七百六十九条 本章没有规定的，适用本编第六章债权转让的有关规定。

附录二：最高人民法院关于适用《中华人民共和国民法典》有关担保制度的解释

（法释〔2020〕28 号）

《最高人民法院关于适用〈中华人民共和国民法典〉有关担保制度的解释》已于2020年12月25日由最高人民法院审判委员会第1824次会议通过，现予公布，自2021年1月1日起施行。

最高人民法院

2020年12月31日

为正确适用《中华人民共和国民法典》有关担保制度的规定，结合民事审判实践，制定本解释。

一、关于一般规定

第一条 因抵押、质押、留置、保证等担保发生的纠纷，适用本解释。所有权保留买卖、融资租赁、保理等涉及担保功能发生的纠纷，适用本解释的有关规定。

第二条 当事人在担保合同中约定担保合同的效力独立于主合同，或者约定担保人对主合同无效的法律后果承担担保责任，该有关担保独立性的约定无效。主合同有效的，有关担保独立性的约定无效不影响担保合同的效力；主合同无效的，人民法院应当认定担保合同无效，但是法律另有规定的除外。

因金融机构开立的独立保函发生的纠纷，适用《最高人民法院关于审理独立保函纠纷案件若干问题的规定》。

第三条 当事人对担保责任的承担约定专门的违约责任，或者约定的担保责任范围超出债务人应当承担的责任范围，担保人主张仅在债务人应当承担的责任范围内承担责任的，人民法院应予支持。

担保人承担的责任超出债务人应当承担的责任范围，担保人向债务人追偿，债务人主张仅在其应当承担的责任范围内承担责任的，人民法院应予支持；担保人请求债权人返还超出部分的，人民法院依法予以支持。

第四条 有下列情形之一，当事人将担保物权登记在他人名下，债务人不履行到期债务或者发生当事人约定的实现担保物权的情形，债权人或者其受托人主张就该财产优先受偿的，人民法院依法予以支持：

（一）为债券持有人提供的担保物权登记在债券受托管理人名下；

（二）为委托贷款人提供的担保物权登记在受托人名下；

（三）担保人知道债权人与他人之间存在委托关系的其他情形。

第五条 机关法人提供担保的，人民法院应当认定担保合同无效，但是经国务院批准为使用外国政府或者国际经济组织贷款进行转贷的除外。

居民委员会、村民委员会提供担保的，人民法院应当认定担保合同无效，但是依法代行村集体经济组织职能的村民委员会，依照村民委员会组织法规定的讨论决定程序对外提供担保的除外。

第六条 以公益为目的的非营利性学校、幼儿园、医疗机构、养老机构等提供担保的，人民法院应当认定担保合同无效，但是有下列情形之一的除外：

（一）在购入或者以融资租赁方式承租教育设施、医疗卫生设施、养老服务设施和其他公益设施时，出卖人、出租人为担保价款或者租金实现而在该公益设施上保留所有权；

（二）以教育设施、医疗卫生设施、养老服务设施和其他公益设施以外的不动产、动产或者财产权利设立担保物权。

登记为营利法人的学校、幼儿园、医疗机构、养老机构等提供担保，当事人以其不具有担保资格为由主张担保合同无效的，人民法院不予支持。

第七条 公司的法定代表人违反公司法关于公司对外担保决议程序的规定，超越权限代表公司与相对人订立担保合同，人民法院应当依照民法典第六十一条和第五百零四条等规定处理：

（一）相对人善意的，担保合同对公司发生效力；相对人请求公司承担担保责任的，人民法院应予支持。

（二）相对人非善意的，担保合同对公司不发生效力；相对人请求公司承担赔偿责任的，参照适用本解释第十七条的有关规定。

法定代表人超越权限提供担保造成公司损失，公司请求法定代表人承担赔偿责任的，人民法院应予支持。

第一款所称善意，是指相对人在订立担保合同时不知道且不应当知道法定代表人超越权限。相对人有证据证明已对公司决议进行了合理审查，人民法院应当认定其构成善意，但是公司有证据证明相对人知道或者应当知道决议系伪造、变造的除外。

第八条 有下列情形之一，公司以其未依照公司法关于公司对外担保的规定作出决议为由主张不承担担保责任的，人民法院不予支持：

（一）金融机构开立保函或者担保公司提供担保；

（二）公司为其全资子公司开展经营活动提供担保；

（三）担保合同系由单独或者共同持有公司三分之二以上对担保事项有表决权的股东签字同意。

上市公司对外提供担保，不适用前款第二项、第三项的规定。

第九条 相对人根据上市公司公开披露的关于担保事项已经董事会或者股东大会决议通过的信息，与上市公司订立担保合同，相对人主张担保合同对上市公司发生效力，并由上市公司承担担保责任的，人民法院应予支持。

相对人未根据上市公司公开披露的关于担保事项已经董事会或者股东大会决议通过的信息，与上市公司订立担保合同，上市公司主张担保合同对其不发生效力，且不承担担保责任或者赔偿责任的，人民法院应予支持。

相对人与上市公司已公开披露的控股子公司订立的担保合同，或者相对人与股票在国务院批准的其他全国性证券交易场所交易的公司订立的担保合同，适用前两款规定。

第十条 一人有限责任公司为其股东提供担保，公司以违反公司法关于公司对外担保决议程序的规定为由主张不承担担保责任的，人民法院不予支持。公司因承担担保责任导致无法清偿其他债务，提供担保时的股东不能证明公司财产独立于自己的财产，其他债权人请求该股东承担连带责任的，人民法院应予支持。

第十一条 公司的分支机构未经公司股东（大）会或者董事会决议以自己的名义对外提供担保，相对人请求公司或者其分支机构承担担保责任的，人民法院不予支持，但是相对人不知道且不应当知道分支机构对外提供担保未经公司决议程序的除外。

金融机构的分支机构在其营业执照记载的经营范围内开立保函，或者经有权从事担保业务的上级机构授权开立保函，金融机构或者其分支机构以违反公司法关于公司对外担保决议程序的规定为由主张不承担担保责任的，人民法院不予支持。金融机构的分支机构未经金融机构授权提供保函之外的担保，金融机构或者其分支机构主张不承担担保责任的，人民法院应予支持，但是相对人不知道且不应当知道分支机构对外提供担保未经金融机构授权的除外。

担保公司的分支机构未经担保公司授权对外提供担保，担保公司或者其分支机构主张不承担担保责任的，人民法院应予支持，但是相对人不知道且不应当知道分支机构对外提供担保未经担保公司授权的除外。

公司的分支机构对外提供担保，相对人非善意，请求公司承担赔偿责任的，参照本解释第十七条的有关规定处理。

第十二条 法定代表人依照民法典第五百五十二条的规定以公司名义加入债务的，人民法院在认定该行为的效力时，可以参照本解释关于公司为他人提供担保的有关规则处理。

第十三条 同一债务有两个以上第三人提供担保，担保人之间约定相互追偿及分担份额，承担了担保责任的担保人请求其他担保人按照约定分担份额的，人民法院应予支持；担保人之间约定承担连带共同担保，或者约定相互追偿但是未约定分担份额的，各担保人按照比例分担向债务人不能追偿的部分。

同一债务有两个以上第三人提供担保，担保人之间未对相互追偿作出约定且未约定承担连带共同担保，但是各担保人在同一份合同书上签字、盖章或者按指印，承担了担保责任的担保人请求其他担保人按照比例分担向债务人不能追偿部分的，人民法院应予支持。

除前两款规定的情形外，承担了担保责任的担保人请求其他担保人分担向债务人不能追偿部分的，人民法院不予支持。

第十四条 同一债务有两个以上第三人提供担保，担保人受让债权的，人民法院应当认定该行为系承担担保责任。受让债权的担保人作为债权人请求其他担保人承担担保责任的，人民法院不予支持；该担保人请求其他担保人分担相应份额的，依照本解释第十三条的规定处理。

第十五条 最高额担保中的最高债权额，是指包括主债权及其利息、违约金、损害赔偿金、保管担保财产的费用、实现债权或者实现担保物权的费用等在内的全部债权，但是当事人另有约定的除外。

登记的最高债权额与当事人约定的最高债权额不一致的，人民法院应当依据登记的最高债权额确定债权人优先受偿的范围。

第十六条 主合同当事人协议以新贷偿还旧贷，债权人请求旧贷的担保人承担担保责任的，人民法院不予支持；债权人请求新贷的担保人承担担保责任的，按照下列情形处理：

（一）新贷与旧贷的担保人相同的，人民法院应予支持；

（二）新贷与旧贷的担保人不同，或者旧贷无担保新贷有担保的，人民法院不予支持，但是债权人有证据证明新贷的担保人提供担保时对以新贷偿还旧贷的事实知道或者应当知道的除外。

主合同当事人协议以新贷偿还旧贷，旧贷的物的担保人在登记尚未注销的情形下同意继续为新贷提供担保，在订立新的贷款合同前又以该担保财产为其他债权人设立担保物权，其他债权人主张其担保物权顺位优先于新贷债权人的，人民法院不予支持。

第十七条 主合同有效而第三人提供的担保合同无效，人民法院应当区分不同情形确定担保人的赔偿责任：

（一）债权人与担保人均有过错的，担保人承担的赔偿责任不应超过债务人不能清偿部分的二分之一；

（二）担保人有过错而债权人无过错的，担保人对债务人不能清偿的部分承担赔偿责任；

（三）债权人有过错而担保人无过错的，担保人不承担赔偿责任。

主合同无效导致第三人提供的担保合同无效，担保人无过错的，不承担赔偿责任；担保人有过错的，其承担的赔偿责任不应超过债务人不能清偿部分的三分之一。

第十八条 承担了担保责任或者赔偿责任的担保人，在其承担责任的范围内向债务人追偿的，人民法院应予支持。

同一债权既有债务人自己提供的物的担保，又有第三人提供的担保，承担了担保责任或者赔偿责任的第三人，主张行使债权人对债务人享有的担保物权的，人民法院应予支持。

第十九条 担保合同无效，承担了赔偿责任的担保人按照反担保合同的约定，在其承担赔偿责任的范围内请求反担保人承担担保责任的，人民法院应予支持。

反担保合同无效的，依照本解释第十七条的有关规定处理。当事人仅以担保合同无效为由主张反担保合同无效的，人民法院不予支持。

第二十条 人民法院在审理第三人提供的物的担保纠纷案件时，可以适用民法典第六百九十五条第一款、第六百九十六条第一款、第六百九十七条第二款、第六百九十九条、第七百条、第七百零一条、第七百零二条等关于保证合同的规定。

第二十一条 主合同或者担保合同约定了仲裁条款的，人民法院对约定仲裁条款的合同当事人之间的纠纷无管辖权。

债权人一并起诉债务人和担保人的，应当根据主合同确定管辖法院。

债权人依法可以单独起诉担保人且仅起诉担保人的，应当根据担保合同确定管辖法院。

第二十二条 人民法院受理债务人破产案件后，债权人请求担保人承担担保责任，担保人主张担保债务自人民法院受理破产申请之日起停止计息的，人民法院对担保人的主张应予支持。

第二十三条 人民法院受理债务人破产案件，债权人在破产程序中申报债权后又向人民法院提起诉讼，请求担保人承担担保责任的，人民法院依法予以支持。

担保人清偿债权人的全部债权后，可以代替债权人在破产程序中受偿；在债权人的债权未获全部清偿前，担保人不得代替债权人在破产程序中受偿，但是有权就债权人通过破产分配和实现担保债权等方式获得清偿总额中超出债权的部分，在其承担担保责任的范围内请求债权人返还。

债权人在债务人破产程序中未获全部清偿，请求担保人继续承担担保责任的，人民法院应予支持；担保人承担担保责任后，向和解协议或者重整计划执行完毕后的债务人追偿的，人民法院不予支持。

第二十四条 债权人知道或者应当知道债务人破产，既未申报债权也未通知担保人，致使担保人不能预先行使追偿权的，担保人就该债权在破产程序中可能受偿的范围内免除担保责任，但是担保人因自身过错未行使追偿权的除外。

二、关于保证合同

第二十五条 当事人在保证合同中约定了保证人在债务人不能履行债务或者无力偿还债务时才承担保证责任等类似内容，具有债务人应当先承担责任的意思表示的，人民法院应当将其认定为一般保证。

当事人在保证合同中约定了保证人在债务人不履行债务或者未偿还债务时即承担保证责任、无条件承担保证责任等类似内容，不具有债务人应当先承担责任的意思表示的，人民法院应当将其认定为连带责任保证。

第二十六条 一般保证中，债权人以债务人为被告提起诉讼的，人民法院应予受理。债权人未就主合同纠纷提起诉讼或者申请仲裁，仅起诉一般保证人的，人民法院应当驳回起诉。

一般保证中，债权人一并起诉债务人和保证人的，人民法院可以受理，但是在作出判决时，除有民法典第六百八十七条第二款但书规定的情形外，应当在判决书主文中明确，保证人仅对债务人财产依法强制执行后仍不能履行的部分承担保证责任。

债权人未对债务人的财产申请保全，或者保全的债务人的财产足以清偿债务，债权人申请对一般保证人的财产进行保全的，人民法院不予准许。

第二十七条 一般保证的债权人取得对债务人赋予强制执行效力的公证债权文书后，在保证期间内向人民法院申请强制执行，保证人以债权人未在保证期间内对债务人提起诉讼或者申请仲裁为由主张不承担保证责任的，人民法院不予支持。

第二十八条 一般保证中，债权人依据生效法律文书对债务人的财产依法申请强制执行，保证债务诉讼时效的起算时间按照下列规则确定：

（一）人民法院作出终结本次执行程序裁定，或者依照民事诉讼法第二百五十七条第三项、第五项的规定作出终结执行裁定的，自裁定送达债权人之日起开始计算；

（二）人民法院自收到申请执行书之日起一年内未作出前项裁定的，自人民法院收到申请执行书满一年之日起开始计算，但是保证人有证据证明债务人仍有财产可供执行的除外。

一般保证的债权人在保证期间届满前对债务人提起诉讼或者申请仲裁，债权人举证证明存在民法典第六百八十七条第二款但书规定情形的，保证债务的诉讼时效自债权人知道或者应当知道该情形之日起开始计算。

第二十九条 同一债务有两个以上保证人，债权人以其已经在保证期间内依法向部分保证人行使权利为由，主张已经在保证期间内向其他保证人行使权利的，人民法院不予支持。

同一债务有两个以上保证人，保证人之间相互有追偿权，债权人未在保证期间内依法向部分保证人行使权利，导致其他保证人在承担保证责任后丧失追偿权，其他保证人主张在其不能追偿的范围内免除保证责任的，人民法院应予支持。

第三十条 最高额保证合同对保证期间的计算方式、起算时间等有约定的，按照其约定。

最高额保证合同对保证期间的计算方式、起算时间等没有约定或者约定不明，被担保债权的履行期限均已届满的，保证期间自债权确定之日起开始计算；被担保债权的履行期限尚未届满的，保证期间自最后到期债权的履行期限届满之日起开始计算。

前款所称债权确定之日，依照民法典第四百二十三条的规定认定。

第三十一条 一般保证的债权人在保证期间内对债务人提起诉讼或者申请仲裁后，又撤回起诉或者仲裁申请，债权人在保证期间届满前未再行提起诉讼或者申请仲裁，保证人主张不再承担保证责任的，人民法院应予支持。

连带责任保证的债权人在保证期间内对保证人提起诉讼或者申请仲裁后，又撤回起诉或者仲裁申请，起诉状副本或者仲裁申请书副本已经送达保证人的，人民法院应当认定债权人已经在保证期间内向保证人行使了权利。

第三十二条 保证合同约定保证人承担保证责任直至主债务本息还清时为止等类似内容的，视为约定不明，保证期间为主债务履行期限届满之日起六个月。

第三十三条 保证合同无效，债权人未在约定或者法定的保证期间内依法行使权利，保证人主张不承担赔偿责任的，人民法院应予支持。

第三十四条 人民法院在审理保证合同纠纷案件时，应当将保证期间是否届满、债权人是否在保证期间内依法行使权利等事实作为案件基本事实予以查明。

债权人在保证期间内未依法行使权利的，保证责任消灭。保证责任消灭后，债权人书面通知保证人要求承担保证责任，保证人在通知书上签字、盖章或者按指印，债权人请求保证人继续承担保证责任的，人民法院不予支持，但是债权人有证据证明成立了新的保证合同的除外。

第三十五条 保证人知道或者应当知道主债权诉讼时效期间届满仍然提供保证或者承担保证责任，又以诉讼时效期间届满为由拒绝承担保证责任或者请求返还财产的，人民法院不予支持；保证人承担保证责任后向债务人追偿的，人民法院不予支持，但是债务人放弃诉讼时效抗辩的除外。

第三十六条 第三人向债权人提供差额补足、流动性支持等类似承诺文件作为增信措施，具有提供担保的意思表示，债权人请求第三人承担保证责任的，人民法院应当依照保证的有关规定处理。

第三人向债权人提供的承诺文件，具有加入债务或者与债务人共同承担债务等意思表示的，人民法院应当认定为民法典第五百五十二条规定的债务加入。

前两款中第三人提供的承诺文件难以确定是保证还是债务加入的，人民法院应当将其认定为保证。

第三人向债权人提供的承诺文件不符合前三款规定的情形，债权人请求第三人承担保证责任或者连带责任的，人民法院不予支持，但是不影响其依据承诺文件请求第三人履行约定的义务或者承担相应的民事责任。

三、关于担保物权

（一）担保合同与担保物权的效力

第三十七条 当事人以所有权、使用权不明或者有争议的财产抵押，经审查构成无权处分的，人民法院应当依照民法典第三百一十一条的规定处理。

当事人以依法被查封或者扣押的财产抵押，抵押权人请求行使抵押权，经审查查封或者扣押措施已经解除的，人民法院应予支持。抵押人以抵押权设立时财产被查封或者扣押为由主张抵押合同无效的，人民法院不予支持。

以依法被监管的财产抵押的，适用前款规定。

第三十八条 主债权未受全部清偿，担保物权人主张就担保财产的全部行使担保物权的，人民法院应予支持，但是留置权人行使留置权的，应当依照民法典第四百五十条的规定处理。

担保财产被分割或者部分转让，担保物权人主张就分割或者转让后的担保财产行使担保物权的，人民法院应予支持，但是法律或者司法解释另有规定的除外。

第三十九条 主债权被分割或者部分转让，各债权人主张就其享有的债权份额行使担保物权的，人民法院应予支持，但是法律另有规定或者当事人另有约定的除外。

主债务被分割或者部分转移，债务人自己提供物的担保，债权人请求以该担保财产担保全部债务履行的，人民法院应予支持；第三人提供物的担保，主张对未经其书面同意转移的债务不再承担担保责任的，人民法院应予支持。

第四十条 从物产生于抵押权依法设立前，抵押权人主张抵押权的效力及于从物的，人民法院应予支持，但是当事人另有约定的除外。

从物产生于抵押权依法设立后，抵押权人主张抵押权的效力及于从物的，人民法院不予支持，但是在抵押权实现时可以一并处分。

第四十一条 抵押权依法设立后，抵押财产被添附，添附物归第三人所有，抵押权人主张抵押权效力及于补偿金的，人民法院应予支持。

抵押权依法设立后，抵押财产被添附，抵押人对添附物享有所有权，抵押权人主张抵押权的效力及于添附物的，人民法院应予支持，但是添附导致抵押财产价值增加的，抵押权的效力不及于增加的价值部分。

抵押权依法设立后，抵押人与第三人因添附成为添附物的共有人，抵押权人主张抵押权的效力及于抵押人对共有物享有的份额的，人民法院应予支持。

本条所称添附，包括附合、混合与加工。

第四十二条 抵押权依法设立后，抵押财产毁损、灭失或者被征收等，抵押权人请求按照原抵押权的顺位就保险金、赔偿金或者补偿金等优先受偿的，人民法院应予支持。

给付义务人已经向抵押人给付了保险金、赔偿金或者补偿金，抵押权人请求给付义务人向其给付保险金、赔偿金或者补偿金的，人民法院不予支持，但是给付义务人接到抵押权人要求向其给付的通知后仍然向抵押人给付的除外。

抵押权人请求给付义务人向其给付保险金、赔偿金或者补偿金的，人民法院可以通知抵押人作为第三人参加诉讼。

第四十三条 当事人约定禁止或者限制转让抵押财产但是未将约定登记，抵押人违反约定转让抵押财产，抵押权人请求确认转让合同无效的，人民法院不予支持；抵押财产已经交付或者登记，抵押权人请求确认转让不发生物权效力的，人民法院不予支持，但是抵押权人有证据证明受让人知道的除外；抵押权人请求抵押人承担违约责任的，人民法院依法予以支持。

当事人约定禁止或者限制转让抵押财产且已经将约定登记，抵押人违反约定转让抵押财产，抵押权人请求确认转让合同无效的，人民法院不予支持；抵押财产已经交付或者登记，抵押权人主张转让不发生物权效力的，人民法院应予支持，但是因受让人代替债务人清偿债务导致抵押权消灭的除外。

第四十四条 主债权诉讼时效期间届满后，抵押权人主张行使抵押权的，人民法院不予支持；抵押人以主债权诉讼时效期间届满为由，主张不承担担保责任的，人民法院应予支持。主债权诉讼时效期间届满前，债权人仅对债务人提起诉讼，经人民法院判决或者调解后未在民事诉讼法规定的申请执行时效期间内对债务人申请强制执行，其向抵押人主张行使抵押权的，人民法院不予支持。

主债权诉讼时效期间届满后，财产被留置的债务人或者对留置财产享有所有权的第三人请求债权人返还留置财产的，人民法院不予支持；债务人或者第三人请求拍卖、变卖留置财产并以所得价款清偿债务的，人民法院应予支持。

主债权诉讼时效期间届满的法律后果，以登记作为公示方式的权利质权，参照适用第一款的规定；动产质权、以交付权利凭证作为公示方式的权利质权，参照适用第二款的规定。

第四十五条 当事人约定当债务人不履行到期债务或者发生当事人约定的实现担保物权的情形，担保物权人有权将担保财产自行拍卖、变卖并就所得的价款优先受偿的，该约定有效。因担保人的原因导致担保物权人无法自行对担保财产进行拍卖、变卖，担保物权人请求担保人承担因此增加的费用的，人民法院应予支持。

当事人依照民事诉讼法有关“实现担保物权案件”的规定，申请拍卖、变卖担保财产，被申请人以担保合同约定仲裁条款为由主张驳回申请的，人民法院经审查后，应当按照以下情形分别处理：

（一）当事人对担保物权无实质性争议且实现担保物权条件已经成就的，应当裁定准许拍卖、变卖担保财产；

（二）当事人对实现担保物权有部分实质性争议的，可以就无争议的部分裁定准许拍卖、变卖担保财产，并告知可以就有争议的部分申请仲裁；

（三）当事人对实现担保物权有实质性争议的，裁定驳回申请，并告知可以向仲裁机构申请仲裁。

债权人以诉讼方式行使担保物权的，应当以债务人和担保人作为共同被告。

（二）不动产抵押

第四十六条 不动产抵押合同生效后未办理抵押登记手续，债权人请求抵押人办理抵押登记手续的，人民法院应予支持。

抵押财产因不可归责于抵押人自身的原因灭失或者被征收等导致不能办理抵押登记，债权人请求抵押人在约定的担保范围内承担责任的，人民法院不予支持；但是抵押人已经获得保险金、赔偿金或者补偿金等，债权人请求抵押人在其所获金额范围内承担赔偿责任的，人民法院依法予以支持。

因抵押人转让抵押财产或者其他可归责于抵押人自身的原因导致不能办理抵押登记，债权人请求抵押人在约定的担保范围内承担责任的，人民法院依法予以支持，但是不得超过抵押权能够设立时抵押人应当承担的责任范围。

第四十七条 不动产登记簿就抵押财产、被担保的债权范围等所作的记载与抵押合同约定不一致的，人民法院应当根据登记簿的记载确定抵押财产、被担保的债权范围等事项。

第四十八条 当事人申请办理抵押登记手续时，因登记机构的过错致使其不能办理抵押登记，当事人请求登记机构承担赔偿责任的，人民法院依法予以支持。

第四十九条 以违法的建筑物抵押的，抵押合同无效，但是一审法庭辩论终结前已经办理合法手续的除外。抵押合同无效的法律后果，依照本解释第十七条的有关规定处理。

当事人以建设用地使用权依法设立抵押，抵押人以土地上存在违法的建筑物为由主张抵押合同无效的，人民法院不予支持。

第五十条 抵押人以划拨建设用地上的建筑物抵押，当事人以该建设用地使用权不能抵押或者未办理批准手续为由主张抵押合同无效或者不生效的，人民法院不予支持。抵押权依法实现时，拍卖、变卖建筑物所得的价款，应当优先用于补缴建设用地使用权出让金。

当事人以划拨方式取得的建设用地使用权抵押，抵押人以未办理批准手续为由主张抵押合同无效或者不生效的，人民法院不予支持。已经依法办理抵押登记，抵押权人主张行使抵押权的，人民法院应予支持。抵押权依法实现时所得的价款，参照前款有关规定处理。

第五十一条 当事人仅以建设用地使用权抵押，债权人主张抵押权的效力及于土地上已有的建筑物以及正在建造的建筑物已完成部分的，人民法院应予支持。债权人主张抵押权的效力及于正在建造的建筑物的续建部分以及新增建筑物的，人民法院不予支持。

当事人以正在建造的建筑物抵押，抵押权的效力范围限于已办理抵押登记的部分。当事人按照担保合同的约定，主张抵押权的效力及于续建部分、新增建筑物以及规划中尚未建造的建筑物的，人民法院不予支持。

抵押人将建设用地使用权、土地上的建筑物或者正在建造的建筑物分别抵押给不同债权人的，人民法院应当根据抵押登记的时间先后确定清偿顺序。

第五十二条 当事人办理抵押预告登记后，预告登记权利人请求就抵押财产优先受偿，经审查存在尚未办理建筑物所有权首次登记、预告登记的财产与办理建筑物所有权首次登记时的财产不一致、抵押预告登记已经失效等情形，导致不具备办理抵押登记条件的，人民法院不予支持；经审查已经办理建筑物所有权首次登记，且不存在预告登记失效等情形的，人民法院应予支持，并应当认定抵押权自预告登记之日起设立。

当事人办理了抵押预告登记，抵押人破产，经审查抵押财产属于破产财产，预告登记权利人主张就抵押财产优先受偿的，人民法院应当在受理破产申请时抵押财产的价值范围内予以支持，但是在人民法院受理破产申请前一年内，债务人对没有财产担保的债务设立抵押预告登记的除外。

（三）动产与权利担保

第五十三条 当事人在动产和权利担保合同中对担保财产进行概括描述，该描述能够合理识别担保财产的，人民法院应当认定担保成立。

第五十四条 动产抵押合同订立后未办理抵押登记，动产抵押权的效力按照下列情形分别处理：

（一）抵押人转让抵押财产，受让人占有抵押财产后，抵押权人向受让人请求行使抵押权的，人民法院不予支持，但是抵押权人能够举证证明受让人知道或者应当知道已经订立抵押合同的除外；

（二）抵押人将抵押财产出租给他人并移转占有，抵押权人行使抵押权的，租赁关系不受影响，但是抵押权人能够举证证明承租人知道或者应当知道已经订立抵押合同的除外；

（三）抵押人的其他债权人向人民法院申请保全或者执行抵押财产，人民法院已经作出财产保全裁定或者采取执行措施，抵押权人主张对抵押财产优先受偿的，人民法院不予支持；

（四）抵押人破产，抵押权人主张对抵押财产优先受偿的，人民法院不予支持。

第五十五条 债权人、出质人与监管人订立三方协议，出质人以通过一定数量、品种等概括描述能够确定范围的货物为债务的履行提供担保，当事人有证据证明监管人系受债权人的委托监管并实际控制该货物的，人民法院应当认定质权于监管人实际控制货物之日起设立。监管人违反约定向出质人或者其他人放货、因保管不善导致货物毁损灭失，债权人请求监管人承担违约责任的，人民法院依法予以支持。

在前款规定情形下，当事人有证据证明监管人系受出质人委托监管该货物，或者虽然受债权人委托但是未实际履行监管职责，导致货物仍由出质人实际控制的，人民法院应当认定质权未设立。债权人可以基于质押合同的约定请求出质人承担违约责任，但是不得超过质权有效设立时出质人应当承担的责任范围。监管人未履行监管职责，债权人请求监管人承担责任的，人民法院依法予以支持。

第五十六条 买受人在出卖人正常经营活动中通过支付合理对价取得已被设立担保物权的动产，担保物权人请求就该动产优先受偿的，人民法院不予支持，但是有下列情形之一的除外：

（一）购买商品的数量明显超过一般买受人；

（二）购买出卖人的生产设备；

（三）订立买卖合同的目的在于担保出卖人或者第三人履行债务；

（四）买受人与出卖人存在直接或者间接的控制关系；

（五）买受人应当查询抵押登记而未查询的其他情形。

前款所称出卖人正常经营活动，是指出卖人的经营活动属于其营业执照明确记载的经营范围，且出卖人持续销售同类商品。前款所称担保物权人，是指已经办理登记的抵押权人、所有权保留买卖的出卖人、融资租赁合同的出租人。

第五十七条 担保人在设立动产浮动抵押并办理抵押登记后又购入或者以融资租赁方式承租新的动产，下列权利人为担保价款债权或者租金的实现而订立担保合同，并在该动产交付后十日内办理登记，主张其权利优先于在先设立的浮动抵押权的，人民法院应予支持：

（一）在该动产上设立抵押权或者保留所有权的出卖人；

（二）为价款支付提供融资而在该动产上设立抵押权的债权人；

（三）以融资租赁方式出租该动产的出租人。

买受人取得动产但未付清价款或者承租人以融资租赁方式占有租赁物但是未付清全部租金，又以标的物为他人设立担保物权，前款所列权利人为担保价款债权或者租金的实现而订立担保合同，并在该动产交付后十日内办理登记，主张其权利优先于买受人为他人设立的担保物权的，人民法院应予支持。

同一动产上存在多个价款优先权的，人民法院应当按照登记的时间先后确定清偿顺序。

第五十八条 以汇票出质，当事人以背书记载“质押”字样并在汇票上签章，汇票已经交付质权人的，人民法院应当认定质权自汇票交付质权人时设立。

第五十九条 存货人或者仓单持有人在仓单上以背书记载“质押”字样，并经保管人签章，仓单已经交付质权人的，人民法院应当认定质权自仓单交付质权人时设立。没有权利凭证的仓单，依法可以办理出质登记的，仓单质权自办理出质登记时设立。

出质人既以仓单出质，又以仓储物设立担保，按照公示的先后确定清偿顺序；难以确定先后的，按照债权比例清偿。

保管人为同一货物签发多份仓单，出质人在多份仓单上设立多个质权，按照公示的先后确定清偿顺序；难以确定先后的，按照债权比例受偿。

存在第二款、第三款规定的情形，债权人举证证明其损失系由出质人与保管人的共同行为所致，请求出质人与保管人承担连带赔偿责任的，人民法院应予支持。

第六十条 在跟单信用证交易中，开证行与开证申请人之间约定以提单作为担保的，人民法院应当依照民法典关于质权的有关规定处理。

在跟单信用证交易中，开证行依据其与开证申请人之间的约定或者跟单信用证的惯例持有提单，开证申请人未按照约定付款赎单，开证行主张对提单项下货物优先受偿的，人民法院应予支持；开证行主张对提单项下货物享有所有权的，人民法院不予支持。

在跟单信用证交易中，开证行依据其与开证申请人之间的约定或者跟单信用证的惯例，通过转让提单或者提单项下货物取得价款，开证申请人请求返还超出债权部分的，人民法院应予支持。

前三款规定不影响合法持有提单的开证行以提单持有人身份主张运输合同项下的权利。

第六十一条 以现有的应收账款出质，应收账款债务人向质权人确认应收账款的真实性后，又以应收账款不存在或者已经消灭为由主张不承担责任的，人民法院不予支持。

以现有的应收账款出质，应收账款债务人未确认应收账款的真实性，质权人以应收账款债务人为被告，请求就应收账款优先受偿，能够举证证明办理出质登记时应收账款真实存在的，人民法院应予支持；质权人不能举证证明办理出质登记时应收账款真实存在，仅以已经办理出质登记为由，请求就应收账款优先受偿的，人民法院不予支持。

以现有的应收账款出质，应收账款债务人已经向应收账款债权人履行了债务，质权人请求应收账款债务人履行债务的，人民法院不予支持，但是应收账款债务人接到质权人要求向其履行的通知后，仍然向应收账款债权人履行的除外。

以基础设施和公用事业项目收益权、提供服务或者劳务产生的债权以及其他将有的应收账款出质，当事人为应收账款设立特定账户，发生法定或者约定的质权实现事由时，质权人请求就该特定账户内的款项优先受偿的，人民法院应予支持；特定账户内的款项不足以清偿债务或者未设立特定账户，质权人请求折价或者拍卖、变卖项目收益权等将有的应收账款，并以所得的价款优先受偿的，人民法院依法予以支持。

第六十二条 债务人不履行到期债务，债权人因同一法律关系留置合法占有的第三人的动产，并主张就该留置财产优先受偿的，人民法院应予支持。第三人以该留置财产并非债务人的财产为由请求返还的，人民法院不予支持。

企业之间留置的动产与债权并非同一法律关系，债务人以该债权不属于企业持续经营中发生的债权为由请求债权人返还留置财产的，人民法院应予支持。

企业之间留置的动产与债权并非同一法律关系，债权人留置第三人的财产，第三人请求债权人返还留置财产的，人民法院应予支持。

四、关于非典型担保

第六十三条 债权人与担保人订立担保合同，约定以法律、行政法规尚未规定可以担保的财产权利设立担保，当事人主张合同无效的，人民法院不予支持。当事人未在法定的登记机构依法进行登记，主张该担保具有物权效力的，人民法院不予支持。

第六十四条 在所有权保留买卖中，出卖人依法有权取回标的物，但是与买受人协商不成，当事人请求参照民事诉讼法“实现担保物权案件”的有关规定，拍卖、变卖标的物的，人民法院应予准许。

出卖人请求取回标的物，符合民法典第六百四十二条规定的，人民法院应予支持；买受人以抗辩或者反诉的方式主张拍卖、变卖标的物，并在扣除买受人未支付的价款以及必要费用后返还剩余款项的，人民法院应当一并处理。

第六十五条 在融资租赁合同中，承租人未按照约定支付租金，经催告后在合理期限内仍不支付，出租人请求承租人支付全部剩余租金，并以拍卖、变卖租赁物所得的价款受偿的，人民法院应予支持；当事人请求参照民事诉讼法“实现担保物权案件”的有关规定，以拍卖、变卖租赁物所得价款支付租金的，人民法院应予准许。

出租人请求解除融资租赁合同并收回租赁物，承租人以抗辩或者反诉的方式主张返还租赁物价值超过欠付租金以及其他费用的，人民法院应当一并处理。当事人对租赁物的价值有争议的，应当按照下列规则确定租赁物的价值：

（一）融资租赁合同有约定的，按照其约定；

（二）融资租赁合同未约定或者约定不明的，根据约定的租赁物折旧以及合同到期后租赁物的残值来确定；

（三）根据前两项规定的方法仍然难以确定，或者当事人认为根据前两项规定的方法确定的价值严重偏离租赁物实际价值的，根据当事人的申请委托有资质的机构评估。

第六十六条 同一应收账款同时存在保理、应收账款质押和债权转让，当事人主张参照民法典第七百六十八条的规定确定优先顺序的，人民法院应予支持。

在有追索权的保理中，保理人以应收账款债权人或者应收账款债务人为被告提起诉讼，人民法院应予受理；保理人一并起诉应收账款债权人和应收账款债务人的，人民法院可以受理。

应收账款债权人向保理人返还保理融资款本息或者回购应收账款债权后，请求应收账款债务人向其履行应收账款债务的，人民法院应予支持。

第六十七条 在所有权保留买卖、融资租赁等合同中，出卖人、出租人的所有权未经登记不得对抗的“善意第三人”的范围及其效力，参照本解释第五十四条的规定处理。

第六十八条 债务人或者第三人与债权人约定将财产形式上转移至债权人名下，债务人不履行到期债务，债权人有权对财产折价或者以拍卖、变卖该财产所得价款偿还债务的，人民法院应当认定该约定有效。当事人已经完成财产权利变动的公示，债务人不履行到期债务，债权人请求参照民法典关于担保物权的有关规定就该财产优先受偿的，人民法院应予支持。

债务人或者第三人与债权人约定将财产形式上转移至债权人名下，债务人不履行到期债务，财产归债权人所有的，人民法院应当认定该约定无效，但是不影响当事人有关提供担保的意思表示的效力。当事人已经完成财产权利变动的公示，债务人不履行到期债务，债权人请求对该财产享有所有权的，人民法院不予支持；债权人请求参照民法典关于担保物权的规定对财产折价或者以拍卖、变卖该财产所得的价款优先受偿的，人民法院应予支持；债务人履行债务后请求返还财产，或者请求对财产折价或者以拍卖、变卖所得的价款清偿债务的，人民法院应予支持。

债务人与债权人约定将财产转移至债权人名下，在一定期间后再由债务人或者其指定的第三人以交易本金加上溢价款回购，债务人到期不履行回购义务，财产归债权人所有的，人民法院应当参照第二款规定处理。回购对象自始不存在的，人民法院应当依照民法典第一百四十六条第二款的规定，按照其实际构成的法律关系处理。

第六十九条 股东以将其股权转移至债权人名下的方式为债务履行提供担保，公司或者公司的债权人以股东未履行或者未全面履行出资义务、抽逃出资等为由，请求作为名义股东的债权人与股东承担连带责任的，人民法院不予支持。

第七十条 债务人或者第三人为担保债务的履行，设立专门的保证金账户并由债权人实际控制，或者将其资金存入债权人设立的保证金账户，债权人主张就账户内的款项优先受偿的，人民法院应予支持。当事人以保证金账户内的款项浮动为由，主张实际控制该账户的债权人对账户内的款项不享有优先受偿权的，人民法院不予支持。

在银行账户下设立的保证金分户，参照前款规定处理。

当事人约定的保证金并非为担保债务的履行设立，或者不符合前两款规定的情形，债权人主张就保证金优先受偿的，人民法院不予支持，但是不影响当事人依照法律的规定或者按照当事人的约定主张权利。

五、附　则

第七十一条 本解释自 2021 年 1 月 1 日起施行。

附录三：最高人民法院民二庭负责人就《最高人民法院关于适用〈中华人民共和国民法典〉有关担保制度的解释》答记者问

《最高人民法院关于适用〈中华人民共和国民法典〉有关担保制度的解释》（以下简称“担保制度司法解释”）于2020年12月25日最高人民法院审判委员会第1824次会议通过，2020年12月31日公告公布，自2021年1月1日起施行。“担保制度司法解释”公布后，社会反响热烈，社会各界亟待听到对该解释的权威解读。为此，记者采访了最高人民法院民二庭负责人。

问：能否请您简要介绍一下“担保制度司法解释”的起草背景和过程？

答：此次“担保制度司法解释”的起草工作是在民法典颁布实施的大背景下开展和进行的。习近平总书记在中央政治局第二十次集体学习时强调，民法典在中国特色社会主义法律体系中具有重要的地位，是一部固根本、稳预期、利长远的基础性法律，对发展社会主义市场经济、保障人民权益实现、巩固社会主义基本经济制度，都具有重大意义。

为贯彻落实习近平总书记第二十次集体学习时重要讲话精神，最高人民法院及时开展司法解释全面清理工作，把高质量完成司法解释全面清理工作作为提高政治能力的重要方面，确保民法典统一正确实施，依法保障人民群众权益。这次对新中国成立以来现行有效的591个司法解释和相关规范性文件进行了全面清理，其中和民法典规定一致的364件，未作修改、继续适用；需要对于名称和部分条款进行修改的共计111件，决定废止的共计116件。根据最高人民法院“统一规划、分批制定、急用先行、重点推进”的原则，制定了与民法典配套的第一期共计7个司法解释，并于2021年1月1日起施行。

本次起草的“担保制度司法解释”就是与民法典配套的第一期制定的7个司法解释中的一部，制定过程中秉承了传承与发展相统一的基本理念。

一方面，通过对包括原担保法司法解释等在内的与担保有关的10个司法解释的梳理，对和民法典不一致的规定予以清理，将其中与民法典规定相一致的部分予以吸收，并在对条款内容进一步改造完善的前提下，纳入本解释中，保持了法律的延续性和稳定性，更加适应新形势下经济社会发展的需求。

另一方面，我们充分考虑民法典对于担保制度进行的修改和增加的规定，为防止民法典实施以后该部分规定在司法实践中认识不一致、裁判尺度不统一，避免先乱后治，力争防患于未然，本解释对于该部分内容进一步明确法律适用的具体规则，保持了法律适用的统一性和严肃性。如民法典修改了担保法关于保证方式推定的规则，在当事人对于保证责任的方式没有约定或者约定不明时，推定为一般保证。实践中，可能会存在将推定规则与解释规则混为一谈的现象，即认为只要当事人没有明确约定连带责任保证，就应认定为一般保证。我们认为，推定规则只有在难以确定保证人真实意思表示的情况下才能适用。

反之，如果可以通过意思表示解释规则，确定当事人承担的是连带责任保证的，就不能简单地根据推定规则将其认定为一般保证。再如价款优先权问题，该制度系民法典增加规定的内容，鉴于这是一项全新的制度，不少人反映理解起来非常困难，为此，我们通过研究相关案例，通过类型化方式描述该制度的交易结构，将该制度区分为两种情形：一是债务人在设定动产浮动抵押后又购入或者承租新的动产时，为担保价款或者租金债权的实现，有关权利人在该动产上依法设定抵押权等担保物权；二是在动产买卖中，买受人通过赊销、融资租赁等方式取得动产后，又以该动产为他人设定担保物权，为担保价款或者租金债权实现，有关权利人在该动产上依法设定担保物权。两种情形中，享有价款优先权的人都包括在动产上设立抵押权或者保留所有权的出卖人、为价款支付提供融资而在该动产上设立抵押权的债权人、以融资租赁方式出租该动产的出租人等情形。

所不同的是，前一情形下的价款优先权，主要适用于浮动抵押场合，解决的是已经设定浮动抵押的中小企业的再融资问题，对抗的是在先设立的浮动抵押权；而后一情形下的价款优先权，适用于动产抵押，是为了解决买受人在该动产上为第三人设定抵押权时如何保护出卖人、出租人等权利人权益的问题，对抗的则是为取得优先权进行抢先登记的权利人。

为确保此次司法解释能够准确聚焦民法典担保制度的适用，我们坚持问题导向和实际需求，努力构建清晰、简明、针对性强的担保制度解释体系。2019 年制定《全国法院民商事审判工作会议纪要》（以下简称《纪要》）时，已经着手准备有关担保制度解释的梳理工作。《纪要》制定过程中，我们参照了民法典草案有关担保制度的规定，将“关于担保纠纷案件的审理”作为《纪要》的重要内容予以规定，在后续的实施过程中取得了很好的社会效果和法律效果。此次司法解释，吸纳改进了《纪要》规定的实践中证明行之有效的部分内容。此外，为确保此次司法解释更加务实管用、更具理论品味、更具国际视野，2020 年初我们组成了专门的研究团队，对担保领域的相关理论和实务问题进行了深入的专题研究，于6 月初形成初稿。此后，先后在长沙、重庆召开15 家地方高院有关同志参加的研讨会；利用学员到法官学院培训机会，听取部分参训学员意见；就仓单质押、应收账款质押等问题征求“一行两会”以及包括银行业协会在内的 8 家行业协会意见，就不动产登记事宜拜访了自然资源部不动产登记局并听取其意见，就金融、房地产等相关实务问题听取了全国律协、北京律协等以及房地产协会意见；委托人大法学院等高等院校，多次召开研讨会，听取专家学者意见。我们还书面征求了全国各高院以及我院相关部门的意见，并就相关条文专门征求相关庭室意见；公开征求了包括人大法学院等在内的 9 家法学科研院校意见；面向社会公开征求意见，共收到有效意见约 260 件。同时，召开民二庭主审法官会议，对《征求意见稿》进行逐条研究，并将公开征求意见稿以及征求全国人大法工委意见稿发全庭法官征求意见；最高人民法院审判委员会专职委员刘贵祥大法官二十余次带领起草组成员进行逐条研究。除此之外，我们还组织了专门力量，逐条附上典型案例、相关规范以及比较法资料，并对实践中争议比较大的 23 个条文进行了类案检索。可以说，“担保制度司法解释”是社会各界认真研究、共同努力的结果。

问：能否请您谈谈此次贯穿于“担保制度司法解释”的指导思想是什么？

答：法者，天下之程式，万事之仪表。当前中国进入新发展阶段，贯彻新发展理念和构建新发展格局，主动应对国内外各种挑战，比任何时候都需要发挥法治的引领和保障作用。担保作为一项重要民事法律制度，涉及民事法律体系的各个方面，担保制度的完善对于促进经济发展起着至关重要的作用。在司法解释起草过程中，我们深入学习贯彻习近平法治思想，坚决贯彻习近平总书记系列重要讲话精神，坚持以人民为中心的发展思想，以平等保护当事人合法权益为出发点和落脚点，通过切实规范担保交易秩序，保障债权实现，缓解中小企业融资难融资贵等问题，发挥法治对于经济发展的保障作用，不断增强市场活力和人民群众获得感。

一是尊重立法原意。如对于共同保证，担保人之间是否具有追偿权，不论是民法典制定过程中还是出台后，都存在争议。在此情况下，我们秉持尊重立法原意原则，明确担保人之间原则上不能相互追偿，但是担保人之间约定相互追偿、约定承担连带共同担保，或者虽未作出这样的约定，但是各担保人在同一份合同书上签字、盖章或者按指印或者担保人之间因共同关系而形成连带债务关系的除外，解决了审判实践中的绝大多数问题。对于未办理登记的动产抵押合同的效力、抵押财产转让的法律后果，我们在尊重立法原意基础上，结合可能产生的实践问题进行了规范。

二是坚持问题导向。司法解释规定的担保问题，如公司对外担保、分支机构对外担保、学校医院对外担保、混合担保中担保人有无追偿权、债务人破产时保证债务应否停止计息、如何认识先诉抗辩权、保证合同无效时能否适用保证期间、预告登记的效力、流动质押、仓单质押等问题，几乎全部是长期困扰司法实践的疑难问题。另一方面，对于原担保法司法解释规定的很多制度，尽管从法理上说仍然具有正确性，但考虑到目前已经基本没有异议，秉持问题导向所以未简单地予以沿袭。

三是合理引导预期。针对经济金融领域存在的一些不规范现象，本解释着眼于规范交易行为，对相关问题进行了规范，合理引导社会预期。如针对金融机构分支机构负责人越权提供担保的情形，规定未经金融机构授权，金融机构分支机构对外提供的保函以外的担保无效；针对上市公司违规担保这一资本市场的“顽疾”和“毒瘤”，规定相对人未根据上市公司公开披露的信息与上市公司及其控股子公司签订担保合同的，上市公司不承担任何民事责任。这一规定有利于维护广大股民的合法权利，对于促进股票市场健康发展、增强交易所和上市公司的国际竞争力，意义重大；针对“一单多质”等仓单领域的乱象，规定仓单既可以背书方式进行质押，也可以依法进行登记，并明确保管人的责任。

四是保持司法政策延续性。如关于担保从属性、公司对外担保、共同担保、借新还旧中的担保责任、房地一体抵押等所涉及到的具体规则，主要来自《纪要》的相关规定，目的就在于保持司法政策的连续性，稳定社会预期。

五是优化营商环境。世行营商环境评估中的“获得信贷”指标，对应的很多内容涉及担保制度。其中，关于担保财产的概括描述、抵押权及于从物与添附物、担保物权的实现程序等规定，与民法典规定不相冲突，故司法解释予以了规定。

问：“担保制度司法解释”内容非常丰富，能否请您简要介绍一下各部分的重点内容？

答：“担保制度司法解释”共计 71 个条文，主要包括一般规定、保证、担保物权和非典型性担保四个部分，每一部分都各具亮点，每一条都很重要，下面就各部分的重中之重予以简要说明：

关于一般规定，该部分共有 24 个条文，分别就适用范围、担保从属性、担保资格、公司对外担保、共同担保、担保无效的法律后果、担保与破产的衔接以及其他问题作出规定。其中，在适用范围上明确了典型担保应适用本解释的规定，非典型性担保中有些合同本身并非担保合同，故此类合同一般不适用本解释，而只有在涉及担保功能发生纠纷时才适用本解释的规定。在担保的从属性上，坚持问题导向，仅对效力、内容上的从属性作出规定。关于公司对外担保的问题，本解释在《纪要》确定的裁判尺度基础上明确，公司的法定代表人违反公司法关于公司对外担保决议程序的规定，超越权限代表公司与相对人订立担保合同，人民法院应当依照民法典第六十一条和第五百零四条等规定视相对人是善意还是非善意处理。对相对人与上市公司签订担保合同的效力和后果进行了特别规定。在共同担保的问题上，秉承了担保人原则上不享有相互追偿权的原则，对于当事人明确约定或者推定当事人具有互相追偿意思表示的情形，本着尊重当事人意思自治的原则，赋予当事人之间相互追偿的权利。

关于保证，该部分共有 12 个条文，分别就保证类型的识别、一般保证的诉讼当事人、赋予强制执行效力的公证债权文书的效力、依法强制执行仍不能履行债务的标准、共同保证中债权人行使权利的相对效力、最高额保证的保证期间、撤诉是否影响保证期间、保证合同无效时保证期间的效力、与保证期间有关事实的审查、对超过诉讼时效的债务提供保证、增信措施的性质方面做出规定，几乎每一条规定都带有强烈的问题意识，多数规定都是本解释的亮点。其中，在保证类型的识别问题上，区分了推定规则与解释规则，并对非典型保证作出具体规定。对于一般保证的保证期间和诉讼时效如何适用及衔接问题予以明确，并规定人民法院应将保证期间是否经过作为案件基本事实予以查明。对于实践中争议较大的最高额保证的保证期间如何计算问题，结合审判实践经验作出了统一规定。

关于担保物权，该部分共有 26 个条文，是内容最多的部分，亮点纷呈。其中，以权属不明或者有争议的财产抵押，构成无权处分的，按善意取得处理。关于抵押财产转让问题，对于民法典第 406 条“当事人另有约定，按照其约定”的法律后果予以明确，并规定了上述约定在登记的情况下才具有对抗效力。在抵押预告登记的效力问题上，明确了不具备办理抵押登记条件的，不享有优先受偿的效力。在权利质押部分，着力解决仓单质押中的“仓单乱象”和应收账款不存在或者虚构应收账款时该如何分配举证责任问题，有利于促进权利质押的规范操作。

关于非典型性担保，该部分共有 8 个条文，除了对民法典规定的所有权保留、融资租赁、保理作出规定外，还规定了让与担保以及保证金。其中，明确了本解释仅适用于有追索权的保理，为尊重司法实践，规定了人民法院对于保理人一并起诉应收账款债权人和应收账款债务人的可以受理。对于让与担保的识别问题，本解释作出了详细的规定，旨在明确让与担保合同的识别标准，有利于在司法实践中准确把握。

问：“担保制度司法解释”对于优化营商环境有哪些具体的举措和体现？

答：“担保制度司法解释”在优化营商环境问题上有两个方面体现，一是对标世行营商环境指标，二是优化国内营商环境。

一般认为，现代动产担保制度的基本规则包括以下几个方面：一是将不转移占有的动产担保形式作为最基本和最主要的担保形式；二是除典型担保外，担保方式还应包括所有具有担保功能的非典型担保，如让与担保、所有权保留、融资租赁、保理等；三是担保范围应当包括所有的动产和权利；四是担保权通过担保协议设立，允许企业为任何类型的债务设定担保，允许对担保物和担保债务进行概括描述；五是担保资产上的担保权延及可识别的收益、产品和替代品；六是建立统一的公示对抗效力规则，并明确登记是担保权取得对抗第三人效力的主要公示方法；七是建立全国集中统一的登记机构和登记系统，提供电子化的登记公示服务；八是建立统一清晰、可预测的优先权规则；九是建立高效的担保权执行程序，支持庭外执行。世界银行“获得信贷”指标基本采纳了前述观点，将其作为评估动产担保制度的主要依据。

因应世界银行优化营商环境要求，着力构建现代动产担保制度，是民法典的重要内容。本解释的很多条文，都体现了优化营商环境的要求，如第 38 条至第 42 条有担保物权的不可分性、抵押权及于从物、抵押权及于添附物、抵押权的物上代位效力的规定，体现的就是担保资产上的担保权延及可识别的收益、产品和替代品这一要求；第 45 条有关担保物权实现程序的规定，体现的是建立高效的担保权执行程序，支持庭外执行这一要求；第 53 条允许对抵押财产进行概括描述，体现了允许对担保物和担保债务进行概括描述的要求；第 54 条关于未办理登记的动产抵押权的效力的规定，体现了建立统一清晰、可预测的优先权规则的要求；有关所有权保留、融资租赁、保理、让与担保等条文的规定，体现了功能主义担保的要求。可以说，优化营商环境是“担保制度司法解释”的重要着力点。

着力缓解中小微企业融资难、融资贵问题，切实规范担保交易秩序，更好发挥物的流转效用，是优化营商环境的重要内容。因缺乏银行可接受的有效担保，是造成中小微企业融资难的重要成因之一。如何寻求新的有效担保方式，规范担保交易秩序，已经成为经济发展中的重要环节。除民法典第 399 条规定的财产不得抵押、第 426 条规定的法律、行政法规禁止转让的动产不得出质外，本解释第 63 条允许以法律、行政法规尚未规定可以担保的财产权利设立担保，并确认了该类合同的效力，以及可以请求按照担保合同的约定折价、变价受偿，丰富了当事人担保的方式和类型；第 55 条明确了质权设立的条件，明确了监管人的责任，有利于规范质押担保时的交易秩序。在非典型担保部分，本解释明确了融资租赁、保理、让与担保等非典型性担保合同的性质，并规定了债权人实现担保物权的方式，丰富了担保交易的类型，拓宽了获得信贷的途径。类似的规定还有很多。作出此类规定的本意也是从服务实体经济的角度出发，预防化解金融交易风险点，促进市场主体规范经营，繁荣社会主义市场经济。

最后，请您谈谈“担保制度司法解释”的适用范围和新旧法衔接问题？

答：本解释的适用范围及新旧法衔接问题主要从两个方面考虑，一是适用对象上，因典型担保发生的纠纷属于本解释主要解决的内容，故典型担保纠纷应适用于本解释。非典型性担保中，部分合同本身并非担保合同，且融资租赁、保理等合同类型在民法典合同编典型合同中已有专门的规定，且类似无追索权保理合同等并不具有担保功能，故本解释明确非典型性担保只有在涉及担保功能发生的纠纷，才应适用本解释的有关规定。二是新旧法衔接适用上，因为我院已在《最高人民法院关于适用〈中华人民共和国民法典〉时间效力的若干规定》中既对民法典的施行问题作出了一般规定，又对“民法典施行前成立的保证合同”当事人对保证期间约定不明确或者对保证期间没有约定如何处理等作出具体规定，故本解释不再规定新旧法的适用问题。

图书在版编目（CIP）数据

最高人民法院民法典担保制度司法解释理解与适用 / 高圣平，谢鸿飞，程啸著.—北京：中国法制出版社，2021.4

ISBN 978-7-5216-1763-4

Ⅰ.①最… Ⅱ.①高… ②谢… ③程… Ⅲ.①担保法-法律解释-中国②担保法-法律适用-中国 Ⅳ.①D923.25

中国版本图书馆 CIP 数据核字（2021）第 052420 号

责任编辑：程思　于昆　　封面设计：蒋怡

最高人民法院民法典担保制度司法解释理解与适用

ZUIGAO RENMIN FAYUAN MINFADIAN DANBAO ZHIDU SIFA JIESHI LIJIE YU SHIYONG

著者/高圣平，谢鸿飞，程啸

经销/新华书店

印刷/三河市国英印务有限公司

开本/710 毫米×1000 毫米　16 开　　印张/38.75　字数/569 千

版次/2021 年 4 月第 1 版　　2021 年 4 月第 1 次印刷

中国法制出版社出版

书号 ISBN 978-7-5216-1763-4　　定价：128.00 元

北京西单横二条 2 号

邮政编码 100031　　传真：010-66031119

网址：http：//www.zgfzs.com　　**编辑部电话：010-66065921**

市场营销部电话：010-66033393　　**邮购部电话：010-66033288**

（如有印装质量问题，请与本社印务部联系调换。电话：010-66032926）